독일외교문서
한 국 편

1874~1910

3

이 저서는 2017년 대한민국 교육부와 한국학중앙연구원(한국학진흥사업단)의 한국학 분야 토대연구지원사업의 지원을 받아 수행된 연구임 (AKS-2017-KFR-1230002)

This work was supported by Korean Studies Foundation Research through the Ministry of Education of the Republic of Korea and Korean Studies Promotion Service of the Academy of Korean Studies (AKS-2017-KFR-1230002)

■ 독일학총서 Bibliothek der Germanistik ■

독일외교문서 한국편

1874~1910

3

고려대학교 독일어권문화연구소 편

보고사
BOGOSA

개항기 한국 관련
독일외교문서 번역총서 발간에 부쳐

1. 본 총서에 대하여

본 총서는 고려대학교 독일어권문화연구소가 한국학중앙연구원에서 시행하는 토대 사업(2017년)의 지원을 받아 3년에 걸쳐 출간하는 작업의 첫 결과물이다. 해당 프로젝트 〈개항기 한국 관련 독일외교문서 탈초·번역·DB 구축〉은 1866년을 전후한 한－독 간 교섭 초기부터 1910년까지의 한국 관련 독일 측 외교문서 9,902면을 탈초, 번역, 한국사 감교 후 출판하고, 동시에 체계적인 목록화, DB 구축을 통해 온라인 서비스 토대를 마련 함으로써 관련 연구자 및 관심 있는 일반인에게 제공하기 위한 것이다. 본 프로젝트의 의의는 개항기 한국에서의 독일의 역할과 객관적인 역사의 복원, 한국사 연구토대의 심화·확대, 그리고 소외분야 연구 접근성 및 개방성 확대라는 측면에서 찾을 수 있다.

이번 우리 연구소가 국역하여 공개하는 독일외교문서 자료는 한국근대사 연구는 물론이고 외교사, 한독 교섭사를 한 단계 끌어올릴 수 있는 중요한 일차 사료들이다. 그러나 이 시기의 해당 문서는 모두 전문가가 아닌 경우 접근하기 힘든 옛 독일어 필기체로 작성되어 있어 미발굴 문서는 차치하고 국내에 기수집된 자료들조차 일반인은 물론이고 국내 전문연구자의 접근성이 극히 제한되어 있는 상황이다. 이런 상황에서 우리의 프로젝트가 성공적으로 마무리된다면 절대적으로 부족한 독일어권 연구 사료를 구축하여, 균형 잡힌 개항기 연구 토대를 마련하고, 연구 접근성과 개방성, 자료 이용의 효율성을 제고함과 동시에 한국사, 독일학, 번역학, 언어학 전문가들의 학제 간 협동 연구를 촉진하는 중요한 계기가 될 것이다.

2. 정치적 상황

오늘날 우리는 전 지구적 세계화가 가속화되고 있는 상황 속에 살고 있다. '물결'만으로는 세계화의 속도를 따라잡을 수 없게 되었다. 초연결 사회의 출현으로 공간과 시간,

그리고 이념이 지배하던 지역, 국가 간 간극은 점차 줄어들고 있다. 그렇다고 국가의 개념이 사라지는 것은 아니다. 오히려 국가는 국민을 안전하게 보호하고 대외적으로 이익을 대변해야 하는 역할을 이런 혼란스러운 상황 속에서 더욱 성실히 이행해야 하는 사명을 갖는다.

한국을 둘러싼 동아시아 국제정세는 빠르게 변화하고 있다. 지난 2년 사이에 남북한 정상은 두 번의 만남을 가졌고, 영원히 만나지 않을 것 같았던 북한과 미국의 정상 역시 싱가포르에 이어 하노이에서 역사적 회담을 진행하였다. 한반도를 둘러싼 오랜 적대적 긴장 관계가 완화되고 화해와 평화의 분위기가 조성된 것이다.

하지만 한반도에 완전한 평화가 정착되었다고 단언하기란 쉽지 않다. 휴전선을 둘러싼 남북한의 군사적 대치 상황은 여전히 변한 것이 없다. 동아시아에서의 주변 강대국의 패권 경쟁 또한 현재 진행형이다. 즉 한반도 평화 정착을 위해서는 한국, 북한, 미국을 비롯해서 중국, 러시아, 일본 등 동아시아 정세에 관여하는 국가들의 다양하고 때로는 상충하는 이해관계들을 외교적으로 세밀하게 조정할 필요가 있다.

한국은 다양한 국가의 복잡한 이해관계를 어떻게 조정할 것인가? 우리 프로젝트 팀은 세계화의 기원이라 할 수 있는 19세기 말에서 20세기 초 한반도의 시공간에 주목하였다. 이 시기는 통상 개항기, 개화기, 구한말, 근대 초기로 불린다. 증기기관과 증기선 도입, 철도 부설, 그 밖의 교통 운송 수단의 발달로 인해서 전 세계가 예전에 상상할 수 없을 정도로 가까워지기 시작하던 때였다. 서구 문물의 도입을 통해서 한국에서는 서구식 근대적 발전이 모색되고 있었다.

또 한편으로는 일본뿐만 아니라 청국, 그리고 서구 열강의 제국주의적 침탈이 진행되었던 시기였다. 한국 문제에 관여한 국가들은 동아시아에서 자국의 이익을 유지, 확대하려는 목적에서 끊임없이 경쟁 혹은 협력하였다. 한국 역시 세계화에 따른 근대적 변화에 공감하면서도 외세의 침략을 막고 독립을 유지하려는 데에 전력을 기울였다. 오늘날 세계화와 한국 관련 국제 정세를 이해하기 위해서는 무엇보다 그 역사적 근원인 19세기 후반에서 20세기 초반의 상황을 알아야 한다. 이에 본 연구소에서는 개항기 독일외교문서에 주목하였다.

3. 한국과 독일의 관계와 그 중요성

오늘날 한국인에게 독일은 친숙한 국가이다. 1960~70년대 약 18,000여 명의 한국인은 낯선 땅 독일에서 광부와 간호사로 삶을 보냈다. 한국인들이 과거사 반성에 미흡한 일본을 비판할 때마다 내세우는 반면교사의 대상은 독일이다. 한때는 분단의 아픔을 공유하기도 했으며, 통일을 준비하는 한국에 타산지석의 대상이 되는 국가가 바로 독일이다. 독일은 2017년 기준으로 중국과 미국에 이어 한국의 세 번째로 큰 교역 국가이기도 하다.

한국인에게 독일은 이웃과도 같은 국가이지만, 정작 한국인들은 독일 쪽에서는 한국을 어떻게 인식하고 정책을 추진하는지 잘 알지 못한다. 그 이유는 독일이 한반도 국제정세에 결정적인 역할을 끼쳐온 국가가 아니기 때문이다. 오늘날 한국인에게는 미국, 중국, 일본, 러시아가 현실적으로 중요하기에, 정서상으로는 가까운 독일을 간과하는 것이 아닐까 하는 생각이 든다.

그렇다면 우리는 독일을 몰라도 될까? 그렇지 않다. 독일은 EU를 좌우하는 핵심 국가이자, 세계의 정치, 경제, 사회, 문화를 주도하는 선진국이자 강대국이다. 독일은 유럽뿐만 아니라 동아시아를 비롯한 전 세계의 동향을 종합적으로 고려하는 가운데 한국을 인식하고 정책을 시행한다. 독일의 대한정책(對韓政策)은 전 지구적 세계화 속에서 한국의 위상을 보여주는 시금석과 같다.

세계화의 기원인 근대 초기도 지금과 상황이 유사하였다. 미국, 영국에 이어서 한국과 조약을 체결한 서구 열강은 독일이었다. 청일전쟁 직후에는 삼국간섭을 통해서 동아시아 진출을 본격화하기도 했다. 하지만 당시 동아시아에서는 영국, 러시아, 일본, 청국, 그리고 미국의 존재감이 컸다. 19세기 말에서 20세기 초 한반도를 둘러싼 국제정세에서 독일이 차지하는 위상은 상대적으로 높지 않았다.

하지만 당시 독일은 동아시아 정세의 주요 당사국인 영국, 러시아, 일본, 청국, 미국 등의 인식과 정책 관련 정보를 집중적으로 수집하고 종합적으로 분석하였다. 세계 각국의 동향을 종합적으로 판단한 과정에서 독일은 한국을 평가하고 이를 정책으로 구현하고자 했다.

그렇기 때문에 개항기 한국 관련 독일외교문서는 의미가 남다르다. 독일외교문서에는 독일의 한국 인식 및 정책뿐만 아니라, 한국 문제에 관여한 주요 국가들의 인식과 대응들이 담겨 있는 보고서들로 가득하다. 독일은 자국 내 동향뿐만 아니라 세계 각국의 동향을 고려하는 과정에서 한국을 인식, 평가하고 정책화하였다. 그렇기에 독일외교문서는 유럽 중심에 위치한 독일의 독특한 위상과 전 지구적 세계화 속에서 세계 각국이 한국을 이해한 방식의 역사적 기원을 입체적으로 추적하기에 더할 나위 없이 좋은 자료인 것이다.

4. 이번 번역총서 작업과정에 대해

1973년 4월 4일, 독일과의 본격적인 교류를 위하여 〈독일문화연구소〉라는 이름으로 탄생을 알리며 활동을 시작한 본 연구소는 2003년 5월 15일 자로 〈독일어권문화연구소〉

로 명칭을 바꾸고 보다 폭넓은 학술 및 연구를 지향하여 연구원들의 많은 활동을 통해, 특히 독일어권 번역학 연구와 실제 번역작업에 심혈을 기울여 왔다. 이번에 본 연구소에서 세상에 내놓는 4권의 책은 모두(冒頭)에서 밝힌 대로 2017년 9월부터 시작한, 3년에 걸친 한국학중앙연구원 프로젝트의 1년 차 연구의 결과물이다. 여기까지 오기까지 작업의 역사는 상당히 길고 또한 거기에 참여했던 인원도 적지 않다. 이 작업은 독일어권연구소장을 맡았던 한봉흠 교수로부터 시작된다. 한봉흠 교수는 연구소소장으로서 개항기 때 독일 외교관이 조선에서 본국으로 보낸 보고 자료들을 직접 독일에서 복사하여 가져옴으로써 자료 축적의 기본을 구축하였다. 그 뒤 김승옥 교수가 연구소 소장으로 재직하면서 그 자료의 일부를 번역하여 소개한 바 있다(고려대 독일문화연구소 편, 『(朝鮮駐在)獨逸外交文書 資料集』, 우삼, 1993). 당시는 여건이 만만치 않아 선별적으로 번역을 했고 한국사 쪽의 감교를 받지도 못하는 상태였다. 그러나 당시로써 옛 독일어 필기체로 작성된 보고문을 정자의 독일어로 탈초하고 이를 우리말로 옮기는 것은 생면부지의 거친 황야를 걷는 것과 같은 것이었다.

우리 연구팀은 저간의 사정을 감안하여 이번 프로젝트를 위해 보다 철저하게 다양한 팀을 구성하고 연구 진행에 차질이 없도록 하였다. 연구팀은 탈초, 번역, 한국사 감교팀으로 나뉘어 먼저 원문의 자료를 시대별로 정리하고 원문 중 옛 독일어 필기체인 쿠렌트체와 쥐털린체로 작성된 문서들을 독일어 정자로 탈초하고 이를 타이핑하여 입력한 뒤 번역팀이 우리말로 옮기고 이후 번역된 원고를 감교팀에서 역사적으로 고증하여 맞는 용어를 선택하고 필요에 따라 각주를 다는 등 다양한 협력을 수행하였다. 이번에 출간된 4권의 책은 데이터베이스화하여 많은 연구자들이 널리 이용할 수 있을 것이다. 총서는 전체 15권으로 구성될 예정이다.

2017년 9월부터 2018년 8월까지 작업한 1차분 4권을 드디어 출간하게 된 것을 연구책임자로서 기쁘게 생각한다. 무엇보다 긴밀하게 조직화된 팀워크를 보여준 팀원들(번역자, 탈초자, 번역탈초 감수 책임자, 한국사 내용 감수 책임자, 데이터베이스팀 책임자)과 연구보조원 한 분 한 분에게 감사드린다. 그리고 프로젝트의 준비단계에서 활발한 역할을 한 김용현 교수와 실무를 맡아 프로젝트가 순항하도록 치밀하게 꾸려온 이정린 박사와 한승훈 박사에게 감사의 뜻을 전한다. 본 연구에 참여한 모든 연구원의 해당 작업과 명단은 각 책의 말미에 작성하여 실어놓았다.

2019년 봄날에
고려대학교 독일어권문화연구소장
김재혁

일러두기

1. 『독일외교문서 한국편 1874~1910』은 독일연방 외무부 정치문서보관소(Archives des Auswärtigen Amts)에서 소장하고 있는 근대 시기 한국 관련 독일외교문서를 번역한 것이다. 구체적으로는 1874년부터 1910년에 이르는 시기 독일 외무부에서 생산한 한국 관련 사료군에 해당하는 I. B. 16 (Korea)과 I. B. 22 Korea 1에 포함된 문서철을 대상으로 한다. ※ Peking II 127, 128에 수록된 한국 관련 기사(시기 : 1866~1881)는 별도 권호를 지정해서 출판할 예정(2020년)임을 알려둔다.

2. 당시 독일외무부는 문서의 외무부 도착일, 즉 수신일을 기준으로 문서를 편집하였다. 이에 본 문서집에서는 독일외무부가 문서철 편집과정에서 취했던 수신일 기준 방식을 따랐다.

3. 본 문서집은 한국어 번역본과 독일어 원문 탈초본으로 구성되어 있다.
    1) 한국어 번역본에는 독일어 원문의 쪽수를 기입함으로써, 교차 검토를 용의하게 했다.
    2) 독일어 이외의 언어로 작성된 문서는 한국어로 번역하지 않되, 전문을 탈초해서 문서집에 수록하였다. 해당 문서가 주 보고서인 경우는 한국어 번역본과 독일어 원문 탈초본에 함께 수록하였으며, 첨부문서에 해당할 경우에는 한국어 번역본에 수록하지 않고, 독일어 탈초본에 수록하였다. ※ 주 보고서에 첨부문서로 표기되지 않은 상태에서 추가된 문서(언론보도, 각 국 공문서 등)들은 [첨부문서]로 표기하였다.

4. 당대 독일에서는 쿠렌트체(Kurrentschrift)로 불리는 옛 독일어 필기체와 프로이센의 쥐털린체(Sütterlinschrift)가 부가된 형태의 외교문서를 작성하였다. 이에 본 연구팀은 쿠렌트체와 쥐털린체로 되어 있는 독일외교문서 전문을 현대 독일어로 탈초함으로써 문자 해독 및 번역을 용이하게 했다.
    1) 독일어 탈초본은 작성 당시의 원문을 그대로 현대 독일어로 옮기는 것을 원칙으로 했다. 그 때문에 독일어 탈초본에는 문서 작성 당시의 철자법과 개인의 문서 작성 상의 특성이 드러나 있다. 최종적으로 해독하지 못한 단어나 철자는 [*sic.*]로 표기했다.

2) 문서 본문 내용에 대한 다양한 종류의 제3자의 메모는 각주에 [Randbemerkung]을 설정하여 최대한 수록하고 있다.

3) 원문서 일부에 있는 제3자의 취소 표시(취소선)는 취소선 맨 뒤에 별도의 각주를 만들어 제3자의 취소 영역을 표시했다. 편집자의 추가 각주 부분은 모두 대괄호를 통해 원주와 구분하고 있다.

4) 독일어 탈초본에서는 연구자들의 편의를 돕기 위해서 각 문건 상단에 원문출처, 문서수발신 정보, 문서의 수신 과정에서 추가된 문구 등을 알아볼 수 있도록 표를 작성하였다.

예)　　　　　Die Rückkehr Li hung chang's nach Tientsin. ──❶

PAAA_RZ201-018901_162 ──❷			
Empfänger	Bismarck ──❸	Absender	Brandt ──❹
A. 6624. pr. 30 Oktober 1882. ──❺		Peking, den 7. September 1882. ──❻	
Memo	Orig. 1. 11. nach Hamburg ──❼		

① 문서 제목 : 원문서에 제목(문서 앞 또는 뒤에 Inhalt 또는 제목만 표기됨)이 있는 경우 제목을 따르되, 제목이 없는 경우는 "[　]"로 표기해 원문서에 제목이 없음을 나타냄.

② 원문출처 : 베를린 문서고에서 부여한 해당 문서 번호에 대한 출처 표기. 문서번호-권수_페이지 수로 구성

③ 문서 수신자

④ 문서 발신자

⑤ 문서 번호, 수신일

⑥ 문서 발신지, 발신일

⑦ 문서 수신·전달 과정에서 추가적으로 작성된 문구

이 같은 표가 작성되지 않은 문서는 베를린 자체 생성 문서이거나 정식 문서 형태를 갖추지 않은 문서들이다.

5. 본 연구팀은 독일외교문서의 독일어 전문을 한국어로 번역·감교하였다. 이를 통해 독일어 본래의 특성과 당대 역사적 맥락을 함께 담고자 했다. 독일외교문서 원문의 번역 과정에서 뜻이 분명하지 않은 경우에는 [번역 주석]을 부기하였으며, [감교 주석]을 통해서 당대사적 맥락을 보완하였다. 아울러 독일외교문서 원문에 수록된 주석의 경우는 [원문 주석]으로 별도로 표기하였다.

6. 한국어 번역본에서는 중국, 일본, 한국의 지명, 인명은 모두 원음으로 표기하되, 관직과 관청명의 경우는 한국 학계에서 일반적으로 통용되는 한문의 한국어 발음을 적용하였다. 각 국가의 군함 이름 등 기타 사항은 외교문서에 수록된 단어를 그대로 병기하였다. 독일외교관이 현지어 발음을 독일어로 변환되는 과정에서 실체가 불분명해진 고유명사의 경우, 독일외교문서 원문에 수록된 단어 그대로 표기하였다.

7. 한국어 번역본에서는 연구자들의 편의를 돕기 위해서 각 문건 상단에 문서제목, 문서 수발신 정보(날짜, 번호), 문서의 수신 과정에서 추가된 문구 등을 알아볼 수 있도록 표를 작성하였다.

예)

01
조선의 현황 관련 —❶

발신(생산)일	1889. 1. 5 —❷	수신(접수)일	1889. 3. 3 —❸
발신(생산)자	브란트 —❹	수신(접수)자	비스마르크 —❺
발신지 정보	베이징 주재 독일 공사관 —❻	수신지 정보	베를린 정부 —❼
	No. 17 —❽		A. 3294 —❾
메모	3월 7일 런던 221, 페테르부르크 89 전달 —❿		

① 문서 제목, 번호 : 독일어로 서술된 제목을 따르되, 별도 제목이 없을 경우는 문서 내용을 확인 후 "[ ]"로 구별하여 문서 제목을 부여하였음. 제목 위의 번호는 본 자료집에서 부여하였음.
② 문서 발신일 : 문서 작성자가 문서를 발송한 날짜
③ 문서 수신일 : 문서 수신자가 문서를 받은 날짜
④ 문서 발신자 : 문서 작성자 이름
⑤ 문서 수신자 : 문서 수신자 이름
⑥ 문서 발신 담당 기관
⑦ 문서 수신 담당 기관
⑧ 문서 발신 번호 : 문서 작성 기관에서 부여한 고유 번호
⑨ 문서 수신 번호 : 독일외무부에서 문서 수신 순서에 따라 부여한 번호
⑩ 메모 : 독일외교문서의 수신·전달 과정에서 추가적으로 작성된 문구

8. 문서의 수발신 관련 정보를 특정하기 어려운 문서(예를 들어 신문 스크랩)의 경우는 독일외무부에서 편집한 날짜, 문서 수신 번호, 그리고 문서 내용을 토대로 문서 제목

을 표기하였다.

9. 각 권의 원문 출처는 다음과 같다.

자료집 권	독일외무부 정치문서고 문서 분류 방식			
	문서분류 기호	일련번호	자료명	대상시기
1	I. B. 16 (Korea)	R18900	Akten betr. die Verhältnisse Koreas (1878년 이전) 조선 상황	1874.1~1878.12
	I. B. 22 Korea 1	R18901	Allgemiene Angelegenheiten 1 일반상황 보고서 1	1879.1~1882.6
	I. B. 22 Korea 1	R18902	Allgemiene Angelegenheiten 2 일반상황 보고서 2	1882.7~1882.11
2	I. B. 22 Korea 1	R18903	Allgemiene Angelegenheiten 3 일반상황 보고서 3	1882.11~1885.1.19
	I. B. 22 Korea 1	R18904	Allgemiene Angelegenheiten 4 일반상황 보고서 4	1885.1.20~1885.4.23
	I. B. 22 Korea 1	R18905	Allgemiene Angelegenheiten 5 일반상황 보고서 5	1885.4.24~1885.7.23
3	I. B. 22 Korea 1	R18906	Allgemiene Angelegenheiten 6 일반상황 보고서 6	1885.7.24~1885.12.15
	I. B. 22 Korea 1	R18907	Allgemiene Angelegenheiten 7 일반상황 보고서 7	1885.12.16~1886.12.31
	I. B. 22 Korea 1	R18908	Allgemiene Angelegenheiten 8 일반상황 보고서 8	1887.1.1~1887.11.14
4	I. B. 22 Korea 1	R18909	Allgemiene Angelegenheiten 9 일반상황 보고서 9	1887.11.15~1888.10.3
	I. B. 22 Korea 1	R18910	Allgemiene Angelegenheiten 10 일반상황 보고서 10	1888.10.4~1889.2.28
	I. B. 22 Korea 1	R18911	Allgemiene Angelegenheiten 11 일반상황 보고서 11	1889.3.1~1890.12.13
	I. B. 22 Korea 1	R18912	Allgemiene Angelegenheiten 12 일반상황 보고서 12	1890.12.14~1893.1.11

10. 본 문서집은 조선과 대한제국을 아우르는 국가 명의 경우는 한국으로 통칭하되, 대한제국 이전 시기를 다루는 문서의 경우는 조선, 대한제국 선포 이후를 다루는 문서의 경우는 대한제국으로 표기하였다.

11. 사료군 해제

I. B. 16 (Korea)와 I. B. 22 Korea 1은 개항기 전시기라 할 수 있는 1874년부터 1910년까지 한국 관련 독일외교문서를 연, 월, 일에 중심으로 분류하여 정리한 사료군이다. 개항기 한국과 독일의 거의 전 분야에 걸친 다양한 관계를 확인할 수 있는 기초적인 사료라 할 수 있다. 한국과 독일의 관계 전반을 확인할 수 있는 편년체식 사료군은 독일이 동아시아정책에 기반을 둔 한국정책을 수립하는 데 기본이 되었다.

• I. B. 16 (Korea) : 1859년 오일렌부르크의 동아시아 원정 이후 베이징과 도쿄에 주재한 독일 공사들이 조선과 독일의 수교 이전인 1874~1878년간 조선 관련하여 보고한 문서들이 수록되어 있다. 이 시기는 조선이 최초 외세를 향해서 문호를 개방하고 후속 조치가 모색되었던 시기였다. 특히 쇄국정책을 주도하였던 흥선대원군이 하야하고 고종이 친정을 단행함으로써, 국내외에서는 조선의 대외정책 기조가 변화할 것이라는 전망이 나오던 시절이었다. 이러한 역사적 배경 속에서 I. B. 16 (Korea)에는 1876년 이전 서계문제로 촉발되었던 조선과 일본의 갈등과 강화도조약 체결, 그리고 조선의 대서구 문호개방에 관련해서 청국, 일본을 비롯해서 조선의 문호개방에 관여한 국가에 주재한 외교관의 보고서 및 언론기사를 비롯한 참고문서들이 수록되어 있다.

• I. B. 22 Korea 1 : 독일 외무부는 조선과 조약 체결을 본격화하기 시작한 1879년부터 별도로 "Korea"로 분류해서 한국 관련 문서를 보관하기 시작하였다. 영국외무부가 한국 관련 문서를 "China"와 "Japan"의 하위 목록에 분류한 것과 비교해보면, 독일외무부는 일찍부터 한국에 대한 중요성을 인식하고 대응했던 것으로 볼 수도 있다.

그 중에서 I. B. 22 Korea 1은 1879년부터 1910년까지 한국에 주재한 독일외교관을 비롯해서 한국 관련 각종 문서들이 연, 월, 일의 순서로 편집되어 있다. 개항기 전시기 독일의 대한정책 및 한국과 독일관계를 조망하는 본 연구의 취지에 부합한 사료군이라 할 수 있다. 그러기에 I. B. 22 Korea 1에는 한국의 국내외 정세 관련해서 한국에 주재한 독일외교관을 비롯해서 청국, 일본, 영국, 러시아 등 한국 문제에 관여한 국가에 관한 보고서 및 언론 기사를 비롯한 참고문서들이 수록되어 있다.

차례

발간사 … 5

일러두기 … 9

외무부 정치 문서고 조선 관계 문서
1885.7.24~1885.12.15

01. [청의 조선 내정 간섭에 대한 비스마르크의 입장] ………………………… 21

02. [조선의 지하자원에 대한 비스마르크의 관심] ………………………………… 22

03. [영국의 거문도 점령에 관한 건] ………………………………………………… 28

04. 조선의 자원 및 조선과의 무역에 관하여 ……………………………………… 31

05. 조선의 자원 및 조선과의 무역에 관하여 ……………………………………… 33

06. 젬부쉬 총영사의 주조선 외국 대표들에 대한 보고 ………………………… 37

07. 조선 주둔 일본군과 청국군에 대한 총영사 젬부쉬의 보고 ……………… 40

08. 조선에서의 병력 철수와 관련된 일-청 조약에 관한 청국 대신들의 의견 ……… 42

09. 조선 철수와 관련된 일청 조약에 대한 청국 대신들의 의견 …………… 45

10. 조선의 최근 정치동향 및 가능성이 있는 독일인 교관 채용에 관한
    함부르크 마이어 상회의 보고 ………………………………………………… 47

11. [세창양행 주도의 독일 군사교관의 조선 파견 시도에 대한 비스마르크의 견해] ·· 55

12. [러시아 군사 교관의 조선 파견에 관한 건] ………………………………… 57

13. [묄렌도르프 파면 건] …………………………………………………………… 59

14. [조러밀약설에 대한 일본 측 입장] …………………………………………… 60

15. 조선의 정세에 대한 보고 ……………………………………………………… 62

16. [흥선대원군 조선 귀환 결정] ………………………………………………… 66

17. 조선의 정세 및 조선과의 관계에 관하여 ………………………………… 67

18. 대원군의 조선 귀환 계획에 관하여 ………………………………………… 70

19. [베베르의 조선 행] ·· 73

20. 흥선대원군 조선 귀환 결정 ·· 74

21. 청국의 조선 관계에 관하여 ··· 76

22. 대원군의 석방과 이 문제에 대한 일본 정부의 태도에 관하여 ············· 81

23. 대원군의 석방과 청국의 대 조선 관계에 대하여 ······················ 85

24. 대원군의 조선 귀환과 묄렌도르프의 면직에 관하여 ··················· 89

25. 조선의 정치적 지위에 관하여 ······································· 91

26. 조선의 청국 관계 ··· 95

27. 묄렌도르프의 지위 ·· 97

28. 조선 내 인물들의 근황에 대하여 ·································· 102

29. 흥선대원군 귀환에 관한 건 ······································· 105

30. 인물들 및 정치정세에 관한 메모 ·································· 108

31. 조선에 거주 중인 독일국민의 보호에 관하여 ······················· 114

32. 대원군의 조선 귀환 이후 조선의 정세에 관하여 ····················· 118

33. 조선의 정치정세에 관하여 ··· 120

34. [흥선대원군 귀환 관련 조선 정세 보고] ····························· 123

외무부 정치 문서고 조선 관계 문서
1885.12.16~1886.12.31

01. 정치적 상황 ··· 129

02. 조선의 정세, 조선 정부의 요청과 청국 군대의 조선 파견 ············· 135

03. 정치적 상황 ··· 136

04. [조선 정세 보고] ··· 142

05. [위안스카이 직함 문제와 일반적인 조선 정세 보고] ·················· 145

06. 일반 사안 보고 ·· 148

07. 일본으로 도피한 조선 망명 정치인의 조선 침투 소문 관련 ·············· 154

08. 일반 사안 보고 ·· 155

09. 조선 정부의 전직 미국 총영사 데니 초빙 ·························· 161

10. 조선에 거주하는 중국인들의 정치적 이력 관련 ·················· 162

11. [두만강의 조선과 러시아의 국경을 둘러싼 러청 갈등 조짐] ·············· 165

12. 일반 사안 보고 ·· 167

13. 조선 정부의 전직 미국 총영사 데니에 대한 보고 관련 ············· 171

14. [주조선 독일외교관의 독일 현지 주재 확인 요청] ··············· 172

15. 조선 정부의 전직 미국 총영사 데니에 대한 보고 관련 ············· 176

16. 일반 사안 보고 ·· 177

17. 로마 수도원의 조선 관련 문서 보고 ·························· 182

18. [쾰르니쉐 차이퉁의 조선 기사를 타 언론 게재 요청] ··········· 195

19. [쾰르니쉐 차이퉁의 조선 기사 첨부] ······················· 196

20. [쾰르니쉐 차이퉁의 조선 기사 타 언론 게재] ················ 201

21. 독일 주간지 잠믈러에 게재된 조선 기사 ····················· 204

22. 일반 사안 보고 ·· 219

23. 조선의 정세 관련 ··· 223

24. 김옥균 관련 독일 언론 기사 ······························· 226

25. 조선의 위기 상황 ··· 231

26. 조선 국왕의 자주성에 대한 청국 공사의 공격 ················· 233

27. 조선 문제 상황과 해밀턴항 철수 ··························· 253

28. 조선의 상황 및 조선의 상황에 대한 청국 정부 측의 견해와 대응 ········· 257

29. 청국의 조선 국왕 자주권 훼손 관련 문서 회송 ················ 260

30. 정치 상황 ·· 261

31. 조선의 정치 상황 관련 ···································· 271

외무부 정치 문서고 조선 관계 문서
1887.1.1~1887.11.14

01. 청국과 조선 ··· 280

02. [록힐의 서울 주재 미국 공사 임명 건] ····················· 283

03. 조선에 관한 러시아와 청국의 상호 양해, 서울 주재 영국 대표의 소동. 미국의 레드북
     (외교문서집)의 수치스러운 공표. 조선 국왕에게 상소한 청국 대표의 건백서 · 284

04. 조선에 체류 중인 미국 해군장교를 겨냥한 영국 신문의 공격 ······················ 301

05. 조선 내정에의 쌍방 불간섭에 대한 러시아와 청국 간의 협정에 관련하여 ····· 303

06. Shanghai Courier지의 발행호 전달 ···················· 305

07. 조선과 관련하여 러시아인, 미국인 및 일본인들의 정책을 무고하려는

　세칭 영국 측의 시도 관련 ································· 307

08. 조선에서 청국의 계획이라 일컬어지는 소문에 관하여 ························ 309

09. 조선 주재 미국 대표 및 기타 인물들에 관하여 ···················· 311

10. 갑신정변 당시 미국 해군 장교들의 행동에 대한 건 ················· 313

11. 김옥균 관련 독일 언론 기사 ····························· 314

12. 조선에서 미국의 영향력 ····························· 315

13. 조선의 일반적인 정치 상황 ···························· 317

14. 포크 중위의 제거를 목적으로 한 청국의 협박 태도 ················ 321

15. 제물포 및 거문도항에 정박 중인 청국함대 ··················· 323

16. 조선 정세 관련 ································· 326

17. 조선에서 미국 해군무관 포크의 처신에서 빚어진 분규에 관하여 ········· 330

18. 포크의 해임 ···································· 333

19. 조선에서 포크 미국 중위의 위치 ························· 335

20. 제주도에 일어난 청국인, 일본인 및 조선인들의 충돌에 관하여 ········· 337

21. 미국 해군무관 포크의 해임 ···························· 339

22. 일본 주재 조선 변리공사의 임명 ························· 341

23. 서울의 미국 해군무관 포크의 해임에 관하여 ················· 344

24. 외아문 독판의 인사 교체 ····························· 346

25. 민영익의 도피성 조선 출발 ···························· 349

26. 조선의 민영익 공 관련 ····························· 353

27. 조선 관리 민영익이 러시아 군함을 타고 즈푸로 출발한 사건 ··········· 356

28. 미국 해군무관 포크의 해임 ···························· 360

29. 민영익 공의 동향 ································ 363

30. 조선 공사관 설치 ································ 364

독일어 원문 탈초본 ··· 365

연구 참여자 ··· 705

외무부
A편

외무부 정치 문서고
조선 관계 문서

———————

1885년 7월 24일부터
1885년 12월 15일까지

제6권
참조: 제7권

01

[청의 조선 내정 간섭에 대한 비스마르크의 입장]

발신(생산)일	1885. 7. 27	수신(접수)일	1885. 7. 28
발신(생산)자	란차우	수신(접수)자	비스마르크
발신지 정보	바르친	수신지 정보	베를린 정부
			A. 6115
메모	8월 1일 베이징 457 전달		

사본

A. 6115 1885년 7월 28일 오후 수신

바르친[1], 1885년 7월 27일

독일제국 수상 각하께서 우리가 얻어 낼 것이 전혀 없는 조선 때문에 청국과 분쟁을 일으키기 않도록 유의하라는 당부의 말씀을 특별히 남기셨습니다.[2] 이달 20일 오후 각하께서는 페테르부르크 주재 독일제국 대사에게 이점을 통고하라고 지시하였습니다.

란차우

원문: 조선 2

---

1 [감교 주석] 비스마르크의 휴양지
2 [감교 주석] 청국의 조선 속방화 정책에 이의를 제기하지 말라는 뜻임.

02

[조선의 지하자원에 대한 비스마르크의 관심]

발신(생산)일	1885. 7. 28	수신(접수)일	1885. 7. 29
발신(생산)자	만트초우드	수신(접수)자	제국 수상
발신지 정보	바르친	수신지 정보	베를린 외무부
			A. 6138

A. 6138   1885년 7월 29일 오후 수신, 첨부문서 1부

바르친[1], 1885년 7월 28일

　첨부한 쾰른 신문 205호에 2면에 걸쳐 실린 기사를 계기로 독일제국 수상 각하께서 소위 조선의 엄청난 자원[2]이란 과연 무엇이며, 또 그것이 독일 무역에 실제로 얼마나 중요한지 간단히 보고할 것을 지시하였습니다. 수상 각하께서는 지금까지 조선을 최빈국 중의 하나로 여긴 듯합니다.

　그리고 이번 기회에 각하께서는 이미 어제 보고한 바 있는 주의사항을 다시 한번 당부하셨습니다. 즉 조선 때문에 방대한 국토와 인구(?), 구매력으로 우리에게 조선과는 다른 이해관계가 걸려 있는 청국과 반복하지 말라는 지시였습니다.

만트초우드

1　[감교 주석] 비스마르크의 휴양지
2　[감교 주석] 19세기 후반 서구 세계에서 조선은 지하자원이 많이 매장되어 있는 국가로 인식되었음.

쾰른 신문

1885년 7월 26일 일요일, 제205호

조선에서

서울, 5월

이곳 조선에서는, 조약상의 항구를 비롯해 독일인이 거주하고 있는 곳 어디에서나 조선 주재 독일 총영사[3]에 대한 제국의회의 심의가 격분을 유발하거나 웃음거리가 되었다. 수상의 반대파인 어느 의원이 이미 프랑스 상사 다섯 곳이 거래할 물건이 없어 조선에서 철수했다는 주장을 펼쳤기 때문이다. 맞는 말이다. 그런데 쉴다[4] 출신의 그 의원이 모르는 것이 있다. 첫째, 프랑스는 - 다른 곳에서 충분히 바쁘기 때문에- 조선과 아직 무역협정[5]을 체결하지 않았다는 사실이다. 둘째, 프랑스 회사들은 새로 문호를 개방한 나라에 맨 먼저 뛰어들어 사업을 시작하는 것을 즐기는 개척자들이 아니라는 사실이다. 이 점에 관한 한 조선에 진출한 프랑스 회사들 역시 예외가 아니었다. 쇠펜슈테트 출신의 어느 의원은 12월의 궁중-반란[6]을 보고 (이때 일본인들이 매우 애매모호하면서도 그다지 좋지 않은 역할을 하였다.) 조선인 4분의 3이 "야만적"일 수도 있다는 생각을 하게 되었다. 그런데 용감하게도 생각에 그치지 않고 조선인 4분의 5[7]가, 그러니까 조선이 전체가 야만적일 수 있다는 주장을 펼쳤다. 모든 일은 첫걸음이 제일 중요한 법이다. 조선은 이제 막 새 시대의 축복을 향해 문호를 개방하려는 참이다. 그리고 아마도 문호개방은 프랑스혁명 초기나 남미의 "기독교" 공화국에서 벌어진 잔인한 유혈현상 같은 저주를 겪지 않고서도 가능할 것이다. 아마도 앞에서 언급된 의원은 48혁명 기간에 유럽 여러 나라의 수도 곳곳에서 벌어진 참상, 즉 사람들이 매 맞아죽고 칼에 찔려죽고 총 맞아죽은 일을 도저히 이해할 수 없을 것이다. 그 의원은 현재 우리 시대에 파리에서는 총에 맞는 일이 비일비재하고, 런던에서는 다이너마이트가 터지고 있다는 이야기를 들어봤을까? 압데라(바보들이 산다고 알려진 가상의 마을-번역자) 출신의 그 의원은 새로

---

3 [감교 주석] 부들러(H. Budler)
4 [번역 주석] 쉴다(Schilda)는 어리석은 사람들이 산다는 가상의 마을을 의미함.
5 [감교 주석] 수호통상조약
6 [감교 주석] 갑신정변
7 [감교 주석] 5분의 4의 오기도 추정됨.

문호를 개방한 이 나라, 조선의 빈곤을 특히 강조하였다. 그것은 사실이다. 조선은 빈곤하다. 7년 전쟁이 끝난 직후의 프로이센보다 더 빈곤하다. 현재의 "중앙당"의 전임자들에 의해 갈가리 찢겨졌던 우리 불쌍한 조국 독일만큼이나 빈곤하다. 예전에 유럽 대부분의 세력다툼이 독일 영토에서 벌어졌던 것처럼 조선은 과거 수백 년 동안 몽고와 타타르족 원정대의 침입을 받았을 뿐만 아니라 중국인과 일본인이 서로 탐을 내던 에리스의 황금 사과였다. 그 결과 최근까지도 조선은 대외적으로 폐쇄적인 정책[8]을 펼쳤고, 경제적으로도 그다지 발전하지 못했다. 그게 이 나라가 동시대 사람들에게 문호를 개방하며 보여준 모습이었고, 유감스럽게도 독일 제국의회의 몇몇 한심한 의원들이 그 모습을 발견한 것이다.

조선의 면적은 대략 대영제국, 즉 잉글랜드와 스코틀랜드를 합친 것과 비슷하다. 인구는 1815년 나폴레옹 전쟁 이후의 프로이센 왕국과 비슷하다. 평균적으로 이 나라의 토지는 적어도 대부분의 독일 토지들만큼 비옥하다. 심지어 남쪽의 몇몇 지역은 매우 비옥하다. 그러나 농민들은 얼마 전까지만 해도 조선 내 자체 수요 이상은 경작하지 않았다. 필요 이상 경작할 이유가 뭐란 말인가? 남는 경작물들을 들판에서 그냥 썩히려고? 최근 외국과 통상조약을 체결하기 직전까지만 해도 그것들은 국외 판매처가 전혀 없었다. 그러나 이제 조선인들은 점차 쌀, 옥수수, 밀, 보리, 기장, 메밀, 목화, 담배 등의 잉여농산물들을 조약항구에서 팔기도 하고 배에 실어 수출하거나 외국의 물건들과 교환할 수 있다는 사실을 깨달았다. 또한 그것이 그들의 행복에 중요한 의미가 있다는 사실도 완벽하게 이해했다. 이 나라에는 광범위한 석탄층을 비롯해 온갖 종류의 광물이 풍부하다. 하지만 광산업은 전혀 발달하지 못했다. 아니, 이제 막 표층만 건드린 정도다. 즉 표층에 묻혀 있는 광물만 채굴되었을 뿐이다. 하천의 모래 속에는 금이 거의 노출된 상태로 물에 씻기고 있을 뿐, 아직까지 우리가 사용하는 의미의 금광은 없다. 만약 현대 과학과 채굴기술 및 재정을 동원해 조선의 이 풍부한 지하자원을 개발하는 데 성공한다면 이 풍요롭고도 유익한 지역은 기업 활동 분야에서 기업정신과 유휴자본을 활용할 만한 좋은 투자처가 될 것이다.

그렇기 때문에 조선의 수도에서는 세계열강들이 자국의 기업들에게 필요한 영업허가가 떨어질 수 있도록 영향력 확대를 도모하며 치열한 각축전을 벌이고 있다. 조선에서는 조만간 커다란 영향력에 관련된 중요한 결정들이 내려질 예정이다. 작년 서울에서 벌어진 청일 양국의 유혈분쟁 역시 부분적으로는 그 연장선상에서 벌어진 일이다.

---

8 [감교 주석] 쇄국정책

그러한 결정들 가운데 최소한 더 중요하고 반드시 필요한 철도노선 몇 개를 건설하는 것과 관련된 결정들도 포함된다. 모든 시작은 어려운 법이므로 그 결정들은 가장 겸손한 방식으로 이루어져야 할 것이다.

조선에는 자연적으로 형성된 운하가 아주 많다. 그 운하들은 엘베강, 베제르강, 오더강, 바이히젤강, 아이더강, 기타 북부독일의 다른 중요한 강들보다 훨씬 더 중요하다. 간단히 몇 개만 거론해 보겠다. 남서해안에는 영산강이 있다. 전라도에 있는 강으로 "그레이트 이스턴호 크기의 선박들이 무리 없이 왕래할 수 있다. 그리고 압록강과 한강을 비롯해 다른 강들도 많다. 그러나 가까운 장래에 내륙의 풍부한 광물지대까지 도달할 수 있는 철도 부설이 필요해질 것이다. 따라서 이 나라의 광산기업과 철도기업을 떠맡을 수 있는 자에게 조선의 미래가 달려 있다 할 수 있다. 그런 시기에 마술사, 회계원, 수전노, 잡문가 등, 근시안적 시각을 가진, 제국의회의 멍청한 사이비 정치인들은 정치가로서의 형안을 가진 수상이 조선 주재 총영사 배치를 위해 요청한 수천 마르크의 예산을 거부하였다.

필자는 20여 년 전 처음 중국에 갔다. 당시 중국에서는 올해인 1885년이 되면 중국이 기선과 전신, 철도를 소유하게 될 것이라고 주장하던 사람들이 있었는데, 그들은 모두 정신병원에 보내야 할 미치광이로 취급되었다. 조선 주재 독일 총영사를 거부한 사람들이야말로 독일 제국의회보다는 오히려 정신병원이 더 잘 어울릴 것이다.

그랬던 청국은 오늘날 건조방식이 다른 전함과 선박들, 병기창, 전신, 그리고 적어도 탄광과 연계된 철도를 갖고 있다. 또한 이미 완벽한 철도망 구축을 위한 계획을 수립해 놓고, 그에 필요한 차관을 도입하였다.

최근 본보에는 상하이의 아주 정통한 소식통을 인용해 청국 정부가 얼마 전 사망한 베이징 주재 영국 공사 파크스[9]의 중개로 영국의 자딘 매디슨[10] 사에 거액의 철도차관을 발행했다고 보도하였다. 또한 영국 정부는 상기 회사의 대리인에게 영국 공사에게 보내는 추천장을 발행해 베이징으로 보냈다고 하였다. 하지만 영국 공사에게 추천장은 아마 필요 없었을 것이다. 왜냐하면 지금은 고인이 된 파크스 공사는 해외에서의 영국 이익의 탁월하고 유능한 대변인이자 동 회사 주주이었을 뿐만 아니라 현재 상하이시 참사회 의장으로 있는 케스윅[11]의 장인이었기 때문이다. 정치와 국제경제 분야에 대한 근시안으로 남을 헐뜯기 좋아하는 색맹이라 할지라도 시간이 흐르면 철도차관, 자재공급 및 철도

---

9 [감교 주석] 파크스(H. S. Parkes)

10 [감교 주석] 이화양행(怡和洋行)

11 [감교 주석] 케스윅(J. J. Keswick)

관리를 통해 청나라 거주 영국인들이 손에 엄청난 지렛대를 쥐게 되었다는 사실을 다시 한번 깨닫게 될 것이다.

청국의 철도차관을 둘러싸고 베이징에서 영국과 미국이 금전적 이익을 다투는 동안 그 무대 뒤를 들여다보는 것은 아주 흥미진진했다고 한다. 한쪽에는 미국 공사이자 선교사인 체스터 홀컴[12]이, 다른 쪽에는 파크스가 있었는데, 파크스의 탁월한 외교력이 승리를 거두었다. 조만간 조선의 국가운영을 둘러싸고도 이와 유사한 문제들이 더욱 빈번하게 발생할 것이다. 그럴 경우 외국 대표들 가운데 일개 영사에 불과한 독일 대표는 당연히 독일을 위해 얻어낼 수 있는 성과가 미국, 청국, 일본, 러시아 공사들보다 작을 수박에 없다. 그렇게 될 경우 비난만 일삼던 독일 제국의회 의원들로 인해 당 지도부에 비난의 화살이 날아올 것이다. 하지만 이미 때는 늦었다. 그제야 화들짝 놀라서 근시안적인 눈을 비빈다 해도 동아시아의 제우스는 당연히 그들에게 "내가 조선을 새로 창조하는 동안 너희들은 어디에 있었던 거지?"라고 연민어린 질문을 던질 것이다.

면적은 대영제국과 같고, 인구는 네덜란드와 벨기에를 합한 정도 되는 조선은 현재 개혁을 향해 나아가고 있다. 그런데 독일 제국의회의 야당은 우리 시대 가장 위대한 정치가가 요청한 조선 주재 총영사 승인을 거부하였다. 이것은 조선반도에서의 독일의 이익을 우리 경쟁자들한테 넘겨주는 짓이자 독일의 이익을 유린하는 짓이다. 또한 온 세상이 지켜보는 가운데 제 얼굴을 때리는 짓이나 마찬가지이다. 오래전부터 제국의회에서는 비애국적인 표결은 거의 없었다. 다른 열강들과 어느 정도 대등한 자격으로 독일을 대표하기 위해서는 조선에 공사가 파견되어야 한다. 아니면 적어도 변리공사 자격의 총영사를 임명하여야 한다. 그래야 "소년이 샘물가에 앉아 꽃을 꺾어 화환을 만들려다 시대의 흐름에 빼앗겨 버렸노라."고 말할 수 있을 것이다. 근시안적인 야당 의원들은 독일이 손해를 입는 것을 그냥 지켜보고 있을 것이다.

최근 조선과 일본, 조선과 청국, 청국과 일본 간에 외교사절들이 빈번하게 오가는 정황에 대해서는 틀림없이 전보로 보고가 들어갔을 것이다. 또한 이곳 현장에서는, 자주 언급된 우리 동포 묄렌도르프[13]가 정치가다운 능숙한 조정능력을 발휘해 작년 서울에서 아주 격렬하게 충돌했던 정치적 갈등[14]들을 비교적 조선에 유리하게 평화로운 방식으로 타협을 이끌어냈다고 평가하고 있다.

현재 조약상 외국과의 교역이 허용된 3개의 항구 가운데 맨 마지막에 개항한 제물포

---

12 [감교 주석] 홀콤(C. Holcombe)
13 [감교 주석] 묄렌도르프(P. G. Möllendorff)
14 [감교 주석] 갑신정변

가 가장 중요한 항구가 될 것으로 보인다. 2년 전만 해도 약 80호 정도의 작은 집들로 이루어진 어촌마을에 불과했던 제물포에는 현재 청국인, 일본인, 그리고 서양인의 정착촌이 생겼다. 서양인 정착촌은 조선과 조약을 체결한 나라의 영사들을 비롯해 3년마다 새로 선출되는 지주들과 조선 관리 한 명으로 구성된 시참사회가 관리하고 있다. 자치는 다수결로 시행된다. 현재 시참사회 의장은 독일 영사 부들러[15]가 맡고 있다. 그는 매우 유능한 관리로서 대단한 호평을 받고 있다. 선출된 3명의 참사회 회원 가운데 두 명은 독일인이고 한 명은 영국인이다. 독일인 하나는 함부르크 마이어 상사[16]의 제물포 주재 지사장으로 사업적으로 매우 유능하고 신중한 상인이자 저명한 지주 칼 볼터이다. 또한 사람은 선장인데, 조선에서는 독일에서만큼 통하지 않는 슐체라는 이름으로 조선에서 일하고 있다.

마이어 상사의 직원들은 데틀레프젠 선장이 이끄는 증기선 헤퍼호를 통해 정기적으로 청국, 일본, 조선을 연결한다. 이 증기선은 한 달에 두 차례씩 상하이(청국)에서 나가사키(일본)을 거쳐 조선의 부산과 제물포로 운항하는데, 회항할 때도 같은 항구들을 거쳐서 상하이로 돌아간다. 소문에 의하면 이 선박회사는 가까운 시일 내에 제2의 증기선을 운항할 계획이라고 한다. 헤퍼호는 조선의 우편선도 겸하고 있다. 새로 도입될 증기선은 일본 미쓰비시[17] 상사와 교토의 Uniu Kwaishai 회사의 증기선들과는 별개로 운행된다.

우리의 위대한 수상각하께서 2년 전 독일 제국의 이익을 위해 요코하마 주재 독일제국 총영사 자페[18]를 서울로 파견하여 조약을 맺도록 한 것을 보면 미래에 대한 각하의 전망은 빗나가지 않았다. 제물포의 급속한 번영이 그것을 입증해준다. 만약 제국의회에서 방해를 일삼는 진보인사들이 이 사실을 믿고 싶지 않으면 직접 그곳에 가서 관찰해보기 바란다. 그럴 경우 그곳의 최고 숙소인 슈타인베르크 호텔을 추천하는 바이다.

제물포와 조선의 수도인 서울(한양)의 관계는 브레머항과 브레멘의 관계와 흡사하다.

---

15 [감교 주석] 부들러(H. Budler)

16 [감교 주석] 세창양행(世昌洋行)

17 [감교 주석] 미쓰비시(三菱)

18 [감교 주석] 자페(E. Zappe)

[영국의 거문도 점령에 관한 건]

발신(생산)일	1885. 7. 24	수신(접수)일	1885. 7. 31
발신(생산)자	슈바이니츠	수신(접수)자	비스마르크
발신지 정보	페테르부르크 주재 독일대사관	수신지 정보	베를린 정부
	No. 241		A. 6192
메모	연락장교를 통해 전달 8월 5일 도쿄, 서울 전달		

발췌

A. 6192　1885년 7월 31일 오전 수신

상트페테르부르크, 1885년 7월 24일

No. 241

비스마르크 각하 귀하

　조선에 관한 두 개의 훈령, 즉 이달 18일 자 No. 436과 6월 19일 자 No. 439를 접수하게 되어 영광입니다. 첫 번째 훈령은 문제된 항구가 퀠파트(제주도-번역자)[1]에 있는 해밀턴항[2]을 말하는 것인지 아니면 조선해안 근처에 있는 동명의 항구를 말하는 것인지 확인해달라는 요청입니다.

　후자, 즉 조선해안 근처에 있는 3개의 작은 섬으로 이루어진 섬에는 수심이 깊은 안전한 항구가 있습니다. 본인이 최대한 수집한 모든 정보들은 베이징 주재 독일제국 공사가 금년 4월 25일에 올린 보고와 일치합니다. 즉 슈틸러의 지도에는 없지만 킨페르트와 앙드레의 지리부도에는 해밀턴항으로 표기되어 있는 섬의 주민들은 조선 국왕의 통치하에 있습니다.

　(생략)[3]

　우리나라가 맺은 조약과 동일한 내용으로 러시아가 조선과 무역 및 항해에 관한 조

1　[감교 주석] 퀠파트(Quelpart), 오늘날 제주도
2　[감교 주석] 거문도(Port Hamilton)
3　[감교 주석] (생략)은 원문 표기

약[4]을 체결하였습니다. 그러나 그 조약에는 단지 해안 및 세 개의 항구에 대한 규정만 포함되어 있기 때문에 국경에서의 활발한 교류를 보장할 특별협정[5]을 준비할 필요가 생겼습니다. 코르프 장군이 그것을 준비하고, 베베르[6] 총영사가 그것을 완성할 것이라고 합니다.

황제의 자문위원회에서 (러시아 외무장관; 감교자) 기르스[7]한테서 가장 큰 지원을 받는 해군제독 셰스타코프 대신이 이 문제 역시 기르스와 협력해 잘 처리할 것입니다. 이른바 "의용 해군" 역시 그들의 거대한 증기수송선을 이용해 연안지방의 식민지화를 촉진하고 있습니다. 그러나 그 해역에 주둔하고 있는 전함사령관들은 주의력이 부족한 것으로 보입니다. 얼마 전 본인이 보고한 바와 같이 그들은 영국인들이 양자강 입구에서 부터 퀠파트[8]까지, 또 거기서 해밀턴항[9]까지 해저케이블이 깔리는 것을 알아차리지 못했습니다. 또한 그들은 조선의 해안과 일본해에서의 선박운행 상황을 전혀 정확히 파악하지 못하고 있습니다.

(생략)[10]

그러나 기르스는 베이징 주재 러시아 공사 포포프[11]로부터 전보로 보고를 받았습니다. 최근 서울에서 발생한 정변과 관련해 청국과 일본 사이에 미해결로 남아 있던 협상이 타결[12]되었다는 소식이었습니다. 그 덕분에 조선에서 일본과 청국은 평화적인 방식으로 세력의 균형을 이루게 되었습니다. 또한 양국은 조선 정부에 자신의 군대를 훈련시킬 외국인 교관의 임명권을 부여하였습니다.

만약 이 보고서 내용이 전적으로 옳다면, (영국 수상; 감교자) 솔즈베리[13] 후작이 언급한 바와 같은 청국 정부는 조선에 대한 배타적 종주권을 요구하지 않고 일본의 영향력을 자신들과 동등하게 인정하였다는 것이 사실로 입증되는 셈입니다. 그러나 일본은 영국과 마찬가지로 조선 정부와 직접 조약을 체결함으로써 조선 정부가 외교적 사안에

---

4 [감교 주석] 조러수호통상조약
5 [감교 주석] 조선과 러시아 간의 육로통상장정을 의미함. 조선과 러시아는 1888년에 조러육로통상장정을 체결함.
6 [감교 주석] 베베르(K. I. Weber)
7 [감교 주석] 기르스(N. Giers)
8 [감교 주석] 퀠파트(Quelpart), 오늘날 제주도
9 [감교 주석] 거문도(Port Hamilton)
10 [감교 주석] (생략)은 원문 표기
11 [감교 주석] 포포프(S. I. Popov)
12 [감교 주석] 톈진조약
13 [감교 주석] 솔즈베리(The third Marquess of Salisbury)

대한 협상권을 갖고 있다는 사실을 실제로 인정하였습니다.[14]

러시아 외무장관[15]은 조선의 국제적 지위에 관한 솔즈베리 후작의 견해를 근거 없는 것으로 보고 있습니다. 그러나 그는 영국 토리당 정부가 향후 어떤 입장을 취할지는 정확히 예상하고 있습니다. 일단 그는 현재 조선에서 영국의 영향력이 우세하다는 것, 그리고 묄렌도르프[16]가 완전히 제거되었다는 것은 부인할 수 없는 사실로 인정하고 있습니다. 조선에 파견되었으나 아무런 성과도 거두지 못한 (도쿄 주재 러시아; 감교자) 공사관 서기관 슈뻬이예르[17]는 묄렌도르프의 지위를 실제보다 더 낮게 평가한 것 같습니다.

(생략)[18]

슈바이니츠

원문: 조선 2

---

14 [원문 주석] 만약 외무부에 청국과 일본 주재 공사로부터 아직 조선과 청국의 관계에 대해 보고가 들어오지 않았다면 지체 없이 보고를 올리라고 요구해야 합니다.

15 [감교 주석] 기르스(N. Giers)

16 [감교 주석] 묄렌도르프(P. G. Möllendorff)

17 [감교 주석] 슈뻬이예르(A. Speyer)

18 [감교 주석] (생략)은 원문 표기

원문 p.376

조선의 자원 및 조선과의 무역에 관하여

발신(생산)일	1885. 7. 31	수신(접수)일	1885. 7. 31
발신(생산)자		수신(접수)자	
발신지 정보	A. 6219	수신지 정보	베를린 외무부 A. 6138

A. 6219 1885년 7월 31일 오후 수신

베를린, 1885년 7월 31일   A. 6138

내용:
조선의 자원 및 조선
과의 무역에 관하여

7월 26일 자
쾰른신문 스크랩

포체에게
참고자료로 제공

첨부문서로 동봉한 이달 26일 자 쾰른 신문 사설에는 조선의 자원에 관해 이곳에 들어온 보고와 본질적으로 모순되는 내용이 전혀 없다. 그러나 이 사설에는 허구가 하나 들어 있다. 그곳에 있는 유럽인들이 조선과의 무역을 별로 수익성이 없는 것으로 보는 핵심적인 이유들에 대해 침묵하고 있기 때문이다.

물론 조선은 풍요로운 나라이다. 기후는 건강에 해롭지 않고, 산맥에는 금과 은이 풍부하게 매장돼 있다고 한다. 하지만 정부는 불가피한 지출만 겨우 감당할 수 있을 정도로 몹시 가난하다. 국민들의 경우도 사정은 비슷해 보인다(1884년 10월 4일 자 (요코하마 주재 독일; 감교자) 총영사 자페[1]의 보고, II 41601 참조.) 더욱이 조선에서 유럽인은 청국인 및 일본인과 경쟁하여야 하는데, 그 경쟁은 유럽인이 감당하기에 버겁다. 왜냐하면 유럽 무역상사의 "일반부대비용"이 아시아 국가에 비해 10배나 더 필요하기 때문이다. 설사 조선에서 무역이 더 발전한다 해도 유럽인은 -비율을 따져보면 - 근소한 이윤밖에 얻을 수 없을 것이다. 그런데 조선의 무역거래는 아직 매우 제한

---

1 [감교 주석] 자페(E. Zappe)

적이다. 약 800백만 내지 950만 정도로 추산되는 적은 인구로는 인구 4억의 청국이나 인구 3,300백만의 일본과의 무역이 갖는 중요성에 도달할 수 없을 것이다.

청국인과 일본인은 조선 수출에 적합한 상품들을 유럽인이 직접 영국이나 독일 공장에서 구입하는 것만큼 싼 가격에 상하이나 요코하마에서 공급할 수 있다. 하지만 조선에서는 아시아인이 자신의 상품을 경쟁자인 유럽인의 가격보다 싸게 팔아도 이윤을 남길 수 있다. 이미 언급했다시피 무역에 필요한 부대비용이 유럽인들보다 더 적게 들기 때문이다.

아시아인이 수입무역의 대부분을 장악하고 있는 상황에서는 수출 역시 대부분 아시아인에 의해 이루어지게 된다. 무역이 부분적으로는 아직 교환무역의 성격을 갖고 있는 조선에서는 더더욱 그렇다.[2]

지금까지 발표된 조선의 무역 관련 통계를 보면 일본의 구리와 영국의 면직물이 교역 1위를 차지하고 있다. 독일이 아직까지 단지 염료만 수출품으로 고려하고 있다는 사실은 주목할 만하다. 조선의 염료 수입량 역시 그리 많지 않다.

조선의 주요항구인 제물포로 1883년 17,500달러어치의 염료가 수입되었다. 그해 외국에서 들여온 수입품 총액은 겨우 120만 달러에 불과하다. 그중 일본의 구리 한 가지 품목의 가격이 60만 달러에 이른다. 영국 면직물이 20만 달러어치이니, 전체 무역거래액에서 나머지는 통틀어 겨우 40만 달러만 남는 것이다.

조선에서 수출되는 품목을 살펴보면 독일이 특별히 관심을 가질 만한 품목이 전혀 없다. 수출품목에서는 보석과 건어물이 큰 비중을 차지하는데, 완전한 독점은 아니지만 주로 청국과 일본으로 수출된다.

동아시아에 설립된 외국 무역상사들의 위대한 기업정신에도 불구하고 지금까지 조선에는 독일 상사 하나밖에 설립되지 않았다는 사실로 미루어 다방면에서 실제적인 것들을 경험할 수 있는 조선의 이웃나라들에서는 조선과의 무역 발전에 대한 기대가 그다지 높지 않다는 것을 알 수 있다. 만약 기대가 높았다면 일본의 문호개방 직후 요코하마와 나가사키에서처럼 청국에 진출한 외국 대형 무역상사의 지점들이 벌써 조선에 진출했을 것이다.[3]

쾰른 신문의 일방적인 사설은 짐작컨대 조선 상황을 실제보다 더 미화시켜야 개인적인 이익을 얻을 수 있는 어느 상인과 관련이 있는 듯하다.

---

2 [감교 주석] 원문에는 '동아시아에 ~ 것이다.'에 취소선이 표기됨.
3 [감교 주석] 원문에는 '청국인과 ~ 그렇다.'에 취소선이 표기됨.

조선의 자원 및 조선과의 무역에 관하여

발신(생산)일	1885. 7. 31	수신(접수)일	1885. 7. 31
발신(생산)자	하츠펠트	수신(접수)자	
발신지 정보	A. 6219	수신지 정보	베를린 외무부 A. 6138

A. 6219   1885년 7월 31일 오후 수신, 첨부문서 1부

베를린, 1885년 7월 31일

내용:
조선의 자원 및
조선과의
무역에 관하여

참조: 린다우

첨부문서로 동봉한 이달 26일 자 쾰른 신문 사설에는 조선의 자원에 관해 이곳에 들어온 보고와 본질적으로 모순되는 내용이 전혀 없다. 그러나 이 사설에는 허구가 하나 들어 있다. 그곳에 있는 유럽인들이 조선과의 무역을 별로 수익성이 없는 것으로 보는 핵심적인 이유들에 대해 침묵하고 있기 때문이다.

물론 조선은 풍요로운 나라이다. 기후는 건강에 해롭지 않고, 산맥에는 금과 은이 풍부하게 매장돼 있다고 한다. 하지만 정부는 불가피한 지출만 겨우 감당할 수 있을 정도로 몹시 가난하다. 국민들의 경우도 사정은 비슷해 보인다 (1884년 10월 4일 자 총영사 (요코하마 주재 독일; 감교자) 총영사 자페[1]의 보고, II 41601 참조). 더욱이 조선에서 유럽인은 청국인 및 일본인과 경쟁하여야 하는데, 그 경쟁은 유럽인이 감당하기에 버겁다. 왜냐하면 유럽 무역상사의 "일반부대비용"이 아시아 국가에 비해 10배나 더 필요하기 때문이다. 설사 조선에서 무역이 더 발전한다 해도 유럽인은 -비율을 따져보면 – 근소한 이윤밖에 얻을 수 없을 것이다. 그런데 조선의 무역거래는 아직 매우 제한적이다. 약 800만 내지 950만 정도로 추산되는 적은 인구로는 인구 4억의 청

---

1   [감교 주석] 자페(E. Zappe)

국이나 인구 3,300만의 일본과의 무역이 갖는 중요성에 도달할 수 없을 것이다.

지금까지 발표된 조선의 무역 관련 통계를 보면 일본의 구리와 영국의 면직물이 교역 1위를 차지하고 있다. 독일이 아직까지 단지 염료만 수출품으로 고려하고 있다는 사실은 주목할 만하다. 조선의 염료 수입량 역시 그리 많지 않다.

조선의 주요항구인 제물포로 1883년 17,500달러어치의 염료가 수입되었다. 그해 외국에서 들여온 수입품 총액은 겨우 120만 달러에 불과하다. 그중 일본의 구리 한 가지 품목의 가격이 60만 달러에 이른다. 영국 면직물이 20만 달러어치이니, 전체 무역거래액에서 나머지는 통틀어 겨우 40만 달러만 남는 것이다.

조선에서 수출되는 품목을 살펴보면 독일이 특별히 관심을 가질 만한 품목이 전혀 없다. 수출품목에서는 보석과 건어물이 큰 비중을 차지하는데, 완전한 독점은 아니지만 주로 청국과 일본으로 수출된다.

쾰른 신문의 일방적인 사설은 짐작건대 조선 상황을 실제보다 더 미화시켜야 개인적인 이익을 얻을 수 있는 어느 상인과 관련이 있는 듯하다.

하츠펠트

사본

베를린, 1885년 8월 1일

A. 6051, 6115, 5657

슈바이니츠 귀하
페테르부르크, No. 457

귀하에게 청국과 조선의 관계 및 해밀턴항[2]에 관한 비망록과 해밀턴항에 대한 슈발로프와의 회담기록 사본을 동봉하여 전달하오니 개인적으로 참고하시기 바랍니다. - 이 문서들은 조선 문제에 관한 독일의 입장과 관련해 최근 귀하에게 전달한 바 있는 우리 측 보고들의 내용을 보완해줍니다. 즉 우리는 청국에서와는 달리 조선에서는 독일의 경제적 이익을 고려할 필요성이 크지 않은 만큼 더더욱 신중한 접근이 필요하다는 내용입니다. 조선이 조약체결 열강들에게 요청했던 중재[3]요청을 철회하였기 때문에 일단 우리는 이 문제에 대해 꼭 의견을 표명할 필요는 사라졌습니다. 따라서 귀하도 그 문제에 대해 더 이상 논할 필요가 없습니다. 그러나 만일 우리가 부득이 러시아와 타협해야 할 입장이 되면 그때 다시 이 문제를 재론하게 될 것입니다.

하츠펠트
원문: 조선 2

---

2 [감교 주석] 거문도(Port Hamilton)
3 [감교 주석] 조선은 영국의 거문도 철수를 목적으로 미국, 독일, 일본에게 거중조정(居中調整; good office)을 요청하려고 시도하였다가, 영국의 철회 요청으로 이를 그만둠. 이 보고서의 '중재'는 거중조정을 의미하는 것임.

사본

베를린, 1885년 8월 5일   A. 6192

1. 된호프, 도쿄 A. 7   조선의 정치적 지위[4]에 대한, 즉 다른 나라들과 조
2. 부들러, 서울 A. 2   선의 관계에 대한 귀하의 보고에는 조선이 청국과
                                        어떤 관계에 있는지, 또 어떤 근거에서 조선이 외
참조로   국에 대해 독립국가로서의 지위를 가질 수 있는지
베이징 A. 5657에 발송   가 명확히 밝혀져 있지 않습니다. 귀하는 이 문제
                                        를 더 면밀히 연구하시어 최대한 상세하게 보고해
                                        주기를 요청합니다.

                                                              하츠펠트
                                                          원문; 조선 2

---

4   [감교 주석] 조선이 청의 속방인가의 여부 및 그에 따른 조선의 독립국으로의 지위 여부에 관한 건.

젬부쉬 총영사의 주조선 외국 대표들에 대한 보고

발신(생산)일	1885. 6. 26	수신(접수)일	1885. 8. 24
발신(생산)자	젬부쉬	수신(접수)자	비스마르크
발신지 정보	서울 주재 독일 총영사관	수신지 정보	베를린 정부
	No. 53		A. 6924
메모	연도번호 No. 360		

A. 6924 1885년 8월 24일 오후 수신

서울, 1885년 6월 26일

No. 53

비스마르크 각하 귀하

이곳에 있는 외국 대표들의 동정에 대해 후작 각하께 삼가 다음과 같이 보고드리게 되어 영광입니다.

(서울 주재; 감교자) 미국 공사 푸트[1]는 아직까지 미국에 체류 중입니다. 그가 다시 이곳으로 돌아올지 여부는 정확히 알려지지 않았습니다. 해군대위 포크[2]가 그를 대리하고 있습니다.

영국 총영사 애스턴[3]은 이달 초순 건강상의 이유로 그동안 머물렀던 일본에서 돌아왔습니다. 하지만 그는 여전히 질환에 시달리고 있어 조선에 그리 오래 머무를 것 같지 않습니다.

그를 대리했던 부영사 칼스[4] 역시 현재 꽤 긴 휴가를 떠났는데 이곳 조선으로 돌아올 것 같지 않습니다. (부산 주재 영국; 감교자) 부영사 파커[5]가 그를 대신하여 현재 제물포 영사관 업무를 보고 있습니다. 이곳 서울에는 서기관 스코트[6] 한 사람만 남아

---

1 [감교 주석] 푸트(L. H. Foote)
2 [감교 주석] 포크(G. C. Foulk)
3 [감교 주석] 애스턴(W. G. Aston)
4 [감교 주석] 칼스(W. R. Carles)
5 [감교 주석] 파커(E. H. Parker)
6 [감교 주석] 스코트(J. Scott)

있고, 2등참사관 알렌은 휴가 중입니다. 부산과 원산에는 영국 영사도 없고 미국 영사도 없습니다.

일본 공사관에서는 현재 곤도[7]가 휴가차 일본으로 떠났습니다. 영어에 능통한 다카히라[8]가 그를 대리하고 있습니다. 다카히라는 수년간 미국에 있었습니다. 그는 5월 초에 이곳에 부임했습니다.

청국 대표부[9]는 변함없이 천수탕[10]이 총판[11]으로 있습니다.

이달 초순 (도쿄 주재; 감교자) 러시아 공사관 서기관 슈뻬이예르[12]가 러시아 군함을 타고 이곳에 도착하였습니다. 조선 정부에 러시아와 조선 간에 체결된 조약의 비준서가 약속된 기일이 지나고 나서, 즉 8월 중순이나 하순경에야 비로소 도착할 것이고, 그때는 베베르[13]가 비준서를 가지고 올 것이라는 사실을 통지하기 위해서라고 합니다. 그때까지 슈뻬이예르는 대리인으로 이곳에 머물 예정입니다.

청국 담당 이탈리아 공사 데 루카[14] 역시 조약[15]비준서를 교환할 예정입니다.

청국과 일본 담당 오스트리아-헝가리 공사 찰루스키가 7월 말 이곳에 도착할 예정임을 알려왔습니다. 그의 목적은 오스트리아-헝가리 정부의 이름으로 어떤 조약을 체결하려는 것입니다.

작년 말 이곳에 도착한 미국 의사 알렌[16] 박사는 미국 선교단의 위탁으로 그 단체의 경비지원을 받아 여행 중이며, 두 명의 젊은 의사를 조수로 대동하고 있습니다.

그들은 병원을 설립하고 많은 자선사업을 하고 있습니다.

이 의사들은 장차 이곳에 들어올 미국 선교단의 기초를 다지려는 목적으로 보입니다.

조선 정부의 관대한 묵인하에 은밀히 이곳에 체류하고 있는 프랑스의 블랑[17]주교는 청불 양국 간 갈등[18]이 끝나게 되면 프랑스도 다시 한번 조선과 조약을 체결하기 위한

---

7 [감교 주석] 곤도 마스키(近藤眞鋤)
8 [감교 주석] 다카히라 고고로(高平小五郎)
9 [감교 주석] 상무총서(商務總署)
10 [감교 주석] 천수탕(陳壽棠)
11 [감교 주석] 주차조선총판상무위원(駐箚朝鮮總辦商務委員)
12 [감교 주석] 슈뻬이예르(A. Speyer)
13 [감교 주석] 베베르(K. I. Weber)
14 [감교 주석] 데 루카(de Luca)
15 [감교 주석] 조선-이탈리아 수호통상조약
16 [감교 주석] 알렌(H. N. Allen)
17 [감교 주석] 블랑(J. C. Blanc)
18 [감교 주석] 청불전쟁(Sino-French War, 淸佛戰爭)

시도를 해볼 것이라고 하였습니다.

젬부쉬

내용: 젬부쉬 총영사의 주조선 외국 대표들에 대한 보고

조선 주둔 일본군과 청국군에 대한 총영사 젬부쉬의 보고

발신(생산)일	1885. 6. 27	수신(접수)일	1885. 8. 24
발신(생산)자	젬부쉬	수신(접수)자	비스마르크
발신지 정보	서울 주재 독일 총영사관	수신지 정보	베를린 정부
	No. 54		A. 6925
메모	연도번호 No. 362		

A. 6925 1885년 8월 24일 오후 수신

서울, 1885년 6월 27일

No. 54

비스마르크 각하 귀하

각하께 삼가 아래와 같이 보고드리게 되어 영광입니다.:

이달 초 일본의 수송선들이 이곳에 주둔하는 병력 일부를 일본으로 이송하였습니다. 약 500명 정도의 인원입니다. 이곳 서울에는 아직 공사관 초병 100명 정도가 남아 있습니다. 또한 제물포에 약간 명의 인원이 잔류하고 있습니다. 일본 대표 곤도[1]의 말에 의하면 공사관을 지키는 소수의 초병들이라고 합니다. 제물포에는 일본 전함들이 끊임없이 기항하는데, 그때마다 승무원들이 상륙하는 데 병사들이 필요하다는 것입니다.

청국 병력 1,500명은 아직 서울에서 서로 가까이 있는 세 곳의 진지에 머무르고 있습니다. 그중 제일 남쪽에 있는 진지가 고지대에 위치하고 있으며 방비가 잘 구축되어 있습니다. 그들은 서울의 동대문을 점령하고 있습니다. 500명의 또 다른 병력이 청국 전함이 주둔 병력과의 연락장소로 늘 이용하는 마산포항으로 가는 도중에 주둔하고 있습니다. 마산포는 제물포에서 약간 남쪽에 위치하고 있으며, 같은 이름의 다른 항구가 부산 근처에 있습니다.

전 조선 병조판서 민종묵[2]이 공물을 상납하기 위해 가까운 시일 내에 청국에 특사로

---

1 [감교 주석] 곤도 마스키(近藤眞鋤)
2 [감교 주석] 민종묵(閔種默)

파견될 것이라고 합니다. 하지만 이번 사절은 매년 정기적으로 파견되는 사절과는 성격이 다릅니다.

그는 이전에 섭정을 했던 국왕의 부친 대원군[3]의 귀환을 추진해 보라는 특명을 받았다고 합니다.

젬부쉬

내용: 조선 주둔 일본군과 청국군에 대한 총영사 젬부쉬의 보고

---

3 [감교 주석] 흥선대원군(興宣大院君)

조선에서의 병력 철수와 관련된 일-청 조약에 관한 청국 대신들의 의견

발신(생산)일	1885. 6. 26	수신(접수)일	1885. 8. 24
발신(생산)자	브란트	수신(접수)자	비스마르크
발신지 정보	베이징 주재 독일 공사관 No. 142	수신지 정보	베를린 정부 A. 6931
메모	8월 26일 도쿄 8 전달 8월 28일 런던 364 전달		

A. 6931 1885년 8월 24일 오후 수신, 첨부문서 1부

베이징, 1885년 6월 26일

No. 142

기밀

비스마르크 각하 귀하

금년 5월 27일 일본 정부는, 금년 4월 18일 톈진에서 청일 양국 군대의 조선 철수에 관하여 양국 전권대사가 서명한 협정[1]의 내용을 공표하였습니다. 또한 같은 날 청국 전권 대사 리훙장[2]이 일본 측 전권대사[3]에게 보낸 서한도 함께 공표하였습니다. 서한에는 최근 조선에서 정변[4]이 벌어지는 동안 청국군이 보여준 태도를 비난하는 내용이 담겨 있습니다. 일본에서 공식적으로 상기 협정서의 일부로 발표된 그 서한의 영어 번역본은 본인이 이미 사본을 첨부해 보고한 바 있습니다. 또한 원래 공사관서기관 케텔러 남작에게 그 일을 위임하려 했으나[5] 본인이 직접 총리아문을 통해 리훙장 서한의 중국어 사본을 입수하였습니다.

6월 23일 속창[6]과 딩루창[7] 두 대신에게 케텔러 남작이 개인적으로 일본 측 발표문에

---

1 [감교 주석] 톈진조약
2 [감교 주석] 리훙장(李鴻章)
3 [감교 주석] 이토 히로부미(伊藤博文)
4 [감교 주석] 갑신정변
5 [감교 주석] 원문에는 '원래 ~ 했으나'에 취소선이 표기됨.

대해 알려주자 그들은 청국이 조선에서 일본의 군사 활동을 방해했다는 주장에 대해 격렬히 반박하였습니다. 일본에서 해당 문구들을 거짓으로 삽입했다는 것입니다.

본인은 일본 정부가 공표한 내용의 신빙성에 대해 일말의 의구심도 갖고 있지 않습니다. 하지만 리훙장이 베이징에 문서를 전혀 보내지 않았거나 일부만 보냈을 가능성이 전혀 없지는 않습니다. 어쨌든 총리아문 대신들의 상기와 같은 반응을 보면, 베이징이 아닌 곳에서 내각의 각료가 아닌 인물이 중요한 협상을 진행하는 것이 별로 권장할 만한 일이 아니라는 새로운 증거가 될 수 있습니다.

브란트

내용: 조선에서의 병력 철수와 관련된 일-청 조약에 관한 청국 대신들의 의견,
　　　첨부문서 1부

1885년 6월 26일 자 No. 142의 첨부문서
첨부문서의 내용(원문)은 독일어본 387~388쪽에 수록.

6　[감교 주석] 속창(續昌)
7　[감교 주석] 딩루창(丁汝昌)

베를린, 1885년 8월 26일   A. 6931

된호프 귀하   귀하에게 일청조약[8]에 대한 청나라 대신들의
                                    의견에 관한 베이징 주재 독일제국 공사의 6월
도쿄, No. A 8   26일 자 서한의 사본을 개인적인 정보로 제공
연도번호 No. 3909   하게 되어 영광입니다.

8월 27일 9시 우편으로 발송
조선 1

---

8 [감교 주석] 톈진조약

조선 철수와 관련된 일청 조약[1]에 대한 청국 대신들의 의견

발신(생산)일	1885. 7. 9	수신(접수)일	1885. 8. 26
발신(생산)자	브란트	수신(접수)자	비스마르크
발신지 정보	베이징 주재 독일 공사관	수신지 정보	베를린 정부
	No. 155		A. 7005
메모	8월 28일 런던 364 전달		

A. 7005 1885년 8월 26일 오전 수신

베이징, 1885년 7월 9일

No. 155

비스마르크 각하 귀하

청일조약 문서의 일부인 리훙장[2]의 서한에 관한 금년 7월 26일 자 본인의 보고 No. 142와 관련해 총리아문의 또 다른 대신 랴오소우헝[3]이 지난 번 대신들과는 다른 발언을 했음을 보고드리게 되어 영광입니다.

내용은 다음과 같습니다.: 일본에서 발표된, 리훙장이 이토[4] 대사에게 서한을 보냈다는 것은 물론 사실이다. 하지만 리훙장은 황제의 전권대사 자격이 아니라 조선 주둔 청국군 지휘관의 상사라는 개인자격으로 일본대사에게 호의를 베풀기 위해 그런 조치를 취한 것이다. 따라서 그는 황제에게 아무 것도 보고하지 않았다. 그것은 리훙장의 개인적인 조치이므로 청국 정부와는 아무런 관계가 없는 일이다.

이것은 리훙장이 서한에서 자신을 명백하게 청국 정부의 전권대사로 지칭하고 있는 바, 그 서한의 공표로 인해 발생할 파문을 약화시키려는 의도로 보입니다.

브란트

---

1 [감교 주석] 톈진조약
2 [감교 주석] 리훙장(李鴻章)
3 [감교 주석] 랴오소우헝(廖壽恒)
4 [감교 주석] 이토 히로부미(伊藤博文)

베를린, 1885년 8월 28일   A. 6931, 7005

주재 외교사절 귀중
기밀
6. 런던 No. 364

귀하에게 일청조약에 대한 청나라 대신들의 의견에
관한 베이징 주재 독일제국 공사의 6월 26일 자 및
7월 9일 자 보고서 사본을 개인적인 정보로 제공하
게 되어 영광입니다.

연도번호 No. 3946
조선 1

내용: 조선 철수와 관련된 일청 조약[5]에 대한 청국
대신들의 의견

---

5 [감교 주석] 톈진조약

조선의 최근 정치동향 및 가능성이 있는
독일인 교관 채용에 관한 함부르크 마이어 상회의 보고

발신(생산)일	1885. 8. 29	수신(접수)일	1885. 8. 30
발신(생산)자	쿠써로우	수신(접수)자	비스마르크
발신지 정보	함부르크 마이어 상사	수신지 정보	베를린 정부
	No. 45		A. 7161
메모	9월 4일 베이징 15, 서울(브란트) 5 전달		

A. 7161   1885년 8월 30일 오전 수신, 첨부문서 4부

함부르크, 1885년 8월 29일

No. 45

비스마르크 각하 귀하

독일과 조선 간 무역에 관한 오늘 자 본인의 보고와 관련하여, 제물포 주재 마이어 상사[1] 정보요원이 조선의 최근 정치동향 및 독일 장교 추천 노력과 관련하여 마이어 본사, (베이징 주재 독일; 감교자) 공사 브란트[2], (서울 주재 독일; 감교자) 총영사 젬부쉬[3]와 주고받은 서신들 중에 본인에게 은밀히 전해진 몇 개의 발췌본 사본을 각하께 전달하게 되어 영광입니다. 이미 각하께 조선과 청국에서 공식적인 보고가 올라갔을 것으로 예상하지만 동봉한 첨부자료들은 그 보고들과는 다른 몇 가지 흥미로운 사실들을 제공할 것입니다.

쿠써로우

내용: 조선의 최근 정치동향 및 가능성이 있는 독일인 교관 채용에 관한 함부르크 마이어 상회의 보고

---

1   [감교 주석] 세창양행(世昌洋行)
2   [감교 주석] 브란트(M. Brandt)
3   [감교 주석] 젬부쉬(O. Zembsch)

보고 No. 45의 첨부문서 1
사본

함부르크 마이어 상사[4]

대표 볼터에게 보내는 상용서한(商用)에서 발췌

제물포, 1885년 7월 4일

　예전에 이미 보고드린 바 있는 이유들로 인해 서울에서 뭔가 성과를 내는 것은 참으로 어렵습니다. 이제 우리에게 남은 유일한 희망은 실패한 듯 보였던 독일인 교관들의 임명입니다. 우리는 다방면으로 독일인 교관이 임명될 수 있도록 노력하였습니다. 그 자리에 대해서는 이미 작년부터 논의가 있었습니다. 우리는 묄렌도르프[5]의 언명도 있고 해서 독일인 교관이 임명될 거라는 기대를 갖고 있었습니다. - 결과는 지난 번 우리의 보고를 통해 알고 계실 것입니다. 오랜 심사숙고 끝에 우리는 지난달 말경에 최후의 수단으로 독일 대표부[6]에 서한을 보내기로 결정하였습니다. 비록 공식적인 답변을 듣지는 못하였으나 만족할 만한 소식을 들었습니다. 그 소식을 듣고 우리의 노력이 완전히 헛되지는 않았다는 결론을 내렸습니다. 처음에는 러시아가 러시아 장교들만 채용할 것을 고집하였다고 합니다. 그러나 러시아 주재관 슈뻬이예르[7]가 그 계획을 완전히 포기하였는데, 아마도 우리가 보낸 서한과 수차에 걸친 서울 방문이 적지 않은 역할을 한 듯합니다.[8] 우리가 입수한 개인적인 정보들에 의하면 이것은 틀림없는 사실로 보입니다. 이로써 독일인 교관의 임명 가능성이 상당히 높아졌다고 말할 수 있습니다. - 우리가 총영사[9]에게 올린 서한을 보고 짐작하시겠지만 우리는 심지어 교관의 급여 일부를 우리 측에서 지불할 계획까지 갖고 있습니다. 물론 그것은 최소한의 범위 안에서 이루어져야 할 것입니다. 또한 반대급부로 무기구매 내지 무기구매 약속이 있을 때에만 가능한 일입니다. - 어쨌든 우리 측의 제안은 매우 호의적으로 받아들여질 것입니다. 따라서 대표님께서

4　[감교 주석] 세창양행(世昌洋行)
5　[감교 주석] 묄렌도르프(P. G. Möllendorff)
6　[감교 주석] 서울 주재 독일 총영사관
7　[감교 주석] 슈뻬이예르(A. Speyer)
8　[감교 주석] 1885년 조러밀약설이 대두되면서, 조선은 묄렌도르프가 추진하였다고 알려진 러시아 군사교관 초빙 계획을 부인하고, 미국인 군사교관 고빙을 추진하였음.
9　[감교 주석] 젬부쉬(O. Zembsch)

도 이 계획에 반대하지 않으시기를 기대합니다. 리훙장[10]이 이 문제에 상당히 큰 관심을 갖고 있기에 우리는 베이징 주재 독일 대표부[11]를 통해서도 접근해볼 생각이며, 다음번에는 베이징으로 서한을 보낼 예정입니다.

독일 함대: 지난달 말 "일티스"호가 이곳에 도착하였으며, 그 며칠 뒤인 6월 30일에는 "나우틸루스"호가 도착하였습니다. 그리하여 현재 유감스럽게도 이 두 군함만으로 함대가 편성되었습니다. – 뢰트거[12] 함장은 서울에 가서 왕을 알현하였습니다. 반면 함대사령관이자 "나우틸루스"호 함장인 아센보른[13]은 운이 나빴습니다. 그는 알현에 앞서 왕 앞에서 연주하도록 "나우틸루스"호 소속 군악대를 서울로 보냈습니다. 하지만 왕이 병환 중이라는 통고를 받는 바람에 모든 계획이 수포로 돌아갔습니다. – 궁중에 군악대가 등장했더라면 틀림없이 독일의 영향력을 더 강화시키는 데 기여했을 것입니다. 어쩌면 음모를 유발하는 계기가 되었을 수도 있습니다.

1) "헤버"호가 지난번 운항 중에 어디인지 전혀 알려지지 않은 어느 항구에 이곳으로 수송하기 위한 쌀 약 5만 피쿨[14]이 준비되어 있다는 정보를 수집해 왔습니다. 그래서 우리는 서면으로 총영사에게 군함을 한 척 파견하여 그 항구를 조사해줄 것을 요청하였습니다. 이번에 우리는 커다란 성과를 거두었습니다. 어제 "나우틸루스"호 갑판에서 열린 회의에 본인도 참석하였습니다. 거기서 "헤버"호가 운항을 나갈 때마다 늘 이용하는 목포 방향 북쪽 하구는 아직 어느 지도에도 표기되어 있지 않은 항구이므로 "일티스"호가 그곳을 측량한 다음 그곳에서 부산 근처 마산포항까지의 지도를 작성하기로 결정하였습니다. "일티스"호는 7월 20일 상하이로 돌아가며, 그곳에서 다음 교대 시까지 대기할 예정입니다.

2) "나우틸루스"호는 조선 남남서쪽에 있는 것으로 보이는 미곡 항구 Mann Cho Da 으로 가서 그곳을 측량한 후 "일티스"호와 마찬가지로 7월 20일 상하이로 돌아갈 예정입니다.

"일티스"호는 7월 7일인 오늘 이미 출항했고, "나우틸루스"호는 내일 정오나 모레 아침 출항할 것입니다. 우리가 "헤버"호를 보유하고 있는 동안은 "헤버"호가 새로운 항구에 가야 할 경우 그곳의 지도를 가져갈 수 있도록 독일 선박들이 대부분 미탐사 상태로

---

10 [감교 주석] 리훙장(李鴻章)
11 [감교 주석] 베이징 주재 독일 공사관
12 [감교 주석] 뢰트거(Rötger)
13 [감교 주석] 아센보른(Aschenborn)
14 [감교 주석] 피쿨(Picul)은 중국의 중량 단위로 약 60.48그램에 해당함.

남아 있는 조선 해안을 최대한 많이 탐사하는 것이 가장 중요합니다.

보고 No. 45의 첨부문서 2

사본   제물포, 1885년 7월 6일

함부르크 마이어 상사 대표,
칼 볼터의 개인서신에서 발췌

묄렌도르프[15]에 관해. 오늘 자 본인의 개인서신은 특히 그에게 중요합니다. 그의 지위
가 몹시 흔들리고 있는 듯합니다. 정부 사업에 관한 지난번 서신에서 본인은 묄렌도르프
는 러시아 장교만을 채용할 생각이라 독일 장교의 채용에 반대한다고 보고한 바 있습니
다. 조선에서 벌어지는 모든 일을 비난하면 묄렌도르프가 불쾌하게 생각하는 것은 당연
합니다. 하지만 결과적으로 자신의 조국을 배반하는 것은 그 어떤 상황에서도 결코 옳은
일이 될 수 없다는 것이 본인의 생각입니다. 본인은 그 점에 대해 묄렌도르프에게 조심스
럽게 주의를 환기시킨 적도 있습니다. 하지만 조만간 누군가 조선을 빼앗거나 빼앗으려
들 것이고 그럴 경우 러시아가 조선의 친구로 등장할 거라는 묄렌도르프의 주장을 틀렸
다고 말할 수는 없습니다. 그렇기는 하지만 생각과 말이 다른 상대방과의 우정은 매우
위험하다는 것이 본인의 생각입니다. 2주 전만 해도 묄렌도르프한테는 좋은 기회가 있었
습니다. 본인이 서울에 머물렀던 3주 전에는 훨씬 더 좋은 기회들이 있었습니다. 당시
본인이 친구 부들러[16]와 함께 천다런[17]을 방문했을 때 교관 문제가 화제에 올랐습니다.
그때 Chen은 리훙장[18]한테서 독일 장교를 추천하고 채용을 권하는 서신을 국왕에게 전
해달라는 훈령을 받았다고 말했습니다. 하지만 국왕이 그 서신에 받고 매우 유감스럽게
도 이미 미국 공사에게 4명의 교관을 추천해 달라고 요청했기 때문에 리훙장의 권유를
받아들일 수 없다고 답변하였다고 합니다. Chen은 그 답변에 불쾌감을 표시했습니다.
"게다가 나가사키에서 온 그자는 묄렌도르프와 아주 가까운 친구"라고 말하면서 한쪽

---

15 [감교 주석] 묄렌도르프(P. G. Möllendorff)
16 [감교 주석] 부들러(H. Budler)
17 [감교 주석] 천다런(陳大人)은 천수탕(陳樹棠)을 높여 부르는 말.
18 [감교 주석] 리훙장(李鴻章)

눈을 찡긋했습니다. 그는 나가사키에서 온 슈뻬이예르[19]를 "그자"라고 지칭할 뿐, 결코 이름을 부르지 않았습니다. 그것을 보고 청국 대표가 이 문제로 묄렌도르프와 대립하고 있다는 것을 알 수 있었습니다. 또한 비록 처음에는 조선이 슈뻬이예르에게 굴복한 듯했지만 서울에 있는 연합세력이 슈뻬이예르의 계획을 완전히 무산시키는 데 성공한 것 같습니다. 본인이 탐문한 바로는 슈뻬이예르는 내일 나가사키로 귀환한다고 합니다. 본인은 묄렌도르프가 완전히 실각하지 않기를 희망하고 있습니다. 그것이 우리에게 유리하기 때문입니다. 비록 이 문제에 관한 한 묄렌도르프가 우리에게 우호적인 태도를 보여주지 않았음에도 불구하고 만일 그가 실각한다면 실로 유감스러운 일이 될 것입니다. 묄렌도르프의 생각을 미리 짐작할 수 있었더라면 본인은 처음부터 교관 문제를 그와 의논하지 않고 독일 총영사에게 넘기는 것이 나았을 것입니다. 비록 뒤늦게나마 그렇게 되었지만 말입니다. 그러니 아직 독일 교관 건이 완전히 물 건너간 것은 아닙니다. 본인은 아직 희망을 버리지 않고 있습니다. 본인이 이 문제에 나서는 것은 약간의 활동비용과 함께 매년 일정 정도의 분담금이 소요될 수도 있습니다. 대표님께서 그 점은 양해해 주시기 바랍니다. 본인의 서신에 대해 독일 총영사[20]는 아직 공식적인 회신을 하지 않았지만 개인적으로는 여러 차례 서신을 보내왔습니다.

일청 양국 군대가 철수한 뒤 소요사태가 쉽게 촉발할 가능성을 완전히 배제할 수는 없습니다. 아니, 오히려 가능성이 높다고 말할 수 있습니다. 따라서 "일티스"호와 "나우틸루스"호를 8월에 이곳에서 다시 볼 수 있어서 다행으로 생각합니다. 베를린과 베이징에서는 현재 조선을 더 많이 주시하면서 소요발생 가능성에 대한 우려가 더 커진 듯합니다. 어쨌든 이미 오래전에 베를린에 전달한 바 있는 8월의 지원 요청은 지체 없이 승인될 것 같습니다. 물론 본인은 함정들이 계속 이곳에 머무르면서 모든 것이 평온하게 유지되기를 바라고 있습니다. 소요가 반복되는 것은 정말 끔찍한 일입니다. 본인은 관계자가 아니라 12월에 며칠 간 벌어진 사건[21]의 규모가 어느 정도이고 또 반란자[22]들이 사전에 어떤 계획들을 세웠는지 쉽게 파악할 수 없습니다. 국왕이 (이 사람은 그저 자기주장이 없는 꼭두각시에 불과해 보입니다.) 반강제적으로 반란자 측에 가담했다는 것이 사실인 듯합니다. 반란자들은 일본인들과 협력해 반대파[23]를 전부 죽이는 것 말고는 아무 계획

---

19 [감교 주석] 슈뻬이예르(A. Speyer)
20 [감교 주석] 젬부쉬(O. Zembsch)
21 [감교 주석] 갑신정변
22 [감교 주석] 급진개화파
23 [감교 주석] 친청파

도 없었던 것 같습니다. 여러 가지 정황이 그것을 입증하고 있어 대다수 사람들은 그것을 사실로 믿고 있습니다. 이런 사건은 절대 잊을 수 없는 일이기에 차후에 본인이 귀국하게 되면 그때 세세한 내용을 보고드리도록 하겠습니다. 본인은 정말 모든 것이 평온하게 유지되기를 간절히 바랍니다. 하지만 서울에서 병력을 전부 철수시키는 것은 명백히 그 릇된 처사라는 것이 본인의 확고한 견해입니다.

이곳 제물포에서는 지금 "One Meyer, one Consul"이라는 말이 돌고 있습니다. 선객 들 역시 그렇게 말합니다. 그러면서 본인에게 현재 베를린에서 조선에 관심을 갖고 있는 듯하다고 어떻게 말할 수 있느냐고 했습니다.

보고 No. 45의 첨부문서 3

사본   제물포, 1885년 6월 21일

A. 7161

서울 주재

독일제국 총영사 겸 위원

해군대령 젬부쉬[24] 귀하

에센 소재 크룹 철강공장, 칼스루에 소재 "로렌츠 탄약공장, 그 밖의 독일 무기제조공 장과 기계공장의 대표들로서 우리는 귀하에게 가능하면 최소 한 명 이상의 독일 고위급 장교나 하급 장교를 채용하도록 조선 정부를 설득해줄 것을, 혹은 독일군 장교 채용의 이점을 조선 정부에 설명해줄 것을 간곡히 요청 드립니다.

최근 우리는 여러 곳에서 조선 정부가 일본군과 청국군의 철수로 인해 자국의 군대를 창설할 수밖에 없으며, 따라서 다수의 외국인 장교들을 채용할 예정이라는 소식을 접했 습니다. 미국 공사관에서는 이미 대표를 통해 조선 정부에 영향력을 행사하는 데 성공하 였다고 합니다. 하지만 우리가 알기로 초청된 4명의 미국인들은 조선의 군무사에 그다지 도움이 되지 못할 것입니다. 이번 경우 독일인 몇 명이 교관으로 채용되는 것은 독일

---

24 [감교 주석] 젬부쉬(O. Zembsch)

무기산업에 아주 중요한 의미를 가질 것입니다. 만약 지금 미국 장교들과, 현재 조선에 체류하고 있는 러시아 주재관인 슈뻬이예르[25]가 밀고 있는 러시아 장교들이 교관으로 조선에 가게 된다면 독일의 이익 및 우리가 대표하고 있는 모든 대형 공장들, 주로 크룹 공장의 이익이 크게 침해당할 것입니다. 러시아의 신형소총과 미국의 대포가 조선에 들어갈 것입니다. 독일은 상기 두 나라보다 훨씬 더 우수한 능력을 갖고 있음에도 불구하고 무기 주문을 전혀 수주할 수 없을 것입니다. 조선 입장에서도 독일 장교를 채용하는 것은 결코 손해가 되지 않을 것입니다. 왜냐하면 독일의 군사제도는 오늘날 여러 나라에 의해 모범으로 인정받고 있기 때문입니다.

만약 조선 정부가 독일 장교에게 아주 적은 급여만 제공하려 들 경우 우리가 추가비용을 보전할 용의가 있다는 점을 밝혀둡니다. 물론 이 문제에 관해서는 일단 본국에서 친구들의 양해를 얻어야 합니다.

귀하의 각별한 노력에 미리 감사 인사를 드리면서 긍정적인 답변을 기대하고 있겠습니다.

존경과 함께 이만 서신을 줄입니다.

마이어 상사[26]

보고 No. 45의 첨부문서 4
사본
발췌   제물포, 1885년 7월 10일

베이징 주재 브란트[27] 공사 귀하

존경하는 공사님.
평소 기회가 있을 때마다 제게 베풀어주신 호의에 힘입어 한 가지 사안에 대해 삼가 공사님께 말씀 올리고자 합니다. 이것은 저를 비롯해, 저희 회사, 더 나아가 독일 무역의

---

25 [감교 주석] 슈뻬이예르(A. Speyer)
26 [감교 주석] 세창양행(世昌洋行)
27 [감교 주석] 브란트(M. Brandt)

커다란 이해관계가 걸려 있는 사안입니다.

조선이 가까운 장래에 '유감스럽게도'-저는 그렇게 생각합니다.- 청일 양국의 군대로부터 해방[28]될 것이라고 합니다. 그리고 어쨌든 조선은 그로 인해 자국 군대를 양성하기 위해 교관들을 채용해야 합니다. 그런데 저와 총영사[29]님의 노력이 다른 곳에서 강력한 지원을 받지 못할 경우 미국과 러시아 대표의 노력을 이기지 못할 것 같아 우려됩니다. 저는 제 마음에 드는 사람을 직접 채용하는 것에는 크게 관심이 없습니다. 저의 소망은 그저 이곳에서 독일인 교관을 보는 것뿐입니다. 하지만 지금 직례총독[30] 리훙장[31]은 서울 주재 청국 대표 천수탕[32]을 통해 조선 국왕에게 톈진에 있는 독일인 교관을 채용하도록 권유하는 서신을 보냈습니다. 리훙장의 이름이 여전히 서울의 궁정에서 위력을 갖고 있는 것을 보고 저는 청국의 보다 적극적인 지원이 있을 경우 리훙장의 권유가 수용될 수도 있을 거라는 기대를 갖게 되었습니다. 직례총독 리훙장이 최대한 영향력을 행사할 수 있도록 만들기 위해 저는 현재, 미국인 교관이나 러시아인 교관은 청국에 유리한 방향으로 움직일 리 만무한데 비해 독일인 교관은 청국에 유리하다는 점을 리훙장에게 충분히 납득시키는 데까지는 성공하였습니다. 그 결과 리훙장은 서울 주재 청국 대표[33]에게 아주 강력하게 다시 한번 조선 국왕에게 서한을 올리라는 지시를 내렸습니다. - 그가 총영사에게 보낸 서한의 사본을 동봉하였습니다. 그런데 총영사가 최선을 다해 노력하였으나 유감스럽게도 큰 성과는 거두지 못했습니다.

볼터

---

28 [감교 주석] 조선 주둔 청일 군대의 철수
29 [감교 주석] 젬부쉬(O. Zembsch)
30 [감교 주석] 직례총독(直隸總督)
31 [감교 주석] 리훙장(李鴻章)
32 [감교 주석] 천수탕(陳壽棠)
33 [감교 주석] 주차조선총판상무위원(駐箚朝鮮總辦商務委員)

11

원문 p.399

[세창양행 주도의 독일 군사교관의 조선 파견 시도에 대한 비스마르크의 견해]

발신(생산)일	1885. 8. 31	수신(접수)일	1885. 9. 1
발신(생산)자	만트초우드	수신(접수)자	
발신지 정보	바르친	수신지 정보	베를린 외무부
			A. 7235
메모	베이징 15 서울(부들러) 5 전달 A. 7161에 관하여		

A. 7235   1885년 9월 1일 오전 수신, 첨부문서 1부

바르친[1], 1885년 8월 31일

독일제국 수상 각하께서 (베이징 주재 독일 공사; 감교자) 브란트[2]와 (서울 주재 독일 총영사; 감교자) 젬부쉬[3]에게 다음과 같은 훈령을 내렸다.: 조선 정부가 독일에서 (무기를; 감교자) 대량구매를 해준다면 기쁜 일이겠지만 두 사람은 정부로부터 아무런 권한도 위임받지 않은 상태에서 독일 교관들을 조선으로 보내려는 독일 측 인사[4]들의 노력에 개입해서는 안 된다. 만일 그와 관련된 청탁이 이곳으로 들어오더라도 나는 황제에게 청탁을 완곡하게 거절하도록 건의할 생각이다. 따라서 젬부쉬에게 신중하지 못한 행동은 삼가라고 은밀히 통고하도록 하라. 총영사가 반 러시아적인 개입을 절대 하지 않고 오히려 러시아에게 이익이 되는 방향으로 은밀하게 도와주는 것이 정치적으로 더 유익하다는 것이 나의 생각이다.

만트초우드

---

1   [감교 주석] 비스마르크의 휴양지
2   [감교 주석] 브란트(M. Brandt)
3   [감교 주석] 젬부쉬(O. Zembsch)
4   [감교 주석] 세창양행의 독일인 군사교관 파견 시도에 관한 건

베를린, 1885년 9월 4일   A. 7235, 7161

1)
베이징 No. A. 15,
폰 브란트

2)
서울 No. A. 5,
부들러 부영사

독일제국 수상각하[5]께서 함부르크 주재 독일제국 공사를 통해, 함부르크 마이어 상사[6] 제물포 주재원의 6월 10일 자 청원서(6월 21일 자 보고, 첨부문서 2)를 접수했다. 독일인 장교를 교관으로 조선에 파견할 수 있도록 지원을 해달라는 청원이었다. 비스마르크 후작 각하께서는 조선과의 무역거래가 정치적으로 안전한 수단들에 의해 촉진되기를 희망하신다. 따라서 각하께서는 독일인 군사 교관의 임명을 위한 공적인 영향력 행사를 고려하지 않고 있다. 또한 우리가 동아시아에서 무역 이외의 목적을 추구한다는 의심을 살 만한[7] 근거를 제공할 수 있는 그 어떤 조치도 지원할 의향이 없다. 각하께서는 다른 유럽의 열강들에게, 특히 러시아에게 우리에 대한 정치적 의심을 불러일으킬 수 있는 그 어떤 조치도 피하고자 한다.

---

5 [감교 주석] 비스마르크(O. E. Bismarck-Schönhausen)
6 [감교 주석] 세창양행(世昌洋行)
7 [원문 주석] 베이징을 위한 결론, 마지막 문장만 서울에 대한 결론

[러시아 군사 교관의 조선 파견에 관한 건]

발신(생산)일	1885. 7. 14	수신(접수)일	1885. 9. 7
발신(생산)자	브란트	수신(접수)자	비스마르크
발신지 정보	베이징 주재 독일 공사관	수신지 정보	베를린 정부
	No. 158		A. 7441

사본

A. 7441 1885년 9월 7일 오전 수신

베이징, 1885년 7월 14일

No. 158

비스마르크 각하 귀하

조선의 정세에 관한 금년 6월 10일 자 본인의 보고 No. 156과 관련하여 각하께 다음과 같은 소식을 보고하게 되어 영광입니다. 상기 보고에서 언급한 바 있는 러조조약[1]에 관해 추가로 들어온 소식들에 따르면, 그 조약에 구두협정이 포함되어 있는 것 같습니다. 그것은 조선 정부에서 일하고 있는[2] 묄렌도르프[3]가 금년 1월 도쿄에 체류하는 동안 도쿄 주재 러시아 공사[4]와 합의한 것으로, 조선에 파견되는 러시아 장교들은 현재 창설 예정인 조선헌병대의 훈련에만 관계해야 한다는 내용입니다. 그런데 묄렌도르프는 조선 정부의 위임도 없이 일을 처리했으며, 조선 정부는 그가 체결한 협정의 내용도 모르는 것 같습니다. 왜냐하면 도쿄 주재 러시아 공사관 서기관 슈뻬이예르[5]가 금년 6월 중순 서울에 도착해, 러시아 장교들이 이미 도착하였거나 조만간 도착할 예정이라고 전하면서 해당 협정을 이행해 줄 것을 요구하자 조선 정부가 자신들은 그러한 협정에 대해 전혀 아는 바가 없다고 했기 때문입니다. 더욱이 조선 정부는 이미 미국 정부에 장교 몇 명을 교관으로

---

1 [감교 주석] 조러밀약
2 [감교 주석] 외아문 협판
3 [감교 주석] 묄렌도르프(P. G. Möllendorff)
4 [감교 주석] 다비도프(A. P. Davydow)
5 [감교 주석] 슈뻬이예르(A. Speyer)

파견해 달라는 요청을 해놓았기 때문에 슈뻬이예르의 요구를 절대 수용할 수 없다며 거절하였습니다.

조선 정부의 이러한 태도는 조선 정부와 슈뻬이예르 간에 매우 불쾌한 언쟁을 야기했습니다. 슈뻬이예르는, 러시아는 (조선; 감교자) 외아문 관리[6]에 의해 체결된 조약을 이런 식으로 파기하는 것을 결코 용납하지 않을 것이며, 부득이할 경우 조선에 지켜지지 않은 의무를 이행할 것을 강요할 수 있다고 천명하였습니다.

결국 이 사건은 묄렌도르프와 (도쿄 주재 러시아 공사; 감교자) 다비도프가 체결한 협정의 철회 및 조선 정부에서 묄렌도르프를 파면하는 것으로 종결되었다고 합니다. 하지만 묄렌도르프는 금전과 관련된 몇 가지 사건들에 대한 해명 때문에 아직 서울에 억류되어 있습니다.

소문에 따르면 묄렌도르프는 러시아 정부에서 일하게 될 것이라고 합니다. (생략)[7]

브란트

---

6 [감교 주석] 묄렌도르프(P. G. Möllendorff). 당시 외아문 협판직을 수행 중이었음.
7 [감교 주석] (생략)은 원문 표기

13

[묄렌도르프 파면 건]

발신(생산)일	1885. 9. 17	수신(접수)일	1885. 9. 17
발신(생산)자		수신(접수)자	바론
발신지 정보	베이징 주재 독일 공사관	수신지 정보	베를린 정부
			A. 7827

A. 7827 1885년 9월 17일 오후 수신

베를린, 1885년 9월 17일

남작 각하 귀하

함부르크에서 보낸 전보에 의하면 묄렌도르프[1]가 조선에서 파면되었다고 합니다. 꽤 흥미로운 소식인 것 같아 각하께 삼가 보고드리는 바입니다.

각하에게 충성을 바치며 이만 줄입니다.

---

1 [감교 주석] 묄렌도르프(P. G. Möllendorff)

14
[조러밀약설에 대한 일본 측 입장]

발신(생산)일	1885. 9. 19	수신(접수)일	1885. 9. 19
발신(생산)자	홀슈타인	수신(접수)자	비스마르크
발신지 정보	베를린 외무부 No. 158	수신지 정보	베를린 정부 A. 7902

사본

A. 7902   1885년 9월 19일 오후 수신

베를린, 1885년 9월 19일

아오키[1]가 독일제국 수상각하의 서한에 대해 개인적으로 감사의 답신을 보내왔기에 동봉하여 전달합니다.

(베를린 주재 일본; 감교자) 공사 아오키 다시 한번 조선에서의 러시아 행동에 대한 공사 자신과 일본 정부의 우려를 표명하였습니다. 최근 이 사건[2]에 대한 불안감으로 인해 좀처럼 친교를 맺을 수 없을 것으로 보였던 청국과 일본이 가까워졌습니다. 본인은 아오키에게 국무차관 비스마르크가 이전에 그를 만났을 때 했던 발언을 다시 되풀이하였습니다. 즉 러시아는 아시아에서 현재 청국과 동맹 이상의 관계를 맺고 있는 영국과 어느 정도 힘의 균형을 이루고 있다. Sulfikar 문제에서 러시아가 행동을 자제하고 있는 것이 그 증거라 할 수 있다. 게다가 러시아는 투르크메넨과 아프간에서 그랬던 것처럼 청국을 계속 몰아붙이지 못한다. 아무르 지역에서는 오히려 청국인들의 대량 이주로 인해 러시아가 수세에 몰리고 있다. 하지만 이러한 현상들이 조선 문제가 조만간 긴박한 단계로 접어들 거라는 암시는 아니다, 라고 말입니다.

본인의 발언에 대해 아오키는 고견을 듣게 되어 기쁘다고 했습니다. 하지만 만약 조선 문제가 긴박해지면 일본은 단지 도의적 차원에 불과할지라도 독일제국의 지원을 열렬히 기대하고 있다고 덧붙였습니다.

홀슈타인
원본: 일본 1

---

1   [감교 주석] 아오키 슈조(靑木周藏)
2   [감교 주석] 조러밀약

사본

베를린, 1885년 9월 20일   E. O. II 9677

A국 (조선)
상트페테르부르크 주재
독일제국 대사
슈바이니츠 귀하

반드시 전달할 것.

"상트페테르부르크 저널"을 인용한 신문기사에 따르면, 최근에 러시아와 조선이 무역협정[3]을 체결했습니다. 독일과 영국이 조선과 맺은 조약을 모방한 것이라고 합니다.

이미 예상했던 대로 만약 러시아가 상기 협정을 통해 육로를 통한 조선과의 무역에 이점이 생기면 조선에서 독일의 이익은 침해당할 우려가 있습니다.[4] 예를 들어 러시아 제품에 대한 관세를 낮추기로 약속한 경우 해상을 통한 독일과 조선의 무역은 방해를 받거나 문제가 생길 수 있습니다.

따라서 그런 일이 생길 경우를 대비하여 우리는 영국처럼 조선 정부에 조약에 규정된 세율의 수정이 필요할 경우 그것들을 통고할 권리를 요구해야 합니다. 또한 해상 관세와 육상 관세 간 균형을 요구할 권리를 확보해야 합니다.

이 문제와 관련해 본인이 관심을 갖고 있는 것은 언론에서 언급한 러시아와 조선의 협정에 실제로 러시아의 육상무역에 대한 특혜조항이 포함되어 있는지, 또한 육로를 통하든 해상을 통하든 러시아의 조선 수출에 적용되는 관세율과 조건들이 어떠한지 알아보는 것입니다.

따라서 본인은 은밀한 방식으로 그 내용을 탐문하여 그 결과를 보고하고자 합니다.

비스마르크

---

3 [감교 주석] 조러수호통상조약 비준을 의미
4 [감교 주석] 조러육로통상장정은 1888년에 체결됨 즉 보고서의 내용은 사실과 부합하지 않음.

조선의 정세에 대한 보고

발신(생산)일	1885. 8. 1	수신(접수)일	1885. 9. 22
발신(생산)자	젬부쉬	수신(접수)자	비스마르크
발신지 정보	서울 주재 독일 총영사관	수신지 정보	베를린 정부
	No. 61		A. 8061
메모	9월 23일, 페테르부르크 549, 런던 421, 베이징 18, 도쿄 11 전달		

A. 8061 1885년 9월 22일 오후 수신

서울, 1885년 8월 1일

No. 61

비스마르크 각하 귀하

각하께 다음과 같은 보고를 드리게 되어 영광입니다.

금년 7월 18일부터 며칠에 걸쳐 지금까지 서울, 마산포 가는 길, 그리고 마산포항에 주둔하고 있던 청국 군대가 철수하여 본국으로 귀환하였습니다.

그 직후에 잔류하고 있던 일본 군대도 제물포로 철수하여 그곳에서 배를 타고 일본으로 떠났습니다.

청국 호위병의 철수 이후 이곳 주민들 사이에는 불안감이 팽배해 있습니다. 소요사태가 발발하거나 불만을 가진 세력들과 야심가들이 현 정부를 전복시키려는 시도를 하지 않을까 우려하는 것입니다.

그래서 청국 대표[1] 천수탕[2]은 외아문 독판[3]에게 서울 주재 외국인 보호 문제에 대해 문의하고 그 대책에 대한 제안들을 제시했습니다. 다른 외국 대표들도 뒤늦게 그의 행보에 동참했습니다.

그 결과 외아문 독판은 하사관 1명과 10명의 초병을 한 조로 묶어 외국 대표들의 공관마다 배치하였습니다. 들리는 소문에 의하면 청국 측에서는 혹시 모를 우발사건에

---

1 [감교 주석] 주차조선총판상무위원(駐箚朝鮮總辦商務委員)
2 [감교 주석] 천수탕(陳壽棠)
3 [감교 주석] 김윤식(金允植)

대비하여 즈푸[4]와 뤼순[5]항 인근 웨이하이웨이[6]에 이미 군대를 배치하였다고 합니다.

또한 청국 정부는 조선 정부와 조약[7]을 체결하였습니다. 조선 정부가 10만 량(Taels)의 차관을 들여와 서울에서 제물포를 거쳐 조선과 청나라 국경에 있는 Aichiu 및 뤼순항까지 전신 통신망을 구축한다는 내용입니다.

전신망 구축은 청국 기술자들이 맡게 되며, 차관은 25년 이내에 변제하되 그동안 이자는 지불하지 않기로 했습니다. 그 대신 청국은 25년 동안 조선에서 전신망 구축사업의 독점권을 갖게 된다고 합니다.

지난달 27일 관보에 "외아문 협판 묄렌도르프[8]"를 면직한다는 국왕의 칙령이 발표되었습니다. 본인이 묄렌도르프에게 사실여부를 확인하였더니, 면직은 묄렌도르프의 자의가 아니었습니다. 국왕이 묄렌도르프에게 말하기를, 정적들의 압박을 더 이상 견딜 수 없었다고 합니다.

묄렌도르프 주위에는 온통 적들뿐입니다. 그의 조선 동료들은 러시아에 대한 조처의 책임을 묄렌도르프한테 돌린 것에 대해 당연히 격분하였습니다. 청국인들과 일본인들 역시 이 점에 대해서는 똑같이 분개하고 있습니다.

미국 대표[9]와 영국 대표[10], 특히 영국 대표는 항상 묄렌도르프의 적대자였습니다. 묄렌도르프가 그를 완전히 인정해주지 않았을 뿐만 아니라 그 사람 개인은 물론이고 최근 영국의 정치적인 시도들에 대해서도 반대 입장을 취했기 때문입니다.

묄렌도르프의 주장에 따르면, 정변[11] 일어난 해 겨울까지만 해도 국왕은 러시아와 친선을 맺기를 희망하였습니다. 그러나 지금은 러시아의 요구[12]에 놀라 이전에 있었던 모든 일을 부인한다고 합니다.

국왕은 과거에 하급 사절을 블라디보스토크[13]에 파견한 적이 있는데, 그 정보를 누설했다는 이유로 조선 관리 여러 명이 유배형을 받았습니다. 묄렌도르프의 파면 역시 주로

---

4   [감교 주석] 즈푸(芝罘)
5   [감교 주석] 뤼순(旅順)
6   [감교 주석] 웨이하이웨이(威海衛)
7   [감교 주석] 의주전선합동조약
8   [감교 주석] 묄렌도르프(P. G. Möllendorff)
9   [감교 주석] 포크(G. C. Foulk). 서울 주재 미국 대리공사
10 [감교 주석] 애스턴(W. G. Aston). 서울 주재 영국 총영사
11 [감교 주석] 갑신정변
12 [감교 주석] 러시아 군사교관 파견에 관한 건
13 [감교 주석] 1884년 12월에 김용원(金鏞元), 권동수(權東壽) 등이 고종의 밀명을 받고 블라디보스토크를 비밀리에 방문한 일.

이 문제와 관련이 있는 것 같습니다.

이곳에서는 지금 조약비준서를 지참하고 오는 러시아 외교사절[14]의 도착을 기다리고 있습니다.

젬부쉬

내용: 조선의 정세에 대한 보고

---

14 [감교 주석] 베베르(K. I. Weber)

베를린, 1885년 9월 23일   A. 8061

주재 외교관 귀중   조선의 정세에 관한 서울 주재 독
기밀   일제국 총영사의 지난달 1일 자 보
1. 페테르부르크 No. 549 반드시 전달할 것!   고서 사본을 기밀 정보로 제공하
2. 런던 No. 421   반드시 전달할 것!   게 되어 영광입니다.
3. 베이징 No. A18   반드시 전달할 것!
4. 도쿄, No. A11   반드시 전달할 것!

[흥선대원군 조선 귀환 결정]

발신(생산)일	1885. 9. 25	수신(접수)일	1885. 9. 25
발신(생산)자	브란트	수신(접수)자	
발신지 정보	베이징 주재 독일 공사관	수신지 정보	베를린 외무부
	No. 10		A. 8211
메모	대원군은 조선 국왕의 부친으로, 조선의 국내 사건[1]에 연루되어 1882년부터 청국에 억류되어 있었다. 브란트는 대원군 귀환을 청국이 조선에서 그들의 영향력을 강화하려는 의도에서 진행한 일로 보고 있다. 일본에 대항하려는 것일 수도 있고 러시아에 대항하려는 것일 수도 있다.		

A. 8211 1885년 9월 25일 오후 수신

전보

톈진, 1885년 9월 25일 오후 1시 40분

도착 오전 11시 15분

발신: 독일제국 공사

수신: 독일 외무부 귀중

암호해독

No. 10

대원군[2] 석방, 곧 조선으로 귀환할 예정.

브란트

---

1 [감교 주석] 임오군란
2 [감교 주석] 흥선대원군(興宣大院君)

조선의 정세 및 조선과의 관계에 관하여

발신(생산)일	1885. 8. 1	수신(접수)일	1885. 10. 4
발신(생산)자	브란트	수신(접수)자	
발신지 정보	베이징 주재 독일 공사관 No. 172	수신지 정보	베를린 외무부 A. 8687
메모	10월 6일 런던 444, 페테르부르크 575, 도쿄 A 12 전달		

A. 8687　1885년 10월 4일 오전 수신

베이징, 1885년 8월 1일

No. 172

비스마르크 각하 귀하

텐진에서 본인에게 보낸 보고에 의하면 청국 군대의 조선 철수가 거의 완료되었다고 합니다. 마지막 잔류병력 2,665명이 뤼순[1]항으로 이송되었다고 합니다. 이 보고는 여러 곳에서 확인된 정보입니다.

조선 왕의 부친 대원군[2]이 조선으로 귀환한 것은 확실해 보입니다. 청국의 한 고위관리가 대원군이 지금까지 억류되어 있던 바오딩부[3]로 파견되었습니다. 예상컨대 대원군을 텐진으로 데려온 뒤, 8월 상순 과거 그를 체포했던 해군제독 딩루창[4]이 지휘하는 청국 전함에 태워 조선으로 귀환시킬 것 같습니다.

대원군은 에너지가 넘치고 자유분방한 인물로, 외국을 적대시하는 것으로 유명합니다. 청국 정부가 그를 조선으로 돌려보내는 이유는, 조선 정부 맨 꼭대기 자리에서 일본을 비롯해 다른 모든 외국을 배척하고 오로지 청국의 이익에만 봉사할 수 있는 인물로 간주했기 때문일 것입니다. 현재의 왕은 거의 유명무실한 존재로 보입니다. 강력한 왕비와 그녀의 추종세력이 최근 러시아의 이익을 도모하기 위해 묄렌도르프가 꾸민 음모로

1　[감교 주석] 뤼순(旅順)
2　[감교 주석] 흥선대원군(興宣大院君)
3　[감교 주석] 바오딩부(保定府)
4　[감교 주석] 딩루창(丁汝昌)

인해 큰 타격을 입었기 때문에 왕비의 추종세력 및 친척인 민씨 가문 사람들도 대원군의 귀환을 필연적이고 환영할 만한 일로 받아들이고 있습니다. 따라서 대원군은 귀환 즉시 명목상으로는 아닐지 몰라도 정부의 실권을 장악할 것이 거의 확실해 보입니다. 장차 대원군이 유혈사태 없이 권력을 장악하게 될지 아니면 조선의 관례에 따라 적대세력인 왕비 일파의 지도자들 학살을 통과의례로 거쳐야 할지는 두고 봐야 할 것 같습니다.

　　일본 정부가 처음에는 대원군의 조선 귀환 계획을 매우 못마땅해 했는데, 나중에는 흔쾌히 받아들였는지는 확실하게 알 수 없습니다. 하지만 그 역시 완전히 불가능한 일은 아닙니다. 대원군이 정권을 쥐는 것이 일본 정부가 가장 두려워하고 있는 일, 즉 조선에서의 러시아 세력의 확대를 막을 수 있는 가장 좋은 수단이 될 수 있기 때문입니다. 베이징 주재 일본 공사인 에노모토[5] 해군제독이 수주일 동안 톈진에 머물렀습니다. 현재 총리아문이 인정하는 바와 같이, 그는 톈진에서 청국 정부로부터 중립화 형태로 조선의 독립을 보호하기 위한 조처들을 일본과 공동으로 마련하겠다는 발언을 이끌어내고 그에 대한 확실한 보장을 받기 위해 열심히 노력하였습니다. 청국 정부가 조선 문제에 관한 한 거의 자유 재량권을 부여한 리훙장[6]의 개인적 허영심이 일본 정부의 그런 식의 요란한 계획에 무시할 수 없는 힘을 실어줄 수 있을지 모릅니다. 그러나 특별한 성과는 없었을 거라는 것이 본인의 추측입니다.

　　묄렌도르프는 조선에서의 역할이 끝난 것으로 보입니다. 영국에서 전해진 소식에 의하면 그는 적어도 조선 외아문 내에서의 직위[7]는 포기했으며, 조선을 떠날 예정이라고 합니다. 톈진에서 들어온 보고에 따르면 리훙장은 묄렌도르프가 도쿄에서 러시아 공사와 체결한 협정의 내용이 알려지자 즉시 지금까지 그에게 매월 250량(Tls)씩 지급하던 급여를 중단시켰습니다. 본인이 알기로 그것은 묄렌도르프의 유일한 고정 수입이었습니다. 하지만 리훙장이 이 결정을 고수할지 여부는 그 "총독"의 변덕스러운 기분에 달려 있으니 지켜봐야 할 것 같습니다.

　　본인에게 여러 곳에서 들어온 소식들에 의하면 소위 묄렌도르프-러시아 협정[8]의 완성된 서식에서 문제가 되는 것은 조선 군대의 훈련교관으로 러시아 장교들을 채용하는 조항 하나뿐이었습니다. 그 조약의 내용은 다음과 같습니다. '1) 조선은 러시아의 승인

5　[감교 주석] 에노모토 다케아키(榎本武揚)
6　[감교 주석] 리훙장(李鴻章)
7　[감교 주석] 외아문 협판
8　[감교 주석] 조러밀약

없이는 더 이상 외국과 조약을 체결하지 못한다. 2) 러시아는 외국의 모든 침략에 맞서 조선을 보호할 의무가 있다. 3) 러시아는 조선에 차관으로 거액의 자금을 제공할 것이다. 그리고 조선 군대의 훈련을 위한 교관들을 파견할 것이다.' 그런데 이미 언급한 바와 같이 마지막 문장만 제외하고 나머지 조항들은 도쿄 주재 러시아 공사[9]와 묄렌도르프 간에, 혹은 1885년 봄 무기 구입을 위해 블라디보스토크로 파견된 조선 관리와 러시아 당국자 간에 오간 학문적인 구두토론에 불과했던 것이 사실인 듯합니다.

전체적으로 이 사건에서 유감스러운 점은 조선에서 벌어진 묄렌도르프의 일이 동아시아에서 우리 독일의 명성에 결코 도움이 되지 못한다는 것입니다.

브란트

내용: 조선의 정세 및 조선과의 관계에 관하여

---

9 [감교 주석] 다비도프(A. P. Davydow)

18

대원군의 조선 귀환 계획에 관하여

발신(생산)일	1885. 8. 11	수신(접수)일	1885. 10. 4
발신(생산)자	브란트	수신(접수)자	비스마르크
발신지 정보	베이징 주재 독일 공사관	수신지 정보	베를린 정부
	No. 180		A. 8674

A. 8674 1885년 10월 4일 오전 수신

베이징, 1885년 8월 11일

No. 180

비스마르크 각하 귀하

바오딩부[1]를 떠난 대원군이 8월 1일 톈진에 도착하였음을 보고드리게 되어 영광입니다. 그는 며칠 내로 톈진에서 조선을 향해 출발할 예정이었으나 출발 직전 예기치 못한 장애에 부딪쳤다고 합니다. 조선 정부에서 제기한 이의 때문이었습니다. 그래서 일단 대원군은 계속 톈진에 머물고, 중재를 위해 딩루창[2] 제독 혼자 조선으로 떠났습니다.

브란트

내용: 대원군의 조선 귀환 계획에 관하여

---

1 [감교 주석] 바오딩부(保定府)
2 [감교 주석] 딩루창(丁汝昌)

베를린, 1885년 10월 6일

A. 8667과 관련하여

주재 외교관 귀중
1. 런던 No. 444
2. 페테르부르크 No. 575
3. 도쿄, No. A 12

귀하에게 조선의 정세에 관한 베이징 주재 독일제
국 공사의 금년 8월 1일 자 보고서에서 발췌한 내
용을 정보 제공차, 또는 경우에 따라 사용할 수 있
도록 제공하게 되어 영광입니다.

발췌!

베이징 주재 독일제국 공사가 금년 8월 1일 보고한 바와 같이 청국 군대가 조선반도에서 완전히 철수하였다. 즉 2,665 명의 병력이 뤼순[3]항으로 이동한 것이다. 그리고 지금까지 억류되어 있던 조선 왕의 부친, 대원군[4]이 풀려나 조선으로 귀환할 것으로 예상된다. 청국 정부는 서양과 일본을 배척하는 것으로 명성이 자자한 대원군을 그들의 이익에 도움을 줄 수 있는 인물로 간주해 조선 정부 수반의 자리에 앉히려고 갖은 노력을 다할 것이다.

따라서 대원군은 귀국 즉시 무능한 왕, 왕비, 그리고 왕비 일파가 놓쳐버린 정부의 고삐를 움켜쥐게 될 것이다. 대원군이 명목상으로는 아닐지 몰라도 실질적으로 정부의 실권을 장악하는 것을 일본 정부는, 그들이 아주 두려워하는 일, 즉 조선 내 러시아의 영향력 확대를 막을 수 있는 최고의 수단으로 간주할 가능성도 없지 않다. 베이징 주재 일본 공사 에노모토[5] 제독은 수주일 동안 톈진에 머물렀다. 현재 총리아문이 인정하는 바와 같이, 그는 청국 정부로부터 조선의 독립을 보호하기 위한 중립화 선언을 이끌어내고, 그에 상응하는 보장을 얻어내기 위해 온갖 노력을 다하였다. 청국 정부가 조선 문제에 관한 한 거의 자유 재량권을 부여한 리홍장[6]의 개인적 허영심이 일본 정부의 그런 식의 요란한 계획에 무시할 수 없는 힘을 실어 줄지는 모르겠으나 특별한 성과는 없을 것이다.

톈진에서 들어온 보고에 의하면 묄렌도르프[7]는 조선을 떠날 예정이다. 그가 도쿄에서 러시아 공사와 체결한 협정[8]의 내용이 알려지자 즉시 지금까지 그의 유일한 고정 수입이었던 급여가 끊어졌다.

독일제국 공사의 견해에 의하면 완성된 조약의 내용에서 문제가 되는 것은 조선 군대의 훈련교관으로 러시아 장교들을 채용한다는 조항 하나뿐이다. 내용이 알려진 다른 조항들은 단지 학문적인 구두토론에 불과하다.

---

3 [감교 주석] 뤼순(旅順)
4 [감교 주석] 흥선대원군(興宣大院君)
5 [감교 주석] 에노모토 다케아키(榎本武揚)
6 [감교 주석] 리홍장(李鴻章)
7 [감교 주석] 묄렌도르프(P. G. Möllendorff)
8 [감교 주석] 조러밀약

19

[베베르의 조선 행]

발신(생산)일	1885. 10. 21	수신(접수)일	1885. 10. 24
발신(생산)자	슈바이니츠	수신(접수)자	비스마르크
발신지 정보	페테르부르크 주재 독일대사관	수신지 정보	베를린 정부
	No. 317		A. 9416

사본

A. 9416 1885년 10월 24일 오전 수신

상트페테르부르크, 1885년 10월 21일

No. 317

비스마르크 각하 귀하

러시아 총영사 베베르[1]가 서울에서 전보로, 파견지에 잘 도착하였으며 곧 조약[2]비준서를 교환할 예정이라고 보고하였습니다. 또한 서울에서는 청국의 영향력이 지대하다는 내용을 덧붙였습니다.

(러시아 외무장관; 감교자) 기르스[3]는 이 보고에 다음과 같은 비밀 의견을 첨가하였습니다. 전에 언급한 바 있는, 서울로 파견된 도쿄 주재 러시아 공사관 서기관 슈뻬이예르가 때로는 지나치게 월권적으로, 때로는 신중하지 못하게 임무를 수행했다는 내용입니다.

슈바이니츠

원문: 조선 3

---

1 [감교 주석] 베베르(K. I. Weber)
2 [감교 주석] 조러수호통상조약
3 [감교 주석] 기르스(N. Giers)

흥선대원군 조선 귀환 결정

발신(생산)일	1885. 10. 21	수신(접수)일	1885. 10. 24
발신(생산)자	부들러	수신(접수)자	
발신지 정보	베이징 주재 독일 공사관	수신지 정보	베를린 외무부
	No. 10		A. 9447

A. 9447 1885년 10월 24일 오전 수신

전보

10월 24일 7시 30분 도착. 베를린
10월 21일 7시 40분 발송. 상하이, 부들러

서울에서 금년 10월에 전보로 보고된 소식에 의하면
"묄렌도르프[1]는 이달 18일 자로 파면[2]되었음."

---

1 [감교 주석] 묄렌도르프(P. G. Möllendorff)
2 [감교 주석] 외아문 협판직에서 파면됨.

노르트도이췌 알게마이네 차이퉁[3]

500호   1885년 10월 26일

    조선에서 상하이를 거쳐 이곳에 들어온 전신 보고에 의하면 최근 빈번하게 언급된 바 있는 묄렌도르프[4]가 이달 18일 자로 조선 정부의 관직에서 물러났다고 한다.[5]

---

3   [감교 주석] 노르트도이췌 알게마이네 차이퉁(Norddeutsche Allgemeine Zeitung)
4   [감교 주석] 묄렌도르프(P. G. Möllendorff)
5   [감교 주석] 외아문 협판직에서 파면됨.

21

청국의 조선 관계에 관하여

발신(생산)일	1885. 9. 12	수신(접수)일	1885. 11. 3
발신(생산)자	브란트	수신(접수)자	비스마르크
발신지 정보	베이징 주재 독일 공사관	수신지 정보	베를린 정부
	No. 190		A. 9800
메모	11월 5일 베이징, 런던 전달		

A. 9800   1885년 11월 3일 오전 수신

베이징, 1885년 9월 12일

No. 190

비스마르크 각하 귀하

금년 7월 22일 자 전하의 훈령 No. 11을 수행하기 위해 청국의 대조선 관계에 관한 간단한 비망록을 동봉하여 각하게 전달하게 되어 영광입니다.

브란트

내용: 청국의 조선 관계에 관하여

1885년 9월 12일 자 No. 190의 첨부문서

청국의 대조선 관계는 한편으로는 청국과 버마, 다른 한편으로는 청국과 네팔의 관계와 같습니다. 또한 1854년까지 지속됐던 청국과 샴 및 1885년 6월 9일 조약이 체결된 청국과 안남[1]의 관계와도 동일합니다.

---

1   [감교 주석] 베트남

조공국은 정해진 일정한 기간 동안 사절을 베이징에 파견합니다. 사절은 조공을 전달하거나 왕의 사망이나 즉위 소식을 보고하는 임무를 수행합니다. 하지만 동시에 연공(年貢)이 면제되거나 경감되는 경우 무역 업무에 종사하기도 합니다. 사절단은 정해진 거리를 따라 이동해야 하고, 보통 사절단의 최고 관리와 그 일원은 황제로부터 영접을 받습니다. 즉, 사절단을 위한 연회가 열리면, 가마에 앉은 황제는 궁 마당에 머리를 숙이고 있는 사신들과 수행원들을 맞이합니다. 이때 황제는 가볍게 고개를 움직이거나 몇 마디 말을 건넵니다.[2]

조공국의 제후들은 청국으로부터 인장을 건네받음으로써 서임을 받고, 청국의 달력을 접수함으로써 청국에 종속된 지위임을 확인하게 됩니다. 제후들에게는 황제의 제1왕자, 또는 제2왕자를 뜻하는 "왕"이라는 칭호가 수여됩니다. (왕자들은 혈통에 따라 네 개의 등급으로 나뉩니다.) 몽골의 각 부족 족장들도 서한에서 청국의 관리들과 마찬가지로 스스로를 황제의 신하로 자칭할 때 왕이라는 호칭을 씁니다.

조공국의 제후들은 황제의 칙사와 칙령에 대해서도 청국 관리들에게 하듯이 경의를 표합니다. 즉 칙사와 칙령을 받을 때 황제 본인에게 하듯이 9번의 고두례[3]를 행하는 것입니다. 조공국과의 공식적인 교류는

조선은 "직례[4]성 총독을 통해서,

버마는 "운남성 총독을 통해서,

네팔은 "사천성 총독을 통해서,

안남은 "광서성 총독을 통해서 이루어집니다.

중대한 사안들은 정부부처의 하나인 Lipu, 즉 예부에서 결정합니다.

외견상 완벽한 종속관계임을 암시하는 의례적인 관계에도 불구하고 조공국들은 실제로 내치는 물론이고 대외적인 관계에서도 항상 완벽하게 자주적이었습니다. 또한 외국에 의해서도 항상 자주적인 국가로 인정되었습니다.

청국 정부가 속국의 내정문제에 개입한 경우도 있지만 그것은 원칙적으로 혁명, 왕위계승 분쟁, 반란 등의 경우에 한합니다. 정통성을 가진 제후 혹은 왕위계승자가 위기에 처해 도움을 요청할 경우 그를 구하기 위해 무력으로 개입한다 해도 반드시 성공을 거두지는 못합니다.

---

2 [감교 주석] 원문에는 '사절단은 ~ 건넵니다.'에 취소선이 표기됨.

3 [감교 주석] 고두례(叩頭禮)

4 [감교 주석] 직례(直隷)

그런데 아주 특별히 청국과 조선의 관계에 대해 말하자면, 청국 정부와 조선 정부의 태도 및 포고문 등을 통해 살펴볼 때 조선에 대한 청국의 태도는 다른 조공국들에 대한 청국의 태도와는 뚜렷한 차이가 있습니다.

1866년 프랑스 선교사 살해 사건[5]으로 프랑스와 조선 간에 분쟁[6]이 일어났을 때 - 1867년 1월 7일 자 Rehfues의 보고 No. 1이 이에 대해 보고한 바 있습니다[7] - 프랑스 대리공사 벨로네[8]와 총리아문 간에 교환된 서신을 보면 청국 측에서는 조선이 청국에 예속되어 있다는 언급을 단 한 차례도 하지 않았습니다. 또한 벨로네에게 보낸 마지막 서신(1866년 12월 1일, 총리아문이 Rehfues에게 보낸 서신의 첨부문서 2)[9]에서 심지어 청국의 공친왕[10]은 다음과 같이 명백히 선언하였습니다. "프랑스와 조선이 현재 벌이고 있는 전쟁에 청국 정부는 참여할 의사도 없고, 어느 한쪽을 보호할 의사도 전혀 없습니다. 물론 이런 생각은 강요에 의한 것이 아닙니다. 상황이 이렇기 때문에 우리는 귀하가 근거도 불확실한 소식들을 반대증거로 인용하면서 무작정 청국 정부가 조선을 보호하고 있다고 주장하는 것을 도저히 용납할 수 없습니다."

1871년 베이징 주재 미국 공사 로우[11]가 청국 정부에 조선 정부에 자신의 서한을 전달해줄 것을 요청[12]했을 때 총리아문은 조선은 내치는 물론이고 외교적으로도 완전히 자주적인 국가라고 답변하였습니다. 즉 조선은 "종교, 금령, 법률 할 것 없이 정부와 관련된 모든 영역에서 완전히 독립적 wholly independent in everything that relates to her Goverment, her religion, her prohibitions and her law"(1882년 9월 19일 자 공사관 보고 A. No. 62)[13]이라는 것입니다.

1876년 2월 26일 일본과 조선이 체결한 친선 및 무역에 관한 조약[14] 제1조는 다음과 같은 문장으로 시작합니다. "조선은 독립 국가이므로 일본과 동일한 주권을 누린다." Mayers: 청국과의 약정 등, P. 195. 이 문장의 영어 번역은 다음과 같습니다. "Chosen being an independent State enjoys the same sovereign rights as Japan"

---

5 [감교 주석] 병인박해
6 [감교 주석] 병인양요
7 [감교 주석] 원문에는 '1867년 ~ 있습니다.'에 취소선이 표기됨.
8 [감교 주석] 벨로네(H. Bellonet)
9 [감교 주석] 원문에는 '1866년 ~ 첨부문서 2'에 취소선이 표기됨.
10 [감교 주석] 공친왕(恭親王)
11 [감교 주석] 로우(F. F. Low)
12 [감교 주석] 1866년 제너럴 셔먼호 사건에 대한 진상 확인을 위함.
13 [감교 주석] 원문에는 '1882년 ~ No. 62'에 취소선이 표기됨.
14 [감교 주석] 조일수호조규

청국 정부는 1971년부터 일본과 조약[15] 관계를 맺고 있음에도 불구하고 조선의 독립에 관한 일본 측의 이러한 확인에 대해 단 한 번도 이의를 제기한 적이 없습니다.

1878년 조선에서 프랑스 선교사들이 체포된 사건을 1878년 5월 10일 자 보고 A. No. 38과 1878년 8월 4일 자 보고 A. No. 46에서 다룬 적이 있습니다. 이 사건 이후 중국 정부는 중국 주재 프랑스 공사 브르니에 드 몽모랑[16] 자작의 요청에 따라, 감금된 선교사들의 석방을 위해 조선 정부에 대한 중재 역할을 했습니다. 하지만, 브르니에 자작이 언급한 바에 따르면, 중국 정부는 그전에 명확히 이를 거절한 것도 아니었고, 조선 정부에 결정적인 영향력을 행사할 수 있는 상황도 아니었습니다.[17]

1882년 조선과 미국, 조선과 영국, 조선과 독일이 조약을 체결[18]할 때에도 조선의 전권대표들은 각각의 나라와 실제로 협상을 시작하기 전 협상 당사국의 원수 또는 주권자에게 다음과 같은 내용의 친서를 전달하였습니다. "조선은 오래전부터 청국의 주권하에 있음을 인정하지만 조선의 국왕들은 내치는 물론이고 외교관계에서도 항상 완전한 자주권을 향유해 왔습니다."(1882년 6월 30일 자 보고의 첨부문서 3의 부록 4 참고)[19]

청국 대표들은 처음에 이 선언을 조선과 미국의 조약 원문에 삽입하고자 하였습니다. 하지만 미국의 전권대표 슈펠트[20] 사령관의 반대로 무산되었습니다. 미국 전권대사가 반대한 이유는 조미조약에서 조선과 청국 관계를 언급하는 것을 꺼렸기 때문입니다.

따라서 청국에서 발표한 기존의 선언들, 조선 정부에서 발표한 성명들, 최근 수년간 조선과 다른 열강들로 하여금 직접 협상에 나서도록 만든 여러 우발적인 사건들에 대한 청국의 태도 등을 고려할 때, 청국은 조선의 국내 문제 문제는 물론이고 대외적인 관계에 개입할 수 있는 모든 권리를 포기하였다고 말할 수 있습니다.

물론 청국이 조선의 내치와 대외관계에 어떤 영향력을 행사할 수 있고 또 현재 어떤 영향력을 행사하고 있느냐는 문제는 별개의 사안입니다.

정치적으로나 재정적으로나 완전히 무능력한 조선 정부가 천년 동안 이어져 온 관계를 통해 유사한 문명과 권력 형태를 지닌 강력한 이웃국가에 의지하는 것은 자연스러운

---

15 [감교 주석] 청일수호조규

16 [감교 주석] 브르니에 드 몽모랑(Brenier de Montmorand)

17 [감교 주석] 원문에는 '1878년 ~ 아니었습니다.'에 취소선이 표기됨.

18 [감교 주석] 조미수호통상조약, 제1차 조영수호통상조약, 제1차 조독수호통상조약. 1882년 조선이 영국, 독일과 체결한 조약은 영국과 독일의 비준 거부로 사실상 폐기되고, 이듬해인 1883년에 새로운 조약이 체결됨. 1882년 조약과 1883년 조약을 구별하기 위해서 제1, 2차를 붙임.

19 [감교 주석] 원문에는 '1882년 ~ 참고'에 취소선이 표기됨.

20 [감교 주석] 슈펠트(R. W. Shufeldt)

일입니다. 또한 청국 정부 역시 조선으로부터 지원을 요청받았을 때, 왕조의 체통을 지키기 위해 선조들이 이룩해놓은 것을 만주왕조가 잃어버려서는 안 된다는 생각에 그들의 이익과 힘의 한도 내에서 건전한 정책으로 그것을 수용하는 것은 당연합니다.

조선의 지리적 위치는 청나라 정권이 베이징을 근거로 삼고 있는 한 정권의 사활에 결정적인 영향을 미칠 정도로 중요합니다. 그리고 러시아와 일본, 두 열강으로부터 조선의 독립성을 유지하는 것 역시 그 어떤 희생을 치르고서라도 반드시 사수해야 하는 것입니다. 그 밖에도 예를 들어 16세기 말과 17세기 초에 걸쳐 조선이 일본으로부터 침략[21]당했을 때 명나라 지원군이 조선인들의 성공적인 항쟁에 커다란 기여를 한 것 역시 중국의 전통적인 대 조선 정책의 일환입니다.

따라서 청국 정부는 조선의 독립이 위협 받고 있거나 모든 정세가 조선의 독립성을 위협할 가능성이 있을 경우 외교적, 군사적으로 조선의 독립을 옹호하려 들 것입니다. 그렇게 될 경우 최근에야 비로소 종결된 안남을 둘러싼 프랑스와의 분쟁[22]에서 그랬던 것처럼 청국은 기존의 선언을 무시하고, 또 조선이 청국과 독립적인 관계에 있음을 근거로 오랜 세월 유지해온 자제도 포기하고 조선 문제에 개입할 것입니다. 그러나 안남에서와 마찬가지로 개입의 진짜 이유는 조공국에 대한 의무 내지 지원이 아니라 그들 자신의 정치적인 이익에서 찾을 수 있습니다.

1885년 9월 베이징에서

브란트

---

21 [감교 주석] 임진왜란
22 [감교 주석] 청불전쟁(Sino-French War, 淸佛戰爭)

대원군의 석방과 이 문제에 대한 일본 정부의 태도에 관하여

발신(생산)일	1885. 9. 15	수신(접수)일	1885. 11. 4
발신(생산)자	브란트	수신(접수)자	비스마르크
발신지 정보	베이징 주재 독일 공사관	수신지 정보	베를린 정부
	No. 193		A. 9846

A. 9846 1885년 11월 4일 오전 수신

베이징, 1885년 9월 15일

No. 193

비스마르크 각하 귀하

조선 국왕의 부친 대원군이[1] 여전히 톈진에 머물고 있음을 각하께 삼가 보고하게 되어 영광입니다. 총리아문의 대신이 본인에게 솔직하게 털어놓은 바에 의하면 청국 정부는 부친을 석방해주기 바란다는 조선 왕의 요청을 기다리고 있으며, 요청이 오는 즉시 응할 것이라고 합니다. 그러나 이미 1개월여 전 국왕의 친서를 지참하고 서울을 출발한 전 병조판서 민종목이 육로를 택한 탓에 아직도 이곳에 도착하지 않았습니다. 그사이 리훙장은 역시 톈진에 체류 중인, 왕비의 혈족이자 그 일파에 속하며 지난번 반란 때 중상을 입은 바 있는 민영익과 대원군 간에 화해를 시도하였는데 적어도 표면적으로는 성공하였다고 합니다. 같은 목적으로 조선에 파견된 딩루창[2] 제독도 임무를 완수하였다고 합니다.

대원군의 조선 귀환에 대한 일본 정부의 입장에 대해서는 수일 전 단기휴가를 통고하고 일본으로 떠난 일본 공사 에노모토[3] 제독이 다음과 같이 밝혔습니다. 즉 대원군의 서울 귀환이 조선에서 새로운 당파적인 음모와 정쟁의 신호탄이 아니라면, 그리고 그것이 이전보다 더 자유로운 정책의 시행으로 이어진다면 일본 정부는 대원군의 조선 귀환에 아무런 이의도 제기하지 않을 것이라고 했습니다.

---

1 [감교 주석] 홍선대원군(興宣大院君)
2 [감교 주석] 딩루창(丁汝昌)
3 [감교 주석] 에노모토 다케아키(榎本武揚)

본인이 짐작하기에 도쿄에서는 줏대 없이 흔들리는 국왕보다는 오히려 대원군처럼 강력한 인물이 권력을 차지하는 것을 더 희망하는 것 같습니다. 일본 정부는 러시아의 영향력보다는 청국의 영향력을 깨뜨리기가 더 쉬울 거라고 믿기 때문입니다.

그 밖에도 에노모토 제독은 본인에게 톈진에 계속 체류한 이유는 일본 정부의 지시로 리훙장[4]으로 하여금 영국인들의 해밀턴항[5] 점령[6]에 대해 일본과 공동으로 대처하도록 설득하기 위해서라고 했습니다. 하지만 리훙장은 전혀 그의 말에 귀를 기울이지 않았다고 합니다. 그는 그 문제는 러시아가 아프가니스탄 문제를 처리할 때 동시에 해밀턴항 철수를 요구하면 아주 간단히 해결될 것이라고 주장했다고 합니다.

브란트

내용: 대원군의 석방과 이 문제에 대한 일본 정부의 태도에 관하여

---

4 [감교 주석] 리훙장(李鴻章)
5 [감교 주석] 거문도(Port Hamilton)
6 [감교 주석] 영국의 거문도 점령 사건

베를린, 1885년 11월 4일   A. 9846

주재 외교관 귀중   귀하에게 억류되어 있던 조선 국왕의 (부친, 흥선
기밀   대원군; 감교자) 석방에 관한 9월 15일 자 베이징
                                           주재 독일제국 공사의 보고서 사본을 개인적인 정
6. 런던 No. 505   보로 제공하게 되어 영광입니다.

베를린, 1885년 11월 5일   A. 9800

주재 외교관 귀중   귀하에게 조선의 대 청국 관계에 관한 9월 12일
기밀   자 베이징 주재 독일제국 공사의 보고서 발췌본을
1. 런던 No. 510   개인적인 정보로 제공하게 되어 영광입니다.
2. 페테르부르크 No. 664

23

대원군의 석방과 청국의 대 조선 관계에 대하여

발신(생산)일	1885. 9. 24	수신(접수)일	1885. 11. 17
발신(생산)자	브란트	수신(접수)자	비스마르크
발신지 정보	베이징 주재 독일 공사관	수신지 정보	베를린 정부
	No. 201		A. 10369

A. 10369 1885년 11월 17일 오전 수신

베이징, 1885년 9월 24일

No. 201

비스마르크 각하 귀하

각하께 9월 20일 자 베이지 관보에 발표된 황제의 칙령을 번역하여 보고드리게 되어 영광입니다. 조선 국왕의 요청에 따라 "질환을 앓고 있는" 대원군[1]을 석방하여 조선으로 귀환시키기로 하였다는 내용입니다.

칙령은 아주 교만한 어조로 이루어져 있습니다. 칙령의 목적은 확실히 한편으로는 최근 일본과 체결한 양국 군대의 조선 동시 철수에 관한 조약[2]으로 인해 이웃나라 조선에 대한 청국의 지위가 몹시 흔들리자 이것을 은폐하기 위해서이며, 다른 한편으로는 안남[3]에서 최근 프랑스와 벌인 사건[4]과는 반대로 조공국가들에 대한 청국의 가부장적 태도를 과시하기 위해서입니다.

본인은 칙령의 어조에 큰 의미를 부여하고 싶지 않습니다. 조선과 조약을 체결한 다른 열강들의 베이징 주재 대표들 역시 같은 입장입니다. 그러나 러시아 측에서는 확실히 대원군의 서울 귀환과 이 사안에 대한 청국의 태도에 의구심을 갖고 있습니다.

만약 항간에 떠도는 소문처럼, 외국과의 무역을 위해 조선의 개항항구들에 설치된 세관의 업무가 청국의 해관의 총세무사인 하트[5]에게 지휘권이 이양된다면, 그 영향은

---

1 [감교 주석] 흥선대원군(興宣大院君)
2 [감교 주석] 톈진조약
3 [감교 주석] 베트남
4 [감교 주석] 청불전쟁(Sino-French War, 清佛戰爭)

자못 심각할 것입니다.

조선 정부는 이미 1882년 같은 목적[6]으로 청국 정부에 지원을 요청한 바 있습니다. 그때 하트가 새로운 세관조직의 지휘권을 갖게 되자, 한편으로는 하트와 크고 작은 일에서 항상 대립관계에 있고, 다른 한편으로는 완전히 자신의 말에 복종하는 부하를 조선에 파견하고자 했던 리훙장[7]이 그 계획을 무산시켰습니다. 대신 리훙장은 서울 정부를 움직여 독일제국 통역관으로 일한 바 있는 폰 묄렌도르프[8]에게 세관업무를 맡기도록 했던 것입니다.

하지만 묄렌도르프가 조선에서 행한 정치활동과 조직 활동에서 리훙장이 겪은 비참한 경험들이 원래의 계획을 다시 채택할 수밖에 없도록 만드는 근거가 되었습니다. 예를 들어 세관 관리들의 급여가 몇 달씩 밀린 일, 수입과 지출의 정산이 전혀 이루어지지 않은 일 등이 그렇습니다. 따라서 지금 이 순간 만일 묄렌도르프가 조선을 떠나고 하트가 조선의 해관조직을 관리하게 되면 아마 리훙장도 매우 만족할 것입니다.

브란트

내용: 대원군의 석방과 청국의 대 조선 관계에 대하여

1885년 9월 24일 자 No. 201의 첨부문서
번역

1885년 9월 20일 자 베이징 관보 발췌

칙령. 수년 전 조선에서 군란[9]이 발생해 왕조의 존속이 위태로운 지경에 이르렀을 때 이하응(즉 대원군)은 임금을 요구하는 병사들을 제압하지 않았을 뿐만 아니라 나중에 그 범죄자들을 처벌하지도 않았다. 그때 여론은 노골적으로 이하응을 반란의 진정한 주

---

5 [감교 주석] 하트(R. Hart)
6 [감교 주석] 해관 설치 지원에 관한 건.
7 [감교 주석] 리훙장(李鴻章)
8 [감교 주석] 묄렌도르프(P. G. Möllendorff)
9 [감교 주석] 임오군란

모자로 지칭하였다. 이에 청국 황실은 충실한 조공국에 대한 애정과 우려에서 군대를 파견하여 주모자들을 박멸하고 폭도들을 소탕하였다.

당시 조선의 정세를 면밀히 살펴본 결과 이하응이 그곳에 머무는 한 무정부상태를 완전히 종식시킬 수 없다는 결론에 이르렀다. 그리하여 짐은 이하응을 우리의 수도 가까운 곳에 감금하는 동시에 그에게 풍족한 생활환경을 제공할 것을 명령하였다. 또한 짐은 조선 왕이 자식으로서의 도리를 다할 수 있도록 1년에 4차례씩 특사를 파견해 이하응에게 문안을 올리는 것을 허락하였다. 짐으로서는 폭동가담자들의 인간적인 감정들을 충분히 배려하면서 더 이상의 불행을 막기 위해 필요한 모든 조치를 행한 것이다.

이하응이 바오딩부[10]에 감금된 직후 조선 왕은 두 번이나 예부를 통해 짐에게 청원하였다. 이에 짐은 은총을 베풀어 구금된 이하응의 조선 귀환을 허락하고 싶은 마음 간절하였다.

그러나 당시 반란은 겨우 진압되었으나 민심은 아직 안정을 되찾지 못한 상태였다. 또한 이하응의 형 집행이 얼마 진행되지 않은 시점임을 고려할 때 조선 왕의 청원을 거절할 수밖에 없었다. 그리하여 짐은 조선 왕에게 두 번 다시 청원하지 말 것을 명령하였다.

이제 그로부터 3년의 세월이 흘렀다. 그리고 이하응이 고령으로 인해 여러 가지 질병에 시달리고 있을 뿐만 아니라 최근 자식에 대한 그리움을 지속적으로 호소한 바 있어 짐이 얼마 전 리훙장에게 청원자 이하응을 톈진으로 불러 개인적으로 그의 주장의 진실 여부를 검증해보라는 지시를 내렸다.

그리하여 리훙장이 확인한 바, 이하응이 열거한 사정들이 진실이었다. 또한 예부가 짐에게 보고한 바와 같이 조선 국왕이 특사 민종묵을 통해 짐에게 은총을 베풀어 구금된 자를 석방해 달라는 간절한 청원서를 넣은 바도 있어 짐이 이번에 특별히 아비에 대한 아들의 사랑에 귀를 기울여 은총을 베푸는 바이다. 이는 짐의 통치체제가 전적으로 부자 지간의 관계에 토대를 두고 있다는 점, 그리고 짐의 황실은 속국을 지대한 호의와 각별한 온정으로 다룬다는 원칙을 항상 준수해 왔다는 점을 고려한 결정이다. 더 나아가 한편으로는 이하응이 과거 자신의 잘못에 대한 반성의 시간을 충분히 가졌고, 다른 한편으로는 아버지를 친히 부양하게 해달라는 왕의 요청이 매우 절절하였다는 점도 고려하였다.

따라서 짐은 이하응에게 석방이라는 은사를 베풀고 믿을 만한 관리의 인도로 그가 고향으로 귀환하는 것을 재가하는 바이다. 그리고 예부를 통해 이 사실을 조선 왕에게

---

10 [감교 주석] 바오딩부(保定府)

통보하도록 하라.

하지만 짐의 이러한 조치는 관대한 은총이 확실하므로 한편으로 이하응은 짐이 그에게 베푼 특별한 은총을 항상 마음에 간직하여야 할 것이며, 다른 한편으로 조선 왕은 향후에는 예전에 그의 정부가 저지른 치명적인 잘못들을 되풀이하지 않도록 전심전력을 다해야 할 것이다. 그러기 위해서는 모든 간신들을 물리치고 유능한 인물들만을 가까이 하기 바란다. 또한 외국과 우호적인 관계를 맺기 바란다. 매일, 매순간 정무에 전심전력을 기울여 내부의 불안을 제거하고 외부로부터의 모든 공격을 확실하게 막아내기 바란다. 그것만이 조선 왕이 보호와 연민을 통해 짐이 베푼 무한한 호의의 진가를 제대로 이해하고 있음을 입증하는 길이다.

짐은 단호하게 희망하노니, 조선 왕이 이러한 기대에 전폭적으로 보답하기 바란다.

정확한 번역
아렌트

24

대원군의 조선 귀환과 묄렌도르프의 면직에 관하여

발신(생산)일	1885. 9. 29	수신(접수)일	1885. 11. 17
발신(생산)자	브란트	수신(접수)자	비스마르크
발신지 정보	베이징 주재 독일 공사관	수신지 정보	베를린 정부
	No. 207		A. 10372

A. 10372 1885년 11월 17일 오전 수신

베이징, 1885년 9월 29일

No. 207

비스마르크 각하 귀하

대원군[1]이 9월 20일 톈진에서 청국 순양함 Tschao Yong호를 타고 조선을 향해 출발하였음을 각하께 보고드리게 되어 영광입니다.

청국 해관에서 관세업무를 담당하던 메릴[2]과 헌트[3]라는 2명의 관리가 대원군을 수행하고 있습니다. 메릴은 미국인으로 소문에 의하면 관직을 사임하고 조선 해관 관리직[4]에서 파면된 묄렌도르프[5]의 후임으로 결정되었다고 합니다.

묄렌도르프가 이전에 겸직하고 있던 조선 왕의 고문이라는 직책에는 상하이 주재 미국 총영사 데니[6]가 물망에 오르고 있습니다. 하지만 급여 조건이 그다지 좋지 않아 그는 아직 제안을 수락하지 않은 상태입니다.

브란트

내용: 대원군의 조선 귀환과 묄렌도르프의 면직에 관하여

---

1 [감교 주석] 흥선대원군(興宣大院君)
2 [감교 주석] 메릴(H. F. Merill)
3 [감교 주석] 헌트(Hunt)
4 [감교 주석] 총세무사
5 [감교 주석] 묄렌도르프(P. G. Möllendorff)
6 [감교 주석] 데니(O. N. Denny)

베를린, 1885년 11월 17일   A. 10372

주재 외교관 귀중   귀하에게 조선 문제에 관한 9월 29일 자 베이징
기밀   주재 독일제국 공사의 보고서 사본을 개인적인 정
1. 페테르부르크 No. 719   보로 제공하게 되어 영광입니다.
2. 런던 No. 555

25

조선의 정치적 지위에 관하여

발신(생산)일	1885. 10. 8	수신(접수)일	1885. 11. 17
발신(생산)자	된호프	수신(접수)자	비스마르크
발신지 정보	도쿄 주재 독일 공사관 No. 48	수신지 정보	베를린 정부 A. 10398
메모	11월 18일, 페테르부르크, 런던, 베이징 전달		

A. 10398 1885년 11월 17일 오후 수신

도쿄, 1885년 10월 8일

No. 48

비스마르크 각하 귀하

각하께 조선의 정치정세에 관해 아래와 같이 보고하게 되어 영광입니다.

조선반도는 중국 문헌에 의하면 기원전 1122년 처음으로 역사에 등장했습니다. 당시 중국 왕조의 시조 탕왕[1]이 어느 쫓겨난 왕족[2]에게 조선반도 북서부를 그와 그의 후손들이 다스리는 독립 왕국[3]으로 넘겨주었습니다. 그때 한 가지 조건을 붙였는데, 바로 정권이 교체될 때마다 종주국으로서 중국의 주권을 인정해야 한다는 것이었습니다. 중국 신화를 분석해 보면, 중국에서 실제로 조선반도로 이주가 이루어졌으며 토착민들은 무력을 지닌 더 높은 수준의 문화에 정복당해 밖에서 들어온 이주민들의 지도자가 군주로 인정받았습니다. 때때로 중국에 의존하는 일이 없지는 않았지만 그 왕국은 그로부터 거의 천년 동안 왕실이 계속 유지되었습니다. 그러다 북쪽과 서쪽으로부터 계속 침략이 이루어져 나라가 흔들리는 바람에 점차 개별적인 지역으로 왕국이 분열하였고, 기원후로 넘어갈 무렵 고구려, 백제, 신라의 세 왕국이 서로 독립적으로 성립되었습니다. 물론 신화에서뿐만 아니라 역사적으로도 이것은 확실한 사실입니다. 삼국의 역사는 반목과 친선관계의 반복이라 할 수 있습니다. 그런데 이 친선관계가 때로는 중국의 침략에 함께

---

1 [감교 주석] 탕왕(湯王)
2 [감교 주석] 기자(箕子)
3 [감교 주석] 기자조선(箕子·朝鮮)

맞서기 위한 일시적 동맹의 형태를 띠었고, 때로는 우세한 한 나라를 견제하기 위해 나머지 두 나라가 연합하는 형태로 나타났습니다. 후자의 경우 중국의 지원이 일시적인 세력균형에 있어 중요한 의미를 가진 것이 분명합니다. 그러나 일시적인 필요 때문에 중국에 정기적으로 사절과 선물을 보낼 이유는 없습니다. 또한 왕권에 대한 확인이 인접국 황제의 선언으로 이루어지는 것도 아니었습니다.

기원후 2세기 말 일본은 진구 황후[4]의 원정으로 아시아 대륙의 혼란스러운 역학관계에 처음으로 직접 개입하게 되었습니다. 여왕은 원정을 성공적으로 끝낸 뒤 조선의 남단 –임나–를 일본 식민지로 선포하였습니다.[5] 그리고 백제와 보호의 관계를 맺음으로써 중국이 조선반도의 군주들에게 주장한 것과 동등한 권리를 요구하였습니다. 수백 년의 세월이 흐른 뒤 일본은 조선에 대한 정치적 영향력을 상실하였습니다. – 그리고 16세기 말 일본은 유혈전쟁[6]을 통해서 다시 영향력을 확보했고 최근에 이르러 1876년 조약[7]을 체결함으로써 조선의 완전한 독립을 인정하였습니다.

조선 내에서는 중국의 지원을 받은 신라가 최초로 통일하였고, 그 후 4백 년 동안은 고려가 반도의 지배권을 차지했습니다. 1397년 중국의 승인을 받은 새 왕조가 현재까지 지속되는 체제를 출범시켰습니다. 그때부터 조선의 왕들은 즉위할 때마다 중국으로부터 왕이라는 칭호를 부여받았습니다. – 현재 통치하고 있는 군주는 1866년에 이 칭호를 받았습니다. – 왕비 역시 남편이 중국 황제로부터 왕이라는 칭호를 받은 후에 비로소 왕비라는 칭호를 받게 됩니다. 해마다 조선의 사절들이 베이징을 찾아 조공을 상납한 뒤 궁정 천문관한테서 다음해의 역서[8]를 전해 받습니다.

상황이 이럼에도 불구하고 정치적 자주성의 본질적 발현에 있어서, 즉 국내문제의 관리와 처리 및 외국과의 관계 조율 등에 있어서 조선이 독립성을 갖고 있음은 의심의 여지가 없어 보입니다. 비록 이 나라에서 명백히 확인할 수 있는 중국식 사고 및 풍습, 관례, 한자 등을 통해 조선이 서쪽에 위치한 이웃나라에 정신적으로 종속되어 있다는 것이 명백히 입증되고 있음에도 불구하고 국내 문제에 관한한 자유로운 활동이 보장되어 있는 것은 분명합니다. 외국과 조약을 체결할 수 있는 권리는 1605년[9] 일본과 평화조

---

4 [감교 주석] 진구 황후(神功 皇后)
5 [감교 주석] 임나일본부설
6 [감교 주석] 임진왜란
7 [감교 주석] 조일수호조규
8 [감교 주석] 역서(曆書)
9 [감교 주석] 1605년은 사명대사가 일본으로 건너가서 임진왜란 당시 일본으로 끌려간 조선인 포로 1,500여 명을 송환함. 이에 조선은 1607년 회답사를 일본에 파견해서 국교를 재개함. 즉 조선과 일본이 국교를 재개

약을 체결한 것에서도 확인할 수 있습니다. 최근 청국의 공식적인 이의 제기 없이 일본, 미국, 독일, 영국 등과 연속적으로 신속하게 통상 및 우호조약을 체결한 것에서도 그 점은 명백히 입증되었습니다. 그 어떤 조약에서도 조선과 청국이 조공관계에 있다는 것은 언급되지 않았습니다. 하지만 다른 기회에 알려진 바와 같이 미국 정부는 조선과 조약을 체결하기 전 청국 정부에 그 조약이 청국의 종주권을 침해하지 않을 것이라는 각서를 전달한 바 있습니다. 당시 청국의 중재 없이 조선과 무역조약 체결에 성공할 수 있을지 확신할 수 없었기 때문에 부득이 각서에 그러한 문구를 넣었던 것으로 보입니다. 그러나 조선 정부는 조약 비준 전 스스로 워싱턴에 전달한 각서[10]에서 조선은 청국의 조공국이라고 명시하고, 미국과의 정치적인 관계 수립은 그 관계에 저촉되지 않음을 알리고자 하였습니다. 동시에 조선 왕국은 대외 정책에 있어서나 국내 입법에 있어서 완전히 자주적이라고 단언함으로써 혹시 발생할지 모를 청국에 대한 의미부여 여지를 애초에 없애 버렸습니다.

따라서 청국 황제가 조선에 대해서 애매모호하게 취했던 종주권 행사들을 보노라면, (청국은; 감교자) 유럽의 국제법에서 종주권 관계를 규정하기 위해서 필수적으로 요구되는 본질적인 전제조권들을 포기한 것으로 보입니다. 동아시아 역사 발전을 들여다보면, 중국은 동아시아의 중심 국가이자 가장 오래된 고대문화 발생지로서 예로부터 정치권력의 기증자로 간주해줄 것을 요구하였습니다. 하지만 그런 요구가 항상 수용된 것은 아니며, 무력으로 그 요구를 항상 관철시킬 있었던 것도 아님이 확실합니다. 예를 들어 1596년 중국 사절이 일본 교토에 서두에 다음과 같은 문구가 적혀 있는 황제의 친서를 전달한 적이 있습니다. "짐은 중국의 황제로서 너를…… 일본 왕으로 임명하노라." 하지만 이 제안은 당연히 거부당했습니다. 중국은 대부분의 동아시아 국가들에 대한 자신의 우월함은 조공의 형식으로 표현된다는 것을 알고 있었습니다. 하지만 이러한 조공관계 역시 유럽 국가들에게는 완전히 낯선 법률관에 입각한 것입니다. 약소국이 분쟁을 피하기 위해 강대국에게 이런 식으로 충성과 예의를 표시하는 것인데, 충성과 예의 이외에 다른 의무는 없습니다. 오히려 경우에 따라서는 무역의 이익이나 그 밖의 이익들을 얻는 경우가 있었습니다. 예를 들어 샴 왕국의 왕은 과거에 중국에 조공을 실어 나르는 배들을 이용해 관세도 물지 않고 상품들을 수입도 하고 수출도 하였습니다. 따라서 약소국에서는 이중 삼중으로 여러 나라들과 조공관계를 맺었습니다. 아시아의 군주들은 중국, 샴,

---

한 해는 1607년임(독일어 원문에는 1605년으로 기재되어 있음).

10 [감교 주석] 속방조회문

버마에 동시에 조공을 바칩니다.

이러한 관계는 필연적으로 유럽 열강들의 영향력에 대항할 수 있는 생존능력을 발전시키지 못했습니다. 또한 동아시아에서 중국의 종주권은 시간이 흐르면서 원래 주종관계가 확실하던 지역에서도 유명무실한 형태로 전락해버렸습니다. 청국과 프랑스의 분쟁에서 화제가 되었고, 부분적으로는 결단이 내려지기도 한 이러한 관계는 최근 대만과 Linkin 군도[11]와 관련해 정쟁을 유발하기도 했습니다. 두 사건의 경우 오랫동안의 조공관계에 있었음에도 불구하고 일본의 강력한 주도권이 그 관계를 굴복시킨 사례입니다.

된호프

내용: 조선의 정치적 지위에 관하여

---

11 [감교 주석] 류큐 왕국

26

조선의 청국 관계

발신(생산)일	1885. 9. 28	수신(접수)일	1885. 11. 17
발신(생산)자	부들러	수신(접수)자	비스마르크
발신지 정보	제물포 주재 독일 영사관 No. 73	수신지 정보	베를린 정부 A. 10400
메모	11월 18일, 페테르부르크, 런던 전달 연도번호 No. 560		

A. 10400 1885년 11월 17일 오후 수신

제물포, 1885년 9월 28일

No. 73

비스마르크 각하 귀하

어제 조선의 대 청국 관계에 대한 8월 5일 자 각하의 훈령을 접수하게 되어 영광입니다. 이 문제에 관해 상세히 연구하여 반드시 보고하도록 하겠습니다.

오늘은 간단히 중요한 몇 가지 사항만 말씀 올리도록 하겠습니다.

청국과 조선의 불투명한 관계는 12월의 반란[1] 이후 여러 번 논쟁의 대상이 되어 왔습니다. 청국 정치가들은 양국 관계를 확실하게 규정하는 것을 의도적으로 회피하고 있는 듯합니다. 그들은 양국 관계를 계속해서 발전시키고 있습니다. 그리고 과거에는 조선 문제에 개입하는 것을 거부하였으나 1882년[2] 이후로 영향력 강화를 고려하고 있는 듯합니다.

유럽 열강들은 외견상 양국 관계에 대한 명확한 해명을 촉구한 적이 없습니다. 물론 본인이 언급한 것과 비슷한 이유 때문에 이 문제에 대한 모든 논쟁을 자제하고 있기 때문입니다. 일본까지도 12월의 분쟁에 관해 청국과 협상할 때 이 문제에 대해 확실한 입장을 밝히라고 요구하지 않았습니다.

그러나 조선에 대한 청국의 행동방식을 자세히 들여다보면 적어도 양국 관계가 일정

---

1 [감교 주석] 갑신정변
2 [감교 주석] 임오군란

외무부 정치 문서고 조선 관계 문서(1885.7.24~1885.12.15) 95

한 발달 단계를 이미 통과했으며 현재 그것이 어느 지점에 도달하였는지 잘 알 수 있습니다.

그 문제에 대해 각하께 최대한 빨리 보고를 올릴 수 있도록 노력하겠습니다.

부들러

내용: 조선의 청국 관계

묄렌도르프의 지위

발신(생산)일	1885. 9. 26	수신(접수)일	1885. 11. 17
발신(생산)자	부들러	수신(접수)자	비스마르크
발신지 정보	제물포 주재 독일 영사관	수신지 정보	베를린 정부
	No. 72		A. 10401
메모	11월 18일 페테르부르크, 런던 전달 연도번호 No. 559		

A. 10401   1885년 11월 17일 오후 수신

제물포, 1885년 9월 26일

No. 72

비스마르크 각하 귀하

각하께 삼가 아래와 같은 보고를 올리게 되어 영광입니다.

9월 4일 자 관보에 다음과 같은 칙령이 발표되었습니다.: "총세무사 묄렌도르프[1]를 당분간 면직하고, 제물포 해관세무사 스트리플링[2]이 그의 직책을 대리한다."

묄렌도르프는 전환국[3]장의 직책은 현재까지 유지하고 있습니다. 그는 아직 총세무사의 직책도 다시 맡게 될 거라는 기대를 갖고 있습니다. 하지만 실제로 그렇게 될지는 매우 의문입니다. 그의 파면은 주로 청국의 영향에서 기인하였습니다. 조선을 러시아에 의존하게 만들려는 그의 시도가 청국의 그런 태도를 유발한 것으로 보입니다. 영국 대표[4]가 청국의 공작을 적극 지원하였으며, 이런 노력을 공개적으로 인정하였습니다.

독일 측에서는 일체 개입하지 않는 것이 바람직해 보입니다. 묄렌도르프의 유임은 불가능하다는 것이 본인의 판단입니다. 이 일에 개입하려는 시도는 독일의 이익에 해가 될 뿐입니다. 그의 몰락은 그 자신의 정치 활동으로 인해 벌어진 일이므로 우리 측에서

---

1   [감교 주석] 묄렌도르프(P. G. Möllendorff)
2   [감교 주석] 스트리플링(A. B. Stripling)
3   [감교 주석] 전환국(典圜局)
4   [감교 주석] 서울 주재 영국 총영사 애스턴(W. G. Aston)

어떤 수를 쓰더라도 돌이킬 수 없습니다. 그러나 다른 한편으로 모든 정치적 쟁점을 떠나 가능하다면 우리는 계속 묄렌도르프에 대해 우호적인 태도를 보여야 합니다. 그것이 각하의 지령과도 합치되는 일일 것입니다. 물론 지금은 묄렌도르프가 그대로 조선에 머무는 것이 그가 기대하는 방식으로 독일의 이익에 합치할지 매우 의심스러운 상황이 되었습니다. 본인 역시 내키지 않지만 얼마 전부터 그의 성격과 능력이 조선에서 그에게 부여된 과제를 제대로 추진할 수 없을 거라는 결론에 이르렀습니다. 본인은 이 점을 특히 강조하고자 합니다. 왜냐하면 금년 초 본인의 보고에서는 이와 상반된 예상을 하였기 때문입니다. 묄렌도르프와 본인의 개인적인 관계는 변함이 없습니다.

가능하면 묄렌도르프로 인해 피해를 입지 않도록 본인이 이곳에 진출한 독일 회사의 대표들한테는 7월 중순부터 은밀히 그의 실각에 대해 미리 귀띔해 주었습니다. (본인이 외아문 독판[5]에게 명확히 확인한 바에 의하면, 전환국[6] 설립과 관련해 맺은 계약은 조선 정부의 승인이 떨어졌습니다. 독일인 세관관리의 고용서류도 승인되었습니다.)

묄렌도르프는 조선 관리로 있으면서 조선 복식을 따르고 스스로를 조선인이라 선언하였기에, 그가 독일 국적을 요구한다면 주소지를 조선에 두고 있는 동안은 서울에 있는 독일 총영사관(혹은 조선의 외아문)을 통해 반환청구 방식으로 진행할 수 있습니다.

부들러

내용: 묄렌도르프의 지위

---

5 [감교 주석] 김윤식(金允植)
6 [감교 주석] 전환국(典圜局)

베를린, 1885년 11월 18일   A. 10398

주재 외교관 귀중   귀하께 조선의 정치정세에 관한 지난달 8일 자 도
기밀   쿄 주재 독일제국 공사의 보고서 사본을 개인적인
1. 페테르부르크 No. 729   정보로 제공하게 되어 영광입니다.
2. 런던 No. 565
3. 베이징 No. A. 19

베를린, 1885년 11월 18일　　　　　　　　　　　　　A. 10400

주재 외교관 귀중　　　　　　　　　귀하께 조선의 대 청국 관계에 관한 9월 25일 자
기밀　　　　　　　　　　　　　　　조선 주재 독일제국 영사의 보고서 사본을 개인적
1. 페테르부르크 No. 727　　　　　인 정보로 제공하게 되어 영광입니다.
2. 런던 No. 564

베를린, 1885년 11월 18일   A. 10401

주재 외교관 귀중   귀하께 묄렌도르프의 지위에 대한 9얼 26일 자 제
기밀   물포 주재 독일제국 영사의 보고서 사본을 개인정
1. 페테르부르크 No. 726   인 정보로 제공하게 되어 영광입니다.
2. 런던 No. 563   (추신 : 동시에 귀하에게 재량껏 보고서 내용을 이
                                        용할 수 있는 권한을 부여합니다)

조선 내 인물들의 근황에 대하여

발신(생산)일	1885. 10. 14	수신(접수)일	1885. 11. 30
발신(생산)자	브란트	수신(접수)자	비스마르크
발신지 정보	베이징 주재 독일 공사관 No. 219	수신지 정보	베를린 정부 A. 10983

A. 10983 1885년 11월 30일 오후 수신

베이징, 1885년 10월 14일

No. 219

기밀

비스마르크 각하 귀하

각하께 삼가 다음과 같이 보고드리게 되어 영광입니다. 지금까지 조선에서 영국의 이익을 대변하던 대영제국 총영사 애스턴[1]이 서울에서 질병으로 인하여 어쩔 수 없이 사임하였다는 소식입니다. 그래서 현재 임시로 이곳 영국 공사관 1등통역관인 베버[2]가 2등서기관으로 승진함과 동시에 그 직무를 대행하고 있습니다.

리훙장[3]이 본인에게 말하기를, 그가 묄렌도르프[4]를 톈진으로 소환하였다고 합니다. 묄렌도르프는 조선 정부와 더 이상 아무 관계도 없고, 또 모든 외국 대표들과 사이가 완전히 틀어졌기 때문에 그의 소환에 응할 것이라고 했습니다. 리훙장은 묄렌도르프한 테 불만을 갖고 있기는 하지만 그에게 톈진에서 월급이 지불되는 일자리를 제공할 것이라고 했습니다. 그러나 만약 묄렌도르프가 자신의 의무를 다하지 않을 경우 청국의 관직에서 파면할 것이라고도 했습니다. 묄렌도르프의 재판관할권을 독일이 갖고 있느냐는 리훙장의 질문과, 이제 그는 묄렌도르프를 두려워하지 않을 뿐만 아니라 이미 그와의 관계도 끝났다는 리훙장의 발언으로 미루어 볼 때 묄렌도르프가 자신의 권한에 속하는

---

1 [감교 주석] 애스턴(W. G. Aston)
2 [감교 주석] 베버(Baber)
3 [감교 주석] 리훙장(李鴻章)
4 [감교 주석] 묄렌도르프(P. G. Möllendorff)

지시 등으로 리훙장을 이용하려 했다는 정보가 전혀 근거 없는 것만은 아닌 듯합니다. 이런 소문은 다른 곳에서도 본인에게 들려온 적이 있습니다.

상하이 주재 전 미국 총영사 데니[5]는 조선 정부로부터 고문직을 제안 받았으나 거절 하였습니다. 그는 연봉으로 12,000냥을 요구하였으나 조선 정부는 겨우 6,000냥을 제시 했기 때문입니다. 그래서 리훙장의 대리인인 톈진 주재 전 미국 부영사였고 현재는 상인 으로 있는 패틱[6]이 다른 후보자를 물색 중입니다.

브란트

내용: 조선 내 인물들의 근황에 대하여

---

5 [감교 주석] 데니(O. N. Denny)
6 [감교 주석] 패틱(Pethick)

A. 11266에 관하여

10월 12일 자 서울발 보고는 1882년부터 청국에서 유배 중이던 국왕 부친[7]의 귀환 소식을 담고 있다.

흥미로운 점은 청국 황제가 대원군의 귀환을 고지한 칙령에서 조선은 청국의 조공국이며 전 군주의 석방은 청국 황제의 특별한 은총에서 비롯된 행위라는 것을 여러 번 강조했다는 사실이다.

12월 8일

---

7 [감교 주석] 흥선대원군(興宣大院君)

흥선대원군 귀환에 관한 건

발신(생산)일	1885. 10. 12	수신(접수)일	1885. 12. 7
발신(생산)자	부들러	수신(접수)자	비스마르크
발신지 정보	서울 주재 독일 총영사관	수신지 정보	베를린 정부
	No. 75		A. 11266
메모	12월 9일 페테르부르크 815, 런던 648 전달 연도번호 No. 584		

A. 11266 1885년 12월 7일 오전 수신

서울, 1885년 10월 12일

No. 584

비스마르크 각하 귀하

각하께 다음과 같이 정중히 보고를 드립니다.

1882년에 발생한 폭동[1]의 여파로 인해 중국으로 송환되어 지금까지 억류되어 왔던 조선 왕의 부친인 대원군[2]이 10월 5일 서울로 귀환했습니다.

대원군의 귀환은 상당히 중요한 의미를 갖습니다. 이미 얼마 전부터 그의 귀환에 대해 여러 번 논해진 바 있습니다. 사람들은 우선 그의 귀환으로 인해 곧 새로운 폭동이 발생할 것이라고 두려워하고 있습니다. 왕비[3] 가족들이 갖고 있는 대원군에 대한 적대감이나 대원군이 지금까지 보여주었던 외세에 대한 혐오는, 본인이 당시 보고한 바와 같이, 조선의 평화에 좋지 않은 영향을 주었습니다.

최근에는 이와 다른 새로운 주장들이 있었습니다.

대원군 자신이 적절히 처신할 것을 중국에 제대로 약속하지 않았다면, 중국이 분명 그의 귀환을 허락하지 않았을 것이라는 의견입니다. 또한 소문에 의하면, 대원군이 기존의 질서를 절대로 위협하지 않겠다고 리훙장 총사령관에게 엄숙하게 약속을 했다고

---

1 [감교 주석] 임오군란
2 [감교 주석] 흥선대원군(興宣大院君)
3 [감교 주석] 명성황후(明成皇后)

합니다.

리홍장은 대원군이 약속을 지키지 않을 경우, 중국이 매우 신속하게 개입할 것이라고 확실히 주지시켰습니다. 그리고 이러한 주장과 아울러, 대원군이 3년간 중국에 체류하면서 외세의 힘에 대해, 그리고 중국과 이들 국가의 관계에 대해 인지한 것으로 보아, 아마도 대원군이 함부로 행동하지 않을 것으로 보입니다.

예상했던 바와 같이, 조선 민중들은 대원군을 크게 환대하며 맞이했습니다.

그의 귀환은 축제적인 분위기였습니다. 조선 왕은 그를 맞이하기 위해 서울의 성문까지 갔으며, 근처에 마련된 천막에서 조선 왕과 대원군이 예식으로 서로에게 인사를 나누었습니다. 이것은 아버지와 아들간의 예식이자, 다른 한편으로는 왕과 신하 간의 예식이었습니다.[4]

대원군의 조선 귀환은 중국 정부의 선박을 통해 이루어졌으며, 대략 60명의 중국 해군 부대가 대원군을 서울까지 수행했습니다. 아울러, 조선 주재 중국 대표가 그의 입국 과정에 동행했습니다.

본인은 다음 날 조선 외아문 독판에게 서신으로 요청하여, 대원군의 귀환에 본인 또한 기뻐하고 있음을 조선 왕에게 전하도록 했습니다.[5]

본인에게 청국 황제의 한 칙령 문서가 전해졌는데, 이는 중국 황제가 9월 20일 대원군의 귀환에 대해 공포한 것으로 전해지며, 아마도 진본인 것으로 보입니다. 이 칙령에서 중국 황제는 조선이 중국의 속국임을 재차 강조했으며, 현재 대원군의 석방은 마땅히 처벌받아야 할 사안에 대해 황제가 특별히 용서한 것이라고 언급했습니다. 그리고 그는 특히 조선 왕이 앞으로 조선의 질서를 제대로 유지하기를 바란다며 칙령을 마무리했습니다.

본인에게 전달된 이 문서를 베이징 주재 독일 황제 공사에게 송부해 드리며, 가능하면 이 문서의 진위를 확인해 줄 것을 요청하는 바입니다.

10월 8일 자 조선 정부의 관보에 조선 왕이 부친의 귀환에 대해 정부 관리들에게 통고한 내용이 실렸습니다. 조선 왕은 대원군의 석방에 관한 중국 황제의 칙령을 보고, 자신의 부친이 돌아온다는 사실에 이루 말할 수 없이 기뻤지만, 황제의 개별적인 표명으로 인해 괴로움을 느꼈다고 언급했습니다.

관보에 따르면, 대원군이 당시 실제로는 중상모략을 당한 것이며, 따라서 대원군에게

---

4   [감교 주석] 원문에는 '대원군의 귀환은 ~ 예식이었습니다.'에 취소선이 표기됨.
5   [감교 주석] 원문에는 '본인은 ~ 했습니다.'에 취소선이 표기됨.

깊은 경외심을 보이지 않는다면, 그 누구라도 처벌을 받을 것이라고 합니다.

조선 왕은 왕비의 민씨 일가의 여러 사람들을 선발하여, 부친의 조선 귀환을 준비하고 이를 이행하게 했습니다. 아마도 그는 화해의 길을 열자는 요청에 따른 것으로 보입니다. 다른 한편, 대원군이 도착한 날에 1882년 폭동 가담자 중 두 명을 처형하였으며, 이러한 사실이 관보에 크게 보도되었습니다. 이를 통해 대원군이 폭동 세력을 위해 더 이상 영향력을 발휘하지 않을 것이라는 점이 민중들에게 명확해졌습니다.

대원군은 외세 배척자이자 수구 세력이라는 과거 자신의 평판이 잘못된 것임을 보여주기 위해 스스로도 매우 조심하고 있습니다.

그는 외국 대표들을 정중하게 응접했습니다. 그리고 어제 본인에게 일본 통상담당자가 전한 바에 따르면, 대원군이 아침에 그를 방문하여 다음과 같이 말했다고 합니다: 본인이 불편한 몸을 이끌고 이곳에 온 이유는, 이러한 방문을 통해 "수구세력"이라는 본인의 평판을 없애고, 외국에 호의적이라는 것을 보여주기 위해서입니다. 바로 일본인들이 1882년 대원군의 적대감으로 피해를 본 당사자이고, 아마도 가장 혐오를 받았던 사람들이기 때문에, 이러한 대원군의 방문이 분명 매우 의미 있고 평화적인 입장 표명이라고 여겨집니다.

이러한 상황 설명이 맞는지에 대해서는 다음에 일어난 사건들을 통해 알 수 있습니다.

전반적으로 관련 사실들과 주장들이 이를 뒷받침해 준다고 볼 수 있습니다.

보고에 따르면, 대원군은 빠른 시일 내에 서울을 떠나 지방에서 칩거할 예정이라고 합니다. 이것은 그가 정치에 더 이상 관여하지 않겠다는 것을 보여주는 가장 명확한 증거입니다.

현재 1882년 폭동에 적극적으로 가담했던 서울 근교에 위치한 마을 두 곳을 특별히 주시하고 있으며, 이것은 폭동 발생을 사전에 방지하기 위해서입니다.

지금으로서는 상황이 평화롭게 유지될 것으로 보이지만, 혹시 이와 다른 상황이 전개될 조짐은 없는지 잘 살펴보겠습니다. 이를 통해 비상시 (조선에 머물고 있는) 독일제국 국민들에게 관련 위험을 적시에 알리도록 하겠습니다.[6]

부들러

---

6 [감교 주석] 원문에는 '본인에게 전달된 ~ 알리도록 하겠습니다.'에 취소선이 표기됨.

인물들 및 정치정세에 관한 메모

발신(생산)일	1885. 10. 12	수신(접수)일	1885. 12. 7
발신(생산)자	부들러	수신(접수)자	비스마르크
발신지 정보	서울 주재 독일 총영사관	수신지 정보	베를린 정부
	No. 76		A. 11267

A. 11267 1885년 12월 7일 오전 수신

서울, 1885년 10월 12일

No. 76

비스마르크 각하 귀하

각하께서 이곳의 정세를 파악하는 데 큰 도움이 될 만한 몇 가지 사항을 보고하고자 합니다.

영국 총영사 애스턴[1]은 열흘 안에 유럽으로 휴가를 떠납니다. 그의 후임자이자 대표 역할을 할 베버[2]는 베이징 주재 영국공사관 서기관(1등통역관) 출신으로 이미 이곳에 부임하였습니다. 그는 "대리 총영사"로서 일하게 됩니다. 바버는 유능하고 열정적인 관리라는 평판을 듣고 있습니다.

요즘 이곳에서는 해밀턴항 사건[3]에 관해서는 아무런 소식도 들려오지 않습니다. 이 문제는 당분간 휴지 상태를 유지할 듯합니다.

러시아 대표 베베르[4]가 수일 전 이곳에 도착하였습니다. 그는 명함에 자신의 직책을 대리대사라고 표시하였습니다.

베베르가 비서이자 통역관이 아직 도착하지 않았다면서 본인에게 다수의 문서를 중국어로 번역해 달라는 요청을 해왔습니다. 여러 가지 이유로 본인은 기꺼이 그 요청을 수락했습니다. 그 덕분에 러시아 외무대신 기르스[5]가 조선의 외아문 독판[6]에게 보낸 소

---

1 [감교 주석] 애스턴(W. G. Aston)
2 [감교 주석] 베버(Baber)
3 [감교 주석] 영국의 거문도 점령 사건. 거문도(Port Hamilton)
4 [감교 주석] 베베르(K. I. Weber)

개장의 내용을 알게 되었습니다. 소개장에는 베베르가 조선 국왕이 있는 궁정에는 "대리공사"로, 조선 정부에는 총영사로 신임장을 제출했다는 내용이었습니다.

그 소개장에 다음과 같은 내용이 들어 있습니다.:

그(베베르)는 서울 도착 후 조약의 비준서 교환 준비에 이어서 국경문제[7]와 기타 다른 안건들에 관해 조선 정부와 협상을 벌여야 합니다. 협상을 위해서는 새로운 조약[8]에 서명을 해야 하는데, 조약의 기초가 되는 조건들에 대해 양국 정부로부터 승인을 받아야 합니다. 베베르는 번역을 위해 중국어로 그 마지막 몇 줄의 의미를 이렇게 설명했습니다. 조약 초안에 대해 먼저 이곳에서 합의를 보고, 그 다음에 양국 정부에 그 초안을 제출하여 보다 자세한 훈령에 입각해 조약의 문구가 완성된다는 것입니다. 청국 측에서는, 조선은 아마도 러시아의 국경무역 허용 요구를 거부하지 못할 것이라고 단언하였습니다.

러시아의 영향력을 통해 복권을 기대하고 있는 묄렌도르프[9]가 어느 정도까지 지원을 받을 수 있을지 본인은 정확히 알 수 없습니다.

하지만 아래와 같은 사건을 계기로 곧 진실이 드러날 것입니다.

청국에서 세관관리 2명이 세관순시선을 타고 이곳에 도착하였습니다. 탐문한 바로는 그들이 이곳의 세관업무 지도를 맡게 된다고 합니다. 한 사람은 미국인[10]이고 또 한 사람은 영국인[11]입니다. 리홍장[12]은 조선 정부가 요청한 바도 없는데 이 두 사람을 파견한 것 같습니다. 그들의 임명이 지연되자 친청파 세력이 임명을 촉구하고 있습니다. 베베르의 발언에 의하면 묄렌도르프에 대해 호감을 갖고 있는 조선인들이, 어쩌면 국왕까지도 청국에서 파견된 이 관리들의 임명을 회피하고 있습니다. 또한 러시아 대표 역시 표면적으로는 이러한 노력에 동조하고 있습니다.

이 문제는 러시아가 조선에서 어떤 정책을 추구할 것인가, 또한 베베르가 어느 정도로 묄렌도르프를 지원할 것인가 하는 것에 달려 있는 듯합니다. 그러나 러시아 대표가 묄렌도르프가 중요한 임무를 수행하기에 적합한 인물이 아니라고 확신하게 될 가능성도 있습니다. 그는 이미 이 문제와 관련해 묄렌도르프에 대해 의구심을 표명한 바 있습니다.

---

5   [감교 주석] 기르스(N. Giers)
6   [감교 주석] 김윤식(金允植)
7   [감교 주석] 육로통상장정 체결에 관한 건이 주요 안건이었음.
8   [감교 주석] 육로통상장정을 의미함.
9   [감교 주석] 묄렌도르프(P. G. Möllendorff)
10 [감교 주석] 메릴(H. F. Merill). 총세무사
11 [감교 주석] 헌트(Hunt)
12 [감교 주석] 리홍장(李鴻章)

묄렌도르프가 전환국[13]장 자리를 아직 유지하고 있다는 것은 본인이 외아문에 직접 문의하여 확인하였습니다. 하지만 현재 그의 밑에는 두 명의 조선인 부하뿐입니다.

일본 변리공사는 당분간 이곳에 돌아오지 않을 것이라고 일본 대리공사 다카히라[14]가 본인에게 말했습니다.

다카히라의 전언에 의하면, 조선 정부는 금년 1월 9일 자 조약[15]에서 부과된 배상금을 3개월 이내에 지불하기로 하였는데, 현재 겨우 5만 달러만 변상되었다고 합니다. 대원군[16]을 호위하고 온 청국 해군들이 일본 정부에 사전통고도 없이 조선에 상륙한 사건으로 인해 일본 대표와 전 군주의 수행원인 청국 대표 사이에 수차에 걸친 협의가 진행되었습니다. 비록 경미하기는 하지만 그 사건이 청일 양국이 체결한 신 조약을 위반했기 때문입니다. 이 돌발사건은 큰 문제로 비화될 것 같지는 않습니다. 하지만 일본 대표는 이번 기회에 청일 양국이 조선 항구에 정박 중인 양국 전함의 승무원들은 필요한 경우에 정부 간에 규정된 사전통고 없이 적절히 행동할 수 있도록 서로 양해해주기를 희망한다고 본인에게 말했습니다.

미국 공사관은 여전히 해군 장교 포크[17]가 통솔하고 있습니다.

청국 대표는 곧 다른 인물로 교체될 것입니다. 작년 12월 청국 군대를 이끌고 일본군이 지키고 있던 궁궐로 돌진했던, 추진력이 강한 젊은 인물 위안스카이[18]가 발탁될 것으로 보입니다. 그는 국왕과 국민들에게 매우 인기가 높은 인물로, 대원군을 수행해 이곳으로 돌아왔는데 그 점이 국민들 사이에서 그의 영향력을 더 강화시켜 주었습니다.

본인이 그를 방문하였을 때 들은 발언들 가운데 특히 본인의 관심을 끈 것은 그가 묄렌도르프에게 시급히 조선을 떠나 청국에서 리훙장을 통해 다시 복직의 기회를 찾아보라고 충고했다는 말입니다.

여러 가지 정황으로 볼 때 청국은 조선에서 보다 강력한 영향력을 행사하기로 결정한 것 같습니다. 청국 측에서 조선 문제를 위임 맡고 있는 리훙장이 머물고 있는 톈진과 서울 간에 조속히 전신망을 구축하려고 노력하는 것에서도 그것을 확인할 수 있습니다.

제물포와 서울 간 전신망은 이미 건설이 끝나 수일 내로 개통이 예정되어 있습니다. 서울과 의주 구간 중 청국 국경에서는 이미 500리, 그러니까 거의 절반가량 공사가 완료

---

13 [감교 주석] 전환국(典圜局)
14 [감교 주석] 다카히라 고고로(高平小五郎)
15 [감교 주석] 한성조약
16 [감교 주석] 흥선대원군(興宣大院君)
17 [감교 주석] 포크(G. C. Foulk)
18 [감교 주석] 위안스카이(袁世凱)

되었습니다. 청나라 영토 내 구간은 북쪽부터 공사가 진행되고 있습니다.

(직례; 감교자) 총독 리훙장은 조선 정부에 조속히 청국 노동자들을 도와달라고 다시 요청하였습니다. 가장 중요한 것은 전신주를 제때 공급하는 것입니다. 이 사업은 "대북부전신회사[19]" 소속의 덴마크인 기술자 2명의 지도하에 청나라 관리들과 노동자들이 맡고 있습니다. 관리는 명목상 조선 왕국이 하고 있습니다. 본인이 믿을 만한 소식통으로부터 들은 바에 의하면 일본 대표가 조선 정부에 이의를 제기하였다고 합니다. 일본이 나가사키-부산 간 전신망 건설과 관련해 조선과 체결한 조약[20]에는 경쟁이 되는 그 어떤 망 구축도 금지되어 있으므로 상기한 청국과의 전신망 건설은 이 조약을 위배했다는 것입니다.

일본 대표의 이러한 이의 제기로 인해 일본에 부산까지 육상 전신망 건설을 승인해주게 되었으며, 일본은 조선 정부와의 협력하에 전신망을 구축할 것으로 전망됩니다.

부들러

내용: 인물들 및 정치정세에 관한 메모

---

19 [감교 주석] 대북부전신회사(大北部電信會社; Great Northern Telegraph Company)
20 [감교 주석] 1883년에 체결한 부산일본간해저전신선조약(釜山日本間海底電信線條約)

베를린, 1885년 12월 8일   A. 11267

주재 외교관 귀중   귀하께 인물들 및 정치정세에 관한 메모와 관련
기밀   한 10월 12일 자 서울 주재 독일제국 영사의 보고
1. 페테르부르크 No. 809   서 사본을 개인적인 정보로 제공하게 되어 영광
2. 런던 No. 642   입니다.

베를린, 1885년 12월 9일   A. 11266

주재 외교관 귀중
기밀
1. 페테르부르크 No. 815
2. 런던 No. 648

귀하께 대원군의 귀환에 관한 10월 12일 자 서울
주재 독일제국 영사의 보고서 사본을 개인적인 정
보로 제공하게 되어 영광입니다.

동시에 귀하에게 재량껏 보고서 내용을 이용할 수
있는 권한을 부여합니다.

31

조선에 거주 중인 독일국민의 보호에 관하여

발신(생산)일	1885. 10. 13	수신(접수)일	1885. 12. 9
발신(생산)자	부들러	수신(접수)자	비스마르크
발신지 정보	서울 주재 독일 총영사관	수신지 정보	베를린 정부
	No. 79		A. 11367

A. 11367 1885년 12월 9일 오전 수신

서울, 1885년 10월 13일

No. 79

비스마르크 각하 귀하

조선에 거주하고 있는 독일국민의 보호와 관련해 각하께 삼가 다음과 같이 보고드리게 되어 영광입니다.

현재 외국인들의 보호는 제물포에 정박 중인 미국 전함 1척, 일본 전함 1척, 그리고 여러 척의 청국 전함에 의해 이루어지고 있습니다.

유럽인들과 미국인들이 특히 미국 군함의 상주를 희망하는 것은 당연한 일입니다. 독일인들은 만일의 경우 미국 전함으로부터 충분한 보호를 받을 수 있을 것으로 기대하고 있습니다.

그 문제와 관련해 다음과 같은 상황을 보고드려야 할 것 같습니다.

8월 16일 독일제국 순양함 "나우틸루스"호가 제물포에 도착하였습니다. 함대사령관은 도착하자마자 본인에게 다른 임무 때문에 항구를 최대한 빨리 떠나고 싶다는 소망을 피력하였습니다.

정치정세가 어떠냐는 함대사령관의 공식적인 질문에 본인은 이렇게 답변하였습니다. 여전히 정세가 불확실한 것은 사실이지만 만일의 경우를 우려해 동아시아 기지에 단 한 척밖에 없는 전함을 이곳에 오랫동안 붙잡아두는 것은 옳지 못하며 과거 청일 양국 군대가 철수한 뒤 정세가 불안해질 거라고 했던 본인의 우려는 지난 몇 주 간의 경험을 통해 상당히 불식되었다고 말입니다. 또한 본인은 그에게 먼저 제물포에 주둔 중인 미국의 전함 함장을, 이어서 미국의 함대사령관인 해군제독을 방문하여 필요할 경우 독일인의 이익 보호에 나서줄 것을 강력히 요청하라고 권하였습니다. 미국 함장과 해군제독은 요청을 흔쾌히 수락하였습니다. 코르베트호 함장 뢰트거가 본인에게 친절히 보고한 바에 의하면, 미국 해군제독이 당분간 제물포에는 군함 한 척만 주둔시키겠지만 이 군함은 만일의 경우 이곳에 있는 모든 유럽인들을 보호할 수 있는 지휘권을 갖고 있다고 말했습니다.

부들러

내용: 조선에 거주 중인 독일국민의 보호에 관하여

A. 11367 보고에 관하여

조선 주재 독일제국 영사가 10월 13일 자 보고에서, 일단 미국 전함이 조선 내 외국인들의 보호를 맡고 있다고 언급하였다. 이 문제와 관련해 미국 해군제독은 독일국민에 대해서도 만족할 만한 보호를 약속하였다.

미국 전함의 보호에 대한 감사의 인사를 미국 정부에 전하기 위해 이 보고서를 워싱턴에 전달해야 할지 여부를 정중히 문의해야 한다.

12월 11일

베를린, 1885년 12월 11일   A. 11367

알벤스레벤 귀하
워싱턴
A. No. 39

귀하에게 조선 내 외국인들의 상황과 관련된 10월 13일 자 서울 주재 독일제국 영사의 보고서 발췌본을 정보로 제공하게 되어 영광입니다. 미국 군함을 통해 독일국민이 받고 있는 보호에 대해 미국 정부에 정중히 사의를 표명하라는 지시가 함께 포함되어 있습니다.

32

대원군의 조선 귀환 이후 조선의 정세에 관하여

발신(생산)일	1885. 10. 24	수신(접수)일	1885. 12. 14
발신(생산)자	브란트	수신(접수)자	비스마르크
발신지 정보	베이징 주재 독일 공사관	수신지 정보	베를린 정부
	No. 225		A. 11547
메모	12월 15일 런던 672, 페테르부르크 824 전달		

A. 11547 1885년 12월 14일 오전 수신

베이징, 1885년 10월 24일

No. 225

비스마르크 각하 귀하

각하께 삼가 다음과 같이 보고하게 되어 영광입니다. (베이징 주재; 감교자) 영국 대리공사 오코너[1]가 본인에게 전한 바에 의하면, 10월 3일 제물포에 상륙하여 10월 5일 서울에 도착한 대원군[2]과 궁실 측이, 특히 왕비모 및 왕비 세력이 현재 몹시 팽팽한 긴장 관계를 유지하고 있다고 합니다. 대원군은 아들인 왕에게서 따뜻한 영접을 받지 못하였습니다. 더욱이 처음 왕을 알현하고 돌아오는 길에 전날 살해된 그의 개인 시종 두 명의 시신이 절단된 채 나신으로 길바닥에 던져져 있었다는 것입니다.

동시에 궁중에서는 이 문제에 대한 청국의 처사에 대해 몹시 격분하고 있습니다. 올해 9월 24일 본인이 올린 보고서에 담겨 있는,[3] 대원군의 석방과 관련한 칙령으로 인해 광범위한 인사들 사이에 분노가 갈수록 커지고 있습니다. 청국의 영향력을 막기 위해 조선 국왕은 묄렌도르프를 특별 사면하여 다시 기용하였다고 합니다.

대원군의 귀환이 조선의 정세에 어떤 영향을 줄 수 있느냐는 본인의 질문에 리홍장[4]은 정세는 매우 안정적으로 유지될 것이며 아무 것도 우려할 필요가 없다고 단언하였습

---

1   [감교 주석] 오코너(N. R. O'Conor)
2   [감교 주석] 흥선대원군(興宣大院君)
3   [감교 주석] 원문에는 '올해 ~ 있는'에 취소선이 표기됨.
4   [감교 주석] 리홍장(李鴻章)

니다.

청국과 조선의 관계에 특징적인 것으로 삼가 덧붙이고 싶은 내용이 있습니다. 다름이 아니오라 본인이 이미 보고드린 바와 같이, 리훙장의 대리인이 조선 국왕의 고문 자리를 이곳에서 여러 인물들에게 제안했다는 사실입니다. 그중에는 미국 공사관의 1등서기관 록힐[5]도 있습니다. 본인이 리훙장에게 대체 누가 그 자리를 차지할 것 같으냐고 물었더니 자신은 전혀 아는 바가 없지만 조선 정부가 그 직책에 어느 미국인을 염두에 두고 있다는 이야기를 들었노라고 했습니다.

브란트

내용: 대원군의 조선 귀환 이후 조선의 정세에 관하여

---

5 [감교 주석] 록힐(W. W. Rockhill)

33

조선의 정치정세에 관하여

발신(생산)일	1885. 10. 27	수신(접수)일	1885. 12. 14
발신(생산)자	브란트	수신(접수)자	비스마르크
발신지 정보	베이징 주재 독일 공사관 No. 230	수신지 정보	베를린 정부 A. 11550

A. 11550 1885년 12월 14일 오전 수신, 첨부문서 1부

베이징, 1885년 10월 27일

No. 230

비스마르크 각하 귀하

금년 10월 24일 자 본인의 보고 No. 225와 관련하여 서울에서 공식적으로 발표된, 조선 국왕이 대신들에게 내려 보낸 교지의 번역본을 전달하게 되어 영광입니다. 그런데 이 교지에서 조선 왕은 금년 9월 20일 청국 황제가 발표한 칙령의 내용과 형식에 대해 커다란 격분을 표하였습니다. 황제의 칙령에 대해서는 본인이 금년 9월 24일 자 보고 No. 201에서 이미 전달한 바 있는데, 바로 대원군[1]의 석방에 관한 내용입니다.

이와 반대로 묄렌도르프[2]가 조선 국왕의 신뢰를 받는 이전의 직위에 복직했다는 영국 측 정보는 사실이 아닌 듯합니다. 10월 19일까지 서울에서 들어온 보고에 의하면, 묄렌도르프는 오히려 10월 18일에 그의 마지막 관직인 전환국[3]장 자리에서도 파면되었고, 이제 어쩔 수 없이 조선을 떠날 준비를 하고 있다고 합니다.

세관 업무의 지휘권은 10월 14일에 이미 앞에서 언급한 청국 세관 소속의 메릴[4]에게 이관되었습니다.

뉴좡[5]과 서울 간 전신망 연결 작업은 서둘러 진행되는 덕분에 이미 서울 근처까지

---

1 [감교 주석] 흥선대원군(興宣大院君)
2 [감교 주석] 묄렌도르프(P. G. Möllendorff)
3 [감교 주석] 전환국(典圜局)
4 [감교 주석] 메릴(H. F. Merill)
5 [감교 주석] 뉴좡(牛莊)

도달한 것 같습니다. 따라서 청국과 조선의 수도 간 전신망 구축은 완성된 셈입니다.

브란트

내용: 조선의 정치정세에 관하여, 첨부문서 1부

1885년 10월 27일 자 A. 230의 첨부문서
번역
A. 11550

8월 27일[6](1885년 10월 5일) 국왕이 남대문 안에까지 행차하였습니다. 그리고 그곳에 출석한 대신들에게 다음과 같은 교지를 남겼습니다.

"이제야 이루어진 대원군의 귀환에 짐은 이루 말로 표현할 수 없을 만큼 기쁘다. 그러나 황제의 칙령에는 대원군의 석방 선언을 제외하고는 짐의 마음을 불안하게 만드는 말씀들이 들어 있어 감사의 마음과 함께 깊은 슬픔이 밀려온다. 과거의 사건들을 다시 논하는 것이 대체 무슨 소용이 있단 말인가? 그 모든 일은 단지 몇몇 무익한 인간들의 음모와 그런 자들 사이에 유포되어 있는 근거 없는 풍문들에 기인한 것으로, 대원군을 음해하려는 중상모략에 불과하다. 그것을 생각하면 아직까지도 분노가 치밀어 오른다. 그러나 과인은 현재 꼭 필요한 몇 가지 요구사항들만 당부하고자 한다. 귀환하신 분은 당연히 정중한 예절로 맞이하여야 할 것이다. 또한 예조는 대원군에게 합당한 예의의 형식을 일일이 논의할 것을 지시하는 바이다. 국가적인 사안에서는 종종 쓰라린 경험들에서 교훈을 얻을 수 있다. 따라서 모든 고위관리들은 금후 무익한 무리들과의 교류를 일체 피하고 자중자애하며 행동해야 할 것이다. 만일 과거의 잘못들을 다시 범한다면 그들은 명백하게 선언한 짐의 의지를 거약하는 자로서 처벌을 받을 것이다."

정확한 번역을 위하여
아렌트

---

6 [감교 주석] 음력

(A. 11550에 관하여)

내용: 1885년 10월 27일 자 베이징 주재 독일제국 공사의 보고

베이징, 1885년 10월 27일

청국 정부는 9월 24일 자 베이징 관보에 황제의 칙령을 발표하였다. 칙령에서 조선의 전 군주[7]의 석방에 즈음하여 조선은 청국의 조공국이라는 점을 지적하고 있다. ― 이 칙령을 접한 조선 왕은 10월 5일 조정 대신들에게 청국의 칙령에 대해 반박하지는 않았으나 "깊은 유감"을 담은 유시를 하달하였다. 베이징 주재 독일제국 공사의 보고에는 그 외에 묄렌도르프[8]가 조선의 관직에 복직하였다는 풍문[9]도 언급되어 있다. 또한 베이징과 조선[10] 간에 전신망이 완공되어 조만간 연결될 것이라고 한다.

12월 14일

---

7 [감교 주석] 흥선대원군(興宣大院君), 전 군주는 오기임.

8 [감교 주석] 묄렌도르프(P. G. Möllendorff)

9 [원문 주석] 브란트는 이 풍문을 근거 없는 것으로 간주하고 있으며 묄렌도르프가 조선을 떠날 것으로 믿고 있다. ― 그리고 끝으로 그는 그 시설에 대해서 보고한다.

10 [원문 주석] 뉴좡(牛莊) ― 서울 간

34

[흥선대원군 귀환 관련 조선 정세 보고]

발신(생산)일	1885. 10. 22	수신(접수)일	1885. 12. 14
발신(생산)자	브란트	수신(접수)자	비스마르크
발신지 정보	베이징 주재 독일 공사관	수신지 정보	베를린 정부
	No. 233		A. 11566

A. 11566 1885년 12월 14일 오전 수신

베이징, 1885년 10월 22일

No. 223

비스마르크 각하 귀하

암호해독

금년 9월 4일 자 각하의 훈령 A. 15에 대하여 다음과 같이 답변하게 되어 영광입니다. 제물포 주재 함부르크 마이어 상사[1] 대표가 6월 10일 자 개인 서신을 통해 본인에게 조선에 독일인 (군사; 감교자) 교관이 채용될 수 있도록 힘써주기 바란다는 소망을 표명한 바 있었습니다. 하지만 서울에는 독립적인 독일제국 대표부가 존재하고 있고, (서울 주재; 감교자) 총영사 젬부시[2]가 본인에게 그런 의미의 부탁을 해온 적도 없기 때문에 본인은 그 사람의 희망에 따라 행동해야 할 아무런 이유도 찾지 못했습니다.

본인은 늘 각하가 예전에 지시하셨던, 독일은 조선에서 오직 상업적인 목적만 추구할 뿐이라는 원칙을 유념하고 있기 때문에 설령 그럴 필요가 있었다 해도 각하께 사전 문의도 없이 행동에 나서지는 않았을 것입니다.

브란트

---

1 [감교 주석] 세창양행(世昌洋行)
2 [감교 주석] 젬부쉬(O. Zembsch)

베를린, 1885년 12월 15일   A. 11547

주재 외교관 귀중

기밀

1. 페테르부르크 No. 8211

2. 런던 No. 672

귀하에게 조선의 정세와 관련한 베이징 주재 독
일제국 공사의 10월 24일 자 보고서 사본을 개
인적인 정보로 제공하게 되어 영광입니다.

베를린, 1885년 12월 15일   A. 11550

주재 외교관 귀중   귀하에게 조선에 관한 10월 27일 자 베이징 주재
기밀   독일제국 공사의 보고서 발췌본을 개인적인 정보
1. 페테르부르크 No. 825   로 제공하게 되어 영광입니다.
2. 런던 No. 673   동시에 귀하에게 재량껏 보고서 내용을 이용할 수
                                         있는 권한을 부여합니다.

외무부
A편

외무부 정치 문서고
조선 관계 문서

1885년 12월 16일부터
1886년 12월 31일까지

제7권
참조: 제8권

조선 No. 1

01

정치적 상황

발신(생산)일	1885. 11. 10	수신(접수)일	1885. 12. 29
발신(생산)자	부들러	수신(접수)자	비스마르크
발신지 정보	서울 주재 독일 총영사관	수신지 정보	베를린 정부
	No. 85		A. 12197
메모	1월 3일 페테르부르크, 런던 전달 연도 번호 No. 720		

A. 12197 1885년 12월 29일 오전 수신

서울, 1885년 11월 10일

No. 85

본 서한을 통해 본인은 이곳 조선의 정치적 사건들의 전개에 대해 각하께 다음과 같이 삼가 보고드리게 되어 영광입니다.

대원군[1]은 모든 일에서 물러난 듯 보입니다. 또한 조선 국왕도 자신의 아버지를 모든 정치적 영향력으로부터 배제시키려 노력한다고 합니다. 대원군에게 부여된 의전과 관련한 규정이 조선 정부 관보에 발표되어 있습니다. 이 규정에는 조선의 고위관리들과 전 섭정[2]의 교류를 매우 어렵게 하는 항목이 있습니다. 즉, 조선 국왕이 직접 보내지 않는 한 어떤 관리도 대원군에게 접견을 청해서는 안 된다는 것입니다. 이 금지령을 위반하기는 쉽지 않을 것입니다.

이러한 조처로 인해 전 섭정은 심기가 상해 있으며 자신을 죄인 취급하는 것에 대해 한탄한다고 합니다. 조선 왕비[3]는 옛 정적에 대한 두려움을 떨치지 못했으며 옛 정적의 일거수일투족을 걱정스레 주시하고 있는 듯합니다. 대원군을 조선의 수도에서 멀리 떼어 놓으려는 계획은 포기한 것 같습니다. 아마 가까이에서 감시하는 편을 선택한 모양입니다. 이러한 예방책들이 새로운 음모를 꾀하도록 물러난 섭정을 자극할 가망성은 없어 보입니다.

---

1 [감교 주석] 흥선대원군(興宣大院君)
2 [감교 주석] 흥선대원군(興宣大院君)
3 [감교 주석] 명성황후(明成皇后)

대원군이 도착한 직후, 본인은 다른 외국 대표들처럼 그를 방문했습니다. 그에 이어 곧 대원군도 본인을 답방했습니다. 대원군은 매우 친절하고 호의적이었습니다. 그리고 여러 외국들을 언급함으로써 자신이 그 나라들에 대해 많은 것을 알게 되었음을 암시했습니다. 본인이 이러한 지식을 칭송하자 대원군은 기뻐하는 기색이 완연했습니다.

본인은 삼가 10월 12일에 올린 No. 75 보고[4]에서 대원군의 조선 귀환과 관련한 청국 황제의 칙령에 대해 언급했습니다. 그 칙령서는 베이징 주재 독일제국 공사[5]에 의해 각하께 전달되었을 것입니다. 본인은 이미 9월 22일에 베이징 주재 독일제국 공사로부터 칙령을 전해 받았습니다. 그 칙령은 청국과 조선 사이에서 전개되는 국법상의 관계를 판단하는 데 귀중한 자료를 제공합니다. 조선 군주 - 청국어 낱말 "왕"은 관습적으로 독일어 낱말 König로 번역되고 있지만 이것은 조금 오해의 소지가 있는 번역입니다 - 에 대한 청국 황제의 종주권은 조선 국왕의 부친[6]을 감금하고 석방하는 과정에서 확연히 드러났습니다. 리훙장 총독이 조선의 "왕"과 완전히 대등한 형식으로 서신을 교환하고 두 사람이 청국 황제에게 신하로서 근본적으로 동일한 호칭을 사용해야 한다는 것을 생각하면, 청국 황제의 훈령이 통치권자의 어조를 띄는 것은 놀랄 일이 아닐 것입니다.

조선인들은 조선 국왕이 청국 황제의 칙령으로 인해 다시 국정에 더 많은 관심을 쏟고 있으며 황제가 표명한 기대에 부응하려 노력한다고 말합니다.

본인이 총세무사 묄렌도르프[7]의 해임에 대해 추가로 알아본 바에 의하면, (직례[8]; 감교자)총독 리훙장이 후임자 메릴[9]에게 업무를 인계하고 톈진으로 돌아올 것을 지시하는 훈령을 묄렌도르프에게 내렸다고 합니다. 그런데 이 훈령을 후임자 메릴이 묄렌도르프에게 전했다는 것입니다. 묄렌도르프는 총독에게 보내는 청원서에서 이 훈령을 수령했음을 확인했습니다. 그리고 가족을 청국으로 이주시키는데 필요한 준비를 마치는 대로 그 지시에 따르겠다고 밝혔습니다. 최근 청국 대표는 묄렌도르프가 곧 톈진으로 떠나는 것이 얼마나 바람직한지 본인에게 말했습니다. 위의 정보를 본인은 그 자리에서 청국 대표에게 들었습니다. 본인은 이 정보의 정확성을 다른 방면으로도 확인했습니다. 그러므로 리훙장 총독은 조선의 총세무사 묄렌도르프를 그야말로 자신의 부하 다루듯 했습니다. 이것은 주목할 만한 일입니다. 묄렌도르프는 가족과 함께 청국 군함을 타고 며칠

---

4 [원문 주석] 삼가 동봉했습니다.
5 [감교 주석] 브란트(M. Brandt)
6 [감교 주석] 흥선대원군(興宣大院君)
7 [감교 주석] 묄렌도르프(P. G. Möllendorff)
8 [감교 주석] 직례(直隷)
9 [감교 주석] 메릴(H. F. Merill)

내로 청국을 향해 떠날 예정이라고 말합니다. 제가 알기로, 그 청국 군함은 특별히 묄렌도르프에게 제공되었습니다. 그러나 묄렌도르프 자신은 마지막 순간에 조선에 남지 않을까 하는 의혹이 듭니다. 그가 조선에서 정치적 역할을 계속하려는 희망을 아직 완전히 포기하지 않은 듯 보이기 때문입니다.

새로 부임한 총세무사는 세관 행정업무 비용을 절감해 달라는 조선 정부의 요청을 받아들였습니다. 그래서 현재 직원 감축이 진행 중입니다. 몇몇 독일제국 국민도 이 조치에 피해를 입고 있습니다. 본인은 어떤 경우에도 피해를 최대한 줄이는 방향으로 해결책을 찾으려 노력할 것입니다. 해고되는 독일 직원과 당연히 지출을 줄이려는 조선 정부의 상충되는 이해관계를 적절히 고려해야 할 것입니다. 독일 직원들의 법률상 청구권은 원래 기대되는 만큼 명백하게 규정되어 있지 않습니다. 전임 독일인 총세무사, 즉 묄렌도르프가 지금의 재정적인 어려움에 일부 책임이 있는 탓에 독일의 요구는 조선 정부 구성원들을 자칫 쉽게 자극할 수 있습니다. 그러므로 과다한 손해배상 청구는 독일의 전반적인 경제적 이윤에 그만큼 더 해가 될 수 있습니다.

본인으로서는 묄렌도르프가 독일의 추천으로 조선에 채용된 것이 아니라는 사실을 조선 외아문 독판[10]에게 상기시키기 위한 기회를 마련해야 했습니다. 그리고 그가 조선의 관리로서 완전히 조선 정부의 감독하에 있었다는 사실을 주지시켜야 했습니다.

그 사이 분위기가 호전되기 시작했습니다. 본인이 곤경에 처한 조선 정부를 도우려고 적극 애쓰고 있음을 이미 여러 차례 입증할 수 있었기 때문입니다.

〈조선 정부의 재정 상황이 커다란 곤경에 처한 게 분명합니다. 이삼천 달러조차 조달하기도 어렵습니다.

농사가 풍년 들고 나라가 안정되었는데도 그렇습니다.〉

북쪽 지방 평안도에서만 지방 부사에 반항해 국지적으로 민중봉기가 일어났습니다. 이 소요는 곧 진압되었습니다.

이 사건으로 인한 조선 수도의 동요는 빠르게 진정되었습니다. 그 반면에 지난해 일본으로 도피한 모반자들이 조선에 돌아오지 않을까 하는 두려움은 수도와 궁중의 사람들을 이따금 긴장시키곤 합니다.[11]

〈러시아의 계획에 대한 우려가 아직도 완전히 가시지 않고 있습니다. 조선인들은 국경 무역을 승인해야 한다는 점은 확신하고 있는 듯 보입니다. 다만 러시아인들이 원하는

---

10 [감교 주석] 김윤식(金允植)
11 [감교 주석] 원문에는 '북쪽 지방 ~ 긴장시키곤 합니다.'에 취소선이 표기됨.

대로 국경의 항구가 아니라 오로지 육로로만 접근할 수 있는 내륙의 장소를 개방하려 하고 있습니다.

러시아 대표[12]는 아직 상하이에서 돌아오지 않았습니다.

프랑스 사절이 조선에 올 것으로 기대되고 있습니다. 프랑스 사절은 가톨릭 선교사들에게 자유로운 선교의 권리를 허용하는 계약을 조선 정부와 체결하는 임무를 띠고 있다고 합니다. 그러나 그 협상이 곧 시작될지 아니면 내년 봄에야 비로소 시작될지는 아직 확실하지 않은 것 같습니다.〉

본인이 신뢰할만한 경로를 통해 들은 바에 의하면, 오스트리아-헝가리제국은 현재 조선과 조약 협상을 개시하는 것을 포기했습니다.

본인은 많은 미해결 항의 사안에 직면해 있습니다. 그러므로 무역 상황에 대해서는 틈이 나는 대로 따로 보고 올리겠습니다.[13]

부들러

내용: 정치적 상황

---

12 [감교 주석] 서울 주재 러시아 공사. 베베르(K. I. Weber)
13 [감교 주석] 원문에는 '본인이 신뢰할만한 ~ 보고 올리겠습니다.'에 취소선이 표기됨.

A. 12197 첨부

11월 10일 자 보고에서 서울 주재 독일제국 영사[14]는 청국의 유배생활로부터 돌아온 전 섭정[15]이 조용히 지내는데도 불신의 눈길로 감시당하고 있다고 보고한다.

총세무사 묄렌도르프의 해임과 관련해, 부들러 영사는 총세무사가 리훙장의 훈령에 의해 소환된 사실을 알아냈다. 그러므로 청국 총독은 조선의 총세무사를 자신의 부하처럼 다룬다.

묄렌도르프의 후임 메릴은 직원 수를 감축할 계획이다. 이러한 조치로 인해 독일인도 몇 명 피해를 입게 될 것이다. 부들러 영사는 독일제국 국민의 이익을 성실하게 보호하려 노력하고 있다.

조선의 재정 상황은 비참하다고 묘사된다. 조선 정부는 이삼천 달러조차 조달하기 어려운 듯 보인다.

러시아가 러시아-조선의 국경에 위치한 항구지역을 러시아에게 개방해 줄 것을 요구하리라고 예상된다.

프랑스 사절이 조선에 올 것으로 기대되고 있다. 프랑스 사절은 가톨릭 선교사들에게 자유로운 선교의 권리를 허용하는 계약을 체결하는 임무를 띠고 있다고 한다.

오스트리아-헝가리제국은 현재 조선과 조약 협상을 개시하는 것을 포기했다고 한다.

L. 1월 2일

---

14 [감교 주석] 부들러(H. Budler)
15 [감교 주석] 흥선대원군(興宣大院君)

베를린, 1886년 1월 3일   A. 12197

주재 외교관 귀중   본인은 서울 주재 독일제국 영사[16]가 작년 11월 10일
1. 페테르부르크 No. 3   조선의 상황과 관련해 올린 보고서 발췌문을 귀하께
2. 런던 No. 2   보내드리게 되어 영광입니다. 부디 내용을 보시고 적
                                   절히 판단하시기 바랍니다.
                                                                  1월 3일

---

16 [감교 주석] 부들러(H. Budler)

02

조선의 정세, 조선 정부의 요청과 청국 군대의 조선 파견

발신(생산)일	1885. 11. 17	수신(접수)일	1886. 1. 3
발신(생산)자	브란트	수신(접수)자	비스마르크
발신지 정보	베이징 주재 독일 공사관	수신지 정보	베를린 정부
	No. 240		A. 79

A. 79 1886년 1월 3일 오전 수신

베이징, 1885년 11월 17일

No. 240

비스마르크 각하 귀하

본인이 신뢰할 만한 소식통으로부터 입수한 소식에 의하면, 대원군이 서울로 돌아온 직후 조선 정부는 (직례[1]; 감교자)총독 리홍장에게 청국 군대를 서울에 파견해줄 것을 요청했습니다. 그것은 대원군의 귀환으로 인해 소요가 발생할 가능성을 우려했기 때문이라고 예측됩니다. 그러나 리홍장 측에서는 이 요청을 들어주지 않았습니다. 본인은 이러한 결정이 중앙정부와의 합의하에 이루어졌다고 추정합니다.

브란트

내용: 조선의 정세. 조선 정부의 요청과 청국 군대의 조선 파견

---

1 [감교 주석] 직례(直隷)

03

정치적 상황

발신(생산)일	1885. 11. 25	수신(접수)일	1886. 1. 15
발신(생산)자	부들러	수신(접수)자	비스마르크
발신지 정보	서울 주재 독일 총영사관	수신지 정보	베를린 정부
	No. 89		A. 639
메모	1월 18일 페테르부르크 40 전달, 1월 18일 런던 54에 전달 연도번호 No. 789		

A. 639 1886년 1월 15일 오후 수신

서울, 1885년 11월 25일

No. 89

비스마르크 각하 귀하

본인은 일반적으로 관심 있는 다음 사안들을 각하께 삼가 보고드리게 되어 영광입니다.[1]

묄렌도르프[2]는 11월 22일 가족과 함께 서울을 떠났습니다. 그리고 톈진으로 가기 위해 오늘 제물포에서 청국 군함에 승선할 것이라고 예측됩니다.

이곳 서울 주재 청국 대표[3]는 (직례[4]; 감교자)총독 리훙장이 묄렌도르프에게 다시 보수가 좋은 직책을 부여할 것이라고 구두로 본인에게 알렸습니다. Taku에 위치한 국영 선착장의 책임자 직책이 묄렌도르프에게 맡겨질 것이라는 말이 있었습니다.[5]

묄렌도르프가 떠나기 전 조선 국왕은 그에게, 그리고 왕비[6]는 그의 부인에게 알현을 승낙했습니다. 지금까지 묄렌도르프와 함께 일한 조선 동료들 대다수는 그가 조속히 떠나기만을 조급하게 기다렸습니다. 본인은 외국 대표들도 더 이상 그의 고집과 기분을

---

1 [감교 주석] 원문에는 '본인은 ~ 영광입니다.'에 취소선이 표기됨.
2 [감교 주석] 묄렌도르프(P. G. Möllendorff)
3 [감교 주석] 위안스카이(袁世凱). 그의 공식 직함은 주찰조선총리교섭통상사의(駐紮朝鮮總理交涉通商事宜).
4 [감교 주석] 직례(直隷)
5 [감교 주석] 원문에는 'Taku ~ 있었습니다.'에 취소선이 표기됨.
6 [감교 주석] 명성황후(明成皇后)

고려할 필요가 없어서 자축할 것이라고 생각합니다. 외국 대표들은 묄렌도르프의 간섭을 받지 않게 되었으니 그의 중재를 거쳐야 했을 때보다 이제 통상과 무역을 더 장려할 수 있지 않을까 기대하고 있습니다.[7]

묄렌도르프가 이곳을 떠나기 얼마 전에 (서울 주재; 감교자) 러시아 대표 베베르[8]가 다시 제물포에 도착했습니다. 그러나 베베르는 묄렌도르프가 자신의 출발을 저지하기 위한 조치를 취해주길 줄곧 기대했는데도 그런 조치를 전혀 취하지 않은 듯 보입니다.

새로 부임한 청국 대표는 11월 21일 업무를 인계받았습니다. 그는 영어를 할 줄 아는 관리 편에 자신의 청국 명함을 보냈습니다. 명함에는 영어로 "H. J. C. M's Resident"[9]라고 쓰여 있었습니다. 그 관리는 조선에 대한 청국의 종주권을 더욱 분명하게 표현하기 위해 이런 칭호를 선택했다고 말했습니다. 원(Yüan)이 이 칭호를 사용할 권한이 있다면 업무를 인수인계했음을 이 명칭을 사용해 외국 대표들에게 알리는 편이 아마 좋을 것이라고 본인은 그 관리에게 친절하게 대답했습니다. 그런 일은 아직까지 일어나지 않았습니다.[10]

위안스카이의 취임은 조선 외무부에 의해 청국어로 외국 대표들에게 통지되었습니다. 이 통지문에서 사용된 명칭이 지금까지 청국 대표의 권한을 관례적으로 표현한 명칭과 다르긴 하지만,[11] 그렇다고 해서 "Resident Commissioner"[12] 칭호를 "Resident" 칭호로 교체하는 것의 정당성을 입증하는 것 같지는 않습니다.[13] 그런데도 신임 청국 대표의 관리들은 이런 의미에서 해석하려고 했습니다. 신임 청국 대표가 조선 국정의 운영에 지금까지보다 훨씬 더 탁월한 영향력을 행사하라는 임무를 부여받았을 가능성이 매우 농후해 보입니다. 그의 권한의 범위가 어느 정도인지 곧 더 명확하게 인식할 수 있을 것입니다.

위안은 상당수의 부하들을 데려왔습니다. 백 명이 넘습니다. 그중에 퇴역 병사들이 다수 섞여 있다고 하는 주장은 상당히 신빙성 있어 보입니다. 그러나 이것은 만일의

---

7 [감교 주석] 원문에는 '외국 대표들은 ~ 있습니다.'에 취소선이 표기됨.

8 [감교 주석] 베베르(K. I. Weber)

9 [감교 주석] 주찰조선총리교섭통상사의(駐紮朝鮮總理交涉通商事宜)

10 [감교 주석] 원문에는 '원(Yüan)이 ~ 않았습니다.'에 취소선이 표기됨.

11 [감교 주석] 전임자 천수탕의 직책은 주차조선총판상무위원(駐箚朝鮮總辦商務委員). 후임자 위안스카이의 직함은 주찰조선총리교섭통상사의(駐紮朝鮮總理交涉通商事宜)으로 변화함.

12 [감교 주석] 주차조선총판상무위원(駐箚朝鮮總辦商務委員)

13 [감교 주석] "Resident"는 통감을 뜻하는 "Resident General"과는 다름. 하지만 부들러도 밝혔듯이 "Resident"는 상주 대표의 뜻을 갖고 있는 "Resident Commissioner"보다는 정치적 영향력을 행사하는 직함임에는 분명함. 실제 영국이 "Resident"는 인도의 번왕국에 파견한 영국인 총독을 지칭한 단어였다는 점을 고려한다면, 위안스카이가 사용하고자 했던 "Resident"는 속방 조선에 대한 정치적 영향력을 행사하겠다는 뜻을 담고 있다고 볼 수 있음.

경우에 청국으로부터 지원받을 수 있을 때까지 청국 대표와 그 수행원들의 개인적인 안전을 최대한 보장하고자 하는 바람의 표현이 아닌가 싶습니다.

연락망이 사전에 파괴되지만 않는다면, 앞으로는 청국으로부터 지원군이 매우 신속하게 도착할 수 있을 것입니다. 아서[14]항이나 톈진 등지와의 전신 연결이 11월 20일 완공되었으며 청국 군함들이 아서항이나 Chefs에서 24시간 이내에 제물포에 이를 수 있기 때문입니다.

청국, 유럽 등지로 발송하는 전보 요금은 아직 알려지지 않았습니다. 조선에서 전신은 향후 몇 년 동안 비정치적인 일들에는 거의 이용되지 않을 것입니다.」[15]

조선 정부는 재정적으로 극심한 곤경에 처해 있습니다. 그래서 새로운 전환국[16]을 설립하고 은화와 니켈화를 주조하려는 계획의 실행은 많은 난관에 부딪칠 것입니다. 그런데도 조선 정부는 그 시도를 서두르기로 결정했습니다. 독일 기술자 세 명에게 임명장이 교부되었고 전환국 건축공사가 시작되었습니다.

조선의 외아문 수장은 이 계획의 실행을 탐탁지 않게 여기고 있습니다. 조선 정부가 이 일을 강력하게 추진하도록 하기 위해 본인은 조선 정부가 지금 결정을 내리는 경우에는 조폐 계획을 실행하기 위한 자원이 절대적으로 부족하다고 외무부 수장에게 말했습니다. 그러니 조선을 대신해 전체 계약의 실행을 맡아줄 것을 청국에 부탁하는 편이 좋겠다고 제안했습니다.

외무부 수장은 이 생각에 매우 기뻐했습니다. 그러나 조선 국왕은 이 일의 승인을 거부했습니다. 그 후로 전환국 측에서 더 진지하게 활동하는 모습이 두드러지게 눈에 뜨입니다. 그리고 전환국은 독일인 직원들에 대한 의무를 지체 없이 이행하려 하고 있습니다. 기술 책임자 크라우스[17]는 원래 약정된 3년의 고용 기간을 조선 정부의 요청에 따라 1년 반으로 변경하는 것에 동의했습니다. 그리고 몇 가지 다른 사항에서도 조선 정부의 요청을 수락했습니다. 이러한 일들은 조선의 조폐 책임자들에게 좋은 인상을 주었습니다. 특히 이는 조선의 조폐 책임자들이 18개월의 기한이 만료된 후에는 더 적은 보수를 받는 관리들에게 운영을 맡길 수 있기를 희망하기 때문입니다.

조선에서 우리 독일의 경제적 이익을 위한 조폐 계획의 실행 방식은 독일의 중재와 도움에 극명하게 찬성하거나 반대하는 조선 관리들에 의해 이루어지고 있습니다. 그러

---

14 [감교 주석] 뤼순(旅順) 항구
15 [감교 주석] 원문에는 '그의 권한은 ~ 않을 것입니다.'에 취소선이 표기됨.
16 [감교 주석] 전환국(典圜局)
17 [감교 주석] 크라우스(Kraus)

니 여기에서 본인이 조폐에 대해 상세하게 언급하는 것을 부디 너그러이 용서해 주시길 삼가 부탁드립니다.[18]

추신: 제물포에서 도착한 전보에 의하면 묄렌도르프가 오늘 아침 떠났다고 합니다. B.

부들러

내용: 정치적 상황

A. 639 첨부

11월 25일 자 보고에서 서울 주재 독일제국 영사는 묄렌도르프[19]가 지금 서울을 떠나 텐진으로 가는 중이라고 보고한다. 텐진에서 묄렌도르프는 리훙장[20] 휘하에서 보수가 좋은 직책을 맡을 것이라고 한다. 묄렌도르프가 조선에서 퇴직한 것을 애석해 하는 사람은 거의 없다.

신임 청국 대표 위안스카이는 상당수의 ─ 100명 이상의 ─부하들을 대동하고 서울에 도착했다. 그는 명함에 (영어로) "H. J. C. M's Resident"[21]라는 칭호를 기재했다. 명함을 전달한 자의 설명에 따르면, 그럼으로써 조선에 대한 청국의 종주권이 더 분명하게 표현된다는 것이다.[22] (예전에 청국 대표[23]는 "Resident Commissioner"[24]라는 칭호를 사용했다). 그러나 위안스카이의 취임을 알리는 조선 당국의 통지에는 조선에서 청국 대표

---

18 [감교 주석] 원문에는 '조선의 외아문 ~ 삼가 부탁드립니다.'에 취소선이 표기됨.
19 [감교 주석] 묄렌도르프(P. G. Möllendorff)
20 [감교 주석] 리훙장(李鴻章)
21 [감교 주석] 주찰조선총리교섭통상사의(駐紮朝鮮總理交涉通商事宜)
22 [감교 주석] "Resident"는 통감을 뜻하는 "Resident General"과는 다름. 하지만 부들러도 밝혔듯이 "Resident"는 상주 대표의 뜻을 갖고 있는 "Resident Commissioner"보다는 정치적 영향력을 행사하는 직함임에는 분명함. 실제 영국이 "Resident"는 인도의 번왕국에 파견한 영국인 총독을 지칭한 단어였다는 점을 고려한다면, 위안스카이가 사용하고자 했던 "Resident"는 속방 조선에 대한 정치적 영향력을 행사하겠다는 뜻을 담고 있다고 볼 수 있음.
23 [감교 주석] 천수탕(陳壽棠)
24 [감교 주석] 주차조선총판상무위원(駐箚朝鮮總辦商務委員). 'Resident Commissioner'는 상주 대표라는 의미를 가짐.

지위의 변화를 암시하는 것이 전혀 포함되어 있지 않다.

조선 정부는 여전히 재정적으로 극심한 곤경에 처해 있다. 따라서 비용이 많이 소모되는 일부 개혁들은(주화 주조) 실행 속도가 느리다.

베를린, 1886년 1월 18일   A. 639

주재 외교관 귀중   본인은 조선의 정치적 상황과 관련한 서울 주재 독
1. 페테르부르크, No. 40   일제국 영사[25]의 11월 25일 자 보고서 발췌문을 귀하
5. 런던 No. 54   께 보내드리게 되어 영광입니다.

                                        ────────────

토베
콜 페르델리비츠   부디 내용을 보시고 적절히 판단하시기 바랍니다.
프란첼리우스

                                                    1월 18일
사본
삭제 부분 없음

---

25 [감교 주석] 부들러(H. Budler)

04

[조선 정세 보고]

발신(생산)일	1885. 12. 21	수신(접수)일	1886. 2. 20
발신(생산)자	부들러	수신(접수)자	비스마르크
발신지 정보	서울 주재 독일 총영사관	수신지 정보	베를린 정부
			A. 2486
메모	사본 II 3062		

A. 2486 1886년 2월 20일 오후 수신

서울, 1885년 12월 21일

비스마르크 각하 귀하

본인은 이곳 상황에 대해 다음과 같이 전반적으로 보고드리게 되어 삼가 영광입니다.

조선 정부가 해밀턴항[1]의 섬들을 이제 되돌려 달라고 영국 정부에게 간청했다는 것에는 의심의 여지가 없는 듯합니다. 처음에는 그런 간청을 하게 된 계기가 러시아의 요구였다는 소문이 돌았습니다. 그러나 사실은 청국이 비밀리에 그에 합당한 조언을 했다고 합니다. 이와 관련해 본인은 조선 측으로부터 다음과 같은 보고를 받았습니다. 당시 청국은 영국의 입장을 고려해 조선 정부로 하여금 해밀턴항의 일시적인 점령을 허용하도록 영향력을 행사했습니다. 그런데 이제 영국인들이 그 섬들에 항구적으로 정착하기 위해 만반의 준비를 하고 있다는 사실이 알려졌습니다. 또한 영국인들이 이 새로운 소유지를 제 2의 홍콩으로 만들려는 의도를 품고 있다는 것도 알려졌습니다.

이곳 (서울 주재; 감교자)영국총영사[2]는 영국 정부의 답신이 아마 수주일이 지나기 전에는 도착할 수 없을 것이라고 조선 외무부에 답변했다고 합니다.

영국의 관리와 장교들 측에서 이 섬들의 가치를 매우 미미하게 여기는 의견이 최근 여러 차례 표명되었음이 이곳에서 언급되었습니다.

(서울 주재; 감교자) 러시아 공사[3]는 지금까지 조선과 어떤 협상[4]도 개시하지 않은

---

1 [감교 주석] 거문도(Port Hamilton)
2 [감교 주석] 베버(Baber)
3 [감교 주석] 베베르(K. I. Weber)

듯 보입니다. 그는 겨울을 지낼 임시 거처를 마련하느라고 매우 분주했습니다. 그리고 지금은 공사관 건물 신축에 대한 계획을 세우는데 몰두하고 있습니다. 공사관 건물의 건설을 위해 상당한 금액이 허가되었다고 합니다.

최근 조선의 정부와 국민은 또 다시 커다란 근심에 휩싸였습니다. 지난해의 폭도들 우두머리인 김옥균[5]이 일본인들의 지지를 등에 업고 조선으로 돌아와 정적들에게 복수할 것이라는 소문이 돌았기 때문입니다. 그 반란자가 일본 정크 여덟 척에 이미 군수품을 실었으며 건장한 호위병들과 함께 그 배들을 몰고 올 것이라는 소식이 나가사키 주재 청국 영사에게 전해졌습니다. 그리고 이 소식은 다시 톈진의 (직례[6]; 감교자) 총독 리훙장에게 전달되었습니다. (직례; 감교자) 총독 리훙장은 이곳 주재 청국 대표에게 그 소식을 알리는 동시에, 만일의 경우에 대비해 군함 여러 척을 제물포로 보냈습니다. 그 사이에 들리는 말로는 일본에서 조선에 대한 모종의 계획을 도모한 듯 보이는 다수의 일본인들이 일본 당국에 의해 체포되었다고 합니다. 그러나 그 상세한 내용을 정확하게 알 수는 없습니다.

아마 그 계획 자체에는 주의를 기울일 필요가 없지 않나 싶습니다. 그러나 청국의 즉각적인 대응은 주목할 만합니다. 게다가 이번 기회에도 청국 대표와 일본 대표가 서로 협조하는 모습이 눈에 뜨였다고 강조하지 않을 수 없습니다. 이것은 분명 조선에서 실행될 정책에 대한 양국 정부의 합의에 기인할 것입니다.

조선의 고위 정치가들뿐만 아니라 청국의 관리들도 처음에는 일본 정부의 갑작스러운 조처가 의도적인 것일 수 있다는 의심을 품었습니다. 그래서 그러한 추측이 근거 없다는 것을 그들에게 알려줄 필요가 있었습니다. 문명화된 국가가 어떤 시도들은 착수할 수 있는지 그리고 어떤 시도들은 법과 관습에 의해 절대 허용되지 않는지에 대한 판단이 그들에게는 부족합니다.

위에서 언급한 김옥균에 대해서는 장차 그를 무력화시키는 조처들이 강구될 것입니다. 조선 정부는 김옥균을 인계받길 무척 바라고 있습니다. 일본 정부는 그보다는 아마 김옥균을 자국에 억류시키는 편을 택할 것입니다.

현재 조선 국왕은 실제로 동원 가능하고 신뢰할 수 있는 부대를 양성하려고 심각하게 애쓰는 것 같습니다. 국왕은 직접 군대 시찰을 기획하고 있는데, 이것은 지금까지 관례에 없던 일입니다. 그리고 모든 지방에서 군대 병력을 증원하려 시도하고 있습니다.

---

4 [감교 주석] 조선과 러시아의 국경무역에 관한 장정 체결 관련 건 등이 해당됨.
5 [감교 주석] 김옥균(金玉均)
6 [감교 주석] 직례(直隷)

청국 대표[7]도 휘하의 사람들 수를 늘이려고 고심했습니다. 조선에서 하릴없이 빈둥거렸던 다수의 옛 병사들을 청국으로 돌려보내야 했는데, 이를 위해 그들을 서울에 집결시켰습니다. 그들 중에서 가장 건장한 약 오륙십 명을 위에서 언급한 우려로 인해 당분간 남겨 두었습니다.

얼마 전 청국 대표는 청국인 부랑자 한 명을 조선 수도의 공공대로에서 참수시켰습니다. 리홍장 총독이 모든 부랑자들을 추방하라는 명령을 내렸습니다. 공식적인 공지를 통해 부랑자들에게 자진 출두할 것을 요구했고, 이 명령을 고의로 무시하는 자는 사형시키겠다고 위협했습니다. 위의 부랑자는 자진 출두하지 않았으며 체포되었습니다. 그러나 처벌받지 않고 다만 청국으로 송환될 예정이었습니다. 그 남자는 감금 상태에서 도망쳤으며, 곧 다시 붙잡혀서 몇 시간 후 처형되었습니다. 본인이 청국 관리들에게 들은 바에 의하면, 그 자는 지난해에 벌써 두 번이나 절도죄로 형을 선고받았지만 다시 석방되었다고 합니다. 또한 여러 번의 도박 전과도 있었다고 합니다. 이러한 상황 및 리홍장 총독이 부랑자들을 엄하게 다스리라고 다시금 전신으로 내린 훈령이 그의 사형을 집행하는 데 일조했다는 것입니다. 어쨌든 이것은 청국 형사법의 주목할 만한 경우입니다. 그뿐만 아니라 청국 대표의 권한과 서울시 거리에서 교수형을 집행한 상황도 주목을 끕니다.

청국은 서울과 제물포에는 지대한 관심을 드러내는 반면에 부산과 원산에는 별다른 관심을 보이지 않고 있습니다. 지금까지는 부산과 원산에 영사가 임명되었는데, 최근에는 이른바 부영사라고 할 수 있는 더 낮은 직급의 관리들이 고용되었습니다.

일전의 보고에서 본인은 조선 정부가 이곳의 독일 회사[8]에서 융자를 받으려 한다고 언급한 바 있습니다. 그 일이 뜻밖의 어려움을 야기했습니다. 청국 상인들 측이 마지막 순간에 더 유리한 조건을 제시하자, 조선 측에서 이미 확실하게 수락한 약속을 다시 철회했기 때문입니다. 그러나 조선 정부가 일단 수락한 조건들을 최종적으로 승인하지 않아서 독일 회사가 융자를 집행할 수 없게 되는 경우에는 독일 회사에 적절한 손해배상을 확약하도록 조선 정부를 설득하는 데 성공했습니다. 청국 대표가 조선 정부에 행사하는 막강한 영향력이 이번 기회에 다시금 확연히 드러났습니다. 그리고 독일 측에서 청국과 경쟁하는 것이 얼마나 어려운 일인지 새로이 입증되었습니다. 이 일에 대해서는 차후에 더 상세히 보고 올리겠습니다.

부들러

---

7 [감교 주석] 위안스카이(袁世凱). 그의 공식 직함은 주찰조선총리교섭통상사의(駐紮朝鮮總理交涉通商事宜).
8 [감교 주석] 세창양행(世昌洋行)

05

원문 p.486

[위안스카이 직함 문제와 일반적인 조선 정세 보고]

발신(생산)일	1885. 12. 21	수신(접수)일	1886. 2. 20
발신(생산)자	부들러	수신(접수)자	비스마르크
발신지 정보	서울 주재 독일 총영사관	수신지 정보	베를린 정부
			A. 2487
메모	사본 II 3060		

A. 2487 1886년 2월 20일 오후 수신

서울, 1885년 12월 9일

비스마르크 각하 귀하

본인의 11월 25일 자 보고 ─ No. 89 ─와 관련해, 본인은 각하께서 이곳의 전반적인 상황을 판단하실 수 있도록 다음과 같이 삼가 보고드리게 되어 영광입니다.

신임 청국 대표[1]는 공식 서한에서 외국 대표들에게 자신을 "Resident"[2]로 소개하는 것을 포기했습니다. 그러나 그의 지위가 전임자의 지위보다 더 막강하다는 사실에는 의심의 여지가 없는 듯 보입니다. 신임 청국 대표는 서한으로든 전령을 통해서든 많은 사안을 직접 조선 국왕과 협의합니다. 또는 중요한 일에서는 특별히 국왕을 알현하기도 합니다. 일본 대표는 청국 동료와 우호관계를 유지하려고 매우 노력하는 것 같습니다. 일본의 반관반민 언론은 일본이 조선에 대한 청국의 종주권을 인정했다고 주장합니다. 이곳에서 지켜본 바에 의하면, 그런 주장은 주목할 만한 것으로 보입니다. 그러나 청국 측에서는 종주권을 아직 공식적으로 주장하지는 않고 있습니다.

일본과 청국이 현재 공동보조를 취하는 이유를 일반적으로 러시아의 영토 확장 야심에 대한 우려에서 찾을 수 있습니다.

---

1 [감교 주석] 위안스카이(袁世凱)
2 [감교 주석] "Resident"는 통감을 뜻하는 "Resident General"과는 다름. 하지만 부들러도 밝혔듯이 "Resident"는 상주 대표의 뜻을 갖고 있는 "Resident Commissioner"보다는 정치적 영향력을 행사하는 직함임에는 분명함. 실제 영국이 "Resident"는 인도의 번왕국에 파견한 영국인 총독을 지칭한 단어였다는 점을 고려한다면, 위안스카이가 사용하고자 했던 "Resident"는 속방 조선에 대한 정치적 영향력을 행사하겠다는 뜻을 담고 있다고 볼 수 있음.

본인이 탐문한 바에 의하면, 러시아 대표는 국내 상업 때문에 아직 협상을 개시하지 않고 있습니다. 그 대신 러시아 대표는 영국이 해밀턴항[3]을 내놓지 않을 경우에는 러시아도 마찬가지로 조선의 섬 하나를 요구하겠다고 조선 정부에 통고했다고 합니다. 그 결과 조선 측에서는 해밀턴항의 반환과 관련해 영국 대표와의 회담을 재개했다는 것입니다. 청국 대표와 조선 외무부 수장의 말로 미루어, 본인은 그럴 가능성이 농후하다고 판단합니다.

금년 1월 9일의 조약[4]에 의거해 조선 정부가 일본에게 지불해야 하는 배상금 중 8만 달러가 여전히 체불되고 있습니다. 현재 조선 정부는 일본 대표로부터 조속히 의무를 이행하라는 독촉을 받고 있습니다.

그로 말미암아 조선 외아문은 본인의 중재를 통해 독일 마이어 회사[5]에 십만 달러를 차용할 수 있는지 문의했습니다. 그에 대한 담보로 제물포의 세관수입이 제시되었으며, 상환금은 주로 사금으로 변제될 것이라고 합니다. 이 거래의 성사 여부는 아직 최종적으로 결정되지 않았습니다. 그러나 본인은 이 거래가 성사되기를 바라고 있으며, 그러면 독일 회사 측에서는 그 밖의 경제적 이익을 얻을 수 있으리라고 믿습니다.

궁지에 몰린 조선 정부는 광산업에 착수할 것을 고려하고 있습니다. 관료들 사이에서 이에 대한 말이 많이 오르내리고 있습니다.

그러려면 외국의 전문가들을 채용하고 외국의 기계들을 구매해야 할 것이라고 예측됩니다. 그렇게 되기까지는 앞으로 상당한 시간이 소요될 것입니다. 그럴지라도 지금 조선 정부에 필요한 자금이 독일 회사에 의해 조달된다면, 조선에서 독일 산업에 이득이 되는 계약들을 수주할 가능성이 많아 보입니다.

조선의 전환국[6]에 고용된 독일인 화학자는 모든 종류의 야금 조사를 실행할 수 있는 능력도 갖추고 있습니다. 그러므로 그는 이 방면에서도 조선 정부를 위해 중요한 공헌을 할 수 있을 것입니다.

본인은 세관원 감축에 대해 이미 보고한 바 있습니다. 독일제국 국민 슐체와 크니플러, 아르노우스, 클라센이 이에 해당되었습니다. 슐체와 크니플러, 아르노우스 세 사람은 각자 지금까지 봉급의 6개월분에 해당하는 배상금을 받았습니다. 얼마 전에야 근무하기 시작한 클라센에게는 두 달분 봉급에 해당하는 보상금이 지불되었습니다. 본인은 이들

---

3 [감교 주석] 거문도(Port Hamilton)
4 [감교 주석] 한성조약
5 [감교 주석] 세창양행(世昌洋行)
6 [감교 주석] 전환국(典圜局)

의 해임이 객관적으로 충분히 타당성이 있으며 지불된 배상금도 합당하다고 확신합니다.

이 사안을 해결하기 위한 협상은 아주 오랜 시간을 끌었습니다. 그러나 이제 해당 독일인들이 협상 결과에 상당히 만족하리라고 기대할 수 있습니다. 또한 조선 정부도 자신들이 지불한 배상금을 정당한 배려로서 당연히 인정할 것입니다. 최근 이곳에서는 조선 관청들의 반독일적인 경향이 많이 화제에 올랐습니다. 본인은 그것이 오로지 묄렌도르프[7]에 대한 반감 때문이라고 판단합니다. 묄렌도르프에게 반감을 품게 된 이유는 쉽게 설명할 수 있습니다. 그것은 묄렌도르프의 관직 활동이 조선 정부에게 여러 가지 어려운 점을 야기했기 때문입니다.

주화 제작 계획, 독일인의 주도로 시도된 양잠 산업, 독일 마이어 회사[8]의 요청과 관련해, 조선 관료들은 명백히 호의를 보이고 있습니다. 독일의 이익이 침해되었다는 근거 없는 비난을 제기하기보다는 조선 관료들의 이런 분위기를 유지하는 것이 중요합니다.

서울의 군사력 보강은 청국 대표의 제안에 따른 것이라고 합니다. 직업 사냥꾼들을 모아 새로운 부대를 양성하고 신식 무기로 무장시킨다는 소문이 돌고 있습니다. 요즈음 포도청은 전에 없이 매우 엄격하게 관리되고 있습니다. 또한 조선의 수도에서 안정과 질서를 파괴하는 사건도 지금까지 일어나지 않았습니다. 그러나 지방에서는 이따금 소요에 대한 소식이 들려옵니다. 그런 소요들은 아직까지 물론 널리 확산되지는 않았지만 조선 정부의 나약함을 거듭 새로이 증명해 주고 있습니다.

부들러

---

7 [감교 주석] 묄렌도르프(P. G. Möllendorff)
8 [감교 주석] 세창양행(世昌洋行)

일반 사안 보고

발신(생산)일	1886. 1. 2	수신(접수)일	1886. 2. 22
발신(생산)자	부들러	수신(접수)자	비스마르크
발신지 정보	서울 주재 독일 총영사관 No. 2	수신지 정보	베를린 정부 A. 2590
메모	"소견"까지 9쪽의 발췌문 A. 2590 a에 특별 기재. 서울, 1886년 1월 2일 발췌문 2월 25일 London 209에 전달 연도번호 No. 6		

A. 2590 1886년 2월 22일 오후 수신

서울, 1886년 1월 2일

No. 2

비스마르크 각하 귀하

본인은 지난 이주일 동안의 사건들에 대해 다음과 같이 전반적으로 삼가 보고드리게 되어 영광입니다.

조선의 불만분자[1]들이 일본 모험가[2]들의 도움을 받아 조선 정부에 반기를 드는 일을 도모했음이 확인되었습니다.[3] 그러나 그 일은 애초부터 성공할 가능성이 매우 희박해 보였던 것 같습니다. 그 일은 일본 정부의 재빠른 개입으로 미연에 방지되었습니다. 또한 본인이 이미 보고드린 바 있는 청국 정부의 예방책도 아마 그 일의 실행을 저지하기에 충분했을 것입니다.

---

1 [감교 주석] 김옥균을 중심으로 한 갑신정변 주도세력
2 [감교 주석] 옛 자유당 계열 인사
3 [감교 주석] 1885년 12월 일본에 망명 중이었던 김옥균이 옛 자유당 계열의 불평정객 및 낭인들과 결탁해서 조선을 침략한다는 소문이 제기되었음. 이 사건은 옛 자유당 계열의 불평정객들이 조선으로 침투해서 당시 조선 정부를 무너뜨리고 혁신정부를 세우고, 그 과정에서 청일 간의 갈등이 증폭되었을 경우 일본 정부를 전복시키려는 계획에서 나온 것이었음. 그들의 계획은 1885년 11월에 일본 경찰에 의해서 발각(오사카 사건)되었으며, 김옥균 역시 옛 자유당 계열의 계획에 동조하지 않았음. 하지만 이 사건은 김옥균이 일본인들과 함께 조선을 내습할 것이라는 소문으로 비화되었음.

일본에서 연루자들을 체포한 일에 대해서는 이미 도쿄에서 각하께 보고 올렸을 것입니다. 12월 23일 일본 외무성의 관리 한 명이 이곳에 도착했습니다. 외무성 관리는 일본 정부가 특별히 전세 낸 기선을 타고 요코하마를 출발해 단시간 내 제물포에 도착했습니다. 그는 이곳 서울과 제물포에서 일본 국적의 용의자들을 찾아내어 체포하는 임무를 띠고 있습니다. 일본 대표는 일본인들이 어떤 독일제국 국민 밑에서 일하고 있는지 수소문해서 이들을 심문할 수 있도록 도와줄 것을 본인에게도 요청했습니다. 본인은 당연히 기꺼이 응낙했습니다. 탐문해본 결과, 서울에는 용의자가 없는 것으로 밝혀졌습니다. 또한 제물포에서도 불과 두세 명이 일본으로 송환되었다고 합니다.

일본 정부는 자국민이 조선의 평화를 방해하는 사태를 저지하기 위해 최선을 다하려 한다는 점을 분명히 밝히려고 매우 노력했습니다. 청국 대표도 이 점을 흔쾌히 인정했습니다.

본인은 청국이 조선에서 모종의 소요가 발생하는 경우에 신속하게 대응할 수 있기 위한 대비책을 마련했다고 들었습니다. 여순항에 선박들과 군대가 항시 대기하고 있으며, 청국과 조선의 국경지대에도 칠천여 명의 병사들이 집결해 있다고 합니다.

조선 정부가 청국의 도움에 얼마나 깊이 의지하고 있는지 지난 돌발 사태에서 분명히 드러났습니다. 조선의 외무부 수장은 청국 대표와 여러 차례 회담을 가졌고, 청국 대표는 전체 사건을 자신이 해결해야 하는 것으로 여기는 게 확연했습니다. 청국 대표는 일본 대리공사와 논의했으며, 임박한 위험에 대한 의견을 비밀리에 타진하기 위해 외국 대표들에게 청국 관리들을 보냈습니다.

〈청국은 조선의 사건들을 점점 더 직접 주도하려는 것 같습니다.

이곳 서울의 관료들 사이에서는 머지않아 베이징에서 고위관리 한 명이 더 조선으로 파견될 것이라는 말이 회자되고 있습니다. 그 고위관리는 현재의 청국 대표[4]와 합심하여, 모든 중요한 사안들을 결정하거나 또는 그에 대한 준비 조치를 취할 것이라고 합니다. 이를테면 청국 측이 티베트에서 하고 있는 것과 유사하게 말입니다.

과거 미국의 총영사였던 데니[5]가 조선 정부의 고문으로서 가까운 시일 내로 조선에 올 것으로 기대되고 있습니다. 그러나 데니도 청국의 비호를 받고 있는 게 분명하며, 그의 직책도 (직례[6]; 감교자) 총독 리훙장[7]의 호의에 좌우될 것입니다.

---

4 [감교 주석] 위안스카이(袁世凱)
5 [감교 주석] 데니(O. N. Denny)
6 [감교 주석] 직례(直隸)
7 [감교 주석] 리훙장(李鴻章)

이곳의 청국인들은 조선이 자신들의 조국에 얼마나 중요한지 거듭 강조하고 있습니다. 그래서 청국 정부가 조선에서 결정적인 영향력을 유지하기 위해 모든 노력을 경주할 것이라고 말합니다.

그들은 청국이 어쩌면 안남[8]과 버마는 포기할 수가 있을 것이라고 말합니다. 안남과 버마는 청국에게 인간 몸의 발가락과 같기 때문이라는 것입니다. 그러나 조선은 팔과 같아서 그것을 떼어 내면 온몸이 썩어 들어가는 결과를 초래할 것이라고 말합니다.

본인이 조선 측으로부터 입수한 정보에 의하면, 청국은 이미 여러 차례 언급된 김옥균[9]의 신변인도를 일본에게 요구하라는 지시를 조선에 내렸다고 합니다. 그 때문에 이미 협상이 진행 중이라고 합니다. 일본인들이 비록 김옥균을 인도하지는 않더라도 감금은 할 것이라고 기대되고 있습니다. 그리고 일본 정부는 이와 관련된 요청들을 거절하지 않을 용의를 내비쳤다고 합니다.[10]

조선과 일본이 예전에 나가사키–부산 간 전신선 가설에 관해 체결한 조약[11]이 청국과 서울의 전신연결[12]로 인해 침해되지 않았느냐는 문제를 두고 일본과 조선 사이에 협상이 진행되었습니다. 이 협상은 조선 정부가 가능한 한 빠른 시일 내로 지상통신선을 통해 부산과 서울을 연결할 것을 확약하는 내용의 합의에 이르렀습니다. 그러나 이 지상통신선은 서울에서 청국 국경에 이르는 통신선과 유사한 방식으로 청국 측에 의해 설치될 것입니다. 당시 본인은 이 통신선에 대해 상세하게 보고드렸습니다(1885년 10월 13일의 No. 77 참조).[13]

러시아와 조선의 국경 무역에 대한 회담이 아마 머지않아 시작될 것입니다.

현재 (서울 주재; 감교자) 러시아 대표[14]는 청국과 조선의 국경 무역에 대한 규정들을 조사하고 있습니다.〉

본인은 독일 마이어 회사[15]로부터 십만 달러를 차용하는 사안에 대해 이미 두 번 언급했습니다. 그 문제가 오늘 마침내 최종적으로 타결되었으며 그에 대한 합의서에 조인되

---

8 [감교 주석] 베트남
9 [원문 주석] 조선 폭동(84년 12월 –갑신정변; 감교자 –)의 주동자 중 일인. 그는 일본으로 망명하는 데
   성공한 반면에 다른 공모자들은 처형되었다.
10 [감교 주석] 원문에는 '본인이 조선 ~ 내비쳤다고 합니다.'에 취소선이 표기됨.
11 [감교 주석] 부산일본간해저전신선조약(釜山日本間海底電信線條約)
12 [감교 주석] 1885년 조선과 청국은 서울과 의주를 연결하는 전신선(서로전신선; 西路電信線)을 가설하는
   의주전선합동(義州電線合同)을 체결하였음.
13 [감교 주석] 원문에는 '당시 본인은 ~ 참조'에 취소선이 표기됨.
14 [감교 주석] 베베르(K. I. Weber). 공사
15 [감교 주석] 세창양행(世昌洋行)

었습니다.[16] 차용금은 2년에 걸쳐 3개월에 한 번씩 분할 상환하기로 했으며 이율은 10퍼센트로 확정되었습니다. 세관 수입이 담보로 책정되었는데, 뜻밖의 돌발사건만 발생하지 않는다면 그것으로 충분할 것입니다.

조선 정부는 일단 한 약속을 마음대로 철회할 수 없고 청국 대표는 약속을 쉽게 철회하도록 도와줘서는 안 된다는 것을 청국 대표와 조선 정부에게 납득시키는 데 성공했습니다.

조선의 권위 있는 인물들도 실제로 유일하게 대규모 거래를 하는 유일하게 비아시아적인 상사[17]를 자신들 나라에 존속시키는 것이 조선의 무역과 관세수입에 중요하다는 사실을 틀림없이 헤아렸을 것입니다. 그들은 자칫 그 상사가 철수할 수도 있다는 것을 명확하게 깨달았습니다. 그래서 지금까지 수차례 거듭 시도했음에도 불구하고 실패했던 일도 이번 기회에 뜻을 이루었습니다. 즉, 그들은 조선 정부의 미곡 운송을 앞으로 최소한 일 년은 더 독일 회사에 보장해주기로 했습니다. 그리고 적어도 이 일이 앞으로 수년간 계속될 수 있는 가능성이 열렸습니다.

〈본인은 작년에 6개월 동안 상하이와 제물포 사이를 운항했던 독일기선 "Hever"에 대해 보고드린 적이 있습니다. 마이어 회사[18]의 사람들이 다시 그 배를 용선할 것이라고 예측됩니다. 조선 정부는 적어도 3만 피쿨(Picul)의 쌀을 운송하는 데 그 기선을 이용하겠다고 확약했습니다. 그러나 작년과는 달리 조선 정부는 그 기선을 용선하는 데는 직접 관여하지 않았습니다.

이제는 아마 겨울철 이 개월을 제외하고 일 년 내내 그 배를 운항할 수도 있을 것입니다. 현재 이곳 사람들은 나가사키와 조선을 오가는데 조선의 한 항구를 운항할 의무가 있는 독일 우편선을 이용하고 있습니다. 앞으로 경우에 따라서는 독일 우편선 대신 이 기선을 이용할 수 있지 않을까 생각하고 있습니다. 그러나 이 문제는 본인이 판단할 사항이 아닙니다.〉

「조선 전환국의 설립을 위한 준비 작업이 계속 진행되고 있습니다. 현재 독일 직원들은 서울에 거처를 정했으며 첫 봉급을 지급받았습니다.」

끝으로 본인은 조선 왕비[19]의 세도가 친척 민영익이 지금 상하이를 떠나 유럽 여행길

---

16 [감교 주석] 조선 정부는 마이어 회사(세창양행)와 20,000파운드를 연리 10%에 2년 상환 조건으로 하는 차관 계약을 체결함. 그 대가로 1886년부터 마이어 회사는 조선 정부로부터 호남지역의 세미 3만 섬을 운송(목포-인천 간 항로)하는 권리를 획득함.
17 [감교 주석] 비아시아 계통의 회사
18 [감교 주석] 세창양행(世昌洋行)
19 [감교 주석] 명성황후(明成皇后)

에 올랐다는 말씀을 드리고 싶습니다. 민영익은 지난해 폭동[20]이 일어났을 때 반란자들의 첫 희생자로서 치명상을 입었던 바로 그 사람입니다. 그는 조선 왕에게 받은 소개장을 지참하고 있습니다.

부들러

내용: 일반 사안 보고

---

20 [감교 주석] 갑신정변

베를린, 1886년 2월 25일   A. 2590

주재 외교관 귀중   본인은 서울 주재 독일제국 영사가 지난달 2일 조선
5. 런던 No. 209   의 정치적 상황에 대해 보낸 보고에 관해 귀하께 알
                                    려 드리고자 발췌문을 보내게 되어 영광입니다.

4~7쪽의 사본
행간 기록 삭제

일본으로 도피한 조선 망명 정치인의 조선 침투 소문 관련

발신(생산)일	1886. 1. 2	수신(접수)일	1886. 2. 27
발신(생산)자	브란트	수신(접수)자	비스마르크
발신지 정보	베이징 주재 독일 공사관	수신지 정보	베를린 정부
	No. 2		A. 2811

A. 2811 1886년 2월 27일 오전 수신

베이징, 1886년 1월 2일

No. 2

비스마르크 각하 귀하

1884년 겨울 서울에서 일어난 폭동[1]의 주동자 김옥균은 일본으로 도피했으며 현재까지도 그곳에 머무르고 있습니다. 얼마 전부터 이곳에 유포된 소문에 의하면, 일본에서 김옥균은 무장한 조선 망명자들 및 일본 모험가들 일당과 함께 조선에 침투할 계획을 세우고 있다고 합니다.

조선 정부는 그런 종류의 사태에 대비해 군사적(!) 예방책을 강구했다고 합니다. 일본 정부는 그 때문에 청국 측으로부터 항의를 받았으며, 김옥균이 일본에서 착수하는 시도들을 모든 가능한 수단을 동원해 저지할 것이라고 확언했습니다.[2]

본인은 이런 소식들을 총리아문 대신들로부터 들었습니다. 총리아문 대신들은 필요한 경우에는 청국이 신속하게 바다 건너 조선에 군대를 보낼 수 있을 것이라고 덧붙였습니다.

브란트

내용: 일본으로 도피한 조선 망명 정치인의 조선 침투 소문 관련

---

1 [감교 주석] 갑신정변
2 [감교 주석] 1885년 12월 일본에 망명 중이었던 김옥균이 옛 자유당 계열의 불평정객 및 낭인들과 결탁해서 조선을 침략한다는 소문이 제기되었음. 이 사건은 옛 자유당 계열의 불평정객들이 조선으로 침투해서 당시 조선 정부를 무너뜨리고 혁신정부를 세우고, 그 과정에서 청일 간의 갈등이 증폭되었을 경우 일본 정부를 전복시키려는 계획에서 나온 것이었음. 그들의 계획은 1885년 11월에 일본 경찰에 의해서 발각(오사카 사건)되었으며, 김옥균 역시 옛 자유당 계열의 계획에 동조하지 않았음. 하지만 이 사건은 김옥균이 일본인들과 함께 조선을 내습할 것이라는 소문으로 비화되었음.

08

일반 사안 보고

발신(생산)일	1886. 1. 18	수신(접수)일	1886. 3. 9
발신(생산)자	부들러	수신(접수)자	비스마르크
발신지 정보	서울 주재 독일 총영사관	수신지 정보	베를린 정부
	No. 6		A. 3218
메모	3월 10일 페테르부르크 187, 런던 전달 연도번호 No. 51		

A. 3218 1886년 3월 9일 오전 수신

서울, 1886년 1월 18일

No. 6

비스마르크 각하 귀하

본인은 지난 수주일 동안의 일들을 다음과 같이 각하께 삼가 보고드리게 되어 영광입니다.

청국 측에서 보병 200명을 군함에 태워 제물포에 파병했습니다. 그러나 그들은 뭍에 상륙하지는 않았습니다. 일본 정부의 동의 없이 그들이 육지에 오르게 되면 조약[1] 위반일 것이기 때문입니다. 그들을 투입해야 할 절실한 이유가 발생할 때까지 그들은 청국 선박들 중 하나에 머물러야 합니다. 이러한 예방책을 취하게 된 원인은 최근의 우려들 때문입니다. 그러나 어쨌든 이러한 예방책은 주목할 만합니다. 조선 국왕이 서울에 다시 군대를 보내달라고 이미 거듭 청국에 요청했다는 보고가 있습니다. 조선 군주의 소심한 성격으로 보아 그것은 충분히 있을 법한 일입니다. 그러나 (직례[2]; 감교자)총독 리훙장[3]은 청일 조약을 내세워 그 요구를 거절했을 것입니다.

조선의 조정과 국민의 또 다른 걱정거리는 러시아와 조선의 국경 무역 문제입니다. 이와 관련해 조선 측에서는 본인에게 다음과 같이 말합니다. 이미 이 년 전에 청국은

---

1 [감교 주석] 톈진조약
2 [감교 주석] 직례(直隷)
3 [감교 주석] 리훙장(李鴻章)

감독관을 청국과 조선의 국경에 파견했고, 감독관은 두만강변의 청국 지역이 러시아인들에 의해 점령당했음을 확인했다고 합니다. 감독관은 이에 대해 항의했고, 러시아 군당국은 단시일 내로 해당 지역을 비워줄 용의가 있다고 밝혔다는 것입니다. 그러나 러시아는 이 말을 실행하지 않았다고 합니다. 청국은 해당 지역의 반환을 촉구하고 러시아는 여전히 양보할 생각이 없기 때문에 양국 사이에 자칫 불화가 싹틀 수 있다는 것입니다. 그런데 분쟁 지역은 만일의 경우 러시아와의 국경 무역이 성사될 바로 그 지역이라고 합니다.

두만강 유역의 국경선에 대한 러시아와 청국 사이의 의견대립이 문제되는 만큼 이러한 소식은 신빙성 있어 보입니다. 본인이 이 소식을 언급하는 것은, 청국 측에서 만주 담당 전권대사를 임명했다는 소식을 베이징 주재 독일제국 공사[4]로부터 은밀히 들었기 때문입니다. 러시아인들이 자주 소소하게 국경을 침범하는 것을 지금까지는 제지할 수 없었다고 합니다. 이곳 서울의 러시아 대표와 조선 외무부 사이의 회담은 아직 개최되지 않고 있습니다.

해밀턴항[5]과 관련해 현재 조선 관리들은 영국인들이 섬들을 반환하길 바란다는 의사를 표명하고 있습니다. 조선 관리들은 겨우 선박 몇 척만이 그곳에 정박하고 있으며 건물들이 더 이상 건축되지 않고 파손된 전신선이 수리되지 않은 것을 그 근거로 대고 있습니다. 최근 조선 정부의 문의에 대한 영국 정부의 답변은 아직 도착하지 않은 것 같습니다.

조선은 서울과 부산 간 전신망 설치를 올해가 가기 전에 끝마칠 것을 일본에 약속했습니다. 그 대신 일본은 전신망 관리에 개입할 수 있는 권리를 명시적으로 포기했습니다.

조선 정부가 독일 회사[6]에서 빌린 융자금 액수는 추후에 십만 달러에서 이만 스털링[7]으로 변경되었습니다.[8] 조선 정부는 만 달러를 더 받기를 희망했습니다. 함부르크에서는 혹시 모를 환율손실의 경우에 대비하려 했고, 이것은 물론 계약에 의해 승인되었습니다. 조선 측에서 이의를 제기하지 않았기 때문에 위의 변경 사항은 그대로 실행되었습니다.

조선 국왕과 왕비, 왕세자, 국왕 모친의 탄신일에 외국 대표들은 왕궁에 초대받아

---

4 [감교 주석] 브란트(M. Brandt)
5 [감교 주석] 영국의 거문도(Port Hamilton) 사건
6 [감교 주석] 독일 마이어 회사(E. Meyer & Co.), 일명 세창양행(世昌洋行)
7 [감교 주석] 스털링(sterling). 영국의 화폐단위.
8 [감교 주석] 조선 정부는 마이어 회사(세창양행)와 20,000파운드를 연리 10%에 2년 상환 조건으로 하는 차관 계약을 체결함. 그 대가로 1886년부터 마이어 회사는 조선 정부로부터 호남지역의 세미 3만 섬을 운송(목포-인천 간 항로)하는 권리를 획득함.

국왕 및 왕세자의 영접을 받습니다. 이런 기회가 있을 때마다 조선 국왕은 늘 (독일; 감교자) 황제 폐하의 안부를 상세히 묻곤 합니다. 그럴 때 본인이 그에 상응하는 황제 폐하의 호의적인 말씀을 조선 국왕에게 전달하는 임무를 맡게 된다면 매우 유용할 것입니다.

조선에 있는 우리 독일 상인들의 전망은 아직까지는 대체로 불리합니다. 이제 청국인들은 해운과 공업 등의 분야에서 강력하게 경쟁에 나서려 하는 듯 보입니다. 그들이 막강한 영향력을 배후에 업고 있기 때문에, 이득이 되는 사업들이 제공되면 우선적으로 그들이 그 사업들에 참여하는 데 성공할 것입니다. 이곳의 청국인들은 충분한 경험이 없는데다가 필요한 자본도 없기 때문에, 어쩌면 청국 측에서 조선 정부로부터 승인받은 이익들에 독일 상인들이 참여할 수도 있을 것입니다.

부들러

내용: 일반 사안 보고

베를린, 1886년 3월 10일   A. 3218

주재 대사관 귀중   본인은 1월 18일 자 서울 주재 독일제국 영사의 정
1. 페테르부르크 No. 187   치적 상황에 대한 보고서 사본을 귀하께 기밀정보
2. 런던 No. 270   로 보내게 되어 영광입니다.

사본 5쪽까지 제외

연도번호 No. 1573
부록 1부 A. 3218

베를린, 1886년 3월 10일 A. 3218

부들러 귀하
서울 A. 2

연도번호 No. 1574

나고야 영사관에 가장 빠르
고 가장 안전한 경로로 전
달해주길 부탁드립니다.

조선 국왕이 여러 차례 상세하게 황제 폐하의 안
부를 물었다는 보고서 No. 6의 전언과 관련해,
본인은 황제 폐하께서 이처럼 관심을 보여주신
것에 기뻐하셨으며 조선 국왕에게 심심한 감사를
표하라는 명령을 내리셨음을 적절한 기회에 표명
할 것을 귀하에게 위임합니다.

베를린, 1886년 3월 28일   A. 3748에 첨부

메모
조선에서 독일의
무역 이익

조선의 총 무역량은 1883년의 영국 보고서에서 약 3,367,000 멕시코은화로 산출되었다. 우리 독일 영사관의 보고서는 1883년 제물포항에서 (수입과 수출) 1,400,000 멕시코은화, 부산항에서 1,384,000 멕시코은화를 제시한다. 1884년은 무역이 저조했다. 1884년 전반기에 제물포항과 부산항의 거래량은 각기 327,000 멕시코은화와 351,000 멕시코은화로 제시된다. 1883년 조선에 독일인은 관리들을 제외하고 9명 있었다. 그중 2명은 서울에, 3명은 제물포에, 4명은 원산에 있었다. ─ 1885년 2월과 금년 1월에 서울 주재 독일제국 영사[9]는 조선에서 독일의 무역 이익이 매우 미미하며 앞으로의 전망도 불리하다고 보고한다. 작년 1월 상하이 주재 총영사도 같은 내용을 보고했다. 1885년 1월 조선에는 16명의 독일인이 있었는데, 그중 13명은 관리들과 그 가족이었고 3명은 제물포의 상인들이었다. 1884년의 폭동[10]으로 인해 영국과 미국의 회사들은 철수했다. 1884년 6월 함부르크 마이어 회사[11]는 제물포에 지사를 열었으며, 1885년에는 독일 기선 "Hever"를 용선해 6개월 동안 제물포와 나가사키, 상하이 사이를 운항했다. 서울 주재 독일 영사의 보고에 의하면 (i. a. 교역 문제 39조 1, 아시아 기선 항로의 보조금), 마이어 회사는 겨울철 2개월을 제외하고 일 년 내내 그 배를 운항할 수 있기를 희망하고 있다. 영사는 브레멘의 Lloyd가 아마 나가사키와의 연결 노선을 구축하는 데 그 배를 이용할 수 있을 것이라고 언급한다.

마이어 회사는 조선 정부와 일정한 연간 운송량을 계약하고 있다.[12] 그 밖에는 일본의 선박만이 오가고 있다. 유리 생산과 양잠, 주화 제작 시설들은 현재 독일인들의 주도하에 건설되고 있다. 조선 정부는 독일 은행과 오십만 마르크의 융자 계약을 체결했다. ─ 작년 묄렌도르프의 실각 이후 미국인들이 그의 자리에 등장했다.[13] ─ 조선 항구에 어떤 항로표지와 보호책이 있는지는 이곳에서 알려진 바가 없다.

---

9 [감교 주석] 부들러(H. Budler)
10 [감교 주석] 갑신정변
11 [감교 주석] 세창양행(世昌洋行)
12 [감교 주석] 조선 정부는 마이어 회사(세창양행)와 20,000파운드를 연리 10%에 2년 상환 조건으로 하는 차관 계약을 체결함. 그 대가로 1886년부터 마이어 회사는 조선 정부로부터 호남지역의 세미 3만 섬을 운송(목포-인천 간 항로)하는 권리를 획득함.
13 [감교 주석] 원문에는 '작년 ~ 등장했다.'에 취소선이 표기됨.

09

조선 정부의 전직 미국 총영사 데니 초빙

발신(생산)일	1886. 2. 4	수신(접수)일	1886. 4. 6
발신(생산)자	브란트	수신(접수)자	비스마르크
발신지 정보	베이징 주재 독일 공사관	수신지 정보	베를린 정부
	No. 38		A. 4469
메모	6135 참조		

A. 4469 1886년 4월 6일 오전 수신

베이징, 1886년 2월 4일

No. 38

비스마르크 각하 귀하

본인은 작년 9월 29일의 보고 No. 207과 작년 10월 14일의 보고 No. 219에서 상하이 주재 전직 미국 총영사 데니[1]를 묄렌도르프[2] 후임으로 조선 정부에 추천하려는 리훙장[3]의 시도에 대해 삼가 보고드린 바 있습니다. 그에 이어 이제 본인은 리훙장의 계속된 노력과 본인의 추측에 의하면 더 유리한 조건들이 데니로 하여금 권유된 직책을 받아들이게 했을 것이라고 삼가 보고드리게 되어 영광입니다. 데니는 12월 말에 샌프란시스코를 떠났을 것입니다. 그러므로 벌써 조선에 도착하지 않았다면 머지않아 도착할 것으로 예상됩니다. 그 밖에 데니는 샌프란시스코에서 그곳 신문기자들에게 자신이 조선 정부로부터 초빙받았다고 말했습니다.

브란트

내용: 조선 정부의 전직 미국 총영사 데니 초빙

---

1 [감교 주석] 데니(O. N. Denny)
2 [감교 주석] 묄렌도르프(P. G. Möllendorff)
3 [감교 주석] 리훙장(李鴻章)

10

조선에 거주하는 중국인들의 정치적 이력 관련

발신(생산)일	1886. 2. 8	수신(접수)일	1886. 4. 6
발신(생산)자	브란트	수신(접수)자	비스마르크
발신지 정보	베이징 주재 독일 공사관 No. 42	수신지 정보	베를린 정부 A. 4470
메모	4월 7일 런던 354, 페테르부르크 233, 도쿄 5 전달		

A. 4470 1886년 4월 6일 오전 수신

베이징, 1886년 2월 8일

No. 42

비스마르크 각하 귀하

리홍장¹은 (1885년 톈진에서 청일 회담 당시; 감교자) 일본 대사 이토²에게 1884년 겨울 서울에서 반란³이 일어난 동안 서울 주재 청국 군대의 태도를 질책하는 발언을 했습니다. 작년 6월 26일의 보고서 No. 142x에서 본인은 이 질책과 관련해 총리아문 구성원들이 표명한 의견에 대해 삼가 보고드리는 영광을 누렸습니다. 본인은 그 질책을 담은 서한의 사본을 위에 언급된 보고서에 첨부했습니다.

청국 정부, 더 정확히 말하면 조선의 사건들에서 상당한 재량권을 행사하곤 하는 리홍장 태도의 특성을 묘사하기 위해 본인은 다음과 같이 각하께 삼가 보고드립니다. 얼마 전 조선으로 파견된 청국의 변리공사⁴ 위안스카이⁵(부영사 부들러는 Dschiek, Wai로 쓰는데, 이것은 중고한어의 발음을 따른 것입니다)는 청국 군대에게 일본인들이 점령한 조선 왕궁을 공격하라는 명령을 내린 장본인입니다. 위안스카이은 그 공격을 지휘했으며, 그로써 일본과 청국 사이의 갈등이 발생하는 주요 원인을 제공했습니다.

---

1 [감교 주석] 리홍장(李鴻章)
2 [감교 주석] 이토 히로부미(伊藤博文)
3 [감교 주석] 갑신정변
4 [감교 주석] 위안스카이의 공식 직함은 주찰조선총리교섭통상사의(駐紮朝鮮總理交涉通商事宜).
5 [감교 주석] 위안스카이(袁世凱)

일본 국내의 신문들로 미루어 보건대, 이 일은 일본에서 많은 격분을 사고 있습니다. 그리고 특히 조선과 관련해 어쨌든 양국 관계를 우호적으로 조성하는 데 기여하지 않을 것입니다.

브란트

내용: 조선에 거주하는 중국인들의 정치적 이력 관련

베를린, 1886년 4월 7일   A. 4470

주재 외교관 귀중   본인은 베이징 주재 독일제국 공사가 이번 달 2월
1. 런던 No. 354   8일 조선 주재 청국 변리공사의 정치적 전력과 관련
2. 페테르부르크 No. 233   해 보낸 보고서 사본을 귀하께 직접 보내 드리게 되
3. 도쿄 A. 5   어 영광입니다.

11

[두만강의 조선과 러시아의 국경을 둘러싼 러청 갈등 조짐]

발신(생산)일	1886. 2. 5	수신(접수)일	1886. 4. 20
발신(생산)자	부들러	수신(접수)자	비스마르크
발신지 정보	서울 주재 독일 총영사관	수신지 정보	베를린 정부
	No. 11		A. 5011
메모	문서 A. 5575 참조		

A. 5011 1886년 4월 20일 오전 수신

서울, 1886년 2월 5일

No. 11

비스마르크 각하 귀하

두만강 국경선을 놓고 러시아와 청국 사이에 의견대립이 있다는 소식들은 신빙성이 있습니다. 이 문제에 대한 양국 정부의 협상이 임박한 듯 보입니다. 이곳 러시아 관리들 측에서도 위의 사실을 본인에게 확인해 주었습니다. 현재 문제되는 지역은 청국인들에 의해서는 Hei-Ting-Tzü, 조선인들에 의해서는 Lo-Siön-Tong이라고 불립니다. 청국 정부는 이 협상이 순조롭게 끝나지 않을 경우에 미리 대비하는 것 같습니다. 청국과 조선의 국경에 배치된 청국 부대 소속의 병사들 여러 명이 얼마 전 이곳에 도착했습니다. 본인이 알아낸 바에 의하면, 그들은 조선에서 군사적 목적을 위해 지형을 촬영하고 각종 유용한 정보를 수집하는 임무를 띠고 있었습니다. 정확히 말하면, 상당히 큰 군부대가 빠른 속도로 행군하는 경우 국경에서 조선의 수도까지 얼마나 걸리는가, 군수품은 어느 정도 비축되어 있는가, 적절한 방어시설들을 어떤 장소에 구축할 수 있는가 등등을 확인하는 것이 문제되었습니다. 그들은 만일의 경우 러시아에 한 발 앞서 조선의 수도 서울을 점령하고 또 베이징에 이르는 도로가 러시아의 수중에 들어가는 걸 막으려고 한다는 것입니다.

청국이 현재 조선의 상황에 특별한 관심을 보이는 것에는 더 이상 의심의 여지가 없습니다. 청국이 자신의 속국의 국내외 일들에 어느 정도까지 간섭할 것인지는 오로지 청국 자체의 판단에 달려 있습니다. 청국이 특수한 존재라는 허상이 적어도 조선의 군주와 국민에게 남아 있는 한, 청국은 조선에서 관료들 측에서든 국민들 측에서든 거의 어떤 반대에도 부딪치지 않을 것입니다.

버마의 운명이 조선인들에게 많은 관심을 불러 일으켰습니다. 본인은 조선인들이 그것을 통해 외국인에 대한 의무를 항상 성실하게 이행해야 한다는 것을 배우길 바라고 있습니다.

부들러

12

일반 사안 보고

발신(생산)일	1886. 3. 8	수신(접수)일	1886. 5. 3
발신(생산)자	부들러	수신(접수)자	비스마르크
발신지 정보	서울 주재 독일 총영사관	수신지 정보	베를린 정부
	No. 15		A. 5575
메모	연도번호 No. 169		

A. 5575 1886년 5월 3일 오전 수신

서울, 1886년 3월 8일

No. 15

비스마르크 각하 귀하

본인은 2월 5일 자 보고에 이어 이곳 상항에 대해 다음과 같이 각하께 삼가 보고드리게 되어 영광입니다.

러시아와 조선의 국경 문제와 관련해서는 새롭게 알려진 사항이 없습니다. 그러나 본인은 최근 두만강 북쪽 지류와 남쪽 지류 사이의 지역을 놓고 조선과 청국 사이에 개최된 협상 소식을 입수했습니다. 조선 정부는 (청국의; 감교자) 강희제[1]에 의해 두만강 북쪽 지류가 국경으로 확정되었으며 그에 상응하는 비문을 새긴 기념비[2]와 경계석들에 의해 국경이 표시되어 있다고 주장합니다. 물론 그 문제의 지역에는 원래 아무도 거주하지 않기로 했다고 합니다. 그런데 조선의 관리들이 그 지역에 논밭을 일구고 집을 짓게 내버려둠으로써 맡은 바 의무를 소홀히 했다는 것입니다. 그러나 이주민들이 새로운 고향에서 잘 지내는데다가 그곳이 완전히 국경선 남쪽에 위치하기 때문에, 즉 조선의 영토를 이루기 때문에, 청국 황제가 국경은 예전과 다름없이 그대로 놔둔 채 이주민들이 그곳에 계속 머물 수 있도록 윤허해주길 바란다고 합니다.

조선의 요구가 합당한 듯 보이고 또 청국 측에서는 그 문제의 지역에 특별한 가치를

---

1 [감교 주석] 강희제(康熙帝)
2 [감교 주석] 1712년 설치된 백두산 정계비

두고 있지 않기 때문에, 이 국경 문제는 아마 곧 해결될 것입니다. 청국이 자신의 의도를 간단히 관철할 수 있는 위치에 있는 까닭에, 어쨌든 커다란 어려움을 야기하지는 않을 것입니다.

청국이 조선의 상황에 어느 정도 깊숙이 관여하는지 지난 며칠 사이 또 다시 분명하게 드러났습니다.

옛 섭정[3]의 고용인 한 사람이 섭정의 궁에서 조선 국왕의 어명이라며 의금부에 체포되었습니다. 섭정에게는 사전에 아무런 통보도 없었습니다.

섭정은 휘하의 사람들로 하여금 이 체포에 관여한 의금부 관원들을 의금부로부터 데려 오게 하여 가혹하게 매질했습니다. 이 일을 시작으로 섭정과 왕 사이에 갈등이 일었고, 이 갈등은 국민들을 심히 동요하게 만들었습니다. 이 싸움이 섭정의 추종자들과 왕비의 추종자들 사이에서 심각한 충돌과 유혈사태로 번지지 않을까 예상했습니다. 결국에는 양측의 갈등이 문제되기 때문입니다. 그러자 청국 대표[4]가 대원군을 찾아가서 간곡한 설득을 통해 곧 그의 분노를 달래고 대원군 및 그 추종자들의 난동을 저지하는 데 성공했습니다. 본인은 직접 청국 대표에게 이런 말을 들었으며 또 다른 경로를 통해서도 이 말이 사실임을 확인했습니다. 청국 대표가 이러한 성공을 자신의 영향력에서 비롯된 결과로 보아주길 바라는 데는 의심의 여지가 없었습니다. 청국 대표는 이 소동이 지나고 나면 장차 이와 유사한 사건들을 미리 예방하기 위한 더 이상의 조치들을 강구할 것이라고 덧붙였습니다. 이 더 이상의 조치들이 어떤 것일지 지금 긴장되고 있습니다. 또한 이 사건이 청국 측에서 내심 바라고 있었던 기회로 이용되었는지 아닌지도 차후 알게 될 것입니다. 조선 국왕은 대원군이 다시 정부에 관여하게 되지 않을까 우려하는 듯 보입니다. 그러나 지금으로서는 이런 상황을 명확하게 통찰하기 어렵습니다.

청국 대표는 물론 이번의 처사를 통해 관례적으로 "변리공사"에 부여되는 권리를 행사했습니다. 그는 이 칭호를 여전히 명함에 사용하고 있으며 이제 그것을 체화하기 시작했습니다. 이 칭호를 사용하지 않는다면 무례하게 여겨질 수 있는 까닭에 본인도 이따금 청국 대표에게 이 칭호를 사용했습니다.

여기에서 본인은 러시아 대표의 발언을 언급하지 않을 수 없습니다. 물론 사적인 대화에서 오간 말이긴 하지만 러시아의 견해를 잘 드러내는 듯하여 그대로 전하겠습니다. 본인이 청국 관리의 명함과 "Resident"[5]라는 칭호에 대해 말하자, 베베르는 매우 흥분하

---

3 [감교 주석] 흥선대원군(興宣大院君)
4 [감교 주석] 위안스카이(袁世凱)
5 [감교 주석] "Resident"는 통감을 뜻하는 "Resident General"과는 다름. 하지만 부들러도 밝혔듯이 "Resident"

여 외쳤습니다. "저라면 그의 눈앞에서 명함을 찢어버릴 것입니다." 분명 러시아 대표는 실제로 그런 행위를 하지는 않을 것입니다. 그러나 그 발언은 청국이 조선에 대한 종주권을 행사하는 것에 대한 러시아 측의 민감한 분위기를 입증합니다.

청국의 종주권 행사가 조선 국내의 질서 유지를 보장하는 한 대부분의 외국인들은 아마 싫어하지 않을 것입니다. 그리고 이번에 청국의 종주권 행사가 조선 국내의 질서 유지를 보장한 것은 분명합니다. 청국이 개입하지 않았더라면, 위에서 보고한 분쟁이 상당히 심각한 소요사태로 이어졌을 가능성이 극히 다분합니다. 강도와 절도를 생업으로 삼는 사람들의 수효가 놀라울 정도로 증가하고 있는 만큼 더욱 더 그랬을 것입니다.

이제는 조선의 수도에서까지 가택침입절도가 빈번하게 일어나고 있습니다. 저희들도 직접 경험했기 때문에 이에 대해 말할 수 있습니다. 지난 며칠 밤사이 도둑들이 저희 건물의 양쪽 조선인 이웃집에 침입했기 때문입니다. 그래서 저희 건물 사람들도 흥분했습니다.

쌀값이 폭등했습니다. 조선 정부는 미곡 상인들에게 최고가율을 부과하려 했지만, 상인들이 거부했습니다. 그 결과 쌀을 구하기가 매우 어려워졌습니다. 이것이 사람들을 흥분시키는데 일조하고 있습니다.

왕비[6]의 궁정생활에 막대한 금액이 필요합니다. 그래서 관리들의 선물을 받고, 그에 대한 보상으로 어떤 식으로든 총애한다는 표시를 해야 합니다. 총애를 받는 사람들은 선물로 바친 금전의 액수에 따라 수시로 바뀝니다. 백성들 사이에서 이런 소문이 돌고 있으며, 이런 소문은 그다지 과장된 것 같지 않습니다.

최근 조선 국왕이 언급할만한 조처를 내렸습니다. 만일 그 조처가 실행된다면 조선 왕 활동은 유럽 국가들에게 어느 정도 인정받게 될 것입니다. 엄숙한 칙령을 통해 조선 국왕은 모든 노비의 후손들에게 자유를 주려 한다고 공표했습니다. 또는 그 칙령의 표현을 빌면, 노비의 신분은 개개인이 살아 있는 동안에만 유지될 뿐 지금까지와는 달리 노비의 자손에게는 해당되지 않는다는 것입니다. 고위관리들은 이 원칙에 따라 법규를 수정하라는 지시를 받았습니다. 그러나 그 조처가 실제로 위의 칙령 내용에 맞게 실행될지는 지켜봐야 합니다.

는 상주 대표의 뜻을 갖고 있는 "Resident Commissioner"보다는 정치적 영향력을 행사하는 직함임에는 분명함. 실제 영국이 "Resident"는 인도의 변왕국에 파견한 영국인 총독을 지칭한 단어였다는 점을 고려한다면, 위안스카이가 사용하고자 했던 "Resident"는 속방 조선에 대한 정치적 영향력을 행사하겠다는 뜻을 담고 있다고 볼 수 있음.

6 [감교 주석] 명성황후(明成皇后)

본인은 다음과 같은 사건들을 아주 간략하게 언급하고자 합니다. 청국 상인들이 거듭 반복해서 인삼을 밀수했습니다. 그로 인해 청국 상인들은 외국인 세관원들과 마찰을 빚었으며, 세관원들과 세관건물을 습격해 건물 내의 기물을 파괴했습니다. 이 습격의 주동자들은 청국 대표로부터 조선을 떠나라는 종용을 받았습니다. 그러나 그 밖에는 그들이 처벌받았다는 이야기는 듣지 못했습니다.

독일 회사[7]는 이제 독일 기선 "Hever"를 용선했으며, 이 기선은 3월 말에 운항을 시작할 것입니다.

메르텐스[8]의 양잠사업이 이 독일 회사의 지원을 받았습니다. 독일 회사는 메르텐스에게 칠천 달러를 빌려주었고, 메르텐스는 이에 대해 자신의 봉급을 담보로 제공했습니다. 이렇게 된 이유는, 조선 정부가 이 사업에 더 이상 돈을 내어주려 하지 않았고 메르텐스는 직접 이 사업을 실행할 토대를 확보하려 했기 때문입니다. 그래서 그는 이 사업을 진척시키기 위해 자신의 봉급을 동원하게 되었습니다.

부들러

내용: 일반 사안 보고

---

7 [감교 주석] 독일 마이어 회사(E. Meyer & Co.; 세창양행(世昌洋行))
8 [감교 주석] 메르텐스(Maertens)

13

조선 정부의 전직 미국 총영사 데니에 대한 보고 관련

발신(생산)일	1886. 3. 26	수신(접수)일	1886. 5. 17
발신(생산)자	브란트	수신(접수)자	비스마르크
발신지 정보	베이징 주재 독일 공사관	수신지 정보	베를린 정부
	No. 73		A. 6135
메모	A. 6557		

A. 6135 1886년 5월 17일 오전 수신

베이징, 1886년 3월 26일

No. 73

비스마르크 각하 귀하

본인은 1886년 2월 4일 자 보고 No. 38에서 상하이 주재 전직 미국 총영사 데니[1]가 조선 정부의 고문으로 채용되었다고 삼가 보고드렸습니다. 이와 관련해 본인은 데니가 며칠 전 톈진에 도착했다는 사실을 각하께 삼가 보고드리게 되어 영광입니다.

본인이 톈진으로부터 입수한 소식에 따르면, 데니는 리훙장[2]에 의해서 연봉 1만 테일[3] (다른 소식통에 의하면 월 일천 테일)에 조선 외아문 협판직으로 조선 왕의 고문에 등용되었다고 합니다. 그 급료는 그의 근무처로 여겨지는 조선 정부에 의해 명목상으로는 지불되지만 실제로는 리훙장에 의해 지불된다고 합니다. 그리고 데니는 리훙장이 내리는 모든 지시를 수행하고 모든 일에 있어서 청국 정부의 이익을 위해 활동하기로 약속했다는 것입니다.

이러한 진술들은 청국과 조선의 관계 및 조선에서 청국의 영향력을 더욱 증대시키려는 리훙장의 노력에 대해 알려줍니다. 본인에게는 이러한 진술들의 신빙성을 의심할만한 근거가 없습니다.

브란트

내용: 조선 정부의 전직 미국 총영사 데니에 대한 보고 관련

---

1 [감교 주석] 데니(O. N. Denny)
2 [감교 주석] 리훙장(李鴻章)
3 [원문 주석] 약 6만 마르크

14

[주조선 독일외교관의 독일 현지 주재 확인 요청]

발신(생산)일	1886. 3. 26	수신(접수)일	1886. 5. 17
발신(생산)자		수신(접수)자	비스마르크
발신지 정보	베이징 주재 독일 공사관	수신지 정보	베를린 정부
	No. 73		A. 6135

사본

A. 6135 1886년 5월 17일 오전 수신

베이징, 1886년 3월 26일

No. 73

함부르크에 전달.

조선 주재 우리 대표가 이미 그곳에 있습니까? 그 대표와 연락이 됩니까?

베를린, 1886년 5월 17일   A. 6135 추가

S. D.께서는 처리된 내용을
발췌해서 우편선으로 조선
에 보내기를 원하십니다.
1886년 5월 18일

베이징에서 보낸 3월 26일 자 보고에 대한 각하의
주석을 처리하는 과정에서, 조선에서 받은 최근의
소식에 의하면 조선에서 독일의 이해관계들이 아직
도 부영사 부들러[1]에 의해 대행되고 있는 점이 지적
되었습니다. 외무성은 부들러와 정기적으로 연락을
주고받고 있습니다. — 조선의 총영사로 임명된 켐
퍼만[2]이 홍콩과 상하이를 경유해서 임지에 부임하
기 위해 3월 26일 마닐라를 떠났습니다. 켐퍼만은
4월 중순경 임지에 도착할 것입니다.

                                                        린다우

---

1   [감교 주석] 부들러(H. Budler)
2   [감교 주석] 켐퍼만(T. Kempermann)

베를린, 1886년 5월 18일　　　　　　　　　　A. 6135 (1차 보고)

켐퍼만 귀하

우편암호

서울
No. A. 3

귀하께 기밀 정보를 알려드립니다. 3월 26일 베이징 주재 독일제국 공사[3]는 조선 정부에 새로 임명된 고문 데니[4]가 톈진에 도착했다고 보고합니다. - 데니가 일만 내지는 일만이천 테일의 연봉으로 조선 외아문 협판의 지위에 임명된 것은 리훙장[5]의 덕분이라고 합니다. 데니는 명목상으로만 조선 정부의 직원일 뿐이라고 합니다. 실제로는 리훙장을 위해 일하고 있으며 급료도 리훙장에게 받는다는 것입니다. 베이징 주재 독일제국 공사는 이 과정이 조선에서 청국의 영향력을 발휘하려는 노력의 새로운 징후라고 보고 있습니다.

3　[감교 주석] 브란트(M. Brandt)
4　[감교 주석] 데니(O. N. Denny)
5　[감교 주석] 리훙장(李鴻章)

베를린, 1886년 5월 18일   A. 6135

프로이센 왕국 공사   1870년 1월 23일 자 본인의 훈령(No. 3)에 이어, 전
쿠세로 귀하   직 미국 총영사 데니[6]의 조선 정부 채용과 관련해서
                                    3월 26일 자 베이징 주재 독일제국 공사[7]의 보고서를
함부르크 No. 106   삼가 동봉하게 되어 영광입니다.

                                                    독일제국 수상을 대리하여

---

6 [감교 주석] 데니(O. N. Denny)
7 [감교 주석] 브란트(M. Brandt)

15

조선 정부의 전직 미국 총영사 데니에 대한 보고 관련

발신(생산)일	1886. 3. 26	수신(접수)일	1886. 5. 17
발신(생산)자	쿠세로	수신(접수)자	비스마르크
발신지 정보	함부르크	수신지 정보	베를린 정부
	No. 73		A. 6557

A. 6557 1886년 5월 27일 오전 수신, 첨부문서 1부

함부르크, 1886년 5월 26일

No. 91

이번 달 18일 자 고귀한 훈령 No. 106과 관련해, 본인은 전직 미국 총영사 데니[1]의 조선 정부 채용에 대한 3월 26일 자 베이징 주재 독일제국 공사[2]의 보고서를 각하께 삼가 돌려 드리게 되어 영광입니다. 이 보고서 내용을 이미 함부르크와 브레멘 시정부에 긴밀히 알렸습니다.

쿠세로

내용: 조선 정부의 전직 미국 총영사 데니에 대한 보고 관련

---

1 [감교 주석] 데니(O. N. Denny)
2 [감교 주석] 브란트(M. Brandt)

일반 사안 보고

발신(생산)일	1886. 4. 3	수신(접수)일	1886. 5. 31
발신(생산)자	부들러	수신(접수)자	비스마르크
발신지 정보	서울 주재 독일 총영사관 No. 20	수신지 정보	베를린 정부 A. 6716
메모	Cfr. 8391 연도번호 No. 261		

A. 6716 1886년 5월 31일 오전 수신

서울, 1886년 4월 3일

No. 20

비스마르크 각하 귀하

본인의 3월 8일 자 보고에 이어, 각하께 다음과 같이 이곳 상황에 대해 삼가 보고드리게 되어 영광입니다.

대원군[1]과 조선 국왕 사이의 관계는 모든 것이 다시 옛날과 같은 듯 보입니다. 물론 청국 측에서 전 섭정[2]을 다시 정부에 등용하기 위한 대책을 강구한다는 주장이 있습니다. 그러나 그에 대한 신빙성 있는 내용을 전혀 알아낼 수 없습니다. 전 섭정은 다시 청국으로 돌아가기를 원했지만 청국 황제가 윤허하지 않았다는 말이 얼마 전 들려왔습니다. 이 일이 어떻게 진행될지는 앞으로 두고 봐야 합니다.

청국이 가능하면 조선의 정치적 상황에 최대한 많은 영향을 미치려고 노력할 것으로 예상됩니다. 그러면서도 대외적인 책임은 현재보다 더 많이 떠맡으려 하지 않을 것입니다.

1637년의 조약[3] 이후 청국과 조선 사이에서는 청국은 종주국이고 조선은 속국이라는 관계가 유지되어 왔습니다. 이 관계의 존속에 대해서는 그 누구도 이의를 제기하지 않습

---

1   [감교 주석] 홍선대원군(興宣大院君)
2   [감교 주석] 홍선대원군(興宣大院君)
3   [감교 주석] 병자호란 직후 조선과 청국이 맺은 강화조약.

니다. 이 관계는 관련된 사람들의 견해에 따라 조선의 국가 독립을 강하게 문제 삼을 수 있을 정도로 그 내용이 확대될 수 있습니다. 그러나 실제로는 과거로부터 내려온 종주국과 속국의 관계만이 지속되고 있다고 합니다.

이곳 조선에서는 조선 정부의 새 고문이며 상하이 주재 전직 미국 총영사인 데니[4]를 이미 오래전부터 기다렸습니다. 그런데 그가 드디어 이곳에 도착했습니다. 데니는 청국 측의 조선 문제 책임자인 리훙장[5]과 의논하기 위해 먼저 톈진으로 갔습니다. 그리고 청국 군함을 타고 조선에 왔습니다. 조선 국왕은 벌써 데니를 접견했고, 데니는 실제로 고문직에 취임할 것으로 보입니다. 지금까지는 많은 사람들이 데니의 취임을 의심했습니다. 그러나 조선 왕은 데니의 채용과 관련해 아직까지 아무런 교지도 내리지 않았습니다. 또한 데니는 우선 상하이로 돌아갈 계획입니다. 그러니 그가 활동을 시작하기까지는 앞으로 어느 정도 시간이 걸릴 것입니다.

물론 데니는 자신이 미국의 이익을 증진하고자 조선에 온 게 아니라고 말합니다. 그러면서도 나머지 모든 조건들이 같다면 미국인에게 우선권을 줄 것이라고 말합니다. 이것만으로도 이미 그의 동족들이 다른 경쟁자들에 비해 현저하게 유리한 고지를 점할 것이라고 천명된 셈입니다. 그 밖에 데니가 청국과 일본의 요청을 고려하는 쪽으로 기울어질 가능성도 다분합니다. 데니와 되도록 우호적인 관계를 유지하는 것이 독일 대표에게 바람직할 것입니다. 그러나 무엇보다도 직접 조선의 유력한 고위관리들과 관계를 유지해, 기회가 주어지는 즉시 그들의 영향력을 통해 독일의 경제 이익을 증진시키는 편이 좋을 것입니다.

얼마 전, 도쿄 주재 조선 공사를 임명한다는 조선 왕의 교지가 이곳 관보에 공표되었습니다. 이러한 조치를 취하게 된 이유는 일본과 밀접한 관계가 유지되고 있으며 일본과의 거래가 매우 증가되었기 때문이라고 합니다. 도쿄 주재 조선 대표로 임명된 자의 외교적 지위를 청국의 관등으로는 명확하게 판단하기 어렵습니다. 그러나 변리공사 임명을 의도하지 않았나 싶습니다. 이러한 조치는 중요합니다. 지금까지 조선은 톈진의 직례[6]총독 곁에만 상주 위원을 두고 있었습니다.

이 상주 위원의 명칭이 얼마 전에 변경되었습니다. 지금까지 주진대원[7]은 오로지 "톈진에 주재하는 고위관리"라고만 지칭되었는데, 이제는 "무역 업무를 관장하는 고위관리"

---

4 [감교 주석] 데니(O. N. Denny)
5 [감교 주석] 리훙장(李鴻章)
6 [감교 주석] 직례(直隸)
7 [감교 주석] 톈진 주재 대원(天津駐在大員)

라고 불립니다. 그러므로 그의 활동은 명백하게 무역 업무에만 제한됩니다. 정치적인 사안들은 서울 주재 청국 대표가 담당하고 리훙장 총독이 조선 왕과 직접 서신을 통해 해결합니다.

일본이 이제 조선에서의 청국 정책에 관여하지 않기로 결정했음을 암시하는 징후들에 대해 본인은 이미 거듭 보고드렸습니다. 이곳 조선 주재 청국 대표 위안스카이[8]는 1884년 12월 청국 군대를 이끌고 조선 왕궁에 있는 일본 수비대를 공격했습니다. 그런 위안스카이가 도쿄에 가서 일본 천황의 영접을 받게 되는 것을 그런 징후로 해석할 수 있습니다. 얼마 전 위안스카이는 곧 이 여행길에 오를 것이라고 본인에게 말했습니다. 그러나 이곳의 상황 때문인지 그 여행은 연기되었습니다.

[최근 제물포항을 경유하는 일본의 기선 항로가 새로이 개설되었습니다. 나가사키와 톈진을 오가는 항로로서 제물포와 즈푸[9]를 경유합니다. 발표된 운행시간표에 의하면 배가 삼주에 한 번씩 오간다고 합니다.

나가사키와 부산, 제물포를 오가는 옛 항로는 그대로 유지됩니다.

이 새로운 항로 개설로 인해 독일 기선 "Hever"의 운항은 이윤을 남기기 어려울 것입니다. 그러나 마이어 회사[10]는 경우에 따라서 목포에서 제물포까지 정부미를 운송하는 일에만 제한하고, 계약된 분량(30,000피쿨)의 운송이 완료되면 배의 용선을 다시 포기할 수 있을 것입니다.[11] 물론 독일 회사는 앞으로도 계속 미곡 운송의 일정 부분을 보장받으려고 시도할 것입니다. 그러나 일본 측에서도 이 사업에 일본 기선들을 참여시키려고 전력을 기울이고 있으며 아마 뜻을 이루게 될 것입니다. 그러나 본인은 조선 정부가 과거에 독일회사와 맺은 약정이 이행되도록 노력하고 있습니다. 그리고 조선 정부가 적어도 미곡 수송의 상당 부분만큼은 향후에도 마이어 회사에게 맡겨주기를 바라는 바입니다.]

본인은 삼가 2월 17일에 올린 보고서 No. 13/134[12]에서 3만 달러 상당의 주화제작기 추가 주문에 대해 언급했습니다. 독일 회사 측에서 이 추가 주문을 확보했으며, 며칠 전 그에 대한 계약이 체결되었습니다. 그 계약에 따르면 만 달러의 선금을 수령하기로

---

8 [감교 주석] 위안스카이(袁世凱)
9 [감교 주석] 즈푸(芝罘)
10 [감교 주석] 세창양행(世昌洋行)
11 [감교 주석] 조선 정부는 마이어 회사(세창양행)와 20,000파운드를 연리 10%에 2년 상환 조건으로 하는 차관 계약을 체결함. 그 대가로 1886년부터 마이어 회사는 조선 정부로부터 호남지역의 세미 3만 섬을 운송(목포-인천 간 항로)하는 권리를 획득함.
12 [원문 주석] 삼가 동봉.

되어 있습니다. 또한 주화 제작을 위한 추후 공급품들도 다른 회사들보다 불리한 조건을 제시하지 않는다면 독일 회사에 맡긴다는 조항이 계약서에 포함되어 있습니다. 우선 작은 구리판의 공급이 이에 해당됩니다. 물론 조선의 구리를 사용하기를 바라는 요청이 있습니다. 그러나 충분히 양호한 품질의 구리를 조선에서 확보할 수 있는지가 문제입니다.

주화 분야의 화학자가 조선의 여러 광산을 둘러보기 위해 얼마 전 내륙 깊숙이 여행 길에 올랐습니다. 그 화학자는 야금조사 능력을 갖추고 있습니다. 이 여행을 준비하는 과정에서 조선 정부가 킬[13]의 지질학 강사였던 고트쉐[14] 박사로부터 조선의 광산에 대한 보고서를 아직 받지 못했다는 이야기가 화제에 올랐습니다. 고트쉐 박사가 그 보고서를 조선 정부에 보내주기로 약속했던 모양입니다. 고트쉐 박사는 현재 베를린에 머물고 있습니다.

본인으로서는 고트쉐가 당시 이 방면에서 어떤 책임을 맡았는지 정확하게 확인할 길이 없습니다. 그러나 그가 원래 보고서를 제출하기로 했지만 아직까지 약속을 이행하지 않은 듯 보입니다. 만일 이것이 사실이라면, 그 지질학자가 곧 보고서를 발송하도록 압력을 가하는 것이 조선에서의 독일 이익을 위해 바람직할 것입니다. 이 사안과 관련해 본인은 각하께서 부디 그 지질학자를 자극해주시기를 감히 부탁드립니다.

당시 묄렌도르프[15]가 주문한 주화제작기의 대금 완불이 조금 지연되었습니다. 이제 조선 정부는 채무의 상당 부분을 변제하기로 결정했습니다. 그리고 나머지 채무도 3월 26일부터 계산해서 일 개월 이내에 청산할 것을 확실히 서면으로 작성해준다고 합니다.

전환국은 묄렌도르프가 주화제작기 공급자들에게 지급한 액수보다 6천 테일을 더 받았다고 상당히 오랜 기간 주장했습니다. 그러니 이만큼의 액수는 조선 정부에 다시 청구할 수 없다는 것이었습니다. 이에 대해 본인은 조선 정부가 필요하다면 당연히 그 결손액을 묄렌도르프에게 청구해야겠지만 그 결손액 지불을 회사에 유보할 수는 없다고 답변했습니다. 그 돈을 부당하게 사적인 목적을 위해 사용했다고, 즉 횡령했다고 주장된다면, 본인은 이 사건을 조사해서 묄렌도르프에게 책임을 물을 것을 절실히 요망합니다. 그러나 본인이 들은 바에 의하면, 묄렌도르프는 그 육천 테일을 다른 방면의 공적인 목적에 사용했다고 주장하고 있습니다. 그래서 이른바 궁중 장부에 그에 대한 결산내역이 기재되어 있다는 것입니다. 본인은 그런 종류의 혐의를 철저히 조사하지 않고 그냥

---

13 [감교 주석] 킬(Kiel)

14 [감교 주석] 고트쉐(C. Gottsche). 묄렌도르프의 초청으로 1884년 조선을 방문해서 조선 내륙지역을 조사함. 1886년에 『조선의 지리(Über Land und Leute in Korea)』를 출판함.

15 [감교 주석] 묄렌도르프(P. G. Möllendorff)

지나치는 것을 절대 용납할 수 없다고 마침내 조선 관리들을 설득하는 데 성공했습니다. 결국 궁중 장부를 점검했고, 다행이도 문제의 액수가 실제로 공적인 목적에 지출된 것으로 밝혀졌습니다. 이런 사실이 본인에게 통지되었고 전액 지불이 약속되었습니다.

이만 파운드 융자금의 일차 상환 할부금도 준비되었으며 ― 아마 사금 납품을 통해 ― 제때에 지불될 것으로 예상됩니다.

[본인은 조선 정부와 일본 정부 사이에서 서울-부산 간 전신선 설치에 관한 계약이 체결되었으며 이 전신선은 청국 전신국에 의해 설치될 것이라고 벌써 보고드렸습니다.

3월 25일에 청국 전신국과 조선 정부 사이에서 협정[16]이 조인되었으며, 이 협정에는 전신선 설치에 대한 상세한 규정들이 포함되어 있습니다. 건설비용은 이미 융자한 10만 테일에서 충당한다고 합니다. 청국 행정부로부터 빌린 금액을 갚지 못하는 한, 원래 약정된 25년의 기한이 지나더라도 조선의 전신체제에 대한 감독권은 청국 행정부에 있습니다. 그러나 이번에 조선인들은 모든 전신소에 조선의 관리들과 견습생들의 접근이 승인되어야 한다고 계약서에 명시했습니다. 서울-의주 노선과 관련해 체결된 협정(1885년 10월 13일 자 보고 77/595 참조)[17]은 일반적으로 서울-부산 노선에도 적용됩니다.

조선의 전신 관리는 오랜 기간 청국인의 수중에 있을 것이 확실합니다.

부들러

내용: 일반 사안 보고

---

16 [감교 주석] 중국대판조선륙로전전속관합동(中國代辦朝鮮陸路電錢續款合同)
17 [감교 주석] 의주전선합동(義州電線合同)

17

원문 p.520

로마 수도원의 조선 관련 문서 보고

발신(생산)일		수신(접수)일	1886. 6. 9
발신(생산)자	기록 없음(o. A.)	수신(접수)자	
발신지 정보		수신지 정보	베를린 외무부
			A. 7129

A. 7129   1886년 6월 9일 오후 수신

Le Moniteur de Rome

№ 130 v. 9. Juni 1886.

VARIÉTÉS

————

LA CORÉE (¹)

Au nombre des livres que l'on donnait à lire aux enfants le siècle dernier, il en est un qui semble avoir joui d'une faveur particulière ; c'est le récit des aventures de quelques matelots hollandais, qui, jetés sur la côte de la Corée par la tempête, entrèrent en relations avec les indigènes, excitèrent l'admiration générale par la blancheur de leur peau et la couleur ardente de leur barbe, n'en subirent pas moins d'abord les traitements les plus durs, devinrent ensuite chefs dans l'armée, et réussirent enfin à s'échapper après quinze ans de captivité (1652-1668) sur un mauvais bateau de pêche. Ce livre fut longtemps le seul qui contint quelques données sur un pays vaste comme la Grande-Bretagne, peuplé de huit à dix millions d'habitants, et accessible par mer sur une étendue de côtes d'environ 1,740 milles ; le peu de ressources commerciales qu'il présentait, la haine que vouaient ses habitant à tous les étrangers, en éloignait les navigateurs ; si bien que jusqu'au début de ce siècle, époque à laquelle les missionnaires français y pénétrèrent, la Corée ne faisait point partie du monde connu.

Il n'en est plus de même aujourd'hui, et l'envoi récent d'une mission coréenne en

---

1   D'après M. William Griffis *(Corea, the hermit Nation)*, - Ch. Dallet *(Histoire de l'Eglise de Corée et le Journal des Missions catholiques)*.

Europe indique l'entrée en scène d'une nouvelle puissance orientale.

Pour qui jette les jeux sur une carte, la situation avantageuse de la Corée ne saurait faire de doute ; elle est comme le trait d'union entre le continent et les grandes îles qui composent l'empire japonais ; ces côtes offrent des abris nombreux, et elle devrait servir de route commerciale aux produits des nations qui l'avoisinent ; malheureusement, les guerres dont elle a été fréquemment le théâtre ont longtemps mis obstacle au développement de sa prospérité ; la Chine et le Japon se sont depuis des siècles disputé ce malheureux pays, et s'il a pu sauvegarder son indépendance, c'est en consentant à payer tribut à la fois à Pékin et à Tokio.

Malgré l'influence que les Chinois et les Japonais ont exercée sur les mœurs et les institutions coréennes, celles-ci présentent mainte particularité digne de remarque.

LE ROI ET LE GOUVERNEMENT.

Le souverain qui règne à Séoul est un roi absolu ; enfermé dans son palais, il ne se montre aux populations qu'à de rares intervalles ; des hérauts font part aux habitants de cet évènement ; ceux-ci savent ce qu'ils ont à faire ; après avoir fermé portes et fenêtres, afin d'arrêter les regards indiscrets qui pourraient s'égarer sur Sa Majesté, ils attendent son passage à genoux sur le seuil de leur maison, un balai à la main en signe d'obéissance.

L'escorte du Roi comprend plusieurs milliers de personnes, une bande de musiciens, des cavaliers nombreux, des porte-étendards et enfin des arbalétriers qui transmettent les ordres au moyen de flèches, de la tête à la queue de la colonne.

Le Roi ne doit point sentir le contact du fer ; ainsi, en 1800, le Souverain régnant mourut pour n'avoir pu se faire opérer un abcès ; au contraire, l'usage des objets en or lui est reservé, et seul il a le droit de boire dans une coupe de ce métal. La succession au trône se règle d'après le bon plaisir du Souverain, et il peut se donner pour héritier présomptif son fils, qu'il soit bâtard ou légitime ; son cousin, son oncle ; toutefois l'ordre naturel est compris de telle sorte que le fils d'une concubine monte sur le trône quand la reine n'a pas d'enfants, ou, ce qui pour les Coréens revient au même, quand elle n'a que des filles. Le pouvoir absolu est tempéré par la faculté laissée au peuple de faire parvenir au Roi des suppliques par l'entremise des pages de la Cour ou des officiers qui parcourent les provinces en vue de rendre compte au Souverain de l'état du pays ; ces agents ne sont pas les seuls qu'emploie le Roi, il a à sa solde un corps complet d'espions hiérarchiquement organisé.

La noblesse a une sérieuse influence sur la marche des affaires ; deux factions principales se disputent et dignités et fonctions, ne reculant, pour abattre le parti au pouvoir, ni devant le meurtre ni devant l'empoisonnement ; le noble qui, à la suite d'une intrigue politique, perd sa fortune, sis charges ou trouve la mort, lègue à son fils ou à son plus proche parent l'obligation de le venger ; souvent l'héritier, tant qu'il n'a pas accompli ce qu'il considère comme un devoir sacré, s'astreint à porter toute sa vie le même vêtement, et il n'est pas rare de voir les représentants de deux ou trois générations vivre couverts de haillons destines à rappeler au fils la dette de sang dont l'acquittement apaisera les mânes de ses pères. Comme on le voit le culte des ancêtres est fort en honneur chez les Coréens.

Le moyen le plus sûr de perdre son ennemi, c'est, pour un noble, de l'accuser de conspiration contre son Souverain ; il se permet tout d'ailleurs pour gagner les Ministres à sa cause, et quand ses intrigues ont réussi, prendre la place de l'ennemi supprimé, et grâce à la situation qu'il occupait. S'enrichir rapidement, tel est l'unique souci du triomphateur. Tenant tête au pouvoir suprême et opprimant le peuple, la noblesse est tout en Corée : ce pays est comparé par un caricaturiste indigène à un corps humain ayant le Roi pour tête, la noblesse pour tronc et le peuple pour jambes ; le corps est énorme, mais la tète est petite et les jambes sont grêles.

Le pouvoir exécutif appartient à trois premiers ministres et à six autres ministres qui sont chacun à la tête d'une administration spéciale ; chacune des huit provinces est régie par un gouverneur et les villes sont soumises à l'autorité d'un fonctionnaire d'ordre subalterne. En principe, les fonctions publiques sont accessibles à tous ; mais, dans la pratique, elles sont l'apanage des nobles et de leurs amis.

MOEURS ET COUTUMES.

De curieuses particularités sont à signaler au point de vue de l'étiquette observée en Corée : de même qu'entre les chevaux de bois peints en rouge et placés à l'entrée du Palais-Royal, ne peuvent passer que les fonctionnaires supérieurs, de même l'usage veut que l'accès des maisons particulières soit défendu par trois grilles : la plus grande est réservée au propriétaire ; ses parents et ses amis intimes pénètrent par celle qui est située à l'est ; les serviteurs usent de la plus petite qui regarde le couchant. La loi règle même l'usage des chaises ; les nobles et les fonctionnaires au-dessus du troisième rang peuvent seul sen servir ; ce meuble, du reste, semble plutôt avoir sa place dans les cérémonies publiques que dans la vie courante. La soie est réservée à certains personnages, le coton est abandonné au peuple.

Les magistrats s'entourent d'une grande pompe, destinée à rehausser leur prestige ; ils ne sortent que précédés d'étendards et escortés de serviteurs dont la principale occupation est de faire descendre de cheval les cavaliers qu'ils croisent ; quiconque cherche à couper le cortège est saisi par eux et aussitôt frappé de verges. Des règlements particuliers établissent, en faveur des magistrats, mille privilèges abusifs ;

en revanche, ceux qui manquent à leurs devoirs sont punis d'exil, et jadis, un supplice particulier leur était réserve : ils étaient bouillis dans l'huile. La mémoire des magistrats intègres est au contraire pieusement révérée. et des monuments en bois leur sont élevés sur la voie publique. Les résidences officielles des fonctionnaires reçoivent les noms les plus poétiques ; ici, c'est la maison du « Petit Jardin » ; la « Grille de Lapis-Lazuli » ; là, c'est la « Demeure de l'Etoile matinale », de là « Cataracte de neige. »

Tout sujet coréen doit être muni d'un passeport, qui est représenté par un morceau de bois, de corne ou d'ivoire, sur lequel sont inscrits les nom et profession du possesseur.

La justice est rendue au civil par les magistrats ordinaires, au criminel par des tribunaux militaires. Des agents subalternes, que les missionnaires comprennent sous la dénomination de « prétoriens » et de « satellites », remplissent les fonctions de policiers et de geôliers ; ces fonctions se transmettent de père en fils et sont loin de valoir, à ceux qui les occupent, les sympathies du public.

L'esclavage existe en Corée ; il est un de derniers vestiges du même régime féodal auquel, il y a vingts ans, le Japon était soumis ; le nombre des esclaves a toutefois singulièrement diminué, et ne comprend plus que les enfants vendus par leurs parents, les individus qui d'eux-mêmes aliènent leur liberté, et enfin les serfs attaches à la terre, dont le sort est de beaucoup préférable à celui de bien des paysans libres. Pendant vingt siècles, la loi attribuait aux juges la femme et les enfants des grands criminels ; la situation de ces malheureux était des plus misérables ; livrés en jouet à la domesticité, ils n'avaient même pas l'honneur de servir leur véritable maître.

La comparaison entre les récits des Hollandais du XVII siècle et ceux des Missionnaires français du XIX, permet de constater un réel progrès dans l'état social du pays ; c'est à l'esprit d'association des Coréens, c'est à l'organisation de monopoles aujourd'hui indestructibles que marchands, laboureurs, artisans, soldats, doivent d'être des hommes libres ; tantôt ces monopoles ont eu pour origine une concession du Roi, tantôt ils n'ont eu d'autre fondement que la prescription ; chacune de ces associations reconnaît un chef suprême, qui exerce sur tous les affiliés un pouvoir dispo tique et a même quelquefois sur eux droit de vie et de mort.

L'une des plus puissantes corporations est celle des portefaix : composée de dix mille membres environ, tant hommes que femmes, elle jouit du privilège de n'être point justiciable des tribunaux ordinaires ; quand un de ses membres a failli, ce qui arrive bien rarement, il est jugé par ses pairs. Un différend surgit il entre les négociants d'une province et les portefaix, ces derniers émigrent en masse pour un temps donné et redent ainsi toute transaction impossible.

La vie de famille n'existe pas en Corée par suite de la situation faite à la femme : la jeune fille, dès l'âge de huit on dix ans, est reléguée dans le gynécée ; on lui apprend avant tout à éviter jusqu'au regard des hommes et l'on a vu des pères tuer leurs filles, des maris leurs femmes, des femmes même se donner la mort, parce qu'un étranger les avait effleurées du bout du doigt. L'appartement des femmes est inviolable et si un criminel s'y réfugie, la police ne peut l'y poursuivre. Quand un colporteur se présente dans une maison, il attend, pour déballer sa pacotille, que la porte de l'appartement des femmes soit fermée. Lorsqu'un propriétaire veut monter sur le toit de sa maison, il doit préalablement prévenir ses voisins, afin de ne pas être soupçonné de chercher à voir leurs compagnes ou leurs filles.

Le mariage est, au point de vue des formalités, une affaire minime et qui se traite entre les parents, sans que les intéresses aient volx au chapitre ou se soient memo aperçus ; au point de vue social, il est pour l'homme d'une grande importance. S'il n'est pas marié, un jeune homme peut commettre mille insanités, elles ne tirent pas à conséquence le coupable n'est pas sensé avoir agi avec discernement. Même s'il a 25 ou 30 ans, un célibataire ne peut prendre la parole dans une réunion ni parler affaires ; au contraire, à douze ans, s'il est marié, l'adolescent est émancipé et a le droit de *porter chapeau*. La plupart du temps, se regardant comme d'une race inférieure, les femmes deviennent des épouses soumises et supportent tout, de leurs maris comme de leurs belles-mères, mais il arrive en Corre, comme ailleurs, que les femmes troublent la paix du ménage par des scènes de violence, quelles désertent même le toit conjugal : dans la classe inférieure, quelques coups de rotin vigoureusement administrés par le mari suffisent à rappeler la femme au sentiment du devoir ; mais dans la classe élevée, où frapper une femme n'est pas de mise, le divorce intervient : le juge, si le cas est grave, prononce la bastonnade et donne l'épouse répudiée pour concubine à l'un de ses subalternes.

La femme légitime partage entièrement la situation sociale de son mari ; même, si elle n'est pas noble, elle le devient par son mariage ; si deux frères épousent la tante et la nièce, et que la nièce devienne la femme de laine, elle a le pas sur sa tante, ce qui a une grande importance en Corée, comme du reste en Chine. Dans la classe élevée, les veuves ne doivent pas se remarier et portent toute leur vie le deuil de leur époux ; si elles convolent, leurs enfants sont illégitimes. Les veuves prouvent fréquemment leur amour pour le défunt en se donnant la mort, et les missionnaires ont toutes les peines du monde à faire comprendre la doctrine chrétienne du suicide aux femmes converties qui viennent leur demander la permission de se tuer.

L'architecture coréenne est des plus primitives ; les maisons, en général à un seul étage, ne sont pas alignées régulièrement, mais éparpillées çà et là, même dans les grandes villes ; pas de planchers, mas le plus souvent la terre nue ; les murs, recrépis de terre gâchée dans les humbles logis, sont dans les maisons riches, tapissées d'étoffes coloriées. Les fenêtres consistent en morceaux de papier huilé ; l'usage du verre est inconnu ; le propriétaire qui en possède une parcelle l'applique à sa fenêtre et il peut ainsi s'éviter la peine de percer son papier avec le doigt quand il veut regarder au dehors sans être vu. Les vulgaires bouteilles de pale-ale sont très appréciées et out, aux yeux des Coréens, la même valeur qu'aux nôtres les précieux vases de Satsuma.

Très enclins à s'adonner aux liqueurs fortes, les Coréens sont de terribles mangeurs, faisant toujours passer la quantité avant la qualité. Ils apprécient le chien et sont friands de poison cru ; aussi voit-on fréquemment le long des rivières des pêcheurs à la ligne dévorer presque vivant le poisson qu'ils viennent de prendre, en l'assaisonnant du poivre qu'ils ont eu soin d'emporter en même temps que l'appât.

(A suivre).

Le Moniteur de Rome
№ 130 v. 9. Juni 1886.

VARIÉTÉS

———

LA CORÉE (2)

———

(Voir le num. d'hier).

La principale pièce du costume est le chapeau ; les couvre-chefs coréens sort des toits ambulants ou pour le moins des parasols de grande dimension ; celui d'un magistrat peut abriter une famille. Le chapeau constitue une unité, et l'on compte non par têtes, mais par chapeaux ; dans les enterrements, le chapeau du défunt est placé sur la bière, comme chez nous ses décorations.

La grande vertu des Coréens est la pratique de la charité et de l'hospitalité : un inconnu se présente-t-il dans une maison à l'heure du repas aussitôt on l'invite à se nourrir : sur les routes, on voit souvent le laboureur partager avec le passant son frugal repas ; quand un homme peu fortune entreprend un voyage, il ne fait aucun préparatif,

---

2   D'après M. William Griffis *(Corea, the hermit Nation)*, - Ch. Dallet *(Histoire de l'Eglise de Corée et le Journal des Missions catholiques)*.

n'emporte aucune provision, confiant dans l'hospitalité qu'il rencontrera en chemin. Aussi le nombre des mendiants est-il fabuleux, de même que celui des gens qui passent de l'abondance a la misère par suite d'une libéralité irréfléchie.

Les acrobates, les magiciens, les montreurs de marionnettes, les musiciens ambulants constituent une classe nombreuse ; les chanteuses des rues jouent un rôle tout particulier en Corée : il n'y a pas de fête sans elles et leur beauté, réelle ou factice, le charme de leur voix sont très appréciés ; le théâtre n'existe pas et quant à la musique, elle est pour les oreilles européennes un véritable supplice ; certains airs de flute cependant ont de la douceur et de la mélancolie.

Le principal exercice auquel se livre la jeunesse est le tir a lac ; ce sport est, du reste, encouragé par le gouvernement. La chasse est fort en honneur ; les cerfs sont poursuivis en juin et en juillet, époque à laquelle leur bois atteint un grand développement ; les ours se tuent au bord de la mer, quand ils y viennent, accompagnés de leurs petits, se régaler de crabes.

Les métaphores ont en Corée beaucoup de succès auprès de gens lettres ; c'est ainsi que l'homme qui cache sous des dehors aimables un violent caractère est comparé à un *volcan sous la neige ; mettre une robe de soie pour voyager la nuit* veut dire faire le bien en cachette ; *avoir une grande main* se dit d'un bomme généreux ; *un pauvre cheval a toujours une belle queue* se dit d'un homme indigne de la fortune ou des dignités qu'il possède. Le mot de lord Beaconsfield : les critiques sont ceux qui n'ont pas réussi en littérature et en art, est traduit en Coréen par « bon critique, mauvais travailleur »

LA COREE ET LMS MISSIONNAIRES.

Les Coréens, sans le christianisme, seraient restés indéfiniment inaccessibles aux idées modernes et les missionnaires ont été, pendant tout le commencement du XIX siècle, les seuls intermédiaires entre l'univers civilisé et ce coin du monde inhospitalier. La foi chrétienne fut révélée aux Coréens par quelques-uns de leurs compatriotes mis en relation a Pékin avec des prêtres européens ; dès le début de la propagande, les adeptes des nouvelles croyances eurent à subir des autorités indigènes de rigoureuses persécutions, et moins de dix ans après l'arrivée à Séoul des premiers catéchumènes, en 1793, deux prédicateurs, Paul et Jacques Kim, payèrent de leur tête l'aveu de leurs nouvelles croyances ; une proclamation mit hors la loi tous les chrétiens, qui, déjà à ce moment, atteignaient le chiffre relativement considérable de quatre mille.

Le martyre de trois français : Mgr Imbert et les PP. Maubant et Chastan, en 1839, fut l'occasion pour le gouvernement français d'entrer en rapport avec les ministres coréens ; l'amiral Cécile se présenta une première fois devant Séoul avec deux frégates, dans le but de conclure un traité. Il avait pour instructions de chercher à obtenir, en même temps que la liberté des chrétiens, l'ouverture du pays au commerce étranger ; après avoir fait parvenir ses propositions au gouvernement, il descendit à Shanghai, d'où il fut rappelé en Europe. Son successeur, le commandant Lapierre, se chargea l'année suivante de donner suite à l'affaire ; malheureusement, les deux vaisseaux qu'il commandait, la *gloire* et la *victorieuse*, furent jetés à la côte ; tandis qu'une chaloupe allait à Shanghai chercher des secours, les équipages s'établirent sous la tente dans l'ile de Kokun et purent s'approvisionner assez facilement, bien que leurs relations avec la terre ferme fussent l'objecte d'une surveillance incessante et des moins bienveillantes de la part des autorités indigènes. En quittant la Corée, M. Lapierre ne perdait pas de vue, malgré le désastre qui avait anéanti son escadre, l'objecte de sa mission et réclama de nouveau pour les chrétiens la liberté de conscience ; mais sa démarche n'eut d'autre effet que d'empirer la situation des néophytes, et les épaves de ces navires n'ayant jamais été recherchées, les Coréens ne se firent pas faute de mettre en doute la supériorité maritime française

Signalons, en 1851, l'entreprise couronnée d'un plein succès de M. de Montigny, consul de France à Shanghai, ayant appris le naufrage sur la côte coréenne d'un navire français, cet homme courageux n'hésita par à fréter une simple jonque portugaise, et, par sa seule énergie, il réussit à obtenir la mise en liberté de ses nationaux.

En 1852 et 1855, l'amiral Guérin d'abord, puis l'amiral russe Poutiatine essayèrent vainement, au cours de leurs travaux topographiques, de nouer des relations avec les indigènes.

Une première reconnaissance opérée au mois de septembre jusque sous les murs de la capitale, permit de constater l'absence de tout obstacle sérieux, et lorsqu'elle revint, au mois de novembre, toute l'escadre française mouilla en vue de la ville fortifiée de Hang-Hoa ; elle sen empara séance tenante sans coup férir. Surpris et terrifies, les Coréens prenaient la fuite a l'approche des marins, et Séoul serait tombée en leur pouvoir sils avaient profité de la panique causée par leur arrivée. Le défaut de rapidité dans la marche des opérations rendit courage aux indigènes, qui surent défendre vaillamment une pagode attaquée par une compagnie de débarquement. Il aurait fallu venger sur l'heure cet échec, mais l'amiral Roze crut devoir donner le signal du départ.

Le bruit de la retraite des français se répandit sur toutes les côtes de la chine et les Européens furent unanimes à réclamer l'envoi d'une nouvelle expédition ; on en fit rien, et l'impunité accordée au massacre de l'équipage américain du *Général Shermann*, à Pingan, l'année suivante, compléta le mal : c'est certainement au manque d'énergie des Français et des Américains vis-à-vis de la Corée, que l'on peut attribuer le massacre de Tien-Tsin en juin 1870. Ce dernier évènement persuada le cabinet de Washington de la nécessité de venger l'affront qui lui avait été fait dans la personne des marins du Général Shermann, et en 1871 l'amiral Godgers, avec un vaisseau, deux corvettes et deux canonnières, remonta la rivière Salée dans le but d'obtenir une tardive mais solennelle satisfaction de la cour de Séoul ; non seulement les pourparlers qu'il engagea n'aboutirent à aucun résultat, mais des coups de canon furent tires sur la flotte américaine ; l'amiral fit bombarder les forts du rivage et après 48 heures de lutte, cinq d'entre eux tombèrent entre ses mains ; les pertes cruelles que subirent les Coréens ne les décidèrent toutefois pas à traiter ; devant cette attitude, les Américains prirent le parti de se retirer. - cette expédition produisit naturellement une toute aussi fâcheuse impression que celle de l'amiral Roze, et la faction rétrograde acquit une force nouvelle, grâce aux victoires qu'elles s'imagina avoir remportées sur les Français et les Américains ; quant au peuple, son opinion nous a été révélée par un missionnaire a qui un indigène disait en souriant : « Que pouvons-nous craindre de vis inventions? nos enfants eux-mêmes se moquent de vos armes ».

LA CORÉE ET LES TRAITÉS.

Cependant la Corée ne devait pas éternellement rester en dehors du mouvement de la civilisation, et c'est au Japon que revient l'honneur de ce résultat. Profitant de la révolution qui s'opéra au delà du détroit, la cour de Séoul refusa en 1868 de payer le tribut accoutumé et elle fit expulser de Fousan la garnison japonaise qui l'occupait ; tout entier à ses reformes intérieures et à la répression des luties civiles le gouvernement de Tokio remit à des jours meilleurs le soin de venger l'injure reçue et de renouer les relations interrompues. En1875, le Mikado crut le moment venu de s'occuper de la question ; il avait consolidé le pouvoir royal, inaugure une ère nouvelle en abrogeant les lois contraires à la liberté religieuse et réorganisé sa flotte et son armée, grâce a l'aide d'ingénieurs et d'officiers européens. Ouvrir des négociations avec la Corée lui parut être le moyen le plus sage d'arriver à ses fins tout en ménageant les susceptibilités qu'un conflit armé aurait éveillées chez les chinois et les Russes ; mais le parti de la guerre, sous le prétexte qu'une pareille conduite déshonorerait le pays du Soleil levant, protesta contre les desseins pacifiques du gouvernement, et provoqua une formidable insurrection.

L'année suivante seulement, cette revole ayant été réprimée, la question de Corée put être reprise : le général Karoda fut charge des négociations et les forces navales imposantes dont il était escorté ne furent pas sans produire une salutaire impression : il obtint non seulement la réouverture de Fousan, mais aussi le libre accès de deux nouveaux ports : une légation japonaise fut autorisée à séjourner à Séoul et l'on convint que non seulement les naufragés japonais, mais aussi ceux de toute autre nation amie du Japon seraient secourus et rapatriés ; enfin, point qui mérite d'attirer l'attention, le traite reconnaissait formellement l'indépendance pleine et entière de la Corée. Quatre années ne s'étaient pas écoulées que les Japonais obtenaient l'ouverture d'un nouveau port, Gen-san, situé à 20 kilomètres de cette rade de Lazarew, fréquemment visitée par les vaisseaux russes et souvent signalée comme devant être annexée à l'empire des Csars.

Les Coréens, bien que se déclarant fort troublés par la présence des Japonais chez eux, se sont vite aperçus des avantages qu'elle leur procurait, et un courant d'échanges assez important s'est établi entre les deux nations : ies exportations coréennes consistent en poudre d'or, argent, poisson, riz, soie brute, fourrures, tabac, jute, et les importations japonaises en cotonnades, farine, fer, objets de quincaillerie.

Dans le courant de l'année 1880, de nombreuses tentatives furent faites par les commandants de divers vaisseaux pour entrer en rapport avec la cour de Séoul, mais aucune des lettres a elle adressées soit par le capitaine Fournier du « *Lynx* », soit par le duc de Gênes, alors commandant le « *Vittor Pisani* » soit par le commodore américain Schoenfeldt, ne reçut de réponse.

Pour terminer la nomenclature des évènements qui se sont produits en Corée dans ces dernières années signalons la révolution do 1882 dont il est intéressant de constater les conséquences. Exaspéré par la présence à Séoul des envoyés japonais, le parti hostile aux étrangers provoqua une sanglante insurrection au cours de laquelle la mission du Mikado trouva la mort dans les flots de la rivière Salée. La Chine crut I 'occasion favorable pour intervenir au nom de la paix publique et soustraire la presqu'ile aux convoitise à la fois de la Russie et du Japon; ses troupes franchirent la frontière et, au mois de septembre, paraissait un décret impérial reliant étroitement la Corée à l'Empire et concédant aux Chinois, dans leurs relations commerciales ' avec leurs voisins, les avantages les plus considérables, les marchandises chinoises importées en Corde ne payent plus qu'un droit do 500 de leur valeur, les intérêts des Chinois résidant en Corée sont confiés à un des délégués de leur nationalité, qui juge de toutes les contestations, tandis qu'en Chine, les Coréens ne sont justifiables que des lois chinoises; I 'accès des ports est ouvert, sans distinction, aux vaisseaux du Céleste-Empire; enfin, un service régulier de vapeurs devait être organisé, aux frais de la Corée, entre les deux pays

On serait tenté de croire que devant cette attitude si catégorique de la Chine, le Japon ait renoncé à tirer vengeance du meurtre de ses sujets et abandonné tout espoir d'obtenir une satisfaction pour l'infraction commise contre le traité de 187 ; il n'en est rien : après avoir décliné avec courtoisie les offres d'intervention chinoise, le cabinet de Tokio fit savoir au roi de Corée qu'il ne saurait s'entendre avec lui s'il ne renvoyait son premier ministre Tai-né-Kim, le fauteur de la conspiration. Cette première satisfaction ne fut pas refusée à l'envoyé Japonais, qui bientôt obtint le châtiment complet des rebelles et signa une convention avantageuse: la Corée s'engageait à payer une indemnité de 2,500,000 francs, elle autorisait le séjour, à Séoul même, d'un détachement de troupes japonaises et consentait à l'ouverture du port de Yakoshima; par une minutie a l' adresse de la Chine, ce traité était intitulé « Annexe à la convention de 1870 », et grâce à l'insertion d'un article secret, le délai de paiement pouvait être prorogé de 5 à 10 ans.

Presque en même temps, le commodore américain Schoenfeldt, revenant à la charge, renouvelait ses propositions premières, qui, cette fois, finirent par être accueillies ; il rentra aux Etats-Unis porteur d'un traité que la ratification du Sénat ne tarda pas à rendre exécutoire et dont le premier résultat fut l'envoi à Séoul d'un agent diplomatique américain. Aujourd'hui, le cabinet fédéral semble avoir pris sous sa protection le Jeune royaume et c'est. sur l'un de ses navire s que, patronnés par ses représentants, les ambassadeurs coréens, dont on signalait il y a quelque temps le passage à Paris, ont fait leur apparition en Europe.

Les journaux n'ont pas manqué, a l'occasion de ce voyage des diplomates orientaux, de mentionner les conventions signées, a l'exemple du commodore Schoenfeldt, par les ministres d'Allemagne, d'Italie et d'Angleterre à Pekin avec le gouvernement coréen. Tandis que le traité américain subordonnait l'ouverture des ports à des conditions que le traité de Tien-Tsin n'avait pas admises (par exemple l'interdiction faite aux négociants de pénétrer dans l'intérieur pour y vendre ou acheter, le droit accorde à la police indigène d'envahir le domicile des étrangers), les nouvelles conventions règlent a l'avantage des puissances européennes la question de la représentation diplomatique et consulaire, soumettent à la juridiction des consuls tout différend en matière civile ou criminelle, concernant l'un de leurs nationaux, autorisent ces nationaux à voyager à l'intérieure et a acquérir des maisons ou des bureaux dans tous les ports ouverts(3)

La France va se mettre bientôt en mesure de profiter de ces traites ; en effet, son consul a Tien-Tsin, M. Dillon, envoyé naguère en mission à Séoul, par M. Bourrée, ne put s'entendre complétement avec les ministres coréens, mais il se contenta fort sagement de réserver l'avenir : il obtint l'engagement que la France serait traitée comme la nation la plus favorisée. Il ne s'agit plus aujourd'hui que de régulariser cette

---

3   Cos ports sont : Inchauan, Gensan, Fusan, Séoul et Yangwachin

situation, simple formalité diplomatique, dont exécution ne fera pas sans doute attendre, grâce à l'intelligente activité du jeune ministre en Chine, M. Cogordan.

Tout récemment, le télégraphe nous à donné la nouvelle d'une insurrection survenue à Séoul ; comme en 1882, le sang a coulé sur les bords de la rivière Salée, mais cette fois les Japonais ont eu affaire, non pas aux indigènes excites par le parti rétrograde, mais aux miliciens chinois ; l'affaire n'aura pas de suite, grâce à une entente survenue entre le Tsong-li-Yamen et le gouvernement de Yeddo, entente sur laquelle les détails manquent encore. Cette échauffourée n'en est pas moins l'indice d'un état de trouble dans cette partie de l'Asie Orientale ; les anciens rivaux ne sont plus les seuls à convoiter la Corée : de nouveau venus, les Russes, ne se déclarent plus satisfaits de l'extension de territoire que leur a valu, en 1860, le traite signe par le comte Ignatiew. Le *Nouveau Temps*, de Moscou, ne cessait, l'année dernière, d'inviter le gouvernement russe à déclarer le protectorat de la Corée et l'on n'a pas oublié l'émotion des Anglais lorsque los flotte du Csar se dirigèrent, avec des vues non équivoques, vers l'ile de Quelpart, qui commande, on le sait, toute la mer du Japon. Les Russes cherchent à agir sur la Corée par la terreur : des moyens plus pacifiques sont employés par les Japonais pour attirer à eux ce pays ; c'est à Tokio, qu'il y a sept ans, bon nombre de jeunes Coréens furent inities aux pro grès de la civilisation européenne et mis au courant, par les soins des officiers de terre et de mer, de tout ce qui concerne l'art moderne do la guerre, artillerie, vapeur, électricité. Aussi, est-ce le Japon qui constitue l'idéal des progressistes coréens, tandis que, pour les rétrogrades, la Chine est tout : la Chine qui redoute de voir les étrangers s'emparer du pays couvrant la frontière orientale, et qui, pour prévenir les tentatives du Japonais ambitieux et du Moscovite envahisseur, a mis garnison à Séoul ; la chine qui nourrit a l'endroit de la Corée de secrets desseins, et compte bien y prendre sur les Japonais sa revanche de Formose et des Lioukiou, et y trouver, maigre les Russes, une compensation à la perte de Kaschgar et du bassin inferieur de l'Amour.

Que la Russie, détournant les yeux de l'Europe, pousse jusqu'aux mers de Chine, aussi bien que jusqu'aux mers des Indes ses ambitions géographiques, que ce soit le Japon qui voie par la conquête définitive de la Corée s'accomplir ses vœux les plus ardents, il n'y a pas à se le dissimuler, et l'on ne peut que sen féliciter ; la civilisation a pris pied dans le pays que nous avons cherché à faire connaitre. La civilisation, cet ennemi des Chinois, les menace donc aujourd'hui de toutes parts, et la Corée, la Sibérie orientale, le Turkestan russe, la Birmanie anglaise, le Tonkin français sont autant de portes par lesquelles pénètrent les idées nouvelles jusqu'au cœur de la patrie de Confucius.

La fon du Ⅹ Ⅸ siècle approche : pendant les quinze années qu'il lui reste à vivre, les grands moteurs du progrès qui s'appellent les Etats-Unis, l'Angleterre, l'Allemagne la Russie, la France, vont continuer l'œuvre commencée : leurs efforts, qui nous paraissent parfois contradictoires, tendent au fond à un même but et il est certain que le Ⅹ Ⅹ siècle verra s'élever sur les ruines du vieux monde une civilisation aussi profitable aux intérêts des Européens et des Américains qu' à ceux des Asiatiques eux-mêmes.

[쾰르니쉐 차이퉁의 조선 기사를 타 언론 게재 요청]

발신(생산)일	1886. 6. 7	수신(접수)일	1886. 6. 9
발신(생산)자	만초우트	수신(접수)자	비스마르크
발신지 정보	프리드리히스루	수신지 정보	베를린 정부
			A. 7151
메모	A. 7152에 의해 처리		

A. 7151 1886년 6월 9일 오전 수신, 첨부문서 1부

프리드리히스루, 1886년 6월 7일

독일제국 수상께서는 동봉한 No. 135, 쾰르니쉐 차이퉁[1] 3면의 작년 12월 조선발 기사를 노르트도이췌 알게마이네 차이퉁[2]을 비롯한 신문들에 게재할 것을 요청하십니다. 그 기사에 붉은 줄이 그어져 있습니다.

만초우트

---

1 [감교 주석] 쾰르니쉐 차이퉁(Kölnische Zeitung)
2 [감교 주석] 노르트도이췌 알게마이네 차이퉁(Norddeutsche Allgemeine Zeitung)

19

[쾰르니쉐 차이퉁의 조선 기사 첨부]

발신(생산)일		수신(접수)일	1886. 6. 9
발신(생산)자	기록 없음(o. A.)	수신(접수)자	
발신지 정보	No. 20	수신지 정보	베를린 외무부 A. 6716

A. 6956 1886년 6월 5일 오후 수신

쾰르니쉐 차이퉁[1], 1886년 6월 5일

No. 155

조선발

서울, 1885년 12월 말

조선의 수도에 주재하는 외국 외교사절단들이 합심하여 잇달아 책략을 부림으로써 우리 동포 묄렌도르프[2]를 몰아내는 데 성공했다. "내가 그 자리를 차지할 터이니 너는 비켜라." 이 유명한 말이 이 경우에 해당된다. 8월 말경 묄렌도르프는 먼저 외아문 협판 직에서 물러난 뒤를 이어, 9월에는 마찬가지로 총세무사 자리에서 해임되었다.

1884년 12월 서울에서 발생한 청국인들과 일본인들 사이의 유혈사태[3] 결과, 두 경쟁 국 사이에서 전쟁은 피할 수 없는 것으로 보였다. 당시 전쟁은 (지난 수세기 동안 그랬던 것처럼) 조선 땅에서 불붙을 것이라고 추정되었다. 조선의 국토와 국민이 근친관계의 아시아 이웃국가들에 의해 또 다시 난도질당하는 것을 막기 위해, 조선 정부는 묄렌도르 프의 충고를 좇아 임박한 재난을 피하도록 도와줄 수 있는지 러시아에 문의했다고 한다. 그러는 사이 청국과 일본은 (서로 속수무책이었기 때문에) 분노를 삭이는 것으로 만족했 다. 그리고 조선을 희생양, 즉 남의 죄를 대신해 매를 맞는 존재로 삼았다. 일본과 청국은

---

1 [감교 주석] 쾰르니쉐 차이퉁(Kölnische Zeitung)

2 [감교 주석] 묄렌도르프(P. G. Möllendorff)

3 [감교 주석] 갑신정변. 갑신정변 발발 당시 서구에는 조선 내 급진개화파의 쿠데타보다는 청일 군대 충돌이 비중 있게 다루어졌음.

이웃나라에 대한 시기심 탓에 일본인과 청국인 사이에서 발생한 유혈사태의 희생자들을 위한 보상금으로서 십이만 달러를 일본에 지불할 것을 조선에게 강요했다.[4] 그래서 이웃 국가 러시아의 막강한 후원은 무위로 돌아갔다. 그런데 조선 왕의 독일인 고문을 적대시하는 자들은 전쟁의 위험 때문에 조선과 러시아 사이에 동맹협상이 열렸던 사실을 마치 독일인 고문이 조선을 러시아에 팔아먹으려 했던 것처럼 왜곡하고 곡해했다. 묄렌도르프에게는 서울에 적지 않은 적대자들이 있었다. 묄렌도르프는 전적으로 조선의 이익을 위해 일했다. 그런데 그것은 미국인에게도 일본인이나 영국인에게도 환영받지 못했다. 영국인들은 조선의 남쪽 해안에 위치한 뛰어난 항구 거문도(Port Hamilton)를 점령했다. 그리고 아프가니스탄에서의 돌발사건으로 인해 러시아와의 분쟁이 임박한 탓에 러시아 -아시아를 위한 전초지로서 거문도에 항만봉쇄시설과 어뢰방어선을 설치했다. 조선의 주도적인 정치가 묄렌도르프는 이에 대해 항의했다. 그러니 영국의 입장에서 보면 묄렌도르프는 사라져야 마땅했다. 또한 일본이 조선 왕의 신변과 정부의 지휘권을 장악하기 위해 시도 했던 왕궁 쿠데타를 실패하게 만든 주역도 바로 묄렌도르프였다. 그러니 일본의 입장에서 보면 그 거추장스러운 독일 장애물을 조선 왕의 고문직에서 제거해야 마땅했다.

비아시아 민족들 중에서는 미국인들이 최초로 조선과 조약을 체결했으며 전권공사 푸트[5] 장군[6]을 서울에 파견했다. 미국인들은 미국에 파견된 보빙사 민영익이 유럽을 거쳐 아시아로 돌아가도록 웅장한 프리깃함 트렌턴(Trenton)을 제공했다. 그러므로 미국인들은 자신들이 조선에서 주도적인 역할을 할 권리가 있다고 믿었다. 그런 자만에 묄렌도르프는 조선의 관리로서 단호하게 맞섰다. 그러니 수완 좋은 양키의 입장에서 보면, 그런 활동적인 남자를 제거하고 싶은 욕구와 의지는 극히 당연하다.

이미 알려진 바와 같이, 묄렌도르프는 조선의 문호개방 과정에서 조선 왕을 전폭적으로 돕도록 청국 측에 의해 조선에 파견되었다. 그러나 묄렌도르프가 청국, 즉 외국의 이익보다 조선의 이익을 더 많이 더 열성적으로 대변한 듯 보이는 탓에 청국의 고위층에서도 불만을 품게 된 듯 보인다. 그래서 금년에 그는 "명예가 많으면 적도 많다"는 말을 분명 실감할 수 있었을 것이다. 금년 8월 독일 총영사 젬부쉬[7] 해군 함장이 서인도와

4　[감교 주석] 한성조약
5　[감교 주석] 푸트(L. H. Foote)
6　[감교 주석] 푸트는 미국 캘리포니아 주에서 군무국장(Adjutant General)을 역임하였음. 그러한 관계로 일부 문서에서는 푸트 장군으로 서술하지만, 장군으로 보기에 어려움.
7　[감교 주석] 젬부쉬(O. Zembsch)

하바나 주재 독일제국 총영사로 부임하기 위해 조선을 떠났을 때, 묄렌도르프가 "사방에 적들 천지"라고 말한 것은 당연했다. 이 말은 그가 조선의 수도에서 외국 외교사절들의 연합진영 속에 포위되어 있었다는 뜻이다. 독일 총영사가 서울을 떠난 직후 (무분별하고 불행하게도 독일 제국의회에서 빈트호르스트-리히터 다수파가 조선에서 새롭게 문을 연 독일 상공업 분야를 지휘할 총영사 승인을 제국수상에게 거부하는 불운한 결정을 내린 탓에), 묄렌도르프의 적들은 힘을 합해 끊임없이 책동을 벌임으로써 조선 왕의 지척에서 높은 신임을 받은 직위로부터 그를 몰아내는 데 성공했다. 독일 총영사의 퇴임 후에 독일의 이익을 보호하는 임무를 떠맡은 독일 부영사가 묄렌도르프를 구하기 위해 어떤 행동을 취했는지는 알려지지 않았다. 아마 어떤 행동도 취하지 못했을 것이라고 추측된다. 지위가 더 높은 외국 동료들의 단체행동에 대해 일개 부영사[8]가 무엇을 할 수 있었겠는가? 다른 외국 공사관의 지위가 더 높은 동료들은 조선 왕을 개인적으로 알현하는 권리를 누렸지만, 독일 부영사는 그런 권리조차 누리지 못했을 것이다. 그러므로 부영사는 최소한 어느 정도 책임을 면할 수 있을 것이다.

묄렌도르프의 적들은 묄렌도르프를 조선의 내각에서 몰아내는 데는 성공했지만, 조선 군주가 자신의 진정한 고문에게 품고 있었던 신뢰와 우정까지는 뒤흔들 수 없었다. 러시아의 옛날이야기 "배신"이 묄렌도르프를 내각에서 쫓아내는 데 교묘하게 이용되었던 것처럼, 이제 조약항구 세 곳의 세관업무 책임자라는 막중한 직책에서 그를 밀어내기 위한 또 다른 방법이 강구되었다. 묄렌도르프가 너무 많은 관리를 채용해서 너무 높은 급료를 승인한다는 험담이 동원되어야 했다. 조선의 급료가 (세관장 세 명을 예로 들면) 이웃국가 청국에서 근무하는 같은 등급에 비해 더 적다는 점을 여기에서 실제로 짚고 넘어가야 할 것이다. 그 새로운 복음은 미움의 대상인 독일인이 마침내 세관책임자로서의 직책마저 내려놓을 때까지 당황한 조선인들에게 계속 설교되었다.

이런 긴박한 시기에 독일 대표인 부영사 부들러가 유감스럽게도 건강상의 이유로 중요한 사건들에서 멀리 떨어진 제물포(조선 수도의 항구도시)에 머무는 일이 발생했다. 서울의 공기가 좋지 않았던 것이다. 마침내 11월 24일 묄렌도르프는 직례총독 리홍장[9]이 내준 청국 군함을 타고 청국으로 돌아가기 위해 조선을 떠났다. 본인이 들은 바에 의하면, 그는 청국에서 과거에 수행했던 직책을 다시 맡게 되었다고 한다.

그 후 메릴[10]이라는 미국인이 조선 총세무사로 취임했다. 외국 외교관들은 (묄렌도르

---

8 [감교 주석] 부들러(H. Budler)
9 [감교 주석] 리홍장(李鴻章)
10 [감교 주석] 메릴(H. F. Merill)

프를 몰아내기 위해) 묄렌도르프가 지나치게 많은 관리들을 채용하고 지나치게 많은 급료를 지불해서 조선 국고를 손실시켰다고 끊임없이 험담을 늘어놓았었다. ─ 그런데 그것은 원래 그들과는 아무 상관이 없었다. ─ 그런 그들이 수치심 때문인지 이제 신임 책임자 메릴을 친절하게 맞아주고 그가 관리들을 감원하도록 도와주었다.

이런 조처가 거의 전적으로 독일인들에게만 해당되었다는 것은 불행한 우연이다. 독일 제국의회의 비애국적인 탁상공론식 결정이 이에 대해 어느 정도 책임이 있을까. 독일 제국의회의 결정은 이곳 조선 사회에도 알려졌다. 그 결정은 이곳 조선에서 독일의 이익을 대변하는 데 반드시 필요한 독일 외교 대표를 무산시켰으며 조선에 있는 우리 독일인들을 무방비상태로 만들었다. 그런데 독일 부영사는 더 높은 지위의 외국 외교관 동료들을 친절하게 환대했다. 그것이 조선에서 독일에 적대적인 외국 외교사절들에게 제물로 바치는데 어느 정도 기여했을까. 이에 대해 논하는 것은 독일인으로서 유쾌한 일이 아니다. 조선에서 묄렌도르프 이외에 독일인 네 명(아르논스, 글라센, 크니슬러, 침머른)이 더 해고된 것은 우리 독일인들에게 불쾌하고 불편한 사실로 남아 있다.

당시 조선의 주요 항구인 제물포의 세관에서는 독일인 세 명, 영국인 세 명(Glanville, Hutchison, Stripling), 러시아인 두 명, 미국인 한 명, 프랑스인 한 명, 그리고 이탈리아인 한 명이 근무하고 있었다. 그런데 유독 독일인 한 명만이 해고되었다. 부산에서는 독일인 한 명과 묄렌도르프에 의해 채용된 네덜란드인 한 명이 해고되었다. 조선과 조약을 체결한 국가들 중 독일을 제외한 다른 국가들의 국민들은 위의 네덜란드인을 제외하고는(네덜란드는 조선과 아직 조약을 체결하지 않았다) 조선의 근무지에서 지금까지 아무도 해고되지 않았다. 묄렌도르프의 미국인 후임자는 보상금으로 3개월분의 급료를 주고 해고된 관리들을 쫓아버리려 한 듯 보인다. 그러나 그들 중 몇 사람은 조선에서 근무하기 위해 청국이나 일본에서의 좋은 일자리를 포기했기 때문에 당연히 만족하지 않았다. 그들은 이의를 제기했으며 독일 황제와 독일제국에게(다시 말해 아마도 수상 각하에게) 청원하겠다고 위협했다. 그 후로 그들 대부분에게 6개월분의 급료가 보상금으로 승인된 듯하다.

독일인들은 심한 충격을 받았다. 조선에서 누구에게나 존경받고 호평 받았던 총영사, 독일제국 해군장군 젬부쉬 함장만 이곳 조선에 머물렀더라도 유독 독일 관리들만 감원되는 일은 없었을 것이라는 견해가 지배적이다. 젬부쉬 함장이 조선에 등을 돌리자마자 조선의 근무지에서 우리 동포들의 축출이 시작되었다. 그러므로 이곳의 독일인들이 우리에게서 우리의 자상한 총영사를 빼앗아간 제국의회의 무분별한 행위에 대해 심하게 분노하는 것은 당연하다. 그것은 당시 우리 허약한 의회의 뒤죽박죽으로 조합된 다수파가 정치적인 유치원 단계도 벗어나지 못했음을 증명한다. 그뿐만 아니라 그 다수파가 가련하고 이기적인 정당 활동과 우물 안 개구리식의 어리석은 정치보다 조국의 번영을 우위에 두는 기술도 익히지 못했음을 증명한다. 제국의회에서 눈치보고 망보며 아우성 치는 사람들은 독일의 상공업을 위해 새로운 판로를 모색한다고 목청 높여 외친다. 그러 면서도 조선의 우리 동포들을 보호하고 전력을 다해 도와줄 수 있는 수단, 독일에게도 새로이 문호를 개방한 나라를 함께 개척할 수 있는 수단을 당대 최고의 정치가에게 부여 하기를 거부한다. 신은 파괴하려고 하는 자에게서 먼저 이성을 빼앗는 법이다.

조선에서 독일에게 필요한 것은, 앞날을 대비해 기술과 과학 분야의 전문 수행원을 거느린 공사나 변리공사이다. 독일에 적대적인 인사들이 각기 자신들의 동족을 위해 조 선의 노른자를 전부 차지하기 전에 말이다.

묄렌도르프가 급료를 지나치게 많이 지불했다는 비난의 진실 여부는, 그의 후임자가 제물포의 미국인과 영국인, 러시아인(Welch, Glanville, Sabatin)에게 각기 한 달에 15달 러의 급료 인상을 승인했다는 사실을 통해 극명하게 판가름할 수 있다. 그러나 급료 인하에 대해서는 지금까지 알려진 바가 전혀 없다. 조선 항구행 선박운행이 그리 활발하 지 않은 겨울철에는 약 여섯 명 정도의 관리들은 없어도 된다. 그러나 해고된 독일인들의 자리가 아마 봄에 청국 세관에서 일하는 외국인 관리들에 의해 채워질 가능성이 많다는 것은 공공연한 비밀이다. 청국 세관의 책임자(총세무사; 감교자)는 영국인 하트[11]이다.

---

11 [감교 주석] 하트(R. Hart)

20

[쾰르니쉐 차이퉁의 조선 기사 타 언론 게재]

발신(생산)일	1886. 6. 10	수신(접수)일	1886. 6. 10
발신(생산)자	만초우트	수신(접수)자	
발신지 정보	베를린	수신지 정보	베를린 정부
			A. 7152

A. 7152 1886년 6월 10일 오후 수신, 첨부문서 1부

베를린, 1886년 6월 10일

우편보고

신문기사

삼가 다시 첨부된 조선에 대한 5일 자 쾰르니쉐 차이퉁[1]의 사설은 국무차관의 지시대로 9일 자 베를리너 폴리티쉐 나흐리히텐[2]에 논평되었습니다. 이에 관련한 메모가 여러 신문에 넘어 갔으며, 또한 이로 인하여 이것이 오늘 저녁 노르트도이췌 알게마이네 차이퉁[3]에 실리게 됩니다. - 이로써 6월 7일 자 프리드리히스루에서 받은 임무가 해결된 것으로 간주되는지 삼가 문의하고 싶습니다.

만초우트

---

1 [감교 주석] 쾰르니쉐 차이퉁(Kölnische Zeitung)
2 [감교 주석] 베를리너 폴리티쉐 나흐리히텐(Berliner Politische Nachrichten)
3 [감교 주석] 노르트도이췌 알게마이네 차이퉁(Norddeutsche Allgemeine Zeitung)

A. 7152

베를리너 폴리티쉐 나흐리히텐 No. 131

1886년 6월 9일

오늘의 화제

－ 해외에 대한 독일의 관심이 나날이 다양해지고 있다. 이런 상황에서 뜻하는 바를 이루려면 각기 구체적인 경우에 결정적인 영향을 미치는 특별한 동인들을 더욱 많이 고려해야 할 것이다. 천편일률적인 태도는 종종 이익보다는 손해를 야기할 수 있다. 7일 월요일 쾰르니쉐 차이퉁(Nr. 157)에 실린 조선발 기사를 통해 무의식적으로 이런 생각이 일깨워진다. 그 기사는 현재 조선의 주요한 무역정책 상황을 객관적으로 소개한다. 그리고 조선 주재 독일 영사관을 총영사관으로 승격하자는 독일제국 정부의 제안이 부결됨으로써 우리의 이익이 조선에서 얼마나 막대한 손해를 입었고 또 그 이유가 무엇이었는지 설명한다. 이 기사를 통해, 조선에서 가장 중요한 회사가 독일 회사[4]이며 그 밖에도 매우 신망 높은 독일 사업들이 조선에서 번창하고 있음을 알 수 있다. 게다가 독일은 이 새로이 문호를 개방한 나라의 통상에 지금까지 청국과 일본 다음으로 많이 참여하고 있다고 한다. 라인 지방 신문[5]은 조선의 미래가 예상 밖으로 가망성이 많다고 예측한다. 그러나 다른 국가들은 조선 주재 영사관의 업무 관리에 심혈을 기울이고 있는 반면에, 앞서 언급한 독일 제국의회의 부결은 다른 국가들에 뒤지지 않으려는 독일의 노력에 완전히 쐐기를 박은 것이나 다름없다. 베이징 주재 영국 공사는 조선을 위한 공사 업무를 병행하고 있다. 그런데 조선을 위한 업무만으로도 독일 제국의회의 똑똑한 의원들이 조선 주재 독일 영사관의 총 업무량에 대해 승인한 만큼의 보수를 더 받는다고 한다! 더욱이 영국의 총영사는 완벽한 참모진을 거느리고 조선의 수도에, 부영사는 제물포에 주재한다는 것이다. 그것도 모자라 부산 주재 영사도 임명되었다고 한다. 미국과 러시아는 공사 아니면 대리공사를 서울에 파견하고 있다. 청국과 일본은 서울에 공사를, 총 세 개의 조약항구에는 다수의 관리들과 함께 영사를 주재시키고 있다고 한다. 그런데 인구수가 대략 벨기에와 네덜란드를 합한 것에 버금가는 나라에서 단 한 명의 영사가 독일을

---

4 [감교 주석] 마이어 회사(E. Meyer & Co.; 세창양행(世昌洋行))

5 [감교 주석] 쾰르니쉐 차이퉁은 라인 지방에 위치한 쾰른에서 발행된다. 따라서 여기에서 라인 지방 신문은 쾰르니쉐 차이퉁을 가리킨다.

대표하고 있다는 것이다! 라인지방 신문은 당시 불행하게도 뒤죽박죽으로 조합된 독일 제국국회의 다수파가 매우 중요한 마이어 회사[6] 이외에 "독일의 유서 깊은 슈미트와 슐체 가문 등도 조선에 직원을 파견한" 사실을 알았더라면 결국 그런 "분별없고 비애국적인 결정"을 내리지 않았을 것이라고 시사한다. "그러나 우리 조국에" ─ "쾰르니쉐 차이퉁"의 조선 전문가는 이렇게 끝을 맺는다 ─ "이토록 훌륭한 황제 폐하와 이토록 뛰어난 수상 각하를 내려 주신 우리 하나님이 아직 살아 계시니 결코 그 어떤 독일인도 버리지 않으실 것이다. 조선에 있는 독일인도 버리지 않으실 것이다. 우리는 우리의 황제 폐하와 황제의 수상을 굳게 믿고 있다."

---

6 [감교 주석] 세창양행(世昌洋行)

21

독일 주간지 잠믈러에 게재된 조선 기사

발신(생산)일		수신(접수)일	1886. 7. 5
발신(생산)자	기록 없음(o. A.)	수신(접수)자	
발신지 정보		수신지 정보	베를린 외무부
			A. 8128

A. 8128 1886년 7월 5일 오후 수신

잠믈러[1]

No. 71

Kau-li-mönn, 조선의 문

A. G. 금년 6월 1일 국가지원금을 받아 새로운 동아시아 행 기선항로가 개통되었다. 이로써 독일은 무엇보다도 세계무역에 유리한 위치, 뛰어난 기후, 의심의 여지없이 풍부한 금속자원뿐만 아니라 그 밖의 생산능력, 특히 농업과 축산업에 의해서도 우리의 각별한 관심을 받아 마땅한 나라와 직접 교역을 하게 되었다. 이 나라는 Korea라는 왕국으로서 자국민들은 "조선", 즉 "조용한 아침의 나라"라고 부른다. 일본인은 이 나라를 Korai, 청국인은 Kaoli라고 부른다.

동아시아에서 북쪽으로는 위도 43도 20분에서 남쪽으로는 위도 34도 36분에 걸쳐 있는 커다란 반도가 오늘날의 조선 왕국을 이룬다. 이 나라는 거의 9개의 위도와 6과 1/2개의 경도에 걸쳐 있다. 조선은 커다란 압록강[2]과 거대한 산맥 Schan-wan 또는 눈산[3]에 의해 청국과 분리되어 있다. 조선인들의 설명에 따르면, 한반도는 길이가 246리[4] (984km)이고, 너비는 가장 넓은 북쪽 해안에서 181리(724km)이다. 한반도는 남쪽으로 갈수록 차츰 좁아져서 남쪽 해안에서는 너비가 79리(316km)에 불과하다. 면적은 조선 본토에서 남쪽으로 약 60해리 떨어져 있는 커다란 섬 퀠파트[5]를 포함하여 218,192㎢이

---

1 [감교 주석] Der Sammler, 당시 독일에서 발행되던 주간지.
2 [원문 주석] kiang은 대하, 강이라는 뜻이다.
3 [감교 주석] 백두산을 의미하는 것으로 추정됨.
4 [원문 주석] 1리 = 1조선 마일 = 4킬로미터
5 [감교 주석] 제주도(Quelpart)

다. 1882년 3월 15일 Japan Mail이 조선의 조약항구 부산에서 보낸 기사에 의하면, 1881년에 시행된 인구조사 결과 3,480,911채의 가옥에 16,227,885명의 주민이 살고 있다고 한다. 조선의 수도 서울은 황해로 흘러드는 한강 어귀에서 상류 쪽으로 약 45km 떨어진 강변에 위치해 있다. 독일제국 코르벳함 "라이프치히(Leipzig)"의 헤르비히 함장이 최근 조사한 바에 의하면, 서울의 인구만 약 25만 명을 헤아린다. 조선은 크기도 생긴 모양도 이탈리아와 비슷한데다가 특히 기후가 주로 온화해서 "아시아의 이탈리아"라고 불릴만하다.

조선의 역사와 조선 민족의 유래는 아직까지 밝혀진 바가 거의 없다. 다만 청국과 일본의 역사를 통해 부분적으로 알려져 있을 뿐이다. 종족과 문화 면에서는 일본이 청국보다 조선에 더 가까운 듯 보인다. 이런 유사점은 일본인과 조선인이 일반적으로 Fuyu의 혈통이라는 추측을 여러모로 뒷받침한다. Fuyu는 일찍이 만주에서 발생해, 서쪽으로 간 다른 종족들과는 달리 동쪽으로 이동한 많은 종족들 중의 하나이다. 수천 년 동안 조선은 한반도에 거주한 여러 종족들의 피비린내 나는 싸움터였을 뿐만 아니라 약탈욕에 사로잡힌 이웃민족들의 음모와 정복전쟁의 무대였다. 1815년[6] 조선은 드디어 한 통치자 아래서 이민족의 속박을 떨쳐버리고 통일을 이룩했다. - 물론 과거에는 더 넓었던 영토의 상당부분을 상실했다. 그런 후 조선은 이민족들을 현재의 국경선 너머로 몰아내는데 성공했다. 그 이래로, 즉 거의 삼백여년 전부터 조선 정부는 쇄국정책을 아주 철저하게 고수했다. 물론 쇄국정책은 조선의 지리적 위치로 인해 천연의 동맹자를 가지고 있는 셈이다. 이 동맹자는 접근하기 어려운 해안을 통해 고립의 과업을 상당히 용이하게 해주었다. 동해안 전역에 걸친 높은 산맥들과 깎아지른 듯한 절벽들이 조선을 보호한다. 그리고 서해안과 남해안에서는 수천 개의 섬들과 암초들 및 바다 깊숙이 뻗어있는 모래톱들이 선박 항해에 지대한 어려움을 야기한다. 그래서 해안을 정확히 측정하려고 접근하는 것조차 항상 최대의 신중과 주의를 요하는 위험한 임무이다.

조선을 유럽에 알린 최초의 유럽인은 네덜란드인 하멜[7]이다. 하멜은 1654년 난파를 당해 퀠파트[8] 해안에 표류되었으며, 고락을 함께한 여러 동료들과 더불어 13년 동안 조선 반도에 억류되어 있었다. 서아시아 문헌에서 조선의 이름은 9세기의 아랍 작가들 글에 처음 등장한다. 아랍의 지리학자 Khordadbeh는 당시 중국의 수도였던 난징에서 페르

---

6 [번역 주석] 원문에 1815년으로 되어 있음. 뒤에 1815년에 통일을 이루고 이후 삼백 년 동안 쇄국정책을 고수했다는 표현은 맞지 않음. 서술자의 오기로 보임.

7 [감교 주석] 하멜(Henrik Hamel)

8 [감교 주석] 제주도(Quelpart)

시아의 상인들이 조선의 상인들과 만났다고 보고한다. 조선의 공예품은 오늘날에도 페르시아의 영향을 드러내는 듯 보인다. 조선은 청국과 마찬가지로 유서 깊은 문화를 자랑한다. 1871년 미국의 해군 제독이 조선과 무역협정을 체결하려는 기대를 안고 조선의 수도로 통하는 한강을 거슬러 올라갔을 때, 조선인들은 당당하게 거절했다. "조선은 조선의 4천년 문화로 만족하며 그 밖의 다른 문화는 필요 없다!"

이처럼 자연의 많은 혜택을 받은 나라에 대한 지식이 오늘날까지도 빈약한 수준을 벗어나지 못하고 있다. 청국과 일본의 작가들이 묘사하거나 선교사와 여행가와 상인들이 어쩌다 간혹 보고한 내용에 의존하고 있을 뿐이다. 동아시아를 탐험하고 조선인들과 접촉했던 여러 여행가들 중에서 무엇보다도 페르디난트 폰 리히트호펜[9] 남작을 언급해야 한다. 리히트호펜 남작은 청국 여행으로 유명하다. 그는 현재까지도 물론 매우 낮은 수준에 있는 조선의 무역에 대해 가장 신빙성 있는 보고를 했으며 조선의 특성과 민족성을 가장 적절하게 표현했다. 1869년 봄에 리히트호펜 남작은 세 번째 여행을 하는 동안 Kau-li-mönn, 즉 조선의 문을 방문했다. Kau-li-mönn에서는 마침 큰 장이 열리고 있었고, 그는 조선인들과 교류할 기회를 가졌다. 1877년 페르디난트 폰 리히트호펜 남작은 당시 조선인들에게서 받은 인상들을 그의 매우 흥미롭고 방대한 저서 "청국, 직접 체험한 여행과 이에 토대하는 연구"에 발표했다. 본인은 이 유명한 저술을 간략하게 발췌해 덧붙이려 한다.

Kau-li-mönn은 우선 첫째로 상업지리학적 관점에서 우리의 관심을 끈다. 그곳에서는 해마다 세 번 큰 장이 열리는데, 나는 마침 큰 장이 열릴 때 그곳을 방문하는 행운을 누렸다. 그래서 우리에게 믿을만한 기록이 그다지 많지 않은 조선인들을 개인적으로 만나볼 수 있었다. 조선인들의 특징이 청국인들과 함께 있는 자리에서 특히 강하게 두드러졌기 때문에, 나는 잠깐의 만남을 통해 받은 인상을 내 일기장에 의거해 묘사하려 한다.

청국 Sching-king 지방의 중심지인 목단[10]에서 출발하는 경우, Kau-li-mönn에 이르는 길은 Fung-wang-tschang 시를 지나고 남쪽으로 Fung-wang-tschan 또는 불사조산을 돌아서 동쪽으로 이어지는 좁은 산골짜기를 통과한다. 이 골짜기의 물은 압록강의 지류로 흘러든다.

나는 이미 앞에서 여러 차례 언급한 장소에서 커다란 상업 중심지를, 그리고 조선의 문에서는 기념비 같은 건축물을 기대했다. 그러나 사방을 둘러봐도 그런 것들은 눈에

---

9 [감교 주석] 리히트호펜(F. Richthofen)

10 [감교 주석] 심양(瀋陽)의 옛 이름.

띄지 않는다. 너비와 높이로 보아 겨우 마차 한 대 지나다닐 정도의 통로와 작은 초소가 그 유명한 문으로 불린다면, 내가 뭔가 잘못 알았다는 생각이 든다. 그 유명한 문은 청국과 조선을 이어주는, 거의 유일하게 법적으로 허용된 통로이다. 그 문은 골짜기 양쪽이 가까이 마주쳐서 겨우 비좁은 통로 하나만을 드러내는 곳에 위치해 있다. 서쪽의 청국 측에는 수십 개의 음식점과 숙박업소들이 이어지고, 동쪽에는 노천에 조선인들의 물품이 쌓여 있다. 동쪽으로는 집도 경작지도 보이지 않는다. 넓은 풀밭이 골짜기와 산기슭을 덮고 있다.

문 양쪽으로 풀이 무성한 작은 도랑이 보인다. 도랑은 비스듬히 골짜기 방향으로 나아가 양쪽 산비탈을 타고 내려간다. 도랑은 지도상에 대단한 방어선처럼 표시되어 있는 이른바 방책을 대표하는 유일한 것이며, 두 개의 완전히 다른 지역을 분리시킨다. 서쪽에는 경작지와 주민, 동쪽에는 사람이 살지 않는 황무지. 왜냐하면 이곳은 조선과의 국경이 아니라 두 나라 사이의 장구한 국경분쟁을 조정하기 위해서 오래전 확정된 중립지역의 경계선이기 때문이다. 길쭉한 중립지대는 너비가 100청국 리[11](약 55km)로서 족히 하루 여행거리이다. 중립지대는 압록강을 따라 이어진다. 정확히 말하면, 압록강의 오른쪽 강변은 중립지역이고 강 자체는 조선에 속한다. 예전에는 그 지역에서 농사를 지었으며 압록강 오른쪽 강변에 많은 조선 마을이 번성했다. 조약이 체결된 후 마을들은 모조리 파괴되어야 했다. 그 후로는 중립지역에 정주하는 사람은 사형을 면할 수 없었기 때문이다. 단 하룻밤만 그곳에서 지내도 사형에 처해진다. 유일하게 국경 지역의 주민들만이 그 땅에 출입할 수 있는 권리를 가진다. 그들은 낮에 경계선 너머에서 가축들에게 풀을 뜯길 수 있고 20리(11km) 거리까지는 벌목을 할 수 있다. 그러나 그곳에서 밤을 보내서는 안 된다. 그 결과 전체 중립지역이 길도 없고 인적도 없는 황무지이다. 사슴을 비롯한 들짐승들이 떼 지어 나타나고, 특히 벵골호랑이보다 몸집도 크고 힘도 세다고 전해지는 호랑이가 그곳에 정착했다고 한다. 청국 Sching-king 지방 쪽의 국경에서는 조선과의 교류가 오직 Kau-li-mönn에서만 허용된다. Kau-li-mönn에서 압록강까지 좁은 산길이 이어진다. Kau-li-mönn의 서쪽 입구는 청국 관리들이, 동쪽 입구는 조선 관리들이 감독한다. 일 년에 세 번, 3월과 5월과 9월에 규정된 일수 동안 장이 선다. 그러나 결산은 일 년에 한 번, 즉 그해의 마지막 장에서 행해진다. 조선인들은 식료품과 용구들과 함께 상품을 가져오고 무기 휴대는 엄격하게 금지된다. 인원수도 제한된다. 나는 300명이 최대 허용 한도라고 들었다. 대부분은 조선의 두 북쪽 지방 평안도와 함경도의 상인들이다.

---

11 [원문 주석] 1리 = 1중국 마일 = 0.556킬로미터

그 외에 상거래를 감독하기 위한 관리들 몇 명과 규정된 인원수에 포함되지 않은 듯한 다수의 하인들과 짐꾼들도 있다. 장이 끝나면 Kau-li-mönn 지역과 좁은 산길은 황량해진다. 사절단과 간혹 연락원들만 이곳을 지나다닐 수 있다. 다른 여행자들에게는 산길조차 통행이 허락되지 않는다. 이러한 규정들은 Kau-li-mönn 지역과 관리들이 있는 고을들 인근에서는 엄격하게 집행되고 있다. 그러나 북쪽으로 좀 더 멀리 외진 산악지대에서는 무법자들의 오두막들이 중립지역을 터전으로 선택하는 것을 막을 수 없었다. 이것은 청국과 조선이 서로 완전히 분리되는 결과를 낳았다. Kau-li-mönn에서 얼마 떨어지지 않은, 국경에 바로 인접한 마을들의 청국인들은 조선인의 외양에 대해 거의 알지 못했다. 그래서 그들은 나와 내 통역관의 유럽식 복장 때문에 우리를 계속 조선인으로 간주했다.

나는 조선인들이 시장에 가져오는 상품들을 둘러본다. 그러나 가격에 대해 아무런 정보도 줄 수 없음을 깨닫는다. 나를 속이라는 지시가 빠르게 퍼졌기 때문이다. 소가죽이 1위를 차지한다. 조선인은 육식을 하는 사람들이며, 크기와 힘과 골격이 빼어난 황소 품종을 기르기 때문이다. 이 황소는 청국의 모든 소를 단연 압도한다. 또 이 황소는 짐을 운반하는 데도 이용되며 Kau-li-mönn으로 가는 길에서도 전적으로 이 임무를 수행한다. 짐을 운반하는 황소들을 여러 마리 한꺼번에 보게 되면, 유럽의 가축품평회장에 있는 듯한 생각이 든다. 조선에는 마차가 없다고 한다. 그러나 당나귀와 버새, 그리고 몸집은 아주 작지만 끈기 있는 말 품종(Pony)이 있다. 이 말은 극히 적은 수량만 청국으로 보내진다.

두 번째로 많은 수출품은 모피이다. 모피가 조선 측에 대량으로 쌓여 있었다. 살쾡이가 놀라울 정도로 많았다. 그 다음으로 오소리와 여우가 많았고, 호랑이와 표범 가죽도 몇 개 있었다. 동물의 종류로 미루어 숲이 광활함을 알 수 있었다. 모피의 주요 산지인 압록강 상류 지역들은 산악지대이다. 그곳은 청국의 요동강[12] 지역과 유사한 특성을 가지고 있지만 울창한 삼림들로 덮여 있다고 한다.

품질에서 일본의 종이를 앞서는 조선의 종이는 특별한 명성을 누리고 있다. 길이가 5피트 반, 폭이 4피트 반인 매우 튼튼한 종이가 가장 잘 팔린다. 그 종이는 베이징의 상점들에서도 자주 눈에 띤다. 그 종이에 기름을 먹이면 아주 요긴하게 사용할 수 있다. 그것으로 비옷, 마차와 짐을 덮는 방수 덮개, 우산, 그 밖의 다른 여러 가지 물건들을 만든다. 청국으로 여행가는 사람은 이 완전히 방수되는 유용한 소재를 구비하면 좋다.

나는 금속 중에서는 납만 발견했다. 조선에는 은과 금이 있는데, 은과 금의 가치는

---

12 [감교 주석] 요하(遼河)

1대 10의 비율이라고 한다. 그러나 금은 순도가 낮다고 한다. 사금도 비밀리에 교환되는데, 조선에서는 귀금속 채굴이 엄격하게 금지되어 있기 때문이라는 것이다. 내게 정보를 제공한 자들의 말에 의하면 구리는 조선에 전혀 없고, 그들은 석탄도 마찬가지로 없다고 주장한다. 그러나 그들의 진술은 그들의 제한된 고향 지역, 즉 북부지역에만 해당될 것이다.

비단은 조선의 수출품 목록에서 미미한 위치를 차지한다. 산누에비단은 조선에 흔하며 요동강 유역에서 생산되는 비단보다 훨씬 더 고급이라고 한다. 순견도 생산되는데, 이것은 오로지 생사 상태로만 청국에 팔린다. 그 대신 매우 윤이 나는 튼튼한 실로 짜서 높이 평가받는 흰색 직물이 수출되고 있다. 이 실은 아마 모시풀에서 유래한 듯싶다.

약제로 사용되는 인삼뿌리는 조선 북부지방의 숲 속에 많은데 상거래의 주요 품목을 이룬다. 인삼뿌리는 조선 및 조선에 인접한 만주의 모든 천연 산물 가운데 가장 유명하며 주로 한약에 사용되어 높이 평가 받고 있다. 예전에는 인삼이 Fokiën, Kiangnan, Schansi(특히 Lu-ngan-fu 지역) 같은 청국의 지방들에서도 자랐다고 한다. 그러나 삼림이 파괴되면서 인삼도 사라졌다. 이 식물은 가파른 산비탈의 울창하고 습도 높고 그늘진 숲속을 좋아하기 때문이다. Tschili지방의 동부에서는 인삼이 더 오래 남아 있었는데, 그곳에는 인삼 판매 시장 Tsun-kwa-tschou가 있었다. 오늘날에는 Lungari강과 요동강이 인삼 분포의 경계선을 이루는 듯하다. 제일 좋은 품종은 만주 인삼이고, 조선의 인삼뿌리는 그 뒤를 이어 두 번째 자리를 차지한다. 인공 재배된다고 하는 일본의 인삼은 그보다 훨씬 못한 평을 받고 있다. 인삼은 불과 2 내지 3촐[13] 길이의 뿌리가 손 모양으로 갈라져 있는데, 그 모양이 청국인의 눈에는 사람의 형상으로 보인다. 특히 윗부분이 양쪽으로 팔을 뻗치고 몸통이 두 갈래로 갈라지면 그렇다. 인삼의 신체 강화작용은 부인할 수 없다 할지라도, 이런 형태에 대한 생각과 결부된 미신이 적어도 일부는 인삼이 약재로 사용되는 토대를 이루는 듯 보인다. 예전에는 청국에서 인삼을 마음대로 채취할 수 있었다. 인삼이 눈에 띄게 감소하고 완전히 근절될지 모른다는 우려가 싹트면서 인삼 채취가 제한되고 황국의 전매산업이 되었다. 물론 인공재배도 도입되었다. 그러나 오늘날 청국 제일의 우량 품종으로 손꼽히는 만주산 인공재배 인삼도 자연산 인삼에는 미치지 못한다고 한다. 백두산 또는 눈 산봉우리의 울창한 삼림, Schan-wan 또는 Schneegebirge의 최고봉이 주요 산지이다. 그중 일부는 육로를 이용해 베이징으로, 그리고 그곳에서 다시 서쪽으로 가는데도, Sching-king 지방의 주요 항구인 Ying-tsze나 Niu-tschwang의 매

---

13 [감교 주석] 촐(Zoll)

년 수출량은 133첸트너(Zentner)에 이른다. 이것은 약 12만 마르크어치이다. 평균 가격은 1킬로그램 당 18마르크를 넘지 않는다. 그러나 일부 독특한 모양의 뿌리에는 훨씬 더 높은 가치가 부여된다. 청국의 여행 경호원은 6/10온스 무게의 인삼뿌리 하나에 300마르크가 지불되었다고 말한다.

이제 해삼과 사람 머리카락을 마지막으로 Kau-li-mönn 시장에서 거래되는 조선 상품의 목록은 끝이 난다. 사람의 머리카락은 상당히 중요한 거래 품목을 이룬다. 조선 상품의 목록은 천연 생산품의 거래가 아직까지 매우 미약하고 수공업품은 그다지 중요하지 않으며 예술품은 전혀 고려되지 않는 상황을 분명 잘 보여줄 것이다. 물론 이것은 조선이 문호를 완전히 굳게 닫은 상태에서 다만 예외적인 경우에만 무역을 허용했기 때문에 전혀 놀랄 일이 아니다.

이런 상거래로부터 얻는 이익이 너무 미미해서 조선의 상인들이 대규모 수입 상사를 설립하기는 어렵다. 조선에 아름답고 튼튼한 직물이 있는데도 조선 상인들은 특히 청국의 면직물을 수입한다. 그 밖에 상당수의 작은 품목들, 작은 거울이나 유리구슬처럼 대부분 중요하지 않은 사치품들과 약간의 아편도 수입된다. 그러나 아편은 조선에서 금지되어 있기 때문에 오로지 밀수입된다. 무엇보다 모든 유럽 생산품의 수입이 엄격하게 금지되어 있다. 이따금 슬쩍 이 법을 위반하는 경우가 있지만, 재봉바늘 같은 소소한 품목들의 경우만 안전하게 밀수입될 수 있다. 이것들은 때에 따라 대량으로 국경 넘어 밀수입된다.

(다음호에 이어짐)

Kau-li-mönn, 조선의 문

(지난 호에서 이어짐)

이 글의 완벽을 기하기 위해, 청국과 조선 양측에서 중형을 내리며 엄금했는데도 양국 사이의 해상교역을 막을 수는 없었다는 사실을 언급해야 한다. 유럽의 상품도 거래량이 어느 정도인지는 모르지만 이 경로를 이용해 한반도에 이르러 인삼과 교환된다고 한다. 또한 목재도 아주 공공연하게 밀거래된다. 넓은 산림에서 벌목된 목재가 뗏목 형태로 압록강을 흘러 내려가 청국의 정크에 실려 황해의 여러 해안 지역으로 수송된다. 청국 측에서는 건축용 목재가 필요한 탓에 이 금지된 거래를 대개 눈감아준다. 또한 조선에서는 청국인이 귀중한 음식물로 여기는 값비싼 갯배추가 생산된다. 갯배추 생산물이 청국으로 점점 더 많이 유입되는 추세이다. 갯배추는 대부분 조선의 북동쪽 해안에서 생산되어 해로를 이용해 청국으로 운송된다. 그것은 장차 조선을 부유하게 만드는 중요한 원천이 될 것이라고 예측된다.

조선 민족의 인상은 청국인과 판이하게 다르다. 조선인과 청국인은 다만 몽고족의 일반적인 특징만을 공유한다. 조선인은 북쪽의 청국인보다 더 잘 생기고 체격도 더 좋다. 이런 점에서 칸톤 사람들에 견줄만하다. 조선인은 육지의 이웃나라 사람들보다는 일본인을 더 연상시킨다. 그러나 일본인과도 현저하게 다르다. 적어도 조선 남자들은 일본 남자들보다 더 크고 더 건장하고 더 잘 생겼기 때문이다. 조선 사람들의 코는 청국과 일본 사람들보다 덜 뭉툭하며, 유럽 사람들 같은 코를 가진 조선인들도 많이 있다. 턱이 더 튀어나오고 눈꺼풀은 더 일직선이다. 조선인은 수염을 기른다. 유럽 고유의 구레나룻은 보이지 않았지만, 많은 조선인들이 보기 좋게 수염을 기른다. 머리카락은 검고 길다. 결혼하지 않은 사람들은 가운데 가르마를 타서 머리카락을 뒤로 땋아 내린다. 땋아 내린 머리는 길이와 양에 있어서 청국인에게 훨씬 못 미친다. 조선인은 결혼을 하면 정수리 부분의 머리카락을 잘라낸다. 그것은 앞에서 말한 수출무역의 주요 재료를 제공한다. 그리고 정수리 주변의 남은 머리카락은 가운데로 잘 모아 묶는다. 일종의 골풀로 엮은, 모자 모양의 수수하고 검은 망건이 그 묶은 머리카락을 보호한다. 망건은 검은 끈에 의해 이마에서 뒷머리 쪽으로 고정된다. 그럼으로써 위로 빗어 올린 머리카락이 흘러내리지 않게 유지되는데, 이것은 매우 중요한 일이다. 그리고 챙이 넓은 모자를 써서 망건을 고정시킨다. 모자는 위에서 말한 골풀을 무척 정교하게 그물 모양으로 엮어 만든다. 끈을 이용해서 턱 아래에 모자를 단단히 동여맨다. 모자 윗부분이 틀어 올린 머리카락보다 별로 크지 않은 까닭에, 모자를 머리에 쓴다기보다는 그냥 머리 위에 얹어 놓는 형상이기 때문이다. 그러므로 모자는 뚜렷한 목적이 있기보다는 정해진 의관의 일부이다. 그래서 그 독특한 모양새에 일단 익숙해지면 쓸모는 없지만 독창적인 장식으로 보인다. 모두들 깃털처럼 가벼운 이 머리장식을 우아하고 단정하게 유지하기 위해 남다른 주의를 기울인다.

의복은 일반적으로 순백색이며 대부분 정교한 삼베로 짓는다. 흰색 버선, 청국 신발과 모양이 같은 흰색 신발. 발목 위로 동여매는 헐렁한 흰색 바지, 짧은 흰색 상의와 발목까지 내려오는 잠옷 모양의 도포. 매우 가볍고 섬세한 천으로 지은 도포는 앞쪽에서 여며서 오른쪽으로 묶게 되어 있다. - 이것이 조선 의관의 구성요소들이다. 어디서나 그렇듯이 부유한 사람들과 가난한 사람들은 조금 다르게 입는다. 예를 들어 보통 사람들은 흰색 대신 누르스름한 색깔의 투박한 옷을 입고, 옷을 잘 차려입은 사람들은 매우 정교한 연푸른색 비단으로 지은 도포를 입는다. 허리띠에 담배쌈지를 차는데 쌈지가 겉옷에 어울리지 않아 보기 흉하다.

　얼굴 생김새와 의복 말고도 조선인은 청결함에 의해 청국인과 근본적으로 구별된다. 청국인보다 좀 더 밝은 색깔의 피부는 잦은 목욕을 통해 완벽한 청결함을 유지한다. Kau-li-mönn의 조선인들에 대해 말하자면, 그들의 의복이 흰색이라는 점을 고려하면 그 정갈함은 가히 경탄할 만하다. 신분이 낮은 서민층과 어린이들의 경우에는 물론 밝은 색깔의 천이 그다지 실용적으로 보이지 않았다. 후각신경의 불쾌한 자극은 청국인들의 속성으로, 청국을 여행하는 사람들이 매일 겪어야 하는 고문이다. 비교적 높은 상류층도 예외가 아니다. 그런데 조선인들의 경우에는 서민층과 어린이들에게서도 그런 불쾌한 자극을 느끼지 못했다.

　그 낯선 민족이 처음에 보여준 친절은 무척 마음을 끌었다. 그들이 유럽인을 본 적이 없어서 적잖은 호기심을 드러내는 것은 당연하다. 그리고 때로는 조금 자제하라고 일러줄 필요가 있었다. 그러나 조선인들은 청국에서 거의 접하지 못한 예의범절이 몸에 배어 있었다. 여기에 서 몇 가지 소소한 단편적인 특징들을 열거하려 한다. 완전한 이방인으로서 동시에 두 종족을 보고 두 종족과 교류하는 곳에서 특히 행실의 차이점들이 뚜렷이 드러나기 때문이다. 우리가 낯선 종족의 구성원들을 모아놓은 동물원이나 전시회장을 찾아갈 때와 같은 호기심으로 청국인들은 우리를 관찰한다. 그들은 우리를 눈으로 보려 했고, 가능하면 한 마디라도 우리와 말을 나눠보려 했다. 우리가 식사하는 모습을 지켜보려 했고, 소년이 서커스의 곰을 만져보고 싶어 하듯 무엇보다도 우리를 손가락으로 한 번 만져보고 싶어 했다. 동물원에서 동물들에게 먹이를 주는 것처럼 이방인의 식사는 그들에게 최고로 흥미로운 대상이다, 그래서 Kau-li-mönn에서도 그런 기회에 무력을 사용하지 않고는 그들이 집요하게 몰려드는 것을 물리칠 수 없었다. 조선인들은 그렇지 않았다. 조선인들은 식사가 준비되면 자진해서 방을 나갔고, 식사가 끝나면 다시 들어왔다. 그들은 대화중에도 상스러운 호기심이 아니라 우리에 대한 관심을 드러냈다. 그들은 우리의 생각에 대해 깊이 알려 했고 우리에게서 배우려 했다. 몇몇 사람은 스스로 원해서 독일어 숫자를 빠르게 익히기도 했다. 청국인은 내게 단 한 번도 독일어 숫자를 묻지 않았다. 조선인들은 고립되어 있었는데도, 내가 외국인들과의 직접 교류가 없었던 청국 지역들에서 보았던 것보다 외국에 대한 더 많은 지식을 보여주었다. 조선인들은 유럽 국가들의 이름을 들어 알고 있었다. 그중에는 Pu-lu-su, 즉 프로이센도 있었다. 청국인들이 실질적이고 물질적인 것에 민감한 탓에 우리와 청국인의 관계는 항상 냉담하다. 이런 실질적이고 물질적인 것에 대한 감각이 조선인들의 경우에는 두드러지지 않는다.

조선인들의 말과 행동에서는 우리의 호감을 일깨우는 정서적인 움직임이 드러난다. 이런 특성이 일본인들보다 더 높은 정도로 발달해 있는 듯 보였다. 이 점에서 일본인들은 청국인들보다는 앞서 있다. 또한 청국인들은 뭔가 낯선 것이 나타나도 결코 원인을 캐묻지 않는 반면에, 조선인들은 항상 "왜?"라는 질문이 곧바로 떠오르는 점도 주목할 만하다. 이를 테면 조선인들은 내 시계를 보고 놀랐다. 그들은 시계 내부를 보려 했고, 질문을 통해 시계를 움직이는 동력의 원인을 알고자 했다. 청국인들은 결코 그런 질문을 하지 않았다. 청국인들은 시계를 자주 보았다. 그러나 나는 그들이 무슨 질문을 할지 미리 알고 있었다. 그들은 시계를 구리로 만들었는지 또는 금으로 만들었는지 틀에 박힌 질문만을 했다. 물론 상인들과 관리들은 더 나은 면모를 드러냈을 것이다. 내가 직접 대화를 나누어본 모든 조선인들이 청국인들보다 더 지적이고 더 영리하며 더 솔직하고 더 스스럼없이 사람들을 대한다는 생각이 들었다. 청국인들은 의사 표현에서 무척 신중한 동시에 더 거만하고 더 당당했다. 근래 들어 1871년 조선인들은 월등하게 우월한 무장을 갖춘 미국인들과의 영광스러운 전투[14]에서 다시 한번 자신들이 이름 높은 투사라는 것을 증명했다. 그러나 그들의 전체 역사가 그런 사실을 보여준다. 청국에 이웃한 모든 나라들 중에서 오로지 이 비교적 작은 나라만이 그 대제국에 대항해 스스로를 지키는 데 성공했기 때문이다. 그리고 조선은 그 대제국에 때로는 조공을 바치긴 했지만 지금까지 모든 이민족과의 혼혈을 피하는 데도 성공했다. 또한 무기를 소지하지 않은 극소수만이 타국의 땅을 밟는 Kau-li-mönn에서도 조선인들의 자의식은 두드러졌다. 그들은 자의식을 위해 진실 앞에서 눈을 감는 일도 불사했다. 조선인들이 자신들의 군대가 뛰어난 무기로 완벽하게 무장하고 있다는 생각을 청국인들에게 심어주려고 노력하는 모습이 역력했다. 그리고 청국인들에게 자신들의 군함과 대포에 대해 이야기했다. 내가 조선인들에게 후장총을 보여주자, 그들은 전혀 놀라는 기색 없이 자신들 나라에는 그런 것들이 대량으로 있다고 지극히 태연하게 선언했다. 내가 그들의 나라를 방문할 수 있겠느냐는 질문에는, 그런 경우에는 즉시 내 목이 날아갈 거라는 답변이 돌아왔다.

조선인들은 낯선 것을 높이 평가하고 그 비밀을 캐내어 자신들의 것으로 만들려 한다. 그러나 낯선 것이 자신들에게 발휘할지 모를 힘은 두려워한다. 이런 감정은 일본인들보다 조선인들에게서 훨씬 더 강하게 나타난다. 조선인들은 일본인들보다 더 완강하게 자신들만의 폐쇄된 삶을 유지하려 한다. 다른 어떤 민족도 조난자들을 조선인들보다 더 온화하게 대한 적이 없었다. 그러나 다른 어떤 민족도 허가 없이 침입하는 자들을 조선인

---

14 [감교 주석] 신미양요

들보다 더 강력하게 거부한 적도 없었다. 탐욕스러운 유럽인의 난폭한 손길이 이 나라를 고립에서 벗어나도록 강요하는 시대가 올 것이다. 이러한 변화가 몰고 올 충격은 아마 일본에서보다 더 클 것이다. 그러나 조선인들이 일단 낯선 것을 접하게 되면 저 섬나라 민족보다 더 따뜻하게 받아들여서 유럽문화의 친구가 될 가능성이 다분하다.

나는 조선 여인들은 만나보지 못했다. 조선 여인들이 큰 장에 나오는 것은 금기이기 때문이다. 조선 여인들은 용모가 수려하다고 한다. 나는 결혼한 조선 남자들이 애정 어린 어조로 가족에 대해 말하는 것을 알아차렸다. 조선 여인들은 이웃의 청국 여인들과는 달리 발을 자라게 내버려 둔다. 그리고 남자들처럼 말에 오르면 용감하게 말을 탄다고 한다. 조선인들은 매우 이른 나이에 결혼을 한다. 대부분의 남자들은 18세에서 19세에 결혼한다.

거의 모든 교양 있는 조선인들은 골상이 가장 잘 발달한 소수의 일본인들을 연상시키는 호감 가는 타입이었다. 그러나 신분이 낮은 계급에서는 그런 유형이 별로 많지 않았다. 조선의 짐꾼들 중에서 뚜렷하게 나타나는 두 번째 유형은 북아메리카 인디언을 연상시켰으며, 일본 북부의 아이누족은 더 많이 연상시켰다. 첫 번째 유형은 약간 뒤로 들어간 좁은 이마와 길쭉한 두상의 특징을 보이는데 비해서, 두 번째 유형은 넓고 둥그런 두상, 주먹코와 튀어나온 광대뼈가 특징이다. 머리카락이 넓고 낮은 이마를 덮고 있으며, 위 눈꺼풀의 주름은 첫 번째 유형보다 훨씬 더 뚜렷하게 아래로 쳐져 있다. 몸집은 땅딸막하다. 첫 번째 유형은 체격이 우아한 데 비해 두 번째 유형은 투박하다. 이 두 유형은 이미 첫눈에 내 눈길을 끌었다. 나중에 그 중간에 해당하는 사람들을 몇몇 보았지만 이런 인상은 끝까지 유지되었다.

지금까지 국제교류의 "문호를 굳게 닫고 있었던 나라"를 우리와 갈라놓은 철책이 그 사이 마침내 허물어졌다. 조선의 장벽이 점차 붕괴될 수밖에 없다는 것을 예견했기 때문이다. 일본이 문호를 개방하고 최근 청국과 유럽의 전쟁이 벌어진 이래 조선은 극동지역에서 일어나는 변혁의 영향을 언제까지나 피할 수는 없었다. 서서히 허물어질 것을 예견할 수 있었다. 때로는 미국과 유럽의 군함이 때로는 개개인의 사적인 탐험이 우호적인 관계를 구축하려고 다방면으로 조선에 접근을 시도했다. 그런 다양한 시도들은 비록 실질적인 결실을 맺지는 못했을지라도, 오늘날 조선의 장벽을 부분적으로 와해시키는 밑거름이 되었다.

(다음호에 최종편 이어짐)

Kau-li-mönn, 조선의 문
(최종편)

물론 조선에 대한 지리적인 연구가 아직까지 많이 진척되었다고는 보고할 수 없다. 지난 수십 년 동안 조선의 지리적 연구는 오로지 조선의 우수한 해안 지역을 정확히 기록하는 것에 국한되어 있었다. 다른 한편으로 조선 국내의 지도 제작과 관련해서는 지금까지도 전적으로 조선과 일본의 상당히 미비한 측량 기록에 의존하고 있다. 이 기록에는 조선 팔도, 산맥과 강줄기가 전반적으로, 그러나 별다른 신빙성 없이 대략 윤곽만 표시되어 있다. 이제 정치적 상황이 점차 더 유리하게 전개되고 있기 때문에 이러한 결함이 머지않아 제거될 것이라고 기대할 수 있다. 유럽의 전문가를 초빙해 지형을 측량함으로써 한반도 전체의 정확한 지도를 통해 지리학을 풍성하게 할 수 있을 것이다. 무엇보다도 해안 지역과 그 길목에 대한 주도면밀한 조사가 요구될 것이다. 그것을 보다 정확하기 기록하게 위해서는 특히 서해안과 남해안에서 상당한 수정이 필요하다.

그 사이 조선 반도에서 일어난 가장 중요한 정치적 사건은 1874년 젊고 개혁 지향적인 왕의 친정 선포였다. 그 결과 왕의 외숙[15]인 섭정 대원군[16]의 횡포와 공포정치는 막을 내리게 되었다. 그 후에도 대원군은 여러 차례 반란을 도모해(1884년 12월과 1885년 11월)[17] 조카를 왕위에서 몰아내고 정권을 다시 장악하려 시도했다. 그럴 때마다 이제 26세 된 왕과 그를 지지하는 조선의 개혁파는 이러한 혼돈을 성공적으로 극복했다.

청국과 일본은 세계무역의 문호를 개방했고, 러시아는 위협적으로 조선에 다가왔으며, 해상강국들은 점점 더 빈번하게 조선의 문호 개방을 유도하려고 시도했다. 조선의 쇄국정책은 더 이상 오래 버틸 수 없었다. 해상강국들은 일찍이 조선에 적대적이었던 일본의 문호를 먼저 개방시켰다. 그리고 조선의 문호개방은 비로소 훗날에야 뜻을 이루었다.

일본에서 1868년 이후 새로운 문화시대가 도래했을 때[18], 이웃 반도국가와의 소원해

---

15 [감교 주석] 왕의 부친이나, 조선에 관한 부족한 지식으로 '외숙'으로 표현한 듯함. 다만 고종이 즉위할 때, 익종의 양자로 입적된 관계로 대원군과 고종은 부자관계에서 숙부와 조카의 관계가 되었음. 그런 관계로 독일외교문서에서도 대원군을 고종의 숙부로 지칭하는 경우가 있음.

16 [감교 주석] 흥선대원군(興宣大院君)

17 [감교 주석] 1884년 12월은 갑신정변임. 1885년 11월은 분명하지 않으나 김옥균이 일본의 옛 자유당 계열의 인사들과 조선을 침략할 것이라는 소문이 제기되었던 시기임. 즉 기사에서 지칭한 시기에 발생한 사건은 모두 김옥균과 연관이 있음. 다만 갑신정변 정령 1조가 바오딩부에 억류되어 있었던 대원군을 귀환한다는 것이라는 점을 고려한다면, 외국인들의 눈에는 갑신정변이 대원군과 관련된 사건으로 이해하기 쉬운 측면도 존재함.

진 관계를 다시 복원하려는 의도도 싹텄다. 1875년 일본인들에게는 서울의 정부에 강한 압력을 행사할 수 있는 절호의 기회가 생겼다. — 즉, 한강 하구의 요새들 중 하나[19]에서 조선 병사들이 일본 군함의 선원들에게 포격을 가한 것이다[20] — 그에 이어 곧바로 1876년 2월 27일 일본에게 한국 시장을 개방하는 조약[21]이 체결되었다. 이 조약에 의거해 일본은 일본의 신민을 위해 조선의 부산항과 원산항을 개항하고 영사대표부를 설치할 수 있는 권리를 획득했다. 그 반면에 실제로 결코 청국에 종속되지 않았던 조선은 독립국가로서 인정받았다. 1882년 6월 5일 조선의 제물포 항구에서 영국과 독일 제국이 동시에 조선과 수호통상조약을 체결했다.[22] 그 뒤를 이어 다른 국가들도 조선과 조약을 체결했다. 이런 조약들에 의해 해당 국가들의 국민들이 조약항구들, 즉 서해안의 제물포항과 동남해안의 부산항, 동해안의 원산항의 지정된 지역에 정착해서 상업을 할 수 있는 권리가 인정되었다.

이러한 조약들의 체결은 현재 조선에서 권력을 잡은 개화파가 진지하게 옛 전통을 타파하고 기선을 장악하려 하고 있다는 증거로 볼 수 있을 것이다. 괴를리츠 출신의 묄렌도르프[23]가 지난 수년 동안 조선 정부에서 외아문 협판의 직책을 수행했다는 사실이 그에 대한 또 다른 증거를 제공한다.[24] 묄렌도르프는 청국의 직례총독 리훙장의 총애를 받았으며, 1884년 청국에서 조선으로 근무지를 옮겨 1885년 8월까지 조선에서 근무했다. 묄렌도르프의 중재를 통해 독일의 영향력이 조선 궁중에서 차츰 확대되었고 교역량이 증가했다. 물론 이런 상황은 조선에 대한 보호국의 지위를 얻으려고 경쟁하는 러시아, 영국, 미국 같은 열강들의 대표들에게 묄렌도르프를 《눈엣가시 같은 인물》로 만들었다. 그리고 결국 그를 청국 근무지로 물러나게 만든 원인이 되었다.[25]

---

18 [감교 주석] 메이지유신

19 [감교 주석] 강화도 초지진과 영종진

20 [감교 주석] 운요호(雲揚號) 사건

21 [감교 주석] 조일수호조규

22 [감교 주석] 1882년 6월 5일에 영국과 독일이 동시에 조선과 수호통상조약을 체결하였다는 설명은 잘못된 정보에 기인한 내용임. 참고로 제1차 조영수호통상조약은 1882년 6월 6일(음력 4월 21일)에 체결되었으며, 제1차 조독수호통상조약은 1882년 6월 30일(음력 5월 15일)에 체결되었음. 하지만 영국이 제1차 조영수호통상조약의 비준을 거부하고 독일이 이에 동조함으로써, 1882년에 조선이 영국, 독일과 체결한 조약은 사실상 폐기되었으며, 1883년 11월 26일(음력 10월 27일)에 조선은 영국, 독일과 동시에 새로운 수호통상조약(제2차 조영수호통상조약, 제2차 조독수호통상조약)을 체결하였음. 즉 본문에서 밝히고 있는 '영국과 독일 제국이 동시에 조선과 수호통상조약을 체결'하였다는 설명은 1883년 11월 26일 제2차 조약 체결에 부합한 내용임.

23 [감교 주석] 묄렌도르프(P. G. Möllendorff)

24 [감교 주석] 본문에서는 조선 정부가 묄렌도르프를 고용할 수 있었던 배경에는 개화파의 부상을 들고 있으나, 실제 개화파의 핵심인 김옥균과 묄렌도르프는 당오전 발행 및 차관 도입과 관련해서 대립하는 입장에 있었음. 즉 묄렌도르프는 개화파 중에서 친청적 성향의 온건개화파와 민씨 척족세력의 입장을 대변하였음.

1884년에 조선을 외부세계와 연결하는 나가사키와 부산 간 전선이 완공됨으로써 조선의 개혁을 향한 길은 한 걸음 더 성큼 앞으로 나아갔다. 이 글의 서두에서 동아시아행 기선항로가 국가지원금을 받아 6월 1일 개통되었다고 이미 언급한 바 있다. 이 항로에서 청국의 항구 상하이로부터 조선의 조약항구 제물포를 향하는 지선항로가 갈라져 나온다. (그러나 선박이 즉시 운행되지는 않을 것이다.) 이 기선항로는 어쨌든 독일과 조선의 관계를 더욱 긴밀하게 연결시키고 독일의 대 조선 무역에 비약적인 발전을 가져올 것이다.

제물포항은 조선의 수도에 인접해 있다. 그뿐만 아니라 수도에서 불과 약 35km 떨어

---

25 [원문 주석] 1885년 12월 조선의 수도 서울에서 "쾰르니쉐 차이퉁(Kölnische Zeitung)"은 다음과 같이 보도한다. 조선의 수도에 주재하는 외국 외교사절단들이 합심하여 잇달아 책략을 부림으로써 우리 동포 묄렌도르프를 몰아내는 데 성공했다. 8월 말경 묄렌도르프는 먼저 외무부 차관직에서 물러난 뒤를 이어, 9월에는 마찬가지로 책임자 자리에서 해임되었다. 그런데 조선 왕의 독일인 고문을 적대시하는 자들은 전쟁의 위험 때문에 조선과 러시아 사이에 동맹협상이 열렸던 사실을 마치 독일인 고문이 조선을 러시아에 팔아먹으려 했던 것처럼 왜곡하고 곡해했다. 묄렌도르프에게는 서울에 적지 않은 적대자들이 있었다. 묄렌도르프는 전적으로 조선의 이익을 위해 일했다. 그런데 그것은 미국인에게도 일본인이나 영국인에게도 환영받지 못했다. 금년 8월 독일 총영사 젬부쉬 해군 함장이 서인도와 하바나 주재 독일제국 총영사로 부임하기 위해 조선을 떠났을 때, 묄렌도르프가 "사방에 적들 천지"라고 말한 것은 당연했다. 이 말은 그가 조선의 수도에서 외국 외교사절들의 연합진영 속에 포위되어 있었다는 뜻이다. 독일 총영사가 서울을 떠난 직후 (무분별하고 불행하게도 독일 제국의회에서 빈트호르스트–리히터 다수파가 조선에서 새롭게 문을 연 독일 상공업 분야를 지휘할 총영사 승인을 제국수상에게 거부하는 불운한 결정을 내린 탓에), 묄렌도르프의 적들은 힘을 합해 끊임없이 책동을 벌임으로써 조선 왕의 지적에서 높은 신임을 받은 직위로부터 그를 몰아내는 데 성공했다. 독일 총영사의 퇴임 후에 독일의 이익을 보호하는 임무를 떠맡은 독일 부영사가 묄렌도르프를 구하기 위해 어떤 행동을 취했는지는 알려지지 않았다. 아마 어떤 행동도 취하지 못했을 것이라고 추측된다. 지위가 더 높은 외국 동료들의 단체행동에 대해 일개 부영사가 무엇을 할 수 있었겠는가? 다른 외국 공사관의 지위가 더 높은 동료들은 조선 왕을 개인적으로 알현하는 권리를 누렸지만, 독일 부영사는 그런 권리조차 누리지 못했을 것이다. 그러므로 부영사는 최소한 어느 정도 책임을 면할 수 있을 것이다. 묄렌도르프의 적들은 묄렌도르프를 조선의 내각에서 몰아내는 데는 성공했지만, 조선 군주가 자신의 진정한 고문에게 품고 있었던 신뢰와 우정까지는 뒤흔들 수 없었다. 러시아의 옛날이야기 "배신"이 묄렌도르프를 내각에서 쫓아내는 데 교묘하게 이용되었던 것처럼, 이제 조약항구 세 곳의 세관업무 책임자라는 막중한 직책에서 그를 밀어내기 위한 또 다른 방법이 강구되었다. 묄렌도르프가 너무 많은 관리를 채용해서 너무 높은 급료를 승인한다는 험담이 동원되어야 했다. 조선의 급료가 (세관장 세 명을 예로 들면) 이웃국가 청국에서 근무하는 같은 등급에 비해 더 적다는 점을 여기에서 실제로 짚고 넘어가야 할 것이다. 그 새로운 복음은 미움의 대상인 독일인이 마침내 세관책임자로서의 직책마저 내려놓을 때까지 당황한 조선인들에게 계속 설교되었다. 마침내 11월 24일 묄렌도르프는 청국으로 돌아가기 위해 조선을 떠났다. 그는 청국에서 과거에 수행했던 직책을 다시 맡게 되었다고 한다. 그 후 메릴(Merril)이라는 미국인이 조선 세관업무의 책임자로 취임했다. 그리고 관리들의 급료가 인하되었는데, 이런 조처는 거의 전적으로 독일인들에게만 해당되었다. 독일 제국의회의 비애국적인 탁상공론식 결정이 이에 대해 어느 정도 책임이 있을까. 독일 제국의회의 결정은 이곳 조선 사회에도 알려졌다. 그 결정은 이곳 조선에서 독일의 이익을 대변하는 데 반드시 필요한 독일 외교 대표를 무산시켰으며 조선에 있는 우리 독일인들을 무방비상태로 만들었다. 이에 대해 논하는 것은 독일인으로서 유쾌한 일이 아니다. 조선에서 묄렌도르프 이외에 독일인 네 명이 더 해고된 것은 우리 독일인들에게 불쾌하고 불편한 사실로 남아 있다.

져 있으며, 이 구간은 머지않아 아마 증기기관차가 다니게 될 것이다. 제물포항은 프랑스인들이 1866년 Golf de l'Impératrice라 이름 붙인 만에 위치한 탓에 조선의 세 조약항구들 가운데서 제일 중요하고 유력한 항구이다. 그곳에는 세계 각국에서 파견한 상사들이 자리하고 있다. 함부르크의 마이어 회사[26]의 영업소는 그곳의 해외 영업소들 중 가장 크고 명망 있는 영업소에 속한다. 이 상사는 치열한 경쟁을 뚫고 독일 상품들을 그곳에서 가장 많이 찾는, 가장 인기 있는 품목으로 자리 잡게 하는 데 성공했다.

동아시아에 대한 관심은 꾸준히 증가하고 있으며 교역량도 해를 거듭할수록 늘어나고 있다. 청국과 일본 같은 나라들 사이에 위치한 조선이 그토록 오랫동안 세계열강의 주목을 받지 못했다는 것은 어쨌든 기이한 현상이다. 비록 현재 완전히 *[여기서 기사 발췌본이 끝남!]*

---

26 [감교 주석] 세창양행(世昌洋行)

22

일반 사안 보고

발신(생산)일	1886. 5. 3	수신(접수)일	1886. 7. 12
발신(생산)자	부들러	수신(접수)자	비스마르크
발신지 정보	서울 주재 독일 총영사관 No. 20	수신지 정보	베를린 정부 A. 8391
메모	7월 12일 페테르부르크 451, 로마 99, 파리 283, 런던 615 전달 연도번호 No. 347 문서 메모: 런던과 페테르부르크 대사관, 발췌문, 파리 대사관과 로마 공사관		

A. 8391 1886년 7월 12일 오전 수신

서울, 1886년 5월 3일

No. 28

비스마르크 각하 귀하

본인은 4월 3일 자 보고[1]에 이어 다음과 같이 이곳 상황에 대해 각하께 삼가 보고드리게 되어 영광입니다.[2]

본인은 조선 정부의 새 고문관 데니[3]가 도착했다고 이미 말씀드렸습니다. 최근 데니는 조선 국왕에 의해 내무부 협판 겸 외아문 장교사당상[4]에 임명되었습니다. 조선의 내무부에는 두 명의 독판[5]과 여러 명의 차관이 있으며, "Direktor"는 조선의 칭호를 임의로 번역한 것입니다. 이렇게 임명되었음에도 불구하고 데니가 어떤 급료를 받게 될지는 아직 확정되지 않았다고 합니다. 데니는 일단 텐진으로 돌아갔습니다. (직례[6]; 감교자)총독 리홍장[7]과 새로이 상의하려는 듯 보입니다. 그러나 5월 말에는 다시 이곳으로 올 것으로

---

1 [원문 주석] 삼가 동봉
2 [감교 주석] 원문에는 '본인은 ~ 영광입니다.'에 취소선이 표기됨.
3 [감교 주석] 데니(O. N. Denny)
4 [감교 주석] 내무부 혹은 내아문은 통리군국사무아문(統理軍國事務衙門)의 이칭임. 장교사당상(掌交司堂上)
5 [감교 주석] 내무부의 독판은 1인임.
6 [감교 주석] 직례(直隷)
7 [감교 주석] 리홍장(李鴻章)

외무부 정치 문서고 조선 관계 문서(1885.12.16~1886.12.31) **219**

예상됩니다. 더욱이 데니는 가족을 이곳 조선으로 데려올 계획입니다.

본인이 들은 상당히 믿을만한 보고에 의하면, 조선 외아문은 (영국의; 감교자) 거문도항의 점령과 관련해 이곳 영국 대표[8]에게 새로이 답변을 요구했습니다. 이제 일 년 이상이 흘렀으니, 조선 정부는 곧 그 섬을 돌려받기를 기대한다고 합니다. 이런 내용은 베이징 주재 영국 공사에게 전달되었습니다.

이곳 조선의 러시아 대표[9]는 조선 정부가 러시아 국경 쪽으로도 전신선을 설치하길 바란다는 의사를 표명했다고 합니다. 그러나 이 사안에 대한 진지한 회담은 이루어지지 않은 듯 보입니다.

일본 정부는 부산 인근에 위치한 섬 절영도에 해군기지를 설치할 수 있는 허가를 조선으로부터 받았다고 합니다. 일본 정부는 그곳을 석탄 저장소로뿐만 아니라 전쟁물자 보관소로도 이용하려 하고 있습니다. 그러나 본인은 이 정보의 사실여부를 아직 충분히 확인하지 못했습니다.

프랑스 특명공사가 조선과 조약 협상을 하기 위해 며칠 전 베이징에서 이곳에 왔습니다. 조선 정부는 천주교 선교사들의 입국을 명시적으로 승인하려는 의향이 별로 없는 것 같습니다. 선교사업과 관련한 특별 협약이 다른 조약들에 포함된 적이 없기 때문에, 프랑스 측의 협상 참석자는 이 점에서 상당한 어려움에 직면할 것입니다.

조선 정부가 독일회사에서 빌린 융자금의 일차 상환금이 제때에 지불되었습니다. 또한 주화 제조기 주문에 대한 선금 만 달러도 완불되었습니다. 1250온스의 사금이 제공되었는데, 이것을 함부르크로 보낼 것입니다. 함부르크에서 청국보다 더 나은 값을 받을 수 있다고 생각하기 때문입니다.[10]

본인은 예전에 삼가 올린 3월 8일 자 No. 15/169 보고서에서 노비제도의 제한에 대해 언급한 바 있습니다. 이와 관련된 법령이 얼마 전 공포됨으로써 노비제도가 실제로 제한되었다고 볼 수 있습니다. 노비의 자식들은 앞으로 자유이며, 노비 아버지의 부채를 더 이상 자식들에게 요구할 수 없습니다. 그 누구도 부채 때문에 노비 신분을 강요받을 수 없습니다. 그러나 자유민이 스스로를 팔거나 또는 통제권을 가진 가족에 의해 팔리는 것을 법적으로 막을 수는 없습니다. 가족에 의해 팔리는 경우가 있다고 추정하지 않을 수 없습니다. 일단 노비가 된 사람은 주인의 의사에 반해 다시 자유인이 될 수는 없습니다.

---

8 [감교 주석] 베버(Baber). 총영사

9 [감교 주석] 베베르(K. I. Weber). 서울 주재 러시아 공사 겸 총영사

10 [감교 주석] 원문에는 '프랑스 특명공사가 ~ 생각하기 때문입니다.'에 취소선이 표기됨.

조선 왕은 이러한 법규를 도입함으로써 어느 정도 인정받아 마땅합니다. 이 법규가 보편적으로 실행되기를 바랄 뿐입니다.

왕비[11]를 추종하는 자들과 전 섭정[12]을 추종하는 자들 사이의 마찰이 계속되고 있습니다. 대원군의 하인 한 명이 유배형을 선고받았습니다. 유배지로 가는 도중에 하인은 명령을 받은 호송원들에 의해 살해되었습니다. 호송원들은 하인이 무뢰배들에게 죽임을 당했다고 주장했습니다. 전 섭정은 해당 지역의 관리들을 습격하고 자신의 추종자들로 하여금 한동안 마을에 살인과 방화를 저지르게 함으로써 복수했습니다. 조선 수도의 주민들 사이에서 그런 이야기가 떠돌고 있습니다. 그 지역에서 몇 번 소요가 발생한 것은 의심의 여지가 없습니다. 소요가 발생했다는 진술들이 아주 거짓말 같지는 않습니다. 외국식 훈련을 받은 군대가 결국 질서를 다시 회복했습니다.

도적떼가 출몰한다는 보고들이 다시 남쪽에서 올라왔습니다. 그러나 조선 당국은 이미 다수의 범죄자들을 체포하는 데 성공했습니다. 그들은 즉시 처형되었습니다.

오늘은 더 이상 보고할 만한 중요한 사항이 없습니다. 예를 들어 러시아-조선 국경무역이나 청국-조선 국경 사안 등등의 이전 보고서에서 언급한 문제들에 대해서는 나중에 다시 말씀드릴 기회가 있을 것입니다. 현재로서는 아직 새로운 소식이 없습니다.[13]

부들러

내용: 일반 사안 보고

---

11 [감교 주석] 명성황후(明成皇后)
12 [감교 주석] 흥선대원군(興宣大院君)
13 [감교 주석] 원문에는 '오늘은 더 이상 ~ 소식이 없습니다.'에 취소선이 표기됨.

베를린, 1886년 7월 12일 A. 8391

주재 외교관 귀중

1. 페테르부르크 No. 451
3. 로마 공사관 No. 99
4. 파리 No. 283
5. 런던 No. 615

본인은 조선의 상황에 대한 5월 3일 자 서울 주재 독일제국 영사[14]의 보고서 발췌문을 귀하께 보내 정보를 알려 드리게 되어 영광입니다.

---

14 [감교 주석] 부들러(H. Budler)

23
조선의 정세 관련

발신(생산)일	1886. 5. 25	수신(접수)일	1886. 7. 16
발신(생산)자	브란트	수신(접수)자	비스마르크
발신지 정보	베이징 주재 독일 공사관 No. 110	수신지 정보	베를린 정부 A. 8530
메모	7월 17일 로마 공사관에 사본 전달		

A. 8530 1886년 7월 16일 오전 수신

베이징, 1886년 5월 25일

No. 110

비스마르크 각하 귀하

본인은 이곳의 영국 공사관이 5월 17일 서울에서 입수한 소식에 의거해, 조선의 외아문 독판인 김윤식이 관직을 내놓고 서울을 떠났다는 소식을 각하께 삼가 보고드리게 되어 영광입니다. 김윤식은 1884년 모반사건의 공모자[1]로 조사받게 될 것을 염려해서 그런 결정을 내리게 되었다고 합니다. 그의 부서의 몇몇 관리들이 이런 이유에서 추가로 처벌 받은 것이 이런 염려를 야기한 듯 보입니다. 김윤식은 자신의 처사가 올바름을 입증하기 위해, 정부의 고위 관리들이 고발을 당하는 경우에는 유죄판결을 받거나 또는 다시 부름을 받을 때까지 수도를 떠나서 외진 먼 지방으로 물러나는 것이 통례라고 주장했습니다. 조선 왕은 관보에 공포한 칙령에서 독판이 직책을 떠난 것을 나무라고 돌아올 것을 요구했습니다. 제물포 주재 영국 영사의 추후 보고에 의하면, 김윤식은 군대의 호위를 받으며 서울로 돌아왔다고 합니다.

(서울 주재; 감교자) 영국 대리총영사[2]는 김윤식이 그런 행동을 취한 저변에는 프랑스 전권대사 코고르당과의 회담 및 가톨릭 선교사를 보호하는 조약 조항의 채택을 통해 웃음거리가 될지 모른다는 두려움도 깔려 있다고 생각하는 것 같습니다. 어쨌든 프랑스와 조선의 협상은 지금까지 전혀 진전이 없는 듯 보입니다.　　　　　　　　브란트

내용: 조선의 정세 관련

---

1 [감교 주석] 갑신정변
2 [감교 주석] 베버(Baber)

베를린, 1886년 7월 17일   A. 8530

주재 외교관 귀중   본인은 조선의 상황에 대한 5월 25일 자 베이징 주재
3. 로마 공사관   독일제국 공사[3]의 보고서 사본을 귀하께 보내 개인
                                      적으로 정보를 알려 드리게 되어 영광입니다.

사본
헬비히 국장에게 제출

---

3   [감교 주석] 브란트(M. Brandt)

A. 9309

프랑스와 조선의 조약 협상에 대한 6월 4일 자 서울 주재 독일제국 총영사[4]의 보고서 사본을 참고하시도록 프로이센 왕국의 종교, 교육, 보건부 장관 고슬러 박사께 삼가 보내 드립니다.

베를린, 1886년 8월 7일

---

4 [감교 주석] 부들러(H. Budler)

24

김옥균 관련 독일 언론 기사

발신(생산)일		수신(접수)일	1886. 10. 9
발신(생산)자	기록 없음(o. A.)	수신(접수)자	
발신지 정보		수신지 정보	베를린 외무부
			A. 12117

A. 12117 1886년 10월 9일 오후 수신

1886년 10월 9일 자 함부르크 통신

_____

조선의 어느 정치가

*지난 오륙 년 동안 조선의 수도에서는 너무 많은 민중 봉기들이 일어나서 그것들을 일일이 구별할 수 없을 정도이다. 더욱이 민중 봉기들은 대체로 별로 의미가 없었다. 다만 마지막으로 일어난 민중 봉기[1]만이 중요하며, 그것은 이제 새로이 관심을 끌고 있다. 현재 그 반란의 주모자들 가운데 한 사람[2]이 다시 물의를 일으키고 있기 때문이다. 그 반란의 진행과정을 이미 알려진 바와 같이 간단히 요약할 수 있다. 12월의 어느 날 밤 다수의 조선 고위관리들이 수도 서울의 우정국 낙성식에 모여 있었을 때, 갑자기 건물이 습격 받았다는 외침이 울려 퍼졌다. 낙성식 참석자들은 건물 밖으로 도피했다. 건물 밖에서 그들은 포위당했으며 일부는 살해되고 일부는 부상당했다. 그런 다음 반란군 무리는 조선 왕의 신병을 확보하기 위해 왕궁으로 몰려갔다. 그러나 왕궁에서 그들은 조선 왕으로부터 구원 요청을 받고 달려 온 일본 공사관 수비대와 부딪쳤다. 왕궁은 포위되었다. 그 사이 청국 군대가 달려와 폭도들과 합류했는데도, 일본인들은 날이 샐 때까지 왕궁을 방어했다. 다음 날 아침 조선 왕은 사라졌고, 일본인들은 자신들의 배가 정박해 있는 해안까지 뚫고 나가는 데 성공했다. 그 후 이 사건이 세 나라 정부 사이에서 어떻게 해결되었는지는 여기에서 고려의 대상이 아니다. 그러나 아주 우호적으로 해결

---

1 [감교 주석] 갑신정변. 다만 갑신정변의 성격 및 참여층을 보건데, 본문에서 서술한 '민중 봉기'는 적절한 표현이 아님.

2 [감교 주석] 김옥균

되었다.

　이 살인적인 습격의 주모자이며 장본인은 김옥균이라는 인물이었다. 그는 살인에도 일부 직접 가담했다. 김옥균은 조선의 여러 고위 관직에 임명되었었는데, 조선 왕이 민씨 척족의 조언에 귀 기울이는 것을 시기한 듯 보인다. 그는 가장 강력한 경쟁자들을 살해한 후, 추종자들과 함께 직접 권력을 잡길 기대했다. 그리고 청국인들과 일본인들을 서로 다투게 만듦으로써 권력을 장기간 장악하려 했다. 그러나 왕의 신병을 확보하려는 계획은 실패했고, 그는 몇몇 심복과 함께 나가사키로 도주했다. 그리고 나가사키에서 도쿄로 이동해 사건의 추이를 지켜보고 있다. 김옥균은 도피하는 과정에서 조선 주재 일본 공사[3]의 도움을 받았다고 주장한다. 그러나 일본 공사는 이런 사실을 부인하고 있다. 김옥균과 그의 조력자들이 일본의 수도에 있다는 사실이 청국 정부와 조선 정부에 알려졌고, 즉각 두 정부는 도쿄 정부로부터 망명자들을 인계받으려 시도했다. 묄렌도르프[4]와 또 다른 조선 대신[5]으로 구성된 사절단이 청국 군함 편으로 일본에 파견되었다. 그 위원회의 임무는 반란에 대해 일본 정부와 협의하고 무엇보다도 김옥균과 그의 동지들의 신변인도를 요구하는 데 있었다. 조선 사절단은 상당 기간 도쿄에 머물렀다. 그러나 청국 공사관의 지원을 받는데도 결국 목적을 달성하지 못했다. 들리는 소문에 의하면, 직례총독 리훙장[6]도 조선 사절단을 후원했다고 한다. 김옥균의 동료 세 명[7]은 아마 그들을 보호해주려는 일본 정부의 태도를 완전히 믿지 못했는지 샌프란시스코로 도피했다. 나머지 사람들은 도쿄에 머무르고 있다. 그리고 그들의 지도자가 그처럼 모험을 좋아하는 불안한 성정이 아니었더라면 평생 도쿄에 머무를 수 있었을 것이다. 지난여름 다수의 젊은 일본인들이 폭동을 일으켜 조선 정부를 전복할 목적으로 변장을 하고 서울에 잠입했다. 그때 모두들 김옥균이 그 음모의 주동자라고 믿었다. 그러나 그 음모는 실패했다. 어쨌든 조선 정부는 김옥균이 그 음모에 어느 정도 깊숙이 관련 되었는지 알고 있다. 그러나 조선 정부는 김옥균에 대해 공식적인 조치를 취하기보다는 다시금 김옥균의 신변인도를 요구하는 것으로 그쳤다. 일본 측은 정치범은 원래 인도하지 않는다는 사실은 완전히 차치하고라도 일본과 조선 사이에는 범인 인도조약이 체결되지 않았다는 이유를 들어 또 다시 그 요구를 거절했다.

3　[감교 주석] 다케조에 신이치로(竹添進一郞)
4　[감교 주석] 묄렌도르프(P. G. Möllendorff)
5　[감교 주석] 서상우
6　[감교 주석] 리훙장(李鴻章)
7　[감교 주석] 박영효, 서광범, 서재필

그러자 김옥균을 체포하려는 다른 방법이 강구되었다. 작년 6월 왕이 총애하는 후궁의 남자형제인 조라는 사람이 비교적 오래 고베에 머물렀다가 서울로 돌아왔다. 그는 곧 서울에서 대신들의 신임을 얻었다. 대신들이 조에게 김옥균을 죽일 것을 제안했거나 아니면 조가 자진해서 김옥균을 죽이겠다고 나섰다. 어쨌든 조는 8월에 많은 금전을 소지하고 이 목적을 위해 배편으로 일본에 돌아갔다. 그러나 막상 일본에 도착해서는 임무를 실행할 용기를 잃었다. 아니면 애초부터 그럴 의사가 전혀 없었다. 조는 김옥균의 거처에서 300영국마일 떨어진 고베에 다시 유유히 정착했으며 김옥균에게는 한 번도 접근하지 않았기 때문이다. 조선인들은 조에게 속은 사실을 알아차리고 서울의 병조에서 일하는 한 관리를 회유했다. 그 지라는 관리는 과거 김옥균의 추종자였다. 금년 2월 말경 지운영은 일본 기선을 타고 Nin-sen에서 고베로, 그리고 고베에서 육로로 도쿄를 향했다. 5월 1일 그는 도쿄에 도착했으며, 사람들의 이목을 끌지 않으려고 평범한 여관에 숙소를 정했다. 그리고 다음 날 아침 김옥균에게 자신의 도착을 알리고 면담을 요청했지만 거절당했다. 김옥균은 여러 친구들에게 지운영의 환심을 산 다음 그의 계획이 무엇인지 알아오라고 부탁했다. 그 친구들 중 한 사람이 지운영을 찾아가 김옥균에게 속았다고 하소연했다. 자신들은 이렇게 사는 것에 지쳤으며 조선으로 돌아가고 싶다고 말했다. 그는 김옥균이 이 모든 불행의 원인이라고 했다. 그러니 지운영이 조선 정부와 왕에게 다리를 놓아주면 자신들이 기꺼이 김옥균을 사로잡아서 조선으로 데려가겠다고 말했다. 만일 자신들이 다시 고향으로 돌아갈 수만 있다면 김옥균을 살해하는 것도 전혀 문제가 안 된다고 했다. 지운영은 그 속임수에 걸려들었으며, 자신이 조선 왕에게서 김옥균을 살해하라는 특별 임무를 부여받았다고 동족들에게 털어놓았다. 그리고 이 임무를 수행하도록 도와주는 사람들에게는 거액을 줄 것이라고 말했다. 지운영은 그 조선인들을 완전히 설득하기 위해서 조선 왕의 교지를 보여주었다. 교지에는 바다 건너가 폭도들을 붙잡는 임무를 지운영에게 맡긴다고 쓰여 있었다. 또한 그 과정에서 적절하게 행동할 수 있는 모든 권한을 지운영에게 부여한다는 것이었다.

이제 이른바 동지라고 칭하는 자들은 금전에 관한 약속을 문서로 써줄 것을 지운영에게 요구했다. 지운영은 이 요구도 들어주었다. 김옥균은 그 문서를 손에 넣은 즉시 일본 정부에게 제시하며 일본 정부의 보호를 요구했다. 즉각 전신으로 서울에 해명이 요청되었고, 물론 서울에서는 전혀 모르는 일이라고 부인했다. 그리고 지운영에게는 곧바로 조선에 돌아오라는 명령이 내렸다.

그러는 사이 일본인들은 김옥균이 자신들에게 끊임없는 불안과 위협의 근원이라는 인식에 이르렀다. 일본 정부는 김옥균을 청국이나 조선 당국에 인도하지 않겠다는 과거의 결정은 고수했다. 그러나 6월 12일 일본 내무대신은 김옥균에게 이달 27일까지 일본 땅을 떠나라는 명령을 내렸다. 김옥균이 "대외적으로 국가의 안녕과 평화, 안전을 위태롭게 한다."는 것이었다. 김옥균의 요청에 따라서 추방 날짜는 7월 13일까지 연기되었다. 그런데도 김옥균은 일본 땅을 떠날 채비를 전혀 하지 않았다. 그는 일본에 거주하는 유럽인의 치외법권에 대해 들었고, 일본 경찰이 외국인 거류지의 유럽인 집에 들어갈 수 없다는 것을 알고 있었다. 김옥균은 그것을 믿고, 7월 13일 요코하마의 프랑스 호텔로 도피했다. 그곳에서는 일단 일본인들로부터 안전했다. 그러나 일본 당국은 프랑스 영사에게 연락을 취했고, 김옥균은 프랑스 영사의 중재로 체포되어 일본 경찰에 넘겨졌다. 일본 경찰은 김옥균을 어느 교외로 데려가 14일 동안 그곳에 구금했다. 이제 그 남자를 어떻게 처리할 것이냐는 문제가 제기되었다. 만약 김옥균을 상하이로 보낸다면 청국 사람들에게 죽임을 당할 것이 분명했다. 블라디보스토크는 정치적인 이유 때문에 고려 대상이 아니었다. 그래서 일본인들은 김옥균 수중에 돈이 없는 탓에 굶주릴 것을 우려하면서도 샌프란시스코로 보낼 생각을 했다. 그러는 동안 김옥균은 조선 국왕뿐만 아니라 리훙장 부왕에게도 서신을 보냈다. 그는 조선 국왕이 하명한 암살에 의해서는 정치적 논란을 해결할 수 없다고 조선 국왕에게 간언했다. 그리고 김옥균의 추종자들이 여전히 막강한 일파를 이루고 있었기 때문에 상당히 의미 있는 여러 가지 충언을 했다. 김옥균은 청국과 일본 두 나라가 자신들의 독립을 지키는 데 여념이 없으므로 조선은 청국도 일본도 믿을 수 없다고 말했다. 조선의 올바른 정치는 모든 서구 국가들과 우호관계를 맺고 조선에 개혁을 실시하고 국민을 교육하고 상공업을 육성하는 것이라고 주장했다. 또한 영국에게 거문도를 포기할 것을 종용해야 하며, 마찬가지로 다른 국가들도 조선에 대한 계획을 단념해야 한다는 것이었다. 김옥균은 광산을 개발하고 계급의 특권을 폐지하고 진정으로 조선의 이익을 걱정하는 자신의 추종자들을 다시 등용해야 한다고 말했다. 김옥균은 부왕 리훙장에게는 김옥균을 살해하라고 조선인에게 충고했음을 비난했다. 그 밖에 자신이 1884년의 소요사태를 촉발했다는 비난에 대해 항변했으며, 그 사건은 오히려 청국 공사의 책임이라고 주장했다.

일본 정부는 마침내 오랜 숙고 끝에, 김옥균을 곧 굶어 죽을지 모를 먼 세계로 쫓아 보내는 것은 바람직하지 않다는 결정을 내렸다. 그렇다고 청국으로 보낼 수도 없었고, 도쿄에 계속 머무르게 할 수도 없었다. 도쿄에서 김옥균은 조선에 반대하는 모든 음모의 중심일 것이기 때문이었다. 그래서 일본 정부는 멀리 태평양 외진 보닌 군도[8]로 김옥균을

8　[감교 주석] 오가사와라 섬(小笠原島). 오가사와라 섬이 속해 있는 섬들을 오가사와라 제도로 부르며, 서구

보내기로 결정했다. 작은 섬들이 모여 있는 보닌 군도는 몇 년 전 일본에 공식적으로 합병되었다. 그때까지는 몇몇 도망친 뱃사람들과 도주 중인 해적들, 어쩌다 표류한 남양 군도의 토인들만이 그곳에 거주하고 있었다. 김옥균이 보닌 군도에서 지내는데 필요한 경비는 일본 정부가 대줄 예정이다. 그리고 김옥균은 조선의 상황이 변해서 그의 일파가 다시 그를 불러들일 수 있을 때까지 자신의 운명에 대해 깊이 생각할 시간을 갖게 될 것이다.

에서는 보닌 제도로 부름.

25

조선의 위기 상황

발신(생산)일	1886. 8. 27	수신(접수)일	1886. 10. 17
발신(생산)자	켐퍼만	수신(접수)자	비스마르크
발신지 정보	서울 주재 독일 총영사관 No. 53	수신지 정보	베를린 정부 A. 12440
메모	페테르부르크 745, 런던 845 전달 원본 해군본부로 발송 연도번호 No. 526		

A. 12440 1886년 10월 17일 오전 수신

서울, 1886년 8월 27일

No. 53

비스마르크 각하 귀하

본인은 6월 24일 자 보고서 No. 52[1]에 이어 다음과 같이 삼가 보고드리게 되어 영광입니다.

본인은 앞선 보고에서 이미 거론한 바와 같이 (서울 주재; 감교자) 러시아 대리공사[2]가 23일 이곳 조선의 외아문에 서신을 보냈다는 소식을 어제 당사자에게 직접 들었습니다. 그 서신에서 러시아 대리공사는 조선 왕의 고문관 네 명[3]이 체포된 사실과 관련해 자신은 그들과 전혀 모르는 사이이며 러시아는 조선의 일에 개입할 의도가 추호도 없다고 조선 정부에 단언했다고 합니다. 그러나 러시아는 다른 열강의 개입도 마찬가지로 좌시하지 않을 것임을 조선 정부에 주지시키려 했다고 합니다. 베베르는 24일에 네 명의 용의자들이 사면 받은 것은 자신의 서신 덕분이라고 주장합니다. 그와 동시에, 23일 저녁에 도착한 답신은 문체로 보아 청국 공사관에서 작성된 것이 분명하다고 본인에게 말했

---

1 [원문 주석] 문서 A. 12532
2 [감교 주석] 베베르(K. I. Weber)
3 [감교 주석] 『고종실록』(고종 22년 6월 13일 자 기사)에는 갑신정변 직후 러시아 블라디보스토크에 가서 러시아의 보호를 요청하였다는 4명의 조선인을 처벌하였다는 기사가 있음. 본문에서 지칭한 인물은 김용원, 권동수, 신선욱, 김광훈, 혹은 권동수에 해당함.

습니다. 문체가 매우 거칠었다는 것입니다. 베베르는 답신의 더 자세한 내용에 대해서는 본인에게 알려줄 수 없었습니다. 베베르의 말대로라면, 그의 통역관이 아직 정확한 번역문을 작성하지 못했기 때문입니다. 더욱이 베베르는 그 답신에 대해 똑같은 어조로 한 번 더 조선 외무부에 서신을 보낼 생각이라고 합니다.

제물포에는 현재 여섯 척의 청국 군함이 정박해 있습니다. 그 가운데 네 척은 상당히 큰 배인데 두 척이 Stettin에서 건조되었습니다. 청국 군함들에는 최소 삼백 명의 병사들이 있습니다. 장군도 한 명 있는데다가 많은 전신물자를 싣고 있습니다. 아마 병사들을 전신 노동자로서 조선에 상륙시키려는 의도인 것 같습니다. 이곳 공사관과 제물포 영사관은 병사들로 가득 차 있습니다. 원래부터 이곳 공사관에는 80여 명의 병사들이 일꾼으로 변장해 상주했습니다. 청국 전신사무소의 모든 직원들은 권총을 휴대하고 있습니다.

어제 일본 대리공사 다카히라[4]가 청국 병사들이 조선 땅을 밟아서는 안 되는 조약 규정을 청국 공사에게 상기시켜 주었다고 본인에게 알렸습니다. 그러므로 일본 대리공사는 위안스카이[5]가 청국 군함에 있는 병사들에게 상륙 허가를 내리지 않기를 바란다고 말했다는 것입니다. 이에 대해 위안스카이는 그런 일이 실제로 일어나서는 안 된다고 대답했다고 합니다. 그러나 본인이 지난번 보고에서 삼가 언급했던 바와 같이, 본인은 위안스카이의 말을 믿지 않습니다. (서울 주재; 감교자) 일본 대리공사는 배를 빌려 쓰시마에 전보를 보낼 기회를 마련했습니다. 그 결과 일본 전투함대가 며칠 내 도착할 것으로 예상됩니다. 그러면 앞으로 어떤 혼란이 벌어질지 예측 불가합니다.

서울 시내와 유럽인들 사이에서는 나날이 불안이 고조되고 있습니다. 유럽인들은 각자 도피할 채비를 하고 있습니다.

켐퍼만

내용: 조선의 위기 상황

---

4 [감교 주석] 다카히라 고고로(高平小五郎)
5 [감교 주석] 위안스카이(袁世凱)

조선 국왕의 자주성에 대한 청국 공사의 공격

발신(생산)일	1886. 8. 24	수신(접수)일	1886. 10. 19
발신(생산)자	켐퍼만	수신(접수)자	비스마르크
발신지 정보	서울 주재 독일 총영사관 No. 52	수신지 정보	베를린 정부 A. 12532
메모	Ⅰ. 10월 21일 페테르부르크 전달 Ⅱ. 10월 21일 해군제독 원본 전달 문서 A. 13392 참조, 문서 A. 13808 참조 연도번호 No. 524		

A. 12532   1886년 10월 19일 오전 수신, 첨부문서 2부

서울, 1886년 8월 24일

No. 52

비스마르크 각하 귀하

본인은 7월 14일 및 7월 22일의 보고서 No. 41[1]과 No. 45[2]에서 러시아 군함 한 척이 조선의 북동 해안에 출현했다고 각하께 삼가 보고드렸습니다. 러시아 군함이 조선 해안에 출현해서 계속 그 지역에 머무르자 청국 대표[3]는 흥분했습니다. 누군가가 고의적으로 청국 공사를 더욱 부추겼습니다. 지난 수주일 동안 청국 공사는 흥분한 나머지, 조선을 러시아의 보호통치하에 두기 위한 협상[4]이 조선 왕과 러시아 사이에서 진행 중이라는 확신으로 치달았습니다. 이달 11일 청국 대표는 조선 왕의 명예를 실추시키는 문서를 발견했다고 주장했습니다. 그날부터 그는 조선 군주를 욕보이고 폐위시키기 위한 작업에 착수했으며 군주의 신임을 받는 자들을 박해하기에 이르렀습니다. 또한 청국 대표는 상당히 큰 청국 군대의 진군을 예고했으며 조선의 평화뿐만 아니라 외국인의 안전도 위협했습니다.

---

1   [원문 주석] 문서 A. 10529 삼가 동봉
2   [원문 주석] A. 10711 원본 9월 11일 해군본부에 전달
3   [감교 주석] 위안스카이(袁世凱). 그의 공식 직함은 주찰조선총리교섭통상사의(駐紮朝鮮總理交涉通商事宜).
4   [감교 주석] 제2차 조러밀약설

이 사건들의 결과를 자세히 설명하기에 앞서서 먼저 관련 인물들과 조선의 국내 정치 상황에 대해 말씀드리겠습니다. 그러나 본인은 전체적으로 요약하는 수준을 넘어서지는 못할 것입니다. 본인이 이 직책을 맡은 지 얼마 되지 않은 탓에, 복잡하게 얽힌 상황들과 현상들을 세세히 파고 들어가 충분히 명료하게 밝히기는 어렵기 때문입니다.

비참하게 몰락해가는 조선의 혼돈 속에서 호감을 주는 사람은 몇 명 되지 않습니다. 특히 조선 왕이 그런 인물에 속합니다. 조선 왕은 인도적인 생각을 품고 있으며 오로지 선한 것만을 원합니다. 덕이 있고 모든 사람에게 자상하고 의무감에 넘치고 사려분별이 있습니다. 그는 유흥을 즐길 줄도 모르고 기분풀이 할 줄도 모릅니다. 여섯 시간 수면을 취하는데, 그것도 아침 여섯 시부터 정오까지 잡니다. 조선의 예법이 그렇다고 합니다. 조선 왕은 침상에서 일어나는 즉시, 국정을 보고 고문관들을 접견하기 시작합니다. 그는 불철주야로 일에 매달립니다. 내무, 국방, 법무, 외무 분야의 모든 사안을 왕이 직접 결정합니다. 대신들이나 장군들, 또는 청국인들에게 "정승"이라 불리는 최고행정기관의 세 요원들 중 어느 누구도 그 결정에 관여하지 않습니다. 외국 대표가 조선 외아문에서 아주 사소한 도움이나 정보들을 얻으려 하는 경우에도, 그 관청의 수장[5]에게서는 거의 뜻을 이루기 어렵습니다. 그러니 진지한 일에 대해서는 더욱 말할 것도 없습니다. 그러나 조선 왕에게 개인적으로 상신할 수 있는 길을 알게 되면, 제안하거나 바라는 일을 즉시 해결할 수 있습니다.

조선의 거의 모든 고위관리들은 말하자면 친청파 추종자들이고 노골적으로 외국을 배척하는 자들입니다. 그들은 모두 너무 무지하고 정신적으로 부패하고 자주적이지 못하고 노예근성이 있습니다. 거의 예외가 없습니다. 그러므로 조선 왕은 그들에게서 결코 현명하거나 합리적인 충언을 기대할 수 없습니다. 오로지 왕의 기분을 맞추려는 비굴한 복종만이 기다리고 있습니다.

조선 왕은 나라를 부흥시키고 외국과의 교류를 발전시키고 청국으로부터 독립하고자 진정으로 노력하고 있습니다. 그런데 정작 국헌에 의해 등용된 사람들에게서는 아무런 도움도 아무런 이해도 얻지 못하고 있습니다. 동양의 제후들이 예의범절 때문에 얼마나 폐쇄적이고 제한된 삶을 살도록 강요받는지 생각해 보면, 조선 왕의 경험과 지식이 많지 않다는 것은 전혀 놀라운 일이 아닙니다. 게다가 조선 왕은 청국식 교육마저 제대로 받지 못했습니다. 4년 전[6]에야 비로소, 즉 아시아의 상황에 대처할 수 있는 혈기왕성한

---

5 [감교 주석] 외아문 독판
6 [감교 주석] 1882년 임오군란 진압 이후를 염두에 둔 서술로 파악됨.

생명력을 더 이상 발휘할 수 없게 되었을 때에야 비로소 조선 왕은 국정을 맡게 되었습니다. 그때까지 똑똑하지만 폭군적인 부친[7], 섭정에 의해 모든 정부 일과 외부세계로부터 차단되어 있었습니다. 조선 왕은 여자들과 환관들 사이에서 무의미한 나날을 보내야 했습니다. 그래서 당시 묄렌도르프[8]는 야심만만하고 지식욕에 넘치는 왕에게 많은 영향을 미칠 수 있었습니다. 조선 왕은 지금도 묄렌도르프를 찬양하고 있습니다. 묄렌도르프가 이끌어주어서, 조선 왕은 외부세계로 눈을 돌릴 수 있었을 것입니다. 그러나 묄렌도르프는 많은 것을 알고 있기는 했지만 결코 실용적인 사람이 아니었고 과대망상으로부터도 자유롭지 못했습니다. 조선 왕은 그런 고문관으로부터 대체로 기괴하고 엉뚱한 사상만을 얻었습니다. 그러니 묄렌도르프의 퇴장은 조금도 애석해야 할 일이 아닙니다. 조선 국왕을 위해서도 우리를 위해서도 마찬가지입니다.

지난 6년 동안 조선의 재능 있는 여러 젊은이들이 정신적인 시야를 크게 넓힐 수 있는 기회가 있었습니다. 그들은 일본과 미국을 방문[9]했으며 이 나라들의 서울 주재 대표들과 교류했습니다.

그런 방식으로 외부세계에 대한 지식을 습득한 사람들은 특히 중간 계층의 관리 여섯 명이었습니다. 그들은 귀족 출신이 아니었습니다.[10] 그들은 일본어와 영어를 익힘으로써 그런 지식들을 더욱 발전시켰고, 외국 사상의 중개자로서 동족들에게 봉사할 수 있는 위치에 서게 되었습니다.

조선 왕은 그들을 고문으로 등용했습니다. 그들은 언제든지 왕을 접견할 수 있었습니다. 평소 왕은 대신들이나 다른 누군가에게 알현을 허락하면 공식적으로 모든 예의와 절차에 따라 엄숙하게 맞이했습니다. 그러나 그 여섯 명만큼은 형식에 구애받지 않고 집무실에서 아주 자유로이 맞이했습니다. 각국 대표들은 바라는 바를 그들의 중재를 통해 직접 왕에게 전달하곤 했습니다.

이들 여섯 명의 심복들이 예전의 친일 세력에 현재 속하는지 아니면 과거에 속했는지는 알 수 없습니다. 그 가운데 서너 명은 일본에서 지낸 적이 있고 일본어를 말할 수 있습니다. 그들은 어쨌든 일본 공사와는 전혀 교류가 없었습니다. 그러나 그들이 예전의 친일 세력[11]처럼 진보적인 이념을 선호했기 때문에, 청국의 추종자들과 민중들은 그들을

---

7 [감교 주석] 흥선대원군(興宣大院君)
8 [감교 주석] 묄렌도르프(P. G. Möllendorff)
9 [감교 주석] 일본 : 수신사, 조사시찰단; 미국 : 보빙사
10 [감교 주석] 중인 계급의 역관
11 [감교 주석] 갑신정변 주도세력. 급진개화파

일본파와 동일시합니다. 현재 일본파는 더 이상 존재하지 않는 듯 보입니다. 그러나 그 여섯 명과 견해를 같이하는 상당수의 젊은이들이 있습니다. 그 젊은이들은 조선의 독립을 지키고 외국과의 교류 관계를 발전시키기 위해 노력하고 있습니다. 그러나 그들 중 관직에 있는 사람은 없습니다. 그보다는 모두들 이곳 서울이나 아니면 대부분 시골에서 은둔 생활을 하며 더 나은 시대를 기다리고 있습니다.

조선 왕의 행동에 커다란 영향력을 행사하는 또 다른 인물은 왕비[12]입니다. 왕비는 인정 많고 매우 현명하며 남편보다 정신적으로 매우 우월한 여인입니다. 왕비는 기독교에 호감을 보이고 옛 섭정을 박해한다는 이유로 국민들에게 미움을 받고 있습니다. 그런데 기독교에 호감을 보인다는 것은 사실이 아니고, 옛 섭정을 박해한다는 것은 과장된 생각입니다.

게다가 왕비는 위에서 언급한 여섯 명의 고문과 함께 청국인들을 절망시키고 있습니다. 청국 대표는 왕비의 이름만 들어도 보통 격분하는 게 아닙니다. 청국 공사는 조선 국민들의 불만과 불행이 왕비의 책임이라고 말합니다. 왕비의 친정 사람들, 즉 민씨 가문의 형제와 숙부, 육촌과 조카들은 실로 능력 없는 사람들이며 민중의 고혈을 빨아먹는 자들인데 그들을 모든 요직에 앉히기 때문이라는 것입니다. 왕비가 친정 일가친지들을 좋은 자리에 앉히려 하는 것은 물론 사실입니다. 그러나 조선에서는 그럴 만한 권력과 세력을 가진 자는 누구나 그렇게 합니다. 더욱이 왕비는 작위를 이용해 수치스러운 거래를 한다고 합니다. 그러나 청국인들이 기회만 닿으면 주장하는 것처럼 관직을 파는 것이 아니라 이름뿐인 작위를 하사한다는 점을 먼저 확실히 해야 합니다. 물론 왕비는 작위를 하사함으로써 매년 8만 달러의 여윳돈을 챙긴다고 합니다. 그러나 청국인의 입에서 그런 비난의 말을 듣는다는 것이 놀라울 뿐입니다. 베이징의 궁정도 비슷한 방식으로, 하지만 훨씬 더 효과적으로 국민들의 허영심을 악용한다고 알려져 있기 때문입니다.

조선 왕비를 향한 청국 대표의 증오는 전혀 다른 데 이유가 있습니다. 누구나 그 이유를 쉽게 간파할 수 있습니다. 조선 왕 가까이에 있는 모든 고관들은 청국인을 열광적으로 신봉합니다. 그들 중 단 한 사람이라도 그럴 만한 건전한 인간 오성을 가지고 있다면 청국공사가 명하는 대로 왕에게 충언할 것입니다. 그러나 왕비는 매우 현명하고 남편에게 충실하고 어머니로서 자녀들의 앞날을 염려하고 있습니다. 그리고 그들의 지식이 비록 완벽하지 못하고 제한되어 있다 할지라도 어쨌든 그 지식으로 국가의 안녕을 위한 방향을 제시할 수 있는 그 젊은이들과 뜻을 같이 하고 있습니다. 그들의 존재는 전체의

---

12 [감교 주석] 명성황후(明成皇后)

근사한 조화를 파괴하고 청국의 권위를 위태롭게 합니다. 그러니 그들은 사라져야 합니다. 데니도 추방되어야 하는 자로 분류됩니다. 데니가 청국 공사의 감독권을 인정하기보다는 스스로 판단하고 직접 직례총독[13]과 의논해 행동하려 했기 때문입니다.

본인은 이곳에 처음 도착한 날부터 청국 공사의 행동들을 지켜볼 기회가 있었습니다. 본인은 청국 대표와 긴밀한 우호관계를 맺는 것이 좋으리라고 판단했습니다. 그런데다가 청국 공관이 우리 영사관으로부터 불과 몇 걸음 떨어진 곳에 위치한 덕분에 긴밀한 우호관계를 맺기가 아주 용이했습니다. 그래서 우리는 자주 보게 되었습니다. 그리고 미국에서 십년 동안 공부했으며 스카트 게임을 즐기는 청국의 일등 서기관 탕[14]은 본인집에서 자주 저녁시간을 보냅니다. 본인은 이처럼 가까이서 어느 정도 편안하게 교류하는 가운데 많은 것들을 알게 되었습니다. 이 보고에 이어 그에 대해서도 말씀드리겠습니다. 무엇보다도 이미 두 달 전에 본인은 조선 국왕에게 왕비를 이년 동안 유폐하라고 지시하는 내용의 전보가 베이징으로부터 도착했다는 말을 탕에게 들었습니다. 또 한 번은 왕의 젊은 고문 한 사람도 참석했던 모임에서 탕은 본인에게 이렇게 말했습니다. "저는 저 사람이 꼴 보기 싫습니다. 날마다 왕 주변을 얼씬거리고 있습니다. 하지만 이제 그런 일도 머지않아 끝을 맺게 될 것입니다."

탕은 이십육 세의 젊은이로 매우 영리하며 미국 평균수준의 교육을 받았습니다. 그는 청국 대표의 고문역을 하며 대표에게 많은 영향을 주고 있습니다. 그런 역할이 그를 약간 거만하게 만들었습니다. 그는 자아도취에 빠져서 걸핏하면 호언장담을 하고 실언을 합니다. 그 밖에도 탕은 본인이나 다른 사람들의 의중을 떠 보려고 합니다. 조선 왕비에 대한 전보 내용도 본인이 청국의 그런 조치를 어떻게 받아들이는지 알아내려고 일부러 흘린 것 같습니다.

청국 대표 위안스카이는 28세이며, 1884년 12월 청국 군대를 데리고 조선 왕성으로 달려간 바로 그 장교입니다. 당시 그는 왕의 신병을 확보했던 일본인들을 몰아냈습니다. 위안스카이는 군인의 자질을 타고났으며 군인 교육을 받고 군인 사고를 지닌 사람입니다. 그는 무엇보다도 군사적인 일에 관해 말하는 것을 좋아합니다. 그는 청국 군대가 프랑스 군대나 영국 군대보다 뛰어나다고 생각합니다. 또한 철저한 모사꾼이며, 그의 모든 노력과 염원은 조선의 주도권을 장악하는 데 향해 있습니다. 데니[15]는 위안스카이에 대해 틀림없이 더 잘 알고 있을 것입니다. 데니는 위안스카이가 어떤 폭력적인 수단

---

13 [감교 주석] 직례총독(直隸總督) 리훙장(李鴻章)
14 [감교 주석] 탕사오이(唐紹儀)
15 [감교 주석] 데니(O. N. Denny)

앞에서도 주춤할 사람이 아니며 자신의 목적을 달성하기 위해서는 능히 권모술수를 부리고도 남을 것이라고 생각합니다. 위안스카이는 데니를 조선 왕의 고문으로 추천한 것을 리훙장의 커다란 실책으로 여깁니다. 그리고 데니를 끌어내리기 위해 모든 수단을 강구하고 있습니다. 그는 영문으로 쓰인 명함에서 자신을 "Resident"라고 소개하고 있는데,[16] 그의 청국 직함은 "총영사 겸 외교 Agent"[17]로 번역되어야 마땅합니다. 그는 무관으로서 비교적 낮은 직급, 즉 명예 도대[18]입니다. 청국 주재 외국 영사들은 실제 도대 직급으로 간주됩니다. 이곳에서 위안스카이는 유례없는 특권을 누리든지 아니면 유례없는 특권을 요구하고 있습니다. 예를 들어 위안스카이를 비롯해 청국 공관의 모든 직원들은 가마를 타고 왕궁 내부까지 들어갑니다. 그런데 조선의 최고 관리들과 모든 외국 대표들은 왕궁의 제일 바깥 성문 어구에서부터 가마에서 내려 걸어가야 합니다. 이 점에서는 특별공사들도 예외가 아닙니다. 방금 본인 집을 다녀간 탕이 위안스카이의 오만불손에 대한 새로운 사례를 들려주었습니다. 오늘은 조선 왕의 탄신일입니다. 모든 외국 대표들이 왕궁에서 열리는 축하연에 초대받았습니다. 본인은 탕에게 상관을 모시고 축하연에 갈 것이냐고 물었습니다. 그러자 탕은 이렇게 대답했습니다. "우리 두 사람은 가지 않습니다. 최근 조선 왕의 태도로 보아 우리가 굳이 예의바르게 처신해야 할 필요가 없습니다. 아마 우리는 우리 영사를 대신 보낼 것입니다. 하지만 우리 영사는 다른 외국 대표들과 함께 가지 않을 것입니다. 우리는 특별히 영접 받아야 한다고 생각하기 때문입니다."

청국 대표가 감히 무슨 권리로 주제넘게 변리공사의 역할을 하려 드는가, 한마디로 말해서 조선이 청국에 대해 정치적인 예속관계에 있는가, 본인은 지난 몇 주일 동안 있었던 사건들에 대해 보고하기 전에 먼저 이 문제에 대해 상세히 거론해야 합니다. 이미 얼마 전부터 본인은 이 관계를 판단하기 위한 자료를 수집했습니다. 그러나 이 자료를 하나의 전체로 엮어내기에는 아직 미흡합니다. 그렇지만 본인은 머지않아 이 논란 많은 문제에 대해 상세히 분석한 글을 각하께 제출할 수 있을 것으로 예상합니다. 그러나 현재 통용되는 국제법의 관점에서 조선을 청국의 속국으로 간주할 수 없다는 본인의 확신은 지금 벌써 말할 수 있습니다.

---

16 [감교 주석] "Resident"는 통감을 뜻하는 "Resident General"과는 다름. 하지만 부들러도 밝혔듯이 "Resident"는 상주 대표의 뜻을 갖고 있는 "Resident Commissioner"보다는 정치적 영향력을 행사하는 직함임에는 분명함. 실제 영국이 "Resident"는 인도의 번왕국에 파견한 영국인 총독을 지칭한 단어였다는 점을 고려한다면, 위안스카이가 사용하고자 했던 "Resident"는 속방 조선에 대한 정치적 영향력을 행사하겠다는 뜻을 담고 있다고 볼 수 있음.

17 [감교 주석] 주찰조선총리교섭통상사의(駐紮朝鮮總理交涉通商事宜)

18 [감교 주석] 도대(道臺)

지난 몇 개월 동안 위안스카이의 전투욕을 불타오르게 하고 그를 경솔하고 무분별한 음모와 반란의 길로 몰아세운 여러 상황들이 발생했습니다.

7월 14일 자 보고서 No. 41[19]에서 본인은 조선 정부가 거문도 문제로 영국 총영사[20]를 몹시 압박하고 있음을 언급했습니다. 조선 정부가 약 8주 전에 베이징 주재 영국 공사[21]에게 그 섬을 반환할 것을 최종적으로 요구한 사실이 그 사이 밝혀졌습니다.

이러한 상황에서 영국 총영사가 생각했던 대로 때마침 러시아 군함들이 조선의 북동쪽에 출현했다는 통지가 이곳에 도착했습니다. 그 지방 부사가 이 사건에 대해 조선 정부에 올린 보고문을 본인은 7월 22일 자 보고서 No. 45를 이용해 각하께 삼가 번역해 올렸습니다. 이번에는 세 번째 보고문의 번역문을 동봉합니다. 이 보고문을 앞선 보고문들과 연관 지으면, 그 해당 러시아 군함이 오로지 측량 작업만을 하고 있음이 상당히 명확하게 드러납니다. 러시아 군함은 순양함 "Kreisser"호이고 함장은 Ostolopoff임을 덧붙여 말씀드립니다.

영국 총영사 베버는 첫 번째 보고문의 "돛이 세 개인 범선"을 "선박 세 척"으로 번역했습니다. 그리고 두 번째 보고문에서 거론된 배는 또 다른 네 번째 배라고 추측했습니다. 베버는 베이징 주재 영국 공사관에 이런 의미로 전보를 친 듯 보입니다. 최고의 중국 전문가로 손꼽히는 베버가 그랬다니 믿어지지 않는 일입니다. 그에 이어 베버는 청국 공관을 자주 방문해 오래 머무르기 시작했습니다. 본인이 나중에 데니에게 들은 바에 의하면, 데니는 7월 27일 리훙장으로부터 전보를 받았습니다. 이 전보에서 리훙장은 러시아의 보호통치기구가 조선에 설치되는 중이라는 소식을 받았는데 이 소식이 어느 정도 사실이냐고 데니에게 물었습니다. 데니는 즉시 위안스카이를 찾아가, 왜 톈진으로 긴급 보고를 보냈는지 해명을 요구했습니다. 위안스카이는 그런 사실이 없다고 완강히 부인했지만, 물론 데니를 설득하지는 못했습니다. 그런데 리훙장이 그 소식을 베이징 주재 영국 공사관으로부터 들었을 가능성이 있습니다. 영국은 조선과 청국의 관심을 거문도에서 다른 데로 돌리려 했을 뿐만 아니라 러시아의 기습도 진심으로 두려워했던 것 같습니다. 그와 동시에 러시아의 해군대신이 블라디보스토크를 방문한 사실도 그런 두려움에 적잖은 부분을 일조했을 것입니다. 우리가 이곳에서 들은 바에 의하면, 영국 함대는 즉시 라자레프항[22]으로 이동하라는 명령을 받았다고 합니다. 그리고 "Ting Yuen"

---

19 [원문 주석] 동봉
20 [감교 주석] 베버(Baber)
21 [감교 주석] 오코너(N. R. O'Conor)
22 [감교 주석] 영흥만(Port Lazareff)

호를 기함으로 여섯 척으로 이루어진 청국 함대는 7월 31일까지 원산에 머물렀다가 그곳에서 블라디보스토크로 떠났습니다.

이런 사건들이 일어나는 동안, 조선을 오래 떠나 있었던 한 남자[23]가 서울에 도착했습니다. 청국 대표는 그 남자의 도움을 받아, 조선 왕비와 그 밖의 고문들이 조선 왕에게 미치는 영향력을 단번에 물리칠 수 있기를 기대했습니다. 그 남자는 왕비의 가까운 친척이면서도 왕비보다 청국인에게 호의를 보인 민영익이었습니다. 이른바 1884년 12월 폭동[24]이 일어났을 때 맨 먼저 친일파들의 습격을 받았던 바로 그 민영익 공입니다.

민영익은 28세이며 조선의 실력자들 가운데서 가장 중요한 사람으로 간주되고 있습니다. 민영익이 비록 조선 왕에게 호감을 받지 못하고 왕비에게 미움을 사고 있지만, 그의 말은 왕에게 위력이 있습니다. 그가 청국 공관에서뿐만 아니라 리훙장과 베이징에서도 환영받는 인물이기 때문입니다. 그런데도 민영익은 외국인들을 배척하지 않습니다. 오히려 그는 서울에 돌아온 즉시 모든 외국 대표들을 방문하고 그들과 우호관계를 맺으려고 서둘렀습니다. 민영익은 유럽의 많은 시설들과 제도들을 경탄합니다. 그는 재능이 특별히 뛰어난 사람은 아닙니다. 예전에 여러 해 동안 미국과 유럽을 여행하고 최근에는 홍콩과 상하이를 여행했지만 그다지 많은 것을 보고 배운 것 같지는 않습니다. 그러나 민영익은 활동적이고 야심에 넘칩니다. 이것은 귀족출신의 다른 사람들에게서는 찾아보기 어려운 두 가지 특성입니다.

민영익은 서울에 돌아온 후로 계속 청국 공사관에 머물렀습니다. 그가 조선 왕과 수차례 격렬한 언쟁을 벌였으며 국민들의 빈곤은 오로지 왕의 실정 때문이라고 왕의 면전에서 말했다는 사실이 곧 알려졌습니다. 결국 민영익은 여러 가지 폐해를 효과적으로 극복할 수 있는 계획을 제안했습니다. 그 제안의 요점은 옛 섭정, 즉 조선 왕의 부친의 재등용, 민씨 일가의 전원 해임, 매관매직의 금지, 공무가 없는 귀족들과 장성들의 왕궁 출입에 대한 엄격한 금지였습니다.

이러한 제안들은 대부분 매우 합리적입니다. 그러나 조선 왕은 즉각 첫 번째 제안, 즉 섭정의 재등용을 거부했습니다.

청국 공관은 민영익이 다수의 귀족들과 관료들을 그의 편으로 끌어들여서 그들의 도움으로 궁중혁명을 일으킬 수 있기를 기대했습니다. 탕은 이미 기회 있을 때마다 머지 않아 일이 터질 것이라고 말했습니다. 조선 왕의 시대가 곧 막을 내릴 것이라고 했습니다.

---

23 [감교 주석] 민영익
24 [감교 주석] 갑신정변

그러나 민영익은 국법을 준수하는 사람이어서 무력으로 왕을 공격하지는 못했던 것 같습니다. 아니면 민영익이 조력자를 찾지 못했을 수도 있습니다. 조선의 유력자들은 게으르고 굼뜰 뿐만 아니라 극히 비겁하기 때문입니다. 그야 어떻든지 간에, 별안간 탕은 아무 것도 변하지 않을 것이라고 본인에게 말했습니다. 민영익이 아직 너무 젊어서 그와는 아무 일도 도모할 수 없다는 것이었습니다.

이제 와서 생각하면, 청국인들이 그런 식의 말과 암시를 통해 다만 우리를 현혹하려 했던 게 아닌가 싶습니다. 아니면 청국인들에게 또 다른 속셈이 있었을지도 모릅니다. 12일에 탕이 본인을 찾아와 중대한 새 소식을 듣지 못했느냐고 물었습니다. 본인이 듣지 못했다고 대답하자, 탕은 왕궁에서 범상치 않은 일이 일어났다고 말했습니다. 그런데 그 일이 비밀에 붙여지고 있으니 자신도 그것을 본인에게 알려줄 수 없다는 것이었습니다. 그리고는 러시아 대리공사가 무슨 일을 꾸미는지 모르느냐, 그를 종종 보지 않느냐, 그가 아무 말도 하지 않느냐, 이런 등등을 본인에게 물었습니다.

본인은 백방으로 수소문해보았는데도 도대체 무슨 일이 일어났는지 알아낼 수가 없었습니다. 그러나 러시아가 조선을 보호통치하기 위한 협약이 비밀리에 진행[25] 중이라는 정보를 청국공사가 알아냈다는 소문이 이미 13일에 서울 시내에 나돌았습니다.

필요하다고 판단되는 경우에는 3만8천 명의 청국 병력이 즉각 만주에서 조선으로 진주할 것이라는 내용의 전보를 청국공사가 14일에 텐진으로부터 받았습니다. 그때 마침 조선의 고위관리 여러 명이 청국 공사의 집무실에 있었습니다. 청국 공사가 즉석에서 그들에게 전보 내용을 알려준 것 같습니다. 조선의 고위관리들은 지체 없이 왕궁으로 달려가 그 소식을 전했고, 조선 왕은 위안스카이를 왕궁으로 불렀습니다. 위안스카이는 그 부름에 응했습니다. 조선 왕이 도대체 무슨 일이 일어났느냐고 묻자, 위안스카이는 청국이 조선에 군대를 파견할 예정이라고 선언했습니다. 그러나 왕궁 안에는 신뢰할 수 없는 사람들만 있기 때문에 그것을 왕에게 말할 수 없다는 것이었습니다. 그러니 조선 왕이 섭정을 청국 공사관으로 보내주었으면 좋겠다고 위안스카이는 말했습니다. 섭정도 고관대작들을 대동하고 그 자리에 나타났습니다. 그러자 위안스카이는 왕의 옥쇄가 찍힌 문서를 11일에 발견했다고 알렸습니다. 러시아에게 조선을 보호해줄 것을 요청하는 내용의 문서였다는 것이었습니다. 섭정과 고위관리들은 그것은 있을 수 없는 일이라고 맹서했습니다. 그러자 위안스카이는 그 문서를 내놓았고, 모두들 문서 아래쪽에 찍힌 인장이 조선 왕이 항상 지니고 있는 옥쇄임을 인정했습니다. 조선 정부도 조선 왕도

---

25 [감교 주석] 제2차 조러밀약

그 서류를 작성하는 데 관여한 적이 없다고 완강히 부인했기 때문에, 왕의 측근 중 누군가가 옥쇄를 사용했을 것이라는 해석만이 가능했습니다. 이제 위안스카이는 철저한 조사를 요구했고 이 요구는 승인되었습니다. 게다가 위안스카이는 섭정이 다시 정부를 맡을 것을 요구했습니다. 그러나 섭정은 이제 고령이라 어렵다며 단호히 거절했습니다. 그 밖에 또 무슨 약정이 이루어졌는지는 알려지지 않았습니다. 어쨌든 청국 공사가 청국 군대의 진주를 철회하겠다고 약속하는 것으로 그 회합은 끝을 맺었습니다.

우리 외국인들은 이런 모든 일에 대해 전혀 모르고 있다가 16일 아침 (15일 자) 관보에 첨부된 칙령 번역문을 읽게 되었습니다. 그 다음 날 두 번째 칙령이 이어졌습니다. 네 명이 유죄판결을 받았는데, 그들은 바로 왕의 여섯 고문 중 네 명입니다. 나머지 두 명 가운데 한 명은 이미 오래전에 낌새를 눈치 챈 것이 분명합니다. 6주 전부터 병을 핑계 삼아 왕 앞에 나타나지 않았기 때문입니다. 그리고 본인과 친분이 있는 나머지 한 사람도 다행히 오랫동안 왕궁에 발길을 끊고 있었습니다. 딸이 세상을 떠서 상중이었기 때문입니다.

이제 순식간에 온갖 잡다한 소문들이 떠돌았습니다. 그리고 수도 서울의 주민들이 기이하게 동요하는 모습이 눈에 띄었습니다. 오래전부터 국민들은 식료품 값이 계속 인상되는 것에 불만이었는데, 그것을 외국인들과의 무역 탓이라고 보고 있습니다. 대부분의 관리들도, 예를 들어 외무독판도 그런 견해를 가지고 있으며 또 밖으로 표출하고 있습니다.

그 네 명이 조선을 러시아에 예속시키려고 했기 때문에 유죄판결을 받았다는 소문이 곧 널리 퍼졌습니다. 그 뒤를 이어 조선 왕이 16일 자 칙령을 통해 그들의 형벌을 감해주었다는 소식이 들려왔습니다(섬이 아닌 지방으로 유배). 그러나 청국 공사가 교수형을 요구하고 있고 왕이 아마 종국에는 그 요구를 수용할 것이라고 합니다. 그 밖에 국민들이 유죄판결을 받은 자들의 편을 든다는 말이 있는가 하면, 모든 일본인들이 (16일) 저녁에 살해되었다는 말도 있습니다. 섭정이 청국인들과의 관계를 완전히 끊었고 왕궁의 군대가 반란을 일으켰다는 등등의 소문도 떠돌고 있습니다.

이곳에 살고 있는 유럽인들이 이런 상황에서 크게 당혹한 것은 말할 것도 없습니다. 이미 제물포로 도피한 여인들과 어린이들도 일부 있습니다. 이런 불안이 계속되고 지금 벌어지는 혼란이 나날이 증가한다면, 나머지 모든 사람들, 외국인 거류지의 남자들도 하루 이틀 사이에 그 뒤를 이어 도피할 것입니다.

17일 정오 무렵 본인은 영국 총영사 베버를 찾아갔습니다. 베버는 본인에게 러시아 대리공사 베베르와 면담할 것을 간절히 요청했습니다. 그래서 베베르에게 그 네 명의 심문이 끝을 맺게 조치를 취할 것을 권유하라는 것이었습니다. 베버는 자신이 불러들인 혼령으로부터 이제 다시 벗어나고 싶어 했습니다. 본인은 우리 외교단의 대변인인 (서울 주재; 감교자) 미국 변리공사[26]와 논의할 것을 제안했습니다. 그러나 미국 변리공사는 여느 때처럼 정신적으로 무능력한 상태에 있었습니다. 그는 늘 그런 상태에 있습니다. 아편 복용 때문인지 아니면 사람들이 일반적으로 추측하는 것처럼 알코올 중독 때문인지는 알 길이 없습니다. 미국 변리공사에게는 아무것도 기대할 수 없습니다. 그는 무슨 일이 일어나는지 전혀 모릅니다. 베버는 자신이 이런 미묘한 사안에 대해 러시아 동료와 대화할 수 없다는 것을 이해하지 않느냐고 본인에게 말했습니다. 이제 남은 유일한 외국 대표, 일본 대리공사 다카히라[27]도 뭔가를 시도하기보다는 오로지 자기 한 몸만 안전하게 제물포로 피신하려 했습니다. 그래서 본인 혼자 베베르와 대화를 나누었습니다. 게다가 본인은 십오 년 전부터 베베르와 친분을 맺고 있습니다. 베베르는 그 네 명에 대한 칙령 소식을 도통 모르고 있었습니다. 베베르는 그들 네 명 모두 전혀 알지 못하고 또 스스로를 러시아의 보호하에 두겠다는 조선의 의도에 관해서도 금시초문이라고 단언했습니다. 본인이 알고 있는 베베르의 성격과 모든 상황에 비추어 보아 본인은 그의 말을 믿습니다. 베베르는 그 네 명을 위해 나서달라는 베버의 무리한 요구는 물론 거절했습니다. 그에 이어 데니가 찾아왔습니다. 데니는 러시아가 음모를 꾸몄다는 이야기는 전부 위안스카이가 지어낸 낸 것임을 확신한다고 말했습니다. 그리고 이 모사꾼이 해임되지 않는 한 조선은 안정을 찾지 못할 것이라고 덧붙였습니다. 데니는 이미 여러 번 톈진의 부왕에게 전보를 보내려 시도했지만, 그때마다 (청국이 관리하는) 전신국에서 전신선이 끊겼다는 핑계를 대며 전보를 접수하지 않았다고 합니다. 그러나 위안스카이가 계속 전보를 주고받는 것으로 보아 전신선이 끊겼다는 말은 사실이 아니라는 것입니다. 여기에서 본인은 청국의 조선 전신선의 책임기사 묄렌슈테드가 톈진까지의 전신선이 계속 최상의 상태를 유지하고 있다고 어느 모임에서 공공연하게 선언했다는 말을 덧붙이려 합니다. 어제까지도 탕은 전신선이 다시 연결되려면 아마 14일은 걸릴 것이라고 본인에게 말했습니다.

데니는 위안스카이가 상황을 통제하고 있다고 말합니다. 조선 왕은 위안스카이를 너무 두려워해서 더 이상 뭘 하겠다는 의지도 없다는 것입니다. 본인은 데니와 베베르의 요청을 받고 위안스카이를 찾아가기로 결정했습니다. 그리고 지금까지 아무 근거 없이

---

26 [감교 주석] 록힐(W. W. Rockhill)
27 [감교 주석] 다카히라 고고로(高平小五郎)

두려워했던 일, 즉 러시아가 조선의 일에 개입하는 일이 지난 며칠 동안의 사태를 통해 실제로 일어날 수 있다는 사실을 위안스카이에게 깨우쳐주기로 했습니다. 본인은 조선의 평화와 외국인의 안전을 위해 그 네 명에게 더 이상의 조치가 없도록 조선 왕에게 모든 영향력을 발휘해줄 것을 위안스카이에게 간절히 당부했습니다. 그리고 본인의 이러한 태도를 위안스카이와 청국에 대한 우의의 증거로 받아줄 것을 요청했습니다. 처음에 위안스카이는 본인의 제안에 대해 모든 사건의 장본인은 자신이 아니라 조선의 왕과 정부인 것처럼 반응했습니다. 그러나 곧 모든 자제력을 잃고, 자신이 어떻게 그 문서를 발견했는지 등등을 본인에게 설명했습니다. 위안스카이는 그 네 명이 문서 위조에 관여한 증거는 찾을 수 없었다고 인정했습니다. 그러나 그 네 명은 사악한 인간들이며, 일본으로 도주한 1884년의 모반자 김옥균과 연락을 취하고 있다고 말했습니다. 위안스카이는 그 문서가 베베르에게 발송되었는지는 모른다고 주장했습니다. 그리고 본인이 그 일에 대해 아무것도 알아내지 못했는지, 또는 베베르가 그런 극히 불충한 서신을 받아들일 것이라고 본인이 믿는지에 대해 열두 번도 더 물었습니다. 본인은 베베르가 지금 이 순간까지도 그런 문서에 대해 전혀 알지 못할 것을 확신한다고 대답했습니다. 그리고 그 문서는 틀림없이 위조된 것일 수 있으며 위안스카이를 속여서 곤란하게 만들려는 속셈일 수 있다고 경고했습니다. 어떤 외교관이나 정부도 사전에 논의를 거치지 않은 채 그런 서류에 가치를 부여하지 않을 것이며 오히려 그것을 위조물로 간주할 것이라고 덧붙였습니다. 본인이 장시간 간곡하게 상황의 진지함을 설명한 후, 위안스카이는 그 네 명에 대한 조치를 중단하도록 조선 왕을 설득하겠다고 약속했습니다. 또한 그들이 정치적인 사건으로 인해 처벌받는 일도 없도록 하겠다고 약조했습니다. 게다가 위안스카이는 본인에게 모든 것이 다시 옛날의 상태로 돌아갈 것이라고 거듭 반복해 말했습니다. 그는 본인을 완전히 신뢰했으며, 며칠 전 영국이 베이징에서 거문도를 반환하겠다고 언명한 사실도 알려주었습니다. 그렇다면 이것으로 미루어 보아, 영국은 거문도가 재앙의 씨앗이었고 어쨌든 러시아의 개입을 막아야 한다는 것을 통찰한 듯 보입니다.

8월 25일. 위의 보고에 이어짐

그 네 명을 유배 보낼 장소들이 21일 포고문을 통해 확정되었습니다. 그 포고문을 삼가 번역해서 동봉합니다. 어제 조선 국왕의 탄신일에 그들은 완전히 사면되었습니다. 탕은 이미 그 전날 본인에게 이 사건에 대해 귀띔해주었습니다.

그러나 본인은 이 사면이 위안스카이의 중재 덕분이라고는 결코 믿지 않습니다. 요즈음 다시 원기를 회복한 듯 보이는 조선 왕의 독자적인 결정에서 전적으로 비롯되었다고 믿습니다. 게다가 본인은 러시아 대리공사가 23일 외무부에 서한을 보내 네 명의 사면을 권유했다는 것을 확실히 알고 있습니다. 하지만 러시아 대리공사는 이 사실을 본인에게 비밀로 하고 있습니다. 러시아 대리공사가 어떤 동기에서 사면을 권유했는지는 확인할 길이 없었습니다.

어제 탄신일 축하연에서 조선 왕은 여느 때처럼 쾌활하고 친절했습니다. 그의 용안에서 근래 몇 주일 동안의 사건들로 인한 커다란 흥분의 흔적은 찾을 수 없었습니다.

그 전날 조선 왕은 과거의 정치적인 잘못 탓에 수도를 떠나야 했던 전직 외무독판에게 이미 내린 사면을 다시 철회했습니다. 전직 외무독판은 철두철미한 청국파입니다.

21일 민영익은 위안스카이가 조선 정부의 요청에 응해 내준 포함을 타고 조선 왕의 사절로서 톈진과 상하이를 향해 출발했습니다. 위안스카이는 이 사절단이 매우 못마땅한 척 굴고 있습니다. 그러나 그를 믿어서는 안 됩니다.

데니는 부왕에게 보고하고자 조선 기선 편으로 톈진에 가려 했습니다. 그러나 위안스카이가 기선의 출항을 방해했습니다. 그리고는 다른 배편이 없어서 조선 왕의 미국인 고문은 열흘 후 일본우편선이 도착할 때까지 여행을 미룰 수밖에 없었습니다. 위안스카이는 데니가 더 이상 이곳 조선으로 돌아오지 않을 것이라고 주장합니다. 그리고 실제로 부왕은 완전히 청국 공사 편에 서서 데니의 처사를 불신하는 듯 보입니다. 본인의 판단으로는, 데니는 미국적인 기질에서 완전히 자유롭지 못한데도 아주 정직하게 사고하는 사람입니다. 그러나 그는 유머도 재치도 없을뿐더러 현재의 어렵고 그야말로 험난한 위치를 고수할 만큼 충분한 노련함도 없습니다.

외국 대표들을 비롯해 이 사건들을 가까이서 지켜본 모든 외국인들은 만일 앞에서 말한 문서가 실제로 존재한다면 위안스카이가 직접 작성하게 시켰을 것이라고 대체로 느끼고 있습니다. (본인도 그렇게 믿고 있습니다. 아니면 위안스카이가 속은 것입니다.) 또한 우리는 머지않아 조선 땅에서 청국 군대를 보게 될 것이라고 예감하고 있습니다. 21일에 작은 청국 기선 한 척이 100명의 병사들을 태우고 제물포에 도착했습니다. 그러나 그 기선은 군수품을 하역한 후, 23일 다시 출항했습니다. 어제는 청국 남부함대 소속의 선박 네 척이 상하이를 출발해 제물포에 도착했습니다. 원산과 블라디보스토크에 나타났던 군함들은 북부 함대 소속입니다. 처음에는 그 네 척의 배가 병력 수송선이라는 소문이 돌았습니다. 그래서 어제 저녁 다시 서울 시내가 온통 이루 말할 수 없는 흥분으로 술렁였습니다.

본인이 방금 들은 소식에 의하면, 오늘 아침* 미국 변리공사는 상당히 큰 미국 거류지의 요청을 받아들여 어제 제물포에 도착한 군함 'Ossipee'호에서 20명의 군인을 징발했습니다.

이미 알려진 바와 같이, 청국은 조선에 군대를 두지 않기로 조약을 통해 일본에게 약속했습니다. 일본이 해당 조항의 삭제에 동의했다는 소문이 최근 여기저기 나돌았습니다. 그러나 서울 주재 일본 대리공사의 말로 미루어, 그것은 사실이 아니라고 추측됩니다. 그래서 청국 군대가 진주하는 경우에 맨 먼저 일본과의 분쟁이 예상됩니다.

본인은 이 보고서 사본을 베이징 및 도쿄 주재 독일제국 공사관에 발송하겠습니다.

켐퍼만

내용: 조선 국왕의 자주성에 대한 청국 공사의 공격

조선 주재 독일제국 영사의 보고서에 대한 첨부문서
검열 No. 52
번역문

서울발 주간 소식
No. 26

A. 12532   A. 13188

6월 23일 오후 5시 돛 세 개짜리 선박 한 척이 Liwon에 도착했다. 그 지역의 현감 대리와 지방 무관이 그 배를 시찰하러 현장으로 출동했다. 그들은 수면 밖으로 보이는 배의 몸통이 철강과 황동으로 싸여 있는 것을 발견했다. 아래쪽은 검은색으로, 위쪽은 흰색으로 칠해져 있었다. 길이가 오십 길이 넘었고 너비는 수십 길에 이르렀다. 그리고 여덟 척의 보트를 소유하고 있었다. 선박 내부를 전부 조사할 수는 없었다. 선원들은 재킷과 바지를 입고 있었다. 옷은 검은 모직으로 만든 것이었는데 몸에 유난히 꼭 달라붙었다. 선원 몇 명이 상륙해 측량을 하고 산을 모사했다. 그래서 우리 관리들은 그들이 데려온 통역관을 불러 그들의 의도를 물었다. Liwon에서 함경도 지사에게 보낸 기록에 의하면, 다음과 같은 문답이 오갔다. 그 배는 6월 26일 아침 7시 북쪽을 향해 다시 떠났다.

이 문답은 함경감사에 의해 서울의 정부(즉, 국무대신)와 내무대신에게 전달되었다.

우리 : 당신들은 어느 나라 사람들이며 무슨 일로 왔습니까?

그들 : 우리는 러시아 사람들이고 이 배는 러시아 군함입니다. 우리는 이 지역을 살펴보러 왔습니다.

우리 : 현감은 어제 감영 소재지로 떠났습니다. 우리는 이곳의 현감 대리와 무관입니다. 우리는 당신들이 도착한 것을 알고 왔습니다.

그들 : 대단히 감사합니다. 이곳에 가옥은 몇 채이고 산은 몇 개입니까? 그리고 성(즉, 관아)까지는 얼마나 떨어져 있습니까?

우리 : 우리는 정확한 가옥 수를 모릅니다. 우리 고을은 작고 경작지는 많지 않습니다. 큰 강도 없습니다. 성까지는 10리입니다.

그들 : 오늘 우리 선원들은 신선한 공기를 쐬러 육지의 모래언덕에 갈 예정입니다. 그것은 금지되어 있습니까?

우리 : 우리는 그것을 금지해서는 안 됩니다. 정부에서 외국인이 오고가는 것을 방해하지 말라는 명령을 내렸기 때문입니다. 하지만 고을 사람들이 외국인을 만나면 놀려댈 수 있음으로 우리는 허용하고 싶지 않습니다.

그들 : 우리는 당신네 나라에서 여자들이 남자들 눈에 띄는 것을 엄격하게 금지하고 있다는 사실을 잘 알고 있습니다. 그래서 그에 합당하게 우리 선원들에게 명령을 내렸습니다. 그러니 염려하지 마십시오.

우리 : 당신들은 어제 도착했다고 들었습니다. 그리고 오늘 아침* 당신들은 즉시 측량작업에 착수하고 육지를 그리기 시작했습니다. 그게 무슨 뜻입니까?

그들 : 우리는 이곳에 도착해서 산들을 보았습니다. 그리고 우리에게 있는 지도가 정학하지 않다는 것을 깨달았습니다. 그래서 바다를 측정하고 수심을 기록하고 있습니다. 그것이 항해하는 데 최선이기 때문입니다.

우리 : 용이하게 항해하는 것이 당신들에게 무슨 쓸모가 있습니까?

그들 : 우리는 무역을 하고 싶습니다. 게다가 우리는 당신들과 조약을 맺고 있기 때문에 우리는 서로 도와야 합니다. 우리가 이곳에서 가축과 석탄을 살 수 있습니까?

우리 : 이곳에는 석탄이 없습니다. 지금 우리는 가축을 팔 수 없습니다. 농부들이 들에서 가축을 필요로 하기 때문입니다.

그들 : 당신들은 우리에게서 어떤 상품을 살 것입니까?

우리 : 우리 고을은 작고 주민들은 가난합니다. 그런데 어떻게 무역이 가능하겠습니까? 당신들의 함장 이름은 무엇입니까?

그들 : 함장 이름은 Tuc Nakpiakpok이고 나이는 48세입니다.

우리 : 당신들의 승무원은 몇 명이고 무기는 얼마나 가지고 있습니까?

그들 : 함장 외에 장교 16명과 선원 150명이 있습니다. 그 밖에 우리에게는 대포 14대가 있는데, 그중 한 대는 어뢰포입니다. 그리고 총검 125개와 [sic.] 2개, 권총 50자루, 군도 125개가 있습니다.

우리 : 당신들은 언제 고향을 떠났으며 언제 다시 고향으로 돌아갑니까?

그들 : 우리는 2년 전에 고향을 떠났으며, 내년에 귀향길에 오를 것입니다.

우리 : 이곳에서 언제까지 머무를 것입니까?

그들 : 그건 아직 모릅니다. 어쩌면 오래 머무를 수도 있지만, 또 어쩌면 며칠만 머무를 수도 있습니다.

우리 : 당신들은 어디에서 오는 길입니까?

그들 : 우리는 서울에서 출발해 동래와 원산, Honwon, 북청을 지나왔습니다. 우리는 곳곳에서 항로를 측정했습니다.

우리 : 당신들은 또 어디로 갈 예정입니까?

그들 : 우리는 (해안; 감교자) 측량작업을 계속하기 위해 북쪽으로 갈 것입니다.

조선 주재 독일제국 영사관의 보고서에 대한 첨부문서, 검열 No. 52
번역문

1886년 8월 15일 관보

A. 12532 A. 13188

죽산부사 조존두, 내무부 주사 김가진, 김학우, 전양묵[28]은 태생이 음험하고 거짓말에 능하다. 이들의 행위가 어찌나 악독한지 그에 대해 듣기만 해도 놀라움을 금할 수 없다. 그들의 만행을 분쇄하고 그 결과를 물리칠 방도를 찾다보면, 그들을 용서하기가 어렵다. 그들은 사형은 면할 것이되, (서울에서; 감교자) 멀리 떨어진 살기 어려운 지역으로 유배될 것이다.

1886년 8월 16일 관보

위에서 언급한 네 명의 관리는 그들이 지은 죄로 인해 용서받을 수 없으며 가벼운 처벌을 받아서도 안 된다. 그들은 멀리 떨어진 살기 어려운 지역에 거주해야 할 것이다.

1886년 8월 21일 관보

조존두는 담양(남부지방 전라도)으로, 김가진은 남원(상동)으로, 김학우는 순천(상동)으로, 그리고 전양묵은 중화(서북부 지방 평안도)로 유배한다.

---

28 [감교 주석] 죽산 부사(竹山府使) 조존두(趙存斗), 내무 주사(內務主事) 김가진(金嘉鎭)·김학우(金鶴羽)·
전양묵(全良默)

Soleil

1886년 10월 16일

조선의 러시아인과 청국인(Russes et Chinois en Corée)

Les journaux russes annoncent qu'une révolution politique aurait été sur le point d'éclater à Séoul, capitale de la Corée. Le représentant chinois aurait noué des intrigues en vue de déposer le roi, et de lui donner son père comme remplaçant. Ce dernier aurait refusé d'entrer dans le complot.

On accuse également le représentant chinois d'exciter les Coréens contre la Russie, et, d'après la version mise en circulation à Saint-Pétersbourg, ces manœuvres auraient été engagées, d'accord avec le résident anglais, en relations intimes avec l'agent chinois.

1886년 10월 16일 프랑스 신문 "Soleil"의 기사 번역문

조선의 러시아인과 청국인

러시아 신문은 조선의 수도 서울에서 바야흐로 정치적 혁명이 싹트고 있다고 보도한다. 청국 대표[29]가 조선 왕을 제거하고 왕의 부친[30]을 왕위에 앉히려는 의도를 품고서 음모를 꾸몄다. 왕의 부친은 그 모반에 가담하는 것을 거부했다.

러시아인들을 배척하도록 조선인들을 선동한 장본인도 청국 대표로 여겨지고 있다. 상트페테르부르크에 유포된 견해에 따르면, 모종의 작전들이 수행되고 있다. 청국 대표와 긴밀한 관계에 있는 영국 총영사[31]도 이에 동조한다.

---

29 [감교 주석] 위안스카이(袁世凱)
30 [감교 주석] 흥선대원군(興宣大院君)
31 [감교 주석] 베버(Baber)

베를린, 1886년 10월 21일   A. 12440, 12532(1차 보고)

슈바이니츠 귀하

1. 페테르부르크
    No. 744

2. 런던 No. 885

본인은 서울 주재 독일제국 총영사 켐퍼만[32]의 8월 24, 25, 27일 자 보고서 내용을 귀하께 기밀정보로 알려드리게 되어 영광입니다. 그 보고서들에 의하면, Ostolopoff 함장이 이끄는 러시아 순양함 "Kreissen"호가 조선의 북동 해안에 출현함으로써 조선을 몹시 동요하게 했다고 합니다.

켐퍼만은 위의 선박이 단지 측량 작업에만 전념했다고 생각합니다. 그러나 청국 대표[33]는 러시아 군함의 출현을 조선 왕과 러시아 사이에서 조선을 러시아의 보호통치하에 두려는 회담이 진행되고 있다는 증거로 간주하려 했습니다. 이 일에 있어서 청국 대표는 영국 총영사 베버와 의견이 일치하는 듯 보입니다. 적어도 처음에는 그랬습니다. 영국이 점령하고 있는 거문도로부터 여론을 다른 데로 돌리는 것이 청국과 영국의 이익에 부합했기 때문입니다.

냉혹한 음모가로 알려진 청국 대표 위안스카이는 온갖 수단을 동원해 소란을 피웠습니다. 그 결과 조선의 평화뿐만 아니라 외국인들의 안전도 위험해졌습니다.

우리의 총영사는 러시아 대표 베베르[34]와 힘을 합해, 공공의 안전을 위협하는 위안스카이의 계획을 적어도 우선은 저지하는 데 성공했습니다. 그러나 상황은 여전히 심각합니다. 그런데 이제 영국이 거문도를 조선에 돌려주기로 결정했다고 합니다. 오로지 이런 방식으로만 러시아의 개입을 저지할 수 있을 것이라는 견해에 이른 듯합니다.

L. 10월 20일

---

32 [감교 주석] 켐퍼만(T. Kempermann)

33 [감교 주석] 위안스카이(袁世凱)

34 [감교 주석] 베베르(K. I. Weber)

A. 12440, 12532 (2차 보고)

베를린, 1886년 10월 21일

서울 주재 독일제국 총영사의 8월 24일과 27일 자 보고서를 독일제국 해군본부장 카프리비 중장님께 삼가 기밀 정보로 보내드립니다.

베를린, 1886년 10월 21일

27

조선 문제 상황과 해밀턴항 철수

발신(생산)일	1886. 9. 6	수신(접수)일	1886. 10. 31
발신(생산)자	브란트	수신(접수)자	비스마르크
발신지 정보	톈진 주재 독일 영사관	수신지 정보	베를린 정부
	No. 170		A. 13144
메모	13392 참조 문서 A. 4249 참조 11월 4일 런던, 페테르부르크 전달		

A. 13144   1886년 10월 31일 오후 수신

톈진, 1886년 9월 6일

No. 170

기밀

비스마르크 각하 귀하

본인은 오늘 낮에 (직례[1]; 감교자)총독 리훙장[2]과 대화를 나누었습니다. 그 자리에서 리훙장 총독은 조선의 여러 상황과 관련해 다음과 같이 본인에게 알려주었습니다.

리훙장은 청국과 조선의 갈등 및 러시아의 강점 야욕에 대한 소문[3]들을 일본 측에서 퍼트렸을 가능성이 많다고 말합니다. 그러나 그것은 실제로 근거 없는 뜬소리라고 합니다. 조선 주재 러시아 대리공사 베베르[4]가 조선의 하급관리 몇 명과 교분을 쌓은 것만은 사실이라고 합니다. 조선의 하급관리들로 하여금 러시아의 보호를 요청하게 해서 조선을 러시아의 보호하에 두려고 했다는 것입니다. 리훙장은 본인도 알다시피 자신은 조선에서 일어나는 일들에 유의하는 임무를 맡고 있다고 말합니다. 그는 상트페테르부르크에 파견된 청국 공사를 통해 직접 그곳에 문의했고, 조선에 대한 청국의 종주권을 특별히 강조하면서 해명을 요구했다고 합니다. 그리고 러시아 측에서도 리훙장에게 흔쾌히 해

---

1   [감교 주석] 직례(直隸)
2   [감교 주석] 리훙장(李鴻章)
3   [감교 주석] 조러밀약설
4   [감교 주석] 베베르(K. I. Weber)

명했다는 것입니다. 러시아 외무부는 조선 정부로부터 조선을 보호해달라는 청원을 받은 적이 없음을 선언했다고 합니다. 설령 그런 청원을 받는다 하더라도 거절할 것이라고 합니다. 리훙장은 베베르의 음모와 (그는 베베르를 허영심 강하고 분별없는 사람이라 지칭했습니다) 조선 왕의 나약함에 대해 아주 혹독하게 표현했습니다. 조선 왕이 모든 수다쟁이의 줏대 없는 꼭두각시라는 것이었습니다. (이를테면 청국 변리공사처럼 사려 깊고 활동적인 고문이 조선 왕을 옆에서 보좌해야 한다는 것입니다.) 본인은 베베르가 취한 조치들이 조선의 하급관리들이 아니라 조선 왕에게서 시작되었다고 추측해도 좋을 것으로 믿습니다. 조선 왕은 그런 연락을 취하는데 당연히 외아문 독판을 경유하지 않을 것입니다. 그리고 베베르는 그 조치들에 대해 틀림없이 페테르부르크에 보고했을 것입니다.

[리훙장은 심한 편견에 사로잡혀서 영국인의 거문도 점령을 거론했습니다. 리훙장은 영국인들에게 그 섬[5]을 떠날 것을 극히 단호하게 거듭 요구했다고 합니다. 그러나 그럴 때마다 (베이징 주재 영국공사; 감교자) 오코너[6]뿐만 아니라 월샴[7]도 그건 불가능하다고 선언했다는 것입니다. 그들은 영국이 그 섬을 점령한 것은 오로지 러시아나 독일 측에서 점령하는 사태를 미리 막기 위한 것이라고 말했다고 합니다. 그러니 이 두 열강이 앞으로 그 섬을 점유하지 않겠다고 스스로 구속력 있는 선언을 하지 않는 한 그 섬을 비워줄 수 없다는 것이었습니다. 예전에 전임 러시아 공사 포포프[8]가 러시아는 거문도에 아무런 의도도 품고 있지 않다고 리훙장에게 구두로 선언했다고 합니다. 그런데 영국인들은 그 것으로 만족하지 않는다는 것입니다. 리훙장은 이 일에 대해 어떻게 생각하느냐고 본인에게 물었습니다. 본인은 리훙장에게 대답했습니다. "저는 이 일에 개입할 필요가 전혀 없다고 생각합니다. 그러나 다른 국가의 영토를 유유히 점령한 나라가 이 일과는 아무 상관없고 또 의심 살만한 일도 전혀 하지 않은 제 3국이 자신들의 나쁜 선례를 따라하지 않겠다고 약속해야만 그 영토에서 철수하겠다는 조건을 내세우는 것에 놀라움을 금할 수 없습니다. 게다가 우리가 동아시아에서 항상 추구하는 정책 및 우리와 청국의 우호적인 관계는 우리가 청국이나 조선의 영토 일부를 점령할 의도가 없었고 또 현재도 없다는 충분한 보장일 것입니다." 그러자 리훙장은 독일이 거문도에 모종의 의도를 품고 있다고는 결코 믿지 않았다고 말했습니다. 영국이 가령 프랑스에 대한 언급은 전혀 없이 오로지

---

5 [감교 주석] 거문도(Port Hamilton)
6 [감교 주석] 오코너(N. R. O'Conor)
7 [감교 주석] 월샴(J. Walsham)
8 [감교 주석] 포포프(S. I. Popov)

러시아와 독일에 대해서만 거론하는 것이 자신도 기이하게 생각되었다는 것이었습니다. 어쨌든 거문도가 시급한 사안이 되었으며 이에 대한 해결책을 찾아야 한다고 리훙장은 말했습니다. 그리고 영국이 우선적으로 바라는 방법 말고 다음과 같은 방법들을 생각해 볼 수 있을 것이라고 덧붙였습니다.

1) 청국에 의한 거문도의 일시적인 점유. 그러나 청국 정부는 속국의 영토를 탈취하는 듯한 인상을 주려 하지 않기 때문에 그런 결정을 내릴 수 없을 것이다.

2) 조약항구로서 거문도와 라자레프항[9]의 개방 또는 자유항으로서 거문도의 개방. 후자의 경우는 이미 영국 측에서 제안한 바 있다.

3) 일본과 미국, 열강들이 보장하는 조선 전체 영토의 중립화.

4) 청국의 조선 합병.

리훙장의 이러한 말들과 본인이 직접 지켜본 결과를 토대로, 본인은 조선 문제의 당면한 상황을 다음과 같이 추정하고 싶습니다.

청국의 조처에 의해 여러모로 모욕 받은 조선 왕, 다시 말해 실제로는 왕보다 더 지적이고 더 활동적인 듯 보이는 왕의 어머니와 왕의 부인[10], 그리고 대원군(왕의 아버지)[11]을 전면에 내세워 그에게 조선 정부의 주도권을 맡기려는 서울 주재 청국 대표의 명백한 의도에 의해 위협당한다고 느끼는 자들의 가문. 이들은 러시아에 의지해 러시아의 보호를 받음으로써 청국이 갈수록 더 완강하게 강조하는 예속관계에서 벗어나려고 시도했습니다. 러시아 대리공사 베베르는 적극적인 역할을 해 달라는 유혹을 받았을 때, 이 유혹에 충분히 저항하지 못했습니다. 그리고 현재로서는 청국과의 갈등을 감당할 입장이 못 되는 러시아 정부에게 적어도 간접적으로나마 자신을 위해 부인해달라고 간청했을 것입니다. 청국 정부, 또는 조선 문제에서 청국 정부를 대표하는 리훙장은 러시아-조선의 국지적인 음모를 알게 된 즉시 단호하고 신속하게 행동했던 것으로 보입니다. 그리고 베이징 주재 러시아 대리공사 라디젠스키[12]가 5일 이곳에 도착한 것을 통해서도 드러나듯이 확실한 성공을 거두었습니다. 라디젠스키는 잠시 휴식을 취하러 여행 왔다고 말하지만, 사실은 리훙장과 조선의 문제에 대해 논의하러 이곳에 왔습니다. 조선에서의 청국의 이익이 걸려 있다는 점에서, 본인은 조선 문제와 관련해 합의가 이루어졌음을 의심하고 싶지 않습니다. 그러나 조선과 청국의 항의에도 불구하고 영국인들이 계속 거

9 [감교 주석] 영흥만(Port Lazareff)
10 [감교 주석] 명성황후(明成皇后)
11 [감교 주석] 흥선대원군(興宣大院君)
12 [감교 주석] 라디젠스키(Ladygensky)

문도를 점거하고 있는 탓에 사태는 실질적으로 악화되고 있습니다. 최근 들어 러시아 함대가 조선 해역에 유난히 자주 출현하고 조선 해안의 개방된 항구와 개방되지 않는 항구들을 빈번히 방문하고 있습니다. 본인은 그 일차적인 이유가 조선 정부와 청국 정부를 불안하게 해서 영국의 거문도 점령에 대해 진지한 조치를 취하도록 자극하려는 데 있다고 추정합니다. 그리고 이 추정이 크게 틀리지 않다고 생각합니다. 영국 측에서도 전적으로 이렇게 느끼고 있습니다. 9월 5일 월샴은 평소의 습관과는 달리 공사관 서기관 케텔러[13]와 조선 문제에 대해 대화를 나누었습니다. 그 자리에서 월샴은 이렇게 말했습니다. "물론 이 끔찍한 거문도가 근본 원인입니다. 하지만 달리 어쩔 도리가 없습니다." 그러나 이 문제에 대한 해결책을 찾아야 할 것입니다. 그렇지 않고 이처럼 긴장된 상황이 계속되다가는 동아시아에서 자칫 분쟁이 발생할 수 있기 때문입니다. 그리고 현재로서는 오로지 영국만이 러시아와 청국 사이에서 분쟁을 일으키는 데 관심 있을 것입니다. 그러나 이 상황을 교묘히 이용하게 되면 영국의 거문도 점령은 러시아의 외교정책에 무기를 쥐어주는 셈이 될 수 있습니다. 그 무기의 뾰족한 끝은 청국에서 영국이 차지하는 위치를 더욱 예리하게 겨눌 것입니다.

현재 일본에서는 조선 문제에 대한 관심이 줄어든 듯 보입니다. 이토[14] 총리는 온건한 성품으로 외부적인 분규에 휩쓸리는 것을 싫어합니다. 그는 가장 위험한 반대자들, 즉 행동파 수뇌인 구로다[15]와 사이고[16]를 여행 보내는 것으로 해결했습니다. 그러나 조선에서 더 심각한 분규가 발생하는 경우에, 이토 총리는 아마 자신이 원하는 것보다 더욱 단호하게 조선에서의 일본의 이익을 인지하라는 여론의 강요를 받을 것이라고 본인은 추정합니다.

본인은 조선 문제가 앞으로 어떻게 전개되는지 각하께 삼가 계속 보고드릴 것입니다.

[본인은 본 서한의 붉은색 괄호 부분을 삭제한 사본을 도쿄 주재 독일제국 공사와 서울 주재 독일제국 총영사에게 전달했습니다.]

브란트

내용: 조선 문제 상황과 해밀턴항 철수

---

13 [감교 주석] 케텔러(Clemens von Ketteler)
14 [감교 주석] 이토 히로부미(伊藤博文)
15 [감교 주석] 구로다 기요타카(黑田淸隆)
16 [감교 주석] 사이고 쓰구미치(西鄕從道)

28

조선의 상황 및 조선의 상황에 대한 청국 정부 측의 견해와 대응

발신(생산)일	1886. 9. 10	수신(접수)일	1886. 10. 31
발신(생산)자	브란트	수신(접수)자	비스마르크
발신지 정보	톈진 주재 독일 영사관	수신지 정보	베를린 정부
	No. 173		A. 13147
메모	13392 참조 11월 1일 페테르부르크 787, 런던 929 전달 10월 21일 해군본부 원본 발송		

A. 13147 1886년 10월 31일 오후 수신

톈진, 1886년 9월 10일

No. 173

기밀

비스마르크 각하 귀하

본인은 금년 9월 6일 No. 170 보고서[1]를 삼가 올린 이후, 독일제국 총영사 켐퍼만[2]이 서울에서의 최근 사건들에 대해 금년 8월 24일 및 27일 각하께 올린 두 개의 보고서 No. 52와 No. 53의 사본을 받았습니다. 그리고 이달 8일 이곳에 도착한 조선 국왕의 고문 데니[3]와 상세히 이야기를 나눌 기회를 가졌습니다. 데니는 켐퍼만 총영사의 보고 내용에 전적으로 동의합니다. 현재 그는 자신의 주요 임무가 서울 주재 청국 총영사 위안스카이[4]를 축출하는 데 있다고 여기는 것 같습니다. 그러나 데니가 그 뜻을 이루기는 어려울 것입니다. 오늘 본인과 나눈 담화에서 리훙장[5]은 위안스카이의 태도가 아주 적절하며 청국의 이익에 전적으로 부합한다고 일컬었기 때문입니다.

리훙장은 상세히 조사한 결과, 1884년 12월 서울에서 발생한 일련의 사건[6]들에 일본 정부가 직접 관여한 사실이 밝혀졌다고 리훙장은 말했습니다. 오로지 위안스카이가 적

---

1 [원문 주석] 오늘 우편으로
2 [감교 주석] 켐퍼만(T. Kempermann)
3 [감교 주석] 데니(O. N. Denny)
4 [감교 주석] 위안스카이(袁世凱)
5 [감교 주석] 리훙장(李鴻章)
6 [감교 주석] 갑신정변

극적으로 개입한 덕분에 그 사건들이 청국에게 유리한 쪽으로 전환되었다는 것이었습니다. 나중에, 즉 청국과 프랑스의 갈등이 해결된 후에 일본은 그런 식의 음모를 단념했다고 리훙장은 말했습니다. 그리고 리훙장 자신은 일본 측이 현재 조선의 일에 개입할 생각을 못하리라고 믿는다는 것이었습니다.

그런데 특히 영국의 거문도 점령 이후(리훙장은 영국의 이러한 조치가 모든 불편한 일들을 초래했다고 수차례 힘주어 강조했습니다), 러시아의 음모에 대한 소문들이 퍼졌다고 리훙장은 주장했습니다. 조선 주재 러시아 총영사 베베르[7]가 청국의 반대파로 알려진 조선의 하급관리들과 경솔하게도 자주 교류를 하는 만큼 그런 음모들을 탐지하는 것은 절대적으로 위안스카이의 의무였다는 것이었습니다.

리훙장은 위안스카이가 발견한 문서, 즉 조선 왕의 옥쇄가 찍혀 있고 러시아의 보호를 요청하는 내용의 문서가 진짜인지 위조인지 문제 삼으려 하지 않는다고 말했습니다. 조선의 왕과 정부가 그 문서에 대해 알지 못한다고 부인했으며 위조라고 선언한 것으로 충분하다는 것이었습니다. 리훙장의 지시에 따라, 조선 외아문은 회람 통지문을 통해 이러한 설명을 서울 주재 외국 대표들에게 알린 동시에, 조선 외아문의 중재를 통해서만 조선 정부와 접촉할 수 있음을 상기시켰다고 합니다.

리훙장은 청국 정부가 조선을 합병할 생각이 결단코 없다고 거듭 강조했습니다. 그런 시도는 청국에게 상당한 비용을 안겨줄 것인데, 조선이 청국의 관리 비용을 조달할 여력이 없기 때문에 이 상태로 머무를 것이라고 말했습니다. 그러나 리훙장은 조선 왕을 제거하고 그 자리에 청국의 이익을 위해 헌신하는 인물을 앉히려는 생각이 아주 없지는 않음을 암시하는 듯한 말도 마찬가지로 수차례 했습니다. 어쨌든 본인은 혹시 청국이 청국 군대를 조선에 진주시키려는 계획이 있었다면 그 계획은 단념한 것으로 보아도 된다고 확실히 믿습니다. 그리고 러시아에 대한 조선 정부의 보호 요청에 관해서는 아는 바 없으며 만약 그런 요청이 있을지라도 거절할 것이라는 러시아 측의 해명에 청국이 당분간 만족할 것도 확실합니다.

본인은 도쿄 주재 독일제국 공사관 및 서울 주재 독일제국 영사관에 본 보고서의 사본을 전달했습니다.[8]

브란트

내용: 조선의 상황 및 조선의 상황에 대한 청국 정부 측의 견해와 대응

---

7 [감교 주석] 베베르(K. I. Weber)
8 [감교 주석] 원문에는 '본인은 ~ 전달했습니다.'에 취소선이 표기됨.

베를린, 1886년 11월 1일   A. 13147

주재 외교관 귀중   조선의 상황 및 조선의 상황에 대한 청국 정부 측의
1. 페테르부르크 No. 787   견해와 대응에 관련해 9월 10일 자 톈진발 베이징
5. 런던 No. 927   주재 독일제국 공사의 보고서 발췌문을 귀하께(1에
                                         게, 5에게는 기밀로) 보내 드리게 되어 영광입니다.

29

청국의 조선 국왕 자주권 훼손 관련 문서 회송

발신(생산)일	1886. 10. 30	수신(접수)일	1886. 11. 1
발신(생산)자	카프리비	수신(접수)자	
발신지 정보	해군본부	수신지 정보	베를린 외무부
			A. 13188

A. 13188   1886년 11월 1일 오전 수신, 첨부문서 4부

베를린, 1886년 10월 30일

이곳 독일제국 외무장관 귀하

귀하께서는 서울 주재 독일제국 총영사가 조선 왕의 자주성에 대한 청국 공사의 공격 및 조선의 위기 상황과 관련해 금년 8월 24일과 27일에 보낸 보고서를 첨부문서와 함께 금년 10월 21일 자 친서 -6212- 를 통해 보내주셨습니다. 본인은 보고서와 첨부문서를 감사히 살펴본 후 삼가 반송하게 되어 영광입니다.

카프리비

정치 상황

발신(생산)일	1886. 9. 14	수신(접수)일	1886. 11. 2
발신(생산)자	켐퍼만	수신(접수)자	비스마르크
발신지 정보	서울 주재 독일 총영사관	수신지 정보	베를린 정부
	No. 57		A. 13216
메모	11월 4일 런던 933, 페테르부르크 804 전달 A. 4844 참조 연도번호 No. 557		

A. 13216 1886년 11월 2일 오전 수신, 첨부문서 1부

서울, 1886년 9월 14일

No. 57

비스마르크 각하 귀하

본인이 지난번 8월 27일 자 보고서 No. 53[1]에서 삼가 전해 드린 조선의 정치적 위기는 이달 초순까지 지속되었습니다. 그러다 상황이 다시 비교적 조용해졌습니다.

그러나 조선이 평온을 찾았다고 믿는 사람은 아무도 없습니다. 오히려 유럽인들뿐만 아니라 조선인들도 앞날을 회의적으로 보고 있습니다.

최근 이곳 조선에서 일어난 사건들과 사람들의 태도를 이해하려면, 우리가 지금까지 알고 있는 것보다 더 철저하게 이곳의 상황들을 알아야 할 필요가 있습니다. 그러니 우선은 많은 것이 설명할 수 없는 수수께끼처럼 보일 수밖에 없습니다.

정계가 조선만큼 혼돈된 양상을 보여주는 나라는 동양에 또 없을 것입니다. 지도적인 인물, 주도적인 이념, 고매한 노력을 어디에서도 찾아볼 수 없습니다. 조선인은 문화의 높은 단계로부터 극히 황폐한 흑인족의 위치로 몰락한 민족입니다. 관료-신분제도, 또는 모든 행동이 오로지 무지와 탐욕, 게으름과 비겁함에 의해 결정되는 귀족계급과 무사계급, 극히 훌륭한 의도를 품고 있지만 힘이 없고 신하와 종복들에게 전혀 이해받지 못하는 왕. 그런 왕 옆에서 청국 공사 위안스카이는 왕이 되려 하고 또 실제로 어느 정도 왕

---

1 [원문 주석] A. 12440 삼가 첨부

행세를 하고 있습니다.

현직 외아문 독판을 비롯해 모든 고위관리들은 왕이 혹시 무슨 암시를 하지 않을까 기대하는 마음으로 거의 매일 이른바 아침 접견에 나타납니다. 그들은 가능한 한 두 주인을 섬기려고 노력합니다. 그러다 보면 결국 그들의 관직활동을 감독하려는 자를 배신하게 됩니다. 청국 대표[2]는 그런 점을 너무 잘 알고 있습니다. 그러므로 그는 박해당한 자를 보호하거나 불의를 저지하거나 범죄를 처벌하는 데는 결코 영향력을 행사하지 않을 것입니다.

조선 왕의 네 고문은 사면되었습니다.[3] 그러나 그들 중 어느 누구도 또 다시 목숨을 거는 모험을 할 생각은 없을 것입니다. 그러니 조선 왕은 다시 혈혈단신이며 결국에는 청국 대표의 뜻대로 움직일 것입니다. 지금은 청국 대표가 완연히 기가 죽어 있습니다. 그는 러시아의 보호정치와 관련된 문서가 위조되었음을 시인합니다. 그리고 최근의 사건이 조선에서는 흔히 있는 일이라고 치부합니다. 다만 청국의 남부 함대가 정말로 우연히 제물포에 나타났고 그와 동시에 전신선이 끊기는 바람에 이상한 소문들이 퍼지고 침소봉대되었다는 것입니다. 위안스카이는 조선이 지구상에서 가장 혐오스런 나라라고 본인에게 말했습니다. 조선 사람들은 자극적인 이야기를 지어내어 퍼트리는 것 말고는 다른 할 일이 없는 사람들이라는 것이었습니다. 그리고 위안스카이 자신은 이제 더 이상 아무것에도 신경 쓰지 않고 오로지 인생을 즐길 것이며 다른 외국 대표들과 그야말로 긴밀한 관계를 맺고 싶다고 말했습니다.

그러나 이제 온갖 소문들이 떠돌고 있습니다. 위안스카이의 처사가 청국 정부와 리홍장에게 인정받지 못했다는 명백한 증거들이 있습니다. 네 명의 고문이 사면받은 처음 며칠 동안만 해도 위안스카이는 당당했습니다. 그는 기회 있을 때마다 그에 대해 격렬한 분노를 표출했습니다. 또한 자신에 대한 본인의 태도도 매우 못마땅하게 여겼습니다. 위안스카이는 마지막 피 한 방울 남지 않을 때까지 투쟁하겠다고 말했습니다. 그러는 동안 청국 군함 아홉 척이 제물포에 집결했고 내항은 완전히 봉쇄되었습니다. 위안스카이가 이런 조처를 통해 다른 열강들과 불편한 관계에 놓일 수 있다는 주의를 어느 야인에게 받고서야 비로소 다시 항구 출입이 자유로워졌습니다.

조선 왕은 단호한 모습을 보여주었습니다. 29일에 왕실 잔치가 있었고, 모든 외국 대표들은 알현하라는 지시를 받았습니다. 그 자리에서 조선 왕은 모든 사람과 아주 자

---

2 [감교 주석] 위안스카이(袁世凱)
3 [감교 주석] 조준두, 김가진, 김학우, 전양묵

유롭게 오랫동안 담화를 나누었습니다. 나중에 왕궁에서 고위 관리들이 연회를 주최했는데, 오로지 청국 대표만이 연회장에서 눈에 띄지 않았습니다. 그는 아예 초대받지 않은 듯 보였습니다. 며칠 후 갑자기 위안스카이가 청국으로 여행을 떠난다는 말이 들려왔습니다. 실제로 출발 날짜가 이미 정해져 있었습니다. 위안스카이는 다만 잠시 자리를 비울 뿐이고 곧 다시 돌아올 것이라고 말했습니다. 그러나 그의 부인도 여행 떠날 준비를 하고 살림살이까지 전부 가져가는 상황은 그의 말에 모순되었습니다. 위안스카이가 떠났더라면 좋았을 것입니다. 그러나 조선 왕에게 이미 하직인사까지 마친 마지막 순간에, 위안스카이에게 조선에 머물러도 된다고 알리는 전보가 톈진으로부터 도착했습니다. 며칠 후 본인과 만난 자리에서, 위안스카이는 조선 왕이 리훙장에게 자신을 이곳에 두라는 요청을 했다고 말했습니다. 물론 그럴 가능성도 있습니다. 그러나 다른 한편으로는 위안스카이가 태도를 개선하겠다고 굳게 약속한 후, 위안스카이의 요청에 의해 조선 왕이 그런 조처를 취했다는 소문이 있습니다. 위안스카이가 믿게 하고 싶은 것처럼 조선 왕이 자발적으로 취한 조처가 아니라는 것입니다. 조선 군주의 마음을 돌리기 위해 어떤 수단이 사용되었는지, 조선 왕이 어떤 동기에 의해 움직였는지, 이에 대해서는 여러 가지 추측을 할 수 있습니다. 아마 고립되어서 중국에 저항할 수 없다는 감정이 그 동기일 수도 있습니다. 그러나 어쨌든 널리 알려진 왕의 선량함이 결정적인 역할을 했을 것입니다.

이제 조선 정부도 (물론 항상 위안스카이의 부추김을 받아서) 그 사건을 숨기고 무마하기 시작했습니다. 러시아의 보호정치라는 허무맹랑한 이야기는 일본 신문과 상하이 유럽 언론의 경고성 기사들에서 비롯되었다는 소문이 조선 내각에 유포되었습니다. 한 고위관리가 이 소식을 조선에 퍼트렸다는 책임을 지고 당분간 가택연금 되었다는 것입니다. 심지어는 위안스카이의 적들이 그 기회를 이용해 예의 그 문서를 작성해서 위안스카이로 하여금 그런 어리석은 조처를 취하도록 유혹했다는 말까지 떠돌았습니다.

[조선 정부는 공식적으로도 그 보호정치 문서를 사악한 사람들과 비정치적인 인물들의 소행으로 봐야 한다고 믿었습니다. 그렇지 않으면 조선의 외무독판이 외국 대표들에게 보낸 서한을 이해할 수 없기 때문입니다. 그 서한의 번역문을 이 보고서에 동봉합니다. 이미 서두에서 언급되는 바와 같이, 그 서한의 핵심 내용은 이미 작년 8월 2일 이곳 공사들에게 통보되었습니다(1885년 10월 13일 자 보고 No. 78 참조).[4]

그 글에서 언급되는 김옥균은 1884년 12월 모반[5]의 주모자입니다. 그는 일본인들의

---

4 [원문 주석] 39 XI권(III 19622/85) 삼가 동봉.

도움을 받아 일본으로 도주했습니다. 얼마 전 김옥균은 도쿄의 집에서 다른 조선인의 습격을 받았습니다. 자객[6]은 살인적인 무기를 소지하고 있었습니다. 그러나 김옥균은 자객을 제압했으며, 일본으로 가서 김옥균을 죽이라는 어명이 쓰인 문서를 자객의 몸에서 찾아냈습니다. 김옥균은 일본 정부에 신변보호를 요청했고, 일본 정부는 이 돌발사건으로 인해 심히 곤란한 상황에 처했습니다. 일본 정부는 당시 서울 주재 일본공사 다케조에[7]가 그 모반에 동참한 사실을 알고 있었기 때문입니다. 그리고 이 사실은 후일 김옥균의 공개로 온 세상에 알려졌습니다. 결국 일본 정부는 조선으로 전보를 보내 자객을 어떻게 할 것인지 문의했습니다. 그러자 조선 정부는 그 자를 조선으로 보내달라고 요청했습니다. 그래서 그 요청대로 이루어졌고, 그 남자는 북쪽 지방으로 유배되었습니다. 몇 주 전 일본 정부는 김옥균을 작은 섬[8]으로 보냄으로써 이 문제에서 벗어났습니다. 김옥균도 조선 왕의 서한을 소지하고 있었거나 또는 일본에서 제시했는지는 아직까지 알려지지 않았습니다. 그러므로 이에 대한 조선 외아문 통지문의 구절은 자객에게 내린 어명이 김옥균에 의해 위조되었다고 책임을 전가하려는 데 목적이 있는 것 같습니다. 그러면 그 구절을 읽는 사람들은 보호정치 문서도 같은 방식으로 위조되지 않았을까 하는 추측을 떠올리게 될 것입니다. 본인을 비롯해 외국 대표 동료들 대부분은 처음부터 위조되었을 것이라고 추정했습니다.

현재 조선의 외아문 독판[9]은 청국에 호의적인 인사입니다. 그러니 그런 조처들에는 외아문을 통해 다른 부처와 외국인들 사이의 관계를 감독하려는 의도도 다분히 있을 것입니다. 모호한 문구로 보아 그런 해석이 가능합니다. 그런데도 외국 상인들과 조선상인들, 민간인들 사이의 교류는 그에 저촉되지 않기 때문입니다.]

본인은 외아문 독판 김윤식이 모종의 정치적인 혐의로 석 달 전부터 조선의 수도를 떠나 있었다고 이미 보고드린 바 있습니다. 그런 김윤식이 지난달 말부터 다시 관직에 복귀했다는 것은 조선 왕의 온건함에 대한 또 하나의 표시입니다. 그런데 김윤식은 열렬한 청국 숭배자이긴 하지만 외국인을 배척하지 않으며 또 정중하고 근면합니다. 반면에 김윤식의 권한 대행은 모든 점에서 그 반대라고 말해야 합니다.

이달 4일 데니[10]는 부왕 리홍장에게 위안스카이의 음모에 대해 보고하고 위안스카이

---

5   [감교 주석] 갑신정변
6   [감교 주석] 지운영(池運永)
7   [감교 주석] 다케조에 신이치로(竹添進一郞)
8   [감교 주석] 오가사와라 섬(小笠原島)
9   [감교 주석] 김윤식(金允植)
10 [감교 주석] 데니(O. N. Denny)

를 소환하게 할 목적으로 톈진을 향해 떠났습니다. 데니가 이미 제물포에 도착했는데, 조선 왕이 데니에게 조선에 머무르라는 전갈을 전령을 통해 보냈습니다. 위안스카이가 데니와 사이좋게 협조할 것을 약속했다는 것이었습니다. 그러나 데니는 자신이 리훙장에게 위안스카이의 실체를 폭로할 수 있으며 조선을 청국의 굴레에서 해방시키는 사람으로서 이곳에 돌아올 것이라고 믿고 있습니다. 그는 리훙장의 성실성과 공정성을 높이 사고 있으며 리훙장은 위안스카이의 소행과 아무런 관련이 없다고 확신합니다. 데니의 이러한 추정이 얼마나 옳은지는 곧 사태의 추이에 따라 판가름 날 것입니다. 즉, 데니가 조선에 돌아올 것인지, 그리고 실제로 돌아온다면 위안스카이가 조선에 머무를 것인지 지켜봐야 할 것입니다. 그러나 본인은 위안스카이에 의해 지금까지 수행된 정책이 청국과 리훙장의 의도에 완전히 부합한다고 생각합니다. 다만 위안스카이가 너무 성급하게 서둘렀을 뿐입니다. 리훙장은 청국만이 조선에서 영향력을 행사하기를 바라고 있습니다. 그러므로 (모든 전형적인 청국인과 청국 학문을 교육받은 모든 조선인이 믿고 있는 것과는 달리) 청국 혼자 세계를 통치하는 게 아니라는 생각을 조선 왕에게 주입시킬 수 있는 모든 인물들을 위안스카이가 조선 왕으로부터 떼어 놓는다면 그야말로 잘 하는 짓입니다. 제너럴셔먼호 사건이 벌어졌을 때, 청국 정부는 미국을 조선에 중재하고 미국과 조선이 조약을 체결하도록 일종의 후견인 역할을 했습니다. 당시 리훙장은 뒤늦게야 청국 정부가 큰 과오를 범했음을 통찰했습니다. 그러므로 리훙장은 가능하면 모든 외국 대표들을 서울에서 철수시키고 단지 개방된 항구들에만 영사들을 두고 싶어 합니다. 그래서 지난해 그는 베이징 주재 미국공사 덴비[11]에게 서울을 위한 외교 업무도 동시에 맡을 수 있겠느냐고 제안했습니다. 그리고 프랑스 조약전권대사 코고르당[12]이 이곳 조선으로 떠나올 때는, 프랑스를 대표하는 부영사 한 명만을 조선에 파견하겠다는 약속을 받아내려고 했습니다. 데니의 조선 파견은 언뜻 그런 정책에 맞지 않는 듯 보입니다. 그러나 리훙장은 외국들의 무역에 대한 관심을 인정해야 한다고 믿었던 것 같습니다. 또는 혹시 외국 대표들과 분규가 벌어질 경우를 대비해 위안스카이 편이 되어줄 고문을 임명해야 한다고 믿었을 수도 있습니다. 그런데 리훙장은 예전의 묄렌도르프처럼 데니도 철저하게 잘못 판단했습니다. 첫째, 데니는 조선을 위해 성의를 다하고 조선의 발전을 도우려 하기 때문입니다. 둘째, 무엇보다도 데니는 청국 변리공사의 손에 놀아나는 꼭두각시가 아니라 주도적인 역할을 하려 하기 때문입니다. 그래서 데니는 만일 리훙장이 속임수를

---

11 [감교 주석] 덴비(C. Denby)
12 [감교 주석] 코고르당(F. G. Cogordan)

쓰고 있다는 것이 드러나면 리훙장과의 관계를 끊고 조선을 위해 일할 것이라고 선언했습니다. 그러나 데니는 자신이 조선에서 차지하는 위치를 과대평가했습니다. 조선인들은 데니를 전혀 존중하지 않습니다. 조선인들은 데니가 조선을 일으켜 세울 수 있는 계획들, 다시 말해 조선인들의 생각대로 조선 정부에 재원을 열어줄 계획들로 가득 차 있길 기대했습니다. 그 대신 데니는 미국의 실정에나 맞을 광산 시설, 토지 경작, 도로 등에 대한 방대한 논문들을 저술했습니다. 데니는 조선의 상황을 전혀 고려하지 않았고, 조선인들도 그의 제안들이 불합리하다는 것을 즉시 알아차렸습니다. 동양의 상황을 파악하려면, 당연히 현지에서 오랜 세월 지켜봐야 하고 무엇보다도 언어를 익혀야 합니다. 그런데 데니는 청국에서 영사 활동을 하는 동안 그럴 기회가 전혀 없었습니다.

다시 리훙장과 청국 이야기를 하자면, 본인은 청국이 조선을 무력으로 지배하려는 의도는 품을 수 없다고 봅니다. 만일 그렇게 되면 러시아가 즉각 전쟁에 나설 것입니다. 그런데 본인이 판단하기에, 러시아는 지금까지 청국이 조선에서 진정으로 두려워하는 유일한 강대국입니다. 일본은 "일본해"가 일본의 내해가 되어야 한다는 꿈을 이성적으로 단념했다고 추정할 수 있기 때문입니다. 또한 일본은 청국의 조선 침략에 현재로서는 더 이상 대항할 수 없다는 판단에 서서히 이른 듯 보입니다.

그러나 냉정하게 숙고해보면, 청국은 러시아가 설사 조선을 노린다 할지라도 수년 내에는 그 뜻을 실현할 수 없으리라고 확신하고 있음에 틀림없습니다. 우선, 원산[13]이나 조선 북동부의 다른 항구를 소유한다고 해서 러시아에게 과연 무슨 가치가 있을까 하는 의문이 들기 때문입니다. 물론 영국 신문들은 러시아가 부동항을 찾아서 남쪽으로 밀고 내려올 것이라고 말하고 있습니다. 그러나 그 신문들은 원산이 부동항임을 증명하지 못했습니다. 이곳에서도 그 점에 대해 확실히 알지 못합니다. 그러나 반대 의견 쪽으로 기울고 있습니다. 제물포조차도 완전히 얼지 않는 것은 아니기 때문입니다. 다른 한편으로는 블라디보스토크 시내에서 북쪽으로 불과 이삼 킬로미터 떨어진 Sobol만과 Kanassai만이 얼지 않는다는 사실이 거의 확실시되고 있습니다. 그런데도 러시아가 조선 북부의 항구 하나를 소유하려 했거나 또는 지극히 당연하게도 두만강 남쪽의 조선 해안지역을 점령하려 했다고 가정할 수 있습니다. 지도를 살펴보면, 청국이 단호하게 공격하는 경우에 러시아가 그 지역을 수호할 수 없다는 것을 알 수 있습니다. 아무르에서 두만강까지 비좁은 해안지대를 불과 몇 백 마일 더 연장시키는 것은 확실히 전략상으로 무모한 짓일 것입니다. 그것도 주민들의 호의를 기대할 수 없는 나라 안으로 말입니다. 러시아가 조선

---

13 [감교 주석] 영흥만(Port Lazareff)

을 탈취해서 고수하려면 먼저 황해에 이르는 만주 지역을 정복해야 합니다. 그리고 베이징 성벽 아래까지 밀고 내려가야 할 것입니다. 그런데 영국 신문들은 러시아가 조선으로부터 청국을 위협할 수 있을 것이라고 반대 의견을 표명합니다.

조선 외무독판의 권한대행이었던 서상우는 그다지 열광적인 청국파가 아닌데도 노골적으로 외국인을 증오합니다. 이달 8일 서상우는 조선 왕의 사절로서 수행원 몇 명을 거느리고 청국 포함에 올라 청국으로 떠났습니다. 그가 어떤 훈령을 받았는지는 알려지지 않았습니다. 그러나 분명 데니를 방해하는 임무를 맡았을 것입니다. 앞서 출발한 민영익 사절은 즈푸[14]에 도착한 후 수행원들을 버려두고 상하이로 갔습니다. 민영익의 파견은 오로지 그를 안전하게 멀리 떠나보내려는 구실이었습니다. 민영익이 그 자신의 일가, 즉 민씨 가문으로부터 살해 협박을 받았기 때문입니다.

지난 14일 동안, 제물포항에는 청국 군함 아홉 척 이외에 일본의 코르벳함 한 척과 "슬루프" 한 척, 그리고 영국 포함 두 척만이 있었습니다. 청국 군함 두 척은 지금도 제물포항에 남아 있습니다. 영국 포함 한 척은 영국 총영사가 베이징과 연락을 취하는 데 이용되는 배였고, 나머지 한 척은 동아시아 함대 제독을 위한 배였습니다.

어제 아침 독일제국 포함 "볼프(wolf)"가 제물포의 정박지에 도착했습니다. 크노르 해군 소장이 지휘하는 함대 소속의 상당히 큰 배도 제물포항을 찾으면 우리의 명성을 위해 바람직할 것입니다. 3년 전부터 조선인들은 독일 포함만을 보았습니다.

이 보고서 사본을 베이징과 도쿄 주재 독일제국 공사관에 보내겠습니다. 보고서 No. 53도 그렇게 했습니다.

켐퍼만

내용: 정치 상황

---

14 [감교 주석] 즈푸(芝罘)

No. 57의 첨부문서

사본
번역문

외무독판 김윤식이 다음과 같이 긴밀히 전달합니다.

무법자들이 거듭 허위 사실을 유포하며 위조문서를 작성하고 국새를 모조하고 외국인을 기만했습니다. 그래서 이미 작년에 본인은 앞으로는 외국인과 조선인 사이에 체결되는 모든 계약은 국가적인 것이든 개인적인 것이든 외무부 인장이 찍혀 있지 않으면 법적 효력이 없는 것으로 간주한다는 내용의 서신을 여러 공사관에 발송하기에 이르렀습니다. 그런데 최근 일본에서 온 남자를 통해, 김옥균이 국새를 소유하고 있으며 그것을 이용해 문서를 작성했다는 사실이 알려졌습니다. (일본인들에 의해) 법령이 제정됨으로써, 본인은 그 문서를 입수하는 데 성공했습니다. 그러나 본인이 정부와 협력해서 그 문서를 점검한 결과 위조된 것임이 밝혀졌습니다.

전하께서는 이러한 사실에 대한 보고를 들으시고 몹시 근심하고 계십니다. 그리고 그런 사기행각이 비밀에 부쳐져서는 안 된다고 하시며, (외국 대표들에게) 두 번째 통지를 보내라는 어명을 본인에게 내리셨습니다. 따라서 본인은 이번 사건과 과거의 사건들을 고려하시어 문서들이 명확하지 않고 외무부 인장이 찍혀 있지 않으면 휴지 취급하시길 귀하께 부탁드립니다.

1886년 9월 3일
독일제국 총영사
켐퍼만 귀하

베를린, 1886년 11월 4일   A. 13144, 13216

주재 외교관 귀중
하츠펠트 귀하

런던 No. 933
슈바인니츠,
페테르부르크
No. 804 4.

이쪽에서 조선의 상황과 관련해 지난달 21일 내린 발령에 이어, 본인은 다음과 같은 정보를 개인적으로 귀하께 알려드리게 되어 영광입니다. 청국 주재 독일제국 공사[15]가 9월 6일 텐진에서 보낸 보고서와 서울 주재 독일제국 총영사가 같은 달 14일에 보낸 보고서가 동시에 이곳에 도착했습니다. 그 보고서들에 따르면, 이제 (직례[16]; 감교자)총독 리훙장[17]도 러시아의 조선 강제합병 야욕에 대한 불안한 소문[18]들이 근거 없는 뜬소문임을 인정하고 있습니다. 그런데도 영국인들이 계속 거문도를 점령하고 있는 탓에 청국과 조선은 여전히 크게 동요하고 있습니다. 청국과 조선에서는 러시아가 영국의 거문도 점령을 구실로 내세워 조선의 적당한 항구를 점령하지 않을까 두려워하는 듯 보입니다.

그런 사태를 미연에 방지하기 위해 청국은 영국이 거문도를 포기할 것을 진지하게 바라는 것 같습니다. 위의 보고서들이 텐진과 서울에서 발송될 때까지도, 조선 문제를 책임지는 리훙장은 영국인들로부터 거문도에서 철수하겠다는 구속력 있는 확약을 받는데 성공하지 못했습니다. 오히려 영국인들은 영국이 중대한 정치적 이유 때문에 거문도를 계속 점령할 필요가 있다는 것을 설명하기 위해 아주 터무니없는 구실들을 둘러대고 있습니다. (베이징 주재 영국 공사; 감교자) 월샴은 무엇보다도 러시아나 독일 측에서 거문도를 점령하는 사태를 방지하기 위해 영국이 그 섬을 점령하고 있을 뿐이라고 리훙장 총독에게 말했다고 합니다. 이 두 열강 측에서 스스로 거문도를 점령하지 않겠다는 구속력 있는 성명을 발표하기 전에는 그 섬을 비워줄

---

15 [감교 주석] 브란트(M. Brandt)
16 [감교 주석] 직례(直隷)
17 [감교 주석] 리훙장(李鴻章).
18 [감교 주석] 조러밀약설

수 없다고 했다는 것입니다. - 그런데도 영국이 러시아가 개입할 수 있는 모든 구실을 제거하기 위해 거문도를 조선에 반환하는 결정을 내릴 것이라는 의견이 베이징과 서울의 외교관들 사이에 존속하고 있습니다.

서울 주재 독일제국 총영사[19]와 브란트는 조선에 대한 청국의 영향력이 나날이 증대되고 있으며 종내는 조선이 청국에 완전히 종속될 것이라는 점에서 의견이 일치합니다. 그러나 이 과정은 무력을 사용하는 일 없이 아주 서서히 진행될 것입니다. 청국 측에서 다른 열강들, 특히 러시아를 자극할 가능성이 있는 모든 것을 피하려 하기 때문입니다. 잘못하면 러시아가 조선의 이익을 대변하겠다고 나설 수 있습니다.

서울 주재 독일제국 총영사는 조선 정부의 진정한 의도를 지금까지 통찰하지 못했다고 말합니다. 그러기에는 지금까지 조선의 상황과 권위 있는 인물들에 대해 수집한 정보들이 너무 부족하다는 것입니다. 켐퍼만은 젊은 조선 왕이 주변의 친청파들에 맞서서 러시아에 보호를 요청하는 쪽으로 기울어질 수 있다고 추정합니다. 다른 한편으로는 영국이 비밀리에 청국과 합의해서 만일의 사태에 대비한다는 정황증거들이 있습니다. 그래서 영국과 청국 두 나라가 러시아의 개입에 공동 방어전선을 펼친다는 것입니다.

L. 11월 4일

---

19 [감교 주석] 켐퍼만(T. Kempermann)

31

조선의 정치 상황 관련

원문 p.603

발신(생산)일	1886. 9. 24	수신(접수)일	1886. 11. 6
발신(생산)자	홀레벤	수신(접수)자	비스마르크
발신지 정보	도쿄 주재 독일 공사관	수신지 정보	베를린 정부
	No. 42A		A. 13392

A. 13392 1886년 11월 6일 오후 수신

도쿄, 1886년 9월 24일

No. 42A

비스마르크 각하 귀하

서울 주재 독일제국 총영사[1]가 조선의 정치적 상황에 관해 지난달 24일과 27일 각하께 올린 보고서[2] 사본을 참조하라고 본인에게 보냈습니다. 본인은 그 소식들을 받고 무척 반가웠습니다. 조선에서 일어난 최근의 사건[3]들과 관련해 극히 상반되는 소문들이 이곳에 떠돌고 있기 때문입니다. 게다가 거의 모든 일본 대신들이 자리를 비우는 바람에 믿을만한 정보를 입수하기가 극히 어려웠습니다. 그래서 이곳에서는 보고 자체가 완전히 불가능한 상태였습니다. 지금은 대신들이 서서히 돌아왔습니다. 본인은 특히 이노우에[4]와 조선 문제에 대해서도 대화를 나누었습니다. 그런데 전반적으로 아주 정확하게 관찰했다고 생각되는 켐퍼만의 보고에 더 이상 덧붙일 말이 없는 것 같습니다. 일본은 조선에 어떤 식으로든 개입하는 것을 계속 자제하려는 듯 보입니다. 물론 청국이 조선에 군대를 파견하지 않는다는 것을 전제로 하고 있습니다. 그러나 일본은 일꾼이나 전신기술자로 위장한 청국 병사들 수백 명도 불문에 붙이려는 것 같습니다.

켐퍼만은 러시아 해군대신의 블라디보스토크 및 일본 여행에 대해 언급합니다. 그것은 조선의 소문과도 일치합니다. 그 여행은 적어도 원래는 이 사건들과는 아무 상관이

---

1 [감교 주석] 켐퍼만(T. Kempermann)
2 [원문 주석] 문서 A. 12532, 12440 삼가 동봉.
3 [감교 주석] 조러밀약설로 촉발된 위안스카이의 고종 폐위 주장 등의 일련 사건.
4 [감교 주석] 이노우에 가오루(井上馨)

외무부 정치 문서고 조선 관계 문서(1885.12.16~1886.12.31) **271**

없었을 것입니다. 나이 많은 해군대신이 이른바 건강상의 이유로 계획한 이 여행은 이미 몇 달 전부터 예고되어 있었습니다. 그리고 러시아 공사관에서 예상했던 것보다 느리게 진행되었습니다. 그런데도 직무상의 목적들이 이 여행의 근저에 깔려 있었을 가능성이 매우 다분합니다. 그러나 본인은 그 목적들을 정치적인 면보다는 행정적인 면에서 찾고 싶습니다. 해군대신은 먼저 블라디보스토크로 향했습니다. 블라디보스토크의 항만시설 등등은 이미 알려진 바와 같이 상트페테르부르크에서 감독하기 어렵습니다. 해군대신은 당연히 거문도를 잠깐 방문했으며, 그런 후에야 비로소 일본에 도착했습니다. 그는 일본에서 공사관 호텔 방에 완전히 칩거해 일주일을 보냈습니다. 해군대신은 매우 쇠약한 상태였다고 전해지며 외국 대표부의 그 누구와도 접촉하지 않았습니다. 그러나 일본 정부에게 특별대우를 받고 훈장을 수여받았습니다. 따라서 해군대신이 그 기회를 이용해 일본과 협상했을 가능성을 결코 배제할 수 없습니다. 해군대신은 러시아가 조선에서 벌이는 모종의 작전을 지원하기에 적합한 협정을 일본과 맺었을 수 있습니다.

홀레벤

내용: 조선의 정치 상황 관련

추신

베이징 주재 독일제국 공사가 금년 9월 6일과 10일에 각하께 보고서[5]를 올린 바 있습니다. 그 보고서 사본이 방금 본인에게 전달되었습니다. 본인은 일본 해군대신 사이고[6]의 유럽 여행이 브란트가 추정하는 것보다는 조선 문제와 밀접한 관계가 없다고 생각한다는 말을 그 보고서들에 덧붙이고 싶습니다. 현 정부, 아니 현 총리라고 말하는 편이 더 낫겠습니다. 현 총리의 평화정책을 사이고가 방해할 가능성은 없었습니다. 해군대신의 미국과 유럽 순방은 사실상 공무여행보다는 유람여행의 성격을 띠고 있습니다. 이 여행은 그가 최근 올바르게 처신하려고 최선을 다한 것에 대한 인정의 표시로 간주될 수 있을 것입니다. 그에 비해 구로다[7]의 여행은 불편한 반대자 겸 경쟁자에게 일거리를 주어서 적어도 잠시나마 그에게서 벗어나고자 하는 이토[8]의 소망에 부합한다고 본인은 생각합니다.

홀레벤

---

5 [감교 주석] A. 13144, 13147 삼가 동봉.
6 [감교 주석] 사이고 쓰구미치(西鄕從道)
7 [감교 주석] 구로다 기요타카(黑田淸隆)
8 [감교 주석] 이토 히로부미(伊藤博文)

사본

A. 15365에 첨부

I. 외무부 장관은 브란트가 조선의 총영사 켐퍼만[9] 측으로부터 받은 보고서들을 경우에 따라서는 직접 수정할 수 있어야 한다는 제안을 수용했다 - 단 정보가 확실해야 한다는 전제조건이 있다. 베이징에서 받은 보고를 토대로 수정해서 조선에 보내게 되면 서울에 너무 늦게 도착하기 때문이다. 아울러 외무부 장관은 브란트의 입증된 용의주도함과 신중함을 신뢰한다고 말했다. 또한 우리 사절단들 사이의 공식적인 서신왕래가 일반적으로 우리의 관습에 부합하지 않기 때문에 브란트가 적절한 선을 유지해야 한다고 덧붙였다.

II. 런던 대사관 기밀 정보용
베를린, 1886년 12월 20일
베르헴

---

9 [감교 주석] 켐퍼만(T. Kempermann)

외무부
A편

외무부 정치 문서고 조선 관계 문서

1887년 1월 1일부터
1887년 11월 14일까지

제8권
참조: 제9권

조선 No. 1

조선 1 목차 Vol. 8	문서번호
도쿄발 11월 28일 자 보고서 No. 68. 청국과 조선 양국 관계에 대한 이노우에.	293 1월 9일
사본: 베이징발 11월 30일 자 보고서 216. 미국 공사관의 일등서기관은 워싱턴의 지령에 따라 서울로 떠나 갔다.	425 1월 13일
서울발 12월 27일 자 보고서 No. 77. 조선에 관한 러시아와 청국의 상호 양해. 서울 주재 영국 대표들 간의 소동. 미국의 레드북(외교문서집), 수치스러운 공표. 왕에게 상소한 청국 대표의 건백서.	2271 2월 23일
베이징발 2월 1일 자 보고서 No. 228. 조선에 체류 중인 미국 해군 장교(슈펠트와 포크)를 겨냥한 영국 신문의 공격.	4245 4월 4일
베이징발 1월 5일 자 보고서 No. 33. 조선의 내정 불간섭에 관한 러시아와 청국 간의 협정이라고 하는 것.	4194 4월 4일
상하이발 2월 19일 자 보고서 No. 29. 슈펠트와 포크에 대한 공격을 실은 상하이-쿠리어지의 발행호.	4251 4월 4일
미국 해군장교 슈펠트 및 포크에 관련하여 도착한 보고서에 대한 Geh, Leg, R, 린단 박사의 기록.	4316 4월 5일
베이징발 3월 4일 자 보고서 No. 63. 조선에 관한 청국의 계획들이라고 하는 것에 관한 풍문.	4946 4월 19일
베이징발 3월 7일 자 보고서 No. 66. 조선 주재 미합중국 대표부 관련. 기타 인사에 관한 사항.	4948 4월 19일
베이징발 3월 21일 자 보고서 No. 76. 조선에 체류 중인 미국 해군 장교들을 겨냥한 영국 신문들의 공격. 이에 대한 미국 측으로부터의 반격.	6160 5월 16일
5월 16일 자 베를리너 타게블라트지. 묄렌도르프의 조선 관직 재취임.	6180 5월 16일
워싱턴발 5월 6일 자 보고서 No. 223, 조선에서 미국의 영향력 관련. (5월 21일 베이징 10에 전달)	6371 5월 21일
베이징발 4월 11일 자 보고서 No. 114, 조선의 일반적인 정치 상황 관련.	6769 5월 31일

서울발 5월 2일 자 보고서 No. 33, 포크 소위를 제거하려는 청국의 협박적 태도 관련.	7563 6월 19일
서울발 5월 21일 자 보고서 No. 36, 제물포 및 거문도항에 정박 중인 청국함대 관련.	8458 7월 10일
베이징발 6월 1일 자 보고서 No. 150. 청국의 대 조선 관계.	9077 7월 25일
베이징발 6월 19일 자 보고서 No. 173. 조선에서 미국 해군무관 포크의 처신으로 인해 일어난 분규.	9637 8월 7일
베이징발 7월 5일 자 보고서 No. 184. 포크의 해임.	10363 8월 24일
베이징발 7월 13일 자 보고서 No. 196. 조선에서 포크의 지위.	10798 9월 4일
베이징발 7월 21일 자 보고서 No. 207. 제주도에서 있었다고 하는 청국인, 일본인 및 조선인 사이의 충돌.	10805 9월 4일
서울발 7월 1일 자 보고서 No. 55. 미국 해군무관 포크의 해임.	10860 9월 6일
서울발 87년 7월 9일 자 보고서. 일본 왕성 주재 조선 변리공사로 민영준 임명.	10861 87년 9월 6일
베이징발 87년 7월 25일 자 보고서, 서울의 미국 해군무관 포크의 해임 관련.	11321 87년 9월 18일.
서울발 87년 7월 26일 자 보고. 조선 외아문 독판 김윤식의 해고. 후임자로서 서상우의 임명.	11362 87년 9월 19일
서울 65발 87년 9월 20일 자 Erl. n. 함부르크, 외국인과 조선 국적인 사이의 조약 체결 시 조선 외아문 관인의 남용 관련.	11362 87년 9월 19일
베이징발 87년 8월 18일 자 보고서. 민영익의 도피성 조선 출발. 런던 852, 페테르부르크 734에 전달.	11847 87년 10월 2일
서울발, 8월 30일 자 보고 no, 68, 박정양 내아문 협판에 임명 및 심상학 북미 합중국 주재 공사로 임명 따라서 구라파 5개 조약체결국들에 대한 공사도 겸임. 조선 정부의 이와 같은 조치에 대한 서울 주재 청국 대표의 격분.[1]	12731 pr, 87년 10월 21일. 참조. Korea no, 8,[2]

베이징 238발 8월 25일 자 보고서. 민영익과 그의 조선 출발에 대한 공사관 서기관 케텔러 남작과 리홍장과의 면담. 10월 17일 페테르부르크 750 및 런던 869에 전달	12510 87년 10월 17일
서울 65발 8월 10일 자 보고서. 조선으로부터 미국 해군무관 포크의 해임. – 사본 10월 20일 워싱턴 82에 전달.	12605 87년 10월 19일
서울발 8월 12일 자 보고서 No. 66. 조선 관리 민영익이 러시아 군함을 타고 즈푸[3]로 출발한 사건.	12606 87년 10월 19일
9월 9일 자 동 보고서 248. 민영익의 동향; 9월 1일 민영익의 상하이 도착.	13158 87년 10월 31일
9월 21일 자 동보고 254. 조선 왕에 의한 워싱턴 및 구라파에 관한 외국 대표임명. 그 결과 청국 대표가 그의 가족 및 공사관원들과 함께 서울을 떠나 제물포로 출발; 리홍장을 통하여 그가 서울로 돌아오게 하려는 시도. 리홍장에 의하여 조선 왕의 고문으로 임명된 미국인 데니는 톈진에서 대기하고 있다. 그의 후임에는 영국인 딘이 취임한다고 한다. Petersburg 809. London 955, Washington 90에 전달[4]	13907 87년 11월 14일 참조, Korea no, 8.[5]
도쿄 105발 9월 19일 자 보고서. 일본 주재 조선 공사관 설치를 목적으로 조선 변리공사 민영준 도착. 천황은 처음에 그를 불접견.	13448 87년 11월 5일
베이징발, 9월 28일 자 보고 no, 265. 천황의 탄생일 축하를 목적으로 베이징에 온 조선사절을 보통 진공국[6] 사절이나 마찬가지로 취급. 조선 문제에 대한 청국 정부의 태도변화. 리홍장은 조선 왕에게 미국 및 구라파에 공사를 파견하지 말도록 간절히 만류하였다고 한다. 11월 15일 사본을 London959에 전달.[7]	13908 pr, 87년 11월 14일 참조 Korea no, 8.[8]

---

1 [감교 주석] 원문에는 취소선이 표기됨.
2 [감교 주석] 원문에는 취소선이 표기됨.
3 [감교 주석] 즈푸(芝罘)
4 [감교 주석] 원문에는 취소선이 표기됨.
5 [감교 주석] 원문에는 취소선이 표기됨.
6 [감교 주석] 진공국(進貢國)
7 [감교 주석] 원문에는 취소선이 표기됨.
8 [감교 주석] 원문에는 취소선이 표기됨.

청국과 조선

발신(생산)일	1886. 11. 28	수신(접수)일	1887. 1. 9
발신(생산)자	홀레벤	수신(접수)자	비스마르크
발신지 정보	도쿄 주재 독일 공사관	수신지 정보	베를린 정부
	No. 68A		A. 293
메모	1월 11일 페테르부르크, 런던 전달		

A. 293 1887년 1월 9일 오전 수신

도쿄, 1886년 11월 28일

No. 68A

기밀

비스마르크 각하 귀하

이노우에[1]는, 그가 최근 조선으로부터 받은 비밀 사신[2]에 따르면 묄렌도르프[3]의 후임으로 알려진 데니[4]가 리훙장[5]을 방문하고 돌아온 후 리훙장이 그(데니; 번역자)에게 청국에 의한 조선합병이 목전에 임박한 것으로 말한 것에 대해 의견을 표명했다고 최근 본인에게 말해주었습니다. 특히 리훙장은 청국이 해밀턴항[6]을 최종적으로 양도하든지 혹은 기타의 이권을 승인해주는 데 대한 대가로 영국의 동의 내지 지지를 기대할 수 있을 것이라고 말하면서 실은 이 점에 관해서 청국과 영국 간에 이미 합의가 이루어졌다고까지 말했다는 것입니다.

본인은 청국과 조선 양국 간의 관계에 대해 너무나 소원하므로 본인이 들은 그대로 이 소식을 전하는 데 국한하겠고, 이노우에의 정보가 과연 믿을만한 것인지, 또 예를 들면 리훙장이 데니에게 이러한 방식으로 자신의 비밀을 털어놓았다는 것이 과연 있었

---

1 [감교 주석] 이노우에 가오루(井上馨)
2 [감교 주석] 사신(私信)
3 [감교 주석] 묄렌도르프(P. G. Möllendorff)
4 [감교 주석] 데니(O. N. Denny)
5 [감교 주석] 리훙장(李鴻章)
6 [감교 주석] 거문도(Port Hamilton)

을법한 일인지에 대해서는 어떤 논평도 자제하겠습니다. 그러나 이노우에는 사태가 그가 본인에게 설명한 그대로라고 믿고 있고, 또 일본은 조선에 대한 강제적 행위를 용인할 수 없다고 생각하고 그런 이유에서 일본은 어쩌면 러시아가 중요한 역할을 하게 될지도 모를 모든 경우의 수에 대비하여 만반의 준비를 해놓아야 한다는 것이 그(이노우에; 번역자)의 견해라는 것만큼은 분명하다고 본인은 생각합니다.

추신. 위 보고서의 사본은 베이징 주재 독일제국 공사관에 전달되었습니다.[7]

홀레벤

내용: 청국과 조선

---

7 [감교 주석] 원문에는 '추신 ~ 전달되었습니다.'에 취소선이 표기됨.

베를린, 1887년 1월 11일 A. 293

주재 외교관 귀중
1. 페테르부르크 No. 30
5. 런던 No. 27

기밀

쉬르너 참조

청국과 조선에 관한 도쿄 주재 독일제국 공사[8]
의 보고서 사본을 첨부하여 기밀정보로 전달합
니다.

---

8 [감교 주석] 홀레벤(T. Holleben)

02

[록힐의 서울 주재 미국 공사 임명 건]

발신(생산)일	1886. 11. 30	수신(접수)일	1887. 1. 13
발신(생산)자	브란트	수신(접수)자	비스마르크
발신지 정보	베이징 주재 독일 공사관 No. 216	수신지 정보	베를린 정부 A. 425
메모	1월 13 런던 전달		

사본

A. 425 1887년 1월 13일 오전 수신

베이징, 1886년 11월 30일

No. 216

비스마르크 각하 귀하

이곳(청국; 번역자)의 미합중국 공사관 일등서기관 록힐[1]은, 서울에 서기관을 보내어 그곳 변리공사의 업무를 인수하도록 하라고 워싱턴으로부터 동일 공사관에 내려온 전보 지시에 따라 오늘 베이징을 떠나 조선으로 가는 여행길에 나섰음을 보고드립니다.

워싱턴으로부터 이와 같은 지시가 내려진 이유에 대해서는 이곳에서 아무것도 알지 못합니다만, 개인 자격으로만 서울에 체류 중인 슈펠트[2] 제독이 그곳에 있는 상황에서 위계질서 상의 이유로 그곳의 외교 대표 역할을 지금까지 대리공사로서 그 역할을 해왔던 해군무관 포크[3]에게 맡기려 하지 않았다는 것이 불가능한 일만도 아닐 것입니다.

브란트

원본은 China 11

---

1 [감교 주석] 록힐(W. W. Rockhill)
2 [감교 주석] 슈펠트(R. W. Shufeldt)
3 [감교 주석] 포크(G. C. Foulk)

조선에 관한 러시아와 청국의 상호 양해, 서울 주재 영국 대표의 소동. 미국의 레드북(외교문서집)의 수치스러운 공표. 조선 국왕에게 상소한 청국 대표의 건백서

발신(생산)일	1886. 12. 27	수신(접수)일	1887. 2. 23
발신(생산)자	쳄퍼만	수신(접수)자	비스마르크
발신지 정보	서울 주재 독일 총영사관	수신지 정보	베를린 정부
	No. 77		A. 2271
메모	s. Chiffre Peking A 6 26. 2 연도번호 No. 709		

A. 2271   1887년 2월 23일 오전 수신, 첨부문서 1부

서울, 1886년 12월 27일

No. 77

기밀

비스마르크 각하 귀하

러시아 대리공사[1]는 어제 저녁 본인에게 기밀로 전달해주기를, 러시아와 청국 간에 잠정적으로 구두상의 것이기는 하나 양국은 금후 조선의 내정에 간섭하지 않겠다는 협정[2]이 맺어졌다는 소식을 들었다고 합니다.

그가 생각하기에 이 합의는 이미 지난 9월에 이루어졌다고 합니다. 즉 청국 주재 러시아 대리공사 라디젠스키[3]가 당시 이곳의 사태 때문에 톈진에 간 일이 있었는데 그때 그는 러시아가 라자레프항(원산: 번역자)을 노리고 있다는 소문이 계속해서 떠돌고 있는 것과 조선에 대한 보호국 관계라고 하는 것은 영국의 외교관과 신문들이 청국과 러시아를 선동하기 위해 날조한 것에 불과하다고 리훙장을 완전히 설득하였다고 합니다.

베베르가 얼마 전부터 조선을 대하는 청국의 태도에서 어떤 변화가 일어나리라는

---

1   [감교 주석] 베베르(K. I. Weber)
2   [감교 주석] 리훙장-라디젠스키 협정
3   [감교 주석] 라디젠스키(Ladygensky)

확신에 도달하였다고 믿고 있음을 본인도 모르는 바는 아니었습니다. 이미 2주일 전에 일본인들은 그 협정에 관한 소식을 들었고, 이에 스기무라[4] 대리공사는 망연자실하여 본인한테서라면 안심할만한 정보를 얻을 수 있으리라는 막연한 희망을 품고 본인을 찾아왔습니다. 부언으로 드리는 말씀입니다만, 이곳의 일본 외교관들은 아주 미숙하고 자립심 없는 사람들입니다. 본인이 일본에 있었던 시절로 인해 그들은 본인을 마치 자기네 사람이라도 되는 양 생각하고 곤란한 일을 당할 때마다 본인을 찾아와 조언도 구하고 위로를 받아가기도 합니다. 스기무라는 러시아와 청국 양국 간의 합의는 어떤 제3국의 간섭도 저지하도록 한다는 것을 들은 일이 있다고 주장하였습니다. 그러나 베베르는 이 협정이 그와 같은 효력 범위는 가지고 있지 않다는 것을 어제 본인에게 확언해주었습니다.

하지만 그런 일과 관 없이도 알 수 있는 것은, 일본이 금후 조선의 운명은 러시아와 청국 양국의 손 안에 있고 또 조선은 이전에 반도에서 가지고 있던 주도적 지위를 최근에 와서는 주장할 수 없게 되었으며 이제는 그마저 공식적으로 빼앗겼음을 러시아와 청국이 드러냈다는 인상을 떨쳐버릴 수 없을 것이라는 점입니다. 뿐만 아니라 조선과 청국의 관계는 얼마 전부터 극도로 긴장[5]되어 있고 또 청국은 러시아와 타협을 보게된 지금에 와서는 류큐 제도[6]를 탈환하려고 온 힘을 기울일 수 있으리라는 우려도 수긍이 갑니다.

베베르는 끝으로, 리홍장은 라디겐스키로부터 들었다고 하는 해명을 통해 그 밖에 또 영국의 의사에 반하여 해밀턴항[7]의 반환을 요구한다는 결단을 내리게 되었다고 본인에게 말하였습니다.

본인은 8월 사건에 관한 본인의 보고서에서 청국 변리공사의 행동에 대한 책임은 영국 내지 총영사 베버[8]에게 있다고 썼습니다. 영국 영사관 업무의 내부관계를 드러낸 최근의 우발사건들은 본인의 견해가 올바름을 완전히 입증해주었습니다.

베버는 러시아의 점령 계획이 적발됨에 따라 영국 정부의 관점에서 보아 이곳의 직책에 대한 그의 무능이 충분히 입증된 셈이므로 영국 정부는 이미 수개월 전에 그의 좌천을 결정하고 그에게 버마의 어떤 직책을 제안하였습니다. 그러나 그는 건강상의 이유로

---

4 [감교 주석] 스기무라 후카시(杉村濬)
5 [감교 주석] 제2차 조러밀약설 제기와 위안스카이의 고종 폐위 주장
6 [감교 주석] 류큐(琉球), 현재 오키나와
7 [감교 주석] 거문도(Port Hamilton)
8 [감교 주석] 베버(Baber)

그것을 거절하였습니다. 사실 그는 말라리아에 걸려 누워 있었고, 또 정치적 실패로 인해 극도의 정신 착란증에 빠져 있었습니다. 4주 전에 그의 상태는 매우 심각했기 때문에 그는 포함을 타고 제물포로 실려 와야만 했습니다. 그러나 그곳에서 그는 곧 다시 건강을 회복하게 되었고, 베이징 주재 공사관에 근무 불충실의 이유로 제물포 주재 부영사 파커[9]를 상대로 소송을 제기하기 시작했습니다. 그 사이에 이곳 총영사관의 관리책임자 역할을 맡게 되었던 파커는 어느 날 갑자기 제물포로 돌아왔습니다. 그런데 그는 이 역할을 이제 완전히 내려놓은 것 같습니다. 수일 전 그는 이곳에 잠깐 나타났으나 총영사관에는 들르지도 않고 그 대신 전신국에 가서 베버가 1년간 런던과 베이징으로 발신했던 모든 급전보를 베껴 썼습니다. 그리고 나서 그는 러시아 대리공사 베베르를 찾아가서, 만약 청국이 조선을 건드리지 않는다면 러시아 황제도 조선을 내버려두겠다고 약속한다는 문서상의 성명서를 요구하였습니다. 베베르는 당연히 파커가 현재 온전한 책임능력을 갖추고 있지는 않다고 믿게 되었습니다. 예전부터 그는 극도로 긴장해 있었던 터였습니다. 그리고 나서 대화를 나누던 도중, 파커는 나중에 본인과 데니[10]에게도 부분적으로 반복했던 다음과 같은 말을 하였습니다. 즉 그가 제물포에서 러시아 현안에 대해 베이징에 허위 보고를 했다는 이유로 베버가 그를 고발했다는 것입니다. 말하자면 베버는 러시아의 조선 점령이 목전에 임박한 것으로 묘사한 반면에 그(파커)는 그러한 위험은 전혀 없다고 의무에 따라 보고하였다는 것입니다. 베버의 고발에 맞서 자신을 변호하기 위해 그는 러시아가 조선에 대해 결코 아무런 야망도 품지 않았다는 증거를 제시하려 하고 그래서 베베르에게 이에 대해 증언을 해주기를 간청하는 것이라고 합니다. 그는 계속해서, 조선의 북부 항구에 러시아 전함이 출현했을 때 베버가 이에 대한 비상경보 전보를 발신함으로써 청국의 조선 점령을 유발하려 하였고 또 위안스카이[11]의 8월 조치[12]를 일일이 지휘하였다고 이야기하였습니다.

파커가 그러한 방법으로 자신의 전 상사와 자신의 정부를 외부세계에 들추어내 망신을 준다는 것은 국외자의 입장에서 보면 그의 신빙성을 뒤흔들 수도 있습니다. 그렇긴 해도 이 사람은 매우 유별난 사람이고, 또 해고가 임박해 있다는 사실을 고려해야만 할 것입니다. 그런 이유에서 그는 총영사관에 남겨진 베버의 사적 서신교환 전부와 모든 메모책을 접수하여 그의 일이 잘 안 풀릴 경우에 그것들을 공개함으로써 영국의 비열한

---

9 [감교 주석] 파커(Parker)

10 [감교 주석] 데니(O. N. Denny)

11 [감교 주석] 위안스카이(袁世凱)

12 [감교 주석] 위안스카이의 고종 폐위 시도.

정책(그는 데니에게 이렇게 말하였습니다)을 전 세계가 보란 듯이 낙인찍으려 하는 것이기도 합니다.

영국은 지금까지 두 사람의 서울 주재 대표로 인해 결정적으로 불행한 사태를 당했습니다. 베버는 조선을 청국의 지배하에 놓으려고 하였으나 그의 미숙한 조치로 말미암아 청국과 영국을 난처한 상황에 빠지게만 하였습니다. 그의 선임인 애스턴[13]은 지금에 와서는 널리 분명해져 있는 바와 같이 일본의 보호국 관계를 이끌어내려 했고 이 목적을 위해 일본 공사 다케조에[14] 및 조국의 배신자 김옥균과 공모 내지 1884년 12월의 반란[15]을 방조하였습니다. 그러나 이로 말미암아 일본은 그때까지 조선에서 행사해오던 영향력을 모두 잃어버리게 되었습니다.

본인은 이 자리에서, 이곳의 외국 대표들한테서 행하여지고 있는 도덕을 밝혀내기 위해서는 그 밖에도 이곳 미국 공사관 소속 해군무관 포크[16]의 보고서에 유의하시도록 하지 않을 수 없습니다. 이 보고서는 올해의 미국 레드북(미국의 외교문서집; 번역자)에 납득하기 어려운 방식으로 공개되어 있습니다. 비교적 오랜 시간 동안 여러 차례에 걸쳐 대리공사로 활동한 바 있는 이 사람의 인격은 이 보고서에서 추악하게 비쳐지고 있습니다. 포크는 그의 보고서에서 1884년 12월의 정변에 이르기까지의 상황과 사건들을 묘사해놓고 있습니다. 정세와 당파에 관한 그의 서술은 전적으로 틀리고 놀라우리만치 빈약한 관찰력을 입증해주고 있습니다. 비천한 당파성으로 왜곡되어 있는 부분도 더러 있습니다. 외국 대표부의 구성원인 이 사람은 게다가 아무런 거리낌도 없이 이야기하기를, 집권당[17]에 맞서 싸울 무기들이 자신의 감시하에 성내에서 주도면밀하게 빼내어졌고, 또 이 반란은 정부가 진보적 이해관계에서 체결된 조약들을 이행하기 위해 조성되었다고 하는 기금을 관리할 권리를 자신의 친구들(즉 반란자들)에게서 빼앗았기 때문에 이것이 원인이 되어 계획하게 되었으며, 반란자[18]들은 집권당의 수뇌들을 살해하려는 그들의 계획을 되풀이해서 그에게 알려주었다는 것입니다.

포크는 정부사업 촉진을 위해 그가 손잡았던 몇몇 미국인에게는 반란의 발발을 조심하라고 미리 경고하였으나 위협을 받고 있다가 12월 4일 밤에 살해된 조선 관리들에게는 아무 경고도 하지 않았습니다. 그는 스스로 조심하느라 사건 전날 여행을 떠났습니다.

---

13 [감교 주석] 애스턴(W. G. Aston)
14 [감교 주석] 다케조에 신이치로(竹添進一郎)
15 [감교 주석] 갑신정변
16 [감교 주석] 포크(G. C. Foulk)
17 [감교 주석] 민씨 척족과 친청파
18 [감교 주석] 갑신정변 주도세력

그는 자신이 자랑하고 있는 개화당과의 관계를 더욱 신빙성 있게 하기 위해서, 자신의 감시하에 빼돌린 그 무기는 바로 그 자신이 조달해주었던 것이고, 또 진보적 이해관계에서 체결된 그 계약들이란 그가 맡기로 한 화약공장, 내항능력 없는 기선의 전기 조명, 수많은 농업기계, 미국산 종우[19]였음을 언급했었어야 합니다.

포크는 2주 전까지만 하더라도 대리공사였습니다만, 그 후로 베이징 주재 공사관 일등서기관 록힐[20]로 교체되었습니다. 록힐은 첫 인상으로 판단해보자면 단정한 사람인 것 같습니다. 포크는 그 자신이 해임을 요청했다고 주장하고 있습니다. 그렇지만 그가 미국으로 돌아가려 하는 것은 오직 자신의 면직을 유발하고 왕한테서 위임받은 대로 군사 사절을 모집하기 위해서라고 합니다. 그러나 청국 공사가 왕에게 제시하기 위해 문제의 그 레드북에 몰두하였으므로 조선에서의 포크의 경력은 머지않아 끝날 것입니다.

수개월 전에는 또 다른 미국 해군장교인 슈펠트[21] 제독이 이곳에 도착하였습니다. 그는 미국과 조선 간의 조약을 체결[22]한 바 있는 인물입니다. 그의 말에 의하면 왕의 초청을 받고 왔다고 합니다. 그는 데니의 주선으로 이곳에 체류하면서 그의 경험으로 정부를 도와달라는 왕의 서면 요청을 받았습니다. 그는 무상 주택만 제공받을 뿐, 급료는 안 받습니다. 그의 말에 의하면 그는 휴가 중일 뿐이므로 외부의 직무를 받아서는 안 된다고 합니다. 그는 데니와 러시아 대리공사[23]의 여러 가지 행동을 가차 없이 비판함으로써 왕의 고문이라는 자리에서 업무를 개시하였습니다. 그 결과 그(슈펠트 제독; 번역자)에 대해서 이 두 사람(데니와 러시아 대리공사; 번역자)이 처음에 가지고 있던 우호적 관계는 치명적인 적대관계로 변했습니다. 그가 도대체 무엇을 노리고 있는지는 아무도 모릅니다. 몇몇 사람들은 그가 공석 중인 미국 변리공사직을 희망하고 있다고 추측하고 있습니다. 그는 어떻게 하면 이 나라에 도움이 되도록 할지 지금까지 적극적인 제안을 한 일도 별로 없습니다. 그의 이야기를 좀 오랫동안 듣고 있노라면 그는 청국과 리홍장[24]을 극도로 싫어한다고 노골적으로 털어놓는가 하면 또 그(리홍장; 번역자)가 금세기의 가장 위대한 정치가들 중의 한 사람임을 믿는다고 말하기도 합니다.

청국 대표 위안스카이[25]도 지난 주 다시 한번 항간의 화제가 되었습니다. 이번에는

---

19 [감교 주석] 종우(種牛)
20 [감교 주석] 록힐(W. W. Rockhill)
21 [감교 주석] 슈펠트(R. W. Shufeldt)
22 [감교 주석] 조미수호통상조약
23 [감교 주석] 베베르(K. I. Weber)
24 [감교 주석] 리홍장(李鴻章)

왕에게 올린 건백서 때문입니다. 이 건백서는 이미 10월에 전달되었음에 틀림없습니다.[26] 그것에 대해서 본인은 곧바로 듣긴 했습니다만 그 사본은 입수할 수 없었습니다. 약 3주 전에 일본 신문들이 번역문을 싣고 본인이 몇 갑절 더 노력하고 나서야 비로소 본인의 통역관이 궁정에서 그 글을 복사할 수 있었습니다. 각하에게 이 글의 꽤 정확한 번역문을 첨부하여 전달해드립니다. 일본 신문에 공개된 것은 매우 축약되어 있습니다.

위안스카이는 이 건백서에서 서슴지 않고 자화자찬을 하고 있습니다. 즉 위기에 처한 이 나라를 자신이 수차에 걸쳐 구제하였다는 것입니다.[27] 그러나 이것은 청국의 입장에서 보아도 사실이 아닙니다. 그는 첫 세 개의 원칙으로 모범적인 국가행정의 조건을 제시하고 있습니다. 높은 귀족가문 출신만이 국정에 참여하여야 하며 비천한 출신은 안 된다고 하였습니다. 왕은 통치만 하면 되지 행정적으로 관리해서는 안 된다는 것입니다. 그러나 정작 청국 내에서는 이 세 가지의 요구와는 정반대되는 일이 일어나고 있습니다. 1884년 12월의 반란[28]인 김옥균과 그의 모든 공범자가 비열함과 사악함의 화신이었다는 것은 물론 사실입니다. 상류 귀족 가운데 재능이 있거나 고결한 정신을 가진 인사가 거의 단 한 사람도 없다는 것 또한 사실이며, 이 나라의 희망은 중인층에 있다는 것도 사실입니다. 그렇지만 위안스카이는 이 중류층에 속하는 사람들을 천하고 사악한 사람들이라고 부르고 있습니다. 절약에 대한 요구는 부당하지는 않습니다. 독일인들에게 설립을 위임한 전환국은 무의미한 것입니다. 이 나라에는 건물을 짓기 위해 필요한 재원조차 없으며 재정 보유고는 더 말할 나위도 없는 형편입니다. 양잠 도입을 목적으로 하는 뽕나무 재배도 마찬가지로 독일인 1명이 지도하고 있는데, 이것은 전환국과는 반대로 유익한 사업입니다. 위안스카이는 복지의 자원을 개발할 것을 권고하고 있습니다만, 그 자원을 어디에서 찾아야 하는지에 대해서는 알려주고 있지 않습니다. 매우 주목할 만한 것은 9번 원칙인데, 여기에서는 오직 인접국과의 우호관계에 대해서만 다루고 있는데 반해, 사실 이 자리야말로 왕에게 청국과의 종속관계를 상기시키는 자리였을 것입니다.

본인이 탐문한 바에 의하면 외아문 독판[29]은 이 건백서의 필자에게 큰 노고에 대해 최대의 사의를 표하면서 그 문서를 수령했음을 확인해주었다고 합니다. 그러나 이는 모

---

25 [감교 주석] 위안스카이(袁世凱)

26 [감교 주석] 『고종실록』 고종 23년(1886년) 7월 29일(양력 8월 28일)자 기사에는 조선대국론(朝鮮大局論)을 비롯해서 위안스카이가 고종에게 보낸 두 건의 건의서가 수록되어 있음. 본문에서 소개하고 있는 건백서의 경우, 실록에 실린 두 번째 글임.

27 [감교 주석] 임오군란과 갑신정변

28 [감교 주석] 갑신정변

29 [감교 주석] 김윤식(金允植)

든 사람들 사이에서 조롱과 폭소를 불러일으켰을 뿐입니다. 청국의 영향력은 최근 두 달 동안에 현저히 약화되었습니다. 고위 관리들의 청국 공관 방문은 매우 드물어졌고, 위안스카이는 이제 놀라우리만치 고분고분하고 점잖습니다. 최근 그는 시치미 뗀 표정으로 본인에게 외국인들이 도대체 무슨 까닭으로 그와의 교제를 기피하는가 하고 물었습니다. 러시아와 청국 양국 간의 합의[30]를 그도 역시 기정사실로 여기는 것 같습니다. 조선인들도 그것에 대해 알고 있다는 것은 다음과 같은 사실에서 드러날 것입니다:

상하이에서 발간되는 후바오[31]지에는 얼마 전에 청국 정부가 외국인들에게 조선의 관직을 마련해준다면서 청국 정부를 꾸짖는 기사가 실렸습니다. 외국인들은 그런 자리를 오직 반청국 음모를 꾸미기 위해서 이용하고 있다는 것입니다(묄렌도르프와 데니). 청국은 (조선; 감교자) 왕을 엄중히 감시하여야 한다고 하는데, 왜냐하면 왕은 편협하고 줏대 없는 사람이어서 청국에 적대적인 왕비가 시키는 대로만 하기 때문이라는 것입니다.

외아문 독판은 수일 전, 위에 언급해드린 신문 한 부를 입수하였습니다. 이전에 위안스카이와 각별한 친구 사이였던 그는 그리고 나서 즉시 이 신문의 탄압과 해당 필자에 대한 본보기적 처벌을 요구하는 각서를 위안스카이에게 보냈습니다. 위안스카이는 지금까지 이에 대한 회답을 아직 하지 않고 있습니다.

본 보고서의 사본을 베이징과 도쿄 주재 독일제국 공사에게 발송합니다.

켐퍼만

내용: 조선에 관한 러시아와 청국의 상호 양해, 서울 주재 영국 대표의 소동. 미국의 레드북(외교문서집)의 수치스러운 공표. 조선 국왕에게 상소한 청국 대표의 건백서

---

30 [감교 주석] 리훙장-라디젠스키 협정
31 [감교 주석] 후바오(滬報)

조선 주재 독일제국 영사관 보고서 No. 77의 첨부문서

사본
외아문 독판의 알선으로 1886년 10월 조선 왕에게 제출된
청국 대표 위안스카이의 건백서 번역문[32]

조선의 대왕 전하께 위안스카이가 삼가 글을 올립니다:

본인이 한국(조선)에서 관직에 있은 지가 이제 5년이 되었습니다. 임오년(1882년)의 가을 또는 겨울에 이미 본인은 전하께서 신하들을 잘 다스리시고 부국강병을 이룩하시는 데 전심전력을 다하심을 인식하고 있었습니다. 전하께서는 낮이나 밤이나 깊이 우려하고 계심을 본인은 알고 있었습니다. 그러나 지금은 고귀비천 할 것 없이 모두 태만하며 나라는 망해가고 백성들은 빈곤에 시달리고 끔찍한 사건들이 빈발하고 있사오니 사태는 누란의 위험에 처해 있습니다.

작금의 상황은 전하께서 본디 통치를 통하여 일구어내려 하셨던 것과는 많이 동떨어져 있습니다. 사태가 여기에까지 이르게 된 데 대한 책임을 만약 전하께서 친히 지신다면 전하의 거처는 나라만큼이나 불안해질 것이며 이 책임을 전하의 궁정 관리들에게 지게 한다면 그 진실한 근거가 정당화되지 못할 것입니다. 모든 악의 근거는 오히려 훌륭한 통치를 지향하는 노력이 행하여지는 것을 비열한 인간들이 방해하고 있다는 데서 찾아야 할 것입니다. 만약 나라를 잘 다스리려는 바람이 있으시다면 근년의 무계획적인 방편을 포기하여야 할 것입니다. 만약 지금까지 준수해 온 정책을 속행한다면 나라의 번영은 결코 도달될 수 없을 것이고, 오히려 안 좋은 일들이 더 많이 일어나지 않을까 우려하지 않을 수 없습니다.

갑신년(1884년)의 변란[33]을 회고해보건대, 김옥균은 전하의 환심을 사 뻔뻔스럽고 탐욕스러운 계획을 채택하게 하는 데 성공하였고, 그러는데도 어느 누구의 저지도 받지 않았습니다. 고관들은 처형당하였고 폭정으로 나라를 다스리고 국가의 안녕은 풍전등화와도 같게 되었습니다. 이 비열한 자들의 언행을 고찰해보면, 그들은 파렴치한 화술로 군주의 마음을 나쁘게 물들였고 외국의 원조로 나라를 부강케 하려 한다고 말하면서도 내심으로는 반란을 일으키려 했었다는 것을 알 수 있습니다. 이러한 자들의 위험한 영향

---

32 [감교 주석] 『고종실록』 고종 23년(1886년) 7월 29일(양력 8월 28일) 자 기사에 수록되어 있음.
33 [감교 주석] 갑신정변

력은 여전히 오랫동안 지속되고 있습니다. 전하께서 11월에 그들의 진정한 꿍꿍이속을 탐지하려 노력하시고 그들의 행동을 검토해보셨더라면 그들에 대해서 의심을 품게 되셨을 것이며 그들을 저지함으로써 저 극단적인 사태에까지는 이르지 않았을 것입니다. 만약 오랫동안 준비해온 그들의 계획이 실행에 옮겨지고 예상치 못한 어떤 사태가 일어났더라면 과거 수만 년 동안[34] 명백해진 바와 같이 전하의 마음은 그로 인하여 고통으로 채워졌을 것입니다. 다행스럽게도 국적들은 살해되었고 평온과 질서가 다시 회복되었습니다.

그제서야 본인은 저 악당들이 꾸미고 있던 그러한 비밀계획에 대해 결코 두려워할 필요가 없게 되었고 과거는 미래를 위한 거울이 될 것이라고 생각하였습니다. 따라서 본인은 이 나라는 위기를 극복하였다고 예감하였습니다. 그 후 본인은 휴가차 청국으로 가서 수개월 동안 그곳에 머물렀다가 지난겨울에 이곳에 다시 돌아와 본인의 (현재의) 직책[35]에 취임하였습니다. 그리고 나서 상황을 살펴본 결과, 모든 것이 제대로 돌아가고 있지는 않음을 알게 되었고, 이에 전하께서 나라를 보존하시고 신민들을 행복하게 해주실 수 있도록 혀와 입술이 마르고 닳도록 관리들에게 밤낮으로 경고하였던 것입니다. 그러나 본인의 힘이 그렇게 미약하지도 않고 판단력이 그렇게 우매한 것도 아니나 그저 말만으로는 아무 소용도 없었습니다. 급기야 8월의 그 사건[36]이 일어났던 것입니다. 비열한 인간들이란 평범한 가문 출신들이며, 고귀한 활동을 할 능력이 없기 때문에 오직 부를 챙기고 권력을 잡으려고만 애를 썼다는 데 이 사건의 근본적 원인이 있는 것입니다. 그들은 능변으로 전하의 귀를 놀라게 함으로써 전하의 신임을 획득합니다. 비열한 인간들이란 아첨하는 것을 창피해하지 않고, 그렇기 때문에 그들은 전하의 친구가 되는 것입니다. 전하의 신임과 우정을 획득하게 되면 그 후에는 그들은 점차 나라를 부강하게 하는 계획이라는 것을 전하께 올려 온갖 새롭고 기발한 생각들로 전하를 오도합니다. 만약 전하께서 이 사람들의 제안을 일단 받아들이기만 하신다면 전하께서는 더 이상 돌이킬 수 없게 됩니다.

정부를 튼튼하게 하기 위해서는 물론 시간을 두고 개선책을 도입해야만 합니다. 그러나 그런 비열한 인간들은 김옥균이 그 표본을 보이다시피 처음부터 정부를 전복하고 관리들을 살해하고 스스로의 치부와 권세를 목표로 할 뿐입니다. 주지하는 바와 같이

---

34 [감교 주석] 『고종실록』에는 '천백 년이 지나도'로 기술되어 있음.

35 [감교 주석] 주찰조선총리교섭통상사의(駐紮朝鮮總理交涉通商事宜)

36 [원문 주석] '8월의 사건'이라 함은 왕이 러시아와의 보호국 관계를 조사해보았다고 하는 서한을 가리킨다. 위안스카이는 말하자면 나라를 러시아에 팔아넘기려는 음모가 진행 중이었다고 믿고 있는 것이다.

잘못된 조언과 교활한 계획이란 쉽게 발각되는 법이긴 합니다. 본인은 전하께서 김옥균과 그 일당들이 전하께 올린 조언들을 기록하고 장롱에 보관케 하시어 후세의 귀감으로 삼기를 간절히 바라는 바입니다. 그리하여 만약 어떤 비열한 인간들이 전하께 올리는 그 내용이 김옥균 일당의 그것과 합치한다면, 그 인간들도 김과 같은 인간들이라고 생각하실 터이고, 그로써 전하께서는 오도되시는 일이 없을 것입니다. 이것은 간단명료한 원칙이며, 전하께 천거해드릴 더 좋은 원칙이란 없을 것입니다. 위로 밀치고 올라가려고 하는 비열한 인간들이란 언제나 부국강병의 계획들을 많이 품고 있는 법입니다. 그러나 그들이 일단 정권을 장악하기만 하면 그들은 국가를 파국에 빠지게 합니다. 만약 본인이 이 점에서 잘못 생각한 것이라면 본인은 이에 대한 처벌로서 눈과 혀를 뽑아내고 비열한 그 자들에게 굴복할 것입니다.

이곳에서 재임해 있던 5년 동안 수차례에 걸쳐 이 나라에 지대한 도움을 제공한 바 있는 본인으로서는 어찌 작금의 파국을 아무런 구제책도 강구함이 없이 그저 가만히 앉아 구경만 하고 있을 수 있겠습니까. 만약 쓴 약이 잘 들을 때가 많다는 것을 전하께서 시인하시고 또 괴로운 나머지 본인의 눈에서 눈물이 흐르고 입에서 침이 흘러 떨어지지 않도록 해주신다면 본인은 최고의 행복을 느낄 것입니다.

전하께 네 개의 비유와 열 개의 중요원칙을 올리오니, 명심하시기를 바랍니다.

첫 번째 비유: 나라의 보존은 일가의 보존과 같은 것입니다. 청국과 조선은 동서 간에 서로 인접해 있습니다. 만약 동쪽 집이 무너지면 서쪽 집의 뜰과 건물은 그대로 노출될 것입니다. 본인은 서쪽 집 출신이고 동쪽 집이 무너지는 것을 알아차렸기 때문에 날마다 대문 앞에 가서 "당신네 집은 즉시 수리해야 합니다. 그렇지 않으면 무너질 것입니다"라고 외칩니다. 분별 있는 사람들이라면 이 말을 듣고 친절히 대답하면서 본인의 말이 옳다고 인정할 것입니다. 그러나 어리석은 사람들은 "동쪽 집이 무너진다 한들 그것이 서쪽 집에 무슨 문제란 말인가, 나는 여기서 평안히 잘 살고 있는데", 이렇게 생각하면서 그들은 본인의 말에 응대를 하지 않을 뿐더러 오히려 본인을 미워할 것입니다. 서쪽 집에 사는 그런 사람들은 이에 분개해서 대문을 걸어 잠가 주추 기둥이 무너지는 소리가 들리더라도 더 이상 아무 말도 하지 않을 것입니다. 그러나 우호적인 사람들은 분노에 사로잡히지 않고 계속해서 경고를 되풀이할 뿐만 아니라 깜짝 놀라면서 집의 붕괴를 바라볼 것입니다. 본인은 이미 두 번이나 대리인으로서 (즉 왕의) 집을 수리한 바 있습니다. 본인으로서 지금 이 마당에 아무 근심도 없을 수 있겠습니까?[37]

---

37 [원문 주석] 이것은 1884년 12월에 일어난 김옥균과 그의 일당의 변란을 의미한다. 당시 군수사령관이었던

두 번째 비유: 조선은 물이 새어 들어오는 배와 같습니다. 선판은 썩어버렸고 돛대는 조각나버렸습니다. 만약 낡은 선판을 새로운 것으로 교체하고 돛대를 뽑아버린다면 배는 다시 처음에 있던 대로 돌아갈 것입니다. 그러나 지금은 그렇게 할 힘이 없으므로 이따금 그 틈새를 하나씩 살펴보고 그것을 메울 방도를 발견하는 것으로 충분합니다. 그러나 이 배를 타고 있는 사람들 중에는 비열한 인간들이 있어서 그들은 배 안에 있는 금을 착복하려 합니다.[38] 이 자들은 배가 수리되는 것을 원치 않고 오히려 배에 구멍을 뚫고 배는 침몰하고 그들은 그 보물을 가진 채로 구조되기를 원하고 있습니다. 본인은 목수이며 이 배를 이미 두 번이나 수리하였습니다. 전하와 전하의 신하들은 모두 이 배를 타고 있습니다. 만약 저 악당들이 이 배에 구멍을 뚫는 데 성공하든지 아니면 목수가 제때에 물이 새어 들어오는 구멍을 메우지 못하든지 한다면 이 배를 타고 있는 모든 사람이 어디로 떠내려가게 될지 모르겠습니다. 지난겨울 본인이 이곳에 돌아온 지 채 10개월도 지나지 않았습니다. 그런데 이 기간에 묄렌도르프 사건[39], 김옥균 사건[40], 그리고 8월 사건[41]이 일어났습니다.[42] 그때마다 이 배는 파괴되어 침몰할 위험에 처해 있었습니다. 그러니 목수인 본인으로서 어려운 시기를 겪지 않았겠습니까?

세 번째 비유: 나라를 이끄는 것은 병을 치료하는 것과 같습니다. 조선은 매우 위험한

위안스카이는 부대를 거느리고 왕궁으로 진격하여 일본인들에게 강제로 갇혀 있던 왕을 풀어주었다. 그후 일본군이 제물포에 상륙하여 서울을 향해 진격해오자 위안스카이는 굳센 용기라곤 조금도 입증하지 못한 채 혼비백산하여 도망치려고 하였다.

38 [원문 주석] 위에서 언급한 올해 8월의 그 사건

39 [감교 주석] 조러밀약설

40 [감교 주석] 1885년 12월 일본에 망명 중이었던 김옥균이 옛 자유당 계열의 불평정객 및 낭인들과 결탁해서 조선을 침략한다는 소문이 제기되었음. 이 사건은 옛 자유당 계열의 불평정객들이 조선으로 침투해서 당시 조선 정부를 무너뜨리고 혁신정부를 세우고, 그 과정에서 청일 간의 갈등이 증폭되었을 경우 일본 정부를 전복시키려는 계획에서 나온 것이었음. 그들의 계획은 1885년 11월에 일본 경찰에 의해서 발각(오사카 사건)되었으며, 김옥균 역시 옛 자유당 계열의 계획에 동조하지 않았음. 하지만 이 사건은 김옥균이 일본인들과 함께 조선을 내습할 것이라는 소문으로 비화되었음.

41 [감교 주석] 제2차 조러밀약설 및 위안스카이의 고종 폐위 요구

42 [원문 주석] 묄렌도르프 사건이란 아마도 동씨가 러시아에 보호조약을 제안한 것을 말하는 것 같다. 러시아의 공사관 서기관 슈뻬이예르가 1885년 조선 정부와 더 구체적으로 협의하기 위해 이곳에 왔을 때, 조선 정부는 묄렌도르프에게 그러한 권한을 부여한 바 없다고 부인하고 동년 말에 그를 해임하였다. 김옥균 사건이 무엇을 말하는지는 분명치 않다. 김은 올해 중반에 도쿄에서 그를 암살하려는 조선인에게 피습당하였다. 이 조선인에게서 김을 살해하라는 왕의 서면 명령이 발견되었다. 일본 정부는 이 살인범을 어떻게 처리할지 전보로 문의한 바 있는데, 그 후 조선 정부의 요구에 응하여 그는 조선에 압송되어 북쪽으로 유배되었다. 김은 결국 일본 정부에는 귀찮은 존재가 되었다. 일본 정부는 그에게 일본을 떠날 것을 요구하였으나 그는 이에 응하지 않았고, 오히려 일본 정부가 1884년 12월의 변란에 그와 함께 연루되어 있었기 때문에 그가 이 사실을 폭로하지 않도록 그를 기분 좋게 해주어야 할 것이라고 큰소리쳤으므로 일본 정부는 올해 8월, 그를 오가사와라 제도에 억류하였다.

하복부 염증을 앓고 있습니다. 이 병을 치료하려면 좋은 약을 투여해야 합니다. 그러나 이 약은 대단히 쓰기 때문에 이 약의 효능을 모르는 환자는 복용을 거부합니다. 이때 맛좋고 먹기 쉬운 약을 가진 사람이 나타나서 그 약을 권하면 환자는 그 단맛에 만족하여 그 약을 복용합니다. 그 약을 한 번 먹으면 병세는 악화됩니다. 그러나 두 번째 먹으면 환자가 그 먹기 좋은 약의 해독을 알게 된다 해도 치료는 완전히 불가능해집니다.

네 번째 비유: 나라는 사람의 몸과 같습니다. 아무리 예쁜 옷으로 몸에 걸치장을 한다 해도 몸 내부에 음식을 섭취하지 않는다면 그 몸은 어떻게 유지될 수 있겠습니까? 나라의 지도자는 우선 내부의 문제부터 개혁하여야 하며 그런 후에 외부적으로 눈에 띄는 것에 손을 대야 합니다. 날마다 열매로 배를 채울 수 있다면 좋은 옷을 입지 않는다 해도 아무런 해를 입지 않습니다. 그러나 배고픔은 견뎌낼 수 없습니다. 금란(錦襴)의 옷을 입고 있다 한들 배가 고프면 어떻게 살아나갈 수 있겠습니까? 이것은 자연의 근본 법칙입니다.

본인은 이제 열 개의 중요 원칙을 제안합니다:

1. 정부의 최고 지휘권은 최고위 관직자들에게 위임해야 합니다. 그들은 수 세대 전부터 나라의 은혜를 받아왔고, 그들의 이해관계는 나라와 결부되어 있습니다. 그들의 관직은 그 자체로서 높은 것이고, 그들의 상속 소득은 그들에게 존중심을 부여하며, 그들의 정신은 나라를 평화롭고 안전하게 만들면서 왕실의 조상 및 전장의 신에 대한 숭상을 유지하는 데 향해 있습니다. 그들은 나라의 복지를 촉진함으로써 그들 자신의 소득과 관직을 확보합니다. 그리고 조상들과 신들이 숭상받고 있는 한 그들의 명예는 미래에까지 지속되는 것입니다. 이 최고위의 (상속) 관직자들 중에는 위대한 정직성과 선천적인 경험의 소유자들이 있습니다. 그들이 설령 놀랄만한 것을 이루어낼 능력을 갖지 못했다 할지라도 그들은 수치스러운 행동도 하지 않습니다. 전하께서 그러한 사람들을 신임하신다면 백성은 순종하고 나라는 평온하게 될 것입니다. 그러나 전하께서 일단 그들을 등용하신 이상 그들을 의심해서는 안 될 것입니다. 그들 중 어느 누군가 좀 의심스럽다면 그를 등용하지 않는 것이 좋습니다. 이렇게 하신다면 만사는 순조롭게 진행될 것입니다.

2. 저급한 관리들은 (왕의 눈앞에) 모습을 보여선 안 됩니다. 저급한 관리들은 그저 자기 자신과 이득만을 생각하고 나라의 평화와 안녕에는 신경 쓰지 않습니다. 그들은 일단 비교적 높은 지위에 올라앉기만 하면 협애한 충성과 복종으로 사람들의 마음을 사로잡습니다. 그들은 소소한 선행과 총명함으로 사람들의 마음을 흡족하게 합니다. 그들은 처음에는 갖은 아첨과 계략의 표현을 짜냅니다. 그러나 그것이 최고조에 달하면 그들은 나라를 팔아먹고 오직 명예 획득만을 생각합니다. 그들이 초래할 수 있는 불행이

란 이루 말할 수 없을 정도입니다. 정신이 박약한 자들도 물론 쓸모 있을 수 있습니다. 그러나 그들은 각자의 특수한 재능에 알맞게 여러 가지의 관직에 배치되어 하나의 정해진 직무 부문에서 활용되어야 합니다. 그들은 매일같이 왕의 측근에 나타나 정치에 관한 논의에 참여해서는 안 됩니다. 영효, 옥균, 영식[43] 및 그들 일당[44]이 애초부터 왕의 측근자가 되지 않고 그들에게 맞는 직무 부문에서 활발히 활용되었더라면 우리는 1884년의 폭동[45]을 면할 수 있었을 것입니다.

3. 정부 업무는 여러 관리에게 맡겨야 합니다. 아무리 명민하고 예리하고 천재적이고 육체적으로 탁월한 사람이라도 긴급한 수많은 용무들을 완전히 장악하여 처리할 수는 없습니다. 매사가 크건 작건 군주에 의해 결정된다면 정부 기관은 결국 혼란에 빠지게 되고 저급한 관리들은 비밀리에 통치권을 손에 넣으려 시도하게 되는 것입니다. 이리하여 권력은 명목상으로는 군주에게 속해 있다고는 하나 실제적으로는 점차 저급한 관리들의 손안에 들어가게 되는 것입니다. 이는 (아시아의) 과거에 이미 여러 차례 국가의 붕괴로 이어졌으나 (유럽의) 다른 모든 나라에서는 이러한 사태가 일어나지 않았습니다. 그러므로 전하께서는 국가라는 그물을 여러 관리에게 맡기시고 전하 스스로는 오직 그물의 끈만을 손에 붙잡고 계십시오. 그렇게 하신다면 전하께서는 이해득실을 잘 판단하실 수 있을 것이고 보상과 처벌을 공정하게 나누어주실 수 있을 것입니다. 그러면 더 힘들이지 않고도 정부의 활동이 행하여질 것입니다.

4. 민심을 얻어야 합니다. 지금 백성의 마음은 등을 돌렸습니다. 하루 빨리 민심을 되찾아야 합니다. 백성은 국가의 토대입니다. 토대가 흔들리면 상부구조도 튼튼할 수 없습니다. 그러나 백성의 마음은 사소한 재화나 친절 따위로 얻어지는 것이 아닙니다. 지난 몇 년 동안 백성들은 수해, 가뭄, 콜레라로 인해 극도로 비참한 상태에 빠져 있습니다. 우선 한두 가지의 해악을 정하여 전력을 다해 제거해야 합니다. 전하의 대신들은 서로 협의해가며 백성이 바라는 바를 양찰하고 백성들 속에서 오랫동안 생활함으로써 그들의 고락을 알고 있는 적합한 지방 군수들을 선출하여야 합니다. 그리 된다면 나라의 약진은 저절로 이루어질 것입니다.

5. 모든 의심은 제거되어야 합니다. 지금까지 군주와 신하들은 서로가 서로를 의심하면서 각자 해를 당하지 않을까 경계하고 있었습니다. 그러다 보니 나라의 안녕은 날이 갈수록 사라져갔습니다. 전하로부터 의심받는 관리들은 관직을 떠나야만 하였고 신임받

---

43 [감교 주석] 박영효(朴泳孝), 김옥균(金玉均), 홍영식(洪英植)

44 [감교 주석] 급진개화파

45 [감교 주석] 갑신정변

는 관리들은 최고치의 능력을 발휘해야만 했습니다. 만약 의심이 얼음 녹듯이 없어진다면 관리들은 감사히 여기면서 전하의 바람대로 작금의 폐해들을 시정하려고 노력할 것입니다.

6. 나랏돈은 아껴서 사용해야 합니다. 예나 지금이나 지출을 수입에 맞추는 것은 근본 원칙입니다. 근년에 이르러서는 전하의 국고가 텅텅 비게 되었습니다. 그리고 채무는 쌓이고 쌓였습니다. 그리고 지출된 모든 돈에 대해서는 아무 일도 일어나지 않았습니다. 사실인즉 돈은 전혀 급하지도 않은 것에 지출되었고, 저급한 관리들이 말하는 것처럼 나라를 부강하게 하기 위한 것이라고는 하나 기실은 그들 자신의 이기적 목적을 위해 많은 일에 착수하였습니다. 전환국, 제약국, 기기국,[46] 기선 등등, 이와 같은 것들은 물론 유익한 것입니다. 그러나 조선에 필요한 것은 무엇인지 고찰해보면, 이 모든 것은 시급히 필요한 것들은 아닙니다. 하루라도 지체할 수 없는 필수불가결한 것은 나라의 정치를 개혁하고 복지 자원을 개발하고 유익한 것을 정하여 전력을 다해 촉진하는 일입니다. 부의 흐름은 아껴 이용하여야 합니다. 국고가 충만하고 백성들이 잘 살게 된 연후에야 비로소 상술한 바와 같은 시도들이 도모되어야 합니다. 그러는 대신에 수입과 지출 관계를 도외시한 채 겉치레만 꾸미는 사업만 기도한다면 나라 재정은 나날이 악화하여 백성들은 빈곤의 도탄에 빠지게 될 것입니다. 이때야말로 어떤 방법을 취하지 않는다면 구제 방책은 절대 불가능하게 될 것입니다.

7. 건의는 채택되어야 합니다. 주권자는 나라의 머리입니다. 따라서 관리들이 우매한 지 총명한지는 오직 군주가 하는 선택에 달려 있는 것입니다. 비열한 인간들이란 타인의 불행을 자신에게 유리하도록 이용하기 때문에 대변혁을 열렬히 고대합니다. 그러므로 불행한 사건이 일어나면 그들은 기뻐합니다. 그들은 마치 군주의 이해관계를 밀어주는 듯이 가장하면서 갖가지의 책략으로 군주를 기만합니다. 그들은 군주의 마음을 알아내 갖은 아첨으로 그를 매혹시키고 감언이설로 그의 귀를 도취시킵니다. 그런가 하면 그들은 또 기상천외의 위험을 묘사함으로써 군주를 놀라게 하기도 합니다. 그러한 악당들은 전하의 측근에 머무르게 할 것이 아니라 처벌되어야 합니다. 전하께서는 그들의 말을 들으실 때마다 그들의 말이 사실과 부합될 수 있는지 그 여부를 숙고하셔야 할 것입니다. 그리하여 만약 전하께서 그들의 말에서 어떤 허위를 발견하신다면 그때는 그러한 자들을 멀리 물리치셔야(즉 유배하여야) 하오며 그와 동시에 훌륭한 건의에는 문을 열어주셔야 합니다. 만약 불충실한 건의를 잠깐 동안만이라도 허용하신다면 그 수는 나날이 늘어

---

46 [감교 주석] 전환국(典圜局)·제약국(製藥局)·기기국(機器局)

날 것이오나 이에 반비례해서 성실한 건의는 감퇴하게 될 것입니다.

8. 처벌과 보상의 정확한 판정. 처벌과 보상은 국가권력의 근본 토대이고 민심을 정부에 묶어두는 끈입니다. 보상이 공정하게 수여되고 필요한 처벌이 정당하게 행하여진다면 나라에는 평안과 질서가 이루어질 것입니다. 공로의 경우도 처벌의 경우도 마찬가지로 관계당국에서 편견 없이 공명정대하게 취급하여야 하며 그 어떤 개인감정도 작용해서는 안 됩니다. 그러면 처벌과 보상은 공로에 따라 배당될 것이며 국가권력은 그 효력을 발휘하게 될 것이고 민심은 국가권력을 향하게 될 것입니다.

9. 친구에게는 친절하여야 합니다. 청국과 조선의 상호 우호관계는 수백 년 된 것으로서, 양 국민을 함께 묶은 이 유대는 영원한 것입니다. 아침에 한쪽 나라를 떠난 사람은 저녁에는 다른 쪽 나라에 당도하게 됩니다. 그러므로 두 나라는 손쉽게 서로를 도울 수 있습니다. 두 나라가 정말로 서로 돕는다면 외국 사람들은 절대로 두 나라 사이에서 거짓말을 할 수 없을 것입니다. 그렇게 되면 근거 없는 풍문은 발생하지 않을 것이고, 두 나라 국민들은 안심할 것이고 그리하여 두 나라는 영원히 보호받을 것입니다. 이러한 우호관계는 단순히 외적으로 문서에서만 존재하는 것이 아니라 가슴 속에 그 근원이 있습니다. 두 나라 국민은 마치 하나처럼 될 것이고 모든 면에서 서로 도울 것입니다. 만약 전하께서 청국의 도움을 거부하지 않으신다면 어찌 외국이 조선을 얕잡아볼 수 있겠습니까? 그러므로 원컨대 전하께서는 관리들로 하여금 정부의 개혁과 복지의 개발에 전력을 기울이도록 하십시오. 그렇게 하신다면 성과는 어김없이 나타날 것입니다.

10. 외국들과의 올바른 관계 형성. 외국들과의 관계는 모든 눈과 귀가 지켜보고 있는 일이고, 따라서 그것은 나라에 가장 중요한 것입니다. 이 관계를 이끌어가는 일이 외아문에 맡겨져 외적으로는 정중하게, 내적으로는 지조 있게 정당히 처리된다면 외국 열강들과의 우호관계는 밀접해질 것이고 모든 사람은 안심하고 만족해할 것입니다. 그러나 국가권력이 하나가 아니고 정부가 여러 개의 문을 가지고 있다면 나라는 비웃음의 수치를 자초할 뿐만 아니라 불신을 받게 될 것입니다. 관리들이 자신의 관직을 수단으로 이기적인 행동을 일삼는다면 그것이야말로 특별히 파멸적인 것입니다. 크건 작건 간에 어떤 사안이든 각의에서 심의를 받는다면 어찌 1884년의 불행한 사태와 같은 비밀계획이 나타날 수 있겠습니까?

본인이 위에서 제의한 바는, 마치 대나무 통을 통해 세상을 보듯 시야가 한정된 한 사람의 졸렬한 견해입니다다만, 본인은 이 견해를 오랫동안 품고 다녔습니다. 본인은 전하의 관리들에게는 이 견해를 이미 자주 전달하였으나 전하께는 이번에 처음으로 올리는 것입니다. 아첨꾼들이 본인의 말에 대해서 나중에 이야기할 때, "위안스카이는 내정에 간섭하므로 그를 믿어선 안 돼"라고 말할 것입니다. 이를 알기에 본인은 지금까지 침묵을 지켜온 것입니다. 말하자면 이 아첨꾼들의 마음의 밑바닥을 들여다보면, 그들은 나라의 불행과 몰락을 그들의 이익으로 간주하는 것입니다. 그들은 김옥균과 그 일당에 못지 않은 자들입니다. 그러므로 본인은, 일본에 있는 김옥균을 찾을 것이 아니라 조선에서 그의 후계자들이 성장하는 것을 막으라고 매일같이 말하는 것입니다.

최근 본인이 들은 바에 의하면, 전하께서는 명석하게 생각하시고 신속하게 결정을 내리시어 이제 이전의 화근을 제거하려 하십니다. 그러므로 본인이 이 말씀을 드리는 것입니다. 본인은 단순하고 직선적인 사람이므로 그 어떤 저의나 두려움 없이 말씀드리는 것입니다. 본인이 올린 말씀을 명심하시어 제발 본인을 기쁘게 해주시기를 간절히 바라마지 않습니다.

베를린, 1887년 2월 26일 A. 2271

브란트 귀하
베이징 No. 6
우편암호

A. 7251 참조

귀하는 서울에서 직접 귀하께 발송된 바 있는 켐퍼만[47] 독일제국 총영사의 12월 27일 자 보고서 사본을 이미 소지하고 계실 것입니다. 그 사본에 포함되어 있는 청국과 러시아 간의 협약[48]에 관한 보고내용이 베이징에서 사람들이 이 문제에 대해 품고 있는 견해와 일치하는지의 여부는 흥미 있는 일일 것입니다. 왜냐하면 언급 드린 두 열강 간의 비밀 합의는 영국을 겨냥[49]한 것인바, 지금까지 러시아와 영국에 대해 청국이 취하는 입장과 관련하여 알려져 있는 것과 쉽게 부합될 수 없기 때문입니다. 그러므로 켐퍼만의 보고내용에 관한 보고서를 부탁드립니다.

---

47 [감교 주석] 켐퍼만(T. Kempermann)
48 [감교 주석] 리훙장-라디젠스키 협정
49 [감교 주석] 영국이 거문도에서 철수하도록 압박하는 조치

04

원문 p.630

조선에 체류 중인 미국 해군장교를 겨냥한 영국 신문의 공격

발신(생산)일	1887. 2. 1	수신(접수)일	1887. 4. 4
발신(생산)자	브란트	수신(접수)자	비스마르크
발신지 정보	베이징 주재 독일 공사관	수신지 정보	베를린 정부
	No. 28		A. 4245
메모	A. 6160 참조 4월 13일 워싱턴 19 전달		

A. 4245 1887년 4월 4일 오전 수신, 첨부문서 1부

베이징, 1887년 2월 1일

A. No. 28

기밀

비스마르크 각하 귀하

텐진의 Chinese Times지는 올해 1월 22일 자 호에 여기 부록으로 첨부한 바와 같이 조선에 체류 중인 미국 해군장교 슈펠트[1] 제독과 포크[2] 해군무관을 맹렬히 공격하는 내용의 글을 실었습니다. 이 두 인물 중 슈펠트 제독은 조선과 첫 조약[3]을 체결한 사람이고, 포크 해군무관은 최근까지 되풀이하여 서울 주재 미국 공사관의 업무 처리를 맡았던 사람입니다.

위에 언급한 두 인물을 훨씬 더 격렬하게 공격하는 한 신문기사가 큰 반향을 일으킨 바, 올해 1월 6일 자 Shanghai Courier지에 실려 있습니다. 이 신문은 본인이 아직 입수하지 못하고 있습니다. 그러나 본인은 상하이 주재 독일제국 총영사관에게 지시를 내리어, 그 신문의 발간호를 입수하고 이 보고에 대한 부록으로 첨부하여 각하께 전달하도록 한 바 있습니다.

이 기사들이 어딘가로부터 사주받아 작성되었다는 것은 본인이 보기에 하등 의심할

---

1 [감교 주석] 슈펠트(R. W. Shufeldt)
2 [감교 주석] 포크(G. C. Foulk)
3 [감교 주석] 조미수호통상조약

여지가 없습니다. 다만 영국 측으로부터 사주받았느냐 아니면 청국 측으로부터 사주받았느냐가 문제되지 않을까 합니다. 본인은 영국 측으로부터 사주받았다고 하는 견해 쪽이 더 맞는 것 같습니다.

조선 주재 영국 대표들, 특히 총영사 베버[4]와 부영사 파커[5]의 행동은 대단히 유별난 것이었고 지난해 8월과 9월 청국과 조선 사이에 심각한 갈등으로 이어질 뻔한 분규[6]가 발생하는 데 그만큼 기여했다는 점을 볼 때, 이는 그들 자신에게 향해져 있는 일반적인 관심을 다른 데로 돌리려는 이들 외교관의 개인적인 이해관계에서만 있었던 일은 아닙니다. 영국으로서는 해밀턴항 문제[7]를 금후에 다루기 위해서는 청국 정부에서 조선과 관련된 미국, 러시아 또는 일본의 계획에 대한 새로운 걱정거리를 일깨우고 그럼으로써 자신의 태도가 보다 우호적인 모습으로 나타나도록 하는 것이 아마도 중요할 것입니다. 어쨌든 이 기사들이 처음에는 상하이에서, 그 다음에는 톈진에서 실렸다는 사실은, 이 기사들이 조선이나 아니면 총영사 베버가 현재 건강상의 이유로 체류 중인 즈푸[8]로부터 사주받았음을 가리키고 있습니다.

브란트

내용: 조선에 체류 중인 미국 해군장교를 겨냥한 영국 신문의 공격

1887년 2월 1일 자 No. 28의 첨부문서
첨부문서의 내용(원문)은 독일어본 631~634쪽에 수록.

---

4 [감교 주석] 베버(Baber)
5 [감교 주석] 파커(Parker)
6 [감교 주석] 제2차 조러밀약설 제기와 위안스카이의 고종 폐위 주장
7 [감교 주석] 영국의 거문도(Port Hamilton) 철수에 관한 문제
8 [감교 주석] 즈푸(芝罘)

05

조선 내정에의 쌍방 불간섭에 대한 러시아와 청국 간의 협정에 관련하여

발신(생산)일	1887. 1. 5	수신(접수)일	1887. 4. 4
발신(생산)자	브란트	수신(접수)자	비스마르크
발신지 정보	베이징 주재 독일 공사관 No. 33	수신지 정보	베를린 정부 A. 4249
메모	4월 5일 런던 304 전달 // A. 7251 참조		

A. 4249 1887년 4월 4일 오전 수신

베이징, 1887년 1월 5일

No. 33

비스마르크 각하 귀하

서울 주재 독일제국 총영사 켐퍼만[1]은 지난해 12월 28일 자 77번 보고서[2]에서 러시아와 청국 사이에 조선 내정에의 상호 불간섭에 관한 구두협정[3]이 성립되었다고 언급한바 있습니다. 그런데 서울 주재 미국 공사관의 업무를 맡고 있는 서기관 록힐[4]의 보고에 의하면 그와 같은 협정이 문서상으로까지 체결되어 있다고 합니다.

총리아문에서는 통역관 아렌트의 문의에 대해, 이 문제는 지난해 9월 톈진에서 총독 리훙장[5]과 당시의 러시아 대리공사 라디젠스키[6] 간에 구두상으로 토의하는 계기가 되었을 뿐이라고 설명하였습니다.

본인의 러시아 동료 쿠마니[7]도 마찬가지로, 러시아 측에서는 조선의 내정에 간섭할의도가 없다는 구두해명만이 있을 뿐이라고 주장하였습니다. 이 구두해명 운운에 관해

---

1 [감교 주석] 켐퍼만(T. Kempermann)
2 [원문 주석] A. 2271 위탁으로 첨부하였음.
3 [감교 주석] 리훙장-라디젠스키 협정
4 [감교 주석] 록힐(W. W. Rockhill)
5 [감교 주석] 리훙장(李鴻章)
6 [감교 주석] 라디젠스키(Ladygensky)
7 [감교 주석] 쿠마니(A. M. Kumani). 독일어 원문에는 Coumany로 적혀 있음.

서는 이미 지난해 9월 6일 자 No. 170[8]으로 각하께 보고를 올린 바 있습니다. 즉 당시 리훙장과 러시아 대리공사 사이에 여러 차례 있었던 대화에서 러시아가 조선의 내정에 간섭하기 위한 그 어떤 구실도 가지지 못하게 하려고 리훙장이 조선의 내정에 간섭하지 않겠다는 청국 정부의 의도를 특별히 강조했다는 것은 충분히 가능한 일입니다. 그렇다고 해서 청국 정부 내지 청국 정부의 대표가 이것을 계기로 적어도 논리적으로 청국의 신정책을 시작한 것은 아닙니다. 그 반대로 청국 정부는 여러 기회에 언제나 조선은 내정의 관점에서 전적으로 독립적이라는 점을 명백히 인정하였고 또 누차에 걸쳐 조선 정부의 내정 및 외교정책에 대해서는 어떠한 책임도 지지 않는다고 거부하여 왔습니다.

서울 주재 청국 대표부의 행동방식이 하마터면 러시아와, 그리고 러시아 및 일본과의 심각한 갈등을 유발할 뻔 했던 순간에 청국이 아주 특별히 조심하는 모습을 보였다는 것은 잘 이해되는 대목입니다. 그러나 이 모든 것은 청국 정부나 서울에 있는 청국 대표들이 조선 내부 행정 활동에 가능한 한 최대의 영향력을 행사하는 것을 저지한다든가 기회가 되거나 요구되는 경우에 그들의 영향력을 무력으로라도 유지하려는 것을 막지는 못할 것입니다.

조선 내정에의 불간섭에 관한 러시아와 청국 간의 협정이 실제로 체결되었다 하더라도 켐퍼만 총영사가 앞서 언급해드린 보고서와 함께 제출한 바 있듯이 청국 변리공사[9]가 행정 조직에 관하여 조선 왕에게 올린 건백서[10]는 청국 측 입장에서 그러한 합의에 부여하고 있는 가치를 아주 잘 보여주고 있는 것이라 하겠습니다.

조선 문제에 관한 이 훌륭한 합의, 즉 청국 측에서는 현시점에서 우려하는 바가 전혀 없다는 것을 본인의 러시아인 동료는 중하게 여기고 있습니다만, 오늘 쩡지쩌[11]이 본인에게 전해준 소식대로 러시아와 조선 간의 국경무역 조약[12]이 조인되었고 이 조약 안에 두 나라 사이에 중립지역을 둔다는 규정이 들어 있고 청 후작이 견지하는 대로 이 중립지역이 아마도 곧 러시아로 넘어갈 것이 입증된다면, 이 합의는 오래가지는 못할 것입니다.

내용: 조선 내정에의 쌍방 불간섭에 대한 러시아와 청국 간의 협정에 관련하여

---

8 [원문 주석] A. 13144 위탁으로 첨부하였음.
9 [감교 주석] 위안스카이(袁世凱). 그의 공식 직함은 주찰조선총리교섭통상사의(駐紮朝鮮總理交涉通商事宜).
10 [감교 주석] 『고종실록』 고종 23년(1886년) 7월 29일(양력 8월 28일)자 기사에는 조선대국론(朝鮮大局論)을 비롯해서 위안스카이가 고종에게 보낸 두 건의 건의서가 수록되어 있음.
11 [감교 주석] 쩡지쩌(曾紀澤)
12 [감교 주석] 조러육로통상장정을 의미하나, 이 장정은 1888년에 체결되었음. 즉 본문의 내용은 사실에 부합하지 않음.

06

Shanghai Courier지의 발행호 전달

발신(생산)일	1887. 2. 19	수신(접수)일	1887. 4. 4
발신(생산)자	포케	수신(접수)자	비스마르크
발신지 정보	상하이 주재 독일 영사관	수신지 정보	베를린 정부
	No. 29		A. 4251

A. 4251 1887년 4월 4일 오전 수신, 첨부문서 1부

상하이, 1887년 2월 19일

No. 29

비스마르크 각하 귀하

공사의 위탁을 받고, 동 공사의 이번 달 1일 자 보고서 No. 28[1]과 관련하여 슈펠트[2] 제독과 포크[3] 해군무관에 대한 공격이 실린 Shanghai Courier지의 지난달 6일 자 발행호 한 부를 첨부하여 각하께 전달해드립니다.

포케

내용: Shanghai Courier지의 발행호 전달

[첨부문서]의 내용(원문)은 독일어본 638~642쪽에 수록.

---

1 [원문 주석] A. 4245 오늘 우편으로
2 [감교 주석] 슈펠트(R. W. Shufeldt)
3 [감교 주석] 포크(G. C. Foulk)

베를린, 1887년 4월 5일   A. 4240

주재 외교관 귀중   조선 관련 러시아와 청국 간의 협정[4]에 대한 베이징
런던 No. 304   주재 독일제국공사의 1월 5일 자 보고서 사본을 첨
                                 부하여 기밀 참고용으로 전달해드립니다.

                                                              L. 4월 4일

---

4 [감교 주석] 리홍장-라디젠스키 협정

07

조선과 관련하여 러시아아인, 미국인 및 일본인들의 정책을 무고하려는 세칭 영국 측의 시도 관련

발신(생산)일	1887. 4. 5	수신(접수)일	1887. 4. 5
발신(생산)자	베르헴	수신(접수)자	기록 없음(o. A.)
발신지 정보	베를린	수신지 정보	A. 6716
메모	문서 A. 4245, 4251 유의 4월 18일 워싱턴 전달		

A. 4316   1887년 4월 5일 오후 수신

베를린, 1887년 4월 5일

첨부된 2월 1일 자 베이징발 및 2월 19일 자 상하이발 보고서에는 현재 조선에 체류 중인 두 명의 미국 해군장교, 즉 슈펠트[1] 제독과 포크[2] 해군무관에 관한 두 편의 신문기사가 실려 있다. 이 기사에는 위의 두 장교에 대한 중대한 고발 건이 담겨 있다. 이들 중 전자, 즉 슈펠트 제독은 미국과 조선 간의 조약을 체결한 바 있고, 후자, 즉 포크 해군무관은 서울 주재 미국 공사관의 업무를 누차 위임받은 바 있다. 이 기사들에 따르면, 이 두 사람은 영국과 청국의 정치적 이해관계를 파헤칠 뿐만 아니라 그들이 금전적인 이익을 취했던 자기 부담의 상업적인 사업을 하기 위해 그들의 공적 지위를 남용하였다고 고발당하였다.

브란트[3]는 이 기사들이 조선을 청국으로부터 독립시키려 꾀한다고 하는 이른바 러시아, 미국 및 일본의 음모로 청국 정부의 관심을 쏠리게 하기 위해 영국 측이 사주한 것이라고 추정하고 있다.

베르헴

내용: 조선과 관련하여 러시아아인, 미국인 및 일본인들의 정책을 무고하려는 세칭 영국 측의 시도 관련

---

1   [감교 주석] 슈펠트(R. W. Shufeldt)
2   [감교 주석] 포크(G. C. Foulk)
3   [감교 주석] 브란트(M. Brandt)

베를린, 1887년 4월 13일 A. 4245, 4251, 4316

알버스레벤 귀하
워싱턴 No. 19

베이징 주재 독일제국 공사[4]가 2월 1일 자로 보고한 바에 따르면, 오래전부터 조선에 체류하고 있는 두 명의 미국 해군장교, 즉 조선과의 최초의 조약을 체결한 사람으로 널리 알려져 있는 슈펠트[5] 제독 및 서울 주재 미국 공사관 업무의 지휘를 누차 위임받은 바 있는 포크[6] 해군무관은 청국에서 발행되는 영자신문에 의해 맹렬한 공격을 받았습니다. 1월 6일 자 Shanghai Courier지는 12월 12일 자 제물포발 통신을 실었는데, 여기서는 특히 포크가 대리공사로 있는 동안 그와 슈펠트가 공사관을 이용하여 조선인들과의 거래에서 막대한 이익을 보았고 또 거액의 돈을 들인 것 치고는 쓸모없는 기선, 형편없는 화기, 화약, 기계 등을 위안[7]에게 넘겨씌웠다고 쓰여 있습니다. 포크는 또 반청국파와 긴밀한 관계를 유지해왔고 얼마 전 청국과 조선 간에 분규를 초래할 뻔한 동란사건[8]의 진정한 주모자라고 규탄받고 있습니다. 또한 포크 자신의 보고를 통해 그가 일련의 고위장교 및 고위관리에 대한 살해계획을 사전에 알았음에도 불구하고 그 범행을 막으려는 조치를 전혀 취하지 않았음이 드러납니다.

텐진에서 발행되는 Chinese Times도 비슷한 발표를 하였습니다. 이 신문의 1월 22일 자 발행호에서는 위에 언급한 슈펠트와 포크를 조선에 엄습해 온 게걸스러운 대식가에 비유하고, 그들이 조선과 청국을 묶어놓고 있는 끈을 끊어버리려 하고 또 이것이 성공한 후에는 그러한 일에 대해 최고가를 지불할 능력이 있는 측에게 이 반도를 인도하려 한다고 비난하였습니다.

〈만약 각하께서 슈펠트, 포크와 미국 정부의 관계가 현재 어떠한지 비밀리에 확인하실 수 있다면 이곳에 유익할 것입니다.〉 본 보고는 오직 각하께 정보를 드리기 위한 것으로만 보아주시기를 부탁드립니다.

---

4 [감교 주석] 브란트(M. Brandt)
5 [감교 주석] 슈펠트(R. W. Shufeldt)
6 [감교 주석] 포크(G. C. Foulk)
7 [감교 주석] 위안스카이(袁世凱)
8 [감교 주석] 제2차 조러밀약설

조선에서 청국의 계획이라 일컬어지는 소문에 관하여

발신(생산)일	1887. 3. 4	수신(접수)일	1887. 4. 19
발신(생산)자	브란트	수신(접수)자	비스마르크
발신지 정보	베이징 주재 독일 공사관	수신지 정보	베를린 정부
	No. 63		A. 4946
메모	4월 20일 페테르부르크 334, 런던 370 전달		

A. 4946 1887년 4월 19일 오전 수신

베이징, 1887년 3월 4일

No. 63

기밀

비스마르크 각하 귀하

본인의 일본인 친구가 수일 전 본인을 찾아와, 조선 왕을 강제로 퇴위시키고 조선을 청국의 보호국으로 선언하려는 청국 정부의 계획[1]에 대해 아는 바가 있느냐고 꽤 흥분해서 본인에게 물어보았습니다. 본인은 시오다[2]에게 청국인들이 조선 왕에 대해 어느 정도 불만족스러워하는 것은 충분히 이해할 수 있지만 청국 측에서 보호국 관계를 선언하는 데까지 나아가리라는 것이 현재의 상황에서는 있을법하지 않다고 말해줌으로써 그를 진정시키려 하였습니다. 청국은 지금 이 문제를 화급한 문제로 만들 어떠한 동기도 가지고 있지 않은데, 그러한 조치는 반드시 하나 또는 그 이상의 열강들과의 갈등으로 이어지리라는 것을 베이징에서도 잘 알고 있지만 그에 대해서는 아직 거의 준비되어 있지 않은 형편인 만큼 더더욱 그러하다고 말해주었습니다.

청국이 실행한다고 하는 보호국 관계와 관련하여 영국과 청국 간의 상호 양해에 대한 신문기사와 조금 전 Asiatic Quarterly Review에 발표된 쩡지쩌[3]의 기사[4]에 대해서

---

1 [감교 주석] 제2차 조러밀약설 제기와 위안스카이의 고종 폐위 주장
2 [감교 주석] 시오다 사부로(鹽田三郎)
3 [감교 주석] 쩡지쩌(曾紀澤). 영국의 거문도 점령 당시 런던 주재 청국 공사였음. 영국 정부가 거문도 점령을 사전에 쩡지쩌에게 통지 및 청국의 지지를 요청하였으며, 그때 쩡지쩌는 지지의 대가로 영국이 청의

본인은 다른 자리에서 보고를 올리고자 합니다만, 이 기사들은 적어도 조선에 대한 청국의 보호국 선언을 다루고 있는 이상, 비록 그에 대한 그 어떤 동기도 존재하지 않는 것 같아 보인다 할지라도 일본 정부를 어느 정도 불안하게 만들었다고 본인은 믿고 있습니다.

위에 언급한 기사에서 쩡지쩌는, 청국이 지금 그 어느 때보다도 인접국들, 즉 티베트, 조선 및 위구르에 보다 많이 주의를 기울이고 있으며 이 나라들에 대한 어떤 공격이든, 이들 나라의 내정에 간섭하려는 어떤 시도이든 '전쟁의 원인'으로 간주할 것이라고 말하였습니다. 쩡지쩌는 1882년 대원군[5]을 체포, 연행했을 때 조선을 그냥 점령해서 청국의 한 성으로 만들었더라면 올바른 처사였을 것이라고 누차 본인에게 직접 밝히면서, 그러나 당시 그 기회를 놓쳤으며 지금 와서 그러한 조치를 취하기에는 너무 때가 늦었다고 말하였습니다.

브란트

내용: 조선에서 청국의 계획이라 일컬어지는 소문에 관하여

조선 속방화 정책을 지지해 줄 것을 요구하였음.

4   [감교 주석] "China, the Sleep and the Awakening", *Asiatic Quarterly Review*, January 1887.

5   [감교 주석] 흥선대원군(興宣大院君)

09

09

09

09

조선 주재 미국 대표 및 기타 인물들에 관하여

발신(생산)일	1887. 3. 7	수신(접수)일	1887. 4. 19
발신(생산)자	브란트	수신(접수)자	비스마르크
발신지 정보	베이징 주재 독일 공사관 No. 66	수신지 정보	베를린 정부 A. 4948

A. 4948 1887년 4월 19일 오전 수신

베이징, 1887년 3월 7일

No. 66

비스마르크 각하 귀하

이력에 대해 본인이 지금까지 자세한 것을 알아낼 방법이 없었던 딘스모어[1]라고 하는 인물이 조선 담당 미합중국의 새로운 변리공사로 임명되었음을 보고 올립니다. 지금까지 서울 주재 미국 공사관 업무를 맡고 있던 이곳 공사관의 일등서기관 록힐[2]은 4월 초에 조선을 떠날 것입니다. 따라서 딘스모어가 그곳에 도착하는 시점은 그 이전이 될 것으로 예상됩니다.

최근 자주 언급해드린 바 있는 미국인 슈펠트[3] 제독과 포크[4] 해군무관은 조선을 떠났습니다. 이들이 영원히 조선을 떠났는지 그 여부는 모르겠습니다.

상하이 주재 미국 영사관의 전 총영사 데니[5]가 조선 왕의 고문으로 활약하는 것은 머지않아 끝날 것 같습니다. 최소한 (직례[6]; 감교자)총독 리훙장[7]의 측근들이 아주 대놓고 데니의 면직을 이야기하고 있습니다. 그가 청국인들도 조선인들도 만족시킬 수 없었기 때문인 것 같습니다.

브란트

내용: 조선 주재 미국 대표 및 기타 인물들에 관하여

---

1 [감교 주석] 딘스모어(H. A. Dinsmore)
2 [감교 주석] 록힐(W. W. Rockhill)
3 [감교 주석] 슈펠트(R. W. Shufeldt)
4 [감교 주석] 포크(G. C. Foulk)
5 [감교 주석] 데니(O. N. Denny)
6 [감교 주석] 직례(直隷)
7 [감교 주석] 리훙장(李鴻章)

베를린, 1887년 4월 20일   A. 4946

주재 외교관 귀하   조선에서의 청국의 계획이라고 하는 것에 대한 풍문
1. 페테르부르크 No. 334   과 관련한 지난달 4일 자 베이징 주재 독일제국 공사
5. 런던 No. 370   의 보고서 사본을 첨부하여 귀하께 기밀정보로 전달
                                   해드립니다.
원문의 사본
기밀
연도번호 No. 2638

10

갑신정변 당시 미국 해군 장교들의 행동에 대한 건

발신(생산)일	1887. 3. 21	수신(접수)일	1887. 5. 16
발신(생산)자	브란트	수신(접수)자	비스마르크
발신지 정보	베이징 주재 독일 공사관	수신지 정보	베를린 정부
	No. 76		A. 6160

A. 6160 1887년 5월 16일 오전 수신, 첨부문서 1부

베이징, 1887년 3월 21일

No. 76

비스마르크 각하 귀하

조선에 체류 중인 미국 해군장교들, 특히 1884년 서울에서 일어난 변란[1]에서 이들이 취했던 태도에 대한 영국 신문의 공격과 관련하여 본인이 올해 2월 1일 자로 올린 바 있는 A. 28번 보고서[2]에 따라, 위에 언급한 사변 때에 마찬가지로 서울에 있었던 어느 미국 해군장교가 이 영국 신문의 공격에 대해 가했던 반박을 올해 3월 12일 자 톈진의 Chinese Times지에서 발췌, 첨부하여 각하께 똑같이 전달해드립니다.

이 글은 1884년 사건 때에 미국 측이 행했던 약간 불분명한 역할에 대해 그다지 많은 것을 해명해주지는 못합니다. 그러나 본인은 그 공격을 각하께 보여드려야 한다고 생각했으므로 그 공격기사들과 더불어 그에 대한 방어 시도도 함께 전해드리고자 하였습니다.

브란트

1887년 3월 21일 자 No. 76의 첨부문서
첨부문서의 내용(원문)은 독일어본 651~655쪽에 수록.

---

1 [감교 주석] 갑신정변
2 [원문 주석] 4245 위탁으로 첨부하였음.

11
원문 p.656

김옥균 관련 독일 언론 기사

발신(생산)일		수신(접수)일	1886. 5. 16
발신(생산)자	기록 없음(o. A.)	수신(접수)자	
발신지 정보		수신지 정보	베를린 외무부
			A. 6189

A. 6189 1887년 5월 16일 오전 수신

1887년 5월 16일 자 베를리너 타게블라트[1]

영국과 미국의 음모로 쫓겨난 공로 많은 조선 총리 및 외무대신[2] 묄렌도르프[3]는 다시 조선의 관직에 취임할 것으로 예상된다. 이에 대해 톈진 주재 본사 통신원은 올해 3월 6일 자로 다음과 같이 보도하였다: 전 상하이 주재 미국 총영사 데니[4]는 묄렌도르프가 고심하여 도입한 모든 제도를 반대함으로써 짧은 시간 안에 조선 왕뿐만 아니라 국민들한테서까지 인심을 잃게 되었다. 그는 또 조선 주재 청국 대표 위안스카이[5]와 불화를 일으켜, 위안스카이는 부왕[6]에게 그를 해고해달라고 요청하지 않을 수 없을 정도였다. 조선 왕은 금후 데니의 알현을 거절함으로써 이 청원을 지지하였다. 왕은 심지어 청국 황제와 부왕 리훙장에게 손수 편지를 써서 묄렌도르프를 조선으로 다시 귀환하게 하고 싶다는 바람을 표시하였다. 청국은 이 귀환에 동의하였다. 이제 남은 문제는 오직 묄렌도르프의 요구에 응해 주느냐는 것이다. 그러나 묄렌도르프는 과거에 부당한 대우를 받은 일도 있고 해서 자신의 안전에 대해 단호한 요구를 내세우지 않을 수 없다. 이와 같이 그는 조선 관직에 다시 취임할 의도는 전혀 없고, 당분간 청국 관직에 머물러 있으면서 조선에서 청국 관리로 인정받기를 원하고 있다. 묄렌도르프가 조선에서 겪은 경험으로 보나, 또 그가 여러 가지 관계에서 당한 희생으로 보나, 그가 이와 같은 요구를 한다고 해서 그를 나쁘게 볼 수는 없을 것이다.

---

1 [감교 주석] 베를리너 타게블라트(Berliner Tageblatt)
2 [감교 주석] 잘못된 정보의 취합으로 보임. 묄렌도르프는 외아문 협판과 총세무사 직을 수행하였음.
3 [감교 주석] 묄렌도르프(P. G. Möllendorff)
4 [감교 주석] 데니(O. N. Denny)
5 [감교 주석] 위안스카이(袁世凱)
6 [감교 주석] 리훙장(李鴻章)

12

조선에서 미국의 영향력

발신(생산)일	1887. 5. 6	수신(접수)일	1887. 5. 21
발신(생산)자	알벤스레벤	수신(접수)자	비스마르크
발신지 정보	워싱턴 주재 독일 대사관	수신지 정보	베를린 정부
	No. 223		A. 6371
메모	5월 21일 베이징 전달		

A. 6371 1887년 5월 21일 오전 수신

워싱턴, 1887년 5월 6일

No. 223

비스마르크 각하 귀하

조선에서 미국의 영향력에 관한 지난달 문서 제 19호의 지시와 관련해,[1] 이미 수년 전에 은퇴한 슈펠트[2] 제독은, 본인이 비밀리에 조사한 바에 따르면 이곳 정부와 아무런 직무상의 관계도 없다는 점을 보고 올립니다.

얼마간 서울 주재 미국 대리공사였던 해군무관 포크[3]는 아직 현역 해군 복무 중이나 현재 미합중국의 그곳 외교대표부[4]와 아무런 직무상의 관계도 없습니다. 그는 현재 특별한 임무도 없이 청국을 여행 중이라고 하는데, 가까운 시일 내에 이곳 워싱턴에 돌아올 것으로 예측됩니다.

알벤스레벤

내용: 조선에서 미국의 영향력

---

1 [감교 주석] 원문에는 '조선에서 ~ 관련해'에 취소선이 표기됨.
2 [감교 주석] 슈펠트(R. W. Shufeldt)
3 [감교 주석] 포크(G. C. Foulk)
4 [감교 주석] 서울 주재 미국 공사관

베를린, 1887년 5월 21일   A. 6371

브란트 귀하   조선에서 미국의 영향력에 관한 워싱턴 주재 독일제
베이징 No. A 10   국 공사의 이번 달 6일 자 보고서 사본을 첨부하여
10798 참조   귀하께 알려드리고자 전달해드립니다.

13
조선의 일반적인 정치 상황

발신(생산)일	1887. 4. 11	수신(접수)일	1887. 5. 31
발신(생산)자	브란트	수신(접수)자	비스마르크
발신지 정보	베이징 주재 독일 공사관 No. 114	수신지 정보	베를린 정부 A. 6769
메모	5월 31일 런던 477 전달		

A. 6769   1887년 5월 31일 오전 수신

베이징, 1887년 4월 11일

No. 114

기밀

비스마르크 각하 귀하

서울 주재 미합중국 공사관의 업무를 위임받은 이곳 미국 공사관의 일등서기관[1]은 수일 전에 이곳으로 돌아왔습니다. 그의 보고에 의하면 서울에서는 모든 것이 현재로서는 평온하다고는 하나 전체적인 정세는 새로운 소요사태가 발발하더라도 놀랄 일은 아닐 정도의 그런 상황이라고 합니다. 특히 수도에 있는 8개의 상인조합[2]에 속한 사람들의 분위기는 어느 정도 우려를 자아내는 요인이라고 합니다. 얼마 전만 해도 약 3천여 명에 달하는 이 사람들이 서울에 정착한 청국 및 일본의 상인들과 소매상인들은 서울을 떠나라고 소란스럽게 요구했다고 합니다.[3] 청국 정부는 만약 조선 측에서 이 상인들에게 일정한 보상을 지불해줄 용의가 있다면 이 요구에 응하겠다고 선언하였다고 합니다.

---

1   [감교 주석] 록힐(W. W. Rockhill)
2   [감교 주석] 시전(市廛)
3   [감교 주석] 시전 상인들은 1885년부터 서울에서 청국 및 일본 상인의 상행위를 금지해 줄 것을 정부에 요청하였음. 이에 조선 정부도 청국을 비롯한 열강에 서울에서 점포 철수 등을 요구하였음. 하지만 청국 등은 조선 측 요청을 받아들이지 않자, 시전 상인들은 조선 정부에 지속적으로 외국 상인의 서울 철수를 요구하는 한편, 외국 상인과의 거래를 중단하기에 이름. 본문에서 언급하고 있는 '얼마 전 사례'는 1887년 2월에 일본 상인의 종로 진출 요구에 반발한 시전상인들이 점포를 폐문하는 등의 강경한 조치를 취한 사건을 가리킴.

청국 정부가 이러한 결심을 하게 된 것은 주로, 이와 같은 방법으로 일본인들도 자기네 나라의 상인들을 서울에서 철수시키지 않을 수 없게끔 하기 위해서라고 합니다. 보상금 지불에 대해 조선 정부는 양해를 하였다고 하고, 따라서 이제 남은 것은 오직 영국과 독일의 동의뿐인데, 이 두 나라 중 전자, 즉 영국은 어떤 경우든 분배를 받게 될 것이라고 합니다.

이 나라의 재정상태는 특히 묄렌도르프[4] 시절에 체결된 조약에 의해 이 나라가 부담하게 된 수많은 채무 때문에 악화되어, 지금은 거액의 차관을 얻어 현재 약 80만 달러에 달하는 부채를 변제하고 약간의 돈을 손에 넣으려는 생각을 하고 있다고 합니다. 전 미국 총영사 데니[5]는 왕의 고문으로서 아무런 영향력도 획득할 수 없었다고 합니다. 사람들은 그를 청국의 일을 해주는 사람으로 간주한다고 합니다. 그 자신은 자신의 지위에 대해 대단히 불만족스러워한다고 하나 자신의 경제상태 때문에 할 수 없이 당분간은 그 자리에 그대로 있게 될 것이라고 합니다. 묄렌도르프의 귀환에 대해 조선인들은 자신들도 아는 바가 없다고 말합니다. 어쩌면 세관직의 책임자인 미국인 메릴[6]이 청국에 근무하는 자신의 지위를 포기한다면 가장 큰 영향력을 획득할 것이라고 합니다. 사람들은 청국과 관계되었다고 하는 모든 것을 공포와 불신으로 보고 있다고 하는데, 청국 변리공사[7]의 침착하지 못한 활동이 이에 적지 않은 기여를 하고 있다고 합니다. 일본인들은 멸시와 증오를 받고 있다고 하는데, 이는 대부분 16세기 끝 무렵의 해에 그들의 침략[8]에 대한 기억 탓이라고 합니다. 이 침략의 흔적은 오늘날까지도 파괴된 채로 아직 복구되어 있지 않은 여러 도시에서 어디서나 볼 수 있다는 것입니다.

영국은 전적으로 청국 편에 서 있는데, 이 때문에도 그렇지만 또 여러 가지 선동 때문에도 불신을 받고 있습니다. 해밀턴항[9] 반환에 대한 조선 사람들의 무관심[10]은 영국 총영사 대리를 대단히 놀라게 하였다고 하는데, 왕도 그렇거니와 외아문 독판도 그 반환 통고에 대해 일언반구 사의의 말이나 그에 대한 인정의 말로 응대하지 않았으며, 조선으로 하여금 해밀턴항에 설치해 놓은 가건물들과 전신선을 매입하도록 유도하는 모든 시

---

4 [감교 주석] 묄렌도르프(P. G. Möllendorff)
5 [감교 주석] 데니(O. N. Denny)
6 [감교 주석] 메릴(H. F. Merill)
7 [감교 주석] 위안스카이(袁世凱)
8 [감교 주석] 임진왜란
9 [감교 주석] 거문도(Port Hamilton)
10 [감교 주석] 본문에 기술되어 있는 내용과는 별개로, 조선 정부는 영국의 철수가 단행되기 이전부터 거문도에 진(鎭) 설치를 추진하였으며, 이를 실현하였음. 즉 본문에서 언급하고 있는 조선의 무관심은 정확한 표현으로 볼 수 없음.

도는 실패로 돌아갔다고 합니다. 왕 자신은 호인이라고는 하지만 우유부단한 사람이며 그의 아들은 외관상 무도병을 앓고 있는 약골이라고 합니다. 정부의 중심인물은 풍부한 지성과 활동력의 소유자로 보이는 왕비[11]라고 합니다.

통상에 관한 한, 독일의 마이어 회사[12]와 미국의 무역회사는 이익은 많이 남기지만 장기 신용거래를 해야만 하고 또 체납 채무자로 하여금 지불을 하게 할 방법이 거의 없으므로 언제나 어느 정도 모험적인 사업을 하고 있다고 합니다. 그런데 세관의 공식 보고는, 세관 당국 스스로도 자인하는 바와 같이 수출입품의 절반가량이 밀수품이기 때문에 교역의 정확한 실태를 제시하지는 못하고 있는 형편이라고 합니다.

미국 산업계의 위탁을 받아 조선에 왔다고 하는 슈펠트[13] 제독은 아무런 성과도 없이 다시 이 나라를 떠났다고 하는데, 그의 인품도 그러한 목적 달성에는 거의 힘이 미치지 못했다고 합니다. 해군소위 후보 포크[14]는 다시 해군무관으로서 미국 변리공사직을 추가로 맡고 있다고 합니다. 신임 미국 대리공사 딘스모어[15]는 30대 중반의 아주 젊은 사람으로서 그는 이 직책이 당분간 그에게 확실한 생계수단을 제공해준다는 이유로 받아들였을 것이라고 합니다.

덧붙여 말씀드리고자 하는 것은, 록힐[16]이 널리 존중받고 인기가 좋다고 하는 독일제국 총영사 켐퍼만[17]과 자신의 관계에 대해 지극히 인정하는 방식으로 털어놓았다는 것입니다.

브란트

내용: 조선의 일반적인 정치 상황

---

11 [감교 주석] 명성황후(明成皇后)
12 [감교 주석] 마이어 회사(E. Meyer & Co.; 세창양행(世昌洋行))
13 [감교 주석] 슈펠트(R. W. Shufeldt)
14 [감교 주석] 포크(G. C. Foulk)
15 [감교 주석] 딘스모어(H. A. Dinsmore)
16 [감교 주석] 록힐(W. W. Rockhill)
17 [감교 주석] 켐퍼만(T. Kempermann)

베를린, 1887년 5월 31일   A. 6769

주재 외교관 귀하   조선 국내정세에 관한 베이징 주재 독일제국 공사[18]
5. 런던 No. 477   의 이번 달 11일 자 보고서의 사본을 첨부하여 귀하
                                         께 전달해드립니다.

---

18 [감교 주석] 브란트(M. Brandt)

포크 중위의 제거를 목적으로 한 청국의 협박 태도

발신(생산)일	1887. 5. 2	수신(접수)일	1887. 6. 19
발신(생산)자	켐퍼만	수신(접수)자	비스마르크
발신지 정보	서울 주재 독일 총영사관	수신지 정보	베를린 정부
	No. 186		A. 7563
메모	A. 9637, A. 8458, A. 10860 참조 연도번호 No. 186		

A. 7563 1887년 6월 19일 오전 수신

서울, 1887년 5월 2일

No. 33

기밀

비스마르크 각하 귀하

그저께 서울은 다시 한번 격앙되었고 왕과 정부는 청국 대표 위안스카이[1]가 두려워서 벌벌 떨었습니다. 그러나 이번 경우에 위안스카이의 태도는 결코 부당하다고 할 수 없습니다. 사연인즉 다음과 같습니다:

언급 드린 날 오후에 외아문 독판[2]은 예기치 않게 위안스카이로부터 상부의 명령에 따라 그날 저녁 서울과 조선을 떠날 것이라는 갑작스러운 통고를 받았습니다. 독판은 청국 정부가 또 조선에 불만임이 틀림없다고 옳게 추측하고 즉시 청국 공사관으로 갔습니다. 그곳에서 위안스카이는 독판에게 리훙장으로부터 전보가 도착하였음을 알렸는데, 내용인즉 왕과 그의 정부가 최근 신문지상에 공개된 바 있는 미국 공사관 소속 해군무관 포크[3]의 보고에 대해 일언반구도 없었다는 이유로 비서와 함께 즉시 조선을 떠나라는 것이었다고 합니다. 외국 대표들이 나라에서 음모를 꾀하고 내정에 대해 뻔뻔스러운 거짓말을 세상에 퍼뜨려도 이를 허용하는 정부라면 그 존속은 위험에 처할 것이며 배려할 가치조차 없는 정부라는 것입니다.

---

1   [감교 주석] 위안스카이(袁世凱)
2   [감교 주석] 김윤식(金允植)
3   [감교 주석] 포크(G. C. Foulk)

이 보고를 받고 나서 외아문 독판이 대경실색하였음은 더 말할 나위도 없습니다. 그는 지체 없이 급히 왕을 알현하였고, 그날 저녁으로 위안스카이는 왕으로부터 조선 정부는 포크와의 모든 관계를 단절하고 그의 면직을 요구할 것이라는 엄중한 약속을 받았습니다. 면직의 목적을 이루기 위해서 독판은 같은 날 미국 변리공사와 또 한 번의 협의를 가졌습니다.

문제가 되고 있는 그 포크의 공개보고는 12월 27일 자로 본인이 올린 77번 보고서[4]에서 논평된 바 있습니다.

리훙장이 그렇게나 뒤늦게야, 그리고 그것에 대해 그렇게 갑자기 흥분했다는 것이 눈에 띕니다. 따라서 그 보고가 부왕이 격노하게 된 유일하고 근본적인 이유는 아닌 것 같습니다. 사실 포크는 최근 완전히 다른 방법으로 청국 정부에 귀찮게 굴었습니다. 왕은 미국 레드북에 공개된 그 보고에 관해서는 아무것도 듣지 못한 것 같습니다. 군주의 주변에 있는 포크의 친구들이 분명 이에 대한 모든 보고를 가까이 못 오게 막았습니다. 짧게 말해, 포크는 약 3주 전부터 왕의 각별한 총애를 받게 되어, 어엿한 그의 저택도 지어졌고, 또 그는 저녁마다 조선 옷을 입고 왕궁으로 간다고 합니다. 포크는 알려져 있듯이 일본의 지지자이고 청국의 적대자입니다. 그러므로 이 자가 왕의 측근이 되었다는 것을 위안스카이가 알게 되었을 때, 더욱이 리훙장의 개인적 원수인 슈펠트[5] 제독이 나가사키에 도사리고 앉아서 그곳에서 포크를 조종하면서 조선 왕의 미국인 고문으로서, 조선의 운명의 지도자로서 또 다시 서울에 당당히 들어올 가장 유리한 기회만 노리고 있다고 하자 제정신을 잃을 정도로 흥분하게 되었다는 것도 이상한 일이 아닙니다. (그(슈펠트 제독: 번역자)의 이곳에서의 퇴거에 대해서는 66번 보고서를 참조하십시오)

말하자면 이 두 사람의 짓거리를 단 한 번에 끝내기 위해 위안스카이는 리훙장으로 하여금 전보를 치게 한 것입니다.

평화를 위해서는 포크가 이제 드디어 면직당하는 것이 매우 바람직합니다. 또한 포크가 어느 미국 회사를 통해 이곳에서 정부사업을 하고 있는데, 이 사업이란 거의 사기에 가까운 것이기 때문 때문에 그러한 조치는 널리 호의적 환영을 받게 될 것입니다.

이 보고서의 사본을 베이징 주재 독일제국 공사관에 발송합니다.

켐퍼만

내용: 포크 중위의 제거를 목적으로 한 청국의 협박 태도

---

4 [원문 주석] A. 2271 위탁에 의해 첨부하였음.
5 [감교 주석] 슈펠트(R. W. Shufeldt)

15

제물포 및 거문도항에 정박 중인 청국함대

발신(생산)일	1887. 5. 21	수신(접수)일	1887. 7. 10
발신(생산)자	쳄퍼만	수신(접수)자	비스마르크
발신지 정보	서울 주재 독일 총영사관	수신지 정보	베를린 정부
	No. 214		A. 8458
메모	A. 9594 참조 7월 11일 페테르부르크 527, 런던 636 전달 연도번호 No. 214		

A. 8458 1887년 7월 10일 수신

서울, 1887년 5월 21일

No. 36

비스마르크 각하 귀하

4척의 장갑선과 2척의 소함정으로 편성된 청국 함대가 정여창[1] 제독의 지휘하에 수일 간 제물포에 정박한 후 16일 해밀턴항[2]으로 출발했음을 각하께 보고드립니다. 딩루창[3] 제독이 본인에게 말한 바에 의하면, 그는 이미 앞서 추가로 2척의 함선을 그곳으로 파견한 바 있습니다.

본인은 청국이 그 섬을 점령한다든가 또는 그 섬에 방어시설을 만든다든가 또는 바로 그곳에 함선 기지를 설치할 생각을 하고 있다고는 생각하지 않습니다. 그럼에도 이곳 일본 대표는 이 점과 관련해서 매우 불안해져 모든 외국 대표들에게 청국의 의도에 대해 어떻게 생각하느냐고 문의하였습니다.

러시아 대리공사 베베르[4]도 본인에게 비밀리에, 청국 또는 이곳의 청국 대표가 다시금 뭔가를 은밀히 꾸미고 있다는 우려를 표명하였습니다. 그는, 한 사람은 청국인이고 다른 한 사람은 조선인인 이곳 청국 대표부의 두 명의 사절이 이 나라를 여행하면서

---

1 [감교 주석] 정여창(丁汝昌)
2 [감교 주석] 거문도(Port Hamilton)
3 [감교 주석] 딩루창(丁汝昌)
4 [감교 주석] 베베르(K. I. Weber)

외국인들을 배척하도록 주민들을 선동했다는 것을 알고 있다고 주장하였습니다. 왕에 대한 포크[5]의 영향력(33번 보고서[6]를 참조하십시오)과 그의 면직이 불가능하게 되었다는 사실이 위안스카이[7]로 하여금 이와 같은 행동을 취하게끔 하였다는 것입니다.

그렇지만 본인의 정보에 의하면 이 소문은 아무런 근거도 없습니다. 그럼에도 불구하고 본인은 미국 정부가 외아문 독판의 압박에 굴복해서 포크의 해임을 곧 결정하지 않는 한 위안스카이 내지 청국이 또 다시 음모의 길을 택하게 될 가능성을 부정하지는 않겠습니다.

켐퍼만

내용: 제물포 및 거문도항에 정박 중인 청국함대

---

5 [감교 주석] 포크(G. C. Foulk)
6 [원문 주석] A. 7563 첨부하였음.
7 [감교 주석] 위안스카이(袁世凱)

베를린, 1887년 7월 11일   A. 8458

주재 외교관 귀중   청국 함대의 제물포 및 해밀턴항[8] 정박에 관한 서
1. 페테르부르크 No. 527   울 주재 독일제국 총영사의 5월 21일 자 보고서
5. 런던 No. 636   사본을 첨부하여 기밀정보로 전달해드립니다.

원문의 사본

---

8 [감교 주석] 거문도(Port Hamilton)

조선 정세 관련

발신(생산)일	1887. 6. 12	수신(접수)일	1887. 7. 25
발신(생산)자	브란트	수신(접수)자	비스마르크
발신지 정보	베이징 주재 독일 공사관	수신지 정보	베를린 정부
	No. 150		A. 9077
메모	7월 25일 런던 669, 페테르부르크 555, 뮌헨 454, 드레스덴 455, 슈투르가르트 412 전달		

A. 9077 1887년 7월 25일 오전 수신

베이징, 1887년 6월 12일

No. 150

비스마르크 각하 귀하

본인의 러시아인 친구는 오늘 본인에게, 서울 주재 러시아 대리공사 베베르[1]한테서 수일 전에 받은 전보에 의하면 대원군[2], 즉 왕의 아버지가 왕을 폐위하고 그 대신에 자신의 두 번째 아들[3]을 즉위시키려는 계획을 품고 있는 것 같다고 알려주었습니다. 조선과 청국 간의 관계에 대해 말할 때마다 언제나 조선에서 청국의 적극적 행보는 러시아로 하여금 자기네 이해관계를 확보하기 위해서 자기네 측에서도 어떤 조치를 취하지 않을 수 없게 만든다고 특히 강조했던 쿠마니[4]는 이번 기회에도, 러시아 정부는 조선에 대해 아무런 계획도 가지고 있지 않음을 되풀이하면서, 자신은 심지어 지난해 9월 러시아 대리공사 라디젠스키[5]와 리훙장 총독(북양대신) 간에 교환[6]된 바 있는, 양측 모두 조선의 내정에 대한 간섭과는 멀리하겠다고 한 구두선언을 협정서의 형식으로 조인할 수 있는 권한까지도 가지고 있다고 덧붙였습니다. 라디젠스키는 수 주일 전 러시아로 돌아가는

---

1 [감교 주석] 베베르(K. I. Weber)
2 [감교 주석] 흥선대원군(興宣大院君)
3 [감교 주석] 이재면(李載冕). 본문에서 두 번째 아들은 사실이 아님. 이재면은 흥선대원군의 적장자임.
4 [감교 주석] 쿠마니(A. M. Kumani). 독일어 원문에는 Coumany로 적혀 있음.
5 [감교 주석] 라디젠스키(Ladygensky)
6 [감교 주석] 리훙장-라디젠스키 협정

도중에 톈진에 있는 리홍장에게 이 상황과 청국 정부의 의도에 대해 질문한 바 있었는데, 그때 리홍장은, 청국은 조선과의 관계에 어떠한 변화도 일으킬 의도가 없다고 하면서 '북양함대'의 조선 방문은 아무런 정치적 의의도 없다고 선언하였다고 합니다. 그가, 즉 리홍장이 살아 있는 한 그는 조선에 대한 청국의 정책에서 그 어떠한 변화에 대해서도 결단코 반대할 것이며 또 그가 죽은 후에도 그가 남겨둔 일에 대한 방책을 통해 모든 것이 있는 그대로 유지되도록 해놓겠다고 말했다고 합니다. 쿠마니는 이러한 보증을 물론 믿고 싶기는 하지만 특히 그 유명한 기사에서 분명히 드러난 바와 같은 청 후작의 선언과 야심찬 계획들은 베이징에서 뭔가 추진하려고 하는 정책에 대해서 전적으로 부당하다고는 할 수 없는 어떤 불신감을 그의 마음속에 채워넣을 수밖에 없다고도 하였습니다.

대원군이 그의 아들인 현재의 왕에 대해서, 또는 더 정확히 말한다면 왕비와 왕비의 친정 가족에 대해서 음모를 꾸미고 있다는 것은 매우 신빙성 있습니다. 왕비[7]와 그녀의 친정 가족[8]들을 처치해 버리려는 시도는 이미 1882년에 소요사태[9]의 동기가 되었으며, 이 소요사태는 대원군이 체포되어 청국에 구금됨으로써 끝났고 그 후 대원군이 조선에 돌아온 후에도 관계는 개선되지 않고 있습니다. 다른 한편으로 청국인들은 본인이 보내드린 바 있는 이전의 보고서를 통해 각하께서 알고 계신 것처럼 꽤 오래전부터 왕을 제거하고 청국의 이익에 좀 더 호의적이거나 그렇지는 않더라도 다른 나라들의 영향에 의해 덜 조종되는 인물을 왕 자리에 앉혀놓기를 희망하고 있습니다. 따라서 대원군과 지난해의 실패 후 확실히 어떤 성과를 내려고 하는, 서울에 거주하는 위안스카이가 왕을 축출하기로 합의했고 그것을 목표로 하여 함께 공동으로 노력할 가능성이 없는 것은 아닙니다.

만약 대원군 또는 그의 앞잡이가 청국의 요구에 대해 현재의 왕보다는 보다 더 순종적인 태도로 나오리라고 믿고 있다면, 그것은 청국 측의 오산이라고 사료됩니다.

단순한 인물교체라면, 러시아 측에서는 이 인물교체를 위해 실행에 옮겨진 청국 측의 행동이 그 목표를 달성함과 동시에 즉시 정지한다는 전제하에, 쿠마니가 말한 바와 같이 그저 방관만 하고 있을 것입니다.

또한 쿠마니는 조선에서 그에게 도착한 보고에 의하면 영국 정부가 해밀턴항[10]을 반

---

7 [감교 주석] 명성황후(明成皇后)
8 [감교 주석] 여흥 민씨 척족
9 [감교 주석] 임오군란
10 [감교 주석] 거문도(Port Hamilton)

환한 직후, 미국 정부인지 아닌지는 밝히지 않았으나 어쨌든 서울 주재 미국 측이 이 섬에 석탄 저장고 설치에 대한 허가를 얻으려는 시도를 하였다고 본인에게 이야기해주었습니다. 그러나 조선인들은, 해밀턴항은 이미 많은 분쟁도 유발하였고 문서활동도 번잡하게 한 일도 있고 해서, 그 설치에는 시기가 적합하지 않다고 논평하면서 이를 거절하였다고 합니다.

브란트

내용: 조선 정세 관련

베를린, 1887년 7월 25일

주재 외교관 귀중
1. 런던 No. 669
3. 페테르부르크 No. 555
8. 뮌헨 No. 454
9. 드레스덴 No. 455
10. 슈투트가르트 No. 412

기밀

조선 내부정세에 관한 베이징 주재 독일제국 공사의 지난달 1일 자 보고서의 사본을 첨부하여 귀하의 개인적인(3: 기밀) 정보용으로 전달해드립니다. 귀하는 내용을 재량에 따라 비밀리에 이용할 권한이 있습니다.

1885년 3월 4일 자 훈령과 관련해서 비밀리에 전달할 것

조선에서 미국 해군무관 포크의 처신에서 빚어진 분규에 관하여

발신(생산)일	1887. 6. 19	수신(접수)일	1887. 8. 7
발신(생산)자	브란트	수신(접수)자	비스마르크
발신지 정보	베이징 주재 독일 공사관 No. 173	수신지 정보	베를린 정부 A. 9637
메모	10363 참조 8월 9일 페테르부르크 591, 워싱턴 54, 런던 787 전달		

A. 9637 1887년 8월 7일 오후 수신

베이징, 1887년 6월 19일

No. 173

기밀

비스마르크 각하 귀하

미국 해군무관 포크[1]의 행동으로 말미암아 조선 정부와 서울 주재 청국 대표 간에 초래된 분규에 관해서는 켐퍼만[2] 독일제국 총영사가 올해 5월 2일 자 보고서 No. 33에서[3] 보고한 바 있거니와, 이 분규를 통해 본인은 얼마 전까지 조선 주재 미국 공사관의 지휘업무를 위임받은 이곳 미합중국 공사관 서기관 록힐[4]에게 이 사안에 대해 질문할 동기를 갖게 되었습니다. 록힐은 조선에 주재하고 있는 동안에 이미 그곳(조선의: 번역자) 정부가 올해 2월 28일 삼가 보고서 No. 28에서 보고올린 바 있는[5] 조선 실태에 관하여 상하이 신문지상에 공개된 보고문의 필자는 포크라고 하면서 이에 대한 항의를 그에게 제기한 바 있다는 것을 본인에게 알려주었습니다. 포크는 일을 저질렀다고 고발하는 그 보고문의 필자가 될 수도 없었고 또 사실 그 필자도 아니었으므로 당시에 조선 정부로 하여금 그 유죄 논고의 철회와 그 유죄 논고를 한 데 대한 유감의 표현을 하게 할

---

1 [감교 주석] 포크(G. C. Foulk)
2 [감교 주석] 켐퍼만(T. Kempermann)
3 [감교 주석] 원문에는 '올해 ~ No. 33에서'에 취소선이 표기됨.
4 [감교 주석] 록힐(W. W. Rockhill)
5 [감교 주석] 원문에는 '올해 ~ 있는'에 취소선이 표기됨.

수 있었다고 하고, 그럼으로써 이 문제가 해결된 것으로만 알고 있었다고 합니다. 그런데도 지금 와서 조선 정부는 소란스럽고 파렴치하며 고집불통의 인간이라고 하는 청국 변리공사 위안스카이[6]의 사주하에, 그것도 포크가 공식적으로 통고하였고 미국 정부가 공개한 보고문을 이유로 이 문제를 또 다시 제기하였다는 것입니다.

미국 정부는 이 문제와 관련하여 어떻게 할 것 같은가라는 본인의 질문에 대해 록힐은 미국 정부가 포크를 내치는 것이 불가능하다고 여기지는 않는다고 대답했습니다. 워싱턴에서는 조선 내의 일반적인 상황으로 말미암아 미국이 억지로 떠안게 된 서울에서의 그 지위에 전혀 만족하지 않고 있다고 하며, 그 이유는 현재 서울에서 미국의 지위가 미국 바깥에서는 정부가 어떻게든 채택할 수 있을 그 어떤 정책도 추진하지 않는다고 하는 미국 정부의 전통적인 원칙과 모순되기 때문이라고 합니다. 미국은 국제적 교역을 하도록 조선을 개방시키는 데 있어서 그렇게도 빼어난 역할을 했던 데 대해 이미 유감스럽게 생각하고 있으며 또 서울 주재 미국 공사관의 지위를 그 정부에 알맞은 방식으로 축소시키는 일을 주저하지 않을 것이라고 합니다.

브란트

내용: 조선에서 미국 해군무관 포크의 처신에서 빚어진 분규에 관하여

---

6 [감교 주석] 위안스카이(袁世凱)

베를린, 1887년 8월 9일   A. 9637

주재 외교관 귀하   조선에서 미국 해군무관 포크[7]의 행동으로 인해 일
1. 페테르부르크 No. 591   어난 분규에 관한 베이징 주재 독일제국 공사의 올
5. 런던 No. 707   해 6월 19일 자 보고서의 사본을 첨부하여 귀하께
7. 워싱턴 공사 A. 54   기밀정보로 전달해드립니다.

기밀!

---

7 [감교 주석] 포크(G. C. Foulk)

포크의 해임

발신(생산)일	1887. 7. 5	수신(접수)일	1887. 8. 24
발신(생산)자	브란트	수신(접수)자	비스마르크
발신지 정보	베이징 주재 독일 공사관 No. 173	수신지 정보	베를린 정부 A. 10363
메모	8월 25일 페테르부르크 636, 런던 741, 워싱턴 A. 60 전달		

A. 10363 1887년 8월 24일 오전 수신

베이징, 1887년 7월 5일

No. 184

비스마르크 각하 귀하

서울 주재 미합중국 공사관 배속 해군무관 포크[1]에 대한 조선 정부의 항의와 관련하여 본인이 올해 6월 19일 자로 올린 보고서 No. 173[2]에 이어, 포크가 미국 정부로부터 미국 전함 Marion호에 승선하라는 명령을 받고 이 지시에 이미 응하였다는 것을 알려드립니다.

외부에 탐문한 결과, 포크는 자신의 면직을 받아들이고 조선이나 일본의 관직을 맡을 의도를 갖고 있습니다.

브란트

내용: 포크의 해임

---

1 [감교 주석] 포크(G. C. Foulk)
2 [원문 주석] A. 9637 첨부하였음.

베를린, 1887년 8월 25일   A. 10363

주재 외교관 귀중
1. 페테르부르크 No. 636
5. 런던 No. 741
7. 워싱턴 주재 공사 W=A. 60

기밀
원본의 사본

이번 달 9일 자 본인의 훈령과 관련하여, 조선 내부정세 및 미국 해군무관 포크[3]의 해임 건에 대한 베이징 주재 독일제국 공사[4]의 지난달 5일 자 보고서의 사본을 첨부하여 기밀 정보로 전달해드립니다.

---

3 [감교 주석] 포크(G. C. Foulk)
4 [감교 주석] 브란트(M. Brandt)

19

조선에서 포크 미국 중위의 위치

발신(생산)일	1887. 7. 13	수신(접수)일	1887. 9. 4
발신(생산)자	브란트	수신(접수)자	비스마르크
발신지 정보	베이징 주재 독일 공사관	수신지 정보	베를린 정부
	No. 196		A. 10798
메모	9월 4일 워싱턴 전달		

A. 10798 1887년 9월 4일 오전 수신

베이징, 1887년 7월 13일

No. 196

비스마르크 각하 귀하

올해 5월 21일 자 각하의 훈령 No. 10[1]에 포함되어 있는바, 미국 해군무관 포크[2]의 조선 내 지위에 대한 통고와 관련하여, 워싱턴 주재 독일제국 공사에게 보고된 바와는 반대로 포크는 전함 Marion호에 승선할 때까지 서울 주재 미국 공사관 배속 해군무관의 지위를 갖고 있었고 공사관과 직무상의 관계에 있었음을 알려드립니다.

워싱턴이 이 사실들을 부인하려고 노력하는 근본적인 이유는, 이에 관해 본인이 이미 이전에 보고 해드린 바와 같이 조선에서 보다 완화된 정책을 추진하려는 미국 정부의 바람에 있는 것 같습니다.

브란트

내용: 조선에서 포크 미국 중위의 위치

---

1 [원문 주석] A. 6371 위탁으로 첨부하였음.
2 [감교 주석] 포크(G. C. Foulk)

베를린, 1887년 9월 4일   A. 10798

워싱턴 주재 공사 귀하   조선에서 미국의 영향력에 관한 올해 5월 6일 자 보
A. 66   고서 No. 223과 관련하여, 조선에서 미국 해군무관
                             포크[3]의 지위에 관한 베이징 주재 독일제국 공사[4]의
                             올해 7월 13일 자 보고서 사본을 첨부하여 귀하께
                             전달해드립니다.

---

3 [감교 주석] 포크(G. C. Foulk)
4 [감교 주석] 브란트(M. Brandt)

20

제주도에 일어난 청국인, 일본인 및 조선인들의 충돌에 관하여

발신(생산)일	1887. 7. 21	수신(접수)일	1887. 9. 4
발신(생산)자	브란트	수신(접수)자	비스마르크
발신지 정보	베이징 주재 독일 공사관	수신지 정보	베를린 정부
	No. 207		A. 10805

A. 10805   1887년 9월 4일 오후 수신, 첨부문서 1부

베이징, 1887년 7월 21일

No. 207

비스마르크 각하 귀하

7월 13일 자 Shanghai Courier지에서 발췌한 6월 20일 자 서울발 통신의 번역본을 첨부하여 각하에게 전달해드립니다. 동 통신에 의하면, 제주도에서 청국 어부들과 일본 어부들 간에 유혈충돌이 일어나 급기야 조선인들의 개입과 평화 파괴자들의 추방으로 이어졌다고 합니다.

이 소식에 어느 정도의 신빙성을 부여할 수 있을 것이 바로 본인이 다른 소식통으로부터 전해들은 바, 조선 정부가 일본 어부들이 지불하는 임차료를 받고 그들에게 제주도에서 고기잡이할 권리를 준 것 같다는 것입니다.[5]

이곳 일본 공사관에서는 이 사건에 대해 알지 못합니다.

브란트

내용: 제주도에 일어난 청국인, 일본인 및 조선인들의 충돌에 관하여, 첨부문서 1부

---

5   [감교 주석] 조일통상장정(1883)을 통해서 조선은 전라·경상·강원·함경에서 일본 어민의 어로권을 보장해 주었으나, 제주도에서는 일본인의 어업활동을 금지하였음.

1887년 7월 21일 자 A No. 207의 첨부문서

1887년 7월 13일 자 Shanghai Courier지에 실린 글의 번역문

서울, 1887년 6월 20일

수일 전 이곳에서는 조선 왕국의 남서부인 제주도에서 청국 어부들과 일본 어부들이 살해되었다는 소문이 퍼졌다.

이 소문이 이곳에 들어온 직후, 조선 정부의 허가를 받은 일본인 몇 명이 제주도의 해안가 여러 곳에 전복(조개의 일종) 어장을 설치하였다는 것이 알려졌다.

약 한 달 전에, 아마도 서울에서 들어온 소식을 접하고서 그 어장설치의 낌새를 알아차렸을 청국인들도 마찬가지로 이 어장구역에 도착하여 고기잡이를 시작했다는 것이다. 일본인들은 새로 합류한 이 청국인들에게 이곳에서 고기잡이할 권리가 없다고 주의를 주었는데, 이에 대해 청국인들은 조선 수역에서는 그들이 일본인들보다 훨씬 더 큰 권리를 가지고 있다고 대답하였다고 한다. 아무리 항의해도 무식한 청국의 무뢰한들에게는 아무런 효과가 없게 되자 말싸움에서 주먹다짐으로 번져 급기야 해안에서 난폭한 싸움이 벌어지게 되었다는 것이다. 조선인들은 소란과 살인을 막으려고 무리를 지어 그곳에 도착하여 싸우고 있는 사람들을 움직이게 하고 정크배에 올라타려 하였으나 청국인들은 조선인들을 맹렬히 공격하였고 조선인들은 자위적 입장에서 할 수 없이 침입자들의 싸움에 응하지 않을 수 없었다고 한다.

다수의 조선인, 청국인 그리고 일본인들이 그 장소에 머물러 있었으나 종국에는 조선인들이 싸움에서 승리하게 되었으므로 살아남은 청국인들과 일본인들은 배를 타고 그곳을 떠났다고 한다.

모든 책임은 오직 청국 국민들에게 있기 때문에 이 사건에 대한 배상금은 청국이 지불할 것 같다. 그렇지만 문제의 그 청국인들은 해적들이었고 그 사람들은 어떤 특정 국가의 국민으로 간주될 수 없다고 청국 정부당국이 선언하리라는 것도 불가능하지는 않다.

미국 해군무관 포크의 해임

발신(생산)일	1887. 7. 1	수신(접수)일	1887. 9. 6
발신(생산)자	켐퍼만	수신(접수)자	비스마르크
발신지 정보	서울 주재 독일 총영사관	수신지 정보	베를린 정부
	No. 55		A. 10860
메모	A. 12605 참조 연도번호 No. 295 9월 7일 워싱턴 전달		

A. 10860 1887년 9월 6일 오전 수신

서울, 1887년 7월 1일

No. 55

기밀

비스마르크 각하 귀하

켐퍼만[1] 총영사의 올해 5월 2일 자 기밀보고서 No. 33[2]에 이어, 미국 해군무관 포크[3]가 그저께 서울을 떠나 미합중국 코르벳선 Marion호를 타고 제물포로 갔고, 이 배는 어제 그곳에서 나가사키로 출발하였음을 보고드립니다.

포크 중위는 이미 지난달 15일에 챈들러 미국 제독으로부터 요코하마발 전보를 받았는데, 이 전보를 통해 그는 즉시 제물포로 가서 Marion호를 타고 또 다시 승선근무를 하라는 지시를 받았습니다. 포크 소위는 이곳에서 작별인사도 없이 이 명령에 지체 없이 응하였습니다. 그는 아마도 미국 정부가 이 사건에 대한 이곳 변리공사의 보고서를 접수한 후 그를 금후에도 계속해서 서울의 그의 직책에 남아 있게 하리라는 희망을 품고 있는 것 같습니다.

왠고 하니, 미국 대표 딘스모어[4]가 비밀리에 본인에게 전해준 바에 의하면, 그는 올해

---

1 [감교 주석] 켐퍼만(T. Kempermann)
2 [원문 주석] A. 7563 첨부하였음.
3 [감교 주석] 포크(G. C. Foulk)
4 [감교 주석] 딘스모어(H. A. Dinsmore)

5월 초 국무장관에게 보내는 보고서에서 포크를 해임하지 말도록 급히 요청하였다고 합니다. 포크는 그 어느 때보다도 더 확고히 왕의 총애를 받고 있으며 조선 정부는 극히 싫어하면서도 청국 대표⁵의 압박에 응해주고 있는 형편인데, 이 청국 대표가 개인적으로 포크를 미워할 뿐만 아니라 그가 청국을 희생시키고 조선에서 너무 큰 영향력을 얻지나 않을까 두려워하고 있다는 것입니다. 뿐만 아니라 미합중국은 조선 왕국을 완전히 독립적인 나라로 보고 있으므로 이러한 이유에서 청국 공사가 오직 조선과 미합중국에만 관계되는 사안에 간섭함을 용납할 수 없을 것입니다.

이 문제에서 전적으로 포크의 지시를 받고 있는 것 같아 보이는 딘스모어는 미국 정부가 그럼에도 불구하고 포크의 해임을 지시하였고 게다가 이 지시의 집행을 그에게 위탁하지 않고 제독에게 위탁한 데 대해 지금 불쾌해하고 있습니다.

포크 중위는 이삼일 전 이곳에 다시 돌아왔으나 그 후 곧 최종적으로 서울을 떠났습니다.

이곳 청국 공사관의 서기관이 본인에게 넌지시 건넨 바로부터 추측하자면, 청국 정부가 베이징 주재 미국 공사에게 언급 드린 그 해군무관을 서울의 직책에서 해임하도록 그의 정부를 움직여주었으면 하는 바람을 표명하였고 데니⁶는 이러한 취지로 즉시 워싱턴에 전보를 쳤던 것 같습니다.

이 보고서의 사본을 베이징 주재 독일제국 공사관에 발송하였습니다.

크리엔

내용: 미국 해군무관 포크의 해임

---

5 [감교 주석] 위안스카이(袁世凱)
6 [감교 주석] 데니(O. N. Denny)

22

일본 주재 조선 변리공사의 임명

발신(생산)일	1887. 7. 9	수신(접수)일	1887. 9. 6
발신(생산)자	켐퍼만	수신(접수)자	비스마르크
발신지 정보	서울 주재 독일 총영사관	수신지 정보	베를린 정부
	No. 57		A. 10861
메모	A. 14962 참조, 연도번호 No. 301		

A. 10861 1887년 9월 6일 오전 수신

서울, 1887년 7월 9일

No. 57

비스마르크 각하 귀하

이번 달 7일 궁내 관방 3등 관리 민영준[1]이 도쿄 주재 변리공사로 임명되었음을 보고
드립니다. 그는 왕에 대해 잇달아 최대의 영향력을 소유하고 있는 방대한 계보의 귀족
민씨 가문에 속한 사람으로서 왕비[2]의 먼 친척 중 한 사람입니다.

언급 드린 민씨 가문에 속한 거의 모든 이와 마찬가지로 그는 친청 성향을 품고 있다
고 하고, 이곳 청국 공사관 서기관의 통고에 의하면 그는 일본행을 위해서 자신에게
청국 군함 한 척을 제공해줄 수 있겠는가라고 바로 그곳 동 공사관에 비밀리에 문의한
바 있다고 합니다. 이에 대해 거부의 회답을 받게 되었으므로 그는, 들리는 바에 의하면
다음달 3일 제물포에서 출발하는 일본 우편선을 타고 자신의 새로운 자리를 향해 떠나갈
것이라 합니다.

그에게는 이전에 톈진 주재 조선 영사관에서 서기관 자리를 차지하고 있던 관리 한
사람이 비서로 붙여졌습니다.

지금까지 본인이 들어 알게 된 범위 내에서, 민영준의 임명은 오직 일본 정부에 대한
예의를 고려하여 이루어진 것입니다. 왜냐하면 양 정부 간의 중요한 협상[3]은 현재 미해결

---

1 [감교 주석] 민영준(閔泳駿)
2 [감교 주석] 명성황후(明成皇后)
3 [감교 주석] 김옥균 등의 소환 건으로 보임.

로 남아 있을 뿐만 아니라 가까운 장래에도 십중팔구 기대할 수 없기 때문입니다.

　이러한 이유에서, 그리고 조선의 신통치 못한 재정 형편상 그의 일본 체류는 아마 단기간에 그칠 것 같습니다.

　이 보고서의 사본을 베이징 및 도쿄 주재 독일제국 공사관에 발송합니다.

크리엔

　내용: 일본 주재 조선 변리공사의 임명

베를린, 1887년 9월 7일   A. 10860

주재 외교관 귀중   이번 달 4일 자 본인의 훈령 No. 66과 관련하여, 미
워싱턴 No. A 67   국 해군무관 포크[4]의 해임에 관한 서울 주재 독일제
                                국 총영사[5]의 올해 7월 1일 자 보고서 사본을 첨부하
                                여 전달해드립니다.

---

4   [감교 주석] 포크(G. C. Foulk)
5   [감교 주석] 켐퍼만(T. Kempermann)

서울의 미국 해군무관 포크의 해임에 관하여

발신(생산)일	1887. 7. 25	수신(접수)일	1887. 9. 18
발신(생산)자	브란트	수신(접수)자	비스마르크
발신지 정보	베이징 주재 독일 공사관 No. 211	수신지 정보	베를린 정부 A. 11321

A. 11321   1887년 9월 18일 오전 수신

베이징, 1887년 7월 25일

No. 211

비스마르크 각하 귀하

청국 정부가 이곳의 미국 공사에게 해군무관 포크[1]가 서울에서의 직책으로부터 해임되었으면 하는 바람을 표시했다고 하는 서울 주재 독일제국 영사관[2]의 올해 7월 1일자 보고서 No. 55[3]에 담긴 진술에 추가하여, 이와 같은 요청은 이곳 데니[4]에게 한 바 없었음을 말씀드립니다. 미국 정부의 결정은 청국 공사가 해임을 요구했다고 하는 포크 건과 관련하여 지시를 요청했었던 딘스모어[5]의 전보에 입각해서 이루어진 것 같습니다.

브란트

내용: 서울의 미국 해군무관 포크의 해임에 관하여

---

1 [감교 주석] 포크(G. C. Foulk)
2 [감교 주석] 켐퍼만(T. Kempermann)
3 [원문 주석] A. 10860 위탁으로 제출되어 있음.
4 [감교 주석] 데니(O. N. Denny)
5 [감교 주석] 딘스모어(H. A. Dinsmore)

베를린, 1887년 9월 19일

A. 11321

워싱턴 주재 공사관 귀중
A No. 70

원본의 사본

지난달 7일 자 훈령 No. 67과 관련하여 서울 주재 미국 해군무관 포크[6]의 해임에 관한 베이징 주재 독일제국 공사[7]의 올해 7월 25일 자 보고서 사본을 첨부하여 정보용으로 전달해드립니다.

---

6 [감교 주석] 포크(G. C. Foulk)
7 [감교 주석] 브란트(M. Brandt)

외아문 독판의 인사 교체

발신(생산)일	1887. 7. 26	수신(접수)일	1887. 9. 19
발신(생산)자	켐퍼만	수신(접수)자	비스마르크
발신지 정보	서울 주재 독일 총영사관	수신지 정보	베를린 정부
	No. 60		A. 11362
메모	9월 20일 함부르크 201 전달 // 14126 참조 // 연도번호 No. 325		

A. 11362   1887년 9월 19일 오전 수신

서울, 1887년 7월 26일

No. 60

비스마르크 각하 귀하

조선 외아문의 이번 달 22일 자 통고에 의하면 지금까지의 외아문 독판 김윤식[1]은 해직되었고 그 대신에 지금까지 협판을 지낸 서상우[2]가 취임하였음을 각하께 보고 올립니다.

이 인사이동의 동기는 다음과 같습니다:

부산지역의 한 첨사[3]가 지난 가을에 그곳의 일본 상인으로부터 3천 멕시코 달러의 금액을 차용하고 올해 초에 그 빌렸던 돈을 다 갚겠다고 약속한 일이 있었습니다. 이 금액에 대해 외아문 협판 가운데 한 사람인 변원규[4]은 그 보증을 하고 동시에 독판 김윤식으로 하여금 그 일본인과 조선의 무관 간에 맺은 차관계약에 외아문의 관인을 연대날인하게 하였습니다. 이렇게 됨으로써 이 계약은 순전히 개인적인 성질의 것이었음에도 불구하고 당시 외아문 독판의 1885년 8월 3일 자 문서(부영사 부들러[5]의 1885년 10월 13일 자 보고서 No. 78)[6]에 따라 정부는 이 계약의 이행에 대한 의무를 지게 되었습니다.

그 일본인의 누차의 경고에도 불구하고 그 조선 관리는 약속한 지불을 행하지 않았기 때문에 일본인은 일본 대리공사에게 호소했고, 대리공사는 우선 보증인 변원규에게 요

---

1   [감교 주석] 김윤식(金允植)
2   [감교 주석] 서상우(徐相雨)
3   [감교 주석] 김완수(金完洙)
4   [감교 주석] 변원규(卞元圭)
5   [감교 주석] 부들러(H. Budler)
6   [원문 주석] III 19622 de 1886 i. a. Legalisiert 39, Band 11. (liegt bei)

구하였으나 이 변도 역시 그 보증금액을 지불하지 않았을 뿐더러 그러는 동안에 채무자는 조선으로부터 도망쳐버렸으므로 조선 정부에 대하여 그 돈의 지불을 요구하였습니다.

그 결과, 이번 달 20일 자 관보의 보도에 따르면 도주한 첨사는 모든 관직과 관위의 상실을 선언 받았고 또 차용금의 지불과 멀리 떨어진 무인고도(無人孤島)로의 종신유배 선고를 받았습니다.

보증인 변은 파면되어 "멀리 떨어진 황무지"에 유배되었습니다.

독판 자신은 부하관리에 대해 부주의하여 책임지고 있는 자리의 위신을 유지하지 못하였고 사적인 계약에 관인을 연대 날인함으로써 외국인들의 조롱 대상이 되었다는 이유에서 관직을 박탈당하고 "바다 가까이의 어떤 장소"로 유배되었습니다.

그 후 이곳에서 약 150킬로미터 떨어진 충청도의 어느 소도시가 그의 유배지[7]로 지정되어, 수일 전 그는 그곳으로 떠나갔습니다.

십중팔구 그의 지나친 친청 성향과 청국 변리공사 위안스카이[8]에 대한 의존이 그의 실각을 초래하였을 것입니다.

이전의 독판이 정중하고 활동적이며 외국 사정에 어느 정도 정통한 관리였던 반면에 그의 후임자는 무식하고 게으르며 척외적인 사람으로 간주되고 있습니다. 그는 이미 지난 해 여름에 독판 김윤식이 정치적 혐의를 받고 수도를 떠나게 되었을 때 3개월 동안 그의 대리로 직무를 수행한 일이 있었는데, 이 시기 동안 주로 그의 주제넘은 처신으로 말미암아 대부분의 외국 대표들과 사이가 틀어졌습니다. 확실성 있는 조선 측의 소식통으로부터 들려오는 바에 의하면, 그러는 사이에 왕은 그에게 외국 대표들과의 친선을 도모하도록 강력하게 권고하면서 그렇지 않으면 즉시 파면하겠다고 위협하였다고 합니다.

거의 모든 조선 고관들이 그러하듯이 그도 역시 청국에 대해서는 커다란 존경심과 편애를 가지고 있으나 그렇다고 해서 그의 선임자처럼 그렇게 청국 변리공사에게 무조건적으로 복종적이지는 않을 것입니다. 청국 공사관의 일등서기관이 본인에게 전하는 바에 의하면 위안스카이는 지금까지의 독판이 가까운 시일 내에 그의 이전 관직에 복직하리라는 희망을 품고 있다고 하나 본인은 이 희망이 곧 실현되리라고는 믿지 않습니다.

이 보고서의 사본을 베이징 주재 독일제국 공사관에 발송합니다.

크리엔

내용: 외아문 독판의 인사 교체

---

7   [감교 주석] 면천(沔川), 오늘날 당진
8   [감교 주석] 위안스카이(袁世凱)

베를린, 1887년 9월 20일   A. 11362에 추가

함부르크 주재
공사관 귀중 No. 201

제출서류의 사본은
9월 22일 제출됨

1885년 12월 12일 자 라이히스안차이거 신문 292호에는
다음과 같은 보도가 포함되어 있습니다. 즉 동년 8월 3
일 자 조선 외아문의 지령에 따라 금후 외국인과 조선국
민 간에 체결되는 모든 계약은, 어떻게든 조선 당국에
그 계약의 이행에 대해 요구하려는 의도가 있다면 외아
문 당국의 확인을 받아야 한다는 것입니다.

　　서울 주재 독일제국 영사관[9]은 사본으로 첨부한 올해
7월 26일 자 보고서에서 조선 외아문의 관인 남용 사건
을 알려주고 있습니다.

　　이 보고서의 내용에 대해서 그곳에 있는 관계 인사들
에게 기밀준수하에 통지해주실 것을 부탁드립니다.

9　감교 주석] 켐퍼만(T. Kempermann)

25

원문 p.689

민영익의 도피성 조선 출발

발신(생산)일	1887. 8. 18	수신(접수)일	1887. 10. 2
발신(생산)자	브란트	수신(접수)자	비스마르크
발신지 정보	베이징 주재 독일 공사관	수신지 정보	베를린 정부
	No. 230		A. 11847
메모	A. 12510 참조 // 10월 9일 페테르부르크 743, 런던 852 전달		

A. 11847 1887년 10월 2일 오전 수신

베이징, 1887년 8월 18일

No. 230

기밀

비스마르크 각하 귀하

7월 30일 러시아 군함을 타고 도망치다시피 떠나간 조선의 민영익[1]에 대해 서울 주재 독일제국 영사관으로부터 각하께 보고되었으리라 생각됩니다. 본인은 이 사건에 관해서 본인의 러시아인 동료한테서 전달받은 소식을 아래와 같이 제출해드리고자 합니다. 본인을 향한 쿠마니[2]의 솔직함이 비록 의심의 여지없이 일차적으로 문제의 그 사건에 대한 그의 견해와 처리방법을 이런 식으로 에둘러 청국인들에게 인식시키려는 그의 바람에서 나왔다 하더라도, 러시아 측에서는 현 시점에서 조선 때문에 청국과 충돌하는 것을 피하기를 바라고 있다는 사실도 아무런 의심할 바 없는 것이므로 그의 언명은 그만큼 더 믿어도 좋으리라고 본인은 믿고 있습니다.

민영익은 이미 수개월 전, 그가 조선으로 돌아가려는 계획을 품고 있었을 때, 그리고 그가 조선으로 가는 도중 즈푸[3]에 체류하고 있었을 때 상하이 주재 러시아 총영사 레딩과 즈푸 주재 러시아 영사 퍼거슨을 통하여 - 이 둘은 모두 장사꾼들이고, 그중 퍼거슨은 가톨릭계 아일랜드인이며 광신적인 독일 혐오자이고 지칠 줄 모르는 음모가이자 요설가

---

1 [감교 주석] 민영익(閔泳翊)
2 [감교 주석] 쿠마니(A. M. Kumani). 독일어 원문에는 Coumany로 적혀 있음.
3 [감교 주석] 즈푸(芝罘)

입니다 - 조선으로 타고 갈 러시아 전함을 요망한 바 있으나 쿠마니는 이 취지에서 페테르부르크로부터 내려진 교시에 따라 민의 이 요청을 거절하였습니다. 서울 주재 러시아 총영사 겸 대리공사인 베베르는 이 사실들을 적어도 비밀리에 알고 있었으면서도, 민영익이 바로 얼마 전에 그의 신상을 향한 청국인들의 음모에 대한 두려움에서 비밀리에 조선을 떠나려고 하였을 때 이 목적을 위해서 그에게 즈푸에 타고 갈 포함 Sivutsch호를 제공하였고, 이곳의 러시아 공사관에는 민영익이 왕의 특별 지령을 가지고 있고 이 지령을 공사관에 직접 전달할 것이라고 설명하면서 그 군함의 제공 사실에 대해 알려주었습니다.

자신의 신상에 대한 불안감에서 좀처럼 벗어나지 못할 것 같아 보이는 민영익은 즈푸에 도착하자 위에 언급 드린 영사 퍼거슨에게 영사관 내에 피신처를 요청하였습니다. 이에 따른 퍼거슨의 신청은 그 사이에 쿠마니에 의해 거부당하였습니다.

뿐만 아니라 민영익은 조선의 왕으로부터 페테르부르크 주재 조선 공사로 임명되었으나 이 장소는 너무 멀리 떨어져 있고 또 그곳에서 그가 무엇을 해야 할지 잘 알지 못하기 때문에 외교관 자격으로 블라디보스토크에 주재하도록 허용해주기를 바란다는 통고를 러시아 공사관에 전달하였습니다. 이 청원을 바보의 정신착란적인 생각이라고 묘사한 이곳 공사관의 제의에 응하여 그것(민영익의 청원: 번역자)은 페테르부르크로부터 전보를 통해 거절당하였습니다.

그러는 동안 청국 측에서는 민영익이 처음 즈푸에 체류하고 있는 동안에도 그랬지만 그때보다도 어느 정도 더 심하게 그에게 간섭하기 시작하였습니다. 그리하여 마침내 그에게 톈진으로 오라고 하는 리훙장의 초청장을 전달해주었습니다. 민영익은 이 초청을 수락하고 어느 특정한 배를 타고 도착한다는 것을 통고하였습니다. 그 후 그는 그 배에 타지 않고 즈푸에서 자취를 감춘 것으로 보입니다만, 그가 어디로 방향을 바꿔 떠나갔는지는 아무도 모릅니다.

베베르[4]가 전적으로 독단적인 행동을 했고 그의 처사는 베이징에서나 페테르부르크에서나 한결같이 불쾌감을 주었다고 하는 쿠마니의 발언에는 조금도 의심할 바가 없습니다. 본인의 러시아인 동료는 심지어 베베르의 해임은 있을법하지 않은 일에 속하지만은 않을 것임을 상당히 분명하게 암시하였습니다. 본인이 이를 유감스럽게 생각하는 이유는, 조선에서 러시아 대표와 청국 대표 간의 관계가 거의 베베르와 위안스카이[5] 두

---

4 [감교 주석] 베베르(K. I. Weber)
5 [감교 주석] 위안스카이(袁世凱)

사람 간의 개인적 갈등으로까지 첨예화되었던바, 위안스카이의 첫 번째 성공이 미국 해군무관 포크의 해임이었다면 베베르의 해임이라는 그의 두 번째 성공은 앞뒤 안 가리는 음모가인 그의 영향력을 순전히 상업적인 이해관계에 대해서까지도 참으로 우려스러운 방식으로 증대시켜 결국 조선과 모든 나라와의 또는 청국과의 관계에 과소평가할 수 없는 위험이 생길지도 모르기 때문입니다.

이 사건에서 조선 왕의 태도로 보아 최근 서울에서 통고해 온 도쿄 주재 조선변리공사[6]의 임명에도 어떤 정치적인 저의가 결부되어 있음에 틀림없다는 데에는 거의 의심할 여지가 없는 것 같습니다. 그런데 일본으로부터의 신문보도에 의하면 구로다[7]와 사이고[8]의 영향력은 그곳에서 높아 가고 있는 것 같으므로 그곳에서 외국에 의지하려고 하는 왕의 이러한 노력으로부터 이득을 취할 생각을 하리라는 것이 불가능하지는 않을 것입니다.

어쨌든, 본 보고서의 대상을 이루고 있는 모든 사건들은 조선 왕을 어떤 방법으로든 제거했으면 하는 청국 정부의 바람을 키워줄 수밖에 없을 것이고 그럼으로써 이곳 러시아 공사관의 매우 신중하고도 유화적인 태도로 인하여 지금까지 회피할 수 있었던 갈등의 위험은 보다 가까이 다가오게 될 것 같습니다.

브란트

내용: 민영익의 도피성 조선 출발

---

6 [감교 주석] 민영준(閔泳駿)
7 [감교 주석] 구로다 기요타카(黑田淸隆)
8 [감교 주석] 사이고 쓰구미치(西鄕從道)

베를린, 1887년 10월 9일 A. 11847

주재 외교관 귀중
1. 런던 No. 852
3. 상트페테르부르크 No. 734
7. 프로이센 제국 내각,
z. H. des vors. HI. 국무장관에게

민영익의 조선 출발에 관한 베이징 주재 독일제국 공사의 올해 8월 18일 자 보고서 사본을 첨부하여 귀하의 참고용으로 전달해 드립니다.

26

조선의 민영익 공 관련

발신(생산)일	1887. 8. 25	수신(접수)일	1887. 10. 17
발신(생산)자	브란트	수신(접수)자	비스마르크
발신지 정보	베이징 주재 독일 공사관	수신지 정보	베를린 정부
	No. 238		A. 12510
메모	A. 13158 참조 // 10월 17일 페테르부르크 750, 런던 869 전달		

A. 12510 1887년 10월 17일 오전 수신

베이징, 1887년 8월 25일

No. 238

비스마르크 각하 귀하

민영익[1]의 조선 출발과 관련하여 본인이 올린 바 있는 올해 8월 18일 자 보고서 No. 230[2]에 이어서 공사관 서기관 케텔러 남작이 톈진에서 본인에게 보내온 전갈을 각하께 제출해드립니다.

케텔러는 다음과 같이 보고하였습니다: 이번 달 22일 리훙장[3]과 면담하였을 때 본인은 화제를 민영익의 출발로 돌렸으나 리훙장은 이 사건을 그다지 중요시하는 것 같지 않았습니다. 그가 말하길, 민영익은 비천한 출신으로서 왕의 먼 친척[4]이고 이미 여러 차례 외국에 다녀와서 조선은 그에게 더 이상 마음에 들지 않는 것 같다고 합니다. 민영익은 어디로 갔는가 하는 본인의 질문에 리훙장은 상하이 아니면 어딘가 다른 곳으로 갔겠지만 이는 아무 상관없는 일이라고 대답하였습니다. 그가 민영익을 톈진으로 오라고 초청한 일은 없었는가라는 본인의 직설적인 질문에 리훙장은 당황하여 아니라고 부인하면서, 다만 만약 그가 톈진에 오고 싶으면 와도 좋다고 민영익에게 전언했을 뿐이라고 대답했습니다. 또 러시아 측에서는 조선의 내정에 간섭하지 않겠다고 쿠마니[5]가 그에

---

1 [감교 주석] 민영익(閔泳翊)
2 [원문 주석] A. 11847 첨부하였음.
3 [감교 주석] 리훙장(李鴻章)
4 [감교 주석] 왕이 아니라 왕비의 친척임.

게 분명히 확언하였으므로 러시아 전함을 타고 떠난 민영익에 대해 그는 아무런 의미도 인정하지 않는다고 하였습니다.

민영익의 행방에 대해서는 지금까지 이곳에서는 아무것도 알려진 바 없습니다.

브란트

내용: 조선의 민영익 공 관련

---

5 [감교 주석] 쿠마니(A. M. Kumani). 독일어 원문에는 Coumany로 적혀 있음.

베를린, 1887년 10월 17일   A. 12510

주재 외교관 귀중
1. 페테르부르크 No. 750
5. 런던 No. 869

기밀
원문의 사본

이번 달 9일 자 본인의 훈령 No.(1에 대해서는:
734, 5에 대해서는: 852)와 관련하여 민영익의 조
선 출발에 관한 베이징 주재 독일제국 공사[6]의 올해
8월 25일 자 보고서의 사본을 첨부하여 귀하께 기
밀정보로 전달해드립니다.

---

6 [감교 주석] 브란트(M. Brandt)

조선 관리 민영익이 러시아 군함을 타고 즈푸로 출발한 사건

발신(생산)일	1887. 8. 12	수신(접수)일	1887. 10. 19
발신(생산)자	크리엔	수신(접수)자	비스마르크
발신지 정보	서울 주재 독일 총영사관	수신지 정보	베를린 정부
	No. 66		A. 12606
메모	10월 19일 A. 12510과 11847 삼가 첨부함 10월 19일 런던 875 및 페테르부르크 752 전달		

A. 12606 1887년 10월 19일 오전 수신

서울, 1887년 8월 12일

No. 66

비스마르크 각하 귀하

(서울 주재; 감교자) 독일제국 영사 켐퍼만[1]이 지난해 8월 24일 자(No. 52)[2]로 보고했던 일등관리 민영익[3]이 지난달 29일 러시아 포함 Siwutsch호를 타고 예기치 않게 갑자기 제물포에서 즈푸[4]로 떠나갔습니다.

이 출발은 표면상으론 왕의 사전 인지나 재가도 없이 극비리에 이루어졌습니다. 이에 대한 소식은 이곳의 대영제국 총영사[5]를, 그러나 특히 친청적인 외아문 독판 김윤식의 유배로 인해 이미 전부터 기분이 상해 있던 청국 대표[6]를 크게 흥분시켰습니다. 왕비의 조카인 민영익은 청국인들에게 심복으로, 또 위안스카이의 믿을만한 친구로 간주되고 있었습니다.

그는 이곳에서 한강 어귀에 있는 강화도(월미도)의 광산을 시찰하고 싶다고 말하긴 했으나 러시아 군함을 타고 이렇게 갑작스럽게 제물포를 떠났다는 사실은 갱신된 러시

---

1 [감교 주석] 켐퍼만(T. Kempermann)
2 [원문 주석] A. 12532 위탁으로 첨부함.
3 [감교 주석] 민영익(閔泳翊)
4 [감교 주석] 즈푸(芝罘)
5 [감교 주석] 워터스(T. Watters)
6 [감교 주석] 위안스카이(袁世凱)

아의 보호국 협상과 관련이 맺어지게 되었습니다. 그 사이에 (서울 주재; 감교자) 러시아 대리공사 베베르[7]는, 민을 통한 조선 정부와의 협상은 논외였고 그와의 담소는 사적인 성격이었으며 이 모든 것은 오직 그가 왕의 동의하에 앞서 언급 드린 조선 고관에게 내보인 개인적 호의로 보아야 하는 것이라고 본인에게 은밀히 확인해주었습니다.

본인의 비견으로, 베베르는 어쨌든 러시아 군함을 타고 도망치다시피 떠난 민영익을 청국인들한테서 웃음거리로 만들려는 목적도 겸하여 추구한 것이라고 봅니다.

더욱이 러시아 대리공사가 꾸민 것으로 여겨지는 이 모든 계획들이 근거 없는 추측에 입각한 것임은, 민이 수주일 전에 미국 공사[8]에게 자신은 몰래 조선을 떠나고 싶다고 하면서 그에게 미국 군함 한 척을 제공해줄 수 있겠는가고 문의하였다는 사실로부터도 잘 드러납니다. 딘스모어가 본인에게 비밀리에 전한 바에 의하면, 그(딘스모어; 번역자)는 조선을 떠나고 싶거든 공개적으로 떠나는 것이 그 자신(민)에게 상책일 것이라고 암시함으로써 당시 이 무리한 요구를 거절하였다고 합니다.

1884년 12월의 반란[9]에서 친일 반란자들에게 가장 먼저 피습당하여 거의 치명적인 부상을 당한 적이 있는 민영익은 그 이후로는 자신의 생명을 노리는 새로운 음모를 두려워하여 대개 외국에 가 있었습니다. 그는 올해 6월 중순에 상하이에서 돌아왔고, 그 이후로 통위사로서의 직무 외에도 광무국과 전환국의 제1총판의 지위를 가지고 있었습니다. 그는 왕에게는 지대한 영향력을 가지고 있었으나 왕으로 하여금 왕실에 대한 그의 과도하고 낭비적인 지출을 제한하게 할 수는 없었고, 또 민영익이 제안한 개혁들, 이를테면 일정 수의 무능한 관리들의 면직, 내국 관세의 폐지, 널찍해서 비실용적인 남성 의복의 변경, 광산의 합리적인 개량 및 다수의 관리에 의해 백성에 대해 가해지는 압정의 완화 등은 수행하도록 할 수도 없었습니다. 이 개혁안에 대하여 귀족과 관리들이 내세웠던 저항은 왕 자신에게 아마도 너무 컸을 것입니다.

민영익은 철두철미 친유럽적인 성향을 품고 있었습니다. 지극히 정중하고 친절한 그의 태도는 대부분의 조선 사람의 거친 행동에 비해서 매우 유리하게 뚜렷한 대조를 이루고 있었습니다. 그는 비록 탁월하게 영리한 사람이라고는 여겨지지 않았지만, 조선 관리들에게 대개 부족한 두 가지의 특징, 즉 근면함과 정직성을 갖춘 것으로 간주됩니다. 모든 혁신에 대해 적대적인 그의 일족과 그는 곧바로 사이가 나빠졌습니다. 그의 적들이 그의 목숨을 노리고 있다는 공포가 아마 무엇보다도 그를 또 다시 외국으로 가게 한

7　[감교 주석] 베베르(K. I. Weber)
8　[감교 주석] 딘스모어(H. A. Dinsmore)
9　[감교 주석] 갑신정변

동기가 된 것 같으며, 일본인들을 향한 그의 증오로 인해 그는 이곳에서 유일하게 제공되는 여객선인 일본 우편선을 이용하지 않은 것 같습니다.

그가 비밀임무를 가지고 페테르부르크로 갈 것이라고 여러 방면에서 주장하고 있으나 그는 지금도 역시 즈푸에 머무르고 있으며 아마도 그곳에서 또 다시 상하이로 갈 것입니다.

추측컨대 위안스카이의 재촉에 의해서 왕은 수일 전 민영익에게 즉시 조선으로 돌아오라고 전보로 명령을 내렸을 것입니다.

그(민영익: 번역자)는 이 명령에 아직까지 응하지 않고 있습니다. 그가 더 오래 서울에 머무르지 않았다는 것은 나라를 위해서는 단연코 유감스러운 일입니다.

끝으로 덧붙이자면, 포함 Siwutsch호는 즈푸로부터 지체 없이 다시 제물포로 돌아와 현재 그곳의 항구에 정박 중입니다.

이 보고서의 사본을 베이징 주재 독일제국 공사관에 발송합니다.

크리엔

내용: 조선 관리 민영익이 러시아 군함을 타고 즈푸로 출발한 사건

베를린, 1887년 10월 19일   A. 12606

주재 외교관 귀중   본인의 훈령(zu 1: No. 869, zu 3: No. 750)과 관련
1. 런던 No. 875   하여 조선의 민영익의 출발에 관한 서울 주재 독일
5. 페테르부르크 No. 752   제국 영사[10]의 올해 8월 12일 자 보고서 사본을 첨부
                                         하여 귀하의 개인적인(ad. 3: 기밀) 참고용으로 전달
                                         해드립니다.

---

10 [감교 주석] 크리엔(F. Krien)

28

미국 해군무관 포크의 해임

발신(생산)일	1887. 8. 10	수신(접수)일	1887. 10. 19
발신(생산)자	켐퍼만	수신(접수)자	비스마르크
발신지 정보	서울 주재 독일 총영사관	수신지 정보	베를린 정부
	No. 65		A. 12605
메모	10월 20일 워싱턴 전달		

A. 12605 1887년 10월 19일 오전 수신

서울, 1887년 8월 10일

No. 65

비스마르크 각하 귀하

　미국 해군무관 포크에 관해서 본인이 올해 7월 1일 자로 올린 바 있는 보고서 No. 55[1]에 이어, 이곳 미합중국 변리공사[2]의 기밀보고에 의하면 워싱턴 주재 청국 대리공사[3]가 올해 6월 8일에 서면으로 포크[4] 중위의 즉각적인 소환을 요구하였음을 보고 올립니다. 청국 대리공사는 이 서한에서 같은 날 아침에 리훙장[5] 총독으로부터 전보 한 통을 받았다고 국무장관 베이야드[6]에게 설명하였다고 하는데, 이 전보에 따르면 포크는 악의를 품은 몇몇 사람들과 결탁하여 청국 정부에 대한 폭동(반란)을 계획하였다고 하며 또 서울 및 베이징 주재 미국 공사[7] 두 사람은 그들의 의견에 대하여 질문을 받았다고 하는 바, 심각한 소요사태를 미연에 방지하기 위해 포크를 조속히 파면할 것을 요청하였다는 것입니다.

　이에 대해 국무장관은, 포크 중위의 성격으로 판단해보건대 지금 그를 비난하는 바와

1　[원문 주석] A. 10860 위탁으로 첨부하였음.
2　[감교 주석] 딘스모어(H. A. Dinsmore)
3　[감교 주석] 장음환(張蔭桓)
4　[감교 주석] 포크(G. C. Foulk)
5　[감교 주석] 리훙장(李鴻章)
6　[감교 주석] 베이야드(T. F. Bayard)
7　[감교 주석] 덴비(C. H. Denby)

같은 계획들은 믿을 수 없다고 대답했다고 합니다. 포크는 해군무관으로서도 또 지극히 까다로운 상황에 처한 임시 대리공사로서도 아주 요령 있게 행동함으로써 그의 나라를 위해 매우 가치 있는 공로를 세웠다는 것입니다. 그리고 또 딘스모어의 보고서에도 포크 중위의 정치적 책동에 대해서는 전혀 언급된 바 없었다는 것입니다.

그런데 최근에 와서는 조선 정부에서도 포크는 더 이상 '환영받는 인물'이 아닌 것 같다고 합니다. 이와 같은 상황에서는 금후의 그의 활동이 합중국에 현저한 이득을 가져 다주리라는 것을 기대할 수 없다는 것입니다. 조선 정부는 심지어 최근에 포크의 해임을 외아문 대신을 통해 공식적으로 요구하였다고 합니다. 국제관례상 그(국무장관; 번역자) 는 우호관계에 있는 국가 정부의 그러한 요청에 응하지 않을 수 없다고 하며, 따라서 그는 해군장관과 합의하여 전보를 통해 포크가 즉시 동아시아에 주둔하고 있는 미국 군함으로 가라는 지시를 받도록 하게 할 것이라고 합니다. 그는 이와 같은 조치가 동시에 또 다른 우호국가, 즉 청국을 충분히 만족하게 한다는 데 대해 기쁘다고 합니다.

그로부터 며칠 후, 포크 중위는 본인이 이미 보고드렸던 것처럼 챈들러 제독으로부터 전보로 코르벳선 Marion호에서 다시 승선근무를 하라는 명령을 받았습니다.

딘스모어는 리훙장[8]이 포크의 해임을 관철시키기 위해 워싱턴 주재 청국 대표에게 사실 왜곡에 기반함이 분명한 전보를 발송했다는 데 대한 분노를 표출하였습니다. 이 전보를 보내게 된 동기는 위안스카이의 허위보고였던 것으로 그는 확신한다는 것입니다. 다른 한편으로 그는 그의 정부가 포크의 해임이 이루어진 것은 오로지 조선 정부가 요구 했기 때문이라는 입장을 취했고 또 이 입장을 고수하는 것을 반긴다고 합니다.

본인의 보고서 No. 55에서 베이징 주재 미국 공사는 청국 정부의 요망에 따라 워싱턴 에서 포크의 면직을 지지했으리라고 한 추측은 이로써 잘못된 것으로 밝혀졌습니다. 그 러므로 이 과오에 대해 너그러이 봐주실 것을 부탁드립니다.

이 보고서의 사본을 베이징 주재 독일제국 공사관에 발송합니다.

크리엔

내용: 미국 해군무관 포크의 해임

---

8 [감교 주석] 리훙장(李鴻章)

베를린, 1887년 10월 20일   A. 12605에 추가

워싱턴 주재 공사관 귀중   올해 9월 7일 자 훈령 No. 67과 관련하여, 미국 해군
No. A 82   무관 포크[9]의 해임에 관한 서울 주재 독일제국 영
                                        사[10]의 올해 8월 10일 자 또 다른 보고서를 사본으로
                                        첨부하여 귀하의 참고용으로 전달해드립니다.

---

9   [감교 주석] 포크(G. C. Foulk)
10 [감교 주석] 켐퍼만(T. Kempermann)

29

민영익 공의 동향

발신(생산)일	1887. 9. 9	수신(접수)일	1887. 10. 31
발신(생산)자	브란트	수신(접수)자	비스마르크
발신지 정보	베이징 주재 독일 공사관 No. 248	수신지 정보	베를린 정부 A. 13158

A. 13158 1887년 10월 31일 오전 수신

베이징, 1887년 9월 9일

A No. 248

비스마르크 각하 귀하

조선의 민영익[1]의 동향에 관하여 본인이 올해 8월 18일 및 25일 자로 올린 바 있는 보고서 No. 230 및 No. 238[2]과 관련하여, 동 공은 이번 달 1일 수행원과 함께 상하이에 도착하였음을 보고 올립니다.

동 공은 아직 즈푸[3]에 체류하던 중 조선으로 돌아오라고 하는 왕의 요구를 전보로 받았는데, 이 요구가 변리공사 위안스카이[4]에 의해 왕에게 강요된 조치에 불과하여 왕 자신은 이 요구에 대한 성과를 기대하지도 희망하지도 않았는지, 아니면 그 자신의 신변 안전에 대한 우려가 공으로 하여금 왕의 요구에 응하지 않게 하였는지에 대해서는 이곳에서 알려져 있지 않으나, 민영익은 러시아 측으로부터도 역시 정중한 대접을 받지 못하고 있으므로 그의 계획들은 그 중요성을 크게 상실하였습니다.

브란트

내용: 민영익 공의 동향

---

1 [감교 주석] 민영익(閔泳翊)
2 [원문 주석] A. 11847 및 12510 조선 1 위탁으로 첨부하였음.
3 [감교 주석] 즈푸(芝罘)
4 [감교 주석] 위안스카이(袁世凱)

외무부 정치 문서고 조선 관계 문서(1887.1.1~1887.11.14) 363

조선 공사관 설치

발신(생산)일	1887. 9. 19	수신(접수)일	1887. 11. 5
발신(생산)자	홀레벤	수신(접수)자	비스마르크
발신지 정보	도쿄 주재 독일 공사관 No. 105	수신지 정보	베를린 정부 A. 13448

A. 13448   1887년 11월 5일 오후 수신

도쿄, 1887년 9월 19일

No. 105

비스마르크 각하 귀하

수주일 전 민영준[1]이라는 이름의 조선 변리공사가 조선 공사관 설치를 위해 이곳에 도착하였습니다. 서울로부터 이미 알려진 바로, 그의 체류는 재정상의 고려에서 단기간에 불과할 것이라고 합니다. 그만큼 더 눈에 띄었던 것은, 수 주일이 지나도록 천황이 이 변리공사를 접견도 하지 않은 것입니다. 들리는 바에 의하면, 신임장이 수석사절뿐만 아니라 동시에 그를 수행하는 비서에 관한 내용으로 쓰여야 하는 한, 올바른 형식으로 발급되지 않았다고 합니다. 그래서 이 신임장은 서울로 되돌아가 다른 것이 오기를 기다리고 있다는 것입니다. 사실인즉 청국 정부는 이곳에 있는 대표를 통하여 조선 외교대표의 신임장에 대해서 어떤 서식상의 의구심을 제기했고, 천황, 베이징 및 서울 간에 이와 관련된 의견교환이 이루어졌습니다. 수일 전에는 변리공사가 새로운 것이라고 하는 신임장을 드디어 건네주었습니다. 그러나 그런 후 즉시 그는 임시 대리공사로서 직무를 수행하게 될 비서 한 명을 남겨두고 도쿄를 떠났습니다. 이것은 청국 정부와의 타협의 결과인 것 같습니다. 이 모든 것에는 이곳에서 우선 그 이상의 의미는 덧붙여지지 않습니다.

베이징 주재 독일제국 공사관 및 서울 주재 독일제국 영사관에 본인은 이 보고서의 사본을 발송하였습니다.

홀레벤

내용: 조선 공사관 설치

---

1   [감교 주석] 민영준(閔泳駿)

Auswärtiges Amt
Abth. A.

Politisches Archiv d. Auswärt. Amts

Acta

betreffend

Korea.

Vom 24. Juli 1885.
Bis 15. December 1885.

Vol.: 6.
conf. Vol.: 7.

Politisches Archiv des Auswärtiges Amt
R 18906

KOREA. № 1.

[   ]

PAAA_RZ201-018906_002

Empfänger	Reichskanzler	Absender	Graf zu Rantzau
A. 6115 pr. 28. Juni 1885. p. m.		Varzin, den 27. Juli 1885.	
Memo	s. Erl. 1. 8. nach Peking 457		

Abschrift.

A. 6115 pr. 28. Juni 1885. p. m.

Varzin, den 27. Juli 1885.

bemerkte der Herr Reichskanzler im Sinne seiner Marginalien, wir müßten nur darauf halten, daß wir nicht Korea´s wegen, wo wir nicht zu holen haben, mit China in Zwist geriethen. Das P. M. vom 20. d. Ms. bittet Se. Durchlaucht an den Kais. Botschafter in Petersburg mitzutheilen.

gez. Graf zu Rantzau.

Orig. in act: Korea 2

[   ]

PAAA_RZ201-018906_003

Empfänger	Reichskanzler	Absender	Mantzoud
A. 6138 29. Juli 1885. p. m.		Varzin, den 28. Juli 1885.	

A. 6138 29. Juli 1885. p. m. 1 Anl.

Varzin, den 28. Juli 1885.

Aus Anlaß des in der beifolgenden № 205 der Köln. Ztg., 2. Blatt, angestrichenen Artikels bittet der Herr Reichskanzler um eine kurze Nachricht darüber, was an den angeblichen großen Hilfsquellen von Korea und seiner Bedeutung für den deutschen Handel eigentlich wäre; er hätte dies Land bisher als eines der bedürftigsten angesehen.

Seine Durchlaucht wiederholte bei dieser Gelegenheit die bereits gestern gemeldete Bemerkung, daß wir uns hüten müßten, uns Koreas wegen mit China zu brouilliren, welches vermöge seiner Ausdehnung, Volkskraft und Kaufkraft von ganz anderem Interesse für uns wäre.

Mantzoud.

Kölnische Zeitung

Sonntag, 26. Juli 1885. Nr. 205

Aus Korea.

Söul, im Mai.

Hier, in dem Vertragshafen und überhaupt überall in Korea, wo Deutsche wohnen, hätten die Verhandlungen des deutschen Reichstages über einen deutschen Generalconsul für Korea große Heiterkeit erweckt, wenn sie eben nicht Unmut erregt haben müßten. Da behauptet einer der Herren von der Opposition dem Reichskanzler gegenüber, daß bereits fünf französische Häuser sich wegen Geschäftslosigkeit von Korea hätten zurückziehen müssen. Sehr gut. Der Herr Abgeordnete von Schilda hatte keine Ahnung davon, erstlich, daß Frankreich überhaupt noch keinen Handelsvertrag mit Korea abgeschlossen hat - es ist genügend anderswo beschäftigt gewesen - und zweitens, daß französische Firmen niemals die ersten sind, die sich in neu eröffneten Ländern häuslich einzurichten lieben, und daß dieselben in Korea keine Ausnahme von der Regel gemacht haben. Der Abgeordnete von Schöppenstedt hat sich durch den Palast-Putsch im December (bei welchem die Japanesen eine mehr als zweideutige, aber weniger als beneidenswerte Rolle gespielt haben) zu der Meinung verleiten lassen, daß die Koreaner noch zu Dreiviertel „wild" sein müßten. Der Herr Abgeordnete hätte mutig noch ein paar Schritte weiter gehen können und behaupten, daß die Koreaner fünfviertel wild wären; ce n´est que le premier pas qui coûte. Korea ist im Begriffe, sich den Segnungen der Neuzeit zu erschließen, und wird es wohl auch möglich machen, ohne sich solch blutigen Greueln im größten Maßstabe auszusetzen, wie sie z. B. ein Fluch der ersten französischen Revolution gewesen sind, oder wie sie noch heutzutage in den südamericanischen „christlichen" Republiken fortwüten. Was in den Straßen der europäischen Hauptstädte zusammengemetzelt, erstochen und erschossen worden ist während der 48er Revolution, scheint für den bewußten Herrn Abgeordneten auch ein böhmisches Dorf zu sein; ob er schon davon gehört hat, was alles zu unserer gegenwärtigen Zeit in Paris revolvert und in London dynamitirt wird? Der Abgeordnete von Abdera hat mit besonderm Nachdruck die Armut dieses neu eröffneten Landes, Korea, hervorgehoben. Es ist wahr, Korea ist arm; ärmer als Preußen nach dem siebenjährigen Kriege; fast so arm als unser armes von den Vorgängern der jetzigen „Centrumspartei" zerfleischtes deutsches Vaterland nach dem dreißigjährigen Kriege. Wie auf deutschem Boden früher die meisten europäischen Fehden ausgefochten wurden, so ist Korea Jahrhunderte lang der Zielpunct mongolischer und tatarischer Kriegszüge gewesen, sowie der doch wohl ganz begehrenswerte Zankapfel zwischen Chinesen und Japanern. Die

Folge ist die koreanische Politik der Abschließung nach außen gewesen, bis in die jüngste Zeit, und die wenig entwickelten wirtschaftlichen Verhältnisse, in welchen bei der Neueröffnung das Land von der Mitwelt, also leider auch von einigen drolligen Mitgliedern des Reichstags gefunden worden ist.

Korea ist ungefähr so groß wie Großbritannien, d. h. wie England und Schottland zusammen, und seine Einwohnerzahl ist ungefähr ebenso groß als die des Königreichs Preußen nach den Napoleonischen Kriegen im Jahre 1815. Das Land ist durchschnittlich wenigstens ebenso fruchtbar als die meisten Gegenden Deutschlands; einige der südlichen Provinzen sind sogar sehr fruchtbar. Das Landvolk hat indes bis vor kurzem nicht mehr als für den koreanischen Bedarf gebaut; wozu auch? Um seine Früchte auf dem Felde verfaulen zu lassen? Es gab eben vor der Zeit der jüngsten Verträge mit dem Auslande keine Absatzquellen nach auswärts, und erst allmählich werden sich die Koreaner daran gewöhnen oder vielmehr vollkommen verstehen lernen, von welcher Wichtigkeit es für ihre Wohlfahrt ist, wenn sie überflüssige Landeserzeugnisse, wie Reis, Mais, Weizen, Gerste, Hirse, Buchweizen, Baumwolle, Tabak u. s. w., in den Vertragshäfen verkaufen, verschiffen oder gegen Erzeugnisse des Auslandes vertauschen können. Das Land ist reich an Metallen jeder Art nebst ausgedehnten Kohlenlagern, und doch ist erst der Bergbau auf der untersten Stufe seiner Entwicklungsfähigkeit angelangt, oder vielmehr auf seiner obersten Stufe: nur was auf der Oberfläche liegt, wird weggeschürft, und im Sande der Flüsse wird das fast zutage liegende Gold gewaschen; einen geordneten Bergbau in unserm Sinne des Wortes gibt es noch gar nicht. Welch reichlich lohnendes Feld bietet sich in diesem Zweige menschlicher Gewerbthätigkeit dar für den Unternehmungsgeist und unbeschäftigtes Capital, wenn es gelingt, diese Quelle nationalen Reichtums für Korea zu erschließen durch die Beihülfe moderner Wissenschaft, Bergbaukunst und Finanzkraft!

Daher die Nebenbuhlerschaft der fremden Mächte in der Hauptstadt von Korea, um den maßgebenden Einfluß zu erringen, daß die betreffenden Betriebsgenehmigungen Unternehmern ihrer Nationalität zufallen. Wichtige Entscheidungen von mächtiger Wirkung müssen in Korea in naher Zukunft getroffen werden; daher auch zum Teil die blutige Fehde zwischen Chinesen und Japanern des verflossenen Jahres in Söul.

Unter diesen Entscheidungen wird auch diejenige über Einrichtung von vorläufig wenigstens einigen der wichtigern, aber durchaus notwendigen Eisenbahnlinien sein müssen, wenn auch nur auf bescheidenste Weise, da eben aller Anfang schwer ist

Korea ist reichlich mit natürlichen Wasserstraßen versehen, von denen mehrere bedeutender sind als z. B. Elbe, Weser, Ems, Oder, Weichsel, Eider und andere wichtigere Ströme Norddeutschlands; ich mache, der Kürze halber, nur einige wenig namhaft, z. B. an der Südwestküste den Jun San Kang, in der Provinz Schelladoh, in den Schiffe von der Größe des Great Eastern bequem einlaufen können, den Jalu, Hankang und verschiedenen andere. Trotzdem wird es nötig werden, in naher Zukunft Eisenbahnen nach den reichen Erzlagern im Innern anzulegen, und wer die Berg- und Eisenbahn-Industrie dieses Landes übernehmen kann, dem wird die Zukunft Koreas gehören. In einem solchen Augenblicke werden von den Hexen- und Rechenmeistern, den Pfennig- und Federnfuchsern, den Pseudo-Staatsmännern des Reichstages mit ihren blöden Maulwurfsaugen dem Kanzler mit dem Staatsmännischen Adlerblick ein paar Tausend Mark für einen Generalconsul für Korea verweigert!

Als Schreiber dieser Zeilen vor mehr als zwei Jahrzehnten zuerst nach China kam, würde jedermann, der damals behauptet hätte, daß die Chinesen in diesem Jahre, A. D. 1885, im Besitze von Dampfschiffen, Telegraphen und Eisenbahnen sein würden, für reif gehalten worden sein für eine solche Anstalt, in welcher die Verweigerer eines deutschen Generalconsuls richtiger an ihrem Platze wären, als z. B. im deutschen Reichstage.

Dennoch hat China heutzutage eine Kriegs- und Kauffahrteiflotte fremder Bauart, Arsenale, Telegraphen und wenigstens eine Eisenbahn in Verbindung mit einem Kohlenbergwerke, während bereits ein Plan ausgearbeitet ist für ein vollständiges Eisenbahnnetz und ein Anlehen aufgenommen für Herstellung des letztern.

Vor einiger Zeit teilte Ihr geschätztes Blatt aus augenscheinlich sehr gut unterrichteter Quelle in Schanghai mit, daß ein bedeutendes Eisenbahnlehen an die englische Firma Jardine Matheson u. Co. von der chinesischen Regierung begeben worden sei durch Vermittlung des seitdem verstorbenen englischen Gesandten in Peking, Sir Harry Parkes, und daß das englische Ministerium dem Unterhändler der genannten Firma einen Empfehlungsbrief an den Gesandten nach Peking mitgegeben hätte; des letztern hätte es wohl kaum bedurft, da der nun verstorbene Gesandte, welcher einer der ausgezeichnetsten und tüchtigsten Vertreter englischen Interessen im Auslande war, der Schwiegervater eines der Teilhaber dieser Firma gewesen ist, nämlich des Herrn J. J. Keswick in Schanghai, jetzigen Vorsitzenden des dortigen Stadtrates. Welch mächtiger Hebel durch dieses Eisenbahnanlehen, Beschaffung des Materials und Verwaltung der Bahnen den Engländern im chinesischen Reiche in die Hände gespielt ist, werden mit der Zeit auch wohl die farbenblinden Splitterrichter bei all ihrer politischen und international-ökonomischen Kurzsichtigkeit noch einmal einsehen.

Es soll äußerst interessant gewesen sein, in Peking einen Blick hinter die Coulissen zu thun während des Kampfes der englischen und americanischen Geldinteressen um dieses chinesische Eisenbahn-Anlehen. Auf der einen Seite der americanische Gesandte und der Missionar Chester Holcombe, auf der andern Seite Sir Harry Parkes, dessen überlegener Diplomatie der Sieg geblieben ist. Aehnliche Fragen werden in nächster Zeit noch viel häufiger an die koreanische Staatsleitung herantreten und dann wird von fremden Vertretern ein einfacher Consul natürlicherweise für Deutschland weniger in die Wagschale werfen können, als die Gesandten von America, China, Japan und Rußland zur Verfügung haben, dann wird vielleicht auch den tadelsüchtigen Abgeordneten ˈdes deutschen Reichstages der Partei-Star gestochen werden, wenn es zu spät ist; und wenn sie sich dann verwundert die so wenig scharfsichtigen Augen reiben, dann könnte wohl mit großem Recht der ostasiatische Zeus die mitleidige Frage an sie richten: „Wo waret ihr, als ich Korea neu geschaffen?"

Korea, von der Größe Großbritanniens und einer Einwohnerzahl von der Größe derjenigen Hollands und Belgiens zusammengenommen, geht einer Neugestaltung entgegen, und da weigert sich die Opposition des deutschen Reichstages, dem größten Staatsmanne unserer Zeit einen Generalconsul zu bewilligen; das heißt doch, die Interessen Deutschlands auf dieser Halbinsel mit gebundenen Länden den Nebenbuhlern unseres Vaterlandes überliefern; das heißt, die Interessen Deutschlands mit Füßen treten; das heißt auch, sich selbst, der ganzen Welt gegenüber, ins Gesicht schlagen. Eine unpatriotischere Abstimmung im Reichstage hat es seit langer Zeit schwerlich gegeben. Ein deutscher Gesandter sollte ernannt werden für dieses Land, oder wenigstens ein Generalconsul als Ministerresident, um Deutschland einigermaßen ebenbürtig mit andern Großmächten hier vertreten zu sehen; indes „an der Quelle sitzt der Knabe, Blumen flicht er sich zum Kranz; doch sie werden fortgerissen durch des Zeitstroms Wellentanz". Die Herren von der blödsichtigen Opposition werden das Nachsehen haben, Deutschland den Schaden.

Ueber die verschiedenen Gesandtschaften, die in der letzten Zeit zwischen Korea und Japan, Korea und China sowie China und Japan hin und her gegangen sind, ist ohne Zweifel telegraphisch berichtet worden, und so viel man an Ort und Stelle beurteilen kann, scheint es dem vermittelnden Staatsmännischen Geschicke unseres viel genannten Landsmannes, Exc. P. v. Möllendorff, gelungen zu sein, die politischen Gegensätze, die im vergangenen Jahre so heftig in der Hauptstadt aufeinandergeplatzt sind, zum Heile Koreas in den Umständen nach zufriedenstellender Weise auszugleichen.

Von den drei jetzigen durch Verträge dem ausländischen Handel zugänglichen Vertragshäfen scheint der zuletzt eröffnete, Tschemulpo, der wichtigste zu werden. Wo vor zwei Jahren nur etwa achtzehn Fischerhütten gestanden haben, befinden sich jetzt die chinesische, japanische und allgemeine fremde Ansiedlung; die letztere wird durch einen Stadtrat verwaltet, dem die Consuln der Vertragsmächte angehören, sowie drei jährlich neu gewählte Landeigentümer, nebst einem koreanischen Beamten; die städtische Selbstverwaltung geschieht durch Stimmenmehrheit. Der gegenwärtige Vorsitzende des Stadtrates ist der deutsche Consul H. Budler, ein sehr tüchtiger Beamter, der sich einer außerordentlichen Beliebtheit erfreut; die drei gewählten Mitglieder sind zwei Deutsche und ein Engländer. Einer der beiden erstern ist das Haupt der Hamburger Firma E. Meyer u. Co. in Tschemulpo, ein sehr unternehmender, umsichtiger Kaufmann und bedeutender Landeigentümer, Herr Karl Wolter; der andere ist ein Schiffscapitän, der den in Korea minder als in Deutschland geläufigen Namen Schulze führt und in koreanischen Diensten steht.

Die Herren E. Meyer u. Co. erhalten durch das Dampfschiff Hever, Capitän Dethlefsen, regelmäßige Verbindung zwischen China, Japan und Korea, und zwar macht der Dampfer monatlich zwei Reisen von Schanghai (China) über Nagasaki (Japan) nach Fusan und Tschemulpo in Korea und zurück nach Schanghai über dieselben Häfen. Wie es heißt, soll dieses Haus beabsichtigen, in nächster Zeit noch einen zweiten Dampfer laufen zu lassen. Der Hever ist zugleich koreanischer Postdampfer. Dieses neue Dampfschiff fährt unabhängig von den Dampfern der japanischen Mitsu Bishi- und Kiodo Uniu Kwaishai-Gesellschaften.

Allem Anschein nach hat der Fernblick unsres großen Kanzlers sich auch in dem Falle nicht getäuscht, als er zu Nutz und Frommen des Reiches vor zwei Jahren den kaiserlichen Generalconsul in Yokohama, Herrn E. Zappe, nach Söul sandte, um einen Vertrag abzuschließen; dafür zeugt das rasche Aufblühen von Tschemulpo. Wenn es die hemmschuhlichen Fortschrittsleute – canis a non canendo - im Reichstage nicht glauben wollen, so mögen sie selbst gehen und zusehen, für welchen Fall ihnen Steinberks Hôtel, das beste der Stadt, angelegentlich empfohlen sein möge.

Tschemulpo steht zu Söul (Hanyang) der Hauptstadt Korea´s, in einem ähnlichen Verhältnisse wie etwa Bremerhaven zu Bremen.

[   ]

PAAA_RZ201-018906_007 ff.

Empfänger	Bismarck	Absender	Schweinitz
A. 6192 pr. 31. Juli 1885. a. m.		St. Petersburg, den 24. Juli 1885.	
Memo	durch Feldjäger. s. Erl. v. 5. 8. nach Tokio (7), Söul 2		

Auszug.

A. 6192 pr. 31. Juli 1885. a. m.

St. Petersburg, den 24. Juli 1885.

№ 241.

Seiner Durchlaucht

dem Fürsten vom Bismarck.

Die hohen Erlasse № 436 von 18. d. M. und № 439 von 19. Juni habe ich die Ehre
gehabt zu erhalten, beide beziehen sich auf Korea; der erstere stellt zuvörderst die Frage,
ob es sich um Port Hamilton auf der Insel Guelpart handelt oder um den gleichnamigen
Hafen dicht an der koreanischen Küste.

Dieser letztere, von drei kleinen Inseln gebildete, sichere und tiefe Hafen ist gemeint;
die Nachrichten, welche ich darüber einziehen konnte, stimmen mit den Angaben überein,
welche der Kaiserliche Gesandte in Peking in seinem Berichte vom 25. April d. J. machte,
die Bevölkerung jener im Stieler´schen nicht aber im Kinpert'schen oder Andree'schen
Atlas als Port Hamilton bezeichneten Inseln steht unter der Herrschaft des Königs von
Korea.

pp.

Mit diesem Staate (Korea) wurde ein Handels- und Schifffahrts-Vertrag geschlossen,
gleichlautend mit dem unsrigen; da sich dieser aber nur auf die Küste, bezw. drei Häfen
bezieht, so wird ein besonderes Abkommen vorbereitet, welches den lebhaften Verkehr an
der Landgrenze regeln soll; General Korff hat dies vorbereitet, der General-Konsul Weber
soll es vollenden.

Der Marine-Minister Admiral Schestakoff, in welchen Herr von Giers seine beste
Stütze im Rathe des Kaisers findet, geht auch in dieser Angelegenheit mit ihm Hand in
Hand; auch die so genannte „freiwillige Flotte" befördert durch ihren großen

Transports-Dampfer die Kolonisirung des Küstenlandes; es hat aber den Anschein, als ob es die Befehlshaber der in jenen Gewässern stationirten Kriegsschiffe an Aufmerksamkeit fehlen ließen; sie haben es nicht bemerkt, daß die Engländer, wie ich neulich zu melden die Ehre hatte, ein Kabel von der Mündung des Jantsekiang nach Quelpart und nach Port Hamilton legten und sie haben noch immer keine genauen Beobachtungen über die nautischen Verhältnisse an der Küste von Korea und in dem Japanischen Meere angestellt.

pp.

Außerdem aber erhielt Herr von Giers ein Telegramm von Herrn Popoff: der Russische Gesandte in Peking berichtet, daß die Verhandlungen, welche zwischen China und Japan in Folge der letzten Unruhen in Söul schwebten zu einer Verständigung geführt haben, durch welche das Gleichgewicht des Japanischen und des Chinesischen Einflusses in Korea in für beide Reiche befriedigender Weise hergestellt sein soll; gemeinsam ermächtigen beide die Regierung von Korea fremde Instructeure zu berufen um Truppen zu schulen.

Wenn diese Meldung ganz richtig ist, so würde sie beweisen, daß die Chinesische Regierung eine ausschließliche Oberhoheit über Korea, wie sie dem Marquis von Salisburg vorschwebt, nicht in Anspruch nimmt, sondern den Einfluß Japan´s als gleich berechtigt anerkennt; letzteres hat aber, ebenso wie England, durch Abschluß eines Vertrages mit der Koreanischen Regierung, dieser die Berechtigung über auswärtige Angelegenheiten zu verhandeln thatsächlich zugestanden.[1]

Die Salisburg´sche Definition des internationalen Verhältnisses Korea´s erscheint dem Russischen Herrn Minister des Äußern als nicht haltbar, er sieht aber wohl deutlich voraus, wohin diese Auffassung der Tory-Regierung führen kann; zunächst nimmt er als eine nicht mehr zu verkennende Thatsache hin, daß der Englische Einfluß augenblicklich in Korea überwiegt und daß Herr von Möllendorff völlig bei Seite geschoben ist; die Berichte des Legations-Sekretärs Speyer, dessen Mission nach Korea keinen Erfolg hatte, haben vielleicht die Stellung Möllendorff´s ungünstiger geschildert als sie wirklich ist.

pp.

(gez.) von Schweinitz.

Orig. in act: Korea 2.

---

1 Wenn über des Verhältniß von Korea zu China eingehende Berichte der Gesandten in China und Japan noch nicht bei unsern Akten sind, so müssen sie unverzüglich erfordert werden.

[   ]

PAAA_RZ201-018906_012 ff.

Empfänger	Auswärtiges Amt in Berlin	Absender	[unleserlich]
A. 6219 31. Juli 1885.		Berlin, den 31. Juli 1885.	

A. 6219 31. Juli 1885. p. m.

Berlin, den 31. Juli 1885.

A. 6138

Betrifft
die Hilfsquellen von Korea
und den Handel mit
diesem Lande.

f. z. Ausschnitt der K. Z.
vom 26. 7

Herrn G. H. Focke zur gef.
Kenntnisnahme
vorzulegen.

Der anl. geh. wieder beigelegte Artikel der Köln. Ztg. vom 26. d. M. enthält nichts, was mit den hier vorliegenden Berichten über die Hilfsquellen von Korea in wesentlichem Widerspruch stände; jedoch gibt derselbe ein falsches Bild von der Lage, weil darin diejenigen Punkte mit Stillschweigen übergangen werden, die den Handel mit Korea für den Europäer dort einen wenig ergiebigen erscheinen lassen.

Das Land ist zwar fruchtbar, das Klima nicht ungesund und die Gebirge sollen reich an Gold und Silber sein; aber die Regierung ist derartig verarmt, daß sie nur die Mittel besitzt, um die allernotwendigsten Ausgaben zu bestreiten; und das selbe scheint mit der Bevölkerung der Fall zu sein. (Bericht des G. K. Zappe vom 4/10. 84 II 41601) Ferner hat der Europäer in Korea mit der chinesischen u. japanischen Konkurrenz zu kämpfen, der er in jenem Lande nicht gewachsen ist, weil die ``Allgemeinen Unkosten`` eines europäischen Handelshauses die eines asiatischen um das Zehnfache übersteigen. Wäre der Handel in Korea ein sehr entwickelter, so würde der Europäer sich mit − prozentmäßig gerechnet − Kleinen Profiten begnügen können. Aber der Handelsverkehr in Korea ist noch ein sehr beschränkter, und bei der geringen, auf 8 − 9 1/2 Millionen geschätzten Einwohnerzahl des Landes, ist nicht daran zu denken, derselbe könne jemals, auch nur annähernd, die Bedeutung des Handels mit den 400 Millionen Chinesen oder 33 Millionen Japanern erreichen.

Der Chinese und der Japaner kann sich in Schanghai oder Yokohama die Artikel, welche sich zur Einfuhr nach Korea eignen, beinahe ebenso billig verschaffen, wie der

Europäer, der sie direkt aus den engl. und deutschen Fabriken bezieht. In Korea aber kann der Asiate seine Waren, mit Gewinn unter den Preisen seiner europ. Konkurrenten verkaufen, weil er, wie bereits gesagt, geringere Handlungs-Unkosten aus seinen zu bestreiten hat.

Der Umstand, daß der Asiate einen großen Teil des Import-Handels in Händen hat, führt ihm auch einen verhältnismäßig großen Anteil am Export-Geschäft zu, um so mehr, s der Handel in Korea, teilweise wenigsten, noch den Charakter des Tauschhandels trägt.[2]

In den bisher veröffentlichen statistischen Tabellen über den Handel mit Korea erscheinen an allererster Stelle japanisches Kupfer und engl. Baumwollstoffe. Für Deutschland kommen, in bemerkenswerter Weise, bisher nur Färbestoffe in Betracht. Auch die für diesen Artikel angeführten Ziffern sind jedoch nicht hoch.

In Chemulpo, dem Haupthafen von Korea, wurden im Jahre 1883 für 17500 Dollars Färbestoffe eingeführt. Der Gesamtwert der fremden Einfuhr daselbst betrug nur 1,200,000 Dollars. Davon fielen auf japanisches Kupfer allein 600,000 Doll. und auf englische Baumwollwaren 200,000 Doll., sodaß für den gesamten übrigen Handel nur 400,000 Doll. übrig bleiben.

Was die von Korea ausgeführten Artikel angeht, so findet sich darunter keiner, der für Deutschland von besonderem Interesse wäre. Die bei weitem höchsten Zahlen weisen Edelmetalle und getrocknete Fische auf, die ihren Weg hauptsächlich, wenn nicht ausschließlich, nach China u. Japan finden.

Bei dem großen Unternehmungsgeist der in Ostasien etablierten fremden Handelshäuser berechtigt schon der Umstand, daß bis jetzt nur ein deutsches Geschäft in Korea existiert, zu der Annahme, daß in den Nachbarländern von Korea, wo von vielen Seiten praktische Erfahrungen gesammelt werden konnten, die Erwartungen auf die Entwicklung des Handels mit Korea nicht hochgespannt sind. Wäre dies der Fall, so würden bereits heute in Korea Filialen der großen, in China etablierten, fremden Handelshäuser zu finden sein, wie dies in Yokohama und Nagasaki, unmittelbar nach der Eröffnung von Japan, konstatiert werden konnte.[3]

Der einseitige Artikel der Köln. Ztg. rührt vermutlich von einem Kaufmann her, der ein persönliches Interesse daran hat, die koreanischen Verhältnisse günstiger darzustellen als sie in Wahrheit sind.

[Unterschrift]

---

2 ["Der Chinese ⋯ trägt.": Durchgestrichen von Dritten.]
3 ["Bei dem ⋯ konnte.": Durchgestrichen von Dritten.]

[   ]

PAAA_RZ201-018906_017 ff.

Empfänger	Auswärtiges Amt in Berlin	Absender	Graf von Hatzfeldt
A. 6219 pr. 31. Juli 1885. p. m.		Berlin, den 31. Juli 1885.	

A. 6219 pr. 31. Juli 1885. p. m. 1 Anl.

Berlin, den 31. Juli 1885.

Hierbei 1 Anlage

Betrifft die Hülfsquellen von Korea und den Handel mit diesem Lande.

Ref. W. L. R. Lindau.

Der anliegend gehorsamst wieder beigefügte Artikel der „Kölnischen Zeitung" von 26. ds. enthält nichts, was mit den hier vorliegenden Berichten über die Hülfsquellen von Korea in positiven Widerspruch stände; jedoch giebt derselbe ein falsches Bild von der Lage, weil darin diejenigen Punkte mit Stillschweigen übergangen werden, die den Handel mit Korea für den Europäer als einen wenig ergiebigen erscheinen lassen.

Das Land ist zwar fruchtbar, das Klima nicht ungesund und die Gebirge sollen reich an Gold und Silber sein; aber die Regierung ist derartig verarmt, daß sie nicht die Mittel besitzt um die allernothwendigste Ausgaben zu bestreiten und dasselbe scheint mit der Bevölkerung der Fall zu sein (Bericht der Generalkonsuls Zappe von 4. Oktober 1884 II 41601) Ferner hat der Europäer in Korea mit der chinesischen und japanischen Concurrenz zu kämpfen, der er in jenem Lande nicht gewachsen ist, weil die „Allgemeinen Unkosten" eines europäischen Handelshauses die eines asiatischen um das Zehnfache übersteigen. Wäre der Handel in Korea ein sehr entwickelter, so würde der Europäer sich mit - procentsmäßig gerechnet - kleinen Profiten begnügen können. Aber der Handelsverkehr in Korea ist noch ein beschränkter, und bei der geringen, auf 8-9 1/2 Millionen geschätzten Einwohnerzahl des Landes ist nicht daran zu denken, derselbe könne jemals, auch nur annähernd, die Bedeutung des Handels mit den 400 Millionen Chinesen oder 33 Millionen Japanern erreichen.

In den bisher veröffentlichten statistischen Tabellen über den Handel mit Korea erscheinen an allererster Stelle japanisches Kupfer und englische Baumwollenstoffe. Für Deutschland kommen, in bemerkenswerther Weise bisher nur Färbestoffe in Betracht. Auch die für diesen Artikel angeführten Ziffern sind jedoch nicht hoch.

In Chemulpo, dem Haupthafen von Korea, wurden im Jahre 1883 für 17500 Dollars Färbestoffe eingeführt. Der Gesammtwerth der fremden Einfuhr daselbst betrug rund 1200000 Dollars, davon fielen auf japanisches Kupfer allein 600000 Dollars und auf englische Baumwollwaren 200000 Dollars, so daß für den gesammten übrigen Handel nur 400000 Dollars übrig bleiben.

Was die von Korea ausgeführten Artikel angeht, so findet sich darunter keiner, der für Deutschland von besonderem Interesse wäre. Die bei weitem höchsten Zahlen weisen Edelmetalle und getrocknete Fische auf, die ihren Weg hauptsächlich, wenn nicht ausschließlich, nach China und Japan finden.

Der einseitige Artikel der „Kölnischen Zeitung" rührt vermuthlich von einem Kaufmann her, der ein persönliches Interesses daran hat, die Koreanischen Verhältnisse günstiger darzustellen, als sie in Wahrheit sind.

Hatzfeldt

Abschrift.

Berlin, den 1. August 1885.   A. 6051. 6115. 5657

An

tit. He. v. Schweinitz

Petersburg № 457.

Ewpp. beehre ich mich anliegend Abschrift eines
Promemoria über das Verhältniß Koreas zu China und
über Port Hamilton, sowie einer Aufzeichnung über eine
Unterredung mit Graf Schuwaloff, die ebenfalls Port
Hamilton betrifft, zur ausschließlich persönlichen
Kenntnißnahme g. e. zu übersenden. – Diese Schriftstücke
vervollständigen die diesseitigen Mittheilungen, die
Ewpp. in jüngster Zeit bezüglich unserer Haltung zur
koreanischen Frage zugegangen sind, in der eine um so
größere Zurückhaltung geboten erscheint, als wir in Korea
nur auf geringfügige in China dagegen auf sehr erhebliche
deutsche wirtschaftliche Interessen Rücksicht zu nehmen
haben. Der Umstand, daß Korea sein Gesuch um
Vermittelung der Vertragsmächte zurückgezogen hat, und
wir somit vorerst keine zwingende Veranlassung haben,
uns in dieser Angelegenheit zu äußern, wird es Ewpp.
erleichtern, weiteren Erörterungen jener Frage
auszuweichen. Dieselben werden erst dann wieder
aufzunehmen sein, wenn wir genöthigt sein sollten
Stellung zu nehmen, in welchem Falle wir sodann wohl
suchen müßten, uns mit Rußland zu verständigen.

gez. Graf von Hatzfeldt.

Orig. in act: Korea 2.

Abschrift.

Berlin, den 5. August 1885.   A. 6192

An

1. tit. Graf Dönhoff
   Tokio A. 7
2. tit. Herrn Budler
   Söul A. 2

cf. Erlaß nach Peking
A. 5657.

Ew. pp gef. Berichterstattung über die politische Lage Koreas, namentlich über die Beziehungen dieses Königreichs zu anderen Mächten, läßt nicht klar erkennen, in welchem Verhältniß Korea zu China steht, und auf welchen Grundlagen die staatliche Unabhängigkeit Koreas dem Auslande gegenüber basirt ist. Ich bitte Ew. pp. diese Frage einem sorgfältigen Studium zu unterziehen und darüber möglichst eingehend zu berichten.

(gez.) Graf von Hatzfeldt.

Orig. in act: Korea 2.

Berichts des Generalkonsul Zembsch über das Personal der fremden Vertretungen in Korea.

PAAA_RZ201-018906_027 ff.

Empfänger	Bismarck	Absender	Zembsch
A. 6924 pr. 24. August 1885. p. m.		Söul den 26. Juni 1885.	
Memo	J. № 360.		

A. 6924 pr. 24. August 1885. p. m.

Söul den 26. Juni 1885.

Lfde № 53.

Seiner Durchlaucht

dem Fürsten von Bismarck.

Euerer Durchlaucht

beehre ich mich über das Personal der hiesigen fremden Vertretungen Nachstehendes ganz gehorsamst zu berichten.

Der amerikanische Gesandte General Foote ist noch immer in den Vereinigten Staaten und es ist nicht bestimmt vertreten, ob er hierher zurückkehren wird. Er wird vertreten durch den Marinelieutenant George C. Foulk.

Der englische Generalkonsul W. J. Aston ist Anfang dieses Monats von Japan, wo er sich seiner Gesundheit wegen aufgehalten hatte, zurückgekehrt.

Er ist aber noch sehr leidend und wird wohl nicht lange in Korea verbleiben.

Vizekonsul W. R. Carles, der ihn vertreten hatte, ist jetzt auf längeren Urlaub gegangen und wird kaum hierher nach Korea zurückkehren. An seine Stelle ist Vizekonsul Parker getreten, der augenblicklich die Konsulatsgeschäfte in Chemulpo wahrnimmt. Hier in Söul ist denn noch ein Konsular-Assistent Scott, ein zweiter Konsular-Assistent Allen hat einen längeren Urlaub angetreten. In Fusan und Wönsan haben weder Engländer noch Amerikaner einen Konsul.

Von der japanischen Gesandtschaft ist jetzt Herr M. Kondo auf Urlaub gegangen nach Japan und wird durch den gut englisch sprechenden Herrn K. Takahira vertreten, der mehrere Jahre in den Vereinigten Staaten von Amerika zugebracht hat. Herr Takahira kam Anfang Mai hier an.

Die chinesische Vertretung hat sich nicht verändert Herr Chen-shu-tang ist noch immer

Resident Commissioner.

Anfang dieses Monats kam mit einem russischen Kriegsschiff der Kaiserlich Russische Legationssekretair A. von Speyer hier an, um der Koreanischen Regierung anzuzeigen, daß die Ratifikationsdokumente des Russisch-Koreanischen Vertrages erst Mitte oder Ende August, also nach Ablauf des stipulirten Termines, kommen könnten, dann aber durch Herrn Waeber überbracht werden würden. Inzwischen wird Herr von Speyer als Agent provisoire hier bleiben.

Der italienische Gesandte für China Herr de Luca wird ebenfalls für den Austausch der Vertrags-Ratifikationen erwartet.

Der österreichisch-ungarische Gesandte für China und Japan, Graf Zaluski, hat seine Ankunft für Ende Juli angezeigt, um dann einen Vertrag Namens seiner Regierung abzuschließen.

Ein amerikanischer Arzt, Dr. H. N. Allen, der schon Ende vorigen Jahres herkam und im Auftrag und auf Kosten einer amerikanischen Missionsgesellschaft reist, hat jetzt zwei junge Aerzte als Assistenten erhalten.

Sie haben ein Hospital eingerichtet und thun viel Gutes.

Es scheint, daß diese Aerzte die Grundlage für eine später zu errichtende amerikanische Mission legen sollen.

Der französische Bischof Msgr. J. G. Blanc, der sich im geheimen, d. h. stillschweigend geduldet oder ignorirt von der koreanischen Regierung, hier aufhält, hofft, daß auch Frankreich nach Beendigung des Frankochinesischen Konfliktes einen erneuten Versuch zum Abschluß eines Vertrages mit Korea machen werde.

Zembsch.

Betrifft: Berichts des Generalkonsul Zembsch über das Personal der fremden Vertretungen in Korea.

Berichts des Generalkonsul Zembsch über die in Korea befindlichen japanischen und chinesischen Truppen.

PAAA_RZ201-018906_032 ff.			
Empfänger	Bismarck	Absender	Zembsch
A. 6925 pr. 24. August 1885 p. m.		Söul den 27. Juni 1885.	
Memo	J. № 362.		

A. 6925 pr. 24. August 1885 p. m.

Söul den 27. Juni 1885.

Lfde № 54.

Seiner Durchlaucht
den Fürsten von Bismarck.

Euerer Durchlaucht beehre ich mich Nachstehendes ganz gehorsamst zu berichten:

Anfang dieses Monats sind mit japanischen Transportschiffen ein Theil der noch hier befindlichen Truppen nach Japan zurückgegangen, man sagt gegen 500 Mann. Hier in Söul ist noch eine Gesandtschaftswache von etwa 100 Mann geblieben. Eine geringe Zahl ist noch in Chemulpo, welche aber nach des japanischen Vertreters Herrn Kondo mündlichen Mittheilungen auf wenige Köpfe Konsulatswache reduzirt werden sollen, da bei Chemulpo stets ein japanisches Kriegsschiff vor Anker liegt, dessen Mannschaften im Bedarfsfalle gelandet werden können.

Von chinesischen Truppen sollen noch 1500 Mann in drei dicht bei einander gelegenen Lagern, von denen das südlichste hoch gelegen und gut befestigt ist, in Söul sein. Sie halten das Ostthor der Stadt besetzt. Weitere 500 Mann sollen in einem Lager auf halben Wege nach Masanpo, dem Hafen, welchen die chinesischen Kriegsschiffe für ihre Kommunikation mit den Truppen stets benutzen, in einem befestigten Lager sich befinden. Dieses Masanpo liegt etwas südlich von Chemulpo, ein anderer Hafen dieses Namens liegt nicht weit von Fusan.

Ueber den Abzug der chinesischen Truppen aus Korea verlautet bis jetzt noch Nichts.

Der bisherige Koreanische Kriegsminister Min Chong mok soll in nächster Zeit als außerordentlicher Gesandter nach China gehen, wie man sagt, um Tribut-Geschenke zu überbringen.

Es ist dies aber nicht die, hergebrachter Weise alljährige geschickte Gesandtschaft.

Außerdem soll er den Auftrag haben, die Rückkehr des Tai-Wan-Kun des früheren Regenten und Vater des Königs zu erwirken.

Zembsch.

Betrifft: Berichts des Generalkonsul Zembsch über die in Korea befindlichen japanischen und chinesischen Truppen.

Äußerungen der Chinesischen Minister über das japanisch-chinesische Abkommen, die Räumung Korea´s betreffend.

PAAA_RZ201-018906_036 ff.

Empfänger	Bismarck	Absender	Brandt
A. 6931 pr. 24. August 1885. p. m.		Peking, den 26. Juni 1885.	
Memo	Mitg. d. 26/8 n. Tokio 8 Mitg. d. 28/8 n. London 364		

A. 6931 pr. 24. August 1885. p. m. 1 Anl.

Peking, den 26. Juni 1885.

A. № 142.

Vertraulich

Seiner Durchlaucht

dem Fürsten von Bismarck.

In Folge der am 27 Mai dieses Jahres durch die Japanische Regierung erfolgten Veröffentlichung der am 18 April dieses Jahres zu Tientsin zwischen den Chinesischen und Japanischen Bevollmächtigten unterzeichneten Convention in Betreff der Zurückziehung der beiderseitigen Truppen aus Korea, wie des an demselben Tage von dem Chinesischen Bevollmächtigten Li hung chang an den Japanischen Botschafter gerichteten Schreibens, durch welches das Verhalten der chinesischen Truppen während der jüngsten Unruhen in Korea gemißbilligt wird, und von dem ich die in Japan amtlich als Theil der getroffenen Vereinbarung veröffentlichte englische Übersetzung in Abschrift ganz gehorsamst beizufügen die Ehre habe, hatte ich den Legations-Secretair Freiherrn von Ketteler beauftragt zu versuchen, aber auf dem Tsungli Yamen eine Abschrift des chinesischen Texts des Schreibens Li hung chang´s erhalten.

Auf eine von dem Freiherrn von Ketteler am 23sten Juni den Ministern Hsü und Teng gegenüber gemachte Äußerung über dieses Schriftstück wiesen dieselben mit Entrüstung die Zumuthung zurück, daß China seine militärischen Behörden in Korea desavouirt habe. Die betreffenden Stellen müßten in Japan hineingeschrieben (gefälscht) worden sein.

Für meine Person hege ich nicht den geringsten Zweifel an der Authentizität des von der japanischen Regierung veröffentlichten Schriftstücks, es ist aber nicht unmöglich, daß Li hung chang dasselbe überhaupt nicht oder nur theilweise nach Peking mitgetheilt hat.

Die Äußerungen der Minister des Tsungli Yamen dürften aber ein neuer Beweis dafür sein, wie wenig rathsam es ist, wichtige Verhandlungen anders wo als in Peking und mit andern Personen als den Mitgliedern des Yamen zu führen.

Brandt.

Inhalt: Äußerungen der Chinesischen Minister über das japanisch-chinesische Abkommen, die Räumung Korea´s betreffend. 1 Anlage.

Anlage zum Bericht A. № 142. vom 26. Juni 1885.
Abschrift.

The Official Despatch.

Y, Li, Special Plenipotentiary of the Great Empire of China, Grand Guardian of the their Apparent, Senior Grand Secretary of State, Superintendent of the North Sea Trade, President of the Board of War, Vice Roy of Chili and Count Shiku Ki of the First Rank, have the honor to make the following Communication to regard the fighting which took place between our respective Imperial troops of at the Palace of the King of Corea, on the occasion of the disturbance in the capital of Corea, in the last 10th month, of war an affair that occurred entirely remote from the conception of the respective governments, one for which I cannot but express the sentiment of my deepest regret. Holding in great importance the friendly relations happily existing from olden times between the respective countries I have to say our Imperial troops failed, at the last to preserve carefulness in their course of action, though they were unavoidably forced, by the crisis of the time into fighting I shall therefore undertake myself to issue an official despatch reprimanding them. As to the deposition of the wife of Honda Shinnoske, a Japanese subject, and to there of others that your Excellency has forwarded to me I find in them, on perusal, that in the Corean capital Chinese soldiers broke into houses of Japanese, stole property and took the lives of Japanese subjects. I have not at hand any substantial evidence on our side and shall therefore despatch an official to investigate the matter and to obtain all the evidence bearing on the point in question. Should I find proof that any Soldier of any of our camps was in the streets on that day, creating trouble and murdering and robbing Japanese subjects, I shall not fail to inflict upon the offender severe punishment according to the military laws of the Chinese Empire.

The above I beg to bring to your Excellency's attention.

(Seal)

To
His Excellency
Count Ito
Ambassador Extraordinary of the Great
Empire of Japan, Minister of State and
of the Imperial Household, First Class of
the Order of the Rising Sun!

The 4th day of the 3rd moon of the 11th year of Kocho.

Berlin, den 26. August 1885.   A. 6931

An

tit. Graf Dönhoff

Tokio № A. 8

J. № 3909

abg. 27/8. 900 abds.

z. Post

Korea 1

Ew. beehre ich mich anbei Abschrift eines Briefes
des kaiserl. Gesandten in Peking vom 26. Juli,
Äußerungen des chinesischen Ministers über das
Japanisch-Chinesischen Abkommen betreffend zur
gef. persönlichen Information zu übersenden.

N. S. E.

i. m.

L. 26. 8.

[   ]

PAAA_RZ201-018906_042 f.

Empfänger	Bismarck	Absender	Brandt
A. 7005 pr. 26. August. 1885. (a. m.)		Peking, den 9. Juli 1885.	
Memo	Mitg. d. 28/8 n. London 364		

A. 7005 pr. 26. August. 1885. (a. m.)

Peking, den 9. Juli 1885.

A. № 155.

Seiner Durchlaucht

dem Fürsten von Bismarck.

Im Anschluß an meinen ganz gehorsamsten Bericht A. № 142 vom 26. Juli dieses Jahres, das zu der chinesisch-japanischen Vereinbarung gehörige Schreiben Li hung chang's betreffend, beehre Euerer Durchlaucht ich mich ebenmäßig zu melden, daß ein anderer Minister des Tsungli Yamen, Liao shou hêng, sich dem Dolmetscher Arendt gegenüber dahin geäußert hat, daß die in Japan veröffentlichte Depesche Li hung chang's an den Botschafter Ito allerdings existire; indessen habe sich Li hung chang zu diesem Schritte, um sich dem japanischen Botschafter gegenüber zuvorkommend zu zeigen, nicht in seiner Eigenschaft als Kaiserlicher Bevollmächtiger, sondern nur in seiner persönlichen Eigenschaft als Vorgesetzter der chinesischen Truppenführer in Korea verstanden und darüber deshalb auch nicht an den Thron berichtet, es sei dies daher ein persönlicher Schritt Li hung chang's gewesen, welcher die chinesische Regierung gar nichts angehe.

Charakteristisch auch für diesen Versuch, die Tragweite der abgegebenen Erklärung abzuschwächen, ist, daß Li hung chang sich in dem Schreiben ausdrücklich als Bevollmächtiger der Chinesischen Regierung bezeichnet.

Brandt.

Inhalt: Äußerungen der Chinesischen Minister über das japanisch-chinesische Abkommen die Räumung Korea's betreffend.

Berlin, den 28. August 1885.   A. 6931, 7005

An   Euer p. beehre ich mich anbei Abschrift eines
die Missionen in: Berichtes des K. Gesandten in Peking vom 26/6 u.
Vertraulich.   9/7 v. Mts. betreffend Äußerungen der chinesischen
6. London № 364.   Minister über das japanisch-chines. Abkommen zur
                                            gefl. persönlichen Information zu übersenden.

                                                        N. S. E.
                                                         i. m.
J. № 3946   [Unterschrift]

Korea 1   L. 28. 8.

Mittheilungen der Hamburger Firma H. C. Eduard Meyer über die jüngsten politischen Vorgänge in Korea und über eventuelle Verwendung deutscher Offiziere daselbst als Instrukteure.

PAAA_RZ201-018906_046 f.

Empfänger	Bismarck	Absender	Kusserow
A. 7161 pr. 30. August 1885. a. m.		Hamburg, den 29. August 1885.	
Memo	s. Erl. v. 4. 9. n. Peking 15, Söul (Brandt) 5.		

A. 7161 pr. 30. August 1885. a. m. 4 Anl.

Hamburg, den 29. August 1885.

№ 45.

Seiner Durchlaucht
dem Fürsten Bismarck.

Euerer Durchlaucht beehre ich mich, im Anschluß an meinen heutigen, den deutsch-Koreanischen Handel betreffenden Bericht, einige mir vertraulich mitgetheilte Auszüge aus seiner Correspondenz des Agenten der hiesigen Firma H. C. Eduard Meyer in Chemulpo mit dieser Firma und mit dem Gesandten von Brandt, bezw. dem General-Konsul Zembsch, betreffend die jüngsten politischen Vorgänge in Korea und die Bemühungen zum Zweck der Verwendung deutscher Offiziere daselbst als Instrukteure hierneben abschriftlich gehorsamst zu überreichen.

Ungeachtet der über dieselben Gegenstände Euerer Durchlaucht voraussichtlich zugegangenen amtlichen Berichte aus Korea und China, dürften die Anlagen vielleicht noch einiges Interesse bieten.

Kusserow.

Inhaltsangabe: Mittheilungen der Hamburger Firma H. C. Eduard Meyer über die jüngsten politischen Vorgänge in Korea und über eventuelle Verwendung deutscher Offiziere daselbst als Instrukteure.
Hierzu 4 Anlagen.

Anlage 1 zum Bericht № 45
Abschrift

Auszug aus einem Geschäftsbrief des Herrn Wolter
an die Firma H. C. Eduard Meyer in Hamburg.

Chemulpo, 4. Juli 1885

Auch uns ist es schwer gemacht, in Söul etwas zu erreichen, aus bereits früher angeführten Gründen. Die einzige Hoffnung, die uns blieb, nämlich deutsche Instrukteure, scheint auch gescheitert[4] zu sein. Wir haben hierauf verschiedentlich hingearbeitet, schon im vorigen Jahr über die Anstellung solcher gesprochen, glaubten auch aus den Äußerungen des Herrn von Möllendorff sicher auf die Anstellung deutscher Instrukteure rechnen zu können – das Resultat sehen Sie aus unseren letzten Zeilen. Nach längerem Zögern haben wir gegen Ende des vorigen Monats zum letzten Mittel gegriffen, an die deutsche Vertretung laut einl. Abschrift zu schreiben. Obgleich wir keine offizielle Antwort erhalten, so sind Schreiber doch genügend Nachrichten zugegangen, aus denen er schliessen kann, daß unsere Bemühungen eventuell nicht ganz nutzlos sein dürften. Zu Anfang hieß es, Rußland bestände darauf, daß nur russische Offiziere genommen würden; unser Brief, sowie auch einige Besuche, die oben in Söul gemacht wurden, haben gewiß nicht wenig dazu beigetragen, diesen Plan des Herrn von Speyr, des russischen Agenten, vollständig über den Haufen zu werfen. Wir können laut uns zugegangenen Privatmitteilungen ziemlich bestimmt versichern, daß Obiges der Fall und daß sich die Anzeichen mehren, die Lage für das Engagement deutscher Instrukteure günstiger zu sehen. – Wie Sie aus den an den Herrn General-Konsul gerichteten Zeilen zu ersehen belieben, haben wir sogar eine teilweise Zahlung für die Instrukteure unsererseits in Aussicht genommen, es ist selbstverständlich, daß dies nur in geringem Maßstabe und auch nur dann geschehen kann, wenn uns dagegen als Equivalent Aufträge auf Waffen gegeben, resp. solche bestimmt in Aussicht gestellt werden; - jedenfalls wird der Vorschlag unsererseits sehr günstig aufgenommen werden und hoffen wir, daß auch Sie gegen denselben nichts einzuwenden haben. – Da Li Hung Chang ja ziemlich bei dieser Angelegenheit interessiert ist, so werden wir auf ihn durch unseren deutschen Vertreter in Peking zu wirken versuchen, mit nächster Gelegenheit nach Peking schreiben. -

Deutsches Geschwader: Ende vorigen Monats traf hier die „Iltis" ein und einige Tage

---

4 [Randbemerkung] *gottlob?*

später am 30. Juni der „Nautilus", aus welchen beiden Schiffen ja jetzt leider das ganze Geschwader besteht. – Der Kapitain Rötger ging nach Söul und hatte Audienz beim König, dagegen war der Geschwaderchef Kapitain Aschenborn vom „Nautilus" nicht so glücklich. Er ließ noch die an Bord des letzteren Schiffes befindliche Kapelle nach Söul kommen, mit der Absicht, dieselbe vor dem König spielen zu lassen; durch die Krankmeldung des Königs wurde die ganze Sache vereitelt. - Es hätte dieser Auftritt im Palast gewiß dazu mit beitragen helfen, den Einfluß der Deutschen immer mehr zu befestigen, und mag dieses mal zu einer Intrige Veranlassung gegeben haben.-

Da die „Hever" bei ihrem letzten Trip die Nachricht mitbrachte, daß an einem anderen Hafen noch ca. 50000 Piculs Reis zum Transport für hier bereit lägen, über diesen Hafen aber nichts bekannt war, so wandten wir uns laut einl. Kopie an den General-Konsul, ihn bittend, den Hafen von einem der Schiffe untersuchen zu lassen. In diesem Falle sind wir erfolgreich gewesen; bei einer gestern an Bord des „Nautilus" stattgehabten Konferenz, zu welcher auch Schreiber hinzugezogen wurde, ist festgestellt, daß „Iltis" soll den nördlichen Eingang nach Mokpo, den die „Hever" allerdings bei jeder Reise benutzt, worüber aber gar keine Aufnahme irgendwelcher Art vorhanden, vermessen und aufnehmen; von dort geht die „Iltis" nach einem Hafen in der Nähe von Fusan, Ma Sam Po(?), um diesen aufzunehmen. Am 20. Juli muß die „Iltis" in Shanghai sein, woselbst die Ablösung um jene Zeit erwartet ist.

2) „Nautilus" geht nach dem Reishafen, wahrscheinlich im SSW von Korea gelegen, Mann Cho da(?); dieser Hafen wird vermessen werden, und geht der „Nautilus" dann ebenfalls am 20. Juli nach Shanghai.

„Iltis" ist heute, am 7. Juli, bereits in See gegangen, „Nautilus" geht entweder morgen mittag oder übermorgen früh. - Es wäre für uns, so lange wir die „Hever" behalten, von der größten Wichtigkeit, wenn die deutschen Schiffe möglichst viel von der koreanischen Küste, die zum größten Teil noch vollkommen unerforscht liegt, aufnehmen würden, damit wir, im Falle die „Hever" nach einem neuen Hafen zu gehen hat, Karten davon besitzen.

Anlage 2 zum Bericht № 45.

Abschrift
Chemulpo den 6. u. 7. Juli 1885.

Auszug

aus einem Privatbrief des Herrn Carl Wolter, Vertreter des Firma E.
Meyer & Co. in Hamburg.

Von Möllendorff. Vor Allem gelten meine heutigen Privatzeilen diesem. Seine Stellung
scheint sehr erschüttert zu sein. In meinen letzten Zeilen über Regierungsgeschäfte schrieb
ich, daß von Möllendorff gegen eine Anstellung deutscher Offiziere sei, weil er eben nun
russische haben wollte. Allerdings hat er Recht disgusted zu sein, auf Alles in Korea zu
schimpfen, aber schließlich sein Land zu verkaufen, kann ich unter keinen Umständen für
richtig halten; ich habe v. M. auch in vorsichtiger Weise hierauf aufmerksam gemacht und
hat er vielleicht nicht Unrecht zu behaupten, daß früher oder später ja doch Jemand sich
Korea nimmt, resp. nehmen möchte, dann aber stände Rußland als großer Freund dort. Mir
scheint, daß dies eine sehr gefährliche Freundschaft, ob andere Leute nicht auch so denke
n[5]? und nur anders reden? Genug, vor 14 Tagen standen die Chancen noch sehr für von
Möllendorff, noch vielmehr so, als ich vor 3 Wochen in Söul war. Derzeit Chen Ta Jen
mit Freund Budler besuchend, kam die Rede auf Instrukteure, und Chen erzählte, er habe
von Li (Li Hung Chang) den Auftrag erhalten, dem König einen Brief zu überbringen.
Der letztere enthielt die Empfehlung und das Anerbieten deutscher Offiziere; der König
hat darauf erwidert, er bedaure unendlich Li´s Rath nicht annehmen zu können[6], da er
leider schon dem amerikanischen Gesandten Auftrag gegeben, 4 Leute kommen zu lassen.
Chen sagte, es sei ihm dies unangenehm, obendrein „besides hab got dat one pocee man
come Nagasaki, he belong great friend Mr. Möllendorff", dabei kniff er das eine Auge
zu. Er meinte mit dem „man" Herrn von Speyr, der von Nagasaki gekommen war, wollte
aber keinen Namen nennen. Sie sehen draus, daß der chinesische Vertreter gegen von
Möllendorff in diesem Falle war und scheint dann auch den vereinten Kräften in Söul es
gelungen zu sein, Herrn von Speyr´s Projekte sämtlich über den Haufen zu werfen,
obgleich es zuerst den Anschein hatte, als würde ganz Korea sich jenem Herrn zu Füßen
legen. Wie ich höre, soll Herr von Speyr morgen nach Nagasaki zurückkehren. Ich hoffe,
daß es zu einem vollkommenen Sturz von von Möllendorff nicht kommt, denn das wäre
nicht zu unserem Vorteil. Es würde mir dies wirklich leid tun, obgleich er gerade uns in

---

5 [Randbemerkung] ich weiß

6 [Randbemerkung] ich auch nicht

nicht schöner Weise bei dieser Affaire behandelt hat. Hätte ich nur eine Ahnung gehabt, wie von Möllendorff denkt, so wären ich von Anfang an in der Instrukteur-Angelegenheit nicht zu ihm gegangen, sondern hätte es gleich, wie dies jetzt auch später geschehen ist, dem deutschen Generalkonsul übergeben. So ganz hoffnungslos sieht es mit den deutschen Instrukteuren[7] ja noch nicht aus und hoffe ich doch noch zu reüssieren; gegen das Anerbieten meinerseits eventuell einige Unkosten, resp. einen Theil der jährlichen, mittragen zu wollen, haben Sie hoffentlich nichts einzuwenden[8]. Amtlich hat der deutsche Generalkonsul mir noch nicht auf meinen Brief geantwortet, dagegen privatim häufiger geschrieben.

Daß Unruhen sehr leicht nach Abzug der japanischen und chinesischen Truppen ausbrechen können, ist gar nicht unwahrscheinlich, steht sogar zu erwarten. Ich freue mich daher auch „Iltis" und „Nautilus" im August hier wiederzusehen. In Berlin und auch in Peking scheint man auf Korea mehr zu achten jetzt und den Ruhestörungen eine größere Bedeutung beizulegen, jedenfalls scheint die Bitte um Hilfe für August, die schon lange nach Berlin gesandt, anstandslos bewilligt zu sein. Ich möchte selbstverständlich lieber, die Boote blieben fort und Alles bliebe ruhig, denn eine Wiederholung wäre schrecklich. Wie groß der Umfang der Dezembertage, welche Sachen geplant waren, darüber macht sich so leicht kein Uneingeweihter einen Begriff. Es scheint jetzt nicht ganz unwahrscheinlich, daß der König, teils gezwungen (der Mensch scheint ohne Willen, überhaupt nur eine Puppe zu sein), sich den Aufrührern anschloß und diese im Verein mit den Japanern nichts weniger im Sinne hatten, als alle Vertreter umzubringen. Sehr viele Zeichen sprechen dafür, und die meisten Leute halten dies für richtig. Die Einzelheiten erzähle ich Ihnen, wenn ich einmal wieder nach Hause komme, vergessen tut man derartige Sachen nicht. Ich hoffe wirklich, daß Alles ruhig bleibt, muß aber meine Ansicht, daß es vollkommen unrichtig war, sämtliche Truppen von Söul zurückzuziehen, aussprechen.

Hier in Chemulpo heißt es jetzt immer „One Meyer, one Consul", auch die Herren an Bord sprechen so; sie meinten neulich, ob ich ihnen sagen könne, wie es käme, daß man sich in Berlin so sehr für Korea jetzt zu interessieren scheine.

---

7   [Randbemerkung] was hätten wir davon?

8   [Randbemerkung] doch

Anlage 3 zum Bericht № 45

Abschrift   Chemulpo, 21. Juni 1885

A. 7161

Herren Capt. Zembsch,

Kaiserl. Deutscher General-Konsul u. Kommissar

Söul

Euere Hochwohlgeboren erlauben wir uns, als Vertreter der Gußstahlfabrik Fr. Krupp in Essen, der Patronenfabrik „Lorenz" in Karlsruhe und anderer Waffen- und Maschinenfabriken Deutschlands, ganz ergebenst, freundlichst zu ersuchen, wenn möglich, bei der koreanischen Regierung das Engagement wenigstens eines höheren oder niedrigen deutschen Offiziers zu veranlassen, resp. derselben das Vorteilhafte eines solchen Engagements zum Wenigsten auseinander zu setzen.

Wir haben in letzter Zeit verschiedentlich gehört, daß die koreanische Regierung zur Anschaffung einer eigenen Truppe, durch den Abzug der japanischen und chinesischen Truppen gezwungen, das Engagement mehrerer fremder Offiziere in Aussicht genommen, und daß die amerikanische Gesandtschaft bereits mit Erfolg durch ihren Vertreter auf die dortige Regierung gewirkt habe. Mit den, soweit wir wissen, bereits berufenen 4 Amerikanern dürfte aber das dortige Kriegsministerium nicht genügend Hilfe haben und wäre es im selben Falle für die deutsche Waffenindustrie von der größten Wichtigkeit einige Deutsche hier als Instrukteure zu sehen. Falls nun amerikanische und russische Offiziere, auf deren letztere Engagirung der augenblicklich sich dort aufhaltende russische Agent, Herr von Speyr, dringt, nach Korea als Instrukteure kommen, dürfte unser Interesse, und damit das Interesse sämtlicher großen Fabriken, die wir vertreten, hauptsächlich Fr. Krupp, einen sehr bedenklichen Schaden leiden. Neue russische Gewehre und amerikanische Kanonen würden nach Korea kommen, und Deutschland, das doch bei weitem leistungsfähiger als genannte beiden Länder, würde von solchen Bestellungen nichts erhalten. Auch Korea würde sich bei einem Engagement deutscher Offiziere gewiß nicht schlecht stehen, denn unser Militär wird heutzutage von vielen Nationen als Muster genommen.

Wir bemerken noch, daß, falls die dortige Regierung nur eine geringere Summe für das Engagement eines deutschen Offiziers anlegen will, wir eventuell bereit sind, die Mehrkosten auf uns zu nehmen, doch müßten wir hierfür erst in Deutschland eine Verständigung mit unseren Freunden einholen.

Indem wir Ihnen im Voraus für gefl. Mühewaltung unseren verbindlichsten Dank auszusprechen nicht unterlassen können, zeichnen wir, in Entgegensehung einer geneigten

Antwort

   mit vorzüglicher Hochachtung

                                                gez. E. Meyer & Co.

Anlage 4 zum Bericht № 45
Abschrift
Auszug   Chemulpo, den 10. Juli 1885

   An Herrn von Brandt, Peking.

   Geehrter Herr Minister!

   Das Wohlwollen, welches Sie mir früher bei verschiedenen Gelegenheiten erwiesen
haben, ermutigt mich heute, Sie mit einer Angelegenheit zu belästigen, die nicht allein für
mich und meine Firma, sondern auch für den deutschen Handel von großem Interesse ist.

   Korea, welches in kürzester Zeit – ich kann wohl sagen, leider – von den chinesischen
und japanischen Truppen befreit sein wird, muß zur Ausbildung seiner Truppen jedenfalls
Instrukteure engagieren. Ich befürchte nun, daß meine Anstrengungen, resp. diejenigen des
Herrn Generalkonsuls denjenigen des amerikanischen und des russischen Vertreters nicht
die Waagschale halten können, wenn nicht energisch von anderer Seite nachgeholfen wird.
Nun liegt es aber weniger in meinem Interesse, einen Mann selbst zu engagieren, als
überhaupt einen deutschen Instrukteur hier zu sehen, obschon jenes mir lieber wäre. Nun
hat aber der Vizekönig Li Hung Chang an den chinesischen Kommissär Cheu in Söul
geschrieben und durch Letzteren dem König den Vorschlag gemacht, deutsche Instrukteure
von Tientsin zu nehmen. Li Hung Chang´s Name besitzt noch immer einen guten Klang
am Hofe von Söul, was mich auf die Idee gebracht hat, daß dessen Vorschlag, wenn
besser von den Chinesen unterstützt, doch noch angenommen werden könnte, und geht
meine heutige Bitte dahin, den Vizekönig möglichst beeinflussen zu wollen, ihm die
Vorteile deutscher Instrukteure amerikanischen oder gar russischen gegenüber, welche
letzteren ihren Einfluß gewiß nicht zu Chinas Vorteil gebrauchen würden, klar zu legen,
so daß er in energischer Weise seinen Vertreter in Söul instruiert, eventuell nochmals an
den König schreibt. – Ich erlaube mir Ihnen einliegend eine Abschrift eines Briefes an den
Herrn Generalkonsul zu behändigen, Letzterer hat sich in liebenswürdigster Weise der
Sache angenommen, leider aber ohne viel Erfolg.

                                        erg.   (gez.) Carl Wolter

[   ]

PAAA_RZ201-018906_064			
Empfänger	Auswärtiges Amt in Berlin	Absender	Mantzoud
A. 7235 pr. 1. September 1885. (a. m.)		Varzin, den 31. August 1885.	
Memo	s. Erl. v. Hg. n. Peking 15, Söul (Budler) 5. Zu A. 7161		

A. 7235 pr. 1. September 1885. (a. m.) 1 Anl.

Varzin, den 31. August 1885.

Der Herr Reichskanzler bittet die Herren von Brandt und Zembsch zu instruieren, es würde erfreulich sein, wenn die koreanische Regierung Masseneinkäufe in Deutschland machte; auf die Bestrebungen der deutschen Häuser, hiesige Instrukteure nach Korea zu bringen, sollten aber beide Herren sich unbedingt ohne diesseitige Ermächtigung nicht einlassen. Wenn ein bezüglicher Antrag hier einginge, würde Seine Durchlaucht dem Kaiser vorschlagen, denselben rund abzuschlagen: Herrn Zembsch möchte vertraulich, und so, daß eine Indiskretion vermieden wird, geschrieben werden, Seine Durchlaucht hielte es für politisch nützlich, daß der Generalkonsul sich jeder antirussischen Einmischung enthielte und daß er im Gegenteil den russischen Interessen in vorsichtiger Weise behilflich sein möge.

Mantzoud.

B[erlin] - 4. Sept. 85.   A. 7235. 7161

1) Herrn von Brandt
   Peking № A. 15

2) Vize-Konsul Budler
   Söul № A. 5

Der Herr Reichskanzler hat durch den kaisl. Gesandten in Hamburg Kenntnis von der Eingabe erhalten, durch welche der Vertreter des Hamburger Hauses E. Meyer in Chemulpo unter dem 10. Juni (ad 2 unter dem 21. Juni) Ew. Unterstützung in Anspruch nimmt, um deutsche Offiziere als Instrukteure nach Korea hineinzubringen. Fürst Bismarck wünscht, daß unser Handelsverkehr mit Korea durch alle politische unbedenklichen Mittel gefördert werde. Zu diesen rechnet S. D. aber nicht die Verwendung amtlichen Einflußes für Anstellung von deutschen militärischen Instrukteuren, und wünscht deshalb auch, Ew. möchten einer Maßnahme nicht Vorschub leisten, die geeignet ist, Anhalt für die Verdächtigung zu bieten, daß wir in Ostasien noch andere als Handelszwecke verfolgen.[9] Ew. wollen überhaupt alles vermeiden, was bei anderen europäischen Mächten, speziell bei Rußland, politisches Mißtrauen gegen uns wecken könnte.

[Unterschrift]

---

9 Schluß für Peking. Letzter Satz nur für Söul.

[   ]

PAAA_RZ201-018906_069 ff.

Empfänger	Bismarck	Absender	Brandt
A. 7441. pr. 7. September 1885. (a. m.)		Peking, den 14. Juli 1885.	

Abschrift.

A. 7441. pr. 7. September 1885. (a. m.)

Peking, den 14. Juli 1885.

A. № 158.

Seiner Durchlaucht

dem Fürsten von Bismarck.

Im Anschluß an meinen ganz gehorsamsten Bericht A. № 156 vom 10. Juni d. J's., die Zustände in Korea betreffend, beehre Ew. Durchlaucht ich mich ebenmäßig zu melden, daß nach weiter eingegangenen Nachrichten der in Demselben erwähnte angebliche russisch-koreanische Vertrag in einer mündlichen Verabredung bestanden zu haben scheint, welche der in koreanischen diensten stehende Herr von Möllendorff bei seiner Anwesenheit in Tokio in den ersten Monaten d. J's. mit dem dort beglaubigten Russischen Gesandten in Betreff der Heraussendung Russischer Offiziere zur Ausbildung der in Aussicht genommenen koreanischen Gendarmerie getroffen haben soll. Herr von Möllendorff scheint ohne Auftrag der koreanischen Regierung gehandelt und dieselbe nicht einmal von den durch ihn getroffenen Verabredungen in Kenntniß gesetzt zu haben, denn als der Legationssekretär der Russischen Gesandtschaft in Tokio, Herr von Speyer, Mitte Juni d. J's. in Söul eintraf und die Ausführung der getroffenen Vereinbarung unter der Angabe, daß die Russischen Offiziere bereits eingetroffen seien oder nächstens eintreffen würden, verlangte, erklärte die koreanische Regierung, daß sie von dem angeblichen Abkommen nichts wisse und dasselbe auch gar nicht auszuführen im Stande sein würde, da sie sich bereits an die Regierung der Vereinigten Staaten mit der Bitte um Ueberlassung einiger Offiziere als Instrukteure gewendet habe.

Diese ablehnende Haltung der koreanischen Regierung scheint zu sehr unangenehmen Erörterungen zwischen derselben und Herrn von Speyer geführt zu haben, der u. A. erklärt haben soll, daß Rußland eine derartige Ablehnung eines von einem Mitgliede des Auswärtigen Ministeriums abgeschlossenen Abkommens nicht dulden und Korea zur

Ausführung der eingegangenen Verpflichtungen nöthigenfalls zu zwingen wissen würde.

Schließlich soll die Sache mit der Rückgängigmachung der Möllendorff-Davidov'schen Vereinbarung und der Entlassung des p. von Möllendorff aus den koreanischen Diensten geendet haben, letzterer indessen noch in Seul zurückgehalten worden sein, um Aufschluß über einige Geldangelegenheiten zu geben.

Gerüchtweise verlautet, daß der p. von Möllendorff in Russische Dienste treten werde. pp.

gez: Brandt.

Orig. in actis: Korea 3.

[   ]

PAAA_RZ201-018906_073

Empfänger	Baron	Absender	[unleserlich]
A. 7827 17. September 1885. p. m.		Berlin, den 17. September 1885.	

A. 7827 pr. 17. September 1885. p. m.

Berlin, den 17. September 1885.

Hochverehrter Herr Baron.

Ein Telegramm aus Hamburg benachrichtigt mich eben, daß von Möllendorff seine Stellung in Korea verloren hat. Ich denke mir, daß diese Neuigkeit vielleicht interessieren könnte und erlaube mir deshalb, dieselbe ergebenst mitzuteilen.

In verehrungsvoller Ergebenheit

[Unterschrift]

[   ]

PAAA_RZ201-018906_074 ff.

Empfänger	Bismarck	Absender	Holstein
A. 7902 pr. 19. September 1885. p. m.		Berlin, den 19. September 1885.	

Abschrift.

A. 7902 pr. 19. September 1885. p. m.

Berlin, den 19. September 1885.

Herr Aoki überreichte persönlich das beifolgende Dankschreiben, als Antwort auf das anerkennende Schreiben des Herrn Reichkanzlers.

Der Gesandte nahm dann Anlaß, nochmal seiner und seiner Regierung Besorgniß wegen eines russischen Vorgehens in Korea Ausdruck zu geben. Die Angst vor diesem Ereigniß habe eine Annäherung zwischen China und Japan, die sich ja sacht nicht immer freundlich gegenüber ständen, in letzter Zeit herbeigeführt. Ich wiederholte Herrn Aoki die Bemerkung, welche der Unterstaatssekretär Graf Bismarck ihm bei einer früheren Gelegenheit gemacht hatte: Rußland und England, welche letzteres jetzt allgemein als Verbündeter Chinas angesehen werde, hielten sich ziemlich die Waage in Asien, ein Beweis dafür sei die Mäßigung Rußlands in der Sulfikarfrage. Außerdem befinde sich Rußland China gegenüber nicht, wie gegenüber den Turkmenen und Afganen, in stetigem Vorschreiten; es werde vielmehr im Amurgebiet durch die massenhafte chinesische Einwanderung eher in die Defensive gedrängt. Diese Anzeichen wiesen nicht darauf hin, daß die koreanische Frage schon bald in ein acutes Stadium treten werde.

Herr Aoki meinte, es freue ihn, diese Ansicht zu hören, er hoffe aber lebhaft, daß falls die Frage acut mal werden sollte, Japan die, wenn auch nur moralische Unterstützung des Deutschen Reiches haben werde.

(gez.) von Holstein.

Orig. i. a. Japan 1.

Abschrift

Berlin, den 20. September 1885   E. O. II 9677.

f. Abtlg. A (Korea)   Zeitungsnachrichten zu folge, welche das „Journal de St.
                                    Pétersbourg" als Quelle nennen, ist kürzlich zwischen
                                    Rußland u. Korea eine Handelskonvention abgeschlossen
                                    worden, die den Verträgen Deutschlands und Englands
An   mit Korea nachgebildet ist.
den Ksl. Botschafter   Eine solche Vereinbarung würde unserer Interessen in
Herrn von Schweinitz Exc.   Korea in dem Falle berühren, wenn, wie bisher erwartet
St. Petersburg   worden ist, Rußland sich dadurch für seinen Landverkehr
                                    mit Korea Vorteile, wie beispielsweise eine niedrigere
Sicher.   Tarifierung seiner Waren ausbedungen haben sollte,
                                    welche den Wettbewerb unseres Handelsverkehrs zur See
                                    mit demselben beeinträchtigen oder in Frage stellen
                                    könnten.

                                          Im Hinblick auf eine solche Eventualität haben wir
                                    der Koreanischen Regierung gegenüber, ähnlich wie
                                    Großbritannien, nur das Recht vorbehalten, behufs einer
                                    Revision der vertragsmäßig festgesetzten Tarife, die
                                    letztern zu kündigen und eine Ausgleichung zwischen
                                    See- und Landtarifen zu verlangen.

                                          Mit Rücksicht hierauf kommt es mir darauf an, zu
                                    erfahren, ob in den von den Zeitungen erwähnten
                                    Abkommen zwischen Rußland und Korea an ersteres in
                                    der Tat derartige Vergünstigungen für seinen Landverkehr
                                    zugestanden worden sind, bezw. die Zollsätze und
                                    Bedingungen kennen zu lernen, unter welchen die
                                    russische Einfuhr in Korea, sei es zu Land oder zur See,
                                    zugelassen werden soll.

                                          Ew. pp. beehre ich mich daher, zu versuchen, in
                                    vertraulicher Weise gef. Erkundigungen einzuziehen und
                                    deren Ergebnis berichten zu wollen.

                                                        i. m. N. d. H. U. St. S.
                                                        gez. Graf von Bismarck

Bericht über die politische Lage in Korea.

PAAA_RZ201-018906_079 ff.

Empfänger	Bismarck	Absender	Zembsch
A. 8061 pr. 22. September 1885. p. m.		Söul, den 1. August 1885.	
Memo	mitg. 23. 9. n. Petersburg 549, London 421, Peking 18 u. Tokio 11		

A. 8061 pr. 22. September 1885. p. m.

Söul, den 1. August 1885.

Lfde № 61.

Seiner Durchlaucht

dem Fürsten von Bismarck.

Euerer Durchlaucht

beehre ich mich Nachstehendes ganz gehorsamst zu berichten:

Am 18. Juli dss. Jrs. und in den folgenden Tagen sind die chinesischen Truppen, welche bisher in Söul und auf dem Wege nach Masanpo sowie in letzterem Hafen garnisonirten, sämmtlich zurückgezogen worden und nach China zurückgekehrt.

Kurze Zeit darauf ist auch der Rest der japanischen Truppen nach Chemulpo abgezogen und von dort nach Japan eingeschifft worden.

Unter der Bevölkerung hier herrschte in Folge des Abzugs der chinesischen Schutztruppen eine nicht unbedeutende Beunruhigung. Man fürchtete Unruhen und Versuche Unzufriedener und Ehrgeiziger die bestehende Regierung zu stürzen.

Der chinesische Vertreter, Kommissar Ch'en wandte sich deshalb an den Präsidenten des Auswärtigen Amtes mit Anfragen und Vorschlägen betreffend den Schutz der Fremden in Söul. Die übrigen fremden Vertreter traten nachträglich diesem Schritte bei.

Der Präsident traf in Folge dessen dahin gehende Anordnungen und stationirte je eine Wache von 10 Mann unter einem Unteroffizier in den Gebäuden der fremden Vertretungen. Chinesischer Seits sollen, wie man sagt, Truppen in Wei-ha-wei bei Chifu und Port Arthur für etwaige Eventualitäten bereit gehalten werden.

Außerdem haben die Chinesen ein Abkommen mit der Koreanischen Regierung getroffen, wonach Letztere ein Anlehen von 100,000 Taels zur Erbauung eines Telegraphen von Söul über Chemulpo nach Aichiu an der Koreanisch-Chinesischen Grenze und Port Arthur erhält.

Der Telegraph wird von Technikern in Chinesischen Diensten erbaut, die Anleihe soll innerhalb 25 Jahren zurückgezahlt werden und wird in dieser Zeit nicht verzinst.

Dafür soll China während der 25 Jahre das Monopol für Errichtung von Telegraphen in Korea haben.

Am 27. vor. Mts. erschien folgendes Edikt des Königs in der amtlichen Zeitung „Der Vizepräsident des Auswärtigen Amts" von Möllendorff verläßt diese Stellung.

Auf meine Anfragen darüber bei Herrn von Möllendorff theilte er mir mit, daß dies gegen seinen Willen geschehen sei, der König habe ihm aber mitgetheilt, daß er dem Drängen der Gegner v. M's nicht länger widerstehen könne.

Herr v. M. hat fast nur Feinde. Seine Koreanischen Kollegen sind aufgebracht über die Schritte, welche man ihm gegenüber Russland, wohl mit Recht, zuschreibt. Die Chinesen und Japaner sind ebenfalls erbittert darüber.

Der amerikanische und besonders der englische Vertreter sind immer Gegner Herrn v. M's gewesen. Letzterer namentlich deshalb weil Herr v. M. ihn nicht für voll anerkennen wollte und ihm persönlich sowie den englischen politischen Bestrebungen in jüngster Zeit, Opposition machte.

Herr v. M. behauptet, der König habe im Winter nach dem Aufstand eine Annäherung an Rußland gewünscht, jetzt aber scheint der König, erschreckt über die Forderungen Russlands, Alles frühere Geschehen zu desavouiren.

Mehrere Koreanische Beamte, welche der Wahrheit gemäß erzählt hatten, daß der König seiner Zeit einen untergeordneten Abgesandten nach Wladivostock geschickt habe, sind mit Verbannung bestraft worden. Auch die Absetzung Herrn V. M's wird hauptsächlich hierauf zurück zu führen sein.

Man erwartet hier mit Spannung das Eintreffen des russischen Minister Residenten mit der Ratifikation des Vertrages.

Zembsch.

Betrifft: Bericht über die politische Lage in Korea.

Berlin, den 23. Sept. 1885. A. 8061

An
die Missionen in:
Vertraulich.

1. Petersburg № 549   Sicher!
2. London № 421   Sicher!
3. Peking № A18   Sicher!
4. Tokio № A11.   Sicher!

Euer p. beehre ich mich anbei Abschrift eines Berichts des K. Gen.-Konsuls in Söul vom 1. v. Mts. betreffend die politische Lage in Korea zur gefl. vertraulichen Information zu übersenden.

D. R. K.
I. A.
i. m.

[   ]

PAAA_RZ201-018906_084

Empfänger	Auswärtiges Amt in Berlin	Absender	Brandt
A. 8211 pr. 25. September 1885. (p. m.)		Tientsin, den 25. September 1885.	
Memo	Tai-In-Kun ist der Vater des Königs von Korea, war seit 1882 in China interniert, in Folge innerer koreanischer Vorgänge. Er ist Anhänger Chinas. Brandt betrachtet seine Rücksendung als ein Symptom dafür, daß die Chinesen ihren Einfluß in Korea stärken wollen, sei es gegen Japan, sei es gegen Rußland.		

A. 8211 pr. 25. September 1885. (p. m.)

Telegramm.

Tientsin, den 25. September 1885. 1 Uhr 40 M. N.

Ankunft: 11 Uhr 15 M. V.

Der K. Gesandte an Auswärtiges Amt.

Entzifferung.

№ 10.

Tai-In-Kun freigelassen wird nächstens nach Korea zurückkehren.

Brandt.

Die Zustände in Korea und die Beziehungen mit demselben betreffend.

PAAA_RZ201-018906_085 ff.

Empfänger	Bismarck	Absender	Brandt
A. 8687 pr. 4. October 1885. a. m.		Peking, den 1. August 1885.	
Memo	mitg. d. 6/10 n. London 444, Petersburg 575, Tokio A. 12		

A. 8687 pr. 4. October 1885. a. m.

Peking, den 1. August 1885.

A. № 172.

Seiner Durchlaucht

dem Fürsten von Bismarck.

Nach mir aus Tientsin zugehenden von anderer Seite bestätigten Nachrichten soll die Räumung Korea's durch die Chinesischen Truppen fast ganz vollzogen und die letzteren, 2665 Mann stark, nach Port Arthur gebracht worden sein.

Die Zurücksendung des Tai-in-kun, des Vaters des Königs, nach Corea scheint beschlossene Sache zu sein. Ein höherer chinesischer Beamter ist nach Pau ting fu, wo derselbe bis jetzt internirt war, gesendet worden, um ihn nach Tientsin zu geleiten und von dort soll er voraussichtlich in der ersten Hälfte des August durch den Admiral Ting, derselbe, welcher ihn früher gefangen genommen hatte, an Bord eines Chinesischen Kriegsschiffes nach Corea zurückgebracht werden.

Der Tai-in-kun hat den Ruf eines energischen, freilich auch wenig fremdenfeindlichen Mannes. Der Gedanke, welcher die Chinesische Regierung bei seiner Zurücksendung nach Corea leitet, ist wohl der, eine den Japanern und Fremden abgeneigte und daher in erster Linie ihren Interessen dienstbare Persönlichkeit an der Spitze der Koreanischen Regierung zu sehn. Der jetzige König scheint eine vollständige Null zu sein, die energischere Königin und ihre Partei haben durch die jüngsten im Russischen Interesse geführten Intriguen des Herrn von Möllendorff einen solchen Schlag erlitten, daß selbst von Seiten ihrer Anhänger und Angehörigen, Mitgliedern der Familie Min, die Zurückberufung des Tai-in-kun als nothwendig und wünschenswerth bezeichnet wird. Es kann daher wohl kaum einem Zweifel unterliegen, daß derselbe sofort nach seiner Rückkehr die Zügel der Regierung, wenn vielleicht auch nicht nominell, in die Hand nehmen wird; ob das ohne Blutvergießen abgehn oder nach koreanischer Sitte die Niedermetzelung der Führer der gegnerischen Partei in diesem Falle der Königin, zur Folge haben wird, muß ich dahin gestellt sein lassen.

Ob die Japanische Regierung sich mit dem ihr in der ersten Zeit sehr unsympathischen Project der Rücksendung des Tai-in-kun nach Corea ausgesöhnt hat, vermag ich nicht anzugeben, möchte es aber nicht für unmöglich halten, da sie in der Übernahme der Leitung der Regierung durch ihn das beste Mittel gegen das Überhandnehmen russischen Einflusses in Korea, den sie vor allem fürchtet, sehn dürfte. Admiral Enomotto, der hier beglaubigte Japanische Gesandte, welcher sich Wochen lang in Tientsin aufgehalten hat, ist, wie das Tsungli Yamen jetzt selbst zugesteht, eifrig bemüht gewesen, die chinesische Regierung für gemeinschaftliche Maßregeln zum Schutz der Unabhängigkeit Korea's in der Form einer Neutralität, Erklärung und entsprechenden Garantien zu gewinnen; ich möchte annehmen ohne besonderen Erfolg, obgleich die große persönliche Eitelkeit Li hung chang's, dem die chinesische Regierung in der coreanischen Frage fast ganz freie Hand läßt, ein nicht zu unterschätzender Bundesgenosse für derartige großklingende Japanische Pläne sein könnte.

Herr von Möllendorff scheint seine Rolle in Korea ausgespielt zu haben: wenigstens soll er, nach aus englischer Quelle stammenden Mittheilungen seine Stellung im dortigen Auswärtigen Ministerium aufgegeben haben und im Begriff steh, das Land zu verlassen. Nach Berichten aus Tientsin hätte ihm Li hung chang sofort nach Bekanntwerden seiner mit dem russischen Gesandten in Tokio getroffenen Vereinbarungen, das bis dahin von ihm bezogene Gehalt von monatlich 250 Tls und damit, wie ich glaube, seine einzige feste Einnahme gestrichen. Beiden wechselnden Launen des General Gouverneurs wird indessen abzuwarten sein, ob derselbe diesem Entschlusse treu bleibt.

Nach den mir von verschiedener Seite zugehenden Nachrichten möchte ich fortfahren anzunehmen, daß es sich bei den angeblich Möllendorff-russischen Abmachungen in bestimmter Form nur um das Engagement russischer Offiziere als Instrukteure für die koreanische Armen gehandelt hat. Was einen angeblichen Vertrag anbetrifft, durch welchen bestimmt worden sein sollte, 1) daß Korea ohne Rußland's Einwilligung keine weiteren Verträge mit fremden Mächten abschließen dürfe, 2) daß Rußland sich verpflichte, Corea gegen alle fremden Eindringlinge zu schützen und 3) daß Rußland Corea eine bedeutende Geldsumme als Anleihe zur Verfügung stellen und Instrukteure für die koreanischen Truppen liefern würde, so dürften, wie bereits ganz gehorsamst erwähnt, mit Ausnahme des letzten Punktes, die Sachen nicht über mündliche akademische Erörterungen zwischen dem Russischen Gesandten in Tokio und dem p. von Möllendorff oder zwischen einem im Frühjahr 1885 zum Ankauf von Waffen nach Wladivostock entsendeten Koreanischen Beamten und den dortigen Russischen Behörden hinausgegangen sein.

Zu bedauern bleibt bei der ganzen Sache nur, daß die Möllendorff'sche Episode in Korea unserm Ruf in Ostasien nicht gerade besonders vortheilhaft gewesen sein dürfte.

Brandt.

Inhalt: Die Zustände in Korea und die Beziehungen mit demselben betreffend.

Die projectierte Rückkehr des Tai in kun nach Korea betreffend

PAAA_RZ201-018906_092 f.

Empfänger	Bismarck	Absender	Brandt
A. 8674 pr. 4. Oktober 1885. a. m.		Peking, den 11. August 1885.	

A. 8674 pr. 4. Oktober 1885. a. m.

Peking, den 11. August 1885.

A. № 180.

Seiner Durchlaucht

dem Fürsten von Bismarck.

Euerer Durchlaucht beehre ich mich ganz gehorsamst zu berichten, daß der Tai in kun am 1. August von Pauting fu in Tientsin eingetroffen ist. Derselbe sollte von dort in einigen Tagen seine Reise nach Corea fortsetzen, im letzten Augenblick scheint dieselbe aber auf unerwartete Hindernisse, wie es heisst, von der koreanischen Regierung erhobene Einwendungen, gestoßen zu sein. Wenigstens ist der Tai in kun in Tientsin geblieben und Admiral Ting allein nach Corea gegangen, um dort zu vermitteln.

Brandt.

Inhalt: Die projectierte Rückkehr des Tai in kun nach Korea betreffend.

Berlin, den 6. Oktober 1885   Zu A. 8667

An   Euer pp beehre ich mich anbei Auszug eines
die Missionen in   Berichts des Ks. Gesandten in Peking vom 1.
1. London № 444   August d. J., die Zustände in Korea betreffend,
2. Petersburg № 575   zur gef. Information u. eventueller Verwertung zu
3. Tokio № A. 12   übersenden.

                                                      D. R. K.
                                                      I A.

Zu A. 8667 (Ang. 2)

Auszug!

Wie der Ks. Gesandte in Peking unter dem 1. August d. J. meldet, sollen die chinesischen Truppen die Halbinsel Korea fast vollständig geräumt haben und, 2665 Mann stark, nach Port Arthur gebracht worden sein. Man erwartet den bisher gefangengehaltenen Vater des Königs, Tai-in-Kun, in Freiheit gesetzt und nach Korea zurückkehren zu sehen. Die chinesische Regierung werde dies offenbar in dem Bestreben tun, in Tai-in-Kun, dem der Ruf eines energischen, Fremden und Japanern abgeneigten Mannes vorausgeht, eine ihren Interessen dienstbare Persönlichkeit an die Spitze der koreanischen Regierung zu bringen.

Wahrscheinlich werde er nämlich nach seiner Rückkehr die Zügel der Regierung ergreifen, die dem unfähigen König, der Königin und der Partei der Letzteren entfallen, und es dürfe nicht als unmöglich gelten, daß die japanische Regierung in einer solchen, wenn auch nicht nominellen, Übernahme der Regierungsgeschäfte von Seiten Tai-in-Kuns das beste Mittel gegen den wachsenden Einfluß Rußlands in Korea erblicken werde, den sie in so hohem Grade fürchtet. Admiral Enomotto, so heißt es weiter, der in Peking beglaubigte japanische Gesandte, welcher sich wochenlang in Tientsin aufgehalten hat, ist, wie das Tsungli-Yamen selbst zugesteht, eifrig bemüht gewesen, die chinesische Regierung für gemeinschaftliche Maßregeln zum Schutze der Unabhängigkeit Koreas in der Form einer Neutralitäts-Erklärung und entsprechenden Garantien zu gewinnen; allem Anschein nach jedoch ohne besonderen Erfolg, obgleich die große persönliche Eitelkeit Li-Hung-Changs, dem die chinesische Regierung in der koreanischen Frage fast ganz freie Hand läßt, ein nicht zu unterschätzender Bundesgenosse für derartige großklingende japanische Pläne sein könnte.

Nach Nachrichten aus Tientsin steht Herr von Möllendorff im Begriff Korea zu verlassen. Sein bisheriges Gehalt, die einzige feste Einnahme, die er hatte, soll ihm nach Bekanntwerden seiner mit dem russischen Gesandten in Tokio getroffenen Vereinbarungen entzogen worden sein.

Nach der Ansicht des Ks. Gesandten hat es sich übrigens bei jenen Abmachungen in bestimmter Form lediglich um das Engagement russischer Offiziere als Instruktoren für die koreanische Armee gehandelt. Die anderen Punkte, von welchen die Rede gewesen sein soll, können kaum einen anderen Charakter als den einer mündlichen akademischen Erörterung an sich getragen haben.

[   ]

PAAA_RZ201-018906_099

Empfänger	Bismarck	Absender	Schweinitz
A. 9416 pr. 24. Oktober 1885. a. m.		St. Petersburg, den 21. Oktober 1885.	

Abschrift.

A. 9416 pr. 24. Oktober 1885. a. m.

St. Petersburg, den 21. Oktober 1885.

№ 317.

Seiner Durchlaucht

dem Fürsten von Bismarck.

Der russische Generalkonsul Weber meldet telegraphisch aus Söul, daß er an seinem Bestimmungsorte angekommen ist und demnächst den Austausch der Vertrags-Ratifikationen vornehmen werde; er fügt hinzu, daß der chinesische Einfluß dominire.

Herr von Giers begleitete diese Mittheilung mit der vertraulichen Bemerkung, daß der russische Legationssekretär Speyer, welcher, wie früher gemeldet wurde, von Tokio nach Söul gesandt worden war, seine Aufträge theils überschritten, theils mit zu wenig Bedachtsamkeit auszuführen versucht habe.

gez. v. Schweinitz.

Orig. i. a. Korea 3.

[   ]

PAAA_RZ201-018906_100

Empfänger	Auswärtiges Amt in Berlin	Absender	Budler
A. 9447 p. 24. Oktober 1885 a. m.		[o. A.]	

A. 9447 p. 24. Oktober 1885 a. m.

Telegraphie des Deutschen Reiches

Berlin W. Haupt-Telegraphenamt

Aufgenommen von [*sic*.] den 24. 10. um 7 Uhr 30 M. mitt. durch [*sic*.]

Ausgefertigt dem 21. 10. um 7 Uhr 40 M. mitt. durch [*sic*.]

berlin shanghai 162 8 24 11/45 m amur = W. 1885

no 5 noluit eighteenth = budler

[Randbemerkung] Nach dem im Bericht d. d. Söul den 10ten d. J. [*sic.*] Chiffre heißt des

Telegramma;

„Herr Möllendorff ist den 18. d. M. entlassen worden."

Nordd. Allgemeine Zeitung

№ 500   26. Oktober 1885

Einer aus Korea über Shanghai hier eingegangenen telegrafischen Meldung entnehmen wir, daß der in letzter Zeit vielfach genannte Herr von Möllendorff am 18 d. M. aus seiner Stellung im Dienste der koreanischen Regierung ausgetreten ist.

Die Beziehungen Chinas zu Korea betreffend.

PAAA_RZ201-018906_103

Empfänger	Bismarck	Absender	Brandt
A. 9800 p. 3. November 1885. a. m.		Peking, den 12. September 1885.	
Memo	mitg. 5. 11. n. Peking, London		

A. 9800 p. 3. November 1885. a. m. 1 Anl.

Peking, den 12. September 1885.

A. № 190.

Seiner Durchlaucht

dem Fürsten von Bismarck.

Euerer Durchlaucht habe ich die Ehre in Ausführung des hohen Erlasses A. № 11 vom 22. Juli dieses Jahres in der Anlage ein kurzes Memorandum über die Beziehungen China's zu Korea ganz gehorsamst zu überreichen.

Brandt.

Inhalt: Die Beziehungen Chinas zu Korea betreffend.

Anlage zum Bericht A. № 190 vom 12. September 1885.

Die Beziehungen Chinas zu Korea sind genau dieselben wie die, welche zwischen China einer- und Birma und Nepal andererseits bestehn und zwischen China und Siam bis 1854, zwischen China und Annam bis zum Abschlusse des Vertrages vom 9. Juni 1885 bestanden haben.

Der tributäre Staat entsendet in fest bestimmten Zwischenräumen Gesandtschaften nach Peking, welche Tribut überbringen, oder den Tod wie die Thronbesteigung eines Fürsten melden, zugleich aber auch wegen der ihnen gewährten Zollbefreiungen, respectire Ermäßigungen Handelszwecken dienen. Die Gesandtschaften haben fest vorgeschriebene Straßen einzuhalten und die Chefs und Mitglieder derselben werden gewöhnlich vom

Kaiser in Audienz empfangen, das heißt, bei irgend einer festlichen Gelegenheit begrüßt der Kaiser von seinem Tragstuhl aus die in einem Hofe des Palastes auf dem Gesicht liegenden Gesandten und Gefolge mit einem leichten Wiegen des Kopfes oder einigen zugeworfenen Worten.[10]

Die Fürsten dieser Staaten erhalten die chinesische Investitur durch Uebersendung eines Siegels und besthätigen ihre abhängige Stellung durch Annahme des Chinesischen Kalenders. Den Fürsten wird der Titel „Wang" d. h. Kaiserlicher Prinz 1. oder 2.Ranges verliehen (die Prinzen von Geblüt sind in vier Klassen eingetheilt), welchen auch die mongolischen Stammeshäupter führen, während sie selbst sich in ihren Schreiben, ebenso Chinesische Beamte, als Diener des Kaisers bezeichnen.

Kaiserlichen Commissaren und Kaiserlichen Edikten erweisen die Fürsten der tributären Staaten dieselben Ehren wie die Chinesischen Beamten, das heißt, sie begrüßen sie durch neunmaliges Niederwerfen, wie sie dies der Person des Kaisers gegenüber thun würden. Der amtliche Verkehr mit den tributären Staaten wird

für Korea durch den General „Gouverneur" von Chili,

für Birma durch den General „Gouverneur" von Yünnan

für Nepal durch den General „Gouverneur" von Szechuan vermittelt

und für Annam bisher durch den „Gouverneur" von Kwangsi.

In wichtigeren Angelegenheiten entscheidet eins der großen Ministerien, das Lipu, Ceremonien-Amt.

Trotz dieser scheinbar eine vollständige Abhängigkeit andeutenden ceremoniellen Beziehungen sind die tributpflichtigen Staaten in Wirklichkeit in ihrer inneren Verwaltung wie in ihren auswärtigen Beziehungen thatsächlich immer vollkommen unabhängig gewesen und von den fremden Mächten stets auch so angesehn worden; wie es z.B. der Großbritannischen Regierung nie eingefallen ist, ihre internationalen Beziehungen zu Birma oder Nepal von der tributären Stellung dieser beiden Reiche zu China beeinflussen zu lassen.

Wo die Chinesische Regierung sich in die inneren Verhältnisse ihrer Vasallenstaaten gemischt hat, ist dies der Regel nach in Folge von Revolutionen, Erbfolgestreitigkeiten und Aufständen gewesen, bei welchen sie nicht immer mit Erfolg, auf das Ansuchen des bedrohten rechtmäßigen Fürsten oder Thronerben zu Gunsten desselben mit Waffengewalt intervenirte. Aber schon seine Stellung als Nachbarstaat würde in all diesen Fällen das Einschreiten China's erklärt haben.

Was nun ganz besonders die Beziehungen China´s zu Korea anbetrifft, so sind

---

10 ["Die Gesandtschaften ··· Worten.": Durchgestrichen von Dritten.]

dieselben durch Handlungen und Erklärungen der chinesischen wie der koreanischen Regierung schärfer definiert, wie die zwischen China und irgend einem anderen der tributpflichtigen Staaten.

Bei dem in 1866 zwischen Frankreich und Korea wegen der Ermordung französischer Missionare ausgebrochenen Conflikt, auf welchen sich der Bericht des Herrn von Rehfues № 1 vom 7ten Januar 1867 bezieht, ist in dem Schriftwechsel zwischen dem französischen Geschäftsträger, Herrn de Bellonet und dem Tsungli-Yamen nicht ein einziges Mal seitens des letzteren eines Abhängigkeits-Verhältnisses Koreas zu China Erwähnung gethan, in dem letzten Schreiben des Yamen an Herrn de Bellonet (Anlage 2 zu dem mit dem vorerwähnten Bericht eingereichten Schreiben des Yamen an Herrn von Rehfues vom 1ten Dezember 1866) erklärt Prinz Kung sogar ausdrücklich, daß bei dem gegenwärtigen Kriege zwischen Frankreich und Korea die chinesische Regierung sich jeder Spur von Parteinahme oder Schutzbewilligung enthalte, und zwar ohne sich dabei Zwang anzuthun. Unter solchen Umständen konnten wir es nicht geduldig hinnehmen, daß Sie uns zum Beweise des Gegentheils unverbürgte Nachrichten citirten und aufs Gerathewohl behaupteten, die Chinesische Regierung nehme Korea in Schutz.

Als im Jahre 1871 der amerikanische Gesandte in Peking, Mr. Low, die chinesische Regierung um die Übermittlung eines Schreibens an die Koreanische Regierung ersuchte, antwortete das Tsungli Yamen, daß Korea in seiner inneren Verwaltung und äußeren Beziehungen ganz unabhängig sei: „Wholly independent in every thing that relates to her Government, her religion, her prohibitions and her law (cf. den gesandtschaftlichen Bericht A. № 62 vom 19ten September 1882).

Der am 26. Februar 1876 zwischen Korea und Japan unterzeichnete Freundschafts- und Handels-Vertrag beginnt in Art. I mit dem Satz: „Da Korea ein unabhängiger Staat ist, so genießt es dieselben Hoheitsrechte wie Japan." (Mayers: Treaties with China etc. p. 195. In englischer Uebersetzung): „Chosen being an independent state enjoys the same sovereign rights as Japan."

Gegen diese Konstatirung der Unabhängigkeit Koreas hat die chinesische Regierung, obgleich seit 1871 in Vertragsbeziehungen mit Japan stehend, niemals Einspruch erhoben.

Nach der in 1878 erfolgten Verhaftungen französischer Missionare in Korea, auf welche sich die gesandtschaftlichen Berichte A. № 38 vom 10ten Mai 1878 und A. № 47 vom 4ten August 1878 beziehen, hat die Chinesische Regierung auf Wunsch des Französischen Gesandten in China, Vte Brenier de Montmorand, ihre Vermittlung der Koreanischen Regierung gegenüber eintreten lassen und auch die Freilassung der gefangenen Missionäre erzielt, aber nicht ohne daß sie, wie Vte Brenier mir mitgetheilt, sich vorher ausdrücklich dagegen verwehrt gehabt hätte, daß sie in der Lage sei, einen bestimmenden Einfluß auf die koreanische Regierung auszuüben.[11]

Bei dem im Jahre 1882 erfolgten Abschluß der Verträge zwischen Korea einer- und den Vereinigten Staaten, Großbritannien und dem deutschen Reich andererseits übergaben die Koreanischen Bevollmächtigten in jedem einzelnen Falle vor Beginn der eigentlichen Verhandlungen ein Schreiben des Königs von Korea an das Staatsoberhaupt respective Souverain des betreffenden Landes, in welchem es heißt: „Korea hat sich seit Alters als unter der Oberhoheit China's stehend betrachtet, dabei aber haben die Könige von Korea bei der innern Regierung ihres Landes sowohl wie in ihren Auswärtigen Beziehungen immer volle Selbstständigkeit genossen." (cf. Annex 4 zur Anlage 3 des Berichtes vom 30ten Juni 1882).

Diese Erklärung wollten die chinesischen Commissare zuerst in den Text des Vertrages zwischen Korea und den Vereinigten Staaten aufgenommen sehn, es scheiterte dies aber an dem Widerspruch des amerikanischen Bevollmächtigten, Commodore Schufeldt, weil er nicht wollte, daß in dem amerikanisch-coreanischen Vertrage der Beziehungen Koreas zu China überhaupt Erwähnung geschähe.

Man kann daher wohl mit Bestimmtheit behaupten, daß China sowohl durch die früheren Erklärungen wie durch sein Geschehenlassen der Erklärungen der Koreanischen Regierung wie endlich sein Verhalten den verschiedenen Zwischenfällen gegenüber, welche in den letzten Jahren zu direkten Verhandlungen zwischen Korea und andere Mächten geführt haben, sich jedes Rechts einer Einmischung in die innern Angelegenheiten wie in die äußeren Beziehungen Koreas begeben hat.

Eine andere Frage ist es freilich, welchen Einfluß China auf die inneren und äußeren Verhältnisse Koreas auszuüben im Stande ist, respective ausübt.

Daß die Koreanische Regierung in ihrer vollständigen politischen und finanziellen Unfähigkeit Anlehnung an das ihm durch tausendjährige Beziehungen, eine auf derselben Grundlage beruhende Civilisation und den Schemen der Oberhoheit nahestehende mächtige Nachbarreich sucht und daß die Chinesische Regierung aus Gründen der Dynastischen Eitelkeit, um nicht die Mandschurische Dynastie verlieren zu lassen, was die vorhergehenden gewonnen, wie einer gesunden Politik, die erbetene Unterstützung nach Maßgabe des eigenen Interesses und der eigenen Kraft gewährt, ist wohl natürlich.

Die geographische Lage Koreas macht es, so lange der Sitz der chinesischen Herrschaft in Peking ist, zu einer Lebensfrage für dieselbe, maßgebenden Einfluß in Korea auszuüben und die Unabhängigkeit des Landes Rußland und Japan gegenüber, es sind dies wohl die einzigen beiden Mächte, welche ernstlich in Betracht kommen, selbst um den Preis großer

---

11 ["Nach der ⋯ auszuüben.": Durchgestrichen von Dritten.]

Opfer, aufrecht zu erhalten. Es ist dies außerdem die traditionelle Politik China´s wie denn auch bei der Invasion Koreas durch die Japaner zu Ende des 16. und Anfang des 17. Jahrhunderts chinesische Hülfstruppen einen sehr erheblichen Antheil an dem erfolgreichen Widerstande der Koreaner hatten.

Die Chinesische Regierung wird daher auch, wenn die Unabhängigkeit Koreas bedroht werden sollte und die Verhältnisse es ihr irgend möglich machen, diplomatisch und militärisch für dieselbe eintreten und dies dann, unbeschadet ihrer früheren Erklärungen und ihrer vieljährigen Enthaltung auf Grund des Abhängigkeitsverhältnisses Koreas zu China thun, wie sie dies auch in dem soeben erst beendigten Conflikt mit Frankreich wegen Annam´s gethan hat. Der wahre Grund wird dann aber, wie es auch mit Bezug auf Annam der Fall war, viel mehr in dem eigenen politischen Interesse, als in der Verpflichtung oder der Absicht dem tributären Staate Beistand zu leisten, zu suchen sein.

Peking, im September 1885.
Brandt.

Betreffend die Freilassung des Tai in kun und die Stellung der Japanischen Regierung zu derselben.

PAAA_RZ201-018906_119 f.

Empfänger	Bismarck	Absender	Brandt
A. 9846 pr. 4. November 1885. a. m.		Peking, den 15. September 1885.	

A. 9846 pr. 4. November 1885. a. m.

Peking, den 15. September 1885.

A. № 193

Seiner Durchlaucht

dem Fürsten von Bismarck.

Euerer Durchlaucht beehre ich mich ganz gehorsamst zu berichten, daß der Tai in kun, der Vater des Königs von Korea, sich noch immer in Tientsin befindet. Wie mir der Minister des Yamen unumwunden erklärt, wartet die Chinesische Regierung nur auf die Bitte des Königs von Korea, seinen Vater freizulassen, um derselben sofort zu entsprechen; aber der mit dem Schreiben des Königs schon seit länger als einem Monate von Söul abgegangene frühere Kriegsminister Min Chong mok ist, da er den Weg über Land gewählt hat, immer noch nicht hier eingetroffen.

In der Zwischenzeit hat Li hung chang versucht, eine Verständigung zwischen dem Tai in kun und dem ebenfalls in Tientsin anwesenden koreanischen Prinzen Min yung yi, der zur Familie und Partei der Königin gehört und bei dem letzten Aufstande schwer verwundet wurde, herbeizuführen, was ihm auch, wenigstens äußerlich gelungen sein soll. Ebenso soll die Mission des Admirals Ting, welche derselbe zu ähnlichen Zwecke nach Korea unternommen hatte, von Erfolg gekrönt worden sein.

Was die Stellung der Japanischen Regierung zur Rückkehr des Tai in kun nach Korea anbetrifft, so hat sich dieselbe, nach einer Mittheilung des vor einigen Tagen mit kurzem Urlaub nach Japan abgereisten japanischen Gesandten Admiral Enomotto, dahin ausgesprochen, daß sie, falls die Ankunft des Tai in kun in Seul nicht das Zeichen zu neuen Partei-Umtrieben und Kämpfen in Korea gäbe und derselbe eine liberalere Politik als früher einschlüge, durchaus nichts gegen seine Rückkehr nach Korea einzuwenden hätte.

Ich möchte annehmen, daß man in Tokio lieber die energischere Persönlichkeit des Tai in kun als die des ganz willenlosen und schwankenden Königs an der Spitze der Verwaltung sehn möchte, da man glaubt, chinesischen Einfluß dort leichter als russischen brechen zu können.

Im Übrigen hat mir Admiral Enomotto bestätigt, daß er sich im Auftrage seiner Regierung so lange in Tientsin aufgehalten habe, um zu versuchen, Li hung chang zu gemeinschaftlichen Maßregeln gegen die Besetzung Port Hamiltons durch die Engländer zu bewegen. Li habe aber davon nichts hören wollen und gemeint, es würde das Einfachste sein, wenn Russland bei der Beilegung der afghanischen Frage zugleich auch auf der Räumung Port Hamiltons bestände.

Brandt.

Inhalt: betreffend die Freilassung des Tai in kun und die Stellung der Japanischen Regierung zu derselben.

Berlin, den 4. November 1885. A. 9846.

An
die Missionen in:

Vertraulich.

6. London № 505

Euer p. beehre ich mich anbei Abschrift eines Berichts
des K. Gesandten in Peking vom 15. 9. betreffend die
Freilassung des exilierten Königs von Korea.
zur gefl. persönlichen Information zu übersenden.

N. D. U.

Berlin, den 5. Nov. 1885.   A. 9800.

An
die Missionen in:

Vertraulich.

1. London № 510
2. Petersburg № 664

Euer p. beehre ich mich anbei Auszug eines Berichts
des K. Gesandten in Peking vom 12/9 betreffend, das
Verhältnis Koreas zu China

zur gefl. persönlichen Information zu übersenden.

N. D. U.
i. m.

Betreffend die Freilassung des Tai in kun und die Beziehungen China's zu Korea.

	PAAA_RZ201-018906_124 ff.		
Empfänger	Bismarck	Absender	Brandt
A. 10369 17. November 1885. a. m.		Peking, den 24. September 1885.	

A. 10369 pr. 17. November 1885. a. m. 1 Anl.

Peking, den 24. September 1885.

A. № 201.

Seiner Durchlaucht

dem Fürsten von Bismarck.

Euerer Durchlaucht habe ich die Ehre in der Anlage Uebersetzung eines am 20. September in der Peking-Zeitung veröffentlichten Kaiserlichen Edikts zu überreichen, durch welches die auf die Bitte des Königs von Korea „wegen Krankheit" erfolgte Freilassung des Tai in kun und die Rücksendung derselben nach Korea angeordnet werden.

Das Edikt ist in sehr hochfahrenden Worten abgefasst und verfolgt ersichtlich den Zweck, einerseits die große Menge über die in der letzten Zeit durch den Abschluß des Vertrages mit Japan in Betreff der Räumung Korea durch die beiderseitigen Truppen sehr verschobene Stellung Chinas zu dem Nachbarlande zu täuschen und andererseits das väterliche Verhalten Chinas zu seinen Vasallen Staaten im Gegensatz zu dem jüngsten Vorgehn Frankreichs in Annam hervorzuheben.

Der Fassung des Edikts möchte ich keine praktische Bedeutung beilegen und die hier anwesenden Vertreter der anderen Vertragsmächte theilen diese Auffassung, obgleich man von russischer Seite die Rückkehr des Tai in kun nach Seul wie das Verhalten China's in der Angelegenheit mit einem gewissen Argwohn zu betrachten scheint.

Von einschneidender Wirkung dürfte es vielleicht sein, falls, wie das Gerücht davon geht, die Verwaltung der in den geöffneten koreanischen Häfen befindlichen Zollämter für fremden Verkehr unter den General-Inspector der fremden chinesischen Seezölle, Sir Robert Hart, gestellt würde.

Die Koreanische Regierung hatte bereits im Jahre 1882 die Unterstützung der chinesischen Regierung zu diesem Zweck in Anspruch genommen und Sir Robert Hart war mit der Organisation des neuen Zolldienstes beauftragt worden als Li hung chang, der einerseits stets mit Sir Robert Hart auf mehr oder weniger gespannten Fuße gestanden hat und dem andererseits daran lag, eine ganz von sich abhängige Person in Korea zu haben, es durchzusetzen wusste, daß dieser Plan aufgegeben wurde, worauf er dem früher im Reichsdienst befindlichen Dolmetscher von Möllendorff durch die Regierung in Seul die Verwaltung der Koreanischen Zollämter übertragen ließ.

Die traurigen Erfahrungen, welche Li hung chang mit der politischen und organisatorischen Thätigkeit des von Möllendorff in Corea gemacht hat, - die Gehälter der Zollbeamten sind unter anderen seit Monaten nicht mehr gezahlt worden und ist überhaupt noch keine Rechnung über die eingenommenen und ausgegebenen Gelder abgelegt worden, - dürften den Boden für die Wiederaufnahme des früheren Planes vorbereitet haben und würde in diesem Augenblick selbst Li hung chang sehr zufrieden sein, wenn er den p. von Möllendorff aus Corea entfernen und Sir Robert Hart die Leitung des koreanischen Zollwesens übernehmen sehn könnte.

Brandt.

Inhalt: betreffend die Freilassung des Tai in kun und die Beziehungen China´s zu Korea.

Anlage zum Bericht A. № 201 vom 24. September 1885.
Übersetzung.

Aus

der Peking Zeitung

vom 20. September 1885.

Edikt.   Als vor einigen Jahren in Korea eine Militär-Revolte ausbrach, welche beinahe den Bestand der Dynastie in Gefahr brachte, zeigte Li-shih-ying (d. h. der Tai in kun) sich nicht nur außer Stande, die ihre Löhnung fordernden Soldaten im Zaun zu halten, sondern nachher machte er auch keine Anstalten, die Übelthäter zur Verantwortung zu ziehen. Deßhalb bezeichnete die öffentliche Meinung ihn ganz unumwunden als den eigentlichen Anstifter der Revolte. Das Chinesische Kaiserhaus in Seiner liebevollen Sorgfalt für den treuen Vasallenstaat an seiner Grenze, schickte daher Truppen aus, welche die Rädelsführer ausrotteten und die Meuterer vertrieben.

Eine sorgfältige Erwägung der damaligen Zustände im Lande legte die Besorgniß nahe, daß wenn Li-shih-ying dort bliebe, die Keime der Anarchie nicht vollständig würden beseitigt werden können. Wir befahlen daher, ihn in der Nähe Unserer Residenz zu interniren, indem Wir ihm zugleich reichlich Subsistenz-Mittel gewährten. Auch gestatten Wir dem Könige, um seiner Kindesliebe Genüge zu thun, viermal im Jahre sich durch Spezial-Boten nach dem Wohlbefinden Li-shih-ying zu erkundigen. Unser Verfahren vereinigte daher Alles, was nöthig war, um weiteres Unglück zu verhüten, mit der vollständigsten Rücksichtnahme auf die persönlichen Gefühle der Betheiligten.

Bald nachdem Li-shih-ying in Pao ting fu internirt worden war, wandte der König sich zweimal an Unser Ministerium der Ceremonien, daßelbe ersuchend, und seine Bitte zu übermitteln, Wir möchten in Unserer Gnade dem in Haft Gehaltenen die Rückkehr nach Korea gestatten.

In Anbetracht aber, daß damals die Revolte kaum erst niedergeschlagen und die Ruhe noch nicht wieder in die Gemüther eingekehrt war, sowie auch in Erwägung, daß damals Li-shih-ying seine Strafe eben erst angetreten hatte, mußten wir zu jener Zeit die Bitte des Königs abschlagen und ihm die beständige Wiederholung derselben verbieten.

Da indessen jetzt drei Jahre seit jener Zeit vergangen sind, hatten Wir, nachdem Li-shih-ying unter Hinweis auf sein hohes Alter und vielfache Kränklichkeit neuerlich seiner Sehnsucht nach seinem Kinde in wiederholten, eindringlichen Eingaben Ausdruck gegeben, vor Kurzem Li hung chang den Befehl ertheilt, den Bittsteller zu sich nach Tientsin zu bescheiden, um sich persönlich von der Wahrheit jener Behauptungen zu überzeugen.

Nachdem Uns nun Li-hung-chang die Wahrheit der von Li-shih-ying angeführten Umstände bestätigt, und nachdem ferner, wie Uns das Ministerium der Ceremonien berichtet, der König durch seinen Gesandten Min-chang-mo eine Eingabe an Uns übersandt hat, in welcher er Uns in den allereindringlichsten Worten um die Gnade bittet, den in Haft Gehaltenen die Freiheit zu geben, wollen Wir, in Erwägung, daß Unser ganzes Regierungssystem auf der Grundlage des Verhältnisses der Eltern zu ihren Kindern beruht, sowie in Anbetracht des von Unserm Hause stets befolgten Grundsatzes, Unsere Vasallenstaaten mit ganz besonderem Wohlwollen und ganz besonderer Milde zu behandeln, dieses Mal eine außerordentliche Gnade walten lassen und der Liebe des Sohnes zu seinem Vater Gehör geben, um so mehr, als einerseits Li-shih-ying jetzt lange genug Zeit gehabt hat, über seine früheren Fehler nachzudenken und andererseits der Wunsch des Königs, seinen Vater persönlich pflegen zu dürfen, sich als ein so überaus lebhafter zu erkennen gegeben hat.

Wir wollen daher in Gnaden die Freilassung des Li-shih-ying genehmigen und bestimmen hiermit, daß er durch zuverlässige Beamte in seine Heimath zurückgeleitet werde, wovon dem Könige durch Unser Ministerium der Ceremonien Kenntniß zu geben ist.

Indem Wir Uns aber zu diesem Schritte entschließen, lassen Wir eben Gnade für Recht ergehen und wird einerseits Li-shih-ying alle Zeit Unserer ihm erwiesenen, außergewöhnlichen Huld eingedenk bleiben und andererseits der König auf das Ernstlichste bestrebt sein müssen, die früheren verhängnißvollen Fehler seiner Regierung in Zukunft zu vermeiden. Möge er daher alle schlechten Rathgeber von seiner Seite entfernen und nur tüchtige Leute an sich heranziehen und sich mit den Staaten des Auslandes auf guten Fuß stellen. Möge er täglich und stündlich den Regierungsgeschäften die größte Aufmerksamkeit zuwenden, um alle Keime innerer Unruhen zu beseitigen und sich gegen jeden Angriff von außerhalb sicher zu stellen. Auf diese Weise wird der König in der Lage sein zu zeigen, daß er das ihm von Uns durch Gewährung von Schutz und Bethätigung Unseres Mitleidens bewiesene grenzenlose Wohlwollen zu würdigen versteht.

Wir hoffen auf das Bestimmteste, daß der König diesen Unseren Erwartungen in vollen Maße entsprechen wird.

Für richtige Übersetzung.

(gez.) C. Arendt.

Die Rückkehr des Tai in kun nach Korea und die Absetzung des p. von Möllendorff.

PAAA_RZ201-018906_135 f.

Empfänger	Bismarck	Absender	Brandt
A. 10372 p. 17. November 1885. a. m.		Peking, den 29. September 1885.	

A. 10372 p. 17. November 1885. a. m.

Peking, den 29. September 1885.

A. № 207.

Seiner Durchlaucht

dem Fürsten von Bismarck.

Euerer Durchlaucht habe ich die Ehre ganz gehorsamst zu berichten, daß der Tai in kun am 28. September mit dem Chinesischen Kreuzer Tschao Yang von Tientsin nach Corea abgegangen ist. In seiner Begleitung befanden sich zwei Beamte des chinesischen fremden Zolldienstes Merril und Hunt, von denen der erstere, Amerikaner von Geburt, bestimmt ist, den, wie ich höre, auch aus seiner Stellung als Direktor des coreanischen Zollwesens entlassenen Herrn von Möllendorff zu ersetzen.

Als Berather des Königs von Korea, welche Stelle der p. von Möllendorff ebenfalls früher bekleidete, ist der frühere Amerikanische General-Konsul in Shanghai, Herr Denny, in Aussicht genommen; derselbe hat sich indessen bis jetzt noch nicht über die Annahme der ihm gemachten, pekuniär wohl wenig günstigen Bedingungen geäußert.

Brandt.

Inhalt: Die Rückkehr des Tai in kun nach Korea und die Absetzung des p. von Möllendorff betreffend.

Berlin, den 17. Nov. 1885   A. 10372.

An

die Missionen in:

Vertraulich.

1. Petersburg № 719
2. London № 555.

Euer p. beehre ich mich anbei Abschrift eines
Berichts des K. Gesandten in Peking vom 29. 9.
betreffend Koreanische Angelegenheiten
zur gefl. persönlichen Information zu übersenden.

N. D. U.

Die politische Lage Koreas betreffend.

PAAA_RZ201-018906_139 ff.

Empfänger	Bismarck	Absender	Dönhoff
A. 10398 pr. 17. November 1885. p. m.		Tokio, den 8. Oktober 1885.	
Memo	mitg. 18. 11. n. Petersburg, London, Peking		

A. 10398 pr. 17. November 1885. p. m.

Tokio, den 8. Oktober 1885.

A. № 48.

Seiner Durchlaucht

dem Fürsten von Bismarck.

Euerer Durchlaucht beehre ich mich die politische Lage Koreas betreffend ganz gehorsamst Nachstehendes zu berichten.

Die koreanische Halbinsel tritt chinesischen Quellen zufolge im Jahre 1122 v. Chr. zuerst in die geschichtliche Erscheinung; damals soll der Begründer der chinesischen Dynastie Tcheon einem Mitglied der beseitigten kaiserlichen Familie den nordwestlichen Teil der Halbinsel als selbstsändiges Reich für sich und seine Nachkommen mit der alleinigen Verpflichtung überlassen haben, bei jedem Regierungswechsel die Oberhoheit Chinas anzuerkennen. Der chinesischen Mythe entkleidet, scheint geschichtlich soviel festzustehen, daß eine Einwanderung aus dem Reich der Mitte thatsächlich stattgefunden und daß die eingeborene Bevölkerung durch Waffengewalt oder höhere Kultur gezwungen, den Führer der fremden Ankömmlinge als Herrscher anerkannt, dessen Königshaus dann fast ein volles Jahrtausend hindurch, wiewohl zeitweise sicher nicht ohne Anlehnung an China auf dem Thron sich behauptete, bis zahlreiche Invasionen aus Norden und Westen das Reich lockerten und allmählich in einzelne Gebietstheile spalteten, sodaß kurz vor dem Beginn unserer christlichen Zeitrechnung drei Staaten, Kaoli, Petsi und Sinra, unabhängig neben einander bestehen. Die Geschichte dieser Staaten ist eine Wiederholung von Fehden und Freundschaftsverhältnissen, welche bald in vorübergehenden Bündnissen untereinander, zum Zweck vereinten Widerstandes gegen chinesische Eingriffe, bald in der Auflehnung zweier Königreiche gegen das Uebergewicht des dritten ihren Ausdruck fanden. Letzterenfalls mußte chinesische Unterstützung für das augenblickliche Machtverhältniß von hoher Bedeutung sein. Aus derartigen zeitweiligen Bedürfnissen ist offenbar die keineswegs regelmäßige Entsendung von Gesandten und Geschenken nach China und die damit verbundene Bestätigung der königlichen Würde durch das kaiserliche Nachbarreich zu erklären.

Die Expedition der Kaiserin Tingu Kogo zu Ende des zweiten Jahrhunderts n. Chr. führte Japan zum ersten Mal handelnd in die verwickelten Verhältnisse des asiatischen Festlandes ein; nach siegreich beendetem Feldzug hatte es die Südspitze Korea's — Mimana — zur japanischen Kolonie erklärt, über Petsi ein Schutzverhältniß begründet und es nahm in Bezug auf die Halbinsel die gleichen Rechte in Anspruch, welche China den koreanischen Fürsten gegenüber behauptete. Erst im Laufe der Jahrhunderte hat Japan seinen politischen Einfluß in Korea eingebüßt- und nachdem derselbe durch den blutigen Krieg zu Ende des sechszehnten Jahrhunderts aufs Neue begründet war, hat es in jüngster Zeit durch den Abschluß des Vertrages im Jahre 1876 die vollkommene Selbstständigkeit Korea's anerkannt.

In Korea selbst hatte auf China gestützt, zunächst Sinra, dann vier Jahrhunderte hindurch Kaoli die Herrschaft über die Halbinsel an sich gerissen, und im Jahre 1397 gab eine neue von China anerkannte Dynastie dem Lande die noch heute bestehende Organisation. Seit diesem Zeitpunkt haben unzweifelhaft die Könige von Korea bei ihrer Thronbesteigung die Bestätigung ihrer Würde von China erhalten - der gegenwärtig regierende Herrscher im Jahre 1866, - und auch die Königin nimmt diesen Titel erst an, nachdem er ihr von dem Kaiser verliehen worden; jährliche koreanische Gesandtschaften überreichen in Peking Geschenke und empfangen dort den von dem Hofastrologen für das kommende Jahr angefertigten Kalender.

In den wesentlichen Ausflüssen politischer Selbstständigkeit — in der Ordnung und Verwaltung der inneren Angelegenheiten und in der Regelung der Beziehungen zu fremden Mächten erscheint trotzdem die Unabhängigkeit Korea's außer Frage. Ueber die Freiheit der Bewegung in inneren Fragen ist nie ein Zweifel entstanden, obwohl die im Lande zu Tage tretenden chinesischen Anschauungen, Sitten und Gebräuche wie die chinesischen Schriftzeichen die historisch begründete geistige Abhängigkeit von den westlichen Nachbarn klar erkennen lassen. Das Recht, mit fremden Mächten Verträge zu schließen, ist durch den japanischen Friedensschluß von Jahre 1605, in neuester Zeit durch die, ohne öffentlich bekundeten Widerspruch China's, in schneller Aufeinanderfolge mit Japan, Amerika, Deutschland und England geschlossenen Handels- und Freundschafts-Verträge augenscheinlich erwiesen. In keinem dieser Verträge ist das Tributärverhältniß zu China mit einem Worte berührt, und wenn die Regierung der Vereinigten Staaten, wie anderweitig bekannt geworden ist, der chinesischen Regierung vor Abschluß der Verhandlungen mit Korea eine Note übermittelt hat, laut deren einem etwaigen Oberhoheitsrecht China's durch den Vertrag nicht prorogiert werde, so ist für die Beurtheilung dieses Schriftstückes in Erwägung zu ziehen, daß ohne chinesische Vermittelung der Erfolg der amerikanischen Bemühungen in Bezug auf den Abschluß des Handelsvertrages zu dem damaligen Zeitpunkt mehr als zweifelhaft gewesen wäre. Wenn aber die koreanische Regierung selbst in einer vor Ratifikation des gedachten Vertrages nach Washington übermittelten Note Korea ausdrücklich als Tributärstaat China's bezeichnet, und dieses Verhältniß durch die Anbahnung politischer Beziehungen zu den Vereinigten Staaten unberührt wissen will, so wird einer derartigen Erklärung durch die gleichzeitige Versicherung, daß das Königreich in seiner äußeren Politik und inneren Gesetzgebung vollkommen unabhängig sei, die ihr etwa von China beigelegte Bedeutung entzogen.

Die fragliche Oberhoheit des chinesischen Kaiserreichs über Korea scheint demnach der wesentlichen Bestandtheile entäußert zu sein, welche europäisches Völkerrecht als nothwendige Voraussetzung für die Anerkennung eines derartigen Verhältnisses erfordert, und ein Blick in die Entwickelung der Geschichte Ostasiens lehrt unzweideutig, daß China als Mittelpunkt der ostasiatischen Reiche und als Träger ihrer ältesten Kultur von jeher den Anspruch erhoben, auch als Spender politischer Machtfülle zu erscheinen, aber daß es die Anerkennung dieser Ansprüche nicht immer gefunden, und daß es nicht in der Lage gewesen, sie stets mit bewaffneter Hand durchzusetzen. So überreichte noch im Jahre 1596 eine chinesische Gesandtschaft in Kioto ein kaiserliches Handschreiben, dessen Eingang die Worte bildeten, Wir, Kaiser von China ernennen dich . . . . . . zum König von Japan, und dessen Annahme natürlich verweigert wurde. Den meisten ostasiatischen Staaten gegenüber hat es China freilich verstanden, seine Ueberlegenheit in Form von Tributzahlungen zum Ausdruck zu bringen. Aber auch diese Tributärverhältnisse beruhen auf Rechtsanschauungen, die europäischen Staatengebilden vollkommen fremd geblieben sind. Der schwächere Staat erwies zur Vermeidung von Streitigkeiten dem stärkeren diese Art Huldigung, eine Höflichkeitsform, aus der ihm sonst keinerlei Verpflichtungen entstanden, und die häufig noch besonderen Handelsgewinn oder sonstige Vortheile mit sich führten. Der König von Siam beispielsweise durfte früher mit seinen Schiffen, welche Geschenke nach China brachten, Waren zollfrei ein und aus führen. Es entwickelten sich daher auch namentlich auf kleineren Gebieten doppelte und dreifache Tributärverhältnisse; asiatische Fürstenthümer zahlen an China, Siam und Birma gleichzeitig Tribut.

Derartige Verhältnisse haben naturgemäß Einwirkungen fremder Mächte gegenüber ihre Lebensfähigkeit nicht bewahrt und die Oberhoheit China's in Ostasien ist im Laufe der Zeit, wo sie noch sichtbar ist, zu wesenlosen Schein herabgesunken. Zu politischen Erörterungen hat dieselbe — von den in dem chinesisch-französischen Streit zur Sprache und theilweisen Entscheidung gekommenen Ansprüchen abgesehen — in neuester Zeit in

Bezug auf Formosa und die Linkin-Inseln Anlaß gegeben; in beiden Fällen hat sie der thatkräftigen Initiative Japans, langjähriger Tributzahlung ungeachtet, weichen müssen.

Dönhoff.

Inhalt: die politische Lage Koreas betreffend.

Verhältnis Koreas zu China.

PAAA_RZ201-018906_151 ff.

Empfänger	Bismarck	Absender	Budler
A. 10400 17. November 1885. pm.		Chemulpo, den 28. September 1885.	
Memo	mitg. 18/11 n. Petersburg, London J. № 560.		

A. 10400 pr. 17. November 1885. pm.

Chemulpo, den 28. September 1885.

Lfd. № 73

Seiner Durchlaucht

dem Fürsten von Bismarck.

Euerer Durchlaucht hohen Erlaß vom 5ten August betr. die Frage in welchem Verhältnis Korea zu China steht, habe ich die Ehre gehabt am gestrigen Tage zu erhalten und werde nicht verfehlen nach sorgfältigem Studium eingehend über diesen Gegenstand zu berichten.

Heute bitte ich nur kurz das Folgende ehrerbietig hervorheben zu dürfen.

Die Unklarheit des Verhältnißes zwischen China und Korea ist seit den Dezember-Unruhen vielfach Gegenstand der Erörterung gewesen. Die chinesischen Staatsmänner scheinen sich absichtlich einer bestimmten Festlegung dieses Verhältnisses zu entziehen, sie erhalten dasselbe im Stande der Entwicklung und indem sie früher die Einmischung in koreanische Angelegenheiten abgelehnt haben, so scheinen sie seit 1882 auf eine Stärkung ihres Einflusses Bedacht zu nehmen.

Die fremden Staaten haben, scheint es, auf eine Klarstellung der gedachten Beziehungen nicht gedrungen, und zwar nicht aus ähnlichen Gründen, aus welchen ich angewiesen wurde, mich, nach außen hin, jeder Erörterung dieser Punkte zu enthalten. Selbst Japan hat bei Anlaß der Verhandlungen mit China über den Dezemberkonflikt eine Entscheidung der Frage nicht herbeigeführt.

Eine eingehende Erwägung der Handlungsweise Chinas gegenüber Korea wird aber wenigstens geeignet sein, erkennen zu lassen, welche Phasen das Verhältnis zwischen den beiden Ländern durchgemacht hat und an welchem Punkte die Entwicklung jetzt angelangt ist.

Ich werde mich bemühen eine solche Darstellung Euerer Durchlaucht baldmöglichst einzureichen.

Budler.

Betrifft: Verhältnis Koreas zu China.

Stellung des Herrn von Möllendorff.

PAAA_RZ201-018906_155 ff.

Empfänger	Bismarck	Absender	Budler
A. 10401 17. November 1885. p. m.		Chemulpo, den 26. September 1885.	
Memo	mitg. 18/11 n. Petersburg, London J. № 559.		

A. 10401 17. November 1885. p. m.

Chemulpo, den 26. September 1885.

Lfd. № 72.

Seiner Durchlaucht

Dem Fürsten von Bismarck.

Euerer Durchlaucht beehre ich mich das Folgende ganz gehorsamst zu berichten.

Am 4. September erschien in dem amtlichen Anzeiger ein königlicher Erlaß in nachstehender Fassung: „Der General Zollinspektor von Möllendorff wird vorläufig seines Amtes entsetzt, der Zollinspektor von Chemulpo Stripling tritt an seine Stelle." In seiner Stellung als Münzdirektor ist Herr von Möllendorff bis jetzt verblieben und er hofft augenscheinlich noch, daß er auch das Amt als General-Zollinspektor wieder erhalten wird. Es scheint aber sehr zweifelhaft, ob dies wirklich der Fall sein wird. Seine Absetzung wird hauptsächlich auf chinesischen Einfluß zurückgeführt und angenommen, daß seine Versuche, Koreas Anlehnung an Rußland herbeizuführen, Chinas Haltung bestimmt haben. Der englische Vertreter hat die chinesische Einwirkung nach Möglichkeit unterstützt und diese Bestrebungen offen zugestanden.

Auf deutscher Seite schien es geraten, keinerlei Einmischung zu versuchen. Es wäre meiner Überzeugung nach unmöglich gewesen, Herrn von Möllendorff zu halten, und der Versuch, es zu tun, würde unseren Interessen geschadet haben. Da sein Sturz in Folge seiner politischen Tätigkeit erfolgte, war ja auch kein anderes Verfahren unsererseits möglich, anderseits ist immerhin noch ein freundliches Verhalten gegen den Genannten beobachtet worden, soweit dies mit Beiseitelaßung aller politischen Streitpunkte möglich war, und dürfte der hohen Instruktion auch in dieser Hinsicht entsprochen worden sein. Allerdings ist jetzt sehr zweifelhaft geworden, ob Herrn von Möllendorffs Verbleiben in Korea den deutschen Interessen noch in der seinerzeit erwarteten Weise würde nützen können. Auch ich bin seit einiger Zeit, obschon mit Widerstreben, zu der Ansicht gelangt, daß sein Charakter und seine Fähigkeiten nicht von der Art sind, daß durch ihn Aufgaben in diesem Land gefördert werden können. Ich muß das besonders hervorheben, weil ich noch im Beginn dieses Jahres in meinen Berichten entgegengesetzter Erwartung Ausdruck gegeben habe. Meine persönlichen Beziehungen zu dem Genannten sind unverändert.

Dem Vertreter der hiesigen deutschen Firmen habe ich in vertraulicher Weise seit Mitte Juli auf den Sturz des Herrn von Möllendorff vorbereitet, um dieselben, soweit möglich, vor Schaden zu bewahren. (Die behufs Einrichtung einer Münzanstalt abgeschlossenen Kontrakte werden, wie ich mich durch eine ausdrückliche Anfrage bei dem Präsidenten des Auswärtigen Amtes vergewissert habe, von der koreanischen Regierung anerkannt. Dasselbe gilt von den Anstellungsurkunden der deutschen Zollbeamten.)

Forderungen von Reichsangehörigen gegen Herrn von Möllendorff dürften, solange derselbe koreanische Beamter ist, sich auch durch die nach hiesiger Sitte maßgebende Tracht als koreanischen Staatsangehörigen bekundet und seinen Wohnsitz im Lande hat, auf dem Reklamationswege beim Auswärtigen Amt in Söul zu betreiben sein.

Budler.

Betrifft: Stellung des Herrn von Möllendorff.

Berlin, den 18. November 1885.   A. 10398.

An

Die Missionen in:

Vertraulich.

Euer p. beehre ich mich anbei Abschrift eines
Berichts des K. Gesandten in Tokio vom 8. v. Mts.
Betreffend die politische Lage Koreas
zur gefl. persönlichen Information zu übersenden.

1. Petersburg № 729

2. London № 565   N. D. U.

3. Peking № A. 19   i. m.

Berlin, den 18. November 1885.   A. 10400.

An
Die Missionen in:
Vertraulich.

1. Petersburg № 727
2. London № 564.

Euer p. beehre ich mich anbei Abschrift eines Berichts
des K. Konsulats in Korea vom 25/9 betreffend das
Verhältnis Koreas zu China
zur gefl. persönlichen Information zu übersenden.

N. D. U.
i. m.

Berlin, den 18. Nov. 1885.   A. 10401.

An   Euer p. beehre ich mich anbei Anschrift eines
Die Missionen in: Berichts des K. Konsulats in Chemulpo vom 26/9
Vertraulich!   betreffend die Stellung des Herrn von Möllendorff
                                      zur gefl. persönlichen Information zu übersenden.
1. Petersburg № 726.   (eventl. zumachende Zusätze: Zugleich sind Euer p.
2. London № 563.   ermächtigt, den Inhalt nach Ihrem Ermessen zu
                                      verwerten.
                                              N. d. St.
                                                i. m.

Personalien Korea betreffend.

PAAA_RZ201-018906_165 ff.

Empfänger	Bismarck	Absender	Brandt
A. 10983 pr. 30. November 1885. p. m.		Peking, den 14. October 1885.	

A. 10983 pr. 30. November 1885. p. m.

Peking, den 14. October 1885.

A. № 219.

Vertraulich.

Seiner Durchlaucht

dem Fürsten von Bismarck.

Euerer Durchlaucht beehre ich mich ganz gehorsamst zu berichten, daß der bisher an Ort und Stelle mit der Vertretung der britischen Interessen in Korea betraute Großbritannische General-Konsul Herr Aston, in Seul krankheitshalber sich genöthigt gesehn hat, diese Stellung aufzugeben und vorläufig in derselben durch den ersten Dolmetscher der hiesigen Großbritannischen Gesandtschaft, Herrn Baber, welcher zugleich den Rang als zweiter Legations-Secretair hat, ersetzt worden ist.

In Betreff des Herrn von Möllendorff sagte mir Li hung chang, daß er denselben nach Tientsin zurückberufen habe und daß derselbe diesem Rufe wohl auch Folge leisten werde, da die Koreanische Regierung nichts mehr mit ihm zu thun haben wolle und er sich auch mit den Vertretern aller fremden Mächte vollständig überworfen habe. Er, Li hung chang, sei sehr unzufrieden mit ihm, werde ihm jedoch einen Posten mit einem monatlichen Gehalt in Tientsin geben, ihn aber, wenn er auch dort seine Schuldigkeit nicht thue, auch aus dem chinesischen Dienste entlassen. Eine Frage Li's, ob der p. von Möllendorff unter deutscher Gerichtsbarkeit steht und die Äußerung, daß er sich vor demselben nicht fürchte und schon mit ihm fertig werden werde, lassen mich annehmen, daß die mir von anderer Seite zugegangen Nachricht, daß der p. von Möllendorff versuche, aus den in seinen Händen befindlichen Weisungen und so weiter Li hung chang's Kapital zu schlagen, nicht jeder Begründung entbehre.

Die dem früheren amerikanischen General-Konsul in Shanghai, Herrn Denny, angebotene Stelle als Rathgeber der coreanischen Regierung ist von demselben abgelehnt worden, da man ihm statt der verlangten 12000 taels jährlichen Gehalts nur 6000 bewilligen wollte. Ein Agent Li hung chang´s, der frühere amerikanische Vice-Konsul in Tientsin, jetzt Kaufmann, Pethick, sucht augenblicklich hier in Peking eine andere Persönlichkeit für diese Stellung.

Brandt.

Inhalt: Personalien Korea betreffend.

ad A. 11266.

Der Bericht aus Söul vom 12. Oktober handelt von der Rückkehr des Vaters des Königs, der seit 1882 in China in der Verbannung gelebt hatte.

Von Interesse erscheint nur, daß in dem Edikt, in dem der Kaiser von China die Rückkehr des Tai-in-Kun mitteilt, wiederholt hervorgehoben wird, daß Korea der Vasallenstaat Chinas sei, und daß die Freilassung des Ex-Regenten als ein Akt besonderer Gnade des Kaisers von China betrachtet werden müsse.

L. 8. 12

Rückkehr des Taiwenkun.

PAAA_RZ201-018906_170 ff.

Empfänger	Bismarck	Absender	Budler
A. 11266 pr. 7. Dezember 1885. a. m.		Söul, den 12. Oktober 1885.	
Memo	mitg. n. Petersburg 815, London 648 v. 9. 12. J. № 584.		

A. 11266 pr. 7. Dezember 1885. a. m.

Söul, den 12. Oktober 1885.

Lfde № 75.

Seiner Durchlaucht, dem Fürsten von Bismarck.

Euerer Durchlaucht beehre ich mich das Folgende ganz gehorsamst zu berichten.

Der Taiwenkun, der Vater des Königs, welcher in Folge der Unruhen des Jahres 1882 nach China gebracht und dort bis jetzt zurückgehalten worden war, ist am 5. Oktober nach Söul zurückgekehrt.

Dies Ereigniß ist von erheblicher Bedeutung. Schon seit einiger Zeit war die Rückkehr des Exregenten vielfach erörtert worden. Und man hatte zunächst die Befürchtung gehegt, daß die Anwesenheit desselben in Korea bald zu neuen Unruhen führen werde. Die Feindschaft, in welcher die Familie der Königin mit dem Taiwenkun lebte und der Fremdenhaß den er bisher gezeigt hatte, ließen Schlimmes für die Ruhe des Landes befürchten, wie ich seiner Zeit berichtet habe.

In letzter Zeit haben sich andere Anschauungen geltend gemacht.

Man meint, China würde sicherlich die Rückkehr des Exregenten nicht zugelassen haben, wenn derselbe nicht befriedigende Bürgschaften für sein Wohlverhalten gegeben hätte. Man hört denn auch, er habe in die Hände des Generalgouverneurs Li feierliche Versprechungen abgelegt und sich verpflichtet die bestehende Ordnung in keiner Weise zu gefährden.

Der chinesische Staatsmann hat ihm vielleicht keinen Zweifel darüber gelaßen, daß China sehr schnell einschreiten würde, wenn er seinen Versprechungen untreu würde, und diese Ueberzeugung sowie die in China während seines dreijährigen Aufenthalts von ihm erworbenen Kenntnisse über die Macht der fremden Länder und Chinas Beziehungen zu denselben, werden vielleicht geeignet sein, ihn im Zaune zu halten.

Von der Bevölkerung ist der Ex=Regent, wie zu erwarten war, mit großer Freude empfangen worden.

Seine Einholung fand in feierlicher Weise statt, der König ging ihm bis zum Stadtthor entgegen, in deßen Nähe in einem zu dem Zwecke errichteten Zelte die Begrüßung zwischen dem Könige und dem Ex=Regenten mit demjenigen Ceremoniell stattfand, welches zwischen Vater und Sohn und wiederum zwischen König und Unterthan vorgeschrieben ist.[12]

Die Ueberführung des Taiwenkun von China nach Korea erfolgte auf einem chinesischen Regierungsschiffe und er wurde von einer Abtheilung chinesischer Marien-Soldaten, etwa 60 Mann, nach Söul begleitet, auch der hiesige chinesische Vertreter nahm an dem Einzuge theil.

Ich ersuchte am folgenden Tage den Präsidenten des Auswärtigen Amtes brieflich, dem Könige meine Theilnahme an seiner Freude über die Rückkehr seines Vaters auszudrücken.[13]

Mir wird der Text eines Ediktes mitgetheilt, welches der Kaiser von China unter dem 20. September betreffend die Rückkehr des Taiwenkun erlaßen haben soll, und welches wahrscheinlich authentisch ist. In demselben hebt der Kaiser wiederholt hervor, daß Korea der Vasallenstaat China's sei, sagt daß die jetzige Freilaßung des Ex-Regenten eine Art besonderer Gnade, die auf eine wohlverdiente Strafe folge, und schließt, er erwarte bestimmt von dem Könige von Korea, daß er in Zukunft es verstehen werde, die Ordnung im Lande aufrecht zu erhalten.

Ich schicke den mir hier gelieferten Text an den Kaiserlichen Gesandten in Peking mit der Bitte die Echtheit deßelben, wenn möglich feststellen zu lassen.

In dem hiesigen Regierungsanzeiger vom 8 Oktober sind die Worte mitgetheilt, welche der König an seine Minister aus Anlaß der Rückkehr seines Vaters richtete. Der König sagte, er vermöge seiner Freude über die Rückkehr seines Vaters kaum Ausdruck zu verleihen, als er aber das Edikt des Kaisers über seine Freilaßung gesehen, sei er von einzelnen Ausdrücken desselben peinlich berührt gewesen.

Der Taiwenkun sei in Wirklichkeit seiner Zeit verleumdet worden und es solle jeder bestraft werden, der ihm nicht mit aller Ehrfurcht begegne.

Der König hatte mehrere Mitglieder der Min Familie, welcher die Königin angehört, gewählt, um die Rückkehr seines Vaters nach Korea vorzubereiten und seine Einholung auszuführen, und dürfte er von dem Wunsche geleitet gewesen sein, eine Versöhnung

---

12 ["Dies Ereigniß ··· ist.": Durchgestrichen von Dritten.]

13 ["Ich ersuchte ··· auszudrucken.": Durchgestrichen von Dritten.]

anzubahnen. Andererseits hat am Tage nach der Ankunft des Ex=Regenten die Hinrichtung von zweien der Aufrührer des Jahres 1882 die zur Parthei des Genannten gehörten, stattgefunden und ist derselben im Regierungsanzeiger in hervorstehender Weise Erwähnung gethan worden. Es hat wohl hiermit dem Volke klar gemacht werden sollen, daß der Einfluß des Ex=Regenten nicht mehr zu Gunsten jener Parthei ausgeübt werden wird.

Der letztere hat es sich auch selbst sehr angelegen sein laßen seinen alten Ruf als Fremdenfeind und Reactionair Lügen zu strafen.

Er hat die fremden Vertreter in sehr zuvorkommender Weise empfangen und gestern sagte mir der japanische Geschäftsträger, der Taiwenkun habe ihn am Morgen Besuch gemacht und gesagt: Er käme, trotz körperlicher Beschwerden, um durch diesen Besuch seinen Ruf als „Bewahrer des Alten" zu vernichten und erkennen zu laßen, daß er den Fremden wohlgesinnt sei. Da die Japaner grade diejenigen waren, welche im Jahre 1882 unter der Feindschaft des Taiwenkun zu leiden hatten, und auch sonst die am meisten verabscheuten Fremden sind, so ist der Besuch allerdings eine sehr bedeutsame und zwar friedfertige Demonstration.

Die Folge wird zeigen müßen, ob die obigen Erklärungen aufrichtig waren.

Der Gesamteindruck den die Thatsachen und die Erörterung derselben hinterlassen, spricht dafür.

Es wird berichtet der Taiwenkun beabsichtige, sehr bald Söul zu verlassen und sich in die Provinz zurückzuziehen und diese Entfernung würde am besten beweisen, daß er sich jeder Einmischung in die Politik enthalten wird.

Zwei Dorfschaften in der Nähe von Söul, welche sich im Jahre 1882 in hervorragender Weise an den Ruhestörungen betheiligten, werden mit besonderer Aufmerksamkeit beobachtet, um jede Erhebung im Keime zu ersticken.

Obschon die Aussichten auf Erhaltung der Ruhe jetzt günstige zu sein scheinen, so werde ich mich doch bemühen, auch Anzeichen entgegengesetzter Bedeutung nicht zu übersehen, damit ich die Reichsangehörigen eintretenden Falles rechtzeitig warnen kann.[14]

Budler.

Betrifft: Rückkehr des Taiwenkun.

---

14 ["Ich schicke ⋯ kann.": Durchgestrichen von Dritten.]

Personalien und Notizen zur politischen Lage.

PAAA_RZ201-018906_177 ff.

Empfänger	Bismarck	Absender	Budler
A. 11267 pr. 7. Dezember 1885. a. m.		Söul, den 12. Oktober 1885.	

A. 11267 pr. 7. Dezember 1885. a. m.

Söul, den 12. Oktober 1885.

Lfde № 76.

Seiner Durchlaucht

dem Fürsten von Bismarck.

Euerer Durchlaucht

glaube ich die folgenden Daten, welche für die Kenntniß der hiesigen Verhältnisse von Belang sind, ehrerbietigst unterbreiten zu sollen.

Der englische Generalkonsul Herr Aston wird in zehn Tagen auf Urlaub nach Europa gehen, sein Nachfolger beziehentlich Vertreter, Herr Baber, Chinese Secretary (erster Dolmetscher) der britischen Gesandtschaft in Peking ist hier bereits eingetroffen und wird als „Acting Consul General" die Geschäfte führen. Herr Baber hat den Ruf eines tüchtigen und energischen Beamten.

Ueber die Port Hamilton Angelegenheit ist hier in letzter Zeit nichts bekannt geworden und scheint dieselbe hier zu ruhen.

Der russische Vertreter ist vor einigen Tagen hier eingetroffen, Herr Waeber, der sich auf seiner Karte als charge d´affaires bezeichnet.

Er hat mich gebeten, da sein Sekretair und Dolmetscher noch nicht angekommen ist, ihm beim Uebertragen verschiedener Dokumente in das Chinesische behülflich zu sein, was ich aus naheliegenden Gründen gern gethan habe. Bei dieser Gelegenheit habe ich von dem Einführungsschreiben Kenntniß erhalten, welches von dem russischen Minister der Auswärtigen Angelegenheiten, Herrn Giers, an den koreanischen Präsidenten des Auswärtigen Amtes gerichtet ist und in welchem Herr Waeber „als Geschäftsträger am Hofe Seiner Majestät des Königs von Korea und General-Konsul für Korea" beglaubigt wird.

In diesem Einführungsschreiben befindet sich der folgende Abschnitt:

Er (Herr Waeber) hat den Auftrag erhalten, nach seiner Ankunft in Söul, den Austausch der Ratifikationen jenes Vertrages vorzunehmen und als dann Verhandlungen mit der Regierung Seiner Majestät des Königs von Korea anzuknüpfen, welche die Entscheidung von Grenzfragen und anderen Punkten bezwecken. Hierüber hat er einen neuen Vertrag zu unterzeichnen, dem die Bedingungen zu Grunde zu legen sind, welche vorher die Bestätigung der beiden Regierungen erhalten haben. Herr Waeber erläuterte behufs der Uebertragung ins Chinesische den Sinn der letzten Zeilen dahin, daß zuerst die Grundzüge des Vertrages hier vereinbart werden sollen, daß diese den beiderseitigen Regierungen zu unterbreiten sind und daß auf Grund der dann eingehenden Instruktionen der Vertrag selbst formulirt werden würde. Von chinesischer Seite wird geäußert, Korea werde wohl Rußland die Gestattung des Grenzhandels nicht abschlagen können.

Wie weit Herr Waeber Herrn von Möllendorff, der auf seine Rehabilitirung durch russischen Einfluß rechnete, unterstützen wird, vermag ich noch nicht klar zu erkennen.

Es muß sich das aber aus folgender Veranlaßung bald zeigen.

Aus China sind hier zwei Beamte der dortigen Zollverwaltung mit einem Zollkreuzer angekommen, welche, so hört man allgemein, die Leitung des hiesigen Zollwesens übernehmen sollen, der eine ist ein amerikanischer, der andere ein englischer Staatsangehöriger. Es scheint fast, daß Li Hungchang dieselben hergesandt hat, ohne von der koreanischen Regierung darum ersucht worden zu sein. Die Ernennung derselben läßt auf sich warten, die chinesische Parthei drängt auf dieselbe. Die Herrn von Möllendorff freundlich gesinnten Koreaner, so äußerte sich Herr Waeber, und wahrscheinlich auch der König, wünschten sich der Annahme dieser von China gesandten Beamten zu entziehen, und der russische Vertreter sympathisirte augenscheinlich mit diesen Bestrebungen.

Es dürfte wohl von der Politik abhängen, welche Rußland sich entschlossen hat in Korea zu befolgen, welche Anstrengungen Herr Waeber machen wird, Herrn von Möllendorff zu stützen. Es ist aber auch möglich, daß der russische Vertreter zu der Ueberzeugung gelangt, daß der Genannte nicht die geeignete Persönlichkeit ist, um einen wichtigen Posten auszufüllen, Zweifel in dieser Beziehung hat er schon geäußert.

Daß Herr von Möllendorff seine Stellung als Münzdirektor noch bekleidet, wurde mir vom Auswärtigen Amte auf meine Anfrage wohl bestätigt, doch hat er jetzt zwei koreanischen Kollegen.

Ein japanischer Minister-Resident wird vorläufig noch nicht hier erwartet, wie mir der Geschäftsträger Herr Takahira sagte.

Nach einer Mittheilung des letzteren hat die koreanische Regierung von der ihr im Vertrage vom 9. Januar dss. Jrs. auferlegten Indemnität, welche innerhalb drei Monaten bezahlt sein sollte, erst die Summe von $50,000 entrichtet.

Die Landung der chinesischen Marine Soldaten, welche dem Taiwenkun als Eskorte dienten, ohne vorherige Benachrichtigung der japanischen Regierung, hat zu einigen

Besprechungen zwischen dem japanischen Vertreter und den chinesischen Begleitern des Ex-Regenten geführt, welche die darin liegende, wenn auch geringfügige Verletzung des neuen japanisch-chinesischen Vertrages zum Gegenstanden hatten. Der Zwischenfall wird wohl keine Bedeutung erlangen. Der japanische Vertreter äußerte mir gegenüber aber, es würde wünschenswerth sein, bei dieser Gelegenheit ein Einverständniß zwischen China und Japan darüber zu erzielen, daß im Nothfalle die Mannschaften der in koreanischen Häfen liegenden beiderseitigen Kriegsschiffe ohne die zwischen den Regierungen vorgeschriebene Benachrichtigung vorgenommen werden könne.

Die amerikanische Gesandtschaft wird auch jetzt noch durch den Marineoffizier Herrn Foulk verwaltet.

Der chinesische Vertreter wird bald durch einen anderen Beamten ersetzt werden. Es scheint, daß Yüan Shih-K'ai, derselbe, welcher im vorigen Dezember die chinesischen Truppen in den Pallast gegen die japanischen Soldaten führte, ein junger thatkräftiger Mann, für diesen Posten ausersehen ist. Derselbe, welcher beim Könige und beim Volke sehr beliebt ist, hat den Taiwenkun hierher zurückbegleitet, was ihm bei der Bevölkerung noch mehr Einfluß verschaffen wird.

Als ich ihn besuchte, war mir aus seinen Aeußerungen besonders die Bemerkung interessant, daß er Herrn von Möllendorff auf das dringenste gerathen, Korea zu verlassen und ihm die Aussicht einer Wiederanstellung in China durch Li Hung chang gemacht habe.

Daß China entschlossen ist, auch ferner auf Korea hervorragenden Einfluß auszuüben, läßt sich aus vielen Anzeichen schließen, dahin deuten auch die Anstrengungen, welche chinesischerseits gemacht werden, um die telegraphische Verbindung zwischen Söul und Tientsin dem Sitze von Li Hung chang, der mit der Leitung der koreanischen Dinge betraut ist, baldigst fertig zu stellen.

Der Bau der Linie zwischen Chemulpo und Söul ist bereits beendet und die Linie seit einigen Tagen dem Verkehr übergeben. Von der Strecke Söul-Aichiu, an der chinesischen Grenze sollen schon 500 li, nahezu die Hälfte, beendet sein, und die Strecke auf chinesischen Gebiete wird von Norden her fertig gestellt.

Der Generalgouverneur Li hat wiederholt die koreanische Regierung angetrieben, den chinesischen Arbeitern jede Hülfe schleunigst zu gewähren, es handelt sich hauptsächlich um das rechtzeitige Herbeischaffen der Telegraphenpfosten. Der Bau wird von zwei dänischen, der „Great Northern Telegraph Company" angehörigen Ingenieuren geleitet, die Beamten und Arbeiter sind im übrigen Chinesen. Die Verwaltung ist nominell eine königlich koreanische. Der japanische Vertreter hat, wie ich in zuverlässiger Weise erfahre, bei der koreanischen Regierung Beschwerde dahin geführt, daß durch den Bau obiger Linie der Vertrag verletzt werde, den Japan seiner Zeit betreffs Herstellung der Linie Nagasaki-Fusan mit Korea geschloßen habe, da in demselben festgesetzt worden sei, daß keine Konkurrenz-Linien angelegt werden dürften.

Es ist Aussicht, daß diese Reklamation dazu führt, daß den Japanern die Konzession ertheilt wird, eine Landlinie nach Fusan zu bauen und diese den Bau unter Mitwirkung der koreanischen Regierung ausführen.

Budler.

Betrifft: Personalien und Notizen zur politischen Lage.

Berlin, den 8. December 1885.   A. 11267.

An
die Missionen In:
Vertraulich.

1. Petersburg № 809.
2. London № 642.

Euer p. beehre ich mich anbei Abschrift eines
Berichts des K. Konsulats in Söul vom 12/10
betreffend Personalien und Notizen zur politischen
Lage
zur gefl. persönlichen Information zu übersenden.

N. D. U.
i. m.

Berlin, den 9. December 1885.   A. 11266

An   Euer p. beehre ich mich anbei Auszug eines Berichts
die Missionen in: des K. Konsulats in Söul vom 12/10 betreffend die
Vertraulich.   Rückkehr des Tai Won kun
1. Petersburg № 815.   zur gefl. persönlichen Information zu übersenden.
2. London № 648.   Zugleich sind Euer p. ermächtigt, den Inhalt nach
                                      Ihrem Ermessen zu verwerten.

                                              N. D. U.
                                              i. m.

Schutz der Reichsangehörigen in Korea.

PAAA_RZ201-018906_187 ff.

Empfänger	Bismarck	Absender	Budler
A. 11367 pr. 9. December 1885. a. m.		Söul, den 13. Oktober 1885.	

A. 11367 pr. 9. December 1885. a. m.

Söul, den 13. Oktober 1885.

Lfde № 79.

Seiner Durchlaucht

dem Fürsten von Bismarck.

Euerer Durchlaucht

beehre ich mich betreffend den Schutz der Reichsangehörigen in Korea das Folgende ehrerbietigst zu berichten.

Zur Zeit ist für die Sicherheit der Fremden durch die Anwesenheit eines amerikanischen, eines japanischen und mehrerer chinesischen Kriegsschiffe in Chemulpo gesorgt.

Für die Europäer und Amerikaner ist natürlich die Anwesenheit des amerikanischen Schiffes besonders erwünscht, und es steht zu erwarten, daß die Reichsangehörigen eintretenden Falles auf ausreichenden Schutz seitens desselben rechnen können.

In diesem Zusammenhange bitte ich der folgenden Umstände Erwähnung thun zu dürfen.

Am 16. August kam Seiner Majestät Kreuzer „Nautilus" in Chemulpo an und der Kommandant gab mir alsbald den Wunsch zu erkennen, wegen anderweitiger ihm obliegenden Aufgaben den Hafen baldigst wieder zu verlassen.

Auf seine amtliche Anfrage über die politische Lage antwortete ich, daß dieselbe allerdings noch immer eine unsichere sei, daß es mir aber nicht gerechtfertigt erscheine, wegen ungewisser Befürchtungen das einzige deutsche Kriegsschiff der ostasiatischen Station hier längere Zeit festzuhalten. Die früher auch von mir gehegte Besorgniß, daß es nach Abzug der chinesischen und japanischen Truppen zu Ruhestörungen kommen würde, sei durch die Erfahrung der letzten Wochen erheblich abgeschwächt worden. Zugleich ersuchte ich ihn den Kommandanten des in Chemulpo stationirten amerikanischen Kriegsschiffes und später den Admiral des amerikanischen Geschwaders aufzusuchen und dieselben zu bitten, für den Schutz der deutschen Interessen, wenn nöthig nachdrücklich

Sorge zu tragen. Sowohl der amerikanische Kommandant wie der Admiral haben befriedigende Zusagen gemacht. Wie mir Herr Korvetten Kapitain Rötger dienstlich mittheilte, hat der letztere erklärt, daß er bis auf weiteres ein Schiff in Chemulpo stationirt lassen werde, welches den Befehl hätte, vorkommenden Falles den Schutz auf alle dort anwesenden Europäer auszudehnen.

Budler.

Betrifft: Schutz der Reichsangehörigen in Korea.

Der kaiserl. Konsul in Korea berichtet unterm 13. Oktober, daß für die Sicherheit der Fremden in Korea in erster Linie durch ein amerikanisches Kriegsschiff gesorgt ist. Der amerikanische Admiral hat in dieser Beziehung, was deutsche Reichsangehörige angeht, befriedigende Zusagen gemacht.

Es wird gehorsamst angefragt, ob der Bericht nach Washington mit dem Auftrage mitgeteilt werden soll, der dortigen Regierung für den durch ihre Schiffe gewährten Schutz zu danken.[15]

L. 11. 12

---

15 [Randbemerkung] *ja.*

Berlin, den 11. Dezember 1885

A. 11367

An

tit. Herrn von Alvensleben

Washington

A. No. 39

Ew. tit. beehre ich mich anbei Auszug eines Briefs des kaiserl. Konsulats in Söul vom 13. Okt., die Lage der Fremden in Korea betreffend, zur gef. Kenntnisnahme mit dem Ersuchen zu übersenden, der amerikanischen Regierung unseren Dank in geeignet scheinender Weise auszusprechen, für den Schutz, der deutschen Reichsangehörigen durch amerikanische Kriegsschiffe gewährt worden ist.

[Unterschrift]

Betreffend die Zustände in Korea nach der Rückkehr des Tai in kun nach dort.

PAAA_RZ201-018906_194 ff.

Empfänger	Bismarck	Absender	Brandt
A. 11547 pr. 14. December 1885. a. m.		Peking, den 24. October 1885.	
Memo	mitg. n. London 672 u. n. Petersburg 824 v. 15. 12		

A. 11547 pr. 14. December 1885. a. m.

Peking, den 24. October 1885.

A. № 225.

Seiner Durchlaucht
dem Fürsten von Bismarck.

Euerer Durchlaucht beehre ich mich ganz gehorsamst zu berichten, daß nach mir von dem englischen Geschäftsträger Herrn O'Conor gemachten Mitteilungen die Beziehungen zwischen dem am 3. October in Chemulpo gelandeten, am 5. October in Seul angelangten Tai in kun und dem Hofe, das heisst namentlich der Partei der Königin-Mutter und Königin, sehr gespannte sein sollen. Der Tai in kun soll von seinem Sohne, dem König, mit wenig Wärme empfangen und ihm auf der Rückkehr von der ersten Audienz bei demselben die nackten verstümmelten Leichname von zweien seiner persönlichen Anhänger, welcher am Tage vorher ermordet worden waren, auf den Weg geworfen worden seien.

Zugleich soll bei Hofe große Erbitterung gegen China wegen seines Vorgehens in der Frage herrschen und dieselbe auch in weiteren Kreisen durch das Edikt, die Freilassung des Tai in kun betreffend, welches den Gegenstand meines ganz gehorsamsten Berichts A. № 201[16] vom 24. September, dieses Jahres bildete, im Wachsen begriffen sein. Um ein Gegengewicht gegen den Chinesischen Einfluß zu schaffen, soll der König auch den Herrn von Möllendorff wieder zu Gnaden aufgenommen haben.

Li hung chang, den ich über den Einfluß befragte, welchen die Rückkehr des Tai in kun nach Korea auf die Lage der Verhältnisse dort haben könnte, gab mir die Versicherung, daß derselbe sich ganz ruhig halten werde und nichts zu befürchten sei.

Als charakteristisch für die Beziehungen zwischen China und Korea beehre ich mich noch ganz gehorsamst hinzuzufügen, daß während der Agent Li hung chang's wie ich

---

16 in actis.

schon berichtet, die Stellung eines Berathers des Königs von Korea hier verschiedenen Personen, unter anderen dem 1. Secretair der Amerikanischen Gesandtschaft, Herrn Rockhill, angeboten hat, Li hung chang auf meine Frage, wem denn der Posten übertragen werden würde, erwiderte, er wisse es nicht, aber er höre, daß die Koreanische Regierung für denselben einen Amerikaner ins Auge gefasst habe.

Brandt.

Inhalt: betreffend die Zustände in Korea nach der Rückkehr des Tai in kun nach dort

Die Zustände in Korea betreffend.

PAAA_RZ201-018906_198 ff.

Empfänger	Bismarck	Absender	Brandt
A. 11550 pr. 14. December 1885. a. m.		Peking, den 27. October 1885.	

A. 11550 pr. 14. December 1885. a. m. 1 Anl.

Peking, den 27. October 1885.

A. № 230.

Seiner Durchlaucht

dem Fürsten von Bismarck.

Im Anschluß an meinen ganz gehorsamsten Bericht A. № 225[17] vom 24. October dieses Jahres beehre Euerer Durchlaucht ich mich in der Anlage die Uebersetzung einer in Seul amtlich veröffentlichten Ansprache des Königs von Corea an die Staatssecretaire zu überreichen, aus welcher allerdings eine große Gereiztheit über Inhalt und Form des chinesischen, auf die Freilassung des Tai in kun bezüglichen, Edikte vom 20. September dieses Jahres spricht, über welches ich unter dem 24. September dieses Jahres A. № 201 zu berichten die Ehre hatte.

Dagegen scheint die aus Englischen Quellen stammende Nachricht von der Wiedereinsetzung des Herrn von Möllendorff in seine frühere Vertrauensstellung beim Könige von Korea falsch zu sein; nach bis zum 19. October gehenden Nachrichten aus Seul war derselbe vielmehr am 18. October auch aus seinem letzten Amte als Vorstand der Münze entlassen worden und bereitete sich, wenn auch zögernd und ungern zur Abreise von Korea vor.

Die Leitung des Zollwesens war am 14. October dem bereits früher erwähnten, dem chinesischen Zolldienst angehörigen Herrn Merril übertragen worden.

An der Vollendung der telegraphischen Verbindung zwischen Newchwang und Seul wird eifrig gearbeitet und dürfte dieselbe voraussichtlich bereits bis in die Nähe der letzteren Stadt gelangt und damit die direkte Verbindung zwischen den Hauptstädten Chinas und Koreas hergestellt worden sein.

Brandt.

---

17 ehrerbietigst beigefügt.

Inhalt: Die Zustände in Korea betreffend.

Anlage zum Bericht A. 230. vom 27. October 1885.
Uebersetzung.
A. 11550

Als am 27. Tage des 8. Monats (5. October 1885) der König sich nach innerhalb des Südthores begab, sprach er zu den sich zur Audienz einstellenden Staatssecretären wie folgt:

„Ueber die nunmehr erfolgte Rückkehr des Tai-in-kun bin ich im tiefsten Herzen weit mehr erfreut, als sich mit Worten ausdrücken lässt, indessen finden sich in dem Edikte des Kaisers, abgesehen von darin aus gesprochenen Freilassung des Tai-in-kun, auch Worte, über die ich mich noch nicht beruhigen kann, so daß meine Dankbarkeit mit tiefer Betrübniß gepaart ist. Zu was soll es überhaupt dienen, die Ereignisse vergangener Jahre wiederum aufs Tapet zu bringen? Das Alles war ja nur eine Folge der Machinationen einer Anzahl nichtsnutziger Personen und der von ihnen ausgestreuten, grundlosen Gerüchte und Verläumdungen, durch welche der Tai-in-kun in Mitleidenschaft gezogen wurde. Noch jetzt, wenn ich daran denke, gerathe ich unwillkürlich in Zorn. Aber sprechen wir lieber von den Erfordernissen der gegenwärtigen Verhältnisse. Dem Zurückgekehrten ist natürlich mit aus gezeichneter Höflichkeit zu begegnen und ist Unser Amt der Ceremonien anzuweisen, im Einzelnen über die Formen, durch welche Ihm ein Beweis der Ihm schuldigen Hochachtung zu geben ist, in Berathung zu treten. In Staatsangelegenheiten dienen bittere Erfahrungen oft zur Belehrung. Mögen sich daher alle Unsere hohen Würdenträger in Zukunft alles Verkehrs mit nichtsnutzigen Gesindel enthalten und sich so führen, wie es die Selbstachtung erfordert. Sollten sie wieder auf ihre früheren schlechten Wege gerathen, so werden sie als Solche, die sich Unserm ausdrücklich ausgesprochenen Willen widersetzen, bestraft werden."

Für richtige Uebersetzung
(gezeichnet:) C. Arendt.

Inhalt des Berichtes des kaiserl. Gesandten in

Peking vom 27. 10. 85

Die chinesische Regierung hat in der Peking-Zeitung ein kaiserliches Edikt vom 24. Sept. veröffentlicht, welches gelegentlich der Freilassung des exilierten Königs von Korea auf das Vasallenverhältnis hinweist, in dem Korea zu China steht. — Dieses Edikt hat den König von Korea veranlasst am 5. Oktober eine Ansprache an seinen Staatssekretär bekannt zu machen, in der zwar der chinesischen Kundgebung nicht widersprochen, aber das „tiefe Bedauern" des Königs über dieselbe ausgedrückt wird. — In dem Bericht des Kaiserl Gesandten in Peking wird ferner das Gerücht erwähnt, wonach Herr von Möllendorff seine alte Stellung in koreanischen Diensten wiedererlangt hätte,[18] [und] Telegrafische Verbindung zwischen Peking und Korea binnen kurzem, durch Vollendung der Linie[19] hergestellt sein werde.

L. 14. 12

---

18 Herr v. Brandt hält diese Nachricht für unbegründet, glaubt vielmehr, daß Herr von Möllendorff Korea verlassen werde. — Er meldet schließlich auch, daß die Anlage.

19 Newchwang - Söul

[   ]

PAAA_RZ201-018906_205 f.

Empfänger	Bismarck	Absender	Brandt
A. 11566 pr. 14. Dezember 1885. a. m.		Peking, den 22. October 1885.	

A. 11566 pr. 14. Dezember 1885. (p. m.)

Peking, den 22. October 1885.

№ A. 223.

Seiner Durchlaucht

dem Fürsten von Bismarck.

Entzifferung.

Euerer Durchlaucht habe ich die Ehre auf den hohen Erlaß № A. 15 vom 4. September d. Js. ganz gehorsamst zu erwiedern, daß ich in dem in einem Privatbriefe des Vertreters des Hamburger Hauses E. Meyer in Chemulpo unter dem 10. Juni ausgesprochenen Wunsche, für das Engagement deutscher Instructeure für Korea zu wirken, um so weniger geglaubt habe, eine Veranlassung sehen zu sollen, in dieser Richtung vorzugehen, als eine selbstständige kaiserliche Vertretung in Söul vorhanden war und General-Konsul Zembsch mich nicht zu einer Unterstützung in diesem Sinne aufgefordert hatte.

Ich würde auch dann dies nicht ohne vorherige Anfrage bei Euerer Durchlaucht gethan haben, da ich im Sinne Hochderen früheren generellen Weisungen bei jeder Gelegenheit im Auge behalten habe, daß wir nur commerzielle Zwecke in Korea verfolgen.

Brandt.

Berlin, den 15. December 1885.   A. 11547.

An

die Missionen in:

Vertraulich.

1. Petersburg № 8211.

2. London № 672.

Euer p. beehre ich mich anbei Abschrift eines
Berichts des K. Gesandten in Peking vom 24/10
betreffend Zustände in Korea
zur gefl. persönlichen Information zu übersenden.

N. D. U.

i. m.

Berlin, den 15. Dez. 1885.   A. 11550.

An
die Missionen in:
Vertraulich.

1. Petersburg № 825.
2. London № 673.

Euer p. beehre ich mich anbei Auszug eines Berichts
des K. Gesandten in Peking vom 27/10
betreffend Korea
zur gefl. persönlichen Information zu übersenden.
Zugleich sind Euer p. ermächtigt, den Inhalt nach
Ihrem Ermessen zu verwerten.

N. D. U.
i. m.

Auswärtiges Amt
Abth. A.

Politisches Archiv d. Auswärt. Amts

Acta

betreffend
Korea.

Vom 16. Dezember 1885.
Bis 31. Dezember 1886.

Vol.: 7.
conf. Vol.: 8.

Politisches Archiv des Auswärtiges Amt
R 18907

KOREA. № 1.

Die politische Lage.

PAAA_RZ201-018907_002 ff.

Empfänger	Bismarck	Absender	Budler
A. 12197 pr. 29. December 1885. a. m.		Söul, den 10. November 1885.	
Memo	Auszüge mitg. nach Petersburg und London 3. 1. J. № 720		

A. 12197 pr. 29. December 1885. a. m.

Söul, den 10. November 1885.

Lfde. № 85.

Seiner Durchlaucht

dem Fürsten von Bismarck.

Eurer Durchlaucht beehre ich mich mit der diesmaligen Post das Folgende, betreffend die Entwicklung der hiesigen politischen Dinge ganz gehorsamste zu berichten.

Der Taiwenkun scheint sich von allen Geschäften fern zu halten und auch die Bemühungen des Königs sollen dahin gehen, seinen Vater von allem politischen Einfluß auszuschließen. In den Bestimmungen über das dem Taiwenkun zustehende Zeremoniell, welche im Regierungsanzeiger veröffentlicht worden sind, befindet sich eine Vorschrift, die den Verkehr der koreanischen Würdenträger mit dem Exregenten ganz ungemein erschwert; es heißt nämlich, daß kein Beamter den Taiwenkun um Audienz bitten darf, wenn er nicht vom Könige selbst geschickt ist. Es wird nicht leicht sein, dies Verbot zu umgehen.

Der Exregent soll durch diese Maßregeln unangenehm berührt sein und darüber klagen, daß man ihn wie einen Gefangenen halte. Die Königin hat augenscheinlich die Furcht vor ihrem alten Feinde nicht verloren und soll sein Tun und Treiben ängstlich beobachten. Der Plan, den Taiwenkun aus der Hauptstadt zu entfernen, scheint aufgegeben worden zu sein; vielleicht zieht man vor, ihn im Auge zu behalten. Es ist zu hoffen, daß die angewandten Vorsichtsmaßregeln den Exregenten nicht zu neuen Intrigen aufreizen werden.

Bald nach seiner Ankunft machte ich ihm, wie die übrigen fremden Vertreter, einen Besuch, den er kurz darauf erwiderte. Er war sehr liebenswürdig und zuvorkommend, und gab durch seine Erwähnungen fremder Länder zu erkennen, daß er mancherlei über dieselben in Erfahrung gebracht habe. Er war augenscheinlich erfreut, als ich diese seine

Kenntnisse mit Anerkennung hervorhob.

Der Text des von mir in meinem gehorsamsten Bericht vom 12. Oktober, Lfde. № 75[20] erwähnten Ediktes des Kaisers von China, betreffend die Rückkehr des Taiwenkun nach Korea, dürfte Eurer Durchlaucht durch den Kaiserlichen Gesandten in Peking, der es mir schon unter dem 22. September hat zugehen lassen, eingereicht worden sein. Dasselbe liefert einen wertvollen Beitrag zur Beurteilung des zwischen China und Korea sich entwickelnden staatsrechtlichen Verhältnisses. Die Oberhoheit des Kaisers über den Herrscher, - König ist die hergebrachte, aber etwas irreführende Widergabe des chinesischen Wortes „wang" - ist bei der Gefangennahme und der Freilassung des Vaters des letzteren in sehr fühlbarer Weise geltend gemacht worden. Der oberherrliche Ton des kaiserlichen Erlasses wird nicht Wunder erregen, wenn man bedenkt, daß der Generalgouverneur Li Hung-Chang mit dem „Könige" von Korea in der Form vollständiger Gleichstellung schriftlich verkehrt, und daß beide dem Kaiser von China gegenüber wesentlich gleiche Bezeichnungen für ihre Untertanenstellung anzuwenden haben.

Die Koreaner erzählen sich, daß der König in Folge des Ediktes den Staatsgeschäften wieder größere Aufmerksamkeit zuwende und sich bemühe, den vom Kaiser geäußerten Erwartungen zu entsprechen.

Betreffend die Entlassung des Herrn von Möllendorff als General-Zollinspektor habe ich nachträglich erfahren, daß sein Nachfolger, Herr Merrill, ihm einen Erlaß des Generalgouverneurs Li Hung Chang überbrachte, in welchem er angewiesen war, die Geschäfte dem Genannten zu übergeben und nach Tientsin zurückzukehren. Den Empfang dieses Erlasses hat Herr von Möllendorff in einer Eingabe an den Generalgouverneur bestätigt und erklärt, daß er der erhaltenen Weisung nachkommen werde, sobald er die nötigen Vorbereitungen für die Übersiedlung seiner Familie nach China beendet haben werde. Die obige Information gab mir der chinesische Vertreter, als er mir kürzlich davon sprach, wie wünschenswert es sei, daß Herr von Möllendorff bald nach Tientsin gehe; und die Richtigkeit desselben ist mir auch von anderer Seite bestätigt worden. Danach behandelte also der Generalgouverneur Li Hung-Chang den koreanischen General-Zollinspektor von Möllendorff einfach als seinen Untergebenen, was bezeichnend ist. Herr von Möllendorff spricht davon, in wenigen Tagen mit seiner Familie auf einem chinesischen Kriegsschiff, das, wie ich weiß, zu seiner Disposition gestellt ist, nach China abgehen zu wollen. Ob er selbst nicht doch noch im letzten Augenblick zurückbleiben wird, erscheint mir deshalb fraglich, weil er noch immer nicht alle Hoffnung auf das Weiterspielen einer politischen Rolle in Korea aufgegeben zu haben scheint.

---

20 ehrerbietigste beigefügt

Der neue General-Zollinspektor kommt den Wünschen der koreanischen Regierung, in der Zollverwaltung Ersparnisse herbeizuführen, entgegen, und es ist eine Verkleinerung des Personals in der Ausführung begriffen. Auch einige Reichsangehörige werden von dieser Maßregel in Mitleidenschaft gezogen. Ich werde mich bemühen, in jedem einzelnen Falle in möglichst schonender Weise einen Ausweg zu finden, um die widerstreitenden Interessen der deutschen Angestellten, die entlassen werden sollen, und der koreanischen Regierung, die verständlicherweise eine Herabminderung ihrer Ausgaben anstrebt, angemessen Berücksichtigung finden zu lassen. Die Rechtstitel der deutschen Angestellten sind nicht so klar wie sie sein sollten, und ein Aufstellen hoher Entschädigungsforderungen würde den allgemeinen deutschen kommerziellen Interessen um so schädlicher sein, als gerade der Umstand, daß ein früherer Deutscher, Herr von Möllendorff, die jetzigen pekuniären Schwierigkeiten mitverschuldet hat, die Mitglieder der koreanischen Regierung durch deutsche Forderungen besonders leicht gereizt werden läßt.

Ich habe schon eine Gelegenheit benutzen müssen, um den Präsidenten des Auswärtigen Amtes daran zu erinnern, daß Herr von Möllendorff nicht auf deutsche Empfehlung in koreanische Dienste aufgenommen worden ist, und daß er sich als koreanischer Beamter der Kontrolle der koreanischen Regierung vollständig unterstellt hatte.

Eine bessere Stimmung hat sich indes schon Bahn gebrochen, weil ich bereits in mehreren Fällen in der Lage war zu beweisen, daß ich mich redlich bemühe, der koreanischen Regierung in ihrer Verlegenheit zu helfen.

<Die pekuniäre Verlegenheit der koreanischen Regierung ist augenscheinlich sehr groß, und selbst das Zusammenbringen von einigen tausend Dollars macht Schwierigkeiten.

Dies ist der Fall, obgleich die Ernte eine befriedigende war und Ruhe im Lande herrscht.>

Nur in einer der nördlichen Provinzen, Phyönyando, kam es zu einer örtlich beschränkten Volkserhebung, die sich gegen den Gouverneur richtete, und diese Bewegung ist alsbald unterdrückt worden.

Die Beunruhigung der Hauptstadt durch diese Vorgänge ging schnell vorüber, während die Furcht vor der Rückkehr der nach Japan entflohenen Rebellen des vorigen Jahres immer von Zeit zu Zeit die Gemüter in der Stadt und im Palast in Aufregung versetzt.[21]

<Einige Besorgnis wird auch noch mit Bezug auf Rußlands Pläne empfunden. Daß man den Grenzhandel wird zugestehen müssen, davon scheint man überzeugt, nur will man nicht, wie die Russen wünschen sollen, einen Hafenort an der Grenze freigeben, sondern einen Platz im Innern, der nur auf dem Landweg zu erreichen ist.

---

21 ["Nur in ... versetzt.": Durchgestrichen von Dritten.]

Der russische Vertreter ist von Shanghai noch nicht zurückgekehrt.

Ein Abgesandter Frankreichs wird erwartet, der beauftragt sein soll, einen Vertrag mit der koreanischen Regierung abzuschließen. in welchem den katholischen Missionaren die Rechte freier Propaganda eingeräumt werden. Doch scheint noch unbestimmt, ob die Verhandlungen bald oder erst im nächsten Frühjahr beginnen werden.>

Österreich-Ungarn hat, so höre ich, in glaubwürdiger Weise, es aufgegeben, zur Zeit in Vertragsverhandlungen mit Korea einzutreten.

Über die kommerzielle Lage werde ich mir erlauben, gesonderte Berichte zu erstatten, sobald die vielen schwebenden Reklamationsangelegenheiten mir einige freie Zeit übrig lassen.[22]

Budler.

Betrifft: Die politische Lage.

---

22 ["Österreich ... lassen.": Durchgestrichen von Dritten.]

a d A. 12197

Der kaiserl. Konsul in Söul berichtet unterm 10. November, daß der aus dem Exil in China heimgekehrte Exregent sich ruhig verhalte, aber trotzdem argwöhnisch beobachtet werde.

Betreffend die Entlassung des General-Zollinspektors v. Möllendorff hat Konsul Budler erfahren, daß der genannte durch einen Erlaß Li-hung-changs abberufen worden ist. Danach behandelt also der chinesische General-Gouverneur den koreanischen General-Zollinspektor wie seinen Untergebenen.

Der Nachfolger Möllendorffs, ein Herr Merrill, beabsichtigt, das Beamtenpersonal zu vermindern. Unter dieser Maßregel werden auch einige Deutsche zu leiden haben. Konsul Budler ist bemüht, die Interessen der Reichsangehörigen gewissenhaft zu schützen.

Die finanzielle Lage Koreas wird als eine traurige geschildert. Selbst das Zusammenbringen von einigen tausend Dollars scheint der Regierung Schwierigkeiten zu machen.

Man glaubt, Rußland werde verlangen, daß ihm ein Hafenort an der russisch-koreanischen Grenze freigegeben werde.

Ein Abgesandter Frankreichs wird erwartet, der beauftragt sein soll, einen Vertrag abzuschließen, in dem katholischen Missionaren das Recht freier Propaganda eingeräumt wird.

Österreich-Ungarn soll es aufgegeben haben, zur Zeit in Vertragsverhandlungen mit Korea einzutreten

L. 2. 1.

Berlin, den 3. Januar 1886.   A. 12197

An
die Botschaften in
1. Petersburg № 3.
2. London № 2.

Eurer p. beehre ich mich anbei Auszug aus einem
Bericht des k. Konsulats in Söul vom 10ten
November v.J., betreffend die Lage in Korea, zu
Ihrer Information und mit dem Anheimstellen der
geeigneten Verwertung zu übersenden.

N. d. U.
i. m.

L. 3.1.

Zustände in Corea. Betreffend das Ersuchen der Koreanischen Regierung und Verlegung chinesischer Truppen nach Söul.

PAAA_RZ201-018907_015 ff.			
Empfänger	Bismarck	Absender	Brandt
A. 79 pr. 3. Januar 1886. (a.m.)		Peking, den 17. November 1885.	

A. 79 pr. 3. Januar 1886. (a. m.)

Peking, den 17. November 1885.

A. № 240.

Seiner Durchlaucht

dem Fürsten von Bismarck.

Nach mir aus zuverlässiger Quelle zugegangenen Nachrichten hat die koreanische Regierung bald nach der Rückkehr des Tai-in-kun nach Söul, voraussichtlich in der Befürchtung, daß in Folge derselben Unruhen entstehen könnten, sich an den General-Gouverneur Li-hung-chang mit dem Ersuchen gewendet, die Verlegung chinesischer Truppen nach Söul anordnen zu wollen, welchem Ersuchen indessen seitens desselben, wie ich glaube, im Einverständnis mit der Zentral-Regierung, nicht Folge gegeben worden ist.

Brandt.

Inhalt: Zustände in Corea. Betreffend das Ersuchen der Koreanischen Regierung und Verlegung chinesischer Truppen nach Söul.

Die politische Lage.

PAAA_RZ201-018907_018 ff.

Empfänger	Bismarck	Absender	Budler
A. 639. pr. 15. Januar 1886. p.m.		Söul, den 25. November 1885.	
Memo	mitg. 18. 1. n. Petersburg 40, 18. 1. n. London 54 J. № 789.		

A. 639. pr. 15. Januar 1886. p. m.

Söul, den 25. November 1885.

Lfde № 89

Seiner Durchlaucht
dem Fürsten von Bismarck.

Eurer Durchlaucht

beehre ich über die folgenden Punkte von allgemeinem Interesse ganz gehorsamsten Bericht zu erstatten.

Herr von Möllendorff hat Söul am 22. November mit einer Familie verlassen und wird sich voraussichtlich heute auf einem chinesischen Kriegsschiff in Chemulpo einschiffen, um sich nach Tientsin zu begeben.

Der hiesige chinesische Vertreter hat ihm mündlich eröffnet, daß der Generalgouverneur Li ihm eine gutbesoldete Stelle wieder verleihen werde. Es war davon die Rede, daß ihm der Posten des Direktors des Regierungsdocks in Taku übertragen werde.

Der König hat vor seinem Weggange zu ihm, die Königin seiner Gemahlin Audienz erteilt. Von der Mehrzahl seiner bisherigen koreanischen Kollegen war sein Fortgehen mit Ungeduld erwartet worden, und ich glaube, auch die fremden Vertreter beglückwünschen sich, nicht mehr auf seinen Trotz und seine Launen Rücksicht nehmen zu brauchen; und hoffen, daß sie Handel und Verkehr, ohne sein Dazwischentreten, mehr fördern können, als dies der Fall war, so lange seine Vermittlung nicht umgangen werden konnte.

Der russische Vertreter, Herr Waeber, war schon einige Zeit vor Herrn von Möllendorffs Abreise von hier in Chemulpo wieder angekommen, er scheint aber nichts getan zu haben, um den Genannten, der noch immer darauf gerechnet hatte, von der Abreise zurück zu halten.

Der neue chinesische Vertreter hat am 21. November die Geschäfte übernommen. Er schickte einen englisch sprechenden Beamten mit seiner chinesischen Visitenkarte, auf welcher in englischer Sprache „H. J. C. M´s Resident" geschrieben war, dieser Titel sei gewählt worden, weil damit die Suzeränität Chinas über Korea deutlicher zum Ausdruck gebracht werde. Ich erwiderte den Beamten jedoch in freundlichster Weise, daß, wenn Herr Yüan ermächtigt worden sei, diesen Titel zu führen, es sich vielleicht anempfehle, wenn er den fremden Vertretern unter Anwendung dieser Bezeichnung von seiner Übernahme der Geschäfte Mitteilung mache. Dies ist bis jetzt noch nicht geschehen.[23]

Eine Anzeige über Herrn Yüans Amtsantritt in chinesischer Sprache durch das koreanische Auswärtige Amt ist den fremden Vertretern zugegangen, die Abweichung der in derselben gebrauchten von der bisher üblichen Bezeichnung der Befugnisse des chinesischen Vertreters scheint das Vertauschen des Titels „Resident Commissioner" mit demjenigen eines „Resident" kaum zu rechtfertigen, obgleich eine Deutung in diesem Sinne von den Beamten des neuen chinesischen Vertreters versucht wurde. Daß dieser letztere den Auftrag erhalten hat, noch mehr als bisher geschehen, auf die Leitung der koreanischen Staatsgeschäfte hervorragende Einwirkung auszuüben, scheint sehr glaublich. Der Umfang seiner Vollmachten wird ja in Kurzem klarer erkennbar werden müssen.

Herr Yüan hat eine große Anzahl Diener, über hundert, mitgebracht, und die Behauptung, daß eine große Zahl gedienter Soldaten darunter befindlich ist, erscheint nicht unglaubwürdig, doch dürfte in der Tatsache nur der Wunsch zu erkennen sein, die persönliche Sicherheit des Vertreters und seiner Schutzgenossen auf alle Fälle so lange möglichst zu sichern, bis von China Hilfe kommen kann.

Dies wird, wenn die Linie nicht vorher zerstört worden ist, in Zukunft sehr schnell geschehen können, da die telegraphische Verbindung mit Port Arthur, Tientsin etc. am 20.November fertiggestellt ist und chinesische Kriegsschiffe in 24 Stunden von ersterem Platze oder von Chefoo in Chemulpo sein können.

Der Tarif für die Beförderung von Telegrammen nach China, Europa u. s. w. ist noch nicht bekannt gemacht worden. Für nicht politische Dinge werden die Telegraphen in Korea wohl auf Jahre hinaus nur sehr wenig benutzt werden.[24]

Die pekuniären Verlegenheiten der koreanischen Regierung sind so große, daß die Durchführung des Planes die Errichtung einer neuen Münzanstalt und die Ausprägung von Silber- und Nickel-Münzen auf mancherlei Schwierigkeiten stoßen wird. Doch ist die Regierung entschlossen, den Versuch zu machen. Die Anstellungsurkunden der drei deutschen Techniker sind ausgefertigt worden und der Bau der Münzanstalt ist in Angriff

---

23 ["Ich erwiderte ... geschehen.": Durchgestrichen von Dritten.]
24 ["Der Umfang ... werden.": Durchgestrichen von Dritten.]

genommen.

Um die Regierung zu einem energischen Vorangehen in der Sache zu bestimmen, hatte ich dem Präsidenten des Auswärtigen Amtes, welcher der Durchführung des Planes ungünstig gesinnt war, gesagt, falls die Regierung jetzt zu der Entscheidung käme, daß ihnen absolut die Mittel fehlten, den Münzplan durchzuführen, so möchten sie sich doch an China wenden, mit der Bitte, die Ausführung des ganzen Kontraktes an Stelle Koreas zu übernehmen.

Der Präsident war von diesem Gedanken sehr erbaut, der König hat aber das Eingehen auf denselben abgelehnt, und seit dieser Zeit ist eine ernstere Tätigkeit auf Seiten des Münzamtes bemerkbar, und zeigt sich dasselbe geneigter, seine Verbindlichkeiten gegen die deutschen Angestellten ohne Säumen zu erfüllen. Der technische Direktor, Herr Kraus, hat auf Wunsch der koreanischen Regierung statt der ursprünglich festgesetzten dreijährigen Anstellung in Korea ein solche für ein und ein halbes Jahr angenommen und hat auch in einigen anderen Punkten die gewünschten Zugeständnisse gemacht. Dieselben haben auf die koreanischen Münzdirektoren einen günstigen Eindruck gemacht, zumal da dieselben hoffen, nach Ablauf der Frist von 18 Monaten die Leitung durch einen weniger hoch besoldeten Beamten ausführen lassen zu können.

Da die Art der Ausführung des Münzplanes für unsere kommerziellen Interessen in Korea von sehr fühlbarem Einflusse sein wird, weil sie die koreanischen Beamten für oder gegen deutsche Vermittlung und Hilfe einnehmen wird, so bitte ich hochgeneigtest zu entschuldigen, daß ich an dieser Stelle der Münze ausführlichere Erwähnung getan habe.[25]

Budler.

Nachtrag: Laut telegraphischer Anzeige von Chemulpo ist Herr von Möllendorff heute Morgen abgereist.

B.

Betrifft: Die politische Lage.

---

25 ["Um die Regierung ... getan habe.": Durchgestrichen von Dritten.]

ad A. 639

Der Kaiserl. Konsul in Söul berichtet unterm 25. Nov., Herr von Möllendorff habe Söul nunmehr verlassen und begebe sich nach Tientsin, wo er unter Li eine gutbesoldete Stellung bekleiden werde. Sein Rücktritt aus koreanischen Diensten wird wenig bedauert.

Der neue chinesische Vertreter Yüan ist, von einer zahlreichen Dienerschaft begleitet -über 100 Mann- in Söul eingetroffen. Derselbe hat auf seine Visitenkarten (in engl. Sprache) den Titel „H. J. C. M´s Resident" angenommen, womit, nach den Erläuterungen des Überbringers der Karten, die Oberhoheit Chinas über Korea deutlicher zum Ausdruck gebracht werden soll. (Früher führte der chinesische Vertreter den Titel "Resident Commissioner). Die koreanische amtliche Anzeige über Yüans Amtsantritt enthält jedoch nichts, was auf eine Änderung der Stellung des chinesischen Vertreters in Korea hindeutet.

Die pekuniären Schwierigkeiten der koreanischen Regierung sind noch immer sehr groß, sodaß die Durchführung gewisser kostspieliger Neuerungen (Errichtung einer Münze) nur langsam von statten geht.

L.

Berlin, den 18. Januar 1886.   A. 639.

An
die Botschaften in
1. Petersburg, № 40.
5. London № 54.

mdt. Toobe
Coll Perdeliwitz
Franzelius

Abschrift der Vorlage
ohne das daraus
gestrichene

Eurer p. beehre ich mich anbei Auszug aus einem
Bericht des K. Konsulats in Söul vom 25. 11
betreffend die politische Lage in Korea

─────────────

zu Ihrer Information und mit dem Anheimstellen der
geeigneten Verwertung zu übersenden.

N. d. U.
i. m.
L 18. 1

[   ]

PAAA_RZ201-018907_029 ff.

Empfänger	Bismarck	Absender	Budler
A. 2486 pr. 20. Februar 1886. p. m.		Söul, den 21. Dezember 1885.	
Memo	Abschrift II 3062		

A. 2486 pr. 20. Februar 1886. p. m.

Söul, den 21. Dezember 1885.

Seiner Durchlaucht dem Fürsten von Bismarck.

Eurer Durchlaucht beehre ich mich den folgenden allgemeinen Bericht über die hiesigen Verhältnisse ganz gehorsamst zu erstatten.

Daß die koreanische Regierung die englische Regierung ersucht hat die Inseln von Port Hamilton nunmehr zurückzugeben, scheint außer Zweifel gestellt zu sein. Indes soll der Anstoß dazu nicht, wie es zuerst hieß, durch russische Forderungen gegeben worden sein, sondern China soll in vertraulicher Weise einen entsprechenden Rat erteilt haben. Es wird mir hierüber von koreanischer Seite das Folgende berichtet: China habe seinerzeit aus Rücksicht gegen England auf die koreanische Regierung eingewirkt und sie bestimmt, die vorübergehende Besetzung von Port Hamilton zu gestatten. Nun habe man aber in Erfahrung gebracht, daß die Engländer alle Anstalten träfen, um sich dauernd auf den Inseln festzusetzen, und daß beabsichtigt werde aus dieser neuen Besitzung ein zweites Hong-Kong zu machen.

Der hiesige englische Vertreter soll dem koreanischen Auswärtigen Amt erwidert haben, eine Antwort seiner Regierung könne vor Ablauf mehrerer Wochen nicht wohl eintreffen.

Bemerkt ist hier worden, daß von Seiten englischer Beamten und Offiziere in letzter Zeit mehrfach Äußerungen gemacht worden sind, die den Wert der Inseln als sehr gering hinstellen.

Der russische Vertreter scheint bis jetzt in keinerlei Verhandlungen mit der koreanischen Regierung eingetreten zu sein. Derselbe war sehr beschäftigt, sein einstweiliges Wohnhaus für den Winter einzurichten und arbeitet nun viel an dem Plan für das neuzuerrichtende Gesandtschaftsgebäude, für dessen Herstellung sehr ansehnliche Mittel bewilligt sein sollen.

In der jüngsten Zeit sind die Regierung und die Bevölkerung wiederum in große Besorgnis versetzt worden, weil es hieß, Kim Ok-kun, das Haupt der Aufrührer des vorigen Jahres, sei, von Japanern unterstützt, im Begriff, nach Korea zurückzukehren und an seinen Feinden Rache zu nehmen. Die Nachricht, daß der genannte Verschwörer acht japanische Dschunken mit Kriegsmaterial beladen habe, und daß er mit starkem Gefolge sich auf denselben einschiffen werde, ist dem chinesischen Konsul in Nagasaki mitgeteilt und nach Tientsin an den Generalgouverneur Li Hung-Chang übermittelt worden. Der letztere machte Mitteilung an den hiesigen chinesischen Vertreter und sandte zugleich mehrere Kriegsschiffe nach Chemulpo, um für alle Fälle gerüstet zu sein. Inzwischen hört man, daß von den Behörden in Japan eine Anzahl Japaner dort verhaftet worden sind, die allerdings irgend ein Unternehmen gegen Korea geplant zu haben scheinen, dessen Einzelheiten sich aber nicht recht erkennen lassen.

Das Unternehmen selbst verdient vielleicht keine besondere Beachtung, aber das sofortige Einschreiten Chinas ist bemerkenswert. Ferner ist hervorzuheben, daß auch bei dieser Gelegenheit das gute Einvernehmen, in welchem der chinesische und der japanische Vertreter mit einander stehen, zu beobachten war, was wohl auf einem Einverständnis der beiderseitigen Regierungen über die in Korea zu befolgende Politik beruhen dürfte.

Die koreanischen Staatsmänner und auch die chinesischen Beamten hegten zuerst noch Zweifel, ob nicht doch etwa eine plötzliche Aktion der japanischen Regierung beabsichtigt sei, und es war nötig, sie auf die große Unwahrscheinlichkeit einer solchen Vermutung hinzuweisen. Es fehlt ihnen noch das Urteil darüber, zu welchen Unternehmungen ein zivilisierter Staat schreiten kann und welche ihm durch Recht und Herkommen unbedingt versagt sind.

Gegen den obengenannten Kim Ok-kun dürften wohl Schritte versucht werden, um ihn für die Zukunft unschädlich zu machen. Die koreanische Regierung wünscht sehr, seine Auslieferung zu erlangen, die japanische würde sich vielleicht eher dazu verstehen, ihn im eigenen Lande in Haft zu halten.

Der König scheint zur Zeit ernstlich bemüht zu sein, einige wirklich brauchbare und zuverlässige Truppenkörper heranzubilden. Er nimmt, was bisher nicht gebräuchlich, selbst militärische Inspektionen vor, und es wird versucht, den effektiven Bestand des Heeres in allen Provinzen zu erhöhen.

Der chinesische Vertreter hat auch Sorge getragen, die Zahl der ihm zur Verfügung stehenden Leute noch zu vermehren. Eine Anzahl früherer Soldaten, die sich beschäftigungslos in Korea herumtrieben, sollten nach China zurückgesandt werden und waren zu diesem Zweck in Söul zusammengezogen worden. Von diesen sind infolge der oben erwähnten Befürchtungen die kräftigsten, etwa 50-60 Individuen, vorläufig zurückbehalten worden.

Der chinesische Vertreter hat kürzlich einen chinesischen Vagabunden auf offener Straße in der koreanischen Hauptstadt enthaupten lassen. Der Befehl war von dem Generalgouverneur Li ergangen, alle Vagabunden zu deportieren; dieselben waren durch amtliche Bekanntmachung aufgefordert worden, sich zu stellen und Todesstrafe angedroht für die, welche vorsätzlich diesen Befehl unbeachtet ließen. Das obige Individuum hatte sich nicht gestellt, war verhaftet worden, sollte aber nicht bestraft, sondern lediglich nach China geschafft werden. Der Mann entzog sich der Haft durch die Flucht, wurde alsbald wieder eingefangen und wenige Stunden später hingerichtet. Von chinesischen Beamten wird mir gesagt, der Betreffende sei schon im vorigen Jahr zwei Mal Wegen Raubes verurteilt aber wieder freigelassen worden, auch sei er ein oft bestrafter Spieler gewesen, und diese Umstände, sowie die telegraphisch erneuerte Weisung des Generalgouverneurs Li gegen die Vagabunden mit aller Strenge zu verfahren, hätten dazu beigetragen, daß die Todesstrafe an ihm vollstreckt wurde. Immerhin liegt nicht nur ein bemerkenswerter Fall chinesischer Kriminal-Justiz vor, sondern auch die Vollmachten des chinesischen Vertreters und der Umstand, daß die Hinrichtung in einer Straße der Stadt Söul stattfand, verdienen Beachtung.

Die chinesischen Interessen sind in Söul und Chemulpo am größten, während in Pusan und Wönsan dieselben sehr unbedeutend sind. Für die beiden letzteren Plätze sind neuerdings, statt der bisher dort angestellten Konsuln, Beamte niederen Ranges, die man etwa als Vize-Konsuln bezeichnen kann, ernannt worden.

Die von mir im vorigen Bericht erwähnte Anleihe der koreanischen Regierung bei der hiesigen deutschen Firma hat ganz unerwartete Schwierigkeiten verursacht, weil koreanischerseits bereits bestimmt gemachte Zusagen wieder zurückgenommen wurden, als in zwölfter Stunde von Seiten chinesischer Kaufleute günstigere Anerbietungen gemacht wurden. Es ist aber gelungen, die koreanische Regierung zu bestimmen, der deutschen Firma eine angemessene Entschädigung zuzusichern, falls die einmal angenommenen Bedingungen nicht endgültig bestätigt werden und dadurch dem deutschen Hause die Ausführung der Anleihe unmöglich gemacht wird. Der große Einfluß, welchen der chinesische Vertreter auf die koreanische Regierung ausübt, hat sich bei dieser Gelegenheit wieder sehr bemerkbar gemacht, und es hat sich von neuem gezeigt, wie schwer chinesische Konkurrenz deutscherseits zu bekämpfen ist. Über diesen Gegenstand werde ich mir erlauben, noch eingehender zu berichten.

gez. Budler.

[   ]

PAAA_RZ201-018907_038 ff.

Empfänger	Bismarck	Absender	Budler
A. 2487 pr. 20. Februar 1886. p. m.		Söul, den 9. Dezember 1885.	
Memo	Abschrift II 3060		

A. 2487 pr. 20. Februar 1886. p. m.

Söul, den 9. Dezember 1885.

Seiner Durchlaucht dem Fürsten von Bismarck.

Eurer Durchlaucht beehre ich mich unter Bezugnahme auf meinen Bericht vom 25. November - lfd. № 89 - das Folgende zur Beurteilung der allgemeinen hiesigen Lage Dienliche ganz gehorsamst zu melden.

Der neue chinesische Vertreter hat davon abgesehen, sich in amtlichen Schreiben als „Resident" bei den fremden Vertretern einzuführen. Daß seine Stellung eine einflußreichere als die seines Vorgängers sein wird, scheint aber zweifellos. Er verhandelt über viele Angelegenheiten mit dem König selbst, entweder schriftlich oder durch Boten, oder, bei wichtigen Anlässen in besonderen Audienzen. Der japanische Vertreter scheint sich besondere Mühe zu geben, ein freundschaftliches Verhältnis mit seinem chinesischen Kollegen aufrecht zu erhalten, und nach den Beobachtungen, welche man hier machen kann, erscheint die in der japanischen offiziösen Presse vertretene Behauptung, daß Japan die Souveränität Chinas über Korea anerkannt habe, als beachtenswert, obschon ja die Souveränität von Seiten Chinas noch nicht formell behauptet wird.

Der Grund für das jetzige Zusammengehen Japans und Chinas wird allgemein in der Besorgnis vor russischen Ausdehnungsbestrebungen gesucht.

Der russische Vertreter ist, soweit ich erfahren kann, in Verhandlungen wegen des Landhandels noch nicht eingetreten. Dagegen wird mir berichtet, er habe der koreanischen Regierung eröffnet, Rußland werde ebenfalls auf Abtretung einer koreanischen Insel Anspruch erheben, falls England nicht Port Hamilton herausgebe. Es sollen in Folge dessen die Verhandlungen koreanischerseits mit dem englischen Vertreter betreffend Rückgabe von Port Hamilton wieder eröffnet sein. Aus Bemerkungen des chinesischen Vertreters und des Präsidenten des Auswärtigen Amtes ist es mir wahrscheinlich, daß dem so ist.

Von der Entschädigung, welche an Japan auf Grund des Vertrages vom 9. Januar d. J. zu zahlen ist, sind noch immer $ 80000.- rückständig, und die koreanische Regierung wird jetzt von dem japanischen Vertreter sehr gedrängt, endlich ihren Verpflichtungen nachzukommen.

Das Auswärtige Amt hat sich in Folge dessen durch meine Vermittlung an die deutsche Firma E. Meyer & Co. gewandt, um eine Anleihe von $100000.- aufzunehmen. Als Sicherheit werden die Einnahmen des Zollamtes von Chemulpo geboten, und die Zurückzahlung des Geldes soll hauptsächlich in Goldstaub erfolgen. Ob das Geschäft zu Stande kommt, ist noch nicht endgültig entschieden, doch hoffe ich es und glaube, daß sich dann anderweitige kommerzielle Vorteile für die deutsche Firma würden erreichen lassen.

Die koreanische Regierung wird durch die Not gedrängt, sich mit Bergwerks-Unternehmungen zu befassen, und es ist in den Kreisen der Beamten viel von denselben die Rede.

Fremde Fachleute müssen voraussichtlich angestellt und fremde Maschinen angekauft werden; wenn auch noch längere Zeit vergeht ehe das geschieht, uns wäre es wohl möglich, hier für die deutsche Industrie vorteilhafte Aufträge zu erlangen, wenn jetzt die gewünschten Gelder von der deutschen Firma beschafft werden.

Der für die koreanische Münzanstalt angestellte, deutsche Chemiker ist befähigt, auch alle Arten metallurgischer Untersuchungen vorzunehmen, und wird der koreanischen Regierung auch in dieser Richtung wichtige Dienste leisten können.

Durch die von mir bereits gemeldete Herabminderung des Personals des Zollamtes sind die deutschen Reichsangehörigen Schulze, Kniffler, Arnous und Classen betroffen worden. Die drei Erstgenannten haben eine Entschädigung erhalten, die für jeden dem Betrag seines bisherigen Gehaltes für sechs Monate entspricht, und dem letzteren, der erst seit kurzem im Dienst war, ist der Betrag seiner Remuneration für zwei Monate ausgezahlt worden. Meiner Überzeugung nach waren die Entlassungen durchaus sachlich begründet und die gezahlten Entschädigungen angemessen.

Es hat sehr langwieriger Verhandlungen bedurft, um diese Angelegenheit zu regeln, indes, es darf jetzt gehofft werden, daß die beteiligten Deutschen mit dem Erreichten einigermaßen zufrieden sind, und daß die koreanische Regierung die von ihr gezahlte Entschädigung als billige Rücksichten entsprechend anerkennt. Es ist hier viel von antideutschen Bestrebungen der koreanischen Behörden in letzter Zeit die Rede gewesen. Meiner Auffassung nach handelte es sich nur um eine leichterklärliche Gereiztheit gegen Herrn von Möllendorff, welche hervorgerufen war durch die mancherlei Schwierigkeiten, in welche die amtliche Tätigkeit des Genannten die koreanische Regierung verwickelt hatte.

Mit Bezug auf die Durchführung des Münzprojektes, die unter Leitung eines Deutschen versuchte Einführung der Seidenkultur und die Wünsche der deutschen Firma E. Meyer & Co. zeigen die koreanischen Beamten entschieden guten Willen und es ist wichtig, sie in dieser Stimmung zu erhalten, und nicht unbegründete Klagen über Beeinträchtigung deutscher Interessen zu erheben.

Eine Verstärkung der Truppen in Söul soll von dem chinesischen Vertreter angeregt worden sein, und es heißt jetzt, daß aus gewerbsmäßigen Jägern ein weiteres Bataillon gebildet und mit Waffen neuer Konstruktion ausgerüstet werden soll. Die Straßenpolizei wird neuerdings in viel strengerer Weise als hier zuvor gehandhabt. In der Hauptstadt ist auch bisher keinerlei Störung der Ruhe und Ordnung vorgefallen, doch kommt aus den Provinzen von Zeit zu Zeit eine Nachricht über Unruhen, die allerdings bis jetzt keine Ausdehnung gewonnen haben, welche aber doch von der Schwäche der Regierung einen häufig erneuerten Beweis geben.

gez. Budler.

Allgemeiner Bericht.

PAAA_RZ201-018907_045 ff.

Empfänger	Bismarck	Absender	Budler
A. 2590. pr. 22. Februar 1886. p. m.		Söul, d. 2. Januar 1886.	
Memo	Auszug v. Pg 9 bis „Beurteilung" besonders eingetragen sub A. 2590 a Söul, d. 2. Januar 1886 Ausz. mitg. d. 25. 2 n. London 209 J. № 6.		

A. 2590. pr. 22. Februar 1886. p. m.

Söul, d. 2. Januar 1886.

Lfde. № 2

Seiner Durchlaucht

dem Fürsten von Bismarck.

Euerer Durchlaucht

beehre ich mich den folgenden allgemeinen Bericht über die Ereignisse der letzten beiden Wochen ganz gehorsamst zu erstatten.

Es hat sich bestätigt, daß von koreanischen Unzufriedenen mit Hilfe japanischer Abenteurer allerdings ein Unternehmen gegen die koreanische Regierung geplant wurde, dasselbe scheint aber von vornherein sehr wenig Aussicht auf Erfolg gehabt zu haben und ist durch das schnelle Eingreifen der japanischen Regierung im Keime erstickt worden, auch wurden die von der chinesischen Regierung getroffenen, von mir bereits gemeldeten Vorsichtsmaßregeln wohl genügt haben, um die Ausführung desselben zu verhindern.

Über die in Japan erfolgten Verhaftungen dürfte Euerer Durchlaucht aus Tokio berichtet worden sein. Hier traf am 23. Dezember ein Beamter des japanischen Auswärtigen Amtes ein, welcher die Reise von Yokohama nach Chemulpo auf einem von der Regierung eigens zu dem Zweck gecharterten Dampfer in kurzer Zeit gemacht hatte, um hier und in Chemulpo nach verdächtigen japanischen Staatsangehörigen zu forschen und dieselben festzunehmen. Der japanische Vertreter erbat auch meine Hilfe, um festzustellen, bei welchen Reichsangehörigen Japaner im Dienst seien und diese zu vernehmen, und habe ich ihm dieselbe natürlich bereitwillig gewährt. Die angestellten Nachforschungen ergaben, daß in Söul keine verdächtigen Personen vorhanden waren, und auch von Chemulpo sollen nur zwei oder drei Individuen nach Japan zurückgebracht worden sein.

Die japanische Regierung hat sich augenscheinlich sehr bemüht, klar zu machen, daß sie ihr Bestes tun wollte, um zu verhindern, daß ihre Landesangehörigen den Frieden Koreas störten, und selbst der chinesische Vertreter erkannte dies bereitwillig an.

Über chinesische Vorbereitungen, um ein schleuniges Eingreifen beim Ausbruch irgendwelcher Unruhen in Korea zu ermöglichen, höre ich noch, daß in Port Arthur stets Schiffe und Truppen bereit sind, und auch an der chinesisch-koreanischen Grenze sollen jetzt etwa 7000 Mann zusammengezogen sein.

Auffallen mußte es bei Gelegenheit des letzten Zwischenfalles, wie ganz die koreanische Regierung sich auf Chinas Hilfe zu verlassen schien. Der Präsident des Auswärtigen Amtes hatte vielfache Besprechungen mit dem chinesischen Vertreter, und der letztere behandelte die ganze Angelegenheit augenscheinlich als eine von ihm zu erledigende, er besprach sich mit dem japanischen Geschäftsträger und sandte seine Beamten zu den fremden Vertretern, um vertraulich deren Meinung über die drohende Gefahr auszuforschen.

<Mehr und mehr scheint China die koreanischen Angelegenheiten selbst leiten zu wollen.

In hiesigen Beamtenkreisen erzählt man sich schon, es werde bald noch ein hoher Beamter von Peking hierher gesandt werden, der im Verein mit dem jetzigen chinesischen Vertreter die Entscheidung aller wichtigen Angelegenheiten zu treffen oder vorzubereiten habe, etwa wie dies in Tibet seitens China geschehe.

Als Ratgeber der koreanischen Regierung wird allerdings in allernächster Zeit hier der frühere General-Konsul der Vereinigten Staaten, Herr Denny, erwartet, aber auch er kommt anscheinend unter chinesischen Auspizien und dürfte in seiner Stellung von dem guten Willen des Generalgouverneur Li abhängig sein.

Von hiesigen Chinesen wird immer wieder hervorgehoben, welche große Wichtigkeit Korea für ihren Staat habe, und daß ihre Regierung alles daran setzen werde, maßgebenden Einfluß in diesem Land zu behalten.

Sie sagen, China könne Annam und Birmah wohl fahren lassen, diese seien wie eine Zehe am menschlichen Körper, Korea aber sei wie ein Arm, dessen Abtrennung von den verderblichsten Folgen für den ganzen Leib sein müßte.

Von koreanischer Seite wird mir berichtet, China habe die Weisung an Korea erteilt, die Auslieferung des viel genannten Kim Ok-kun[26] jetzt von Japan zu verlangen, und es

---

26 Einer der Hauptbeteiligten an dem Aufstand in Korea (Dez. 24), dem es gelang, nach Japan zu entfliehen, während andere Mitschuldige hingerichtet wurden.

seien Verhandlungen dieserhalb schon im Gange. Man hofft, wenn nicht die Auslieferung selbst, so doch die Einsperrung des Genannten zu erreichen, und die japanische Regierung soll bereits ihre Bereitwilligkeit, die betreffenden Wünsche nicht von der Hand zu weisen, habe erkennen lassen.[27]

Die Verhandlungen, welche zwischen Japan und Korea darüber geführt wurden, ob nicht durch die telegraphische Verbindung von Söul mit China ein früher mit Japan über das Pusan-Kabel abgeschlossener Vertrag verletzt worden sei, haben zu einem Abkommen geführt, nach welchem die koreanische Regierung sich verpflichtet, Söul mit Pusan durch eine Landlinie baldigst zu verbinden. Diese wird aber von chinesischer Seite gebaut werden, in ganz ähnlicher Weise wie die Linie von Söul nach der chinesischen Grenze, worüber ich ausführlich seiner Zeit berichtete habe (cf. Lfd. № 77 vom 13ten Oktober 1885.)

Die Verhandlungen betreffend den russisch-koreanischen Grenzhandel werden nun wohl in nächster Zeit beginnen:

Der russische Vertreter ist mit dem Studium der Bestimmungen über den chinesisch-koreanischen Grenzhandel zur Zeit beschäftigt.>

Die bereits zweimal von mir erwähnte, von der deutschen Firma E. Meyer & Co. negoziirte Anleihe von $: 100,000 ist endlich heute endgültig abgeschlossen und ein Abkommen darüber unterzeichnet worden. Der Betrag soll in vierteljährlichen Zahlungen in einem Zeitraum von zwei Jahren zurück gezahlt werden, und der Zinsfuß ist auf 10% festgesetzt worden. Sicherheit ist in den Einnahmen der Zollhäuser bestellt, und reichen diese aus, wenn nicht unerwartete Verwicklungen eintreten.

Es gelang, den chinesischen Vertreter und die koreanische Regierung davon zu überzeugen, daß die letztere nicht mit Ehren von den gemachten Zusagen ganz zurücktreten könne und daß der erstere nicht gut seine Hand dazu leihen dürfe, ein solches Verfahren zu erleichtern.

Die koreanischen, maßgebenden Persönlichkeiten mögen sich auch der Erwägung nicht verschlossen haben, daß es im Interesse ihres Handels und ihrer Zolleinnahme liegt, das einzige nichtasiatische Handelshaus, welches zugleich das einzige wirklich großkaufmännische Geschäft betreibt, ihrem Land zu erhalten, und daß die Zurückziehung desselben in Frage stand, darüber wurde ihnen kein Zweifel gelassen. Es ist dann auch gelungen, bei dieser Gelegenheit zu erreichen, was bisher trotz vielfach wiederholter Versuche gescheitert war, nämlich der deutschen Firma den Transport von Regierungsreis mindestens für ein weiteres Jahr zu sichern, und es ist jetzt wenigstens die Aussicht

---

27 ["Von koreanischer ⋯ lassen.": Durchgestrichen von Dritten.]

eröffnet, daß auch für spätere Jahre hiermit fortgefahren wird.

<Die Herren E. Meyer & Co. werden voraussichtlich den deutschen Dampfer „Hever" wieder chartern, der, wie ich berichtet habe, im vorigen Jahr 6 Monate lang zwischen Shanghai und Chemulpo lief, und die koreanische Regierung hat sich verpflichtet, diesen Dampfer für den Transport von mindestens 30.000 Picul Reis zu benutzen. Abweichend von dem vorjährigen Verfahren ist die Regierung bei dem Charter des Dampfers aber nicht selbst beteiligt.

Vielleicht gelingt es jetzt, das ganze Jahr hindurch das Schiff, mit Ausnahme zweier Wintermonate, auf der Linie zu halten. Ob es für die deutschen Postdampfer, welche verpflichtet sind, einen koreanischen Hafen anzulaufen, ausführbar sein möchte, wie man hier meinen sollte, eventuell diesen Dampfer zu benutze, um die Verbindung zwischen Nagasaki und Korea herzustellen, entzieht sich meiner Beurteilung.>

「Die Vorbereitungen für die Errichtung der koreanischen Münzanstalt dauern fort. Die deutschen Angestellten haben jetzt in Söul Wohnung genommen, und ihr Gehalt ist ihnen zum ersten Mal ausbezahlt worden.」

Schließlich möchte ich erwähnen, daß ein sehr einflußreicher Verwandter der Königin, Min Yong-ik, derselbe, welcher bei dem vorjährigen Aufstand als erstes Opfer der Aufrührer fast tödlich verwundet wurde, jetzt von Shanghai aus eine Reise nach Europa angetreten hat, und daß ihm vom König ein Einführungsschreiben mitgegeben worden ist.

Budler.

Inhalt: Allgemeiner Bericht.

Berlin, den 25. Februar 1886   A. 2590.

An

die Botschaft in

5. London, № 209

Eurer p. beehre ich mich anbei Auszug eines
Berichts des K. Konsulats in Söul vom 2ten v. M.,
betreffend die politische Lage in Korea, zu Ihrer
Information zu übersenden.

Anschrift der Vorlage

von Seite 4 - 7

mit Weglassung

des Dazwischengeschriebenen

N. d. U.

i. m.

Betreffend das Gerücht von einem Einfall Koreanischer politischer Flüchtlinge von Japan nach Korea.

PAAA_RZ201-018907_057 ff.

Empfänger	Bismarck	Absender	Brandt
A. 2811. pr. 27. Februar 1886. a. m.		Peking, den 2. Januar 1886.	

A. 2811. pr. 27. Februar 1886. a. m.

Peking, den 2. Januar 1886.

A. № 2.

Seiner Durchlaucht
dem Fürsten von Bismarck.

Nach einem seit einiger Zeit hier verbreiteten Gerücht soll der bei dem Aufstand in Seül im Winter 1884 am meisten beteiligst gewesene Koreaner Kim Ok Kim (Kim Yükün), welcher nach Japan geflüchtet war und sich augenblicklich noch dort aufhält, beabsichtigen, von dort aus mit einer Bande bewaffneter, koreanischer Flüchtlinge und japanischer Abenteurer einen Einfall nach Korea zu unternehmen.

Die koreanische Regierung soll militärische (!) Vorsichtsmaßregeln gegen eine derartige Eventualität ergriffen haben, und die japanische Regierung hat auf deswegen an sie von chinesischer Seite gerichtete Vorstellungen die Versicherung erteilt, daß sie von Japan ausgehende Unternehmungen des Kim Oh Kim mit allen ihr zu Gebote stehenden Mitteln verhindern werde.

Die Minister des Tsungli Yamen, welchen ich die vorstehenden Mitteilungen verdanke, fügten hinzu, daß, sollte es notwendig werden, China leicht über See Truppen nach Korea würde werfen können.

Brandt.

Inhalt: Betreffend das Gerücht von einem Einfall Koreanischer politischer Flüchtlinge von Japan nach Korea.

Allgemeiner Bericht.

PAAA_RZ201-018907_060 ff.

Empfänger	Bismarck	Absender	Budler
A. 3218. pr. 9. März 1886. a. m.		Söul, den 18. Januar 1886.	
Memo	s. Erl. v. 10. 3 n. Petersburg 187, London 270, Söul J. № 51.		

A. 3218. pr. 9. März 1886. a. m.

Söul, den 18. Januar 1886.

Lfde № 6.

Seiner Durchlaucht

dem Fürsten von Bismarck.

Eurer Durchlaucht

beehre ich mich aus den letzten Wochen das Folgende ganz gehorsamst zu berichten. Von chinesischer Seite sind 200 Mann Infanterie mit einem Kriegsschiff nach Chemulpo geschickt worden, sind aber nicht gelandet, was ohne Einwilligung der japanischen Regierung vertragswidrig wäre, sondern sollen an Bord eines der chinesischen Schiffe bleiben, bis ein dringendes Bedürfnis für ihre Verwendung an Land eintritt. Diese Vorsichtsmaßregel ist infolge der letzten Befürchtungen getroffen, bleibt aber immerhin bemerkenswert. Es wird berichtet, der König habe schon wiederholt China gebeten, wieder Truppen nach Söul zu legen, und dies scheint bei dem ängstlichen Charakter des Herrschers ganz glaublich, der General-Gouverneur Li hätte das Zumuten aber unter Berufung auf den chinesisch-japanischen Vertrag zurückgewiesen.

Ein weiterer Gegenstand der Sorge für den Hof und das Volk bleibt die Frage des russisch-koreanischen Grenzhandels. Von koreanischer Seite wird mir hierüber Folgendes gemeldet. Schon vor zwei Jahren hätte China einen Kommissar an die chinesisch-koreanische Grenze geschickt, und dieser habe festgestellt, daß chinesisches Gebiet am Flusse Tumen von den Russen besetzt gehalten werde. Er habe dagegen Verwahrung eingelegt, worauf die russische Militärbehörde sich bereit erklärt hätte, binnen kurzer Zeit das fragliche Gebiet zu räumen. Dies sei aber nicht geschehen. China wolle auf die Rückgabe dringen, und, da Russland schwerlich jetzt noch nachgeben werde, so könne es leicht zu Feindseligkeiten zwischen beiden Ländern kommen. Das streitige Gebiet aber sei gerade dasjenige, in welchem der Grenzhandel eintretenden Falles mit Rußland stattfinden würde.

Diese Meldung erscheint so weit glaubwürdig, wie es sich um das Bestehen von Meinungsverschiedenheiten zwischen Rußland und China über die Grenzlinie in der Nähe des Tumen handelt. Ich tue der Nachricht um so eher Erwähnung, als der Kaiserliche Gesandte in Peking mir vertraulich mitteilt, es sei ein chinesischer Bevollmächtigter für die Mandschurei

ernannt worden, weil bisher den vielen, kleinen Grenzverletzungen durch die Russen nicht gesteuert werden könne. Die Verhandlungen zwischen dem hiesigen russischen Vertreter und dem koreanischen Auswärtigen Amt betreffend den Grenzhandel haben noch nicht begonnen.

Betreffend Port Hamilton wird von koreanischen Beamten jetzt die Hoffnung

geäußert, daß die Engländer die Inseln zurückgeben werden. Sie berufen sich darauf, daß nur wenige Schiffe mehr dort stationierten, daß die Bauten nicht fortgeführt werden und daß das Telegraphenkabel, welches gebrochen ist, nicht wieder in Stand gesetzt worden ist. Eine Antwort der englischen Regierung auf die neuerliche koreanische Anfrage scheint aber noch nicht eingegangen zu sein.

Den Bau der telegraphischen Linie zwischen Söul und Pusan hat sich Korea Japan gegenüber verpflichtet, vor Schluß dieses Jahres zu beendigen. Dagegen hat letzteres ausdrücklich auf irgendein Recht der Einmischung in die Verwaltung der Linie verzichtet.

Der Betrag der von der koreanischen Regierung bei dem deutschen Hause aufgenommenen Anleihe ist nachträglich von $ 100.000.- auf 20.000 Sterling abgeändert worden. Die Regierung wünschte $ 10.000.- mehr zu erhalten, in Hamburg wollte man sich, scheint es, auf alle Fälle gegen Kursverlust

sichern, was freilich durch Vertrag schon zugestanden war, und da koreanischerseits keine Einwände erhoben wurden, so kam die obige Abänderung zur Ausführung.

An den Geburtstagen des Königs, der Königin, des Kronprinzen und der Königin Mutter erhalten die fremden Vertreter die Einladung, in den Palast zu kommen, und werden von dem König sowie von dem Kronprinzen empfangen. Der König erkundigt sich bei diesen Gelegenheiten stets sehr angelegentlich nach dem Befinden Seiner Majestät des Kaisers. Es würde wohl nützlich sein, wenn ich beauftragt werden könnte, gelegentlich dem König von seiner Majestät dem Kaiser eine entsprechend freundliche Äußerung mitzuteilen.

Die Aussichten für unsere deutschen Kaufleute in Korea sind im allgemeinen immer noch ungünstige. Die Chinesen scheinen jetzt auch in einen nachdrücklichen Wettbewerb um Schiffahrt, industrielle Unternehmungen u. s. w. eintreten zu wollen, und da sie großen

Einfluß hinter sich haben, wird ihnen wohl gelingen, wo irgend sich vorteilhafte Unternehmungen bieten, sich in erster Linie an denselben zu beteiligen. Vielleicht gelingt es, da die hiesigen Chinesen nicht die nötige Erfahrung besitzen und auch nicht über das erforderliche Kapital verfügen für deutsche Kaufleute eine Beteiligung an den Vorteilen etwaiger, von chinesischer Seite erreichter Zugeständnisse der koreanischen Regierung zu erlangen.

Budler.

Inhalt: Allgemeiner Bericht.

Berlin, den 10. März 1886.   A. 3218.

An   Eurer p. beehre ich mich anbei Abschrift eines
die Botschaft in   Berichts des K. Konsulats in Söul vom 18. 1.,
1. Petersburg № 187   betreffend die politische Lage, zu Ihrer vertraulichen
5. London № 270   Information zu übersenden.

Anschrift der Vorlage   N. d. U.
ohne bis p. 5   i. m.

Berlin, den 10. März 1886.

A. 3218

An
tit. Herrn Budler
Söul A. 2.

a. 11. 3 z. Post N
p. A. Konsulat Nagoya mit
Bitte um Weiterbeförderung
durch schnellste und sicherste
Gelegenheit

Unter Bezugnahme auf die in dem gef. Bericht № 6 gemachte Mitteilung, daß der König von Korea sich wiederholt und angelegentlich nach dem Befinden Seiner Maj. des Kaisers erkundigt hat, ermächtige ich Ew. tit., bei passender Gelegenheit zu erkennen zu geben, daß Seine Majestät durch diesen Beweis von Teilnahme erfreut worden ist und befohlen haben, dem König dafür Allerhöchsten Dank auszusprechen.

N. d. U

Berlin, den 28. März 1886.   Zu A. 3748

Promemoria
betr. die deutschen
Handelsinteressen
auf Korea.

Der Gesamthandel von Korea wird in englischen Berichten
für 1883 auf rund 3.367,000 Mexikan. Dollar beziffert.
Unsere Konsulatsberichte weisen für 1883 auf: Für den Hafen
Chemulpo (Ein- und Ausfuhr) rund 1.400.000 M. Dollar; für
den Hafen Pusan 1.384.000 M. D. Das Jahr 1884 ist für den
Handel schlecht gewesen, und wird der Umsatz der Häfen
Chemulpo und Pusan für das erste Halbjahr 1884 auf 327.00
resp. auf 351.000 M. Dollar angegeben. An Deutschen
befanden sich auf Korea im J. 1883, außer den Beamten, 9
davon in Söul, in Chemulpo 3, in Guensan 4. - Der K. Konsul
in Söul berichtet sowohl im Februar 1885 als auch im Januar
d. J, daß das deutsche Handelsinteresse in Korea sehr gering,
die Aussichten dafür schlecht seien. Dasselbe berichtete im
Januar v. J. der Gen.-Konsul in Shanghai. Im Januar 1885
waren auf Korea 16 Deutsche, davon 13 Beamte nebst
Familien und 3 Kaufleute in Chemulpo. Infolge der Unruhen
von 1884 haben sich die englischen und amerikanischen
Firmen zurückgezogen. Im Juni 1884 hat das Hamburger
Haus Eduard Meyer ein Zweighaus in Chemulpo eröffnet und
im J.1885 einen gecharterten deutschen Dampfer „Hever" 6 Monate lang zwischen
Chemulpo, Nagasaki und Shanghai laufen lassen. Nach einem Bericht des Konsuls in Söul
(i. a. Handelssachen 39 act. I, Subvention von Dampferlinien nach Asien) hofft die Firma
das Schiff das ganze Jahr über, mit Ausschluß der zwei Wintermonate, in Dienst halten
zu können. Der Konsul erwähnt, daß der Bremer Lloyd vielleicht das Schiff für Herstellung
der Verbindung mit Nagasaki benutzen könnte.

Die Firma Meyer hat einen Vertrag mit der koreanischen Regierung auf ein gewisses
Jahresquantum an Fracht. Im Übrigen besteht nur noch japanische Schiffsverbindung.
Anlagen zur Glasfabrikation, Seidenzucht, zur Errichtung einer Münze sind unter Leitung
von Deutschen gegenwärtig im Entstehen. Die koreanische Regierung hat mit der Deutschen
Bank eine Anleihe von 500.000 Mk. abgeschlossen. - Seit dem im vorigen Jahre erfolgten
Sturz J. von Möllendorffs sind Amerikaner an seine Stelle getreten. - Ueber etwaige
Seezeichen und Betreuung in den koreanischen Häfen ist hier nichts bekannt.

27. 3

Betreffend das Engagement des früheren amerikanischen General-Konsuls Denny für die koreanische Regierung.

PAAA_RZ201-018907_074 ff.			
Empfänger	Bismarck	Absender	Brandt
A. 4469 pr. 6. April 1886. a. m.		Peking, den 4. Februar 1886.	
Memo	Cfr. 6135		

A. 4469 pr. 6. April 1886. a. m.

Peking, den 4. Februar 1886.

A. № 38.

Seiner Durchlaucht

dem Fürsten von Bismarck.

Im Anschluß an meinen ganz gehorsamsten Bericht A. № 207 vom 29ten September und A. № 219 vom 14ten Oktober v. J., betreffend den Versuch Li-hung-changs, den früheren amerikanischen General-Konsul in Shanghai, Herrn Denny, an Stelle des Herrn von Möllendorff für die koreanische Regierung zu engagieren, beehre Eurer Durchlaucht ich mich nunmehr zu melden, daß weitere Bemühungen und, wie ich annehmen möchte, günstigere Bedingungen den p. Denny vermocht haben, die angebotene Stellung anzunehmen. Derselbe dürfte Ende Dezember San Francisco verlassen haben, und seine Ankunft in Korea daher in nicht zu langer Zeit zu erwarten, falls nicht bereits erfolgt, sein. Herr Denny hat übrigens in San Francisco dortigen Zeitungs-Reportern gegenüber sein Engagement als durch die koreanische Regierung erfolgt dargestellt.

Brandt.

Inhalt: betreffend das Engagement des früheren amerikanischen General-Konsuls Denny für die koreanische Regierung.

Betreffend die politischen Antezedenzien des chinesischen Residenten in Korea.

PAAA_RZ201-018907_077 f.

Empfänger	Bismarck	Absender	Brandt
A. 4470 pr. 6. April 1886.		Peking, den 8. Februar 1886.	
Memo	Mitg. 7. 4 nach London 354, Petersburg 233, Tokio 5		

A. 4470 pr. 6. April 1886. a. m.

Peking, den 8. Februar 1886.

A. № 42.

Seiner Durchlaucht

dem Fürsten von Bismarck.

In meinem ganz gehorsamsten Bericht A. № 142x vom 26. Juni v. J. hatte Eurer Durchlaucht ich über die Äußerungen zu berichten die Ehre gehabt, welche von Mitgliedern des Tsung- li Yamen in Betreff des, von Li Hung-chang in einem abschriftlich dem erwähnten Bericht beigefügten Schreiben desselben an den japanischen Botschafter Ito über das Verhalten der chinesischen Truppen in Söul während der dort stattgehabten Emeute im Winter 1884 ausgesprochenen Tadels gemacht worden waren.

Zur Charakteristik des Verfahrens der chinesischen Regierung, oder wohl richtiger Li Hung-changs, welchem in den koreanischen Angelegenheiten ziemlich freie Hand gelassen zu werden pflegt, beehre Eurer Durchlaucht ich mich nunmehr zu melden, daß der vor kurzem nach Korea entsendete Chinesische Resident Yüan schick Tschieh (der Vize-Konsul Budler setzt für das Dschiek, wai, was mittel-chinesische Aussprache ist) derselbe Beamte ist. welcher den Angriff der chinesischen Truppen auf das von den Japanern besetzte Palais des Königs von Korea befahl und leitete und damit die Hauptveranlassung zu dem Konflikt zwischen Japan und China gab.

Den japanischen einheimischen Zeitungen nach zu urteilen macht die Sache in Japan viel böses Blut und wird jedenfalls nicht dazu beitragen, die Beziehungen zwischen den beiden Ländern, namentlich mit Bezug auf Korea, freundlicher zu gestalten.

Brandt.

Inhalt: betreffend die politischen Antezedenzien des chinesischen Residenten in Korea

Berlin, den 7. April 1886.

An

die Missionen

1. London № 354

2. Petersburg № 233

3. Tokio A. 5

Eurer pp. beehre ich mich anbei Abschrift eines Berichts des K. Gesandten in Peking vom 8. 2 d. Mts., betreffend die politischen Antezedenzien des chinesischen Residenten in Korea, zur gefälligen, persönlichen Information zu übersenden.

N. d. U.

i. m.

[   ]

PAAA_RZ201-018907_081 ff.

Empfänger	Bismarck	Absender	Budler
A. 5011 pr. 20. April 1886.		Söul, 5. Februar 1886.	
Memo	cfr. 5575		

A. 5011 pr. 20. April 1886. a. m.

№ 11

Söul, 5. Februar 1886.

Seiner Durchlaucht
dem Fürsten von Bismarck.

p. p.

Die Nachrichten über das Bestehen von Meinungsverschiedenheiten zwischen Rußland und China über die Grenzlinie in der Nähe des Tumen gewinnen an Glaubwürdigkeit, und es scheinen Verhandlungen zwischen den beiden Regierungen über diesen Punkt bevorzustehen. Auch von Seiten eines hiesigen, russischen Beamten wurde mir Obiges bestätigt. Das Gebiet, um welches es sich handelt, wird von den Chinesen Hei-Ting-Tzü, von den Koreanern Lo-Siön-Tong genannt. Die chinesische Regierung scheint für einen nicht friedlichen Ausgang dieser Verhandlungen Vorsorge zu treffen. Vor kurzem kamen hier mehrere chinesische Militärs an, die zu den an der chinesisch-koreanischen Grenze aufgestellten Truppenteilen gehören, und ich erfahre, daß sie beauftragt waren, topographische Aufnahmen für militärische Zwecke in Korea zu machen, sowie alle dienlichen Erkundigungen einzuziehen; und zwar handelte es sich darum, festzustellen, in welcher Zeit die Hauptstadt von der Grenze aus in Eilmärschen von größeren Heeres-Abteilungen zu erreichen ist, welche Vorräte für die Verpflegungen der Truppen vorhanden sind, an welchen Stellen geeignete Verteidigungs-Werke geschaffen werden können u. s. w.. Man wolle den Russen auf alle Fälle in der Besetzung der Hauptstadt Söul zuvorkommen und auch die nach Peking führende Straße nicht in ihre Hand fallen lassen.

Daß China den Dingen in Korea eine ganz außerordentliche Aufmerksamkeit zur Zeit widmet, darüber kann kein Zweifel mehr bestehen. Bis zu welchem Grade es sich in die inneren und äußeren Angelegenheiten seines Vasallenstaates einmischen wird, dürfte lediglich von seinem eigenen Ermessen abhängen; auf irgendeinen Widerstand, seitens der Beamten oder seitens des Volkes im Lande selbst, möchte es schwerlich stoßen, solange wenigstens der Schein einer Sonderexistenz dem Herrscher und dem Volk gelassen wird.

Das Schicksal Birmas hat bei den Koreanern viel Aufmerksamkeit erregt. Ich hoffe, es wird sie lehren, ihren Verpflichtungen gegen fremde Staatsangehörige stets pünktlich nachzukommen.

Gez : Budler.

Allgemeiner Bericht.

PAAA_RZ201-018907_085 ff.

Empfänger	Bismarck	Absender	Budler
A. 5575 pr. 3. Mai 1886. a. m.		Söul, den 8. März 1886.	
Memo	J. № 169.		

A. 5575 pr. 3. Mai 1886. a. m.

Söul, den 8. März 1886.

Lfde. № 15

Seiner Durchlaucht

dem Fürsten von Bismarck.

Eurer Durchlaucht

beehre ich mich im Verfolgt meines Berichts vom 5. Februar das Nachstehende ganz gehorsamst über die hiesigen Verhältnisse zu melden.

Von der russisch-koreanischen Grenzfrage hat nichts Neues verlautet. Dagegen sind mir Nachrichten über Verhandlungen zugetragen worden, die neuerdings zwischen Korea und China über ein Gebiet stattgefunden haben, welches zwischen einem nördlichen und einem südlichen Arm des Flusses Tumen eingeschlossen liegt. Die koreanische Regierung behauptet, der nördliche Arm sei von dem Kaiser Kang hi als Grenzfluß festgesetzt und als solcher durch Grenzsteine und ein Monument mit entsprechender Inschrift gekennzeichnet worden. Freilich hätte der streitige Landstrich unbewohnt bleiben sollen, und die koreanischen Beamten hätten ihre Pflicht vernachlässigt, als sie es geschehen ließen, daß in demselben die Äcker bestellt und Wohnungen errichtet worden seien. Da sich die Ansiedler aber in ihrer neuen Heimat wohlfühlen und dieselbe kläglich südlich des Grenzflusses liege, also koreanisches Gebiet ausmache, so werde von der Gnade des Kaisers erhofft, daß er das Verbleiben der Zuzügler in jenem Distrikt gestatten und die früheren Grenzverhältnisse unverändert fortbestehen lassen werde.

Da die koreanischen Ansprüche gerechtfertigt zu sein scheinen, und von chinesischer Seite auf das streitige Gebiet kein besonderer Wert gelegt werden dürfte, so wird diese Grenzfrage wohl bald erledigt werden, jedenfalls aber zu keinen erheblichen Schwierigkeiten Veranlassung geben, da China in der Lage sein würde, seinen Willen einfach durchzusetzen.

Wie weit China in die Verhältnisse Koreas regelnd eingreift, hat sich in den letzten

Tagen wieder deutlich gezeigt.

Ein Angestellter des alten Regenten war im Palast des letzteren, ohne Benachrichtigung an diesen, von der Polizei, angeblich auf direkten Befehl des Königs, verhaftet worden.

Der Regent hatte darauf von seinen Leuten die bei dieser Verhaftung beteiligten Polizisten aus der Polizei-Station holen und hatte sie auf das härteste körperlich züchtigen lassen. Aus diesen Anfängen entwickelte sich ein Konflikt zwischen dem Regenten und dem König, der die Bevölkerung in die größte Aufregung versetzte. Man erwartete, daß der Streit der Anfang von ernsten Unruhen und von blutigen Zusammenstößen zwischen den Anhängern des Regenten und denen der Königin, denn um diese handelt es sich im letzten Grunde, sein werde. Da begab sich der chinesische Vertreter zu dem alten Regenten und, nach seinen eigenen, mir gegenüber gemachten Darstellungen, die anderweitig bestätigt werden, gelang es ihm bald, durch ernste Vorstellungen die Wut des Taiwenkun zu beschwichtigen und ihn sowie seine Anhänger von Ruhestörungen abzuhalten. Es war ersichtlich, daß der genannte Vertreter diesen Erfolg seinem Einfluß zugeschrieben zu sehen wünschte, er fügte hinzu, er werde, sobald die Aufregung vorüber, weitere Schritte tun, um für die Zukunft ähnlichen Vorkommnissen vorzubeugen. Man darf gespannt sein, welches diese Schritte sein werden und wird später auch wohl erkennen können, ob der Vorfall als gewünschte Gelegenheit benutzt wurde oder nicht. Der König scheint zu fürchten, daß man den Taiwenkun an der Regierung wieder Teil nehmen lassen will, doch es ist im Augenblick noch nicht möglich, eine klare Einsicht in diese Verhältnisse zu gewinnen.

Der chinesische Vertreter hat durch sein diesmaliges Auftreten allerdings Befugnisse ausgeübt wie sie einem „Residenten" zuzustehen pflegen. Diesen Titel führt der Genannte noch immer auf seinen Karten und fängt derselbe an, sich einzubürgern. Da es als Unhöflichkeit betrachtet werden würde, wenn ihm der Titel vorenthalten würde, so habe auch ich denselben gelegentlich gebraucht.

Hier muß ich eine Äußerung des russischen Vertreters erwähnen, die allerdings in einem Privatgespräch gemacht wurde, die mir aber für russische Ansichten zu bezeichnend scheint, als daß ich sie nicht wiedergeben sollte. Ich sprach von der Karte des chinesischen Beamten und dem Titel „Resident", darauf rief Herr Waeber sehr erregt: Ich würde ihm die Karte vor seinen Augen zerreißen." Das würde er nun wohl in Wirklichkeit unterlassen, aber die Äußerung zeugt doch von der gereizten Stimmung, die der praktischen Ausübung der chinesischen Souveränität in Korea auf russischer Seite begegnet.

Den meisten Fremden wird diese Ausübung wohl nicht unwillkommen sein, solange sie die Aufrechterhaltung der Ordnung im Lande verbürgt. Und das hat sie diesmal zweifellos getan. Der gemeldete Streit würde ohne die Einmischung Chinas höchst wahrscheinlich größere Unruhen im Gefolge gehabt haben. Das um so mehr, als die Zahl der Leute, die aus Raub und Diebstahl ihr Gewerbe machen, in erschreckender Weise in der Zunahme begriffen ist.

Auch in der Hauptstadt selbst sind jetzt Einbruchsdiebstähle häufig. Wir können aus eigener Erfahrung darüber urteilen, da in den letzten Nächten die Diebe sowohl unserem koreanischen Nachbarn zur Rechten als dem zur Linken einen Besuch machten, der auch unser Gehöft in Aufregung versetzte.

Der Preis von Reis ist sehr gestiegen, die Regierung versuchte den Reishändlern eine Maximalrate aufzuerlegen, diese weigerten sich, und die Folge ist, daß es sehr schwer ist, überhaupt Reis zu erlangen. Das trägt dazu bei, die Gemüter in Aufregung zu erhalten.

Im Hofhalt der Königin werden große Geldmittel gebraucht, und Geschenke der Beamten werden angenommen, die durch irgendwelche Gunstbeweise ausgeglichen werden müssen. Die Günstlinge wechseln je nach der Höhe der gemachten Beiträge. So heißt es im Volk, und die Übertreibung dürfte hier nicht gerade stark sein.

Eine Maßregel des Königs ist zu erwähnen, die, wenn durchgeführt, seinem Wirken einige Anerkennung in europäischen Ländern verschaffen wird. Er hat durch feierliches Edikt angekündigt, daß er beabsichtigt, den Nachkommen aller hörigen Personen die Freiheit zu schenken, oder, wie der Erlaß sich ausdrückt, es soll Hörigkeit nur für die Lebensdauer des Einzelnen bestehen, nicht aber, wie bisher, die Kinder der Hörigen ergreifen. Hohe Beamte sind angewiesen, ein Statut nach diesem Grundsatze auszuarbeiten, indes es bleibt abzuwarten, ob die Ausführung der Maßregel der obigen Ankündigung auch wirklich entsprechen wird.

Des folgenden Vorkommnisses will ich ganz kurz Erwähnung tun. Chinesische Kaufleute hatten wiederholt Ginseng geschmuggelt, sie waren mit den fremden Zollbeamten hierdurch in Konflikt gekommen und machten einen Angriff auf dieselben und auf das Zollgebäude, in dem sie einiges Mobiliar zerstörten. Die Hauptteilnehmer an diesem Angriff sind von dem chinesischen Vertreter gezwungen worden, Korea zu verlassen, von einer sonstigen Bestrafung derselben aber hat man noch nicht gehört.

Die deutsche Firma hat jetzt den deutschen Dampfer „Hever" gechartert, und wird derselbe seine Fahrten Ende März beginnen.

Das Seidenkultur-Unternehmen des Herrn Maertens hat durch dasselbe Haus eine Unterstützung gefunden, indem eine Summe von $ 7000.- demselben vorgestreckt worden ist, wogegen er sein Gehalt verpfändet hat. Dies geschah, weil die Regierung für das Unternehmen kein Geld mehr hergeben wollte und Herr Maertens selbst die Durchführung desselben zu sichern suchte, indem er sein eigenes Gehalt für die Förderung desselben verwendete.

Budler.

Inhalt: Allgemeiner Bericht.

Betreffend die Mitteilung des früheren amerikanischen General-Konsuls Denny bei der koreanischen Regierung.

\multicolumn{4}{l}{PAAA_RZ201-018907_097 ff.}			
Empfänger	Bismarck	Absender	Brandt
A. 6135 pr. 17. Mai 1886. a. m.		Peking, den 26. März 1886.	
Memo	A. 6557		

A. 6135 pr. 17. Mai 1886. a. m.

Peking, den 26. März 1886.

A. № 73

Seiner Durchlaucht

dem Fürsten von Bismarck.

Im Anschluß an meinen ganz gehorsamsten Bericht A. № 38 vom 4. Februar 1886, betreffend das Engagement des früheren amerikanischen General-Konsuls in Shanghai, Mr. Denny, als Ratgeber für die koreanische Regierung, beehre Eurer Durchlaucht ich mich, zu melden, daß Herr Denny vor einigen Tagen in Tientsin eingetroffen ist.

Nach mir von dort zugegangenen Mitteilungen würde derselbe durch Li-hung-chang für ein Jahresgehalt von 10.000 Taels[28] (nach anderen Quellen von 1000 Taels monatlich) als Ratgeber des Königs von Korea mit dem Rang eines Vizepräsidenten des Auswärtigen Ministeriums engagiert worden sein. Das Gehalt würde nominell von der koreanischen Regierung, als in deren Diensten stehend er auch angesehen werden würde, in Wirklichkeit aber von Li-hung-chang gezahlt werden, und habe sich Herr Denny dazu verpflichten müssen, alle ihm von Li-hung-chang zugehenden Weisungen auszuführen, und überhaupt in Allem im Interesse der chinesischen Regierung zu wirken.

Ich habe keine Veranlassung an der Richtigkeit dieser für die Beziehungen zwischen China und Korea, wie für die Bemühungen Li-hung-changs, dem chinesischen Einfluß in Korea immer mehr Geltung zu verschaffen, sehr bezeichnenden Angaben zu zweifeln.

Brandt.

Inhalt: Betreffend die Mitteilung des früheren amerikanischen General-Konsuls Denny bei der koreanischen Regierung.

---

28 circa 60,000 Mk.

[   ]

PAAA_RZ201-018907_100

Empfänger	[o. A.]	Absender	[o. A.]
A. 6135 pr. 17. Mai 1886. a. m.		Peking, den 26.März 1886.	

Abschrift

A. 6135 pr. 17. Mai 1886. a. m.

Peking, den 26.März 1886.

A. № 73.

Hamburg G. mith.

ist unser Vertreter in Korea schon dort? haben wir Verbindung mit ihm?

Berlin, den 17. Mai 1886.

G. A.

S.D. wünscht auszugsweise
Mitteilung des Berichtes
durch Postschiff
nach Korea.
18. 5. 86.

In Erledigung der Randbemerkung Seiner Durchlaucht
zu dem Bericht aus Peking vom 26. März wird
gehorsamst angezeigt, daß, nach den letzten Eingängen
aus Korea, die deutschen Interessen daselbst noch durch
den Vize-Konsul Budler vertreten waren, mit dem das
Auswärtige Amt in regelmäßigem Verkehr steht. – Der
für Korea ernannte General-Konsul Kempermann hat
Manila am 26. März verlassen, um sich via Honkong
und Schanghai auf seinen Posten zu begeben, den er
etwa Mitte April erreicht haben dürfte.

Lindau.

Berlin, den 18. Mai 1886   A. 6135(I Ang.)

An
Tit. Herrn Kempermann

Postziffern

Söul № A. 3

Zu Eurer vertraulichen Information. Der K. Gesandte in Peking berichtet unterm 26. März, daß Herr Denny, der neuernannte Ratgeber für die koreanische Regierung, in Tientsin eingetroffen ist. – Seine Ernennung, mit dem Range eines Vizepräsidenten des Auswärtigen Ministeriums und einem jährl. Gehalt von 10 – 12000 Taels, soll Denny dem Li-hung-chang verdanken. Denny würde nur nominell Angestellter der koreanischen Regierung sein, tatsächlich im Dienst Li-hung-changs stehen und von diesem auch sein Gehalt beziehen. Der K. Gesandte in Peking erblickt in dem Vorgang ein neues Anzeichen der dortigen Bemühungen, den chines. Einfluß in Korea zur Geltung zu bringen.

N. d. U.

Berlin, den 18. Mai 1886.

A. 6135(II. Angabe)

An

den königlichen Gesandten

Herrn von Kusserow
Hochwohlgeboren
R. D. S.

Hamburg № 106

In Verfolg meines Erlasses vom 23. Januar 1870 (№ 3.) beehre ich mich Eurer Hochwohlgeboren beifolgenden Bericht des K. Gesandten in Peking vom 26. März, die Stellung des früheren, amerik. General-Konsuls Denny bei der koreanischen Regierung betreffend originaliter sub fide remissionis ergebenst zu übersenden.

I. V. d. R. K.

i. m.

Betreffend die Mitteilung des früheren amerikanischen General-Konsuls Denny bei der koreanischen Regierung.

PAAA_RZ201-018907_104 f.			
Empfänger	Bismarck	Absender	Kusserow
A. 6557 pr. 27. Mai 1886. a. m.		Hamburg, den 26. Mai 1886.	

A. 6557 pr. 27. Mai 1886. a. m. 1 Anl.

Hamburg, den 26. Mai 1886.

№ 91.

Seiner Durchlaucht
dem Fürsten von Bismarck.

Eurer Durchlaucht beehre ich mich mit Bezug auf den hohen Erlaß vom 18. d. M. № 106, den Bericht des Kaiserlichen Gesandten in Peking vom 26. März über die Stellung des früheren amerikanischen General-Konsuls Denny bei der koreanischen Regierung, hierneben gehorsamst zurückzureichen, nachdem ich den Senaten von Hamburg und Bremen von dem Inhalt desselben vertraulich Kenntnis gegeben habe.

v. Kusserow

Inhalt: Betreffend die Mitteilung des früheren amerikanischen General-Konsuls Denny bei der koreanischen Regierung. 1 Anlage

Allgemeiner Bericht.

PAAA_RZ201-018907_106 ff.

Empfänger	Bismarck	Absender	Budler
A. 6716 pr 31. Mai 1886. a. m.		Söul, den 3. April 1886.	
Memo	Cfr. 8391 J. № 261		

A. 6716 pr 31. Mai 1886. a. m.

Söul, den 3. April 1886.

Lfd. № 20.

Seiner Durchlaucht

dem Fürsten von Bismarck.

Eurer Durchlaucht

beehre ich mich, im Verfolg meines Berichtes vom 8. März, das Nachstehende über die hiesigen Verhältnisse ganz gehorsamst zu melden.

Betreffend das Verhältnis zwischen dem Taiwenkun und dem König ist anscheinen wieder alles beim alten; es wird freilich behauptet, daß seitens China Maßnahmen, um den Exregenten wieder an die Regierung zubringen, vorbereitet werden, doch ist nichts Zuverlässiges hierüber in Erfahrung zu bringen. Vor kurzem verlautete, der Genannte habe nach China zurückkehren wollen, der Kaiser habe aber seine Einwilligung verweigert. Die Entwicklung dieser Dinge bleibt abzuwarten.

Voraussichtlich werden Chinas Bestrebungen dahin gerichtet bleiben, seine Einwirkung auf die Gestaltung der politischen Dinge in Korea möglichst zu vermehren, wenn möglich, ohne nach außen hin mehr Verantwortlichkeit als bisher zu tragen.

Das seit dem Vertrag von 1637 bestehende Verhältnis zwischen China und Korea, nach welchem ersteres das souzeraine Reich ist und letzteres der Vasallenstaat, ein Verhältnis, dessen Bestehen von niemandem bestritten wird, ist nach den Anschauungen der beteiligten inhaltlich so dehnbar, daß die staatliche Unabhängigkeit Koreas in Wirklichkeit stark in Frage gestellt sein kann, während angeblich nur die althergebrachten Beziehungen zwischen Souzerain und Vasall fortbestehen.

Der schon lange erwartete, neue Ratgeber der koreanischen Regierung, der frühere amerikanische General-Konusl in Shanghai, Herr Denny, ist jetzt hier eingetroffen. Er hatte sich zunächst nach Tientsin begeben, um mit dem chinesischen Leiter der koreanischen Dinge, Li Hung-Chang, Rücksprache zu nehmen, und ist auf einem chinesischen Kriegsschiffe nach Korea gebracht worden. Der König hat ihn bereits empfangen, und scheint es, was bisher noch von mancher Seite bezweifelt wurde, daß er seinen Dienst wirklich antreten wird; der königliche Erlaß betreffend seine Anstellung ist aber noch nicht erschienen. Auch beabsichtigt er, zunächst nach Shanghai zurückzukehren, und dürfte noch einige Zeit vergehen, eher seine Wirksamkeit beginnt.

Herr Denny äußert freilich, daß er nicht nach Korea gekommen sei, um amerikanische Interessen zu fördern, indes er sagt auch, nur wenn sonst alle Bedingungen gleich, werde er Amerikanern den Vorzug geben, und damit allein wäre bereits ausgesprochen, daß seine Landsleute einen erheblichen Vorsprung vor anderen Mitbewerbern haben würden. Im übrigen wird er wahrscheinlich dazu neigen, chinesische und japanische Wünsche zu berücksichtigen. Für den deutschen Vertreter dürfte es sich empfehlen, mit Herrn Denny möglichst freundschaftliche Beziehungen zu pflegen, vor allem aber den Verkehr mit den maßgebenden koreanischen Beamten selbst aufrecht zu erhalten und durch deren Einfluß die deutschen, kaufmännischen Interessen zu fördern, sobald sich eine Gelegenheit bietet.

Vor kurzem erschien in dem hiesigen Staatsanzeiger ein königlicher Erlaß, durch welchen ein koreanischer Vertreter für Tokio ernannt wird. Zur Begründung dieser Maßnahme wird hervorgehoben, daß mit Japan enge Beziehungen bestehen und die Geschäfte sich sehr gemehrt haben. Der diplomatische Rang des Ernannten ist aus den chinesischen Zeichen nicht klar zu erkennen, doch dürfte die Bestallung eines Minister-Residenten beabsichtigt sein. Dieser Schritt ist bedeutsam. Bisher hatte Korea einen ständigen Abgeordneten nur bei dem General-Gouverneur von Chihli, in Tientsin.

Die Bezeichnung dieses letzteren ist kürzlich geändert worden. Bisher wurde er lediglich als „in Tientsin residierender, hoher Beamter" bezeichnet, jetzt heißt er „der mit Leitung der Handelsangelegenheiten beauftragte hohe Beamte", seine Tätigkeit wird also ausdrücklich auf Handelssachen beschränkt. Die politischen Angelegenheiten werden von dem chinesischen Vertreter in Söul bearbeitet und von dem General-Gouverneur Li Hung-Chang in direkter Korrespondenz mit dem König erledigt.

Über Anzeichen, die darauf deuten, daß Japan jetzt entschlossen ist, die chinesische Politik in Korea gewähren zu lassen, habe ich schon wiederholt berichtet. Als ein solches wird es aufgefaßt, daß der hiesige chinesische Vertreter Yuän Shih Kai, welcher im Dezember 1884 die chinesischen Truppen gegen die im Palast befindliche, japanische Wache geführt hatte, sich nach Tokio begeben wird, um dort von dem Mikado empfangen zu werden. Herr Yuän sagte mir vor einiger Zeit, daß er diese Reise bald antreten werde, es ist aber, wohl der hiesigen Verhältnisse wegen, ein Aufschub eingetreten.

Eine neue, japanische Dampferlinie ist kürzlich mit Berührung des Hafens von Chemulpo eröffnet worden. Die Endpunkte sind Nagasaki und Tientsin, Chemulpo und Chefoo werden angelaufen. Nach dem veröffentlichten Fahrplan soll alle drei Wochen eine Rundreise gemacht werden.

Die alte Linie Nagasaki, Pusan, Chemulpo besteht fort.

Dem deutschen Dampfer „Hever" wird es durch die neue Einrichtung erschwert werden, seine Reisen in vorteilhafter Weise zu machen, doch kann die Firma E. Meyer & Co. sich eventuell auf den Transport von Regierungsreis von Mokpo nach Chemulpo beschränken und die Charter des Schiffes wieder aufgeben, wenn die vertragsmäßige Menge (30.000 Picul) verschifft ist. Es wird natürlich versucht werden, der deutschen Firma auch für weitere Jahre einen Anteil am Reistransport zu sichern, aber von japanischer Seite werden große Anstrengungen gemacht, auch die Beteiligung japanischer Dampfer an dem genannten Geschäfte herbeizuführen, und wird das wohl erreicht werden. Doch bemühe ich mich, die koreanische Regierung bei den früher der deutschen Firma gemachten Verheißungen festzuhalten, und hoffe ich, daß wenigstens ein erheblicher Teil des Reistransports den Herren E. Meyer & Co. auch in künftigen Jahren belassen werden wird.

Die in meinem gehorsamsten Bericht vom 17. Februar, № 13/134[29] erwähnte Bestellung von weiteren Münzmaschinen im Werte von $: 30.000 ist es gelungen dem deutschen Hause zu sichern, und ist ein Vertrag darüber vor einigen Tagen abgeschlossen worden, der eine Anzahlung von $: 10.000 vorsieht. In denselben ist auch die Bestimmung aufgenommen worden, daß spätere Lieferungen für Münzzwecke der Firma zu überweisen sind, wenn dieselbe keine ungünstigeren Bedingungen stellt, als von anderer Seite gemacht werden. Zunächst ist hierbei an die Lieferung von Kupferplättchen gedacht worden. Es besteht allerdings der Wunsch, koreanisches Kupfer zu verwenden, aber es ist die Frage, ob dasselbe in genügender Güte gewonnen werden kann.

Der Chemiker der Münze, welcher befähigt ist, metallurgische Untersuchungen zu machen, hat vor kurzem eine Reise ins Innere angetreten, um verschiedene Bergwerke zu besichtigen. Bei den Vorbereitungen zu derselben ist zur Sprache gekommen, daß die koreanische Regierung von dem früheren Privatdozenten der Geologie in Kiel, Herrn Dr. Gottsche, welcher zur Zeit in Berlin sich aufhält, noch immer keinen Bericht über die Minerallager im Lande, wie solcher anscheinend zugesagt war, erhalten hat.

Ich kann nicht genau feststellen, welche Verpflichtungen Herr Gottsche seiner Zeit in

---

29 ehrerbietig beigelegt

dieser Richtung übernommen hat, es scheint aber, daß ein Bericht hätte eingereicht werden sollen, und daß dies nicht geschehen ist. Für die hiesigen deutschen Interessen wäre es erwünscht, daß, falls dies richtig ist, ein Druck auf den genannten Gelehrten ausgeübt werde, um ihn zu veranlassen, baldigst diesen Bericht einzusenden. Eurer Durchlaucht erlaube ich mir, hochgeneigte Veranlassung in dieser Angelegenheit ehrerbietigst anheimzustellen.

Die vollständige Zahlung für die seinerzeit durch Herrn von Möllendorff bestellten Münzmaschinen hat einige Verzögerung erlitten, doch hat die koreanische Regierung sich jetzt bestimmen lassen, einen großen Teil der Schuld zu tilgen und die bestimmte Zusage schriftlich abzugeben, daß der Rest derselben innerhalb eines Monats, vom 26. März angerechnet, gedeckt werden soll.

Längere Zeit hindurch hielt das Münzamt an der Behauptung fest, Herr von Möllendorff habe 6000 Taels mehr erhalten, als er an die Lieferanten für die Münzmaschinen ausgezahlt habe, und könne dieser Betrag daher nicht noch einmal von der Regierung beansprucht werden. Hierauf erwiderte ich, die Regierung habe eventuell natürlich eine Forderung an Herrn von Möllendorff für den Fehlbetrag, könne aber der Firma denselben nicht vorenthalten. Falls eine unberechtigte Verwendung des Geldes zu Privatzwecken, eine Unterschlagung, behauptet werde, so wünsche ich dringend, daß die Sache untersucht und Herr von Möllendorff zur Verantwortung gezogen werde. Der Genannte behaupte aber, so habe ich gehört, daß diese 6000.- Taels für anderweitige amtliche Zwecke verwendet worden seien, und daß in dem sogenannten „Palast-Konto" hierüber Abrechnung gegeben worden sei. Es gelang schließlich, die koreanischen Beamten zu überzeugen, daß es mir nicht möglich sei, eine derartige Anschuldigung vorbeigehen zu lassen, ohne daß dieselbe gründlich untersucht werde; das Palast-Konto wurde endlich geprüft und stellte sich denn erfreulicher Weise heraus, daß der fragliche Betrag wirklich für amtliche Zwecke verausgabt worden war. Dies wurde mir mitgeteilt und die Zahlung der ganzen Summe zugesagt.

Die Rückzahlung der ersten Rate der Anleihe von 20.000.- ist auch vorbereitet worden, und ist Aussicht, daß dieselbe rechtzeitig – wahrscheinlich durch Lieferung von Goldstaub – gemacht werden wird.

Daß zwischen der koreanischen und der japanischen Regierung ein Vertrag betreffend den Bau einer telegrafischen Linie zwischen Söul und Pusan abgeschlossen worden ist, sowie daß der Bau von der chinesischen Telegrafenverwaltung ausgeführt werden solle, habe ich bereits berichtet.

Zwischen der letzteren und der koreanischen Regierung ist nunmehr am 25. März ein Abkommen unterzeichnet worden, welches eingehende Bestimmungen über die

Ausführungen des Baues enthält. Die Baukosten sollen aus der früheren Anleihe von Taels 100.000.- gedeckt werden, und so lange die von der chinesischen Verwaltung dargeliehenen Beträge nicht zurückgezahlt sind, behält letztere die Kontrolle über das koreanische Telegraphenwesen in ihren Händen, selbst wenn die ursprünglich festgesetzte Frist von 25 Jahren bereits abgelaufen sein sollte. Die Koreaner haben aber diesmal ausdrücklich stipuliert, daß in jeder Telegrafenstation auch koreanische Beamte und Zöglinge zugelassen werden sollen. Im allgemeinen findet das über die Linie Söul-Aichiu abgeschlossene Abkommen (cf. Bericht 77/595 vom 23. Oktober 1885) auch auf die Strecke Söul-Pusan Anwendung.

Die Telegrafenverwaltung in Korea wird wohl zweifellos auf lange Zeit hinaus in chinesischen Händen bleiben.

Budler.

Inhalt: Allgemeiner Bericht.

[   ]

PAAA_RZ201-018907_121 ff.

Empfänger	Auswärtiges Amt in Berlin	Absender	[o. A.]
A. 7129 pr. 9. Juni 1886. p. m.		[o. A.]	

A. 7129 pr. 9. Juni 1886. p. m.

Le Moniteur de Rome
№ 130 v. 9. Juni 1886.

VARIÉTÉS
———

LA CORÉE ([30])

Au nombre des livres que l'on donnait à lire aux enfants le siècle dernier, il en est un qui semble avoir joui d'une faveur particulière ; c'est le récit des aventures de quelques matelots hollandais, qui, jetés sur la côte de la Corée par la tempête, entrèrent en relations avec les indigènes, excitèrent l'admiration générale par la blancheur de leur peau et la couleur ardente de leur barbe, n'en subirent pas moins d'abord les traitements les plus durs, devinrent ensuite chefs dans l'armée, et réussirent enfin à s'échapper après quinze ans de captivité (1652-1668) sur un mauvais bateau de pêche. Ce livre fut longtemps le seul qui contint quelques données sur un pays vaste comme la Grande-Bretagne, peuplé de huit à dix millions d'habitants, et accessible par mer sur une étendue de côtes d'environ 1,740 milles ; le peu de ressources commerciales qu'il présentait, la haine que vouaient ses habitant à tous les étrangers, en éloignait les navigateurs ; si bien que jusqu'au début de ce siècle, époque à laquelle les missionnaires français y pénétrèrent, la Corée ne faisait point partie du monde connu.

Il n'en est plus de même aujourd'hui, et l'envoi récent d'une mission coréenne en Europe indique l'entrée en scène d'une nouvelle puissance orientale.

Pour qui jette les jeux sur une carte, la situation avantageuse de la Corée ne saurait faire de doute ; elle est comme le trait d'union entre le continent et les grandes îles qui

---

30 D'après M. William Griffis (Corea, the hermit Nation), - Ch. Dallet (Histoire de l'Eglise de Corée et le Journal des Missions catholiques).

composent l'empire japonais ; ces côtes offrent des abris nombreux, et elle devrait servir de route commerciale aux produits des nations qui l'avoisinent ; malheureusement, les guerres dont elle a été fréquemment le théâtre ont longtemps mis obstacle au développement de sa prospérité ; la Chine et le Japon se sont depuis des siècles disputé ce malheureux pays, et s'il a pu sauvegarder son indépendance, c'est en consentant à payer tribut à la fois à Pékin et à Tokio.

Malgré l'influence que les Chinois et les Japonais ont exercée sur les mœurs et les institutions coréennes, celles-ci présentent mainte particularité digne de remarque.

LE ROI ET LE GOUVERNEMENT.

Le souverain qui règne à Séoul est un roi absolu ; enfermé dans son palais, il ne se montre aux populations qu'à de rares intervalles ; des hérauts font part aux habitants de cet évènement ; ceux-ci savent ce qu'ils ont à faire ; après avoir fermé portes et fenêtres, afin d'arrêter les regards indiscrets qui pourraient s'égarer sur Sa Majesté, ils attendent son passage à genoux sur le seuil de leur maison, un balai à la main en signe d'obéissance.

L'escorte du Roi comprend plusieurs milliers de personnes, une bande de musiciens, des cavaliers nombreux, des porte-étendards et enfin des arbalétriers qui transmettent les ordres au moyen de flèches, de la tête à la queue de la colonne.

Le Roi ne doit point sentir le contact du fer ; ainsi, en 1800, le Souverain régnant mourut pour n'avoir pu se faire opérer un abcès ; au contraire, l'usage des objets en or lui est reservé, et seul il a le droit de boire dans une coupe de ce métal. La succession au trône se règle d'après le bon plaisir du Souverain, et il peut se donner pour héritier présomptif son fils, qu'il soit bâtard ou légitime ; son cousin, son oncle ; toutefois l'ordre naturel est compris de telle sorte que le fils d'une concubine monte sur le trône quand la reine n'a pas d'enfants, ou, ce qui pour les Coréens revient au même, quand elle n'a que des filles. Le pouvoir absolu est tempéré par la faculté laissée au peuple de faire parvenir au Roi des suppliques par l'entremise des pages de la Cour ou des officiers qui parcourent les provinces en vue de rendre compte au Souverain de l'état du pays ; ces agents ne sont pas les seuls qu'emploie le Roi, il a à sa solde un corps complet d'espions hiérarchiquement organisé.

La noblesse a une sérieuse influence sur la marche des affaires ; deux factions principales se disputent et dignités et fonctions, ne reculant, pour abattre le parti au pouvoir, ni devant le meurtre ni devant l'empoisonnement ; le noble qui, à la suite d'une intrigue politique, perd sa fortune, sis charges ou trouve la mort, lègue à son fils ou à son plus proche parent l'obligation de le venger ; souvent l'héritier, tant qu'il n'a pas accompli ce qu'il considère comme un devoir sacré, s'astreint à porter toute sa vie le même vêtement, et il n'est pas rare de voir les représentants de deux ou trois générations vivre couverts de haillons destines à rappeler au fils la dette de sang dont l'acquittement apaisera les mânes de ses pères. Comme on le voit le culte des ancêtres est fort en honneur chez les Coréens.

Le moyen le plus sûr de perdre son ennemi, c'est, pour un noble, de l'accuser de conspiration contre son Souverain ; il se permet tout d'ailleurs pour gagner les Ministres à sa cause, et quand ses intrigues ont réussi, prendre la place de l'ennemi supprimé, et grâce à la situation qu'il occupait. S'enrichir rapidement, tel est l'unique souci du triomphateur. Tenant tête au pouvoir suprême et opprimant le peuple, la noblesse est tout en Corée : ce pays est comparé par un caricaturiste indigène à un corps humain ayant le Roi pour tête, la noblesse pour tronc et le peuple pour jambes ; le corps est énorme, mais la tète est petite et les jambes sont grêles.

Le pouvoir exécutif appartient à trois premiers ministres et à six autres ministres qui sont chacun à la tête d'une administration spéciale ; chacune des huit provinces est régie par un gouverneur et les villes sont soumises à l'autorité d'un fonctionnaire d'ordre subalterne. En principe, les fonctions publiques sont accessibles à tous ; mais, dans la pratique, elles sont l'apanage des nobles et de leurs amis.

MOEURS ET COUTUMES.

De curieuses particularités sont à signaler au point de vue de l'étiquette observée en Corée : de même qu'entre les chevaux de bois peints en rouge et placés à l'entrée du Palais-Royal, ne peuvent passer que les fonctionnaires supérieurs, de même l'usage veut que l'accès des maisons particulières soit défendu par trois grilles : la plus grande est réservée au propriétaire ; ses parents et ses amis intimes pénètrent par celle qui est située à l'est ; les serviteurs usent de la plus petite qui regarde le couchant. La loi règle même l'usage des chaises ; les nobles et les fonctionnaires au-dessus du troisième rang peuvent seul sen servir ; ce meuble, du reste, semble plutôt avoir sa place dans les cérémonies publiques que dans la vie courante. La soie est réservée à certains personnages, le coton est abandonné au peuple.

Les magistrats s'entourent d'une grande pompe, destinée à rehausser leur prestige ; ils ne sortent que précédés d'étendards et escortés de serviteurs dont la principale occupation est de faire descendre de cheval les cavaliers qu'ils croisent ; quiconque cherche à couper le cortège est saisi par eux et aussitôt frappé de verges. Des règlements particuliers établissent, en faveur des magistrats, mille privilèges abusifs ; en revanche, ceux qui manquent à leurs devoirs sont punis d'exil, et jadis, un supplice particulier leur était réserve : ils étaient bouillis dans l'huile. La mémoire des magistrats intègres est au contraire pieusement révérée. et des monuments en bois leur sont élevés sur la voie publique. Les résidences officielles des fonctionnaires reçoivent les noms les plus poétiques ; ici, c'est la maison du « Petit Jardin » ; la « Grille de Lapis-Lazuli » ; là, c'est la « Demeure de l'Etoile matinale », de là « Cataracte de neige. »

Tout sujet coréen doit être muni d'un passeport, qui est représenté par un morceau de bois, de corne ou d'ivoire, sur lequel sont inscrits les nom et profession du possesseur.

La justice est rendue au civil par les magistrats ordinaires, au criminel par des tribunaux militaires. Des agents subalternes, que les missionnaires comprennent sous la dénomination de « prétoriens » et de « satellites », remplissent les fonctions de policiers et de geôliers ; ces fonctions se transmettent de père en fils et sont loin de valoir, à ceux qui les occupent, les sympathies du public.

L'esclavage existe en Corée ; il est un de derniers vestiges du même régime féodal auquel, il y a vingts ans, le Japon était soumis ; le nombre des esclaves a toutefois singulièrement diminué, et ne comprend plus que les enfants vendus par leurs parents, les individus qui d'eux-mêmes aliènent leur liberté, et enfin les serfs attaches à la terre, dont le sort est de beaucoup préférable à celui de bien des paysans libres. Pendant vingt siècles, la loi attribuait aux juges la femme et les enfants des grands criminels ; la situation de ces malheureux était des plus misérables ; livrés en jouet à la domesticité, ils n'avaient même pas l'honneur de servir leur véritable maître.

La comparaison entre les récits des Hollandais du XVII siècle et ceux des Missionnaires français du XIX, permet de constater un réel progrès dans l'état social du pays ; c'est à l'esprit d'association des Coréens, c'est à l'organisation de monopoles aujourd'hui indestructibles que marchands, laboureurs, artisans, soldats, doivent d'être des hommes libres ; tantôt ces monopoles ont eu pour origine une concession du Roi, tantôt ils n'ont eu d'autre fondement que la prescription ; chacune de ces associations reconnaît un chef suprême, qui exerce sur tous les affiliés un pouvoir dispo tique et a même quelquefois sur eux droit de vie et de mort.

L'une des plus puissantes corporations est celle des portefaix : composée de dix mille membres environ, tant hommes que femmes, elle jouit du privilège de n'être point justiciable des tribunaux ordinaires ; quand un de ses membres a failli, ce qui arrive bien rarement, il est jugé par ses pairs. Un différend surgit il entre les négociants d'une province et les portefaix, ces derniers émigrent en masse pour un temps donné et redent ainsi toute transaction impossible.

La vie de famille n'existe pas en Corée par suite de la situation faite à la femme : la jeune fille, dès l'âge de huit on dix ans, est reléguée dans le gynécée ; on lui apprend avant tout à éviter jusqu'au regard des hommes et l'on a vu des pères tuer leurs filles, des maris leurs femmes, des femmes même se donner la mort, parce qu'un étranger les avait effleurées du bout du doigt. L'appartement des femmes est inviolable et si un criminel s'y réfugie, la police ne peut l'y poursuivre. Quand un colporteur se présente dans une maison, il attend, pour déballer sa pacotille, que la porte de l'appartement des femmes soit fermée. Lorsqu'un propriétaire veut monter sur le toit de sa maison, il doit préalablement prévenir ses voisins, afin de ne pas être soupçonné de chercher à voir leurs compagnes ou leurs filles.

Le mariage est, au point de vue des formalités, une affaire minime et qui se traite entre les parents, sans que les intéresses aient volx au chapitre ou se soient memo aperçus ; au point de vue social, il est pour l'homme d'une grande importance. S'il n'est pas marié, un jeune homme peut commettre mille insanités, elles ne tirent pas à conséquence le coupable n'est pas sensé avoir agi avec discernement. Même s'il a 25 ou 30 ans, un célibataire ne peut prendre la parole dans une réunion ni parler affaires ; au contraire, à douze ans, s'il est marié, l'adolescent est émancipé et a le droit de *porter chapeau*. La plupart du temps, se regardant comme d'une race inférieure, les femmes deviennent des épouses soumises et supportent tout, de leurs maris comme de leurs belles-mères, mais il arrive en Corre, comme ailleurs, que les femmes troublent la paix du ménage par des scènes de violence, quelles désertent même le toit conjugal : dans la classe inférieure, quelques coups de rotin vigoureusement administrés par le mari suffisent à rappeler la femme au sentiment du devoir ; mais dans la classe élevée, où frapper une femme n'est pas de mise, le divorce intervient : le juge, si le cas est grave, prononce la bastonnade et donne l'épouse répudiée pour concubine à l'un de ses subalternes.

La femme légitime partage entièrement la situation sociale de son mari ; même, si elle n'est pas noble, elle le devient par son mariage ; si deux frères épousent la tante et la nièce, et que la nièce devienne la femme de laine, elle a le pas sur sa tante, ce qui a une grande importance en Corée, comme du reste en Chine. Dans la classe élevée, les veuves ne doivent pas se remarier et portent toute leur vie le deuil de leur époux ; si elles convolent, leurs enfants sont illégitimes. Les veuves prouvent fréquemment leur amour pour le défunt en se donnant la mort, et les missionnaires ont toutes les peines du monde à faire comprendre la doctrine chrétienne du suicide aux femmes converties qui viennent leur demander la permission de se tuer.

L'architecture coréenne est des plus primitives ; les maisons, en général à un seul étage, ne sont pas alignées régulièrement, mais éparpillées çà et là, même dans les grandes villes ; pas de planchers, mas le plus souvent la terre nue ; les murs, recrépis de terre gâchée dans les humbles logis, sont dans les maisons riches, tapissées d'étoffes coloriées. Les fenêtres consistent en morceaux de papier huilé ; l'usage du verre est inconnu ; le propriétaire qui en possède une parcelle l'applique à sa fenêtre et il peut ainsi s'éviter la peine de percer son papier avec le doigt quand il veut regarder au dehors sans être vu. Les vulgaires bouteilles de pale-ale sont très appréciées et out, aux yeux des Coréens, la même valeur qu'aux nôtres les précieux vases de Satsuma.

Très enclins à s'adonner aux liqueurs fortes, les Coréens sont de terribles mangeurs, faisant toujours passer la quantité avant la qualité. Ils apprécient le chien et sont friands de poison cru ; aussi voit-on fréquemment le long des rivières des pêcheurs à la ligne dévorer presque vivant le poisson qu'ils viennent de prendre, en l'assaisonnant du poivre qu'ils ont eu soin d'emporter en même temps que l'appât.

(A suivre).

Le Moniteur de Rome
№ 130 v. 9. Juni 1886.

VARIÉTÉS

———

LA CORÉE ([31])

———

(Voir le num. d'hier).

La principale pièce du costume est le chapeau ; les couvre-chefs coréens sort des toits ambulants ou pour le moins des parasols de grande dimension ; celui d'un magistrat peut abriter une famille. Le chapeau constitue une unité, et l'on compte non par têtes, mais par chapeaux ; dans les enterrements, le chapeau du défunt est placé sur la bière, comme chez nous ses décorations.

La grande vertu des Coréens est la pratique de la charité et de l'hospitalité : un inconnu se présente-t-il dans une maison à l'heure du repas aussitôt on l'invite à se nourrir : sur les routes, on voit souvent le laboureur partager avec le passant son frugal repas ; quand un homme peu fortune entreprend un voyage, il ne fait aucun préparatif, n'emporte aucune provision, confiant dans l'hospitalité qu'il rencontrera en chemin. Aussi le nombre des mendiants est-il fabuleux, de même que celui des gens qui passent de l'abondance a la misère par suite d'une libéralité irréfléchie.

Les acrobates, les magiciens, les montreurs de marionnettes, les musiciens ambulants constituent une classe nombreuse ; les chanteuses des rues jouent un rôle tout particulier

---

31 D'après M. William Griffis *(Corea, the hermit Nation)*, - Ch. Dallet *(Histoire de l'Eglise de Corée et le Journal des Missions catholiques)*.

en Corée : il n'y a pas de fête sans elles et leur beauté, réelle ou factice, le charme de leur voix sont très appréciés ; le théâtre n'existe pas et quant à la musique, elle est pour les oreilles européennes un véritable supplice ; certains airs de flute cependant ont de la douceur et de la mélancolie.

Le principal exercice auquel se livre la jeunesse est le tir a lac ; ce sport est, du reste, encouragé par le gouvernement. La chasse est fort en honneur ; les cerfs sont poursuivis en juin et en juillet, époque à laquelle leur bois atteint un grand développement ; les ours se tuent au bord de la mer, quand ils y viennent, accompagnés de leurs petits, se régaler de crabes.

Les métaphores ont en Corée beaucoup de succès auprès de gens lettres ; c'est ainsi que l'homme qui cache sous des dehors aimables un violent caractère est comparé à un *volcan sous la neige ; mettre une robe de soie pour voyager la nuit* veut dire faire le bien en cachette ; *avoir une grande main* se dit d'un bomme généreux ; *un pauvre cheval a toujours une belle queue* se dit d'un homme indigne de la fortune ou des dignités qu'il possède. Le mot de lord Beaconsfield : les critiques sont ceux qui n'ont pas réussi en littérature et en art, est traduit en Coréen par « bon critique, mauvais travailleur »

LA COREE ET LMS MISSIONNAIRES.

Les Coréens, sans le christianisme, seraient restés indéfiniment inaccessibles aux idées modernes et les missionnaires ont été, pendant tout le commencement du XIX siècle, les seuls intermédiaires entre l'univers civilisé et ce coin du monde inhospitalier. La foi chrétienne fut révélée aux Coréens par quelques-uns de leurs compatriotes mis en relation a Pékin avec des prêtres européens ; dès le début de la propagande, les adeptes des nouvelles croyances eurent à subir des autorités indigènes de rigoureuses persécutions, et moins de dix ans après l'arrivée à Séoul des premiers catéchumènes, en 1793, deux prédicateurs, Paul et Jacques Kim, payèrent de leur tête l'aveu de leurs nouvelles croyances ; une proclamation mit hors la loi tous les chrétiens, qui, déjà à ce moment, atteignaient le chiffre relativement considérable de quatre mille.

Le martyre de trois français : Mgr Imbert et les PP. Maubant et Chastan, en 1839, fut l'occasion pour le gouvernement français d'entrer en rapport avec les ministres coréens ; l'amiral Cécile se présenta une première fois devant Séoul avec deux frégates, dans le but de conclure un traité. Il avait pour instructions de chercher à obtenir, en même temps que la liberté des chrétiens, l'ouverture du pays au commerce étranger ; après avoir fait parvenir ses propositions au gouvernement, il descendit à Shanghai, d'où il fut rappelé en Europe. Son successeur, le commandant Lapierre, se chargea l'année suivante de donner suite à l'affaire ; malheureusement, les deux vaisseaux qu'il commandait, la *gloire* et la *victorieuse*, furent jetés à la côte ; tandis qu'une chaloupe allait à Shanghai chercher des secours, les équipages s'établirent sous la tente dans l'ile de Kokun et purent s'approvisionner assez facilement, bien que leurs relations avec la terre ferme fussent l'objecte d'une surveillance incessante et des moins bienveillantes de la part des autorités indigènes. En quittant la Corée, M. Lapierre ne perdait pas de vue, malgré le désastre qui avait anéanti son escadre, l'objecte de sa mission et réclama de nouveau pour les chrétiens la liberté de conscience ; mais sa démarche n'eut d'autre effet que d'empirer la situation des néophytes, et les épaves de ces navires n'ayant jamais été recherchées, les Coréens ne se firent pas faute de mettre en doute la supériorité maritime française

Signalons, en 1851, l'entreprise couronnée d'un plein succès de M. de Montigny, consul de France à Shanghai, ayant appris le naufrage sur la côte coréenne d'un navire français, cet homme courageux n'hésita par à fréter une simple jonque portugaise, et, par sa seule énergie, il réussit à obtenir la mise en liberté de ses nationaux.

En 1852 et 1855, l'amiral Guérin d'abord, puis l'amiral russe Poutiatine essayèrent vainement, au cours de leurs travaux topographiques, de nouer des relations avec les indigènes.

Une première reconnaissance opérée au mois de septembre jusque sous les murs de la capitale, permit de constater l'absence de tout obstacle sérieux, et lorsqu'elle revint, au mois de novembre, toute l'escadre française mouilla en vue de la ville fortifiée de Hang-Hoa ; elle sen empara séance tenante sans coup férir. Surpris et terrifies, les Coréens prenaient la fuite a l'approche des marins, et Séoul serait tombée en leur pouvoir sils avaient profité de la panique causée par leur arrivée. Le défaut de rapidité dans la marche des opérations rendit courage aux indigènes, qui surent défendre vaillamment une pagode attaquée par une compagnie de débarquement. Il aurait fallu venger sur l'heure cet échec, mais l'amiral Roze crut devoir donner le signal du départ.

Le bruit de la retraite des français se répandit sur toutes les côtes de la chine et les Européens furent unanimes à réclamer l'envoi d'une nouvelle expédition ; on en fit rien, et l'impunité accordée au massacre de l'équipage américain du *Général Shermann*, à Pingan, l'année suivante, compléta le mal : c'est certainement au manque d'énergie des Français et des Américains vis-à-vis de la Corée, que l'on peut attribuer le massacre de Tien-Tsin en juin 1870. Ce dernier évènement persuada le cabinet de Washington de la nécessité de venger l'affront qui lui avait été fait dans la personne des marins du Général Shermann, et en 1871 l'amiral Godgers, avec un vaisseau, deux corvettes et deux canonnières, remonta la rivière Salée dans le but d'obtenir une tardive mais solennelle satisfaction de la cour de Séoul ; non seulement les pourparlers qu'il engagea n'aboutirent à aucun résultat, mais des coups de canon furent tires sur la flotte américaine ; l'amiral fit bombarder les forts du rivage et après 48 heures de lutte, cinq d'entre eux tombèrent entre ses mains ; les pertes cruelles que subirent les Coréens ne les décidèrent toutefois pas à traiter ; devant cette attitude, les Américains prirent le parti de se retirer. - cette expédition produisit naturellement une toute aussi fâcheuse impression que celle de l'amiral Roze, et la faction rétrograde acquit une force nouvelle, grâce aux victoires qu'elles s'imagina avoir remportées sur les Français et les Américains ; quant au peuple, son opinion nous a été révélée par un missionnaire a qui un indigène disait en souriant : « Que pouvons-nous craindre de vis inventions? nos enfants eux-mêmes se moquent de vos armes ».

LA CORÉE ET LES TRAITÉS.

Cependant la Corée ne devait pas éternellement rester en dehors du mouvement de la civilisation, et c'est au Japon que revient l'honneur de ce résultat. Profitant de la révolution qui s'opéra au delà du détroit, la cour de Séoul refusa en 1868 de payer le tribut accoutumé et elle fit expulser de Fousan la garnison japonaise qui l'occupait ; tout entier à ses reformes intérieures et à la répression des luties civiles le gouvernement de Tokio remit à des jours meilleurs le soin de venger l'injure reçue et de renouer les relations interrompues. En1875, le Mikado crut le moment venu de s'occuper de la question ; il avait consolidé le pouvoir royal, inaugure une ère nouvelle en abrogeant les lois contraires à la liberté religieuse et réorganisé sa flotte et son armée, grâce a l'aide d'ingénieurs et d'officiers européens. Ouvrir des négociations avec la Corée lui parut être le moyen le plus sage d'arriver à ses fins tout en ménageant les susceptibilités qu'un conflit armé aurait éveillées chez les chinois et les Russes ; mais le parti de la guerre, sous le prétexte qu'une pareille conduite déshonorerait le pays du Soleil levant, protesta contre les desseins pacifiques du gouvernement, et provoqua une formidable insurrection.

L'année suivante seulement, cette revole ayant été réprimée, la question de Corée put être reprise : le général Karoda fut charge des négociations et les forces navales imposantes dont il était escorté ne furent pas sans produire une salutaire impression : il obtint non seulement la réouverture de Fousan, mais aussi le libre accès de deux nouveaux ports : une légation japonaise fut autorisée à séjourner à Séoul et l'on convint que non seulement les naufragés japonais, mais aussi ceux de toute autre nation amie du Japon seraient secourus et rapatriés ; enfin, point qui mérite d'attirer l'attention, le traite reconnaissait formellement l'indépendance pleine et entière de la Corée. Quatre années ne s'étaient pas écoulées que les Japonais obtenaient l'ouverture d'un nouveau port, Gen-san, situé à 20 kilomètres de cette rade de Lazarew, fréquemment visitée par les vaisseaux russes et souvent signalée comme devant être annexée à l'empire des Csars.

Les Coréens, bien que se déclarant fort troublés par la présence des Japonais chez eux, se sont vite aperçus des avantages qu'elle leur procurait, et un courant d'échanges assez important s'est établi entre les deux nations : ies exportations coréennes consistent en poudre d'or, argent, poisson, riz, soie brute, fourrures, tabac, jute, et les importations japonaises en cotonnades, farine, fer, objets de quincaillerie.

Dans le courant de l'année 1880, de nombreuses tentatives furent faites par les commandants de divers vaisseaux pour entrer en rapport avec la cour de Séoul, mais aucune des lettres a elle adressées soit par le capitaine Fournier du « Lynx », soit par le duc de Gênes, alors commandant le « Vittor Pisani » soit par le commodore américain Schoenfeldt, ne reçut de réponse.

Pour terminer la nomenclature des évènements qui se sont produits en Corée dans ces dernières années signalons la révolution do 1882 dont il est intéressant de constater les conséquences. Exaspéré par la présence à Séoul des envoyés japonais, le parti hostile aux étrangers provoqua une sanglante insurrection au cours de laquelle la mission du Mikado trouva la mort dans les flots de la rivière Salée. La Chine crut l'occasion favorable pour intervenir au nom de la paix publique et soustraire la presqu'île aux convoitise à la fois de la Russie et du Japon; ses troupes franchirent la frontière et, au mois de septembre, paraissait un décret impérial reliant étroitement la Corée à l'Empire et concédant aux Chinois, dans leurs relations commerciales ' avec leurs voisins, les avantages les plus considérables, les marchandises chinoises importées en Corde ne payent plus qu'un droit do 500 de leur valeur, les intérêts des Chinois résidant en Corée sont confiés à un des délégués de leur nationalité, qui juge de toutes les contestations, tandis qu'en Chine, les Coréens ne sont justifiables que des lois chinoises; l'accès des ports est ouvert, sans distinction, aux vaisseaux du Céleste-Empire; enfin, un service régulier de vapeurs devait être organisé, aux frais de la Corée, entre les deux pays

On serait tenté de croire que devant cette attitude si catégorique de la Chine, le Japon ait renoncé à tirer vengeance du meurtre de ses sujets et abandonné tout espoir d'obtenir une satisfaction pour l'infraction commise contre le traité de 187 ; il n'en est rien : après avoir décliné avec courtoisie les offres d'intervention chinoise, le cabinet de Tokio fit savoir au roi de Corée qu'il ne saurait s'entendre avec lui s'il ne renvoyait son premier ministre Tai-né-Kim, le fauteur de la conspiration. Cette première satisfaction ne fut pas refusée à l'envoyé Japonais, qui bientôt obtint le châtiment complet des rebelles et signa une convention avantageuse: la Corée s'engageait à payer une indemnité de 2,500,000 francs, elle autorisait le séjour, à Séoul même, d'un détachement de troupes japonaises et consentait à l'ouverture du port de Yakoshima; par une minutie a l' adresse de la Chine, ce traité était intitulé « Annexe à la convention de 1870 », et grâce à l'insertion d'un article secret, le délai de paiement pouvait être prorogé de 5 à 10 ans.

Presque en même temps, le commodore américain Schoenfeldt, revenant à la charge, renouvelait ses propositions premières, qui, cette fois, finirent par être accueillies ; il rentra aux Etats-Unis porteur d'un traité que la ratification du Sénat ne tarda pas à rendre exécutoire et dont le premier résultat fut l'envoi à Séoul d'un agent diplomatique américain. Aujourd'hui, le cabinet fédéral semble avoir pris sous sa protection le Jeune royaume et c'est. sur l'un de ses navire s que, patronnés par ses représentants, les ambassadeurs coréens, dont on signalait il y a quelque temps le passage à Paris, ont fait leur apparition en Europe.

Les journaux n'ont pas manqué, a l'occasion de ce voyage des diplomates orientaux, de mentionner les conventions signées, a l'exemple du commodore Schoenfeldt, par les ministres d'Allemagne, d'Italie et d'Angleterre à Pekin avec le gouvernement coréen. Tandis que le traité américain subordonnait l'ouverture des ports à des conditions que le traité de Tien-Tsin n'avait pas admises (par exemple l'interdiction faite aux négociants de pénétrer dans l'intérieur pour y vendre ou acheter, le droit accorde à la police indigène d'envahir le domicile des étrangers), les nouvelles conventions règlent a l'avantage des puissances européennes la question de la représentation diplomatique et consulaire, soumettent à la juridiction des consuls tout différend en matière civile ou criminelle, concernant l'un de leurs nationaux, autorisent ces nationaux à voyager à l'intérieure et a acquérir des maisons ou des bureaux dans tous les ports ouverts([32])

La France va se mettre bientôt en mesure de profiter de ces traites ; en effet, son consul a Tien-Tsin, M. Dillon, envoyé naguère en mission à Séoul, par M. Bourrée, ne put s'entendre complétement avec les ministres coréens, mais il se contenta fort sagement de réserver l'avenir : il obtint l'engagement que la France serait traitée comme la nation la plus favorisée. Il ne s'agit plus aujourd'hui que de régulariser cette situation, simple formalité diplomatique, dont exécution ne fera pas sans doute attendre, grâce à l'intelligente activité du jeune ministre en Chine, M. Cogordan.

Tout récemment, le télégraphe nous à donné la nouvelle d'une insurrection survenue à Séoul ; comme en 1882, le sang a coulé sur les bords de la rivière Salée, mais cette fois les Japonais ont eu affaire, non pas aux indigènes excites par le parti rétrograde, mais aux miliciens chinois ; l'affaire n'aura pas de suite, grâce à une entente survenue entre le Tsong-li-Yamen et le gouvernement de Yeddo, entente sur laquelle les détails manquent encore. Cette échauffourée n'en est pas moins l'indice d'un état de trouble dans cette partie de l'Asie Orientale ; les anciens rivaux ne sont plus les seuls à convoiter la Corée : de nouveau venus, les Russes, ne se déclarent plus satisfaits de l'extension de territoire que leur a valu, en 1860, le traite signe par le comte Ignatiew. Le *Nouveau Temps*, de

---

32 Cos ports sont : Inchauan, Gensan, Fusan, Séoul et Yangwachin

Moscou, ne cessait, l'année dernière, d'inviter le gouvernement russe à déclarer le protectorat de la Corée et l'on n'a pas oublié l'émotion des Anglais lorsque los flotte du Csar se dirigèrent, avec des vues non équivoques, vers l'ile de Quelpart, qui commande, on le sait, toute la mer du Japon. Les Russes cherchent à agir sur la Corée par la terreur : des moyens plus pacifiques sont employés par les Japonais pour attirer à eux ce pays ; c'est à Tokio, qu'il y a sept ans, bon nombre de jeunes Coréens furent inities aux pro grès de la civilisation européenne et mis au courant, par les soins des officiers de terre et de mer, de tout ce qui concerne l'art moderne do la guerre, artillerie, vapeur, électricité. Aussi, est-ce le Japon qui constitue l'idéal des progressistes coréens, tandis que, pour les rétrogrades, la Chine est tout : la Chine qui redoute de voir les étrangers s'emparer du pays couvrant la frontière orientale, et qui, pour prévenir les tentatives du Japonais ambitieux et du Moscovite envahisseur, a mis garnison à Séoul ; la chine qui nourrit a l'endroit de la Corée de secrets desseins, et compte bien y prendre sur les Japonais sa revanche de Formose et des Lioukiou, et y trouver, maigre les Russes, une compensation à la perte de Kaschgar et du bassin inferieur de l'Amour.

Que la Russie, détournant les yeux de l'Europe, pousse jusqu'aux mers de Chine, aussi bien que jusqu'aux mers des Indes ses ambitions géographiques, que ce soit le Japon qui voie par la conquête définitive de la Corée s'accomplir ses vœux les plus ardents, il n'y a pas à se le dissimuler, et l'on ne peut que sen féliciter ; la civilisation a pris pied dans le pays que nous avons cherché à faire connaitre. La civilisation, cet ennemi des Chinois, les menace donc aujourd'hui de toutes parts, et la Corée, la Sibérie orientale, le Turkestan russe, la Birmanie anglaise, le Tonkin français sont autant de portes par lesquelles pénètrent les idées nouvelles jusqu'au cœur de la patrie de Confucius.

La fon du XIX siècle approche : pendant les quinze années qu'il lui reste à vivre, les grands moteurs du progrès qui s'appellent les Etats-Unis, l'Angleterre, l'Allemagne la Russie, la France, vont continuer l'œuvre commencée : leurs efforts, qui nous paraissent parfois contradictoires, tendent au fond à un même but et il est certain que le XX siècle verra s'élever sur les ruines du vieux monde une civilisation aussi profitable aux intérêts des Européens et des Américains qu' à ceux des Asiatiques eux-mêmes.

[   ]

PAAA_RZ201-018907_135

Empfänger	Reichskanzler	Absender	Mantzoud
A. 7151 pr. 9. Juni 1886. a. m.		Friedrichsruh, den 7. Juni 1886.	
Memo	Erled. durch A. 7152		

A. 7151 pr. 9. Juni 1886. a. m. 1 Anl.

Friedrichsruh, den 7. Juni 1886.

Der Herr Reichskanzler bittet ich in der beifolgenden № 125, 3. Bericht der K. Ztg. rotangestrichenen Korrespondenz aus Korea vom Dezember v. J. in der N. A. Ztg. und anderswo zum Abdruck bringen zu lassen.

Mantzoud.

PAAA_RZ201-018907_136 f.			
Empfänger	Auswärtiges Amt in Berlin	Absender	[o. A.]
A. 6956 pr. 5. Juni 1886. p. m.		[o. A.]	

A. 6956 pr. 5. Juni 1886. p. m.

Kölnische Zeitung vom 5 Juni 86.
№ 155.

Aus Korea

Söul, Ende December 1885.

Den vereinigten Anstrengungen der fremden Gesandtschaften in der koreanischen Hauptstadt ist es gelungen, unsern Landsmann Herrn v. Möllendorff durch fortgesetzte Ränke zu vertreiben; nach dem bekannten ôte-toi que je m´y mette. Zunächst mußte er gegen Ende August von seinem Posten als Vicepräsident des Auswärtigen Amtes zurücktreten; im September wurde er dann gleichfalls der Leitung des Zollwesens enthoben.

Als infolge der blutigen Austritte in Söul im December 1884 zwischen Chinesen und Japanesen der Ausbruch eines Krieges zwischen beiden Nebenbuhlern unvermeidlich schien, war es anzunehmen, daß der Kampf (wie in vergangenen Jahrhunderten) auf koreanischem Boden ausgefochten werden würde; und um zu verhindern, daß das Land und Volk von neuem durch seine blutsverwandten asiatischen Nachbarn zerfleischt werde, soll sich die koreanische Regierung auf Möllendorffs Rat an Rußland gewandt haben, um mit des letztern Hülfe das drohende Unheil von Korea abzuwenden. Als indes China und Japan sich begnügten (aus gegenseitiger Ohnmacht), Fäuste in der Tasche zu machen, und den koreanischen Sündenbock, oder sagen wir, Prügelknaben zwangen, die Summe von 120 000 Dollars an Japan als Entschädigung für die Opfer eines blutigen Ausbruchs freundnachbarlicher Eifersucht zwischen Japanern und Chinesen in Korea zu zahlen, da war die mächtige Hülse des russischen Nachbarn gegenstandslos geworden. Die Thatsache indes, daß wegen des bevorstehenden Krieges Bündnisverhandlungen zwischen Korea und Rußland stattgefunden hatten, war von den Feinden des deutschen Ratgebers des Königs so gedreht und gewendet worden, als ob derselbe Korea an Rußland hätte verlaufen wollen. Möllendorff hatte der Feinde nicht wenig in Söul. Er trat ganz und voll für die Interessen Koreas ein, und das war weder den Americanern noch den Japanesen oder Engländern willkommen. Die letztern hatten den ausgezeichneten Hafen Port Hamilton an der koreanischen Südküste besetzt, Hafen Sperren und Torpedolinien angelegt als Vorposten gegen Russisch-Asien angesichts der drohenden Verwicklungen mit Rußland wegen des afghanischen Zwischenfalles. Der koreanische leitende Staatsmann Möllendorff erhob Einspruch dagegen; vom englischen Standpunct aus mußte er also weg. Auch war er es, der hauptsächlich zum Mißlingen des japanischen Palastputsches beigetragen hatte, welcher die Person des Königs und die Leitung der Regierung in japanische Hände liefern sollte; vom japanischen Standpunct aus mußte also der deutsche Stein des Anstoßes aus dem Rate des koreanischen Königs entfernt werden.

Von nicht asiatischen Nationen waren die Americaner die ersten gewesen, welche einen Vertrag mit Korea abgeschlossen hatten und einen bevollmächtigten Gesandten und Minister, den General Foote, in Söul beglaubigt hatten. Dem koreanischen Gesandten nach den Vereinigten Staaten, Bring Min (einem Neffen der Königin), hatten sie die Fregatte Trenton mit großem Pompe zur Verfügung gestellt, um nach Asien über Europa zurückzukehren. Die Americaner glaubten sich daher berechtigt, in Korea die erste Geige zu spielen, eine Anmaßung, welcher Möllendorff als koreanischer Beamter in so entschiedener Weise entgegentrat, daß der Wunsch und Wille, den thatkräftigen Mann entfernt zu sehen, vom Standpuncte der praktischen Yankees ganz verständlich ist.

Herr v. Möllendorff war bekanntlich von chinesischer Seite nach Korea gesandt worden, um dem Könige bei Eröffnung des Landes mit Rat und That zur Seite zu stehen; da er indes das koreanische Interesse lebhafter und mehr vertreten zu haben scheint als das chinesische, also ausländische, so scheint er auch Unzufriedenheit in chinesischen maßgebenden Kreisen erregt zu haben, und er ist im Laufe dieses Jahres wohl in der Lage gewesen, richtig zu bemerken „viel Feind´, viel Ehr´". Als im August dieses Jahres der deutsche Generalconsul, Capitän zur See Zembsch, Korea verließ, um seinen Posten als kaiserlicher Generalconsul für Westindien und Havanna anzutreten, da konnte Möllendorff mit vollem Rechte sagen: „Feinde ringsum", nämlich in dem vereinigten Lager der fremden Gesandtschaften in der Hauptstadt. Kurz nachdem der deutsche Generalconsul Söul verlassen hatte (infolge des unseligen Reichstagsbeschlusses der Windthorst-Richterschen Mehrheit, welche dem Reichskanzler einen Generalconsul für das in Korea neu eröffnete Feld für deutschen Handel und Gewerbefleiß unverständiger und unglücklicher Weise verweigerte), gelang es den unablässigen Umtrieben seiner vereinigten Feinde, ihn von seinem hohen Vertrauensposten in der Umgebung des Königs zu verdrängen. Es ist nicht bekannt geworden, ob der deutsche Viceconsul, der nach Abgang des Generalconsuls mit

Wahrung der deutschen Interessen beauftragt war, etwas für Möllendorff gethan hat; vermutlich nicht. Was vermag ein Viceconsul gegen einen Areopag im Range höher stehender fremdländischen Collegen? Wahrscheinlich hatte er nicht einmal das Recht persönlicher Audienz beim Könige, wie es doch seinen höhern Collegen bei den andern Gesandtschaften zusteht; er würde also einigermaßen wenigstens entschuldbar sein.

Obwohl es Möllendorffs Feinden gelungen war, ihn als Minister zu stürzen, so konnten sie doch das Vertrauen und die Freundschaft, welche der Monarch für seinen bewährten Ratgeber hegte, nicht erschüttern, und wie das Ammenmärchen des russischen „Verrats" geschickt benutzt worden war, um ihn aus dem Ministerium zu entfernen, so galt es jetzt, einen andern Hebel anzusetzen, um ihn aus dem einflußrechen Amte als Leiter des Zolldienstes in den drei Vertragshäfen zu verdrängen. Dazu mußte das Geschrei dienen, daß er zu viele Beamte angestellt habe und zu hohe Gehälter bewillige. Thatsächlich möge hier bemerkt werden, daß die Gehälter in Korea niedriger sind (z. B. der drei Zolldirectoren) als die derselben Grade im nachbarlichen chinesischen Dienste. Dieses neue Evangelium wurde den verblüfften Koreaner so lange vorgepredigt bis der verhaßte Deutsche endlich auch sein Amt als Leiter des Zollwesens niederlegen mußte.

Während dieser kritischen Zeit traf es sich leider, daß der deutsche Vertreter, Viceconsul Budler, „fern von Madrid", in Chemulpo (dem Hafenplatze der Hauptstadt) verweilte, aus Gesundheitsrücksichten; in Söul war die Luft nicht rein. Am 24. November endlich verließ Herr. v. Möllendorff Korea auf einem ihm vom Vicekönig Li-Hung-Tschang zur Verfügung gestellten chinesischen Kriegsschiffe, um nach China zurückzukehren, wo er, wie ich höre, seine frühere Stellung im chinesischen Dienste seitdem wieder eingenommen hat.

Als Leiter des koreanischen Zolldienstes ist seitdem ein Americaner namens Merrill eingetreten, und da das unaufhörliche Geschrei der fremden Diplomaten gewesen war (um Möllendorff stürzen zu können), daß er zuviel Beamten hätte und zu hohe Gehälter bezahlte zum Nachteile der koreanischen Staatscasse - obwohl das doch eigentlich die Herren gar nichts anging -, so kamen sie jetzt schimpfeshalber dem neuen Vorsteher Herrn Merrill sehr zuvorkommend entgegen, um bei einer Verminderung der Beamten behülflich zu sein.

Es ist ein unglücklicher Zufall, daß von dieser Maßregel fast ausschließlich Deutsche betroffen worden sind. Wie weit daran der auch in koreanischen Kreisen bekannt gewordene unpatriotische und kannegießernde deutsche Reichstagsbeschluß, welcher eine unbedingt notwendige Diplomatische Vertretung für Korea den deutschen Interessen hier draußen so zu sagen aus den Zähnen riß und uns Deutsche in Korea schutzlos machte, schuld gewesen ist, aber inwiefern das liebenswürdige Entgegenkommen des deutschen Viceconsuls seinen höhergestellten nichtdeutschen Herrn Collegen gegenüber dazu beigetragen hat, daß dem deutschfeindlichen Drachen der fremden Diplomatie in Korea eine gewisse Anzahl Deutscher als Opfer dargebracht werden mußte, ist für einen Deutschen unerquicklich zu erörtern. Die für uns Deutsche unangenehme und unerfreuliche Thatsache bleibt bestehen, daß außer Herrn v. Möllendorff noch vier andere Deutsche (Arnons, Glaassen, Knissler und Zimmern) aus dem koreanischen Dienste entlassen wurden.

In Chemulpo, den Haupthafen Koreas, waren damals drei Deutsche, drei Engländer (Glanville, Hutchison und Stripling), zwei Russen, ein Americaner, ein Franzose und ein Italiener im Zolldienste beschäftig; aber nur ein Deutscher wurde entlassen. In Fusan wurde ein Deutscher und ein durch Herrn v. Möllendorff angestellter Holländer entlassen. Unterthanen anderer Vertragsmächte als Deutschlands, mit Ausnahme des erwähnten Holländers (Holland hat noch keinen Vertrag mit Korea), sind bis jetzt nicht aus koreanischen Diensten entlassen worden. Es scheint, daß der americanische Nachfolger Herrn v. Möllendorffs die entlassenen Beamten als Entschädigung mit drei Monaten Gehalt abspeisen wollte. Da indes einige derselben gute Stellung in China oder Japan aufgegeben hatten, um sich dem koreanischen Dienste zu widmen, so waren dieselben natürlicherweise nicht zufrieden und drohten, sich beschwerdeführend an Kaiser und Reich (b. h. wohl an den Kanzler Gr. Majestät) zu wenden. Den meisten derselben scheint seitdem eine Entschädigung von sechs Monaten Gehalt zugebilligt worden zu sein.

Unter den so schwer betroffenen Deutschen herrscht die Ansicht, daß die Verminderung der Beamten nicht bloß Deutsche heimgesucht haben würde, wenn der in Korea allgemein verehrte und äußerst beliebte Generalconsul, Capitän Zembsch von der kaiserlichen Marine, hier geblieben wäre. Sobald er nämlich Korea den Rücken gekehrt hatte, fing die dienstliche Abschlachtung unserer Landesleute an. Daß daher begreiflicherweise eine starke Erbitterung gegen den Schwabenstreich des Reichstages, der uns unseres liebenswürdigen Generalconsuls beraubt hat, unter den hiesigen Deutschen herrscht, ist nur natürlich; es beweist, daß die damalige bunt zusammengewürfelte Mehrheit unseres versehrlichen Parlaments weder die politischen Kinderschule ausgetreten, noch die Kunst gelernt hat, ihr erbärmlich-selbstsüchtiges Parteigetriebe und ihre blödsichtige Kirchturmpolitik dem Wohle des Vaterlandes unterzuordnen. Dieselben Schreihälse des Reichstags, die spähen und blicken und die Stimme, die rufende, schicken nach neuen Absatzgebieten für deutschen Handel und Wandel und Erzeugnisse, verweigern dem größten Staatsmanne seiner Zeit die Mittel, um unsern Landesleuten in Korea durch Schutz und Rat und That behülflich zu sein, das neueröffnete Land auch für Deutsche mit zu erschließen; quem Jupiter vult perdere, u. s. w.

Was Deutschland in Korea nötig hat, ist ein Gesandter oder Ministerresident mit mehreren technischen und wissenschaftlichen Attachés für die nächsten Jahre, ehe die deutschfeindlichen Elemente den Rahm der koreanischen Milch für ihre Volksangehörigen abgeschöpft haben.

Wie es mit dem Vorwurfe bestellt ist, daß Möllendorff zu hohe Gehälter bezahlt hätte, wird am besten durch die Thatsache beleuchtet, daß sein Nachfolger einem Americaner einem Engländer und einem Russen in Chemulpo (den Herrn Welch, Glanville und Sabatin) je eine Gehaltserhöhung von 15 Dollars monatlich bewilligt hat. Von Gehaltserniedrigung ist indes bis jetzt nichts bekannt geworden. Während des Winters, wenn die Schiffahrt nach den koreanischen Häfen nicht sehr lebhaft ist, können wohl ein halb Dutzend Beamte entbehrt werden; es ist indes ein öffentliches Geheimnis, daß die Stellen der entlassenen Deutschen im Frühjahr wahrscheinlich von fremden Beamten des chinesischen Zolldienstes besetzt werden, an dessen Spitze der Engländer Sir Robert Hart steht.

[   ]

PAAA_RZ201-018907_138

Empfänger	[o. A.]	Absender	[o. A.]
A. 7152 pr. 10. Juni 1886.		Berlin den 10. Juni 1886.	

A. 7152 pr. 10. Juni 1886. 1 Anl.

Berlin den 10. Juni 1886.

Der gehorsamst wieder beigefügte Artikel der Kölnischen Zeitung vom 5ten über Korea ist in den Berl. Politisch. Nachr. vom 9ten besprochen worden. Die bezügliche Notiz ist in verschiedene Zeitungen übergegangen, auch ist [sic.], daß derselbe heute Abend in der Nordd. Allg. Ztg. ertheilt. — Er wird gehorsamst anzufragen, ob damit der Auftrag dt. Friedrichsruh vom 7ten Juni als erledigt betrachtet werden darf?

Berliner Politische Nachrichten № 131.
9. Juni 1886.

Vom Tage

- Bei der gesteigerten Mannigfaltigkeit der überseeischen Interessen Deutschlands verlangt ihre zweckdienliche Wahrnehmung in immer wachsendem Maße Berücksichtigung der auf jeden konkreten Fall bestimmend wirkenden speziellen Momente; ein lediglich schablonenmäßiges Verfahren dürfte oftmals mehr Schaden als Nutzen stiften. Solcherlei Erwägungen werden unwillkürlich durch eine in der Köln. Ztg. vom Montag 7. b. (Nr.157) veröffentlichte Korrespondenz aus Korea wachgerufen, welche unter objektiver Darlegung der daselbst herrschenden handelspolitischen Konjunktur entwickelt, daß und warum die Ablehnung der von der Reichsregierung für Korea beantragten Umwandlung des dortigen deutschen Konsulats in ein Generalkonsulat unseren dortigen Interessen nur zum schweren Nachtheil gereichen muß. Wir ersehen daraus, daß die bedeutendste Firma in Korea eine deutsche ist, daß auch sonst noch sehr ansehnliche deutsche Geschäfte daselbst existiren und prosperiren, überhaupt daß Deutschland bis jetzt, nächst China und Japan, an dem Handel in diesem neu eröffneten Lande, dem das rheinische Blatt eine ungeahnte Zukunft verspricht, am stärksten betheiligt ist. Während aber andere Nationen der Pflege ihres koreanischen Konsulatsdienstes die größte Aufmerksamkeit widmen, hat der vorhin erwähnte ablehnende Beschluß des Reichstags die deutschen Bestrebungen in gleicher Richtung so gut wie völlig brach gelegt. Der englische Gesandte in Peking sei nebenbei auch Gesandter für Korea und beziehe als solcher noch ungefähr ebensoviel Gehalt, als die Weisen des Reichstags für den gesammten deutschen Konsulardienst in Korea bewiligt haben! Außerdem residire ein englischer Generalkonsul mit seinem vollständigen Stabe in der Hauptstadt, ein Vicekonsul in Chemulpo, und sei ein Konsul für Fusan ernannt. Die Amerikaner und Russen hätten Gesandte oder Geschäftsträger in Söul, die Chinesen und Japaner hätten Gesandte in Söul und Konsuln mit zahlreichen anderen Beamten in sämmtlichen drei koreanischen Vertragshäfen. Deutschland aber sei mit einem Konsul in einem Reiche vertreten, welches eine Bevölkerung hat, wie ungefähr Belgien und Holland zusammengenommen! Das rheinische Blatt deutet an, daß wenn die damalige bunt und unglücklich zusammengewürfelte Mehrheit des Reichstages gewußt hätte, daß außer der bedeutendsten Firma E. Meyer und Comp. „die altehrwürdigen deutschen Familien Schmidt, Schulze und andere ebenfalls in Korea vertreten sind", am Ende jener „unverständige und unpatriotische Beschluß" nicht gefaßt worden wäre. „Aber unser alter Herrgott" - so schließt der koreanische Gewährsmann der Köln. Ztg." - „der unser Vaterland mit einem solchen Kaiser und einem solchen Kanzler begnadet, lebt noch, und der verläßt keinen Deutschen. Selbst auch in Korea nicht. Wir vertrauen fest auf unsern Kaiser und seinen Kanzler."

PAAA_RZ201-018907_140 ff.

Empfänger	Auswärtiges Amt in Berlin	Absender	[o. A.]
A. 8128 pr. 5. Juli 1886. p. m.		[o. A.]	

A. 8128 pr. 5. Juli 1886. p. m.

Der Sammler

Nro. 71.

Kau-li-mönn, das Thor von Korea.

A. G. Mit der am 1. Juni d. Js. stattgehabten Eröffnung der neuen subventionirten Dampferlinie nach Ostasien ist Deutschland unter andern mit einem Lande in direkten Verkehr getreten, welches sowohl durch seine für den Welthandel günstige Lage, sein herrliches Klima, seinen außer Zweifel stehenden Metallreichthum, als auch durch sonstige Producktionsfähigkeit, speziell Ackerbau und Viehzucht, unsere ganz besondere Aufmerksamkeit verdient. Dieses Land ist das Königreich Korea, von den Eingeborenen „Tsjo-sjön", d. h. „Reich der Morgenstille", von den Japanern Korai und von den Chinesen Kaoli genannt.

Im östlichen Theile Asiens, von dem chinesischen Reiche durch den großen Yalu-kian g[33]) und eine mächtige Gebirgskette, das Schan-wan oder Schneegebirge getrennt, erstreckt sich von 43 20′ nördliche Breite nach Süden bis zum 34 36′ nördliche Breite eine große Halbinsel, welche das heutige Königreich Korea bildet. Das Land dehnt sich über nahezu 9 Breiten- und 6 1/2 Längengrade aus; es ist nach koreanischen Angabe 246 ri **[34] (984 km) lang und an der Nordgrenze, wo die Breite der Halbinsel, am bedeutendsten, 181 ri (724 km) breit. Nach Süden wird die Halbinsel immer schmäler und hat an der Südküste nur noch eine Breitenausdehnung von 79 ri (316 km). Der Flächeninhalt beträgt mit Einschluß der großen Insel Quelpart, welche za. 60 Seemeilen südlich von Korea gelegen ist, 218192 □□km und nach einer Korrespondenz aus dem koreanischen Vertragshafen Fusan in der Japan Mail vom 15. März 1882 soll die im Jahre 1881 vorgenommene Volkszählung eine Bevölkerung von 16.227.885 Seelen in 3.480.911 Häusern ergeben

---

33 kiang heißt Strom, Fluß.

34 **) 1 ri = 1 koreanische Meile = 4 Kilometer.

haben. Seoul, die Hauptstadt des Landes, am Hankiang und ca. 45 Kilometer oberhalb seiner Mündungen in das gelbe Meer (Hoang-hai) gelegen, hat nach neueren Angaben des Korvetten-Kapitäns Herbig von Sr. M. Schiff „Leipzig" allein eine Einwohnerzahl von rund 250,000 Seelen. Von der annähernden Größe und Gestaltung Italiens wird Korea, insbesondere wegen seines vorherrschend milden Klimas, mit Recht „das Italien Asiens" genannt.

Die Geschichte des Landes und die Herkunft seiner Bewohner ist noch wenig aufgeklärt und wird nur theilweise durch Streiflichter aus der chinesischen und japanischen Geschichte erhellt. Die Rassen- und Kultur- Verwandtschaft mit Japan scheint größer zu sein als mit China und spricht manches für die Annahme, daß die Japaner und Koreaner in der Hauptsache Abkommen der Fuyu´s sind, dem einzigen unter den vielen Stämmen, welche aus der Mandschurei einst hervorbrachen und östlich zogen, anstatt wie die anderen gegen Westen. Jahrtausende lang der Schauplatz blutiger Fehden der verschiedenen Stämme untereinander, von welchen die Halbinsel bewohnt wurde, sowie der Intriguen und Eroberungskriege seiner beutelustigen Nachbarn, hat Korea nach seiner endlichen Vereinigung unter einem Herrscher und Abschüttelung des fremden Joches im Jahre 1815 es erreicht, - allerdings nach beträchtlicher Einbuße an seinem früher ausgedehnterem Gebiet -, letztere hinter seine jetzigen Grenzen zurückzutreiben, und mit eiserner Konsequenz ist seit jener Zeit, also seit nahezu 300 Jahren von der koreanischen Regierung die Absperrungs-Politik aufrecht erhalten worden. Allerdings hat diese in der Lage des Landes einen natürlichen Bundesgenossen, der ihr durch die Unzugänglichkeit der Küsten die Aufgabe der Absonderung nicht wenig erleichtert hat. Auf der ganzen Ausdehnung der Ostküste durch hohe Gebirgsketten und schroff abfallende Felsenmassen geschützt, erschweren Tausende von Inseln und Rissen, sowie die weit ins Meer hinaus sich erstreckenden Sandbänke an der West- und Südküste die Schiffahrt ungemein, so daß selbst bei einer genaueren Küstenaufnahme die Annäherung an dieselbe immer eine gefährliche Aufgabe bleiben wird, welche die größte Umsicht und Aufmerksamkeit erfordert.

Die ersten Mittheilungen eines Europäers über Korea sind die des Holländers Henrik Hamel, welcher im Jahre 1654 durch Schiffbruch an die Küste der Insel Quelpart verschlagen worden war und mit mehreren Leidensgefährten 13 Jahre auf der Halbinsel Korea in Gefangenschaft zugebracht hatte. In der Literatur des westlichen Asiens erscheint der Name zuerst bei arabischen Schriftstellern des 9. Jahrhunderts. Es wird von Khordadbeh, einem arabischen Geographen, berichtet, daß in Nangking, der Hauptstadt des damaligen chinesischen Reiches, persische und koreanische Händler zusammentrafen; das koreanische Kunstgewerbe offenbart anscheinend heute noch persischen Einfluß. Korea ist ebenso stolz auf seine uralte Kultur wie China. Als im Jahre 1871 ein amerikanischer

Admiral den zur Hauptstadt des Landes führenden Han-kiang hinauffuhr, in der Hoffnung mit Korea einen Handelsvertrag abschließen zu können, erhielt er den Stolz ablehnenden Bescheid: „Korea ist zufrieden mit seiner 4000jährigen Kultur und bedarf keiner andern!"

Die Kenntniß dieses von Natur so gesegneten Landes hat sich selbst bis auf unsere Zeit auf die mageren Mittheilungen beschränken müssen, welche uns durch die Schilderungen chinesischer und japanischer Schriftsteller, sowie durch die spärlichen Berichte von Missionären, Reisenden und Händlern zu Theil geworden sind. Unter den verschiedener Reisenden, welche Ostasien erforscht haben und mit Koreanern in Berührung kamen, ist in erster Linie der durch seine Reisen in China berühmt gewordene Freiherr Ferdinand von Richthofen zu erwähnen, welcher den zuverlässigsten Bericht über den allerdings zur Zeit noch auf einer sehr niedrigen Stufe stehenden koreanischen Handel erstattet und den koreanischen Typus und Volkscharakter am treffendsten gekennzeichnet hat. Derselbe besuchte während seiner dritten Reise im Frühjahr 1869 Kau-li-mönn, das Thor von Korea, wo er gerade zur Zeit der Messe ankam und mit Koreanern zu verkehren Gelegenheit hatte. Die Eindrücke, welche er damals von den Koreanern bekommen, hat Frhr. Ferdinand v. Richthofen in seinem umfangreichen, hochinteressanten Werke: „China. Ergebnisse eigner Reisen und darauf gegründeter Studien" im Jahre 1877 veröffentlicht und lasse ich in Nachstehendem hierüber einen kurzen Auszug aus diesem berühmten Werke folgen.

Vom handelsgeographischen Standpunkte aus nimmt Kau-li-mönn unser Interesse in erster Linie in Anspruch. Ich hatte das Glück, den Ort während einer der drei Messen, welche jährlich daselbst abgehalten werden, zu besuchen und dadurch die Koreaner, von denen wir so wenig zuverlässige Beschreibungen besitzen, durch persönlichen Umgang kennen zu lernen. Da ihre Eigenthümlichkeiten bei gleichzeitiger Berührung mit Chinesen besonders scharf hervortraten, so sei es mir gestattet, den bei flüchtiger Bekanntschaft gewonnen Eindruck nach meinem Tagebuche wiederzugeben.

Der Weg nach Kau-li-mönn führt, wenn man von Mukden, der Hauptstadt der chinesischen Provinz Sching-king kommt, über die Stadt Fung-wang-tschang und südlich um den Fung-wang-tschan oder Phönix Berg herum durch ein enges nach Osten gerichtetes Gebirgsthal, welches sein Gewässer in einem Nebenfluß des Jalu-kiang entsendet. Man erwartet in dem vielgenannten Ort einen großen Handelsplatz, und in dem Thor von Korea ein monumentales Bauwerk zu finden. Vergebens sieht man sich nach beiden um, und man glaubt falsch berichtet zu sein, wenn ein kleines Wachthäuschen mit einer Durchfahrt, die in Breite und Höhe für einen Wagen Raum gewährt, als das berühmte Thor bezeichnet wird, welches fast die einzige, gesetzlich erlaubte Verbindung zwischen China und Korea herstellt. Es steht an einer Stelle, wo die Thalwände nahe zusammentreten und nur einen schmalen Durchgang zeigen. Im Westen auf der chinesischen Seite, schließen sich daran einige Dutzend Gast- und Unterkunftshäuser, und östlich, unter freiem Himmel, befinden sich die Waarenlager der Koreaner. Weiterhin ist in dieser Richtung kein Haus und kein Anbau zu sehen; ein dichter Grasteppich überzieht Thalboden und Bergabhänge.

Zu beiden Seiten des Thores sieht man einen kleinen verwachsenen Graben, welcher quer gegen das Thal gerichtet ist und an beiden Bergabhängen aussteigt. Er ist der einzige Repräsentant des sogenannten Pallisadenzaunes, der auf den Karten wie eine große Befestigungslinie gezeichnet ist, und trennt zwei ganz verschiedene Gebiete: Anbau und Bevölkerung im Westen, unbewohnte Wildniß im Osten; denn wir befinden uns hier nicht an der Grenze gegen Korea, sondern an der Grenze gegen das neutrale Gebiet, welches vor langer Zeit zur Schlichtung der langwierigen Grenzstreitigkeiten zwischen beiden Ländern festgesetzt wurde. Der Streif neutralen Bodens hat eine Breite von 100 chinesischen li[35]) (zirka 55 Kilometer) oder einer guten Tagreise, und läuft den Yalu-kiang entlang, so zwar, daß dessen rechtes Ufer neutrales Gebiet ist, der Fluß selbst aber zu Korea gehört. Einst war diese Zone kultivirt und an den rechten Ufer des Yalu befanden sich viele blühende koreanische Ortschaften. Sie mußten in Folge des Vertrags sämmtlich vernichtet werden, denn auf dem neutralen Boden sollte fortan bei Todesstrafe kein Mensch sich ansiedeln; nur eine Nacht dort zuzubringen zieht dieselbe Strafe nach sich. Das einzige Betretungsrecht haben die Bewohner der angrenzenden Ortschaften, welche ihr Vieh am Tage über die Grenze hinaus weiden und bis zur Entfernung von 20 li (11. Kilometer) das Holz schlagen dürfen, aber ohne dort jemals eine Nacht zuzubringen. In Folge dessen ist das ganze Gebiet eine pfadlose und gänzlich menschenleere Wildniß. Hirsche und anderes Wild sollen schaarenweise vorkommen, vor Allem aber der Tiger, welcher den von Bengalen noch an Größe und Stärke übertreffen soll, sich heimisch gemacht haben. An der Grenze gegen die chinesische Provinz Sching-king ist ein Verkehr mit Korea nur am Kau-li-mönn gestattet, von wo ein Saumpfad nach dem Yalu führt; chinesische Beamte machen am westlichen, koreanische am östlichen Eingang. Dreimal im Jahr, im 3., 5. und 9. Monat, findet der Handel während einer vorgeschriebenen Zahl von Tagen statt; der Geldausgleich geschieht jedoch nur einmal, bei Gelegenheit der letzten Jahresmesse. Die Koreaner bringen ihre Waaren nebst Lebensmitteln und Geräten mit; das Führen von Waffen ist ihnen streng verboten. Ihre Zahl ist beschränkt; ich hörte, daß 300 die höchste erlaubte Grenze sei. Der größte Theil besteht aus Kaufleuten der beiden nördlichen Provinzen Ping-an-do und Ham-kiöng-do; außerdem finden sich einige Beamte zur Kontrole des Handels ein, und eine Anzahl von Dienern und Packern, welcher in der vorgeschriebenen Zahl nicht einbegriffen zu sein scheinen. Nach den Messen ist der Ort

---

35 1 li = 1 chinesische Meile = 0,556 Kilometer.

Kau-li-mönn ebenso wie der Saumweg verödet; nur Gesandtschaften und eventuell der Briefboote dürfen herüber kommen, anderen Reisenden gewährt selbst ein Paß keinen Durchgang. So streng diese Vorschriften in der Gegend von Kau-li-mönn und in der Nähe andere Ortschaften, wo Beamte sind, gehandhabt werden, hat man doch nicht verhindern können, daß in den entlegeneren Gebirgsgegenden, weiter im Norden, Banden gesetzlosen Gesindels das neutrale Gebiet zu ihrem Aufenthaltsort gewählt haben. Das aber ist erreicht worden, daß China und Korea hermetisch gegen einander geschieden sind. In den Ortschaften unmittelbar an der Grenze, aber von dem Thore etwas entfernt, haben die Chinesen so wenig einen Begriff von dem Aussehen eines Koreaners, daß sie mich und meinen Dolmetscher wegen unserer europäischen Tracht beständig für Koreaner hielten.

Ich wende mich zu den Waaren, welche die Koreaner zu Markt bringen, bemerke jedoch, daß ich über die Preise keine Auskunft zu geben vermag, da die Vorschrift, mich zu mystifiziren, sich schnell verbreitete. Rindshäute nehmen die erste Stelle ein, denn die Koreaner sind Fleischesser und ziehen eine Rasse von Ochsen, welche sich durch Größe. Stärke und mustergültigen Bau auszeichnen und alles Rindvieh von China weit hinter sich zurücklassen. Dieselben werden auch zum Lasttragen benutzt und versehen diesen Dienst auf der Straße nach Kau-li-mönn ausschließlich. Wenn man mehrere dieser Lastochsen zusammen sieht, glaubt man sich auf einer europäischen Viehausstellung zu befinden. Wagen soll es in Korea nicht geben; doch hat man Esel, Maulthiere und eine außerordentlich kleine, aber ausdauernde Rasse von Ponys, welche in geringer Zahl nach China gebracht werden.

Der zweitgrößte Ausfuhrartikel besteht in Fellen. Dieselben waren im koreanischen Lager massenhaft angehäuft; Wildkatzen waren in erstaunlicher Menge vertreten. Dann kamen Dachs und Fuchs, auch einzelne Felle von Tigern und Panthern; schon die Art der Thiere läßt auf große Wälder schließen. Die Gegenden am oberen Jalu, von denen die Felle hauptsächlich kommen, sollen gebirgig und von ähnlichem Charakter wie diejenigen des chinesischen Flusses Liau-tung, aber mit dichten Wäldern bekleidet sein.

Besonderen Rufes erfreut sich das koreanische Papier, welches an Fertigkeit selbst dem japanischen voransteht. Eine sehr starke Sorte in Bogen von 5 1/2 Fuß Länge und 4 1/2 Fuß Breite ist am gangbarsten und findet man dieselbe häufig in den Läden von Peking. Die wichtigste Verwendung findet das Papier in geöltem Zustand. Es werden daraus Regenmäntel, wasserdichte Decken für Wagen und Gepäck, Regenschirme und andere Gegenstände verfertigt und der Reisende in China thut gut, sich mit einem Vorrath dieses nützlichen, vollkommen wasserdichten Stoffes zu versehen.

Von Metallen fand ich nur Blei. Das Land soll Silber und Gold besitzen, deren Werthverhältniß mir als 1: 10 angegeben wurde; doch soll das Gold von niederem Grad der Feinheit sein. Heimlicherweise soll auch Goldstaub ausgetaucht werden, da das Suchen nach Edelmetallen in Korea streng untersagt ist. Kupfer fehlt nach Angabe meiner Gewährsmänner vollständig und dasselbe behaupten sie von der Steinkohle; doch gelten ihre Aussagen wohl nur für ihre beschränkte Heimathsgegend, welche der Norden war.

Seide nimmt unter den Exportartikeln eine geringe Stelle ein. Diejenige des Eichenspinners ist in Korea häufig und sie soll weit feiner sein, als die an dem Flusse Liau-tung gewonnene. Es wird auch echte Seide bereitet, jedoch wird dieselbe nur in rohem Zustande nach China verkauft. Dagegen werden sehr geschätzte weiße Gewebe von fester, stark glänzender Faser exportirt, welche wahrscheinlich von einer Boehmeria stammt.

Die als Heilmittel verwandte Ginseng-Wurzel ist in den Wäldern des nördlichen Korea häufig und bildet einen Stapelartikel des Handels. Dieselbe ist das berühmteste unter allen natürlichen Produkten von Korea, sowie der angrenzenden Mandschurei und wird hauptsächlich in der chinesischen Medizin angewandt und hoch geschätzt. Einst soll Panax Ginseng, die Pflanze, von der die Wurzel stammt, in den chinesischen Provinzen Fokiën, Kiangnan und Schansi (besonders in dem Bezirk von Lu-ngan-fu) gewachsen sein; aber mit der Ausrottung der Wälder ging sie zu Grunde, denn die Pflanze liebt dichtes, feuchtes Waldesdunkel an steilen Gehängen. Länger hielt sie sich im Osten der Provinz Tschili, wo Tsun-kwa-tschou der Markt für sie war. Heute scheinen die Flüsse: der Lungari und Liau-tung die Weltgrenze ihrer Verbreitung zu bilden. Die besten Arten kommen aus der Mandschurei; als zweiten Ranges gilt die Wurzel aus Korea und noch weniger geschätzt ist der Ginseng von Japan, wo man ihn durch künstlichen Anbau gewinnen soll. Die nur 2 bis 3 Zoll lange Wurzel ist handförmig getheilt und nimmt in den Augen der Chinesen eine menschenartige Gestalt an, besonders wenn sie oben zwei Arme entsendet und die Hauptwurzel selbst sich gabelt. Der mit der Vorstellung von dieser Gestalt verbundene Aberglaube scheint wenigstens zum Theil der medizinischen Anwendung zu Grunde zu liegen, wenn auch eine gewisse stimulirende Einwirkung nicht zu verkennen sein soll.* In früherer Zeit durfte in China der Ginseng in beliebiger Menge gesammelt werden; erst als eine Verminderung zu bemerken und die ganzliche Ausrottung zu befürchten war, wurde die Gewinnung beschränkt und zum kaiserlichen Monopol gemacht. Allerdings führte man auch künstlichen Anbau ein, aber das Produkt desselben soll selbst in Kirin (Mandschurei), woselbst heutzutage der beste Chinesische Ginseng vorkommt, dem natürlichen nicht entsprechen. Die dunkeln Wandgründe am Paik-tu-schan oder Schneekoppe, höchste Spitze des Schan-wan oder Schneegebirges, sind der Hauptstandort. Obgleich ein Theil zu Land nach Peking und von dort nach Westen geht, beträgt doch der jährliche Export von Ying-tsze oder Niu-tschwang, Haupthafen der Provinz Sching-king, gegen 133 Ztr., welche einen Werth von zirka 120,000 Mark repräsentiren. Der Durchschnittswerth ist nicht mehr als 18 Mark das Kilogramm; doch wird einzelnen Wurzeln von besonderer Gestalt ein weit höherer Werth beigelegt. Der China-Reisende Macpherson erwähnt eines Falles, wo eine Wurzel von 6/10 Unzen Gewicht mit 300 Mark bezahlt wurde.

Wenn wir noch Trepang und Menschenhaar nennen, welch letzteres den Gegenstand eines nicht unbedeutenden Handels bildet, so dürfte die Liste der auf dem Markt von Kau-li-mönn gebrachten koreanischen Waaren erschöpft sein. Sie zeigt wohl am besten, daß der Handel mit natürlichen Produkten noch sehr schwach ist und Manufakturwaaren hiebei eine unbedeutende und Kunstprodukte gar keine Rolle spielen, was allerdings bei der völligen Abgeschlossenheit des Landes und dem nur ausnahmsweise gestatteten Handelsverkehr nicht Wunder nehmen kann.

Der Gewinn aus diesem Handel ist zu gering, als daß die koreanischen Kaufleute ein großes Import-Geschäft machen könnten. Trotz ihrer schönen und dauerhaften Stoffe führen sie vor allem chinesische Baumwollengewebe ein; außerdem eine Menge kleiner Artikel, meist unbedeutende Luxusgegenstände, z. B. kleine Spiegel, Glasperlen 2C. und etwas Opium, welches jedoch nur eingeschmuggelt wird, da dessen Genuß in Korea untersagt ist. Auf das Strengste ist aller Import europäischer Erzeugnisse verboten. Zwar soll unter der Hand das Gesetz zuweilen überschritten werden, doch läßt sich dies mit Sicherheit nur bei kleineren Artikeln, wie z. B. Nähnadeln, thun, die zeitweise in großen Massen über die Grenze geschmuggelt worden sind.

F o r t s e t z u n g f o l g t.

Kau-li-mönn das Thor von Korea.

(Fortsetzung)

Zur Vervollständigung sei nach erwähnt, daß der Seeverkehr zwischen China und Korea, obwohl er von beiden Seiten bei großer Strafe untersagt ist, doch nicht verhindert werden kann. Auf diesem Weg sollen auch europäische Waaren in nicht bekannter Menge ihren Weg nach der Halbinsel finden, wo sie gegen Ginseng umgetauscht werden. Auch wird ein ganz offenkundiger Schmuggelhandel mit Holz betrieben, welches aus den großen Wäldern den Yalu hinabgeflößt und dann auf Chinesischen Dschunken nach den verschiedenen Küstenplätzen des gelben Meeres verschifft wird. China ist gerade an Bauholz so bedürftig, daß dieser verbotene Handel gern gestattet wird. Auch besitzen die Koreaner ein werthvolles Produkt in dem Seekohl, welchen die Chinesen als Nahrungsmittel schätzen und der mehr und mehr seinen Weg nach China findet. Er wird größtentheils an den nordöstlichen Küsten gewonnen und zur See nach China gebracht. In der Zukunft wird er sich voraussichtlich zu einer bedeutenden Quelle des Reichthums für Korea gestalten.

Was den Eindruck von dem Volke selbst betrifft, so sind die Koreaner von den Chinesen weit verschieden; nur die allgemeinen Merkmale der mongolischen Rasse sind beiden gemeinsam. Sie sind schöner und besser gebaut als die Chinesen des Nordens und stehen in dieser Beziehung ungefähr auf einer Stufe mit denen von Kanton, weit mehr als an ihre Nachbarn zu Lande, erinnern sie an die Japaner, weichen aber auch von diesen erheblich ab, da wenigstens die Männer größer, kräftiger und schöner sind als jene. Die Nase ist weniger abgestumpft als bei den Angehörigen der beiden genannten Nationen und bei vielen ist sie europäisch geformt. Das Kinn ist mehr hervortretend und die Augenlider stehen mehr in gerader Linie. Sie lassen den Bart wachsen und bei vielen wächst er gut, wenn ich auch eigentliche europäische Vollbärte nicht zu sehen bekam. Das Haar ist schwarz und lang; die Unverheiratheten theilen es in der Mitte und flechten es hinten in einen Zopf, der an Länge und Stärke hinter dem chinesischen weit zurücksteht. Wenn sie heirathen, scheeren sie eine Tonsur in der Mitte, und sie erhalten dadurch das Material für den angeführten erheblichen Exporthandel. Das ringsherum stehenbleibende Haar wird in einem wohl Geflechten Knoten über der Mitte des Kopfes aufgebunden. Ein einfaches, schwarzes, kappenförmiges Gitter, das von einer Art Binsen geflochten ist, schützt den Knoten und ist mit einem schwarzen Band von der Stirne nach dem Hinterkopf befestigt. Dadurch wird alles hinaufgestrichene Haar in seiner Lage erhalten, worauf großen Werth gelegt wird. Auf dem Gitter wird ein breitkrämpiger Hut befestigt, der aus einem sehr feinen netzartigen Flechtwerk von der genannten Binsenart besteht und durch ein Band unter dem Kinn festgehalten wird; da die Kappe desselben nicht viel größer ist als der Haarknoten, so sitzt der Hut nicht auf, sondern über dem Kopf. Er hat daher keinen ersichtlichen Zweck, ist aber vorgeschriebene Tracht und erscheint, wenn man sich einmal mit der eigenthümlichen Form versöhnt hat, als eine sehr überflüssige, aber originelle Zierde. Jeder legt besonderen Werth darauf, diesen Kopfputz der übrigens leicht wie eine Feder ist, zierlich und ordentlich zu tragen.

Die Kleidung ist in der Regel ganz weiß und größtentheils aus feinem Hanfzeug verfertigt. Weiße Strümpfe mit weißen Schuhen von der Form der chinesischen, eine weiße und weite Hose, die über den Knöcheln zusammengebunden wird, eine kurze, weiße Jacke und ein bis an die Knöchel reichendes, schlafrockartiges Obergewand von leichtestem und feinstem Zeug, das vorn übergreift und auf der rechten Seite zusammengebunden wird, - dies sind die Gegenstände der koreanischen Toilette. Wie überall finden sich Variationen für Reiche und Arme, indem z. B. die gewöhnlichen Leute statt des weißen auch ein grobes, gelbliches Zeug, die besser Gekleideten ein Obergewand von hell blauer, sehr feiner Seide tragen. Am Gurt wird der Tabaksbeutel befestigt, der sich an dem äußern Gewand in unschöner Weise sichtbar macht.

Abgesehen von der Gesichtsbildung und der Kleidung unterscheiden sich die Koreaner von den Chinesen wesentlich durch ihre große Reinlichkeit. Die Haut, welche etwas heller als bei jenen, ist durch den steten Gebrauch von Bädern vollkommen rein, und was die anwesenden Besucher von Kau-li-mönn betraf, so leisteten sie hinsichtlich der Sauberkeit der Kleidung, wenn man die weiße Farbe in Betracht zieht, staunenswerthes. Bei dem niederen Volke und den Kindern erwies sich allerdings die helle Farbe der Stoffe als wenig praktisch; doch selbst bei diesen bemerkte ich nicht jene höchst unangenehme Affektion der Geruchsnerven, welche das Attribut der Chinesen, selbst derer der besseren Klassen, und eine tägliche Tortur für den Reisenden in China ist.

Das erste Entgegenkommen des fremdartigen Volkes war durchaus gewinnend. Es ist erklärlich, daß sie eine nicht unbedeutende Neugierde an den Tag legten, da sie Europäer noch nicht gesehen hatten, und zuweilen war eine kleine Zurechtweisung erforderlich; aber es zeigte sich doch vorherrschend ein Anstandsgefühl, dem ich in China nur selten begegnete. Es sei mir gestattet, einige kleine fragmentarische Charakterzüge anzuführen, da gerade hier, wo man beide Rassen zusammen sieht und als vollkommener Fremdling mit beiden verkehrt, die Unterschiede im Betragen scharf hervortreten. Der Chinese betrachtet uns mit derselben Neugier, welche uns in eine Menagerie oder die Ausstellung von Individuen eines fremdartigen Volkes führt; sie wollen uns gesehen, womöglich ein Wort mit uns gesprochen, uns beim Essen beobachtet und als das höchste des Verlangens, auch einmal mit ihren Fingern befühlt haben, wie Knaben einen Tanzbär. Gleich der Fütterung in einer Menagerie, ist ihnen die Mahlzeit des Fremden ein Gegenstand des höchsten Interesses und ihre Zudringlichkeit bei dieser Gelegenheit ließ sich auch in Kau-li-mönn nicht ohne Gewalt abwehren. Nicht so die Koreaner; sie verließen unaufgefordert das Zimmer, wenn die Mahlzeit angeordnet wurde, und kehrten wieder, wenn sie beendigt war. Im Gespräch zeigten sie nicht gemeine Neugier, sondern ein Interesse an uns; sie suchten in unsere Gedanken einzugehen und von uns zu lernen. Die Zahlwörter der deutschen Sprache hatten Einige auf eigenen Wunsch schnell inne; ein Chinese hat mich niemals danach gefragt. Trotz ihrer Abgeschlossenheit zeigten sie auch mehr Kenntniß vom Ausland, als ich in China an allen, nicht unmittelbar dem Fremdenverkehr geöffneten Orten fand. Sie kannten die europäischen Länder dem Namen nach; darunter auch Pu-lu-su, d. i. Preußen. Es herrscht bei ihnen nicht der Sinn für das Reale und Materielle allein, der unser Verhältnis zu den Chinesen immer so indifferent erhält, sondern es lassen sich in Wort und Handlungen Gemüthsregungen erkennen, die uns sympathisch berühren. Mir schien diese Eigenschaft in höherem Grade entwickelt als bei den Japanern, die doch in dieser Beziehung schon hoch über den Chinesen stehen.

Bemerkenswerth ist auch, daß Letztere, wenn man ihnen etwas Fremdartiges zeigt, nie nach Ursachen forschen, während den Koreanern die Frage „warum?" immer nahe lag. Meine Uhr z. B. setzte sie in Erstaunen; sie wollten das Innere sehen und die Ursache der Triebkraft durch ihre Fragen kennen lernen. Chinesen habe diese Fragen nie an mich gerichtet; die Uhr bekamen sie häufig zu sehen, aber ich Wußte zum Voraus die stereotype Frage, welche mir darauf gerichtet war, ob die Uhr von Kupfer oder von Gold sei. Allerdings mag in den Kaufleuten und Beamten ein besseres Element vertreten gewesen sein. Ich fand Alle, mit denen ich sprach, intelligent und geweckt, offener und zutraulicher im Umgang als die Chinesen, wie wohl sie sehr vorsichtig in ihren Mittheilungen, zugleich aber auch stolzer und selbstbewußter waren. Daß sie namhafte Streiter sind, haben sie noch jüngst in den ruhmvollen Kämpfen, welche sie im Jahre 1871 gegen die durch Bewaffnung unendlich überlegenen Amerikaner führten, bewiesen. Aber auch ihre ganze Geschichte zeigt es, denn es ist unter allen Nachbarn von China allein dieser verhältnißmäßig kleinen Nation gelungen, gegen das große Reich Stand zu halten und wenn sie auch zuweilen tributpflichtig wurde, doch jede Blutvermischung zu vermeiden. Auch in Kau-li-mönn, wo sie sehr in der Minderzahl sind und sich ohne Waffen auf fremdem Boden befinden, trat ihr Selbstbewußtsein hervor, dem sie allerdings die Wahrheitsliebe zum Opfer brachten. Sie bemühten sich offenbar, den Chinesen die Ansicht beizubringen, daß ihre Armee außerordentlich gut bewaffnet und ausgerüstet sei, erzählten ihnen von ihren Kriegsschiffen und Kanonen, und als ich ihnen von ihren einen Hinterlader zeigte, erweckte derselbe sein Erstaunen; sie erklärten mit vollkommener Ruhe, daß sie deren eine Menge in ihrem Lande besäßen. Die Frage, ob ich ihr Land besuchen könnte, wurde mir kurzweg dahin beantwortet, daß ich in diesem Fall sofort den Kopf verlieren würde.

Die Koreaner schätzen das Fremde, wollen in dessen Geheimnisse eindringen und sich seine Kenntnis aneignen, fürchten sich aber vor der Macht, welche es über sie ausüben könnte. Dieses Gefühl ist bei denselben noch stärker, als es bei den Japanern gewesen ist, und mit größerer Energie als jene suchen sie ihre Abgeschlossenheit zu bewahren. Kein fremdes Volk ist wilder in der Behandlung Schiffbrüchiger gewesen, keines aber auch energischer in der Zurückweisung des unerlaubten Eindringens. Die Zeit wird kommen, wo die rauhe Hand des gewinnsüchtigen Europäers auch dieses Land zwingen wird, aus seiner Isolierung herauszutreten. Die Konvulsionen, welche dieser Wechsel mit sich bringen wird, werden vielleicht größer sein als in Japan; aber wahrscheinlich werden die Koreaner das Fremde, wenn sie es einmal kennen gelernt haben, mit noch mehr Wärme aufnehmen als jenes Inselvolk und Freunde der europäischen Kultur werden.

Koreanische Frauen habe ich nicht zu Gesicht bekommen, da sie nicht nach der Messe kommen dürfen. Sie sollen von vortheilhafter Gesichtsbildung sein und ich bemerkte, daß die verheiratheten Männer mit Zärtlichkeit von ihrer Familie sprachen. Die Frauen lassen im Gegensatz zu ihren chinesischen Schwestern die Füße auswachsen und sollen kühne Reiterinnen sein, wobei sie wie die Männer zu Pferde sitzen. Das Heirathen geschieht sehr früh; die meisten Männer thun es in dem Alter von 18-19 Jahren.

Während fast alle gebildeten Koreaner einen angenehmen Typus hatten, der an die geringe Zahl der bestentwickelten japanischen Physiognomien erinnerte, fand sich derselben doch nur zum geringen Teil in der niederen Klasse vertreten. Unter den Packern zeigte sich deutlich ein zweiter Typus, welcher an die Indianer Nordamerikas und wohl noch mehr an die Ainos im Norden von Japan erinnert. Es sind, im Gegensatz zu den langen Köpfen mit schmaler, etwas zurückweichender Stirn, wie sie dem ersten Typus eigen ist, breite, runde Köpfe mit stumpfen Nasen und stark hervorstehenden Backenknochen; das Haar wächst tief in die breite und niedrige Stirn, das Herabhängen der Falte des oberen Augenlides ist bei ihnen viel markirter als bei dem ersten Typus, die Statur ist kurz und breit, der Körperbau ungeschickt, während jener elegante Formen hat. Die beiden Typen fielen mir schon bei dem ersten Blick auf und der Eindruck erhielt sich fort, wenn ich nachher auch noch einige Leute sah, die eine Zwischenstellung einnahmen.

In der Zwischenzeit sind endlich die Schranken gefallen, welche das bisher dem Völkerverkehr „verschlossene Land" von uns getrennt haben, denn es war vorauszusehen, daß die koreanische Mauer mit der Zeit durchbrochen werden mußte und das Land sich auf die Dauer dem Einfluß der Umwälzungen, die sich mit der Eröffnung Japans und seit den letzten chinesisch-europäischen Kriegen im fernen Osten vollzogen, nicht würde entziehen können. Wenn auch die verschiedenen späteren Versuche der Annäherung und der Anbahnung eines freundschaftlicheren Verkehrs, welche theils durch amerikanische und europäische Kriegsschiffe, theils durch einzelne von Privaten geleitete Expeditionen in das Land selbst unternommen wurden, ohne praktische Resultate geblieben waren, so bilden sie doch die Grundlagen, auf welchen die Erfolge beruhen, die heutigen Tages in Bezug auf das theilweise Niederwerfen dieser Schranken zu verzeichnen sind.

(S c h l u ß f o l g t.)

Kau-li-mönn, das Thor von Korea.
(Schluß.)

Von erheblich Fortschritten in der geographischen Erforschung von Korea kann selbstverständlich jetzt noch nicht berichtet werden. Dieselbe hat sich während der letzten Jahrzehnte nur auf eine genauere Fixirung der Orts-Bestimmungen an den hervorragenden Küstenpunkten beschränkt, während wir bezüglich der innern Kartographie bisher noch ausschließlich auf die ziemlich mangelhaften koreanischen und japanischen Aufnahmen angewiesen sind, in welchen in allgemeinen, aber nicht zuverlässigen Umrissen ein Bild der innern Eintheilung des Landes in 8 Provinzen, seiner Gebirgszüge und der Flußläufe niedergelegt ist. Es darf wohl die Erwartung ausgesprochen werden, daß dieser Mangel unter den jetzt sich entwickelnden, günstigeren politischen Auspizien in nicht allzuferner Zeit beseitigt und die geographische Wissenschaft durch die topographischen Aufnahmen berufener europäischer Forscher um ein wirklich zuverlässiges Kartenwerk der gesamten Halbinsel bereichert werden wird. Vor allem wird eine eingehende und gewissenhafte Erforschung der Küsten mit ihren Zugängen erforderlich sein, deren genauere Fixirung, namentlich an der West- und Südseite, noch erheblicher Berichtigungen bedarf.

Das wichtigste politische Ereignis, welches sich in der Zwischenzeit auf der Halbinsel Korea vollzog, war der im Jahre 1874 erfolgte Regierungsantritt des jungen, den Reformbestrebungen geneigten Königs Tui-Tscho, wodurch der vorangegangenen Willkür und Schreckensherrschaft des Regenten Da-Yüm-Chün, eines Oheims des Königs, ein Ende gemacht wurde, und obgleich derselbe durch mehrere von ihm angezettelte Ausstände (Dezember 1884 und November 1885) versuchte, seinen Neffen vom Throne zu stürzen und die Regierungsgewalt wieder an sich zu reißen, so war doch stets der nunmehr 26jährige König und mit ihm die Reformpartei des Landes siegreich aus diesen Wirren hervorgegangen.

Die Isolirung von Korea war auf die Dauer nicht länger haltbar gewesen, nachdem China und Japan sich dem Welthandel erschlossen hatten, Rußland Korea nicht auf den Leib gerückt war und die Versuche der fremden Seemächte, Korea aus seiner Vereinsamung zu locken, immer häufiger wurden. Was die letzteren erst später erreichten, gelang zuerst dem Korea einst so feindlich gesinnten Japan.

Als in diesem Lande nach dem Jahre 1868 die neue Kultur-Aera anbrach, regte sich dort auch die Idee, die gelockerten Beziehungen mit der Nachbarhalbinsel wieder anzuknüpfen. Im Jahre 1875 bot sich den Japanern eine willkommene Gelegenheit dar, einen starken Druck auf die Regierung in Söul auszuüben, - es war nämlich von einem der Forts an der Mündung des Han-Kiang aus von koreanischen Soldaten auf die Mannschaft eines japanischen Kriegsschiffes geschlossen worden -, und bald darauf, am 27. Februar 1876, kam der Vertrag zu Stande, welcher dem japanischen Handel den koreanischen Markt erschloß, indem Japan die Eröffnung der koreanischen Häfen Fusan und Gensan für seine Unterthanen und das Recht konsularischer Vertretung erlangte, während Korea, welches eigentlich niemals in einem Abhängigkeitsverhältniß zu China gestanden hatte, als unabhängiger Staat anerkannt wurde. Am 5. Juni 1882 wurde in dem koreanischen Hafen Chemulpo von England und gleichzeitig vom deutschen Reiche ein Freundschafts- und Handelsvertrag mit Korea abgeschlossen, welchem Verträge der übrigen Länder folgten, und durch welche den Angehörigen der betreffenden Staaten das Recht zuerkannt wurde, in den Vertragshäfen Chemulpo an der Westküste, Pusan an der Südküste und Gensan an der Ostküste, auf dem ihnen angewiesenen Gebiet sich niederzulassen und Handel zu treiben.

Der Abschluß dieser Verträge mag als Zeugniß dafür dienen, daß die jetzt in Korea zur Macht gelangte Reformpartei ernstlich gesonnen ist, mit den alten Traditionen zu brechen und auf dem eingeschlagenen Wege zu verharren. Als weiterer Beweis hierfür dient die Thatsache, daß bei der koreanischen Regierung während der letzten Jahre von Möllendorff, aus Görlitz gebürtig, welcher, ein Günstling des chinesischen Prinzen Li-Hung-Chang, im Jahre 1884 aus chinesischen in koreanische Dienste übergetreten war, bis August 1885 das Amt eines Vize-Präsidenten des auswärtigen Amtes bekleidet hatte. Durch seine Vermittlung machte sich der deutsche Einfluß am koreanischen Hofe mehr und mehr geltend und nahm der Handelsverkehr immer mehr zu, welcher Umstand ihn natürlich bei den Vertretern der um die Erlangung des Protektorats über Korea rivalisirenden Mächte, wie Rußland, England und der Verein. Staaten von Nordamerika, eine >persona ingrata< werden ließ und auch seinen Rücktritt in chinesische Dienste verursachte.[36]

36 Aus der koreanischen Hauptstadt Söul, Dez. 1885, wird der „Köln. Ztg." geschrieben: Den vereinigten Anstrengungen der fremden Gesandtschaften in der koreanischen Hauptstadt ist es gelungen, unsern Landsmann Herrn von Möllendorff durch fortgesetzte Ränke zu vertreiben. Zunächst mußte er gegen Ende August von seinem Posten als Vizepräsident des Auswärtigen Amtes zurücktreten; im September wurde er dann gleichfalls der Leitung des Zollwesens enthoben. Die Thatsache, daß wegen eines bevorstehenden Krieges Bündnißverhandlungen zwischen Korea und Rußland stattgefunden hatten, war von den Feinden des deutschen Ratgebers des Königs gedreht und gewendet worden, als ob derselbe Korea an Rußland hätte verkaufen wollen. Möllendorff hatte der Feinde nicht wenig in Söul. Er trat ganz und voll für die Interessen Koreas ein, und das war weder den Amerikanern noch den Japanesen oder Engländern willkommen. Als im August dieses Jahres der deutsche Generalkonsul, Kapitän zur See Zembsch, Korea verließ, um seinen Posten als kaiserlicher Generalkonsul für Westindien in Havannah anzutreten, da konnte Möllendorff mit vollem Rechte sagen: „Feinde ringsum", nämlich in dem vereinigten Lager der fremden Gesandtschaften in der Hauptstadt. Kurz nachdem der deutsche Generalkonsul Söul verlassen hatte (infolge des unseligen Reichstagsbeschlusses der Windthorfst-Richterschen Mehrheit, welche dem Reichskanzler einen Generalkonsul für das in Korea neu eröffnete Feld für deutschen Handel und Gewerbefleiß unverständiger und unglücklicher Weise verweigerte), gelang es den unablässigen Umtrieben seiner vereinigten Feinde, ihn von seinem hohen Vertrauensposten in der Umgebung des Königs zu verdrängen. Es ist nicht bekannt geworden, ob der deutsche Vizekonsul, der nach Abgang des Generalkonsuls mit Wahrung der deutschen Interessen beauftragt war, etwas für Möllendorff gethan hat; vermutlich nicht. Was vermag ein Vizekonsul gegen einen Areopag im Range höher stehender fremdländischen Kollegen? Wahrscheinlich hatte er nicht einmal das Recht persönlicher Audienz beim Könige, wie es doch seinen höheren Kollegen bei den anderen Gesandtschaften zusteht; er würde also einigermaßen wenigstens entschuldbar sein. Obwohl es Möllendorff's

Mit der im Jahre 1884 vollendeten Legung des ersten, Korea mit der Außenwelt verbindenden Kabels zwischen Nagasaki und Fusan ist ein weiterer Schritt auf dem eingeschlagenen Wege der Reformirung des Landes gethan. Die bereits eingangs erwähnte, am 1, Juni er. Stattgehabte Eröffnung der subventionirten Dampferlinie nach Ostasien, von welcher eine Nebenlinie von dem chinesischen Hafen Shanghai aus nach dem koreanischen Vertragshafen Chemulpo abzweigt (die indessen nicht sofort befahren wird), dürfte jedenfalls die Beziehungen zwischen Deutschland und Korea enger knüpfen und dem deutschen Handel nach diesem Lande einen bedeutenden Aufschwung gewähren.

Der Hafen Chemulpo ist durch die unmittelbare Nähe der Hauptstadt des Landes, - die Entfernung beträgt nur zirka 35 Kilometer, welche Strecke wohl in nicht allzu ferner Zeit per Dampf zurückgelegt werden wird, - sowie durch seine geschützte Lage im Golf de l' Impératrice, von den Franzosen im Jahre 1866 so benannt, der wichtigste und bedeutendste der drei koreanischen Vertragshäfen. Es befinden sich daselbst Geschäftsfirmen aus allen Weltheilen vertreten, und eine der größten und angesehensten der dort befindlichen Faktoreien ist die des Hamburger Geschäftshauses H. I. Eduard Meier, welcher Firma es trotz der großen Konkurrenz gelungen ist, die deutschen Handelsartikel zu den gesuchtesten und beliebtesten daselbst zu machen.

Bei dem stetig zunehmenden Interesse und dem sich von Jahr zu Jahr mehr ausdehnenden Verkehr mit dem östlichen Theile Asiens bleibt es immerhin eine seltsame Erscheinung, daß Korea, zwischen zwei Ländern wie China und Japan gelegen, so lange Zeit gänzlich ohne Beachtung der Weltmächte geblieben ist, obschon seine nunmehrige völlige *[Artikel Ende!]*

Feinden gelungen war, ihn als Minister zu stürzen, so konnte sie doch das Vertrauen und die Freundschaft, welche der Monarch für seinen bewährten Rathgeber hegte, nicht erschüttern, und wie das Ammenmärchen des russischen „Verraths" geschickt benutzt worden war, um ihn aus dem Ministerium zu entfernen, so galt es jetzt, einen anderen Hebel anzusetzen, um ihn aus dem einflußreichen Amte als Leiter des Zolldienstes in den drei Vertragshäfen zu verdrängen. Dazu mußte das Geschrei dienen, daß er zu viele Beamte angestellt habe und zu hohe Gehälter bewillige. Thatsächlich möge hier bemerkt werden, daß die Gehälter in Korea niedriger sind (z. B. Der drei Zolldirektoren) als die derselben Grade im nachbarlichen chinesischen Dienste. Dieses neue Evangelium wurde den verblüfften Koreanern so lange vorgepredigt, bis der verhaßte Deutsche endlich auch sein Amt als Leiter des Zollwesens niederlegen mußte. Am 24. November verließ Herr von Möllendorff Korea, um nach China zurückzukehren, wo er seine frühere Stellung im chinesischen Dienste seitdem wieder eingenommen hat. Als Leiter des koreanischen Zolldienstes ist seitdem ein Amerikaner Namens Merrill eingetreten, und es hat eine Verminderung der Beamtengehälter stattgefunden, von der aber beinahe ausschließlich Deutsche betroffen wurden. Wie weit daran der auch in koreanischen Kreisen bekannt gewordene unpatriotische und kannegießernde deutsche Reichstagsbeschluß, welcher eine unbedingt nothwendige diplomatische Vertretung für Korea den deutschen Interessen hier draußen sozusagen aus den Zähnen riß und uns Deutsche in Korea schutzlos machte, schuld gewesen ist, ist für einen Deutschen unerquicklich zu erörtern. Die für uns Deutsche unangenehme und unerfreuliche Thatsache bleibt bestehen, daß außer Herrn von Möllendorff noch vier andere Deutsche aus dem koreanischen Dienste entlassen wurden.

Allgemeiner Bericht.

PAAA_RZ201-018907_148 ff.

Empfänger	Bismarck	Absender	Budler
A. 8391 pr. 12. Juli 1886. a. m.		Söul, den 3. Mai 1886.	
Memo	mitg 12. 7 n. Petersburg 451, Ges. Rom 99, Paris 283, London 615 J. № 347 Akt. Notiz: B. London u. Petersburg, von Auszug. B. Paris u. G. Rom		

A. 8391 pr. 12. Juli 1886. a. m.

Söul, den 3. Mai 1886.

Lfde. № 28.

Seiner Durchlaucht

dem Fürsten von Bismarck.

Eurer Durchlaucht

beehre ich mich im Verfolg meines Berichtes vom 3.April[37] das Nachstehende über die hiesigen Verhältnisse ganz gehorsamst zu melden.

Der neue Ratgeber der koreanischen Regierung, Herr Denny, dessen Ankunft ich bereits angezeigt habe, ist vor kurzem vom König zum Vize-Präsidenten im Inneren Amt und zum Direktor im Auswärtigen Amt ernannt worden. Das Innere Amt hat zwei Präsidenten und mehrere Vize-Präsidenten, „Direktor" ist eine freie Wiedergabe des koreanischen Titels. Trotz dieser Ernennung soll noch nicht feststehen, welches Gehalt Herr Denny beziehen wird. Derselbe ist zunächst nach Tientsin zurückgekehrt, es scheint, um erneute Rücksprache mit dem General-Gouverneur Li zu nehmen, wird aber Ende Mai hier wieder erwartet, und zwar beabsichtigt er, seine Familie hierherzubringen.

Das Auswärtige Amt hat, so wird mir ziemlich glaubwürdig berichtet, eine erneute Anfrage an den hiesigen englischen Vertreter, betreffend die Besetzung von Port Hamilton, gerichtet. Es sei jetzt über ein Jahr verflossen, und erwarte die Regierung, daß die Insel nun baldigst zurückgegeben werde. Diese Mitteilung ist an den englischen Gesandten in Peking weitergegeben worden.

Der hiesige russische Vertreter soll den Wunsch geäußert haben, daß die koreanische

---

37 ehrerbietigst beigefügt.

Regierung auch nach der russischen Grenze eine telegrafische Verbindung herrichte, ernste Verhandlungen scheinen aber über den Punkt nicht stattgefunden zu haben.

Die japanische Regierung soll von Korea die Genehmigung zur Anlage einer Marine-Station auf der in der Nähe von Pusan gelegenen Insel Chöl-Yong-Do erhalten haben, welche sie nicht bloß für eine Niederlage für Kohlen, sondern auch zur Aufbewahrung von Kriegsmaterial benutzen will, es ist mir diese Nachricht aber noch nicht genügend bestätigt worden.

Der französische, außerordentliche Gesandte ist vor einigen Tagen von Peking hierher gekommen, um über einen Vertrag mit Korea zu verhandeln. Die koreanische Regierung scheint wenig geneigt, die Zulassung katholischer Missionare ausdrücklich zuzugestehen, und da in die übrigen Verträge keine besondere Abmachung betreffend Regelung des Missionswesens aufgenommen worden ist, so dürfte der französische Verhändler in diesem Punkt erheblichen Schwierigkeiten begegnen.

Die erste Rückzahlung auf die bei dem deutschen Hause aufgenommene Anleihe ist rechtzeitig gemacht worden, und auch eine Anzahlung von $ 10.000.- auf die neue Bestellung von Münzmaschinen ist erfolgt. Es sind 1250 Unzen Goldstaub geliefert worden, die nach Hamburg geschickt werden, weil man meint, daß dort ein besserer Preis als in China zu erzielen ist.[38]

Die in einem früheren gehorsamsten Bericht vom 8. März № 15/169 erwähnte Beschränkung der Hörigkeit ist mit der vor kurzem erfolgten Veröffentlichung einer diesbezüglichen Verordnung in der Tat als durchgeführt anzusehen. Die Kinder der Hörigen sind in Zukunft frei, und die Schulden des hörigen Vaters können nicht mehr von den Kindern eingefordert werden. Niemand kann wegen Schulden gezwungen werden, in ein Hörigkeitsverhältnis einzutreten, wohl aber steht gesetzlich nichts in Wege, daß Freie sich selbst verkaufen, oder, so muß man schließen, von ihren Angehörigen, in deren Gewalt sie stehen, verkauft werden. Wer einmal ein Höriger geworden ist, kann sich gegen den Willen seines Herrn nicht wieder frei machen.

Der König von Korea verdient einige Anerkennung für die Einführung dieser Bestimmungen, und es steht zu hoffen, daß die Ausführung derselben eine allgemeine sein wird.

Die Reibungen zwischen der Partei der Königin und derjenigen des Ex-Regenten dauern fort. Ein Diener des Taiwenkun war zur Verbannung verurteilt worden, wurde aber auf dem Wege nach einem Bestimmungsort von seinen Begleitern auf erhaltenen Befehl bei Seite geschafft, während behauptet wurde, er sei von gesetzlosem Gesindel erschlagen

---

38 [“Die erste ⋯ ist.”: Durchgestrichen von Dritten.]

worden. Der Ex-Regent rächte sich, indem er die Beamten des betreffenden Distrikts überfallen und eine Zeit lang von seinen Anhängern in den Ortschaften morden und brennen ließ. So erzählt sich die hauptstädtische Bevölkerung. Daß einige Unruhen in jenem Distrikt vorgekommen sind, ist zweifellos, und nicht gerade unwahrscheinlich sind die Angaben über ihre Entstehung. Fremdgedrilltes Militär hat schließlich die Ruhe wieder hergestellt.

Nachrichten über das Auftreten von Räuberbanden kamen auch wieder aus dem Süden, doch ist es den Behörden bereits gelungen, eine Anzahl der Missetäter zu verhaften, und sind dieselben alsbald hingerichtet worden.

Weiteres von Interesse ist heute nicht zu melden. Auf einige Punkte in früheren Berichten, wie z.B. den russisch-koreanischen Grenzhandel, die chinesisch-koreanische Grenzangelegenheit u. s. w., wird wohl später Veranlassung sein zurückzukommen, während zur Zeit noch keine neueren Nachrichten vorliegen.[39]

Budler.

Inhalt: Allgemeiner Bericht.

---

39 ["Weiteres ⋯ vorliegen.": Durchgestrichen von Dritten.]

Berlin, den 12. Juli 1886.   A. 8391.

An

Die Botschaften in

1. Petersburg, № 451

3. Gesandtschaft, Rom, № 99

4. Paris, № 283

5. London, № 615

Euerer p. beehre ich mich anbei Auszug eines
Berichts des K. Konsuls in Söul vom 3. 5.
betreffend die Lage in Korea zu Ihrer Information
zu übersenden.

N. d. U.

i. m.

Betreffend die Lage in Korea.

PAAA_RZ201-018907_157 ff.

Empfänger	Bismarck	Absender	Brandt
A. 8530 pr. 16. Juli 1886. a. m.		Peking, den 25. Mai 1886.	
Memo	cop. mitg Rom-Ges.103 17. 7		

A. 8530 pr. 16. Juli 1886. a. m.

Peking, den 25. Mai 1886.

A. № 110.

Seiner Durchlaucht

dem Fürsten von Bismarck.

Eurer Durchlaucht beehre ich mich ganz gehorsamst zu berichten, daß nach auf der hiesigen englischen Botschaft eingegangenen Nachrichten aus Söul vom 17.Mai, der Präsident des Auswärtigen Amts, Prinz Kim, seine Stellung niedergelegt und die Stadt verlassen hatte, angeblich durch die Besorgnis dazu veranlaßt, als Mitschuldiger an dem Aufstand von 1884 in Untersuchung gezogen zu werden. Die nachträgliche Bestrafung einiger Beamten seines Ressorts aus diesem Grunde scheint die Besorgnisse des Prinzen erregt zu haben, der sich zur Rechtfertigung seines Schrittes darauf berufen hat, daß es für die höheren Staatsbeamten gebräuchlich sei, wenn sie unter Anklage gestellt würden, die Hauptstadt zu verlassen und sich in eine entfernte Provinz zurückzuziehen, bis sie entweder verurteilt oder zurückberufen worden seien. Der König hat darauf in einem, in der amtlichen Zeitung veröffentlichtem Edikt, den Prinzen wegen des Verlassens seines Postens getadelt und ihn zur Rückkehr aufgefordert. Nach einem späteren Bericht des englischen Konsuls in Chemulpo würde Prinz Kim in Begleitung von Truppen nach Söul zurückgekehrt sein.

Der Verweser des englischen General-Konsulats scheint zu glauben, daß der Handlungsweise des Prinzen auch die Furcht zugrunde liegen könnte, sich durch Verhandlungen mit dem französischen Bevollmächtigten, Herrn Cogordan, und die Aufnahme eines, den katholischen Missionaren Schutz gewährenden, Artikels in den abzuschließenden Vertrag ernsthaft kompromittiert zu sehen; jedenfalls scheinen die französisch-koreanischen Verhandlungen bis jetzt keinen Fortschritt gemacht zu haben.

Brandt.

Inhalt: Betreffend die Lage in Korea.

Berlin, den 17. Juli 1886   A. 8530.

An   Eurer p. beehre ich mich anbei Abschrift eines
die Botschaften in   Berichtes des K. Gesandten in Peking vom
3. Gesandtschaft Rom   25.Mai betreffend die Lage in Korea zu Ihrer
                                    persönlichen Information zu übersenden.
Abschrift der Vorlage
                                                    N. d. U.
Herrn Direktor Hellwig z. g. N.   i. m.
vorzulegen

A. 9309

Abschrift des Berichts des K. General-Konsuls in Söul
vom 4. Juni, französische Vertragsverhandlungen mit Korea

betreffend, wird
dem Königlichen Staatsminister und
Minister der geistlichen, Unterrichts- und
Medizinal-Angelegenheiten
Herrn Dr. von Goßler
Excellenz
zur geneigten Kenntnisnahme anl. ergebenst übersandt.

Berlin, den 7. August 1886
N. d. Hl. U. St. S.
i. m.

PAAA_RZ201-018907_164

[   ]

Empfänger	Auswärtiges Amt in Berlin	Absender	[o. A.]
A. 12117 pr. 9. Okt. 1886. p. m.		[o. A.]	

A. 12117 pr. 9. Okt. 1886. p. m.

Hamburgischer Correspondent
9. 10. 86.

Ein Koreanischer Politiker

* Die Volksaufstände in der koreanischen Hauptstadt sind während der letzten fünf oder sechs Jahre so zahlreich gewesen, daß man dieselben kaum von einander zu unterscheiden vermag, da sie im Allgemeinen stets von geringer Bedeutung gewesen sind. Nur der letzte dieser Aufstände gegen Ende des Jahres 1884, war von größerer Wichtigkeit und gewinnt jetzt von Neuem Interesse, weil einer der Hauptbeteiligten an demselben gegenwärtig wieder viel von sich reden macht. Der Verlauf des Aufstandes war bekanntlich kurz folgender: Während eine Anzahl hoher koreanischer Beamten an einem Dezemberabend zum Bankett im neuen Postgebäude der Hauptstadt Söul versammelt war, erscholl plötzlich der Ruf, das Gebäude solle angegriffen werden; die Festteilnehmer flüchteten ins Freie, wo sie umzingelt und teils getötet, teils verwundet wurden. Die Menge zog dann nach dem Palast, um sich der Person des Königs zu bemächtigen, stieß hierbei aber auf die Wache der japanischen Gesandtschaft, die vom König zur Hilfe herbeigerufen worden war. Der Palast wurde belagert, aber die ganze Nacht von den Japanern verteidigt, obgleich inzwischen ein Haufen chinesischer Truppen herangekommen war und sich dem Pöbel angeschlossen hatte. Am nächsten Morgen war der König verschwunden und gelang es den Japanern, sich nach der Küste durchzuschlagen, wo ihre Schiffe lagen. Wie die Geschichte zwischen den drei Regierungen später erledigt worden ist, kommt hier nicht weiter in Betracht, es ist jedoch in ganz freundschaftlicher Weise geschehen.

Der Hauptteilnehmer und Anstifter des mörderischen Überfalles, der wohl auch einen Teil der Morde selbst vollbracht hat, war ein gewisser Kim-yo-kun, der mehrere hohe Ämter in Korea bekleidet hatte und offenbar auf das Übergewicht der Mitglieder der

Min-Familie in den Beratungen des Königs eifersüchtig war. Er hoffte nach Ermordung seiner hervorragendsten Rivalen mit seinen Anhängern die Gewalt selbst zu ergreifen und dieselbe sich für die Dauer dadurch zu sichern, daß er die Chinesen und Japaner gegen einander hetzte. Nachdem der Plan, sich des Königs zu bemächtigen, aber mißlungen war, floh er mit einigen seiner Getreuen nach Nagasaki und begab sich von dort nach Tokio, um den weiteren Verlauf der Dinge abzuwarten. Wie er behauptet, wurde er von dem japanischen Gesandten in Korea bei der Flucht unterstützt, jedoch wird dies von letzterem bestritten. Sobald der chinesischen und der koreanischen Regierung bekannt wurde, daß Kim und seine Gefährten sich in der japanischen Hauptstadt befänden, bemühten sie sich, bei der Regierung in Tokio die Auslieferung der Flüchtlinge zu bewirken; es wurde eine aus Herrn von Möllendorff und einem anderen koreanischen Minister bestehende Kommission mit einem chinesischen Kriegsschiff nach Japan geschickt, welche mit der Regierung über den Aufstand zu verhandeln hatte und u. a. auch die Herausgabe Kims und seiner Genossen verlangen sollte. Die Gesandtschaft blieb längere Zeit in Tokio, aber ihren Zweck erreichte sie nicht, trotzdem sie in ihren Bemühungen durch die chinesische Gesandtschaft und, wie es heißt, auch den Vize-König Li Hung Chang unterstützt wurden. Drei von Kims Gefährten, die der Bereitwilligkeit der japanischen Regierung, sie zu schützen, vielleicht nicht ganz trauten, flohen nach San Franzisco; die übrigen bleiben in Tokio und hätten ihr ganzes Leben lang dort bleiben können, wenn ihr Führer nicht ein so unternehmungslustiger, unruhiger Charakter wäre. Als im vorigen Sommer sich eine Anzahl junger Japaner in Verkleidung nach Söul begeben hatte, um eine Revolte zu veranlassen und die Regierung zu stürzen, da glaubte man allgemein, daß Kim der Anführer des Komplottes sei. Dasselbe schlug indes fehl. Der Regierung ist jedenfalls bekannt gewesen, in wie weit Kim mit dem Aufstand zu tun hatte; öffentliche Schritte tat sie aber nicht gegen ihn, sondern begnügte sich damit, aufs Neue die Auslieferung Kims zu beantragen, die aber von Japan wiederum abgelehnt wurde, mit dem Hinweis darauf, daß zwischen Japan und Korea kein Auslieferungsvertrag bestehe, ganz abgesehen davon, daß politische Gefangene überhaupt nicht ausgeliefert würden.

Man versuchte nunmehr, auf andere Wiese Kims habhaft zu werden. Im Juni vorigen Jahres kehrte ein gewisser Cho, der Bruder der Lieblingsgattin des Königs, nach längerem Aufenthalte in Kobe nach Söul zurück, wo er sich bald das Vertrauen der Minister erwarb; entweder wurde ihm von diesen der Vorschlag gemacht, Kim zu ermorden, oder auch er erbot sich freiwillig dazu, wenigstens segelte er, mit reichen Geldmitteln versehen, im August zu diesem Zweck nach Japan zurück. Dort entfiel ihm entweder der Mut, oder aber er hatte von vornherein gar nicht die Absicht, seinen Auftrag auszuführen, denn er ließ sich ruhig wieder in Kobe, 300 englische Meilen von dem Wohnsitze Kims, nieder und kam diesem nicht einmal nahe. Als die Koreaner merkten, daß sie betrogen worden seien, gewannen sie einen Beamten aus dem Kriegsministerium zu Söul und früheren Anhänger Kims, einen gewissen Chi, der gegen Ende Februar d. J. mit einem japanischen Dampfer von Nin-sen nach Kobe und von dort über Land nach Tokio reiste, wo er am 1. Mai anlangte und, um kein Aufsehen zu erregen, in einem gewöhnlichen Gasthaus Quartier nahm. Am nächsten Morgen teilte er Kim seine Ankunft mit und bat denselben um eine Unterredung, die ihm jedoch abgeschlagen wurde. Nunmehr beauftragte Kim mehrere seiner Freunde, sich in das Vertrauen Chis einzuschmeicheln und dessen Pläne ausfindig zu machen, Einer derselben begab sich zu Chi und klagte, Kim habe sie getäuscht; sie seien ihres gegenwärtigen Lebens müde und möchten gern nach Korea zurückkehren; letztere sei die Ursache ihres ganzen Elends. Chi möge sich beim König und seiner Regierung für sie verwenden, sie würden Kim gern gefangen nehmen und mit sich fortführen, ja es käme ihnen sogar nicht darauf an, ihn zu ermorden, wenn sie dann wieder in ihre Heimat zurückkehren dürften. Chi ging in die Schlinge und teilte seinen Landsleuten mit, daß er vom König eigens beauftragt worden sei, Kim zu ermorden und daß er jedem von ihnen, der ihm hierbei Hilfe leiste, eine große Summe Geldes geben werde. Um die Koreaner vollständig zu überzeugen, zeigte Chi ihnen ein Dekret des Königs, welches besagte, daß jener beauftragt werde, übers Meer zu gehen und den Rebellen gefangen zu nehmen, wobei er volle Befugnis habe, in ihm angemessener Weise zu verfahren.

Die angeblichen Bundesgenossen verlangten nunmehr, daß Chi ihnen das Versprechen bezüglich des Geldes schriftlich geben solle, und auch dies wurde ihnen von Ersterem zugestanden. Sobald Kim im Besitz des betreffenden Dokuments war, legte er dasselbe der japanischen Regierung vor und verlangte deren Schutz. Sofort wurde telegrafisch um Aufklärung in Söul gebeten, wo selbstverständlich der ganze Plan abgeleugnet und alsbald der Befehl für Chi gegeben wurde, nach Korea zurückzukehren.

Die Japaner kamen inzwischen zu der Erkenntnis, daß Kim eine beständige Quelle der Unruhe und Gefahr für sie sei; zwar blieb die Regierung bei ihrem früheren Entschluß stehen, ihn nicht an die chinesischen oder koreanischen Behörden auszuliefern, wohl aber erließ der Minister des Innern am 12. Juni den Befehl, daß Kim bis zum 27. desselben Monats das Land zu verlassen habe, weil derselbe „den Frieden, die Ruhe und die Sicherheit des Reiches nach Außen gefährde". Auf den Wunsch Kims wurde das Datum der Ausweisung noch bis zum 13. Juli hinausgeschoben, allein trotzdem machte jener durchaus keine Anstalten, das Land zu verlassen. Er hatte von den territorialen Privilegien der Europäer in Japan gehört und wußte, daß die japanische Polizei das Haus eines Europäers in den fremden Ansiedlungen nicht betreten darf. Darauf bauend, flüchtete er am 13. Juli in ein französisches Hotel in Yokohama, wo er vorläufig vor den Japanern sicher war, allein die Behörden setzten sich mit dem französischen Konsul in Verbindung, auf dessen Veranlassung Kim dann verhaftet und der einheimischen Polizei ausgeliefert wurde, die ihn nach einer der Vorstädte schaffte und dort 14 Tage lang in einer Art Gefangenschaft hielt. Nunmehr entstand die Frage, was mit dem Mann geschehen sollte; schickte man ihn nach Shanghai, so war er bei den Chinesen einem sicheren Tod verfallen; Wladiwostock kam politischer Gründe wegen nicht in Frage, und so dachte man schon daran, ihn nach San Francisco zu schicken, obwohl man fürchtete, daß er dort Hunger leiden würde, weil er keine eigenen Mittel besaß. Inzwischen hatte Kim sich aber brieflich sowohl an den König von Korea, als auch an den Vizekönig Li Hung Chang gewandt; dem ersteren hielt er vor, daß politische Streitfragen nicht durch Meuchelmord, zu dem der König sich herabgelassen haben, zu erledigen seien; er gibt ihm verschiedene Ratschläge, die nicht ohne Bedeutung sind, weil die Anhänger Kims noch immer eine mächtige Partei bilden. Korea, meint Kim, könne sich weder auf China noch auf Japan verlassen, die beide genug mit sich selbst zu tun hätten, um ihre Unabhängigkeit zu wahren; die richtige Politik des Landes sei, mit allen westlichen Ländern auf freundschaftlichem Fuße zu stehen, im Lande Reformen einzuführen, das Volk zu erziehen und Handel und Industrie zu ermutigen. England müsse gezwungen werden, Port Hamilton aufzugeben, und ebenso müßten andere Nationen von ihren Plänen auf Korea abstehen; die Minen sollen erschlossen, die Klassenprivilegien beseitigt und die Anhänger Kims, die ein wahres Interesse an dem Land hätten, zurückberufen werden. Dem Vize-König Li Hung Chang wirft Kim vor, daß derselbe den Koreanern den Rat gegeben habe, ihn, Kim, zu ermorden; im Übrigen verteidigt er sich gegen den Vorwurf, daß er die Unruhen des Jahres 1884 angeregt habe; die Sache falle vielmehr dem chinesischen Gesandten zur Last.

Nach längeren Erwägungen kam die japanische Regierung endlich zu dem Entschluß, daß es sich doch nicht empfehle, Kim in die weite Welt zu jagen, wo er bald verhungern müßte. Nach China konnte er nicht geschickt werden und in Tokio auch nicht bleiben, weil er dort den Mittelpunkt aller Intrigen gegen Korea bilden würde. Die Regierung beschloß daher, ihn nach den Bonin-Inseln zu senden, einer einsamen Gruppe kleiner Inselchen weit hinaus in den Pazifik, die vor einigen Jahren von Japan formell annektiert worden ist und die bis dahin nur von einigen desertierten Seeleuten, flüchtigen Seeräubern und dorthin verschlagenen Kanaken bewohnt wurden. Dort wird Kim auf Kosten der japanischen Regierung unterhalten und wird ihm Zeit gegeben werden, über sein Schicksal nachzudenken, bis die Verhältnisse auf Korea sich derartig gestaltet haben, daß seine Partei ihn zurückberufen kann.

Kritische Lage in Korea.

PAAA_RZ201-018907_165 ff.

Empfänger	Bismarck	Absender	Kempermann
A. 12440 pr. 17. October 1886. a. m.		Söul, den 27. August 1886.	
Memo	Erlaß 745 n. Petersburg, 845 n. London orig. an Admiralität J. № 526.		

A. 12440 pr. 17. October 1886. a. m.

Söul, den 27. August 1886.

Lfde № 53.

Seiner Durchlaucht

dem Fürsten von Bismarck.

Im Anschluß an meinen ganz gehorsamsten Bericht № 52[40] vom 24.6. habe ich die Ehre weiter zu melden:

Der russische Geschäftsträger teilte mir gestern mit, daß er, wie ich in jenem Bericht bereits angeführt hatte, am 23. ein Schreiben an das hiesige Auswärtige Amt gerichtet habe, worin er, von der Tatsache der Verhaftung der vier Ratgeber des Königs ausgehend der koreanischen Regierung versichert habe, daß ihm diese Männer gänzlich unbekannt seien, und daß Rußland durchaus nicht beabsichtige sich in koreanische Angelegenheiten zu mischen. Dahingegen wolle er aber auch nicht unterlassen, die koreanische Regierung darauf aufmerksam zu machen, daß Rußland ebenso wenig die Einmischung einer anderen Macht dulden werde. Herr Waeber schreibt die am 24. erfolgte Begnadigung der vier Verdächtigen seinem Schreiben zu, sagte mir aber gleichzeitig, daß die noch am Abend des 23. eingetroffene Antwort, die nach dem Stil zu urteilen, in der chinesischen Gesandtschaft abgefaßt sein müßte, sehr grob gehalten sei. Er konnte mir Genaueres über den Inhalt nicht mitteilen, da sein Dolmetscher, wie er sagte, eine genaue Übersetzung noch nicht angefertigt hatte. Er beabsichtigt übrigens eine Duplik im selben Ton an das Auswärtige Amt zu richten.

In Chemulpo liegen jetzt 6 chinesische Kriegsschiffe, darunter 4. größere, von denen

---

[40] A. 12532 i. a.

2 in Stettin erbaut sind. Es befinden sich mindestens 300 Soldaten, darunter ein General, und viel Telegrafenmaterial an Bord. Es scheint, daß China beabsichtigt, die Soldaten als Telegrafenarbeiter zu landen; die hiesige Gesandtschaft und das Konsulat in Chemulpo sind vollgepfropft mit Soldaten; herkömmlich hielt die hiesige Gesandtschaft fortwährend circa 80 Mann Soldaten als Kulis verkleidet. Im chinesischen Telegrafenbüro sind alle Beamte mit Revolvern bewaffnet.

Der japanische Geschäftsträger Takahira teilte mir gestern mit, daß er den chinesischen Gesandten an die Vertragsbestimmung erinnert habe, daß chinesische Soldaten Korea nicht betreten dürfen. Er erwarte daher, daß Herr Yuen nicht gestatte, daß die an Bord der Kriegsschiffe befindlichen Soldaten ausgeschifft würden. Herr Yuen habe darauf erwidert, daß dies in der Tat nicht geschehen solle. Wie ich aber in dem vorangegangenen Bericht zu erwähnen die Ehre hatte, traue ich Yuens Worten nicht. Und da in wenigen Tagen die Ankunft eines japanischen Geschwaders zu erwarten steht, weil der Geschäftsträger Gelegenheit gefunden hat, ein Telegramm per gemieteten Dampfer nach Tsushima gelangen zu lassen, so ist nicht abzusehen, welche weiteren Verwicklungen bevorstehen.

Die Aufregung in der Stadt und unter den Europäern wächst mit jedem Tage. Von den letzteren ist ein jeder zur Flucht gerüstet.

Kempermann.

Inhalt: Kritische Lage in Korea.

Anschläge des chinesischen Gesandten gegen die Selbstständigkeit des Königs.

PAAA_RZ201-018907_169 ff.

Empfänger	Bismarck	Absender	Kempermann
A.12532 pr. 19. Oktober 1886. a. m.		Säul, den 24. August 1886.	
Memo	I. Erl. v.21.10. Petersburg. 744 II. orig. Admiral mitg. 21. 10 cf. 13392 cfr. a 13808 dl. 88 J. № 524		

A.12532 pr. 19. Oktober 1886. a. m. 2 Anl.

Söul, den 24. August 1886.

Lfde № 52.

Seiner Durchlaucht

dem Fürsten von Bismarck.

In meinen ganz gehorsamsten Berichten N. N. 41[41] und 45[42] vom 14. bez. 22. Juli hatte Eurer Durchlaucht ich das Erscheinen eines russischen Kriegsschiffs an der Nord-Ostküste Koreas gemeldet. Die Aufregung, welche diese Tatsache und das fortwährende Verweilen des Schiffes in jenen Gegenden bei dem chinesischen Gesandten hervorgerufen hat, ist, von gewisser Seite geflissentlich genährt, in den letzten Wochen bis zu der Überzeugung gesteigert worden, daß zwischen dem König und Rußland Verhandlungen im Gange sind, um Korea unter der letzteren Schutzherrschaft zu bringen. Am 11.c. will der genannte Vertreter ein den König sehr kompromittierendes Schriftstück entdeckt haben, und seit jenen Tagen arbeitet er an der Erniedrigung, ja Absetzung, des Monarchen, hat die Verfolgung derer zu Wege gebracht, die dessen Vertrauen genießen, den Einmarsch einer größeren chinesischen Armee nahe gebracht und die Ruhe des Landes sowohl wie auch die Sicherheit der Fremden in Frage gestellt.

Indem ich nachstehend die Folge der Ereignisse entwickele, schicke ich eine Schilderung der handelnden Personen und der inneren politischen Verhältnisse voraus, jedoch kann ich dabei über eine allgemeine Skizzierung nicht hinausgehen, da es mir in der kurzen Zeit,

---

41 A. 10529 i. a. ehrerb. beigefügt

42 A. 10711 orig. 11. 9 an die Admiralität

die ich auf diesem Posten bin, nicht möglich gewesen ist, ins Einzelne zu gehen und hinreichende Klarheit in das Gewirre der Zustände und Erscheinungen zu bringen.

Zu den wenigen wohltuenden Erscheinungen in dem Chaos koreanischer Versunkenheit und Erbärmlichkeit gehört vor allem die Person des Königs. Er ist human denkend, nur das Gute wollend, tugendhaft, liebenswürdig gegen jedermann, pflichteifrig und nicht ohne Verstand. Vergnügungen oder Zerstreuungen kennt er nicht; er schläft sechs Stunden, und zwar des Morgens, so will es die koreanische Etikette, von sechs Uhr bis Mittag. Sobald er sich erhoben hat, beginnen die Staatsgeschäfte und der Empfang seiner Berater, und unermüdlich bleibt er bei der Arbeit, den Tag und die Nacht durch. Alle Entscheidungen in Angelegenheiten des Innern, des Krieges, der Justiz, des Auswärtigen werden von ihm persönlich getroffen; niemand von den Ministern oder Generälen oder den drei Mitgliedern des obersten Regierungskollegs, von den Chinesen „Vize-Könige" genannt, haben daran Anteil. Wenn ein Vertreter auch nur das geringste bei dem Auswärtigen Amt erlangen will, sei es eine Gefälligkeit oder Auskunft, von wirklichen Geschäften gar nicht zu reden, so wird er bei dem Präsidenten dieser Behörde selten etwas erreichen, aber sofortige Erledigung seines Antrags oder Wunsches finden, wenn er die Wege kennt, vor dem König persönlich Vortrag halten lassen zu können.

Fast alle höheren, koreanischen Beamten sind nämlich Anhänger der chinesischen Partei und ausgesprochene Fremdenfeinde; alle, mit kaum einer Ausnahme, sind so unwissend, so geistig verkommen und so unselbständig und sklavisch veranlagt, daß der König von ihnen nie einen guten oder vernünftigen Rat, dagegen aber hündische Unterwerfung unter alle seine Launen erwarten kann.

So findet er für sein aufrichtiges Streben, das Land zu heben, den Verkehr mit dem Ausland zu entwickeln und sich von China unabhängig zu machen, bei denjenigen, welche durch die Staatsverfassung dazu berufen sind, keine Unterstützung und kein Verständnis. Daß seine eigenen Erfahrungen und Kenntnisse keine großen sind, seine chinesische Bildung ist sogar sehr vernachlässigt, kann nicht überraschen, wenn man bedenkt, welch' abgeschlossenes, eingeengtes Leben orientalische Fürsten durch die Etikette zu führen gezwungen sind, und daß dieser König erst vor 4 Jahren, als er schon für asiatische Verhältnisse die Vollkraft des Lebens nicht mehr besitzen konnte, zur Regierung gelangte, bis dahin aber von seinem klugen, aber tyrannischen Vater, dem Regenten, von allen Regierungsgeschäften und jeder Berührung mit der Außenwelt ferngehalten worden war und seine Tage zwischen Weibern und Eunuchen in flacher Unbedeutendheit hatte verbringen müssen. Herr von Möllendorff hat daher seiner Zeit leicht einen großen Einfluß auf den strebsamen, wißbegierigen König erlangen können, und die Verehrung für denselben besteht fort; unter seiner Leitung wird der König manchen Blick in die

Außenwelt haben werfen können, im allgemeinen aber wird er von seinem Berater, der zwar Vieles wußte, aber durchaus kein praktischer Mensch und von Größenwahn nicht frei war, nur verschrobene und überspannte Ideen erhalten haben, und der Abgang desselben ist daher nicht im geringsten zu bedauern, weder für den König noch für uns.

Nun hatten in den letzten sechs Jahren mehrere gut veranlagte koreanische, junge Männer Gelegenheit gehabt, ihren geistigen Horizont beträchtlich zu erweitern, durch Besuche in Japan und Amerika und durch Umgang mit den Vertretern dieser Länder in Söul.

Es waren vorzüglich sechs Beamte in mittleren Stellungen, keine Angehörigen des Adels, die sich auf solche Weise Kenntnisse von der Außenwelt verschafft hatten und durch Aneignung der japanischen und englischen Sprache in den Stand gesetzt waren, diese Kenntnisse weiter zu entwickeln und dem eigenen Volke als Vermittler ausländischer Ideen zu dienen.

Diese erkor sich der König zu Beratern. Sie hatten jederzeit bei ihm Zutritt, und er empfing sie nicht nach den Vorschriften der Etikette öffentlich in feierlichen Audienzen, wie die Minister und wer sonst Zutritt zum Monarchen hat, sondern in seinem Arbeitskabinett und in durchaus zwangsloser Weise. Durch ihre Vermittlung pflegten verschiedene Vertreter ihre Wünsche dem König direkt vortragen zu lassen.

Ob diese sechs Vertrauten, von denen drei oder vier japanisch sprechen und in Japan gewesen sind, zu der früheren japanischen Partei gehören, oder gehört haben, weiß ich nicht; jedenfalls hatten sie gar keinen Verkehr mit dem japanischen Gesandten. Sie werden aber von den Anhängern Chinas und im Volk wohl mit jener Partei identifiziert, weil sie, wie jene, fortschrittlichen Ideen zugetan waren. Eine japanische Partei existiert jetzt scheinbar nicht mehr, aber eine große Anzahl von jüngeren Männern ist vorhanden, die die Ansichten jener sechs teilen und für die Selbständigkeit Koreas und die Entwicklung des Verkehrs mit dem Ausland arbeiten. Jedoch ist keiner von ihnen im Amt, vielmehr leben alle hier und meist im Lande in Zurückgezogenheit und warten auf bessere Zeiten.

Eine andere Persönlichkeit, die auf die Handlungen des Königs großen Einfluß ausübt, ist die Königin. Sie ist eine herzensgute und sehr gescheite, ihrem Gemahl an Geist weit überlegene Dame. Sie ist beim Volk verhaßt, weil sie eine Vorliebe für das Christentum haben soll, was nicht wahr ist, und den alten Regenten mit ihrem Haß verfolgt, was übertrieben ist.

Sie ist aber ferner mit den erwähnten sechs Beratern die Verzweiflung der Chinesen, und der Gesandte gerät schon bei Nennung ihres Namens in die bedenklichste Wut. Er sagt, sie sei an der Unzufriedenheit und dem Elend des Volkes schuld, weil sie die Angehörigen ihrer Familie, ihre Brüder, Oheime, Vettern, Neffen aus dem Geschlecht der Min, lauter unfähige Menschen und Blutsauger, in alle guten Stellungen hineinbringe. Daß sie diese Verwandten gut unterzubringen sucht, ist allerdings wahr; jedoch tut ähnliches ein jeder in Korea, der die Macht und den Einfluß dazu besitzt. Sie soll ferner einen schmählichen Handel mit Titeln treiben. Es muß zunächst festgestellt werden, daß es sich nur um leere Titel, nicht um Ämter handelt, wie die Chinesen, wo es geht, glauben machen möchten; und allerdings soll die Königin durch Titelbesorgung jährlich $ 80.000.- ihrem Nadelgeld zufügen. Jedoch muß eine solche Rekrimination in dem Munde eines Chinesen überraschen, da ja bekanntlich der Hof zu Peking in ähnlicher Weise, aber mit unendlich größerem Erfolg, die Eitelkeit im Volke ausbeutet.

Der Haß des chinesischen Gesandten gegen die Königin hat vielmehr einen ganz anderen, leicht zu durchschauenden Grund. Alle Würdenträger, welche dem König nahe kommen, sind enthusiastische Verehrer der Chinesen; und wenn überhaupt einer von ihnen gesunden Menschenverstand hätte, um dazu befähigt zu sein, würde er dem Könige nur rathen, was der chinesische Gesandte befiehlt. Die Königin aber, durch ihre große Klugheit, ihre Treue zu ihrem Gemahl und ihre mütterliche Besorgtheit für die Zukunft ihrer Kinder, im Verein mit jenen jungen Männern, deren, wenn auch beschränktes und lückenhaftes, Wissen immerhin im Stande ist, die Richtung anzugeben, in welcher das Wohl des Landes gesucht werden muß, sind es, welche die schöne Harmonie des Ganzen stören und das chinesische Prestige geradezu gefährden; und deshalb müssen sie weg. Auch Herr Denny gehört, weil er die Oberleitung des Gesandten nicht anerkennen wollte, sondern nach eigenem Ermessen und unter direkter Verständigung mit dem Vize-König von Chili zu handeln gedachte, zu diesen Geächteten.

Ich hatte schon seit den ersten Tagen meines Eintreffen hierselbst Gelegenheit, die Bestrebungen des chinesischen Gesandten zu beobachten. Ich hielt es für gut, mit diesem Vertreter in enge freundschaftliche Beziehungen zu treten, die dadurch ungemein gefördert wurden, daß die chinesische Gesandtschaft wenige Schritte von unserem Konsulat liegt. Daher haben wir uns öfter gesehen, und der erste Sekretär, Tong, der 10 Jahre lang in Amerika studiert hat und außerdem gerne Skat spielt, verbringt manchen Abend bei mir. In diesem engen und gewissermaßen gemütlichen Verkehr habe ich manches erfahren, was in der Folge dieses Berichtes seine Stelle findet; unter anderem hörte ich schon vor zwei Monaten von Tong, daß ein Telegramm von Peking an den König gelangt sei, die Weisung enthaltend, er solle die Königin zwei Jahre lang unter Klausur setzen, und ein anderes Mal in einer Gesellschaft, wo sich auch einer von den jungen Ratgebern des Königs befand, äußerte er zu mir, ich mag diesen Menschen nicht sehen, er läuft täglich zum König, nun, das wird bald ein Ende nehmen.

Tong ist ein junger Mann von 26 Jahren, sehr gescheit und im Besitz einer amerikanischen Durchschnittsbildung; die Rolle, welche er als Berater seines Chefs spielt, auf den er großen Einfluß hat, macht ihn etwas selbstüberhebend, und in der Ekstase läßt er sich leicht zu Prahlereien und Indiskretionen verleiten. Übrigens versucht er, auch mich und andere auszuforschen, und ich glaube durch jene Mitteilung in Betreff der Königin wollte er bloß erfahren, wie ein derartiges Vorgehen Chinas von mir aufgenommen werden würde.

Der chinesische Vertreter Yuen ist 28 Jahre alt und derselbe Offizier, welcher im Dezember 1884 mit chinesischen Truppen ins Schloß eilte, und die Japaner, welche sich der Person des Königs bemächtigt hatten, vertrieb. Er ist Soldat durch Geburt, Erziehung und Meinung, und spricht am liebsten von militärischen Angelegenheiten. Die chinesische Armee hält er der französischen und englischen überlegen. Er ist ein intrigant durch und durch, und sein ganzes Sinnen und Trachten ist darauf gerichtet, die Leitung Korea in seine Hand zu bekommen; Herr Denny, der ihn genauer kennen muß, ist der Meinung, daß er vor keinem Gewaltmittel zurückschrecken würde, daß er aber ebenso gern sich der List und Lüge bedient, um seinen Zweck zu erreichen. Daß Herr Denny dem König als Berater beigegeben ist, betrachtet Yuen als einen großen Fehler Lihunchang's, und er sucht alles anzuwenden, um des ersteren Stellung zu untergraben. Er nennt sich auf den englisch-geschriebenen Visitenkarten „Resident", sein chinesischer Titel jedoch muß „General-Konsul und diplomatischer Agent" übersetzt werden; als Militär-Mandarin hat er einen verhältnismäßig niedrigen Rang, nämlich den eines charakterisierten Teutois. Die fremden Konsuln in China werden dem Rang nach einem wirklichen Teutoi gleichgeachtet. Er genießt, respektive beansprucht, hier Prärogative wie kein anderer; beispielsweise läßt er sich, sowohl wie alle Beamten der Gesandtschaft, in der Sänfte bis ins Innere des königlichen Schlosses tragen, während selbst die höchsten koreanischen Beamten und alle fremden Vertreter, außerordentliche Gesandte nicht ausgeschlossen, schon vor dem Aufgang zum äußersten Eingangstor aussteigen und zu Fuß gehen müssen. Von der Anmaßung dieses Herrn liefert mir Herr Tong, der eben bei mir war, ein neues Beispiel; es ist heute der Geburtstag des Königs, und sämtliche fremden Vertreter sind zur Gratulation ins Schloß geladen; als ich Herrn Tong fragte, ob er seinen Chef begleiten werde, erwiderte er, wir gehen beide nicht, der König hat sich in der letzten Zeit nicht danach betragen, daß wir ihm Artigkeiten erweisen könnten; wir werden uns wahrscheinlich von unserem Konsul vertreten lassen, er wird aber nicht mit den fremden Vertretern gehen, denn wir halten darauf, besonders empfangen zu werden.

Die Frage, mit welcher Berechtigung der chinesische Vertreter sich die Rolle eines Residenten anmaßt, mit einem Wort, die Frage, ob Korea sich zu China in politischer Abhängigkeit befindet, sollte nun hier, ehe ich zu dem Bericht über die Ereignisse der letzten Wochen übergehe, eingehend erörtert werden. Ich habe schon seit einiger Zeit

Material zur Beurteilung dieses Verhältnisses zusammengetragen, dasselbe ist jedoch noch nicht vollständig genug, um zu einem Ganzen verarbeitet werden zu können. Jedoch hoffe ich in nicht ferner Zeit Eurer Durchlaucht eine ausführliche Abhandlung über diese vielumstrittene Frage vorlegen zu können. Ich kann aber auch jetzt schon meine Überzeugung dahin aussprechen, daß unter dem Gesichtspunkt des geltenden Völkerrechts Korea als ein chinesischer Vasallenstaat nicht angesehen werden kann.

Es traten nun in den letzten Monaten verschiedene Umstände ein, welche Yuens Aktionslüste in helle Flammen setzte und ihn sinn- und kopflos auf dem Wege der Intrige und des Umsturzes vorwärts trieben.

Ich hatte in meinem ganz gehorsamsten Bericht № 41[43] vom 14.Juli erwähnt, daß die koreanische Regierung den englischen General-Konsul in der Port-Hamilton-Sache arg dränge. Inzwischen hat sich herausgestellt, daß dieselbe vor etwa 8 Wochen eine peremptorische Aufforderung um Rückgabe der Insel an den englischen Gesandten in Peking geschickt hat.

Unter diesen Umständen langte zu günstiger Stunde, wie der englische General-Konsul glaubte, hier die Kunde an von dem Erscheinen russischer Kriegsschiffe im Nordosten Koreas. Die Meldungen des Distriktspräfekten über dieses Ereignis an die hiesige Regierung hatte ich mittelst Bericht № 45 vom 22. Juli Eurer Durchlaucht in Übersetzung vorzulegen die Ehre gehabt. Ich füge in der Anlage Übersetzung einer dritten Meldung bei, aus welcher im Zusammenhang mit den vorangegangenen ziemlich unzweifelhaft hervorgeht, daß das betreffende Kriegsschiff lediglich mit Vermessungsarbeiten befaßt ist. Es ist, wie ich nebenbei anführe, der Kreuzer ‚Kreisser‘, Kapitain Ostolopoff.

Herr Baber, der englische General-Konsul, übersetzt nun den Ausdruck „Dreimaster" in der ersten Meldung mit „drei Schiffen" und nahm an, daß das in der zweiten Meldung genannte Schiff ein verschiedenes viertes sei, und er scheint, unglaublich wie es klingt, da er für einen der besten Sinologen gehalten wird, in dem Sinne an die englische Gesandtschaft in Peking telegrafiert zu haben. Bald darauf begann er lange und häufige Besuche in der chinesischen Gesandtschaft zu machen. Am 27.Juli erhielt Herr Denny, wie er mir später mitgeteilt hat, eine telegrafische Anfrage von Lihunchang, ob etwas Wahres an der an ihn gelangten Nachricht sei, daß die Einrichtung einer russischen Schutzherrschaft in Korea im Werke sei. Denny ging sofort zu Yuen und stellte ihn zur Rede, daß er alarmierende Berichte nach Tientsin geschickt habe. Dies stellte letzterer energisch in Abrede, ohne freilich Herrn Denny zu überzeugen; es mag aber doch möglich sein, daß Lihunchang die betreffende Mitteilung von der englischen Gesandtschaft in Peking erhalten

---

43 liegt bei

hat. England scheint nicht allein Korea und China von Port Hamilton haben ablenken wollen, sondern ernstlich einen russischen Handstreich gefürchtet zu haben, und der gleichzeitige Besuch des russischen Marineministers in Wladiwostock dürfte zu dieser Furcht nicht wenig beigetragen haben. Die englische Flotte soll, wie wir hier erfahren, sofort nach Port Lazaref beordert worden sein, und ein chinesisches Geschwader von 6 Schiffen mit dem „Ting Yuen" als Flaggschiff war bis zum 31. Juli in Gensan und lief von da nach Wladiwostock.

Während nun diese Vorgänge stattfanden, traf nach längerer Abwesenheit von Korea in Söul der Mann ein, mit dessen Hilfe der chinesische Gesandte den Einfluß der Königin und der übrigen Ratgeber des Königs mit einem Schlage brechen zu können hoffte. Es war dies Min yon ik, ein naher Verwandter der Königin, aber nicht ihr, sondern den Chinesen zugetan, derselbe sogenannte Prinz Min, der bei der Revolte im Dezember 1884 zuerst unter den Streichen der Japanerfreunde niedersank.

Min steht im achtundzwanzigsten Lebensjahr und gilt für den bedeutendsten unter den koreanischen Großen. Seine Stimme hat Wert beim König, obschon er ihm nicht sympathisch und der Königin verhaßt ist. Er ist nämlich *persona grata* in der chinesischen Gesandtschaft, sowohl als bei Lihunchang und in Peking. Aber er ist dennoch kein Fremdenfeind. Im Gegenteil hat er sich bei seiner Rückkunft beeilt, allen fremden Vertretern seinen Besuch zu machen und sich mit ihnen auf freundschaftlichen Fuß zu stellen, und über manche europäischen Einrichtungen spricht er mit Bewunderung. Besonders begabt ist er nicht, und auf den Reisen, die er in früheren Jahren nach Amerika und Europa und in der letzten Zeit nach Hongkong und Shanghai unternommen hat, scheint er nicht gerade viel gesehen und gelernt zu haben, aber er ist tätig und strebsam, zwei Eigenschaften, die kaum bei irgendeinem andern Angehörigen des Adels gefunden werden.

Seit dem Tage seiner Rückkehr nach Söul war Min beständig auf der chinesischen Gesandtschaft, und bald erfuhr man, daß er wiederholt heftige Auftritte mit dem König gehabt und demselben geradezu ins Gesicht gesagt habe, an der Armut des Volkes sei allein seine schlechte Regierung schuld. Schließlich legte er einen Plan vor, wie am besten die Übelstände beseitigt werden könnten. Die Hauptpunkte seiner Vorlage waren: Wiederberufung des alten Regenten, des Vaters des Königs. Dienstentlassung sämtlicher Angehörigen der Familie Min. Kein weiterer Verkauf von Titeln. Strenges Verbot im königlichen Palast zu erscheinen für alle Adligen und Generäle, welche nicht durch ein Amt dazu berufen sind.

Diese Vorschläge sind zum großen Teil sehr vernünftig, aber der König verwarf von vornherein den ersten, die Wiederberufung des Regenten.

Die chinesische Gesandtschaft hatte nun gehofft, Min würde im Stande sein, eine größere Anzahl Adliger und Beamter zu sich herüberzuziehen, um mit ihrer Hilfe eine Palastrevolution herbeizuführen, und Herr Tong äußerte bereits bei verschiedenen Gelegenheiten, nächster Tage werde es losgehen, die Stunde des Königs habe geschlagen.

Aber Min scheint doch zu legal gewesen zu sein, um mit Gewalt gegen seinen König vorzugehen, oder auch, er hat keine Helfer gefunden, denn die koreanischen Großen sind nicht allein träge und schwerfällig, sondern auch im höchsten Grade feige. Wie dem aber auch sei, Herr Tong teilte mir plötzlich mit, es müsse alles beim Alten bleiben, mit Min lasse sich nichts anfangen, er sei noch zu jung.

Mir kommt jetzt beinahe vor, die Chinesen wollten uns durch derartige Äußerungen und Andeutungen nur mißleiten, oder sie hatten eine zweite Sehne zu ihrem Bogen. Am 12. kam Herr Tong zu mir und fragte mich, ob ich die große Neuigkeit schon gehört hätte, und auf meine Verneinung äußerte er, im Palast sei etwas ganz Außerordentliches vorgefallen, es werde geheim gehalten, und daher könne er es mir auch nicht mitteilen. Ob ich nicht wisse, was der russische Geschäftsträger treibe, ob ich ihn oft sehe, und ob er nichts sage.

Was nun vorgefallen war, konnte ich trotz eifrigster Nachforschungen nicht ausfinden, aber schon am 13. ging das Gerücht durch die Stadt, der chinesische Gesandte sei dahinter gekommen, daß im Geheimen Abmachungen im Werke seien, um Korea unter russische Schutzherrschaft zu bringen.

Am 14. erhielt der chinesische Gesandte ein Telegramm von Tientsin des Inhalts, daß, wenn er es für nötig erachte, 38.000 Mann sofort von der Mandschurei aus in Korea einrücken würden. Es waren gerade mehrere höhere, koreanische Beamte beim Gesandten, denen er den Inhalt des Telegramms auf der Stelle mitgeteilt zu haben scheint. Diese eilten mit der Nachricht sofort ins Schloß, worauf der König Yuen auffordern ließ, zu ihm zu kommen. Yuen leistete auch Folge, erklärte aber, als der König ihn fragte, was denn eigentlich vorgefallen sei, daß China sich anschicke, Truppen nach Korea zu schicken, er könne ihm das nicht sagen, da hier im Palast nur Personen zugegen seien, zu denen er kein Vertrauen habe. Der König möge den Regenten auf die Gesandtschaft schicken. Dieser erschien auch daselbst, begleitet von den allerhöchsten Beamten und Würdenträgern, und Yuen teilte ihm nun mit, daß er am 11. ein Schriftstück entdeckt habe, in welchem über dem königlichen Siegel an Rußland die Aufforderung gerichtet würde, Korea unter seinen Schutz zu nehmen. Der Regent sowohl wie die hohen Beamten beteuerten, daß dies ganz unmöglich sei, worauf Yuen das Schriftstück vorlegte, und alle erkannten an, daß das darunter befindliche Siegel das des Königs sei, welches er stets bei sich trägt. Da die Regierung sowohl wie der König jede Teilnahme an der Abfassung des Schriftstücks beharrlich ablehnten, so blieb nur die Erklärung übrig, daß irgend Jemand aus der

Umgebung des Königs von dem Siegel hatte Gebrauch machen können. Yuen verlangte nun strengste Untersuchung, die auch zugestanden wurde, ferner, daß der Regent die Regierung wieder übernehme; dieser lehnte jedoch unter Hinweis auf sein hohes Alter entschieden ab; was weiter verabredet worden ist, ist nicht bekannt, doch endigte die Zusammenkunft damit, daß der Gesandte versprach, den Einmarsch der chinesischen Truppen abzubestellen.

Wir Außenstehenden hatten von allem diesem keine Ahnung, als wir am 16. morgens in der amtlichen Zeitung (vom 15.) das in der Anlage übersetzte Edikt lasen, dem am folgenden Tage das zweite folgte. Die vier Verurteilten sind eben vier von den sechs Ratgebern des Königs; von den zwei anderen muß der eine schon lange vorher etwas gemerkt haben, denn er war seit sechs Wochen, Krankheit vorschützend, nicht mehr beim König gewesen, und der zweite, mit dem ich befreundet bin, war zu seinem Glück ebenso lange nicht im Schloß erschienen, weil er infolge des Todes seiner Tochter die vorgeschriebene Trauer zu beobachten hatte.

Jetzt, mit einem Schlage, war die Luft voll der heterogensten Gerüchte, und unter der Bevölkerung der Hauptstadt gab sich eine außerordentliche Bewegung kund. Das Volk ist seit langem unzufrieden wegen des fortwährenden Steigens der Nahrungsmittelpreise, die es dem Handel mit den Fremden zuschreibt, und die meisten Beamten, so z.B. der Präsident des Auswärtigen Amtes, teilen und äußern dieselbe Ansicht.

Es hieß gleich allgemeine, die vier seien verurteilt worden, weil sie Korea in die Abhängigkeit Rußlands hätten bringen wollen; dann hörte man weiter, der König habe zwar durch das Edikt vom 16. (Verbannung in einen Distrikt statt Insel) ihre Strafe gemildert, der chinesische Gesandte verlange aber die Hinrichtung, und der König werde schließlich wohl nachgeben müssen. Ferner hieß es hier, das Volk nehme für die Verurteilten Partei, dort, sämtliche Japaner sollten abends (am 16.) ermordet werden; andererseits wieder, der Regent habe mit den Chinesen vollständig gebrochen, die Truppen im Schloß hätten revoltiert, u. s. w.

Daß unter solchen Umständen die hier lebenden Europäer in große Bestürzung gerieten, ist selbstverständlich. Einige von den Damen und Kindern sind schon nach Chemulpo geflüchtet, und wenn die Unsicherheit weiter andauert und die Verwicklungen, wie bisher geschehen, täglich zunehmen, so werden ihnen in ein bis zwei Tagen alle anderen, auch die männlichen Mitglieder der Fremden-Kolonie, gefolgt sein.

Am 17. war ich mittags bei dem englischen General-Konsul Baber, und derselbe beschwor mich, mit Herrn Waeber, dem russischen Geschäftsträger zu sprechen und ihn zu veranlassen, Schritte zu tun, damit weiter Verfolgung der vier ein Ziel gesetzt werde. Herr Baber wäre die Geister, die er gerufen, jetzt gerne wieder los. Ich schlug Besprechung mit unserem Doyen, dem amerikanischen Minister-Residenten, vor, jedoch fanden wir diesen Herrn in dem bei ihm gewöhnlichen Zustande geistiger Unzurechnungsfähigkeit; er unterhält diesen Zustand, ich weiß nicht, ob durch Genuß von Morphium, oder, wie man allgemein annimmt, von Alkohol. Auf ihn ist für nichts zu rechnen, er hat von den Dingen, die geschehen, absolut keine Ahnung. Herr Baber meinte nun, ich könne doch wohl verstehen, daß er in einer so delikaten Sache nicht mit unserem russischen Kollegen sprechen könne, und da der einzige noch vorhandene Vertreter, der japanische Geschäftsträger, Takahira, auch zu nichts zu bewegen gewesen wäre, sondern am allerliebsten seine Person nach Chemulpo in Sicherheit brächte, so sprach ich allein mit Herrn Waeber, mit dem ich übrigens seit 15 Jahren befreundet bin. Er hatte von den Edikten gegen die Vier noch nichts gehört und versicherte, daß er keinen von ihnen kenne, sowie, daß er gar keine Ahnung von der Absicht Koreas habe, sich unter russischen Schutz zu stellen. Seinen, mir durchaus bekannten, Charakter und alle Umstände erwogen, glaube ich ihm das auch. Babers Zumutung, sich wegen der Vier zu verwenden, lehnte er selbstverständlich ab. Darauf kam Herr Denny hinzu, der seine Überzeugung aussprach, daß die ganze Geschichte von den Umtrieben mit Rußland Yuens Erfindung sei, und daß das Land nicht eher Ruhe haben werde, bis dieser Intrigant abberufen sei. Er habe verschiedene Male versucht, Telegramme nach Tientsin an den Vize-König zu senden; dieselben würden aber auf dem Telegrafenamt (unter chinesischer Verwaltung) nicht angenommen, mit der Ausrede, daß die Linie unterbrochen sei. Dies sei aber nicht wahr, denn Yuen erhalte und sende fortwährend Telegramme. Ich will hier bemerken, daß der Chef-Ingenieur der chinesischen Leitung in Korea, Herr Mühlensteth, öffentlich in einer Gesellschaft erklärt hat, die Linie sei bis Tientsin fortwährend in bester Ordnung. Tong sagte mir noch gestern, es weder wohl 14 Tagen dauern bis die Verbindung wieder hergestellt sei.

Herr Denny meinte, Yuen sei Herr der Situation, der König habe eine solche Furcht vor ihm, daß er keinen Willen mehr habe. Auf seine und Herrn Waeber's Bitten beschloß ich nun zu machen, daß durch die Vorfälle der letzten Tage gerade das herbeigeführt werden könne, was so sehr, aber bis jetzt ohne Grund, gefürchtet wurde, nämlich eine Einmischung Rußlands in die koreanischen Angelegenheiten. Ich beschwor Herrn Yuen im Interesse der Rue des Landes und der Sicherheit der Fremden, all´seinen Einfluß beim König aufzubieten, damit weiteren Maßregeln gegen die Vier Einhalt getan werde. Ich bat ihn, diesen meinen Schritt auch als einen Beweis meiner Freundschaft für ihn und China aufzufassen. Yuen ging zuerst auf die von mir angebotene Fiktion, als sei nicht er der Urheber aller Vorgänge, sondern der König und die Regierung, ein; aber bald verlor er alle Kontrolle über sich und erzählte mir, wie er das Dokument gefunden habe u. s. w. Er gab zu, daß den Vieren keine Teilnahme an der Fälschung nachgewiesen werden könne, aber es seien doch schlechte Menschen, sie ständen in Korrespondenz mit dem nach Japan entlaufenen Verschwörer von 1884, Kim o Kiun; ob das Dokument an Herrn Waeber abgegangen sei, behauptete er nicht zu wissen, und er fragte mich wohl ein Dutzend mal, ob ich darüber nichts erfahren hätte, oder ob ich glaube, daß Herr Waeber solch ein hochverräterisches Schreiben annehmen würde. Ich erwiderte ihm, daß ich überzeugt sei, daß Herr Waeber bis zur Stunde von einem solchen Dokument nichts wisse, warnte ihn auch, dasselbe könne eine Fälschung sein, bestimmt ihn zu düpieren und in Verlegenheiten zu setzen. Kein Diplomat und keine Regierung würden einem solchen Schriftstück ohne vorhergegangene Besprechungen einen Wert beilegen, sondern es als Falsifikat betrachten. Nachdem ich Yuen lange und eindringlich den Ernst der Situation vorgestellt, versprach er, sich beim König zu verwenden, daß von weiteren Schritten gegen die Vier Abstand genommen werde, und daß sie überhaupt wegen politischer Dinge nicht bestraft werden sollten. Außerdem sagte er mir und hat mir in der Folge oft wiederholt, daß alles wieder ins alte Geleise zurückkehren werde. Ganz im Vertrauen theilte er mir noch mit, daß England vor einigen Tagen in Peking erklärt habe, Port Hamilton wieder zurückgeben zu wollen. England scheint also, so muß man von hier aus urteilen, eingesehen zu haben, daß es Unheil angerichtet hat, und daß um jeden Preis einer russischen Einmischung vorgebeugt werden müsse.

Den 25. August.   Fortsetzung obigen Berichts.

Am 21. wurden durch das in Übersetzung anliegende Dekret die Distrikte festgesetzt, wohin die Vier zu verschicken sind. Gestern am Geburtstage des Königs sind dieselben vollständig begnadigt worden. Herr Tong hatte mich schon tags vorher auf dieses Ereignis vorbereitet.

Ich glaube aber durchaus nicht, daß diese Begnadigung der Fürsprache Yuens zu verdanken, sondern lediglich aus der eigensten Entschließung des Königs hervorgegangen ist, der sich in den letzten Tagen wieder ermannt zu haben scheint. Im Übrigen hat, wie ich bestimmt weiß, der russische Geschäftsträger, was er mir aber verheimlicht, am 23. ein Schreiben an das Auswärtige Amt gerichtet und die Begnadigung der Vier empfohlen; mit welcher Motivierung habe ich nicht feststellen können.

Der König war bei der gestrigen Gratulations-Audienz heiter und liebenswürdig wie immer, und man merkte seinem Aussehen gar nicht die große Aufregung an, in welche ihn die Ereignisse der letzten Wochen versetzt haben müssen.

Tags vorher hatte er eine vorher vollzogene Begnadigung des ehemaligen Präsidenten des Auswärtigen Amtes, eines eingefleischten Chinesenfreundes, der wegen alter politischer Sünden die Hauptstadt hatte verlassen müssen, wieder rückgängig gemacht.

Am 21. ging Prinz Ming am Bord eines Kanonenbootes, welches Yuen auf Verlangen zur Verfügung gestellt hatte, als königlicher Gesandter nach Tientsin und Peking. Yuen tut, als sei ihm diese Mission sehr unangenehm, man darf ihm aber nicht trauen.

Herr Denny versuchte mit einem koreanischen Dampfer nach Tientsin zu gehen, um dem Vize-König Bericht zu erstatten; Herr Yuen hat aber den Dampfer am Auslaufen gehindert, und so muß, da andere Fahrgelegenheiten nicht vorhanden sind, der amerikanische Rathgeber des Königs seine Reise aufschieben, bis zum Eintreffen des japanischen Postdampfers in zehn Tagen. Yuen behauptet, daß Denny nicht mehr nach hier zurückkehren werde, und in der Tat scheint der Vize-König vollständig auf des Gesandten Seite zu stehen und Dennys Verhalten zu mißbilligen. Letzterer ist, soweit ich urteilen kann, obschon er nicht frei von amerikanischen Eigentümlichkeiten sein wird, ein durchaus ehrlich denkender Mensch, aber er besitzt weder Humor, noch Takt, noch Geschicklichkeit genug, um seine schwierige und recht dornenvolle Stellung behaupten zu können.

Der allgemeine Eindruck bei den fremden Vertretern und allen denjenigen Fremden, welche den Ereignissen nahe stehen, ist, daß Yuen das bewußte Dokument, wenn es wirklich existiert, selbst hat anfertigen lassen. (ich glaube dasselbe, oder daß Yuen selbst düpiert worden ist) und daß wir in kurzer Zeit eine chinesische Armee im Lande haben werden. Am 21. kam ein kleiner chinesischer Dampfer mit 100 Soldaten in Chemulpo an, ging aber am 23., nachdem er Munition ausgeschifft hatte, wieder in See. Gestern lief ein chinesisches Geschwader von 4 Schiffen, zur südlichen Flotte gehörig, von Shanghai kommend, in Chemulpo ein. Das in Gensan und Wladiwostok erschienene Geschwader gehört zur nördlichen Flotte. Es hieß zuerst, es seien vier Transportschiffe mit Truppen, und ganz Söul war daher gestern Abend wieder in unbeschreiblicher Aufregung.

Der amerikanische Minister-Resident hat heute morgen[44], wie ich eben erfahre, den Bitten der ziemlich großen amerikanischen Kolonie nachgebend, 20 Mann von dem gestern in Chemulpo angekommenen Kriegsschiff Ossipee requiriert.

Bekanntlich hat sich China Japan gegenüber durch Vertrag verpflichtet, keine Truppen in Korea zu halten. Es zirkulierte in letzter Zeit vielfach das Gerücht, Japan habe in die Annullierung der betreffenden Klausel gewilligt. Den Äußerungen des hiesigen japanischen Geschäftsträgers entnehme ich jedoch, daß dem nicht so ist und so werden im Fall des Einrückens chinesischer Truppen zunächst Verwicklungen mit Japan zu erwarten sein.

Abschriften dieses Berichtes sende ich an die Kaiserlichen Gesandtschaften in Peking und Tokio.

Kempermann.

Inhalt: Anschläge des chinesischen Gesandte gegen die Selbstständigkeit des Königs.

---

44 [original getreu]

Anlage zum Bericht des Kaiserlichen Konsuls für Korea.

Kontrolle № 52.

Uebersetzung

Wöchentliche Nachrichten aus Söul

№ 26

A. 12532   A. 13188

Am 23. Juni, 5 Uhr nachmittags, langte ein dreimastiges Schiff bei Liwon an. Der stellvertretende Distriktsverwalter und der Distrikts-Militär-Mandarin begaben sich an Ort und Stelle, um das Schiff zu besichtigen und fanden, daß, soweit es außerhalb des Wassers sichtbar war, der Rumpf mit Eisen und Messing umkleidet war. Unten war es schwarz angestrichen, oben weiß. Die Länge betrug mehr denn 50 Faden, die Breite mehrere Zehner Faden, und es trug acht Boote. Im Innern konnten sie nicht alles untersuchen. Die Mannschaft war mit Jacken und Hosen bekleidet; die Kleider waren aus schwarzer Wolle gefertigt und außerordentlich eng anliegend. Welche von der Mannschaft begaben sich an Land, nahmen Vermessungen vor und zeichneten die Berge ab; unsere Beamten riefen daher den Dolmetscher, den jene bei sich hatten, heran und fragten nach ihren Absichten, und die Fragen und Antworten, nach der Aufzeichnung, die von Liwon an den Gouverneur von Hamgyöngdo gesandt worden ist, lauten wie untenstehend. Das Schiff ist übrigens am 26. Juni, morgens 7 Uhr, nach Norden weiter gegangen.

Fragen und Antworten von dem Gouverneur von Hamgyöngdo, an die Regierung (d. i. den Ministerpräsidenten) und den Minister des Innern in Söul eingesandt.Wir: Wes Landes seid Ihr, und wozu kommt Ihr?

Sie: Wir sind Russen, das Schiff ist ein russisches Kriegsschiff, und wir sind nach hier gekommen, um uns die Gegend anzusehen.

Wir: Der Distriktsverwalter ist gestern nach der Provinzhauptstadt gereist, und wir sind der Vertreter des Distriktverwalters und der Militär-Mandarin und sind gekommen, da wir Eure Ankunft ersehen haben.

Sie: Besten Dank. Wie viel Häuser gibt es hier, wie viel Berge und wie weit ist es zum Schloß (d. i. der Sitz des Distriktsverwalters)?

Wir: Die Zahlen der Häuer kennen wir nicht genau. Der Distrikt ist Klein, Ackerland wenig. Große Flüsse sind nicht vorhanden. Bis zum Schloß sind es 10 Li.

Sie: Unsere Leute sollen heute an Land auf die Dünen gehen, um frische Luft zu atmen. Ist das verboten?

Wir: Wir dürfen es nicht verbieten, da die Regierung den Befehl gegeben hat, dem Kommen und Gehen der Fremden keine Hindernisse in den Weg legen. Da aber die Leute des Distrikts, wenn sie fremde Menschen treffen, sie necken könnten, möchten wir solches nicht gestatten.

Sie: Wir wissen, daß bei Euch streng verboten ist, daß die Frauen von den Männern gesehen werden und haben demgemäß unseren Leuten Befehl erteilt; seid daher unbesorgt.Wir: Gestern seid Ihr angekommen, und heute morgen[45] beginnt Ihr sofort Vermessungen vorzunehmen und das Land aufzuzeichnen, was soll das heißen?

Sie: Als wir ankamen und die Berge erblickten, merkten wir, daß die Karten, die wir besitzen, nicht richtig waren, deshalb vermessen wir die Gewässer und notieren die Untiefen, weil das zum Besten der Schiffahrt[46] ist.

Wir: Wozu nützt Euch die Erleichterung der Schiffahrt?

Sie: Wir möchten Handel treiben, und zudem, da wir einen Vertrag mit Euch haben, müssen wir uns gegenseitig helfen. Können wir hier Vieh und Kohlen kaufen?

Wir: Kohlen gibt es hier nicht, Vieh können wir jetzt nicht verkaufen, da der Bauer es auf dem Felde braucht.

Sie: Welche Waren würdet Ihr von uns kaufen?

Wir: Der Distrikt ist klein und die Bewohner arm, wie kann da Handel möglich sein. Wie ist der Name eures Kapitains[47]?

Sie: Der Kapitain heißt Tuc Nakpiakpok und ist 48 Jahre alt.

Wir: Welches ist die Zahl Eurer Mannschaft und eures Kriegsgeräts?

Sie: Außer dem Kapitain sind vorhanden 16 Offiziere und 150 Matrosen. Ferner haben wir 14 Kanonen, darunter ein Torpedogeschütz, 125 Bajonette, 2[48], 50 Revolver, 125 Säbel.

Wir: Wann seid Ihr aus der Heimat abgereist, und wann kehrt Ihr dahin zurück?

Sie: Wir sind vor 2 Jahren abgereist, und im nächsten Jahr treten wir die Heimreise an.

Wir: Wie lange bleibt Ihr hier?

Sie: Das wissen wir noch nicht; vielleicht lange, vielleicht aber auch nur einige Tage.Wir: Wo kommt Ihr her?

Sie: Von Söul kamen wir über Torai, Gensan, Honwon und Puktchong, und überall

---

45 [original getreu]

46 [original getreu]

47 [original getreu] folgendes, Kapitain

48 [original getreu]

haben wir den Fahrweg vermessen.

Wir: Wohin wollt Ihr noch gehen?

Sie: Wir gehen nach Norden, um weitere Aufnahmen zu machen.

Anlage zum Bericht des Kaiserlichen Konsulats für Korea, Kontrolle № 52.
Übersetzung

Aus der amtlichen Zeitung
vom 15. August 1886.

A. 12532   A. 13188

Der Pusa (Distriktsverwalter) von Chuksan, Tcho chion tu, und die Sekretäre im Ministerium des Innern, Kim ka tchin, Kim hak u und Tchön yang buk, haben von Geburt Anlage zur Heimlichkeit und Lüge, und ihre Taten sind so schlecht, daß man unendlich erschreckt wird, wenn man davon hört. Wenn man nach einem Wege sucht, ihren Frevel zu Nichte zu machen und die Folgen abzuwehren, so ist es schwer, ihnen zu verzeihen. Es wird die Todesstrafe gemildert, und sie sind verurteilt, nach einer fernen, unwirthbaren Insel verbannt zu werden.

Aus der amtlichen Zeitung vom 16. August 1886.

Die obengenannten vier Beamten können wegen ihres Verbrechens keine Verzeihung erhalten und dürfen nicht leicht bestraft werden, sie sollen in einem fernen, unwirtlichen Distrikt wohnen.

Aus der amtlichen Zeitungvom 21. August 1886.

Tcho chion tu wird verbannt nach Tamyang (in der Südprovinz Chölado), Kim ka tchin nach Namwon (ebendaselbst), Kim hak u nach Suontchön (ebendaselbst) und Tchön yang buk nach Tchungwha (in der nordwestlichen Provinz Pyon-gando).

Soleil

den 16. Oktober 1886

Russes et Chinois en Corée

Les journaux russes annoncent qu'une révolution politique aurait été sur le point d'éclater à Séoul, capitale de la Corée. Le représentant chinois aurait noué des intrigues en vue de déposer le roi, et de lui donner son père comme remplaçant. Ce dernier aurait refusé d'entrer dans le complot.

On accuse également le représentant chinois d'exciter les Coréens contre la Russie, et, d'après la version mise en circulation à Saint-Pétersbourg, ces manœuvres auraient été engagées, d'accord avec le résident anglais, en relations intimes avec l'agent chinois.

Übersetzung einer Zeitungsnotiz, erschienen am 16. Oktober 1886 in der französischen Zeitung „Soleil".

Russen und Chinesen in Korea.

Die russischen Zeitungen melden, daß eine politische Revolution in Seoul, der Hauptstadt von Korea, im Ausbruch begriffen sei. Der chinesische Repräsentant hatte Intrigen geknüpft mit der Absicht, den König zu entfernen und ihn durch seinen Vater zu ersetzen. Der letztere hat abgelehnt, sich an dem Komplott zu beteiligen.

Man beschuldigt auch den chinesischen Repräsentanten die Koreaner gegen die Russen aufzuwiegeln, und, nach der Ansicht, die in St. Petersburg in Umlauf gesetzt wurde, sind die Aktionen im Gange. Dieses steht in Übereinstimmung mit dem englischen Residenten, der in intimem Verhältnis mit dem chinesischen Agenten steht.

Berlin, den 21. Oktober 1886.   A. 12440. 12532(I. Angabe)

An
tit. Herrn von Schweinitz
1. Petersburg № 744
2. London № 885

Nach Berichten des kaiserl. General Konsuls Kempermann in Söul vom 24., 25. u. 27. August, deren Inhalte ich mich beehre Ew. tit. zur vertraul. Information mitzuteilen, hat des Erscheinen des russischen Kreuzers „Kreissen", Kapitain Ostolopoff, an der Nord-Ost-Küste Koreas große Aufregung in jenem Lande hervorgerufen.

Herr Kempermann ist der Ansicht, daß das genannte Schiff sich lediglich mit Vermessungen beschäftigt habe; der chinesische Gesandte aber, der in dieser Angelegenheit, anfänglich wenigstens, in Übereinstimmung mit dem englischen Vertreter Baber vorgegangen zu sein scheint, da es im Interesse Chinas und Englands lag, die öffentliche Aufmerksamkeit von dem noch immer von England besetzten Port Hamilton abzulenken, hat in dem Erscheinen des russischen Kriegsschiffes einen Beweis dafür erblicken wollen, daß zwischen dem König von Korea und Russland Unterhandlungen im Gange seien, um Korea unter russische Schutzherrschaft zu bringen.

Yuen, der chinesische Gesandte, der als ein rücksichtsloser Intrigant dargestellt wird, hat darauf alle Mittel, die ihm zur Verfügung standen, in Bewegung gesetzt, um eine Aufregung zu erzeugen, welche die Ruhe des Landes sowohl wie die Sicherheit der Fremden in Frage stellt.

Den vereinten Bemühungen unseres General-Konsuls und des russischen Vertreters Waeber ist es gelungen, die gemeingefährlichen Pläne Yuens, für den Augenblick wenigstens, zu konterkarieren; jedoch bleibt die Lage noch immer eine bedenkliche. England soll nun aber entschlossen sein, Port Hamilton an Korea zurückzugeben, da man zu der Ansicht gelangt zu sein scheint, daß nur auf diese Weise eine russische Einmischung verhindert werden könne.

N. d. H. St.

L. 20. 10

A. 12440. 12532. (II. Angabe)

Berlin, den 21. Oktober 1886.

Die Berichte des Kaiserlichen General-Konsuls in Söul vom 24. u. 27. Aug. werden Seiner Exzellenz dem Chef der Kaiserlichen Admiralität, Herrn Generalleutnant von Caprivi zur geneigten, vertraul. Kenntnisnahme s. p. r. ganz ergebenst übersandt.

Berlin, den 21. Oktober 1886.

i. m.

Betreffend die Lage der Koreanischen Frage und die Räumung Port-Hamilton`s.

PAAA_RZ201-018907_227 ff.			
Empfänger	Bismarck	Absender	Brandt
A. 13144 pr. 31. Oktober 1886. p. m.		Tientsin, den 6. September 1886.	
Memo	cfr. 13392 cf. 4249 de 87 s. Erl. v. 4. 11. n. London 933 n. Petersbg. 804		

A. 13144 pr. 31. Oktober 1886. p. m.

Tientsin, den 6. September 1886.

A. № 170.

Vertraulich.

Seiner Durchlaucht

dem Fürsten von Bismarck.

Bei einem Gespräch, welches ich am heutigen Tage mit dem General-Gouverneur Li-hung-chang hatte, machte mir derselbe in Bezug auf die Lage der Verhältnisse in Korea, die nachstehenden Miteilungen.

Die wahrscheinlich von japanischer Seite in Umlauf gesetzten Gerüchte über Konflikte zwischen Chinesen und Koreanern, sowie über russische Annexionsgelüste, entbehrten der tatsächlichen Begründung. Wahr sei nur, daß der russische Geschäftsträger in Korea, Herr Waeber, sich mit einigen untergeordneten koreanischen Beamten in Verbindung gesetzt und dieselben dazu zu vermögen gesucht habe, russischen Schutz anzurufen und das Land unter russisches Protektorat zu stellen. Er, Li, der, wie ich wisse, mit der Wahrnehmung der koreanischen Angelegenheiten betraut sei, habe sich darauf durch den in St. Petersburg beglaubigten Gesandten direkt nach dort gewendet und unter ganz besonderer Betonung der Oberhoheit Chinas über Korea Aufklärung verlangt, die ihm auch bereitwilligst zu theil geworden. Das russische Auswärtige Amt habe erklärt, daß ihm kein Gesuch der koreanischen Regierung um Erteilung des russischen Schutzes zugegangen sei und daß, falls ein solches einlief, dasselbe zurückgewiesen werden würde. Li-hung-chang sprach sich so bitter über die Intrigen des Herrn Waeber, (den er als einen eitlen und taktlosen Menschen bezeichnete) und die Schwäche des Königs von Korea aus, der ein willenloses Werkzeug jedes beliebigen Schwätzers sei, (und dem ein verständiger, energischer

Ratgeber, vielleicht ein chinesischer Resident, zur Seite gestellt werden müsse,) daß ich glaube annehmen zu dürfen, daß die bei Herrn Waeber getanen und von demselben unzweifelhaft nach Petersburg berichteten Schritte nicht von untergeordneten Beamten, sondern von dem König ausgegangen sind, der sich zu diesen Mitteilungen freilich nicht des Ministers der auswärtigen Angelegenheiten bedient haben wird.

Li-hung-chang, der sichtlich preokkupiert war, kam dann auf die Besetzung Port Hamiltons durch die Engländer zu sprechen und sagte, er habe wiederholt auf das entschiedenste die Räumung der Insel verlangt, aber Herr O'Conor sowohl wie Sir John Walsham hätten ihm stets erklärt, daß dies unmöglich sei, England habe die Insel nur in Besitz genommen um zu verhindern daß dies von Seiten Rußlands oder Deutschlands geschehe, und könne dieselbe auch nichts räumen ohne daß von Seiten dieser beiden Mächte bindende Erklärungen abgegeben würden, welche jede Besitznahme der Insel durch sie unmöglich machten. Herr Popoff, der frühere russische Gesandte habe ihm früher mündlich erklärt, daß Rußland keine Absichten auf Port Hamilton habe, aber den Engländern genüge dies nicht. Was ich über die Sache dächte? Ich erwiderte Li, daß es nur ganz überflüssig schiene, mich in die Angelegenheit zu mischen, ich könnte aber nicht umhin meiner Verwunderung darüber Ausdruck zu geben, daß eine Macht, die im Frieden ein einer anderen Macht gehöriges Gebiet besetzt habe, als Bedingung der Räumung desselben verlange, daß eine dritte Macht, die mit der ganzen Angelegenheit nichts zu tun gehabt habe und gegen die nicht einmal ein Argwohn bestehen könne, sich verpflichte, das ihr gegebene, schlechte Beispiel nicht auch nachzuahmen. Im Übrigen müßten die von uns in Ostasien immer befolgte Politik und unsere freundschaftlichen Beziehungen zu China der chinesischen Regierung eine hinlängliche Garantie dafür sein, daß wir die Absicht, uns chinesischer oder koreanischer Gebietsteile zu bemächtigen, weder gehabt hätten, noch hätten. Li meinte darauf, er habe nie an deutsche Absichten auf Port Hamilton geglaubt, und die englischen Erklärungen seien auch ihm umso eigentümlicher erschienen, als in denselben nur von Rußland und Deutschland und z.B. nicht von Frankreich die Rede gewesen sei. Jedenfalls sei die Frage von Port Hamilton eine brennende geworden, und es müsse eine Lösung gefunden werden. Außer der von England in erster Linie gewünschten, wären folgende andere Wege denkbar:

1.) Die zeitweilige Besetzung Port Hamiltons durch China, wozu sich die chinesische Regierung aber nicht entschließen könne, da sie sich nicht den Anschein geben wolle, als wenn sie das Gebiet eines Vasallen usurpiere;

2) Die Eröffnung von Port Hamilton und Port Lazareff als Vertragshäfen, resp. des ersteren als Freihafen, was von englischer Seite angeregt worden sei;

3.) Die von den Großmächten, Japan und den Vereinigten Staaten garantierte

Neutralisierung des gesamten koreanischen Gebiets;

4.) Die Einverleibung Koreas in China.

Nach diesen Mitteilungen Li-hung-chang's und anderen eigenen Beobachtungen möchte ich die augenblickliche Lage der koreanischen Frage wie folgt annehmen:

Der vielfach durch das Vorgehen Chinas verletzte König, d.h. in Wirklichkeit seine Mutter und seine Gemahlin, die beide viel intelligenter und energischer als der König selbst zu sein scheinen, und die Familie derselben, welche sich durch die unverkennbare Absicht der chinesischen Vertretung in Söul, den Tai-in-kun (Vater des Königs) in den Vordergrund zu stellen und mit der Leitung der Regierung zu betrauen, bedroht sehen, haben den Versuch gemacht, sich dem Abhängigkeitsverhältnis zu China, welches von dem Letzteren immer schärfer betont wird, dadurch zu entziehen, daß sie Anlehnung und Schutz bei Rußland gesucht haben. Der russische Geschäftsträger, Herr Waeber, wird der an ihn herangetretenen Versuchung, eine aktive Rolle zu spielen, nicht hinreichend widerstanden, und seine Regierung, die für den Augenblick durchaus nicht in der Lage ist, einen Konflikt mit China aufzunehmen, dadurch gezwungen haben, ihn wenigstens indirekt zu desavouieren. Die chinesische Regierung, oder vielmehr Li-hung-chang, als der Delegierte derselben für die koreanischen Angelegenheiten, scheinen mit Entschlossenheit und Schnelligkeit gehandelt zu haben, sowie ihnen die lokalen russisch-koreanischen Intrigen bekannt geworden waren und haben so einen gewissen Erfolg errungen, der sich auch dadurch kennzeichnet, daß der russische Geschäftsträger in Peking, Herr Ladygensky, am 5. hier eingetroffen ist, angeblich um eine kurze Erholungsreise zu machen, in Wirklichkeit aber, um mit Li-hung-chang über die koreanische Frage zu konferieren. An eine Verständigung in derselben, soweit die chinesischen Interessen in Korea in Betracht kommen, möchte ich nicht zweifeln; die Sachlage wird aber durch die trotz der koreanischen und chinesischen Proteste fortdauernden Besetzung Port Hamiltons durch die Engländer wesentlich verschlimmert. Ich glaube nicht zu irren, wenn ich annehme, daß die außergewöhnliche Rührigkeit der russischen Flotte in diesen Gewässern und die vielfachen Besuche derselben in den geöffneten und ungeöffneten Häfen der koreanischen Küste während der letzten Zeit, in erster Linie den Zweck verfolgt haben, die koreanische und chinesische Regierung zu beunruhigen und zu ernsteren Maßregeln gegen die englische Okkupation von Port Hamilton anzuregen. Von englischer Seite fühlt man dies vollständig, und Sir John Walsham äußerte sich am 5. September in einer, ganz gegen seine Gewohnheiten mit dem Legations-Sekretär, Freiherrn von Ketteler, gesuchten, Unterredung über die koreanische Frage; "Of course this dreadful Port Hamilton is at the bottom of it, but that can not be helped." Es wird indessen doch eine Lösung der Frage gefunden werden müssen, da die fortdauernde Spannung der Verhältnisse sonst leicht einen Konflikt in Ost-Asien herbeiführen könnte, den zwischen Rußland und China hervorzurufen in diesem Augenblick vielleicht nur England ein Interesse hat. Bei geschickter Handhabung der Verhältnisse kann aber die Okkupation von Port Hamilton in den Händen der russischen Diplomatie eine Waffe werden, deren Spitze sich in sehr entschiedener Weise gegen die Stellung Englands in China richten würde.

In Japan scheint man für den Augenblick der koreanischen Frage weniger Aufmerksamkeit zu schenken, der Minister-Präsident Ito ist friedlich gesinnt und äußeren Verwicklungen abhold, und er hat sich seiner gefährlichsten Gegner, der Führer der Aktions-Partei, Kuroda und Saigo, dadurch entledigt, daß er sie auf Reisen geschickt hat; ich möchte aber doch annehmen, daß im Falle ernsterer Verwicklungen in Corea die öffentliche Meinung in Japan ihn zwingen würden, die japanischen Interessen in Corea in entschiedener Weise wahrzunehmen, als dies vielleicht in seinen eigenen Wünschen liegen möchte.

Eurer Durchlaucht werde ich nicht verfehlen, über die weitere Entwicklung der koreanischen Frage ganz gehorsamst Bericht zu erstatten.

Dem kaiserlichen Gesandten in Tokio und dem kaiserlichen General-Konsul in Söul habe ich Abschrift dieses Briefes mit Ausnahme der rot eingeklammerten Stellen zugehen lassen.

Brandt.

Inhalt: betreffend die Lage der Koreanischen Frage und die Räumung Port-Hamilton`s.

Betreffend die Zustände in Korea und die Auffassung und Behandlung derselben seitens der chinesischen Regierung.

PAAA_RZ201-018907_239 ff.

Empfänger	Bismarck	Absender	Brandt
A. 13147 pr. 31. Oktober 1886. p. m.		Tientsin, den 10. September 1886.	
Memo	cfr. 13392 Mitg. n. Petersburg 787, London 927 v. 1. 11. orig. 21. 10. an die Admiralität gesandt.		

A. 13147 pr. 31. Oktober 1886. p. m.

Tientsin, den 10. September 1886.

A. № 173.

Vertraulich

Seiner Durchlaucht

dem Fürsten von Bismarck.

Seit meinem ganz gehorsamsten Bericht A. № 170[49] vom 6. September dieses Jahres sind mir die beiden von dem kaiserlichen General-Konsul Kempermann unter dem 24., beziehungsweise 27. August d.J. an Eure Durchlaucht gerichteten Berichte № 52 und № 53 über die jüngsten Ereignisse in Söul abschriftlich zugegangen, und habe ich auch Gelegenheit gehabt, den am 8. d.M. hier eingetroffenen Ratgeber des Königs von Korea, Mr. Denny, eingehend zu sprechen. Letzterer bestätigt durchaus die Angaben des General-Konsul Kempermann und scheint seine Hauptaufgabe für den Augenblick darin zu sehen, den chinesischen General-Konsul in Söul, Yuen, aus dem Sattel zu heben, was ihm indessen schwerlich gelingen dürfte, da Lihungchang in einer Unterredung, welche ich am heutigen Tage mit ihm hatte, das Verhalten desselben als ganz korrekt und durchaus im chinesischen Interesse liegend bezeichnete.

Li sagt mir, daß nähere Nachforschungen ergeben hätten, daß die japanische Regierung ganz direkt bei den Vorfällen, welche sich im Dezember 1884 in Söul abgespielt hätten, und welchen nur durch Yuens energisches Eingreifen eine günstige Wendung für China gegeben worden sei, beteiligt gewesen wäre. Später, und namentlich nach Beendigung des chinesischen Konflikts mit Frankreich, habe Japan derartige Intrigen aufgegeben, und er

---

49 mit heutiger Post

glaube, daß man heute von japanischer Seite an keine Einmischung in die koreanischen Angelegenheiten denke.

Dagegen hätten, besonders nach Besetzung Port Hamiltons durch England (und Li betonte mehrere Male ganz besonders, daß dieser Schritt Englands die Veranlassung zu allen späteren Ungelegenheiten gewesen sei), Gerüchte über russische Intrigen sich verbreitet, und es sei unbedingt um so mehr die Pflicht Yuens gewesen, denselben nachzuspüren, als Herr Waeber, der russische General-Konsul in Korea, in etwas unvorsichtiger Weise viel mit als Gegnern der Chinesen bekannten, untergeordneten koreanischen Beamten verkehrt habe.

Er, Li, wolle dahin gestellt sein lassen, ob das von Yuen aufgefundene, mit dem Siegel des Königs von Korea versehene Schriftstück, in welchem der Schutz Rußlands angerufen werde, authentisch oder gefälscht sei; ihm genüge, daß der König und die koreanische Regierung jede Kenntnis desselben in Abrede gestellt und es für eine Fälschung erklärt hätten. Auf seine, Lis, Anweisung habe das koreanische Ministerium der auswärtigen Angelegenheiten durch eine Zirkular-Note diese Erklärung zur Kenntnis der fremden Vertreter in Söul gebracht und dieselben zugleich daran erinnert, daß ihr Verkehr mit der koreanischen Regierung nur durch Vermittlung des Ministeriums der auswärtigen Angelegenheiten stattfinden dürfe.

Li betonte wiederholt, da der chinesischen Regierung nichts ferner liege als der Gedanke, Korea zu annektieren; ein derartiges Unternehmen würde für China mit bedeutenden Kosten verbunden sein und bleiben, da das Land nicht im Stande sein würde, die Kosten für eine chinesische Verwaltung aufzubringen; dagegen äußerte er sich ebenfalls mehrere Male in einer Weise, welche anzudeuten schien, als wenn der Gedanke, den König zu beseitigen und eine den chinesischen Interessen ergebene Persönlichkeit an die Stelle desselben zu setzen, ihm nicht ganz fern liege. Jedenfalls glaube ich aber mit Bestimmtheit annehmen zu dürfen, daß man einen etwa vorhandenen gewesenen Plan, chinesische Truppen in Korea einrücken zu lassen, aufgegeben hat und sich vor der Hand mit der von russischer Seite angegebenen Erklärung begnügen wird, daß man keine Kenntnis von dem angeblichen Ansuchen der koreanischen Regierung um russischen Schutz habe und dasselbe, wenn es einginge, zurückweisen würde.

Der kaiserlichen Gesandtschaft in Tokio wie dem kaiserlichen Konsulat in Söul habe ich Abschrift von diesem ganz gehorsamsten Bericht zugehen lassen.

Brandt.

Inhalt: betreffend die Zustände in Korea und die Auffassung und Behandlung derselben seitens der chinesischen Regierung.

Berlin, den 1. November 1886.   A. 13147.

An

die Botschaften in

1. Petersburg № 787

5. London, № 927

Eurer p. beehre ich mich anbei Auszug eines
Berichts des K. Gesandten in Peking d.d. Tientsin
vom 10.9., betreffend die Zustände in Korea und die
Auffassung u. Behandlung derselben seitens der
chinesischen Regierung zu Ihrer (ad. 1 vertraul. ad.
5) Information zu übersenden.

N. d. U. St. S.

i. m.

[   ]

PAAA_RZ201-018907_247

Empfänger	Der Staatssekretär des Auswärtigen Amts	Absender	Caprivi
A. 13188 pr. 1. November 1886		Berlin, den 30. Oktober 1886.	

A. 13188 pr. 1. November 1886 a. m. 4 Anl.

Berlin, den 30. Oktober 1886.

Geheim!

An den kaiserlichen Staatssekretär des Auswärtigen Amts
　　Hochgeboren
　　Hier.

Ew. Hochgeboren beehre ich mich, die mittelst gefälligen Schreibens vom 21. Oktober d. Js. – 6212- übersandten Berichte des kaiserlichen Generalkonsuls in Söul vom 24. und 27. August d. Js.,

betreffend die Anschläge des chinesischen Gesandten gegen die Selbstständigkeit des Königs und die kritische Lage in Korea,

nebst Anlagen, nach Kenntnisnahme mit verbindlichem Dank ganz ergebenst zurückzusenden.

v. Caprivi

Politische Lage.

PAAA_RZ201-018907_248 ff.

Empfänger	Bismarck	Absender	Kempermann
A. 13216. pr. 2. November 1886. a. m.		Söul, den 14. September 1886.	
Memo	s. Erl. v. 4.11. n. London 933, Petersburg 804 cfr. A. 4844. J. № 557.		

A. 13216. pr. 2. November 1886. a. m. 1 Anl.

Söul, den 14. September 1886.

Kontrolle № 57.

Seiner Durchlaucht

dem Fürsten von Bismarck.

Die politische Krisis, über welche Eurer Durchlaucht ich zuletzt in meinem ganz gehorsamsten Bericht № 53[50] vom 27. August zu berichten die Ehre hatte, hat bis in die ersten Tage dieses Monats angehalten, darauf haben die Dinge wieder ein ruhigeres Ansehen angenommen.

Daß aber Korea zur Ruhe gekommen sei, glaubt niemand; im Gegenteil: Europäer sowohl wie Koreaner blicken mit Mißtrauen in die Zukunft.

Um die Ereignisse, die sich in der letzten Zeit hier vollzogen haben und das Verhalten der Personen zu verstehen, bedarf es einer gründlicheren Kenntnis der hiesigen Zustände als wir sie bis jetzt besitzen können, und manches wird daher zunächst rätselhaft und unaufgeklärt bleiben müssen.

Es dürfte kaum ein orientalisches Land geben, dessen politisches Leben ein solch verworrenes Bild darbietet als Korea. Führende Persönlichkeiten, leitende Ideen und höheres Streben erblickt man nirgendwo. Wir haben hier ein Volk, welches von einer hohen Stufe der Kultur auf den Standpunkt der verkommensten Negervölker herabgesunken ist, eine Beamten-Hierarchie oder Adels- und Krieger- Kaste, deren Tun und Treiben nur durch Unwissenheit, Habsucht, Faulheit und Feigheit bestimmt wird, und einen König, der von den besten Absichten beseelt, aber schwach ist und bei seinen

---

50 A12440 ehrerbietig beigefügt

Untertanen und Dienern kein Verständnis findet. Neben ihm will der chinesische Gesandte Yuen König sein und ist es in der Tat in gewißem Maße.

Alle hohen Beamten, der jetzige Präsident des Auswärtigen Amtes an der Spitze erscheinen bei ihm fast täglich, sozusagen, zum Lever, seines leisesten Winkes gewärtig, und bemühen sich, so gut es geht, zwei Herren zu dienen, um schließlich demjenigen untreu zu werden, der es sich einfallen läßt, sie in ihrer amtlichen Tätigkeit zu kontrollieren. Das weiß der chinesische Gesandte sehr gut, und er würde daher seinen Einfluß nie geltend machen, um einen Verfolgten zu schützen, eine Ungerechtigkeit zu verhindern oder ein Verbrechen bestrafen zu lassen.

Die vier Ratgeber des Königs sind zwar begnadigt worden, aber keiner von ihnen wird wohl Lust haben, noch einmal seinen Kopf zu riskieren, und so steht der König wieder ganz allein und wird daher dem Willen des chinesischen Gesandten schließlich ganz verfallen. Zwar ist der letztere jetzt sichtlich niedergeschlagen; er gibt zu, daß das Dokument wegen des russischen Protektorats gefälscht war, und stellt das Vorgefallene als etwas in Korea ganz Alltägliches hin, nur das rein zufällige Erscheinen der chinesischen Südflotte in Chemulpo und die gleichzeitige Unterbrechung der Telegrafenlinie seien schuld, daß so sonderbare Gerüchte sich gebildet hätten und aus der Mücke ein Elefant geworden sei. Korea sei das abscheulichste Land auf der Erde, meinte er zu mir, die Leute hier hätten gar nichts anderes zu tun, als aufregende Märchen zu erfinden und in Umlauf zu setzen, er wolle sich jetzt um gar nichts mehr bekümmern, sondern sich nur amüsieren, und hoffe auf einen recht engen Verkehr mit den anderen fremden Vertretern.

Nun munkelt man aber allerlei, und sehr klare Beweise liegen vor, daß Yuens Vorgehen von der chinesischen Regierung, respektive Lihungchang, nicht gebilligt worden ist. In den ersten Tagen nach der Begnadigung der vier Ratgeber war er noch trotzig, er ließ seiner Wut darüber, wo er nur konnte, den wildesten Ausdruck; auch mir nahm er meinen Schritt bei ihm sehr übel, und er sprach von Kämpfen bis zum letzten Blutstropfen. Inzwischen waren nämlich in Chemulpo 9 chinesische Kriegsschiffe versammelt worden, der innere Hafen war ganz abgesperrt, und erst als Yuen von einem Privatmann darauf aufmerksam gemacht wurde, daß er durch diese Maßregel in Unannehmlichkeiten mit anderen Mächten geraten könnte, wurde die Einfahrt wieder freigegeben.

Der König zeigte sich fest; am 29. war ein Familienfest des königlichen Hauses; alle Vertreter waren zu einer Audienz befohlen, worin der König sich mit jedem lange und auf das Ungezwungenste unterhielt; nachher fand unter dem Vorsitz der höchsten Beamten im Palais ein Essen statt, nur der chinesische Gesandte fehlte bei dieser Feierlichkeit. Es scheint, er war gar nicht eingeladen worden. Einige Tage später hieß es plötzlich, er reise nach China. In der Tat war schon der Tag der Abreise bestimmt; Yuen äußerte zwar, er gehe nur auf kurze Zeit und werde bald wieder kommen, aber dem widersprach der Umstand, daß auch Vorbereitungen für die Abreise seiner Frau getroffen wurden und deren ganzer Hausrat mitgenommen werden sollte. Es wäre gut gewesen, wenn er gegangen wäre, aber im letzten Augenblick, als er schon vom König sich verabschiedet hatte, traf ein Telegramm von Tientsin ein, Yuen möge bleiben. Als ich ihn ein paar Tage später sah, sagte er mir, der König habe Lihungchang gebeten, ihn doch hier zu lassen. Das mag allerdings der Fall sein, aber es verlautet andererseits, daß der König diesen Schritt auf Yuens Bitten und nachdem er Besserung gelobt, getan hätte, nicht aus eigener Initiative, wie dieser glauben machen möchte. Welche Mittel angewendet worden sind, um den Monarchen herumzubringen, welche Bewegründe ihn geleitet haben, vielleicht das Gefühl seiner Unfähigkeit, isoliert wie er ist, gegen China Stand zu halten, darüber lassen sich mannigfache Vermutungen anstellen, in jedem Falle aber wird seine bekannte Gutmütigkeit den Ausschlag gegeben haben.

Nun begann auch die koreanische Regierung (selbstverständlich immer inspiriert von Yuen) das Vorgefallene zu vertuschen und abzuschwächen. Es wurde in den Ministerien verbreitet, die Fabel von dem russischen Protektorat habe ihren Ursprung in den alarmierenden Mitteilungen der japanischen Zeitungen und der europäischen Presse in Shanghai, und ein höherer Beamter würde verantwortlich gemacht und vorläufig mit Hausarrest bestraft, weil er diese Nachrichten hier verbreitet habe; man sagte sogar, Yuens Feinde hätten diese Gelegenheit benutzt, um jenes Dokument anzufertigen und ihn so zu törichten Schritten zu verleiten.

Auch offiziell hat die Regierung geglaubt, das Protektorats-Dokument als Tat böser Menschen und nicht politischer Persönlichkeiten darstellen zu müssen, denn sonst ist das in Übersetzung anliegende Schreiben nicht zu verstehen, welches der Präsident des Auswärtigen Amtes an die fremden Vertreter gerichtet hat. Der wesentliche Inhalt desselben ist nämlich, wie auch eingangs erwähnt wird, den hiesigen Gesandten bereits am 2. August vor. Jrs. notifiziert worden. (conf. Bericht № 78 d. d. 13ten Oktober 1885)[51]

Der in dem Schriftstück erwähnte Kim ok kiun ist der Hauptverschwörer vom Dezember 1884, der mit Hilfe der Japaner nach Japan entflohen war. Vor einiger Zeit wurde derselbe in Tokyo von einem anderen Koreaner in seinem Haus mit tödlichen Waffen angefallen. Kim übermannte jedoch den Attentäter und fand bei ihm ein Dokument des Königs vor, worin er den Befehl erhielt, nach Japan zu reisen und Kim

---

51 i.a. Legal gen. 39 vol. XI (III 19622/85)
ehrerbietigst beigefügt

zu töten. Die japanische Regierung, an die letzterer sich um Schutz wandte, geriet durch diesen Vorfall in die peinlichste Verlegenheit, denn sie wußte wohl, und es ist durch spätere Veröffentlichungen Kims auch aller Welt bekannt geworden, daß ihr damaliger Gesandter in Söul, Takazoye, die Verschwörung mit angestiftet hatte. Sie telegrafierte schließlich nach hier und bat um Bescheid, was mit dem Attentäter geschehen solle, worauf das Gesuch erfolgte, denselben nach hier zu schicken. So geschah es auch, und der Mann wurde nach dem Norden verbannt. Die japanische Regierung hat sich Kims vor einigen Wochen durch Verschickung nach einer kleinen Insel entledigt. Daß nun auch Kim ein Schreiben des Königs besessen oder in Japan vorgezeigt haben sollte, war bisher nicht bekannt; und der betreffende Passus in der Mitteilung des Auswärtigen Amtes soll daher wohl zu der Unterstellung dienen, daß der königliche Befehl an den Attentäter von Kim gefälscht war. Nebenbei soll dann auch in dem Leser die Vermutung erweckt werden, daß das Protektorats-Dokument in gleicher Weise gefälscht worden ist, wie übrigens ich sowohl wie die meisten meiner Kollegen von vornherein angenommen haben.

Es ist übrigens nicht unwahrscheinlich, daß die Maßregel auch den Zweck hat, durch das Auswärtige Amt, dessen Leiter sehr chinesisch gesinnt ist, über die Beziehungen der anderen Ministerien und Behörden zu den Fremden eine Kontrolle ausüben zu lassen. Die Kontrakte zwischen fremden und koreanischen Kaufleuten und Privatpersonen werden nämlich dadurch nicht berührt, obgleich der dunkle Wortlaut eine solche Auslegung zu läßt.

Daß seit Ende des vorigen Monats der Präsident des Auswärtigen Amtes, Kim yun sik, welcher, wie ich bereits berichtet habe, wegen politischer Verdächtigung seit drei Monaten aus der Hauptstadt geflüchtet war, wieder in sein Amt eingesetzt worden ist, ist ein weiteres Zeichen von des Königs Versöhnlichkeit. Im Übrigen ist Kim zwar ein leidenschaftlicher Verehrer Chinas, aber kein Fremdenfeind, auch höflich und arbeitsam, während von seinem Stellvertreter in jeder Hinsicht das Gegenteil gesagt werden mußte.

Am 4. c. ist nun Herr Denny nach Tientsin gereist, um dem Vize-König Lihungchang Vortrag über Yuens Intrigen zu halten und dessen Abberufung zu erwirken. Der König schickte ihm, als er schon in Chemulpo war, einen Boten nach, er möge doch hierbleiben. Yuen habe versprochen, einträchtig mit ihm zusammen zu gehen. Herr Denny glaubt aber, er sei im Stande, Yuen bei Lihungchang unmöglich zu machen, und werde nach hier zurückkehren als der Befreier Koreas vom chinesischen Joch. Er hat eine hohe Meinung von Lihungchang's Ehrlichkeit und Geradheit und ist überzeugt, daß derselbe mit Yuens Treiben nichts zu tun hatte. In welchem Maße er mit dieser Annahme recht hat, werden wir bald aus den Ereignissen beurteilen können, nämlich daraus, ob er zurückkommt, und wenn in der Tat, ob Yuen bleibt. Ich möchte aber jetzt schon die Ansicht äußern, daß die von Yuen bisher befolgte Politik den Absichten China's und Lihungchang's durchaus entspricht, und daß er nur zu rasch vorgegangen ist. Lihungchang will, daß in Korea nur der chinesische Einfluß herrsche, und Yuen handelt daher recht, wenn er alle solche Personen vom König fern hält, die ihm die Idee beibringen können, daß China nicht allein die Welt beherrscht, (wie jeder echte Chinese und jeder in den chinesischen Wissenschaften erzogene Koreaner glaubt.) Lihungchang hat eingesehen, als es zu spät war, daß die chinesische Regierung einen großen Fehler begangen hat, als sie in der Sherman-Sache Amerika an Korea verwies und bei dem Abschluß des amerikanisch-koreanischen Vertrags gewissermaßen Gevatter stand; er möchte daher gerne alle fremden Vertreter aus Söul entfernen und nur Konsuln in den offenen Häfen haben. So hat er im vorigen Jahr dem amerikanischen Gesandten in Peking, Denby, angetragen, er möge sich doch gleichzeitig für Söul akkreditieren lassen, und dem französischen Vertragsbevollmächtigten Cogordan suchte er bei der Abreise desselben nach hier, das Versprechen abzunehmen, daß Frankreich sich in Korea nur durch einen Vize-Konsul vertreten lassen werde. Die Entsendung Dennys paßt zwar auf den ersten Blick in eine solche Politik nicht wohl hinein, aber Lihungchang hat wohl geglaubt, den fremden Handelsinteressen eine Konzession machen zu sollen, oder auch Yuen einen Berater an die Seite geben zu müssen, für etwaige Verwicklungen mit den fremden Vertretern. Er hat sich nur in Denny ebenso gründlich getäuscht wie früher in von Möllendorff, denn Denny meint es erstens ehrlich mit Korea und will dem Lande vorwärts helfen, und zweitens, und vor allem, will er eine leitende Rolle spielen und nicht nur ein Werkzeug in den Händen des chinesischen Residenten sein. Er hat daher auch erklärt, er werde, falls er finde, daß Lihungchang ein falsches Spiel treibe, seine Beziehungen zu ihm lösen und in koreanische Dienste treten. Mr. Denny überschätzt aber den Wert, den er für Korea hat. Die Koreaner halten gar nichts von ihm, sie hatten erwartet, er stecke voller Pläne, um das Land zu heben, d. i. nach ihrer Idee, der Regierung neue Geldquellen zu öffnen. Stattdessen hat er große Abhandlungen geschrieben, über Grubenbau, Landkultur, Wege etc., ganz so wie es für Amerika passen würde, die hiesigen Verhältnisse aber hat er ganz unberücksichtigt gelassen, so daß die Absurdität seiner Vorschläge selbst den Koreanern sofort auffallen mußte. Orientalische Verhältnisse kann man freilich bloß durch langjähriges Beobachten an Ort und Stelle und vor allem durch Studium der Sprache kennenlernen; dazu hat Herr Denny aber während seiner konsularischen Tätigkeit in China keine Gelegenheit gehabt.

Im Übrigen, um wieder zu Lihungchang und China zurückzukehren, scheint mir, daß China unmöglich die Absicht haben kann, mit Waffengewalt Korea unter seine Herrschaft zu bringen. Es würde damit sofort Rußland ins Feld rufen. Rußland ist aber meines

Erachtens bis jetzt die einzige Macht, die China in Korea ernstlich zu fürchten hat, denn Japan hat, wie angenommen werden darf, seine Träume, daß die „Japanische See" ein japanisches Binnenmeer werden müsse, vernünftigerweise aufgegeben, auch scheint es allmalig zu der Einsicht zu kommen, daß es jetzt nicht mehr imstande ist, einer chinesischen Invasion in Korea entgegenzutreten.

Bei ruhigem Überlegen muß aber China sich ferner überzeugen, daß Rußland, wenn es Absichten auf Korea hat, diese noch in vielen Jahren nicht wird verwirklichen können. Zunächst nämlich ist fraglich, ob der Besitz von Port Lazaref oder anderer Häfen im Nord-Osten für Rußland überhaupt einen Wert hat. Die englischen Zeitungen schreiben freilich, es werde nach Süden gedrängt, um einen eisfreien Hafen zu finden; jedoch keine von diesen Zeitungen hat bewiesen, daß Port Lazaref eisfrei ist; hier ist man darüber im Ungewissen, aber zur gegenteiligen Ansicht geneigt, weil nicht einmal Chemulpo ganz eisfrei ist. Auf der anderen Seite ist ziemlich festgestellt, daß nördlich von Wladiwostok, und bloß 2-3 Kilometer von der Stadt entfernt, zwei Buchten, Sobol und Kanassai, eisfrei sind. Aber angenommen, Rußland wollte im Norden einen Hafen in Besitz nehmen, oder, was in diesem Falle das Natürlichste wäre, das koreanische Küstengebiet südlich vom Tumen besetzen, so lehrt ein Blick auf die Karte, daß es nicht im Stande sein würde, diesen Strich einem ernstlichen Angriff Chinas gegenüber zu behaupten. Den schmalen Küstenstrich vom Amur bis zum Tumen noch um einige hundert Meilen zu verlängern, in ein Land hinein, bei dessen Bevölkerung man auf Sympathien nicht zählen kann, wäre gewiß eine strategische Ungeheuerlichkeit. Um Korea zu nehmen und zu behaupten, müßte Rußland erst die Mandschurei bis ans gelbe Meer erobern und bis unter die Mauern von Peking vordringen. Die englischen Zeitungen meinen umgekehrt, es werde China von Korea aus bedrohen können.

Am 8.c. ist der gewesene stellvertretende Präsident des Auswärtigen Amtes So, kein sehr großer Chinesenfreund, aber ein ausgesprochener Fremdenhasser, mit kleinem Gefolge auf einem chinesischen Kanonenboot als Königlicher Gesandter nach China abgereist. Über seine Instruktionen ist nichts bekannt, aber er soll wohl Denny entgegenarbeiten. Der vorher abgegangene Gesandte Minyonik hat, in Chefoo angekommen, sein Gefolge im Stich gelassen und sich nach Shanghai gewandt. Seine Sendung war nur ein Vorwand, ihn ungefährdet zu entfernen, da er von seiner eigenen Sippe, den Min's, mit Ermordung bedroht war.

Im Hafen von Chemulpo waren während der vergangenen vierzehn Tage außer den 9 chinesischen Kriegsschiffen, von denen jetzt noch 2 vorhanden sind, 1 japanische Korvette und 1 „Sloop", und zwei englische Kanonenboote anwesend; das eine der letzteren diente zum Verkehr des General-Konsuls mit Peking, das andere beobachtete für den Admiral des ostasiatischen Geschwaders.

Gestern Morgen ist Seiner Majestät Kanonenboot „Wolf" auf der Reede von Chemulpo eingetroffen. Es wäre im Interesse unseres Ansehens wünschenswert, daß auch ein größeres Schiff von dem Geschwader unter Konteradmiral Knorr diesen Hafen besuchte, die Koreaner haben seit drei Jahren nur deutsche Kanonenboote gesehen.

Abschriften dieses Berichts schicke ich an die kaiserlichen Gesandtschaften in Peking und Tokyo, dasselbe ist auch mit dem Bericht № 53 geschehen.

Kempermann.

Inhalt: Politische Lage.

[Anlage von Kontrolle № 57.]

Abschrift.

Übersetzung.

Der Präsident des Auswärtigen Kim teilt vertraulich mit:

Wiederholt haben rechtlose Menschen lügnerisch redend falsche Schriften angefertigt, das Reichssiegel nachgemacht und Fremde betrogen; und ich hatte daher schon im vorigen Jahre Veranlassung genommen, an die verschiedenen Gesandtschaften ein Schreiben zu richten, des Inhalts, daß in Zukunft alle Kontrakte, welche zwischen Fremden und Koreanern abgeschlossen würden, möchten sie staatlicher oder privater Natur sein, als nicht zu Recht bestehend sollten angesehen werden, wenn ihnen nicht das Siegel des Auswärtigen Amtes beigedrückt worden sei. Nun wurde jüngst von einem Mann, der aus Japan gekommen war, in Erfahrung gebracht, daß Kim ok kiun das Staatssiegel besäße und mit demselben ein Schriftstück ausgefertigt habe, und indem Gesetze geschaffen wurden (von den Japanern) gelang es mir, in den Besitz dieses Schriftstücks zu gelangen. Als ich jedoch dasselbe im Verein mit der Regierung prüfte, stellte sich heraus, daß dasselbe eine Fälschung war.

Der König, dem Vortrag über diese Entdeckung gehalten wurde, ist sehr besorgt und will nicht, daß solche Betrügereien verborgen bleiben und hat mir daher befohlen, eine zweite Mitteilung (an die fremden Vertreter) zu richten; und somit bitte ich Sie, mit Rücksicht auf diesen und frühere Fälle, Schriftstücke, welche nicht klar sind und das Siegel des Auswärtigen Amtes nicht tragen, als Makulatur anzusehen.

den 3. September 1886

An den General-Konsul
des Deutschen Reiches
Herrn Kempermann.

Berlin, den 4. November 1886. A. 13144. 13216

An
tit. Graf Hatzfeldt

Vertr.
London № 933
Schweinitz,
Petersburg
№ 804 4.

cito. wegen Petersb.

Unter Bezugnahme auf den diesseitigen Erlaß vom 21. v. M., die Zustände in Korea betreffend, beehre ich mich Ew. tit. zu Ihrer persönlichen Information mitzuteilen, daß nach gleichzeitig hier eingetroffenen Berichten des kaiserlichen Gesandten in China d.d. Tientsin 6. September und des kaiserl. General-Konsuls in Söul vom 14. desselben Monats, nun auch der General-Gouverneur Lihungchang sich zu der Ansicht bekennt, daß die beunruhigenden Gerüchte über russische Annexionsgelüste bezüglich Koreas der tatsächlichen Begründung entbehrten. Dagegen herrscht in China sowohl wie in Korea noch immer eine große Aufregung wegen der andauernden Besetzung von Port Hamilton durch die Engländer. In beiden Ländern scheint man zu befürchten, Russland werde jene engl. Okkupation zum Vorwand nehmen, um seinerseits von einem passenden Hafen in Korea Besitz zu ergreifen.

Um dies zu verhindern, scheint China jetzt ernstlich zu wünschen, daß England Port Hamilton wieder aufgebe. Bei Abgang obiger Berichte aus Tientsin und Söul war es aber Lihungchang, der mit der Leitung der koreanischen Angelegenheiten betraut ist, noch nicht gelungen, von den Engländern eine, auf die Räumung bezügliche, bindende Zusage zu erhalten; dieselben verschanzten sich im Gegenteil hinter ganz nichtigen Vorwänden, um zu erklären, daß die Fortdauer der engl. Okkupation aus gewichtigen politischen Gründen geboten sei. So soll Sir John Walsham dem General-Gouverneur Lihungchang unter anderem gesagt haben, England habe Port Hamilton nur in Besitz genommen, um zu verhindern, daß das von Seiten Rußlands oder Deutschlands geschehe, und könne die Insel auch nicht

räumen, bevor nicht von Seiten dieser beiden Mächte bindende Erklärungen abgegeben würden, welche jede Besitznahme der Insel durch sie unmöglich machen. –

Trotzdem besteht in diplomatischen Kreisen in Peking und in Söul die Ansicht fort, England würde sich entschließen, Port Hamilton an Korea zurückzugeben, um auf diese Weise den Russen jeden Vorwand zu einer Einmischung zu nehmen.

Übereinstimmend mit Herrn Brandt ist der K. Gen. Konsul in Söul der Ansicht, daß der chinesische Einfluß in Korea in stetem Wachsen begriffen ist und demselben schließlich wohl ganz verfallen werde. Jedoch dürfte dieser Prozeß nur langsam und ohne Anwendung von Gewaltmaßregeln vor sich gehen, da man chinesischer seits alles vermeiden will, was die anderen Mächte, namentlich, was Russland veranlassen könnte, sich der koreanischen Interessen anzunehmen.

Der Kaiserl. General Konsul in Söul anstatirt, daß es bis jetzt noch nicht gelungen ist, sich einen wahren Einblick in die wirklichen Absichten der koreanischen Regierung zu verschaffen; dazu seien die bisher gesammelten Kenntnisse über die Verhältnisse und maßgebenden Persönlichkeiten in Korea noch zu gering. Als eine Voraussetzung spricht Herr Kempermann aus, daß der junge König von Korea wohl geneigt sein dürfte, bei Russland Schutz gegen seine chinesenfreundliche Umgebung zu suchen; während anderseits Indizien vorliegen, wonach England sich im Geheimen gut mit China verständigt und beide Länder sich auf Eventualitäten vorbereiten, welche gegen russische Übergriffe eine gemeinsame chinesisch-englische Abwehr zur Folge haben könnten.

[Unterschrift]

L 4. 11.

Die politische Lage Koreas betreffend.

PAAA_RZ201-018907_274 ff.

Empfänger	Bismarck	Absender	Holleben
A. 13392 pr. 6. November 1886. p. m.		Tokio, den 24. September 1886.	

A. 13392 pr. 6. November 1886. p. m.

Tokio, den 24. September 1886.

№ 42 A.

Seiner Durchlaucht

dem Fürsten von Bismarck.

Der Kaiserliche Generalkonsul in Söul hat seine an Eure Durchlaucht erstatteten Berichte vom 24. und 27. v. Mts.[52], die politische Lage Koreas betreffend, abschriftlich zu meiner Kenntnis gebracht. Diese Mitteilungen waren mir in hohem Grade erwünscht, da hier über die neuesten Vorgänge in Korea die widersprechendsten Gerüchte im Umlauf waren, und es bei der Abwesenheit fast aller Minister große Schwierigkeiten bot, irgend etwas Zuverlässiges zu erfahren, so daß eine diesseitige Berichterstattung vollkommen ausgeschlossen war. Auch jetzt, nachdem die Minister allmählich zurückgekehrt sind und ich insbesondere den Grafen Inouye auch wegen der koreanischen Frage gesprochen habe, wüßte ich dem Bericht des Herrn Kempermann, welcher im Ganzen sehr richtig beobachtet zu haben scheint, nichts hinzuzufügen. Japan scheint fortgesetzt sich jedes Eingreifens in Korea enthalten zu wollen, vorausgesetzt natürlich, daß China nicht Truppen nach Korea wirft. Aber auch einige hundert als Kulis oder Telegrafenarbeiter verkleidete, chinesische Soldaten scheint Japan ignorieren zu wollen.

Die auch in den Berichten des Herrn Kempermann erwähnte Reise des russischen Marineministers nach Wladiwostok und Japan, welche mit den koreanischen Gerüchten zusammenfiel, dürfte, ursprünglich wenigstens, mit diesen Angelegenheiten nichts zu tun gehabt haben. Diese, von dem betagten Marineminister angeblich zur Stärkung seiner Gesundheit unternommene Reise, war seit Monaten angekündigt und vollzog sich langsamer, als man dies in der russischen Gesandtschaft erwartet haben wollte. Daß dieser Reise dienstliche Zwecke zu Grunde gelegen haben, ist nichtsdestoweniger sehr

---

[52] A. 12532 i. a. 12440 ehrerbietigst beigefügt.

wahrscheinlich, doch möchte ich dieselben eher auf administrativem als auf politischem Gebiet suchen. Der Minister ging zuerst nach Wladiwostok, dessen Hafenanlagen etc. bekanntlich von St. Petersburg aus schwer zu kontrollieren sind; erst später kam er, nachdem er allerdings Port Hamilton einen kurzen Besuch abgestattet hatte, nach Japan, wo er in vollster Zurückgezogenheit eine Woche in den Räumen des Gesandtschaftshotels verbracht hat. Er soll sehr gebrechlich gewesen sein und ist mit niemand von den auswärtigen Vertretungen in Berührung gekommen. Von der japanischen Regierung ist er indessen mit Auszeichnung behandelt und auch dekoriert worden. Es ist somit keineswegs ausgeschlossen, daß der Minister die Gelegenheit benutzt hat, mit Japan Verabredungen zu treffen, welche geeignet sein könnten, einer etwaigen Operation Rußlands in Korea den Rücken zu decken.

Holleben.

Inhalt: Die politische Lage Koreas betreffend.

Tokio, den 24. September 1886.

Nachschrift.

Soeben geht mir seitens des Kaiserlichen Herrn Gesandten in Peking Abschrift seiner an Eure Durchlaucht erstatteten Berichte vom 6. und 10.September d. Js. [53] zu. Ich möchte mir nur gestatten, denselben die eine Bemerkung hinzuzufügen, daß meiner Ansicht nach die Reise des japanischen Marineministers Saigo nach Europa mit der koreanischen Frage weniger eng zusammenhängt, als Herr von Brandt annimmt. Eine Störung der friedlichen Politik der jetzigen Regierung, oder vielleicht besser des jetzigen Ministerpräsidenten, war von dem Grafen Saigo nicht mehr zu erwarten. Die tatsächlich mehr den Charakter einer Vergnügungs- als einer Dienstreise tragende Tour des Ministers nach Amerika und Europa darf aber vielleicht als ein Zeichen der Anerkennung für die korrekte Haltung, welcher sich derselbe in letzter Zeit befleißigt hat, gelten. Die Reise des Herrn Kuroda dagegen entspricht auch meiner Ansicht nach dem Wunsch des Grafen Ito, den unbequemen Gegner und Konkurrenten zu beschäftigen und, zeitweilig wenigstens, zu beseitigen.

Holleben.

Inhalt: die politische Lage Koreas betreffend.

---

[53] A. 13144

13147 ehrerbietigst beigefügt

Abschrift
ad A. 15365

I. Der Herr Staatssekretär hat auf Vortrag bestimmt, Herr von Brandt solle ermächtigt werden, sofern es sich um tatsächliche Informationen handele, Berichte, die ihm seitens des Generalkonsuls Kempermann aus Korea zugingen, eventuell direkt zu berichtigen, da eine Berichtigung auf Grund der Berichte aus Peking nach Korea sehr verspätet in Söul eintrifft. Der Herr Staatssekretär bemerkte dabei, er vertraue auf den bewährten Takt und die Vorsicht Herrn von Brandts, daß er hierbei nicht zu weit ginge, da generell die amtliche Korrespondenz zwischen unseren Missionen unseren Gepflogenheiten nicht entspreche.

Zur Mitzeichnung bei I B und II.
II. Botschaft London z. vertr. Inf.
Berlin, den 20. Dezember 1886
gez. Berchem

orig. i. a. China 1

Auswärtiges Amt
Abth. A.

Politisches Archiv d. Auswärt. Amts

Acta

betreffend:
Allgemeine Angelegenheiten von Korea

Vom 1. Januar 1887.
Bis 14. November 1887.

Bd. 8
f. Bd. 9.

Politisches Archiv des Auswärtiges Amt
R 18908

Korea № 1.

Korea 1 Inhaltverzeichnis.	Vol. 8	Blatt
Bericht vom 28. 11. aus Tokio № 68. Graf Inouye über die Beziehungen zwischen China und Korea.		293 pr. 9. 1.
Kopie: Bericht vom 30. 11. aus Peking 216. Der erste Sekretär der amerikanischen Gesandtschaft hat sich auf Weisung aus Washington nach Söul begeben.		425 pr. 13. 1.
Bericht vom 27. 12. aus Söul № 77. Russischchinesische Verständigung in Betreff Korea. Skandal zwischen den englischen Vertretern in Söul. Amerikanisches Rot-Buch, kompromittierende Veröffentlichungen. Memoir des chinesischen Vertreters an den König.		2271 pr. 23. 2.
Bericht v. 1. 2. aus Peking No228 Angriffe englischer Blätter gegen in Korea sich aufhaltende amerikanische Marine-Offiziere (Shufeldt u. Foulk)		4245 pr. 4. 4.
Bericht v. 5. 1. aus Peking № 33. Ein angeblich russisch-chinesisches Abkommen über die beiderseitige Nichteinmischung in die inneren Angelegenheiten Koreas.		Blatt 4249 Pr. 4. 4.
Bericht v. 19. 2. aus Shanghai № 29. Eine Nummer des Shanghai-Courier betr. die Angriffe auf Shufeldt und Foulk.		4251 pr. 4. 4.
Aufzeichnungen des Geh. Leg. R. Dr. Lindan über die eingegangenen Berichte betr. die amerikanischen Marine-Offiziere Shufeldt u. Foulk.		4316 pr. 5. 4.
Bericht v. 4. 3. aus Peking № 63. Gerüchte über angebliche chinesische Pläne auf Korea.		4946 pr. 19. 4
Bericht v. 7. 3. aus Peking № 66, Betr. die Vertretung der Vereinigten Staaten von Amerika in Korea. Andere Personalien.		4948 pr. 19. 4.
Bericht v. 21. 3. aus Peking № 76. Angriffe engl. Blätter gegen die in Korea sich aufhaltenden amerikan. Marine-Offiziere. Entgegnung von amerikan. Seite.		6160 pr. 16. 5.
Berliner Tageblatt v. 16. 5. Wiedereintritt d. Herrn von Möllendorff in koreanische Dienste.		6189 pr. 16. 5.
Ber. v. 6. 5. aus Washington № 223, betr. den amerikanischen Einfluß in Korea. (Mitg. 21. 5. n. Peking 10)		6371 pr. 21. 5.
Ber. v. 11. 4. aus Peking № 114, betr. die allgemeine politische Lage in Korea.		6769 pr. 31. 5.

Ber. № 33 aus Söul v. 2. 5., betr. das drohende Auftreten Chinas behufs Beseitigung d. Lieutenant Foulk.	7563 pr. 19. 6.
Ber. № 36 v. 21. 5. aus Söul, betr. den Aufenthalt des chinesischen Geschwaders in Chemulpo u. Port Hamilton.	8458 pr. 10. 7.
Ber. aus Peking № 150 v. 1. 6. Beziehungen Chinas zu Korea.	9077 pr. 25. 7.
Ber. aus Peking v. 19. 6. № 173. Die in Korea aus der Haltung des amerikanischen Marine-Attachees Foulk entstandenen Verwicklungen.	9637 pr. 7. 8.
Ber. aus Peking v. 5. 7. № 184. Abberufung des Herrn Foulk	10363 pr. 24. 8.
Ber. aus Peking v. 13. 7. № 196. Stellung Foulks in Korea.	10798 pr. 4. 9.
Ber. aus Peking v. 21. 7. № 207. Angeblicher Zusammenstoß von Chinesen, Japanern und Koreanern auf der Insel Quelpart.	10805 pr. 4. 9.
Ber. aus Söul v. 1. 7. № 55. Abberufung des amerik. Marine-Attachés Foulk.	10860 pr. 6. 9.
Ber. aus Söul v. 9. 7. 87. Die Ernennung des Herrn Min Yong Tchun zum koreanischen Minister-Residenten am japanischen Hof.	10861 pr. 6. 9. 87
Ber. aus Peking v. 25. 7. 87, betr. die Abberufung des amerikanischen Marine-Attachés Foulk von Söul.	11321 pr. 18. 9. 87
Ber. aus Söul v. 26. 7. 87. Entlassung des Präsidenten des koreanischen Auswärtigen Amtes Kim Yon Sik. Ernennung des p. So Sang U zum Nachfolger.	11362 pr. 19. 9. 87
Ber. aus Söul 65 v. 10. 8. Abberufung des amerikan. Marine-Attachés Foulk aus Korea. – Cop. Mitg. 20. 10. n. Washington 82.	12605 pr. 19. 10. 87
Ber. aus Peking v. 18. 8. 87. Fluchtartige Abreise des Prinzen Min You Ik von Korea. Mtg. n. London 852, Petersbg. 734	11847 pr. 2. 10. 87
Ber. aus Söul № 68 v. 30. 8. Ernennung des Vize-Präsidenten im Minist. des Innern Pak Chung Yang und Shim Sang Hak zu Gesandten für die Vereinigten Staaten von Nordamerika, also für die 5 europäischen Vertragsmächte; Entrüstung des dortigen chines. Vertreters über diesen Schritt der koreanischen Regierung.[54]	12731 pr. 21. 10. 87 i. a. Korea № 8

Ber. aus Peking 238 v. 25. 8. Unterredung des Leg. Sekr. Frh. von Ketteler mit Li-hung-chang über den Prinzen Min You Ik u. dessen Abreise von Korea. Mtg. 17. 10. Peterbg. 750 u. London 869	12510 pr. 17. 10. 87
Ber. Aus Söul v, 10. 8. № 65.	12605 pr. 19. 10. 87
Ber. aus Söul v, 12. 8. № 66. Abreise des koreanischen Beamten Min Yonk Ik nach Tschifu auf einem russ. Kriegsschiff.	12606 pr. 19. 10. 87
desgl. 248 v. 9. 9. Die Bewegungen des Prinzen Min You Ik; Ankunft desselben in Shanghai am 1. 9.	13158 pr. 31. 10. 87
desgl. 254 v. 21. 9. Ernennung der diplomat. Vertreter für Washington u. Europa seitens des Königs von Korea, infolgedessen Abreise des chines. Vertreters mit[55]	13907 pr. 14. 11. 87
Familie u. Gesandtschaftspersonal von Söul nach Chemulpo; Versuch an ihn durch Li-hung-chang, nach Söul zurückzukehren; der von letzterem zum „Ratgeber des Königs von Korea" bestellte Amerikaner Denny wird in Tientsin erwartet; an seine Stelle soll der Engländer Dunn treten. Mtg. 14. 11. Petersbg. 809, London 955, Washington 90.[56]	i. a. Korea № 8
Ber. aus Tokio 105 v. 19. 9. Eintreffen des korean. Min. -Res. Min-yon-chinn zum Zweck der Errichtg. einer korean. Gesandtschaft in Japan; anfängl. Nichtempfang desselben durch den Tenno.	13448 pr. 5. 11. 87
Ber. aus Peking № 265 v. 28. 9. Koreanische Gesandtschaft in Peking zum Zweck der Beglückwünschung des Kaisers zum Geburtstag; Behandlung derselben gleich einer gewöhnl. Tributgesandtschaft; Veränderte Stellung der chines. Regierung in der korean. Frage; Li-hung-chang soll den König von Korea auf das dringendste von einer Entsendg. von Gesandtschaften nach Amerika und Europa abgeraten haben. Kopie mtg. London 959 v. 15. 11.[57]	13908 pr. 14. 11. 87 i. a. Korea № 8

---

54 [„Ber ⋯ Regierung.": Durchgestrichen von Dritten.]

55 [„desgl. ⋯ mit": Durchgestrichen von Dritten.]

56 [„Familie ⋯ 90": Durchgestrichen von Dritten.]

57 [„Ber. ⋯ 11.": Durchgestrichen von Dritten.]

China und Korea.

PAAA_RZ201-018908_6 f.

Empfänger	Bismarck	Absender	Holleben
A. 293 pr. 9. Januar 1887.		Tokio, den 28. November 1886.	
Memo	Aktenvermerk: mtg. Petersbg. u. London 11. 1.		

A. 293 pr. 9. Januar 1887. a. m.

Tokio, den 28. November 1886.

№ 68 A.

vertraulich

Seiner Durchlaucht,
dem Fürsten von Bismarck.

Graf Inouye sagte mir neulich, er habe kürzlich aus Korea eine vertrauliche Privatmitteilung erhalten, nach welcher der bekannte Herr Denny, Nachfolger des Herrn von Möllendorff, nach der Rückkehr von seinem Besuch bei Li hung chang sich darüber geäußert, daß letztgenannter ihm die Annexion durch China als bald bevorstehend bezeichnet habe. Insbesondere soll Li hung chang gesagt haben, China werde auf die Zustimmung, resp. Unterstützung, Englands gegen definitive Überlassung von Port Hamilton und eventuell gegen Einräumung sonstiger Vorteile rechnen können, ja, es bestehe bereits ein Einverständnis in dieser Beziehung zwischen China und England.

Da ich den chinesisch-koreanischen Verhältnissen zu fern stehe, so beschränke ich mich darauf, diese Mitteilungen so zu geben, wie sie mir gemacht worden sind und enthalte mich jeder Kritik darüber, ob die Quelle des Grafen Inouye sehr glaubenswürdig und ob es z. B. wahrscheinlich ist, daß Li-hung-chang Herrn Denny in dieser Weise ins Vertrauen gezogen. Aber so viel halte ich für feststehend: Graf Inouye glaubt, daß sich die Dinge so verhalten, wie er sie mir geschildert und ist der Ansicht, daß Japan eine Vergewaltigung Koreas nicht zugeben könne, weshalb es sich auf alle Eventualitäten – in denen Rußland vielleicht eine Rolle spielen werde – vorbereiten müsse.

PS. Abschrift vorstehenden Berichtes ist der kaiserlichen Gesandtschaft in Peking mitgeteilt worden.[58]

Holleben.

Inhalt: China und Korea.

---

58 [„PS. Abschrift ⋯ worden": Durchgestrichen von Dritten.]

Berlin, den 11. Januar 1887.   A. 293.

An

die Botschaften

in

1. Petersburg № 30

5. London № 27

Eurer p. beehre ich mich anbei Abschrift eines Berichts des K. Gesandten in Tokio, betreffend China und Korea, zu Ihrer vertraulichen Information zu übersenden.

N. d. H. St. S.

i. m.

[   ]

PAAA_RZ201-018908_10 f.

Empfänger	Bismarck	Absender	Brandt
A. 425 pr. 13. Januar 1887. a. m.		Peking, den 30. Nov. 1886.	
Memo	mitg. London 31 am 13. 1.		

Abschrift

A. 425 pr. 13. Januar 1887. a. m.

Peking, den 30. Nov. 1886.

A. № 216.

Seiner Durchlaucht

dem Fürsten von Bismarck

Eurer Durchlaucht beehre ich mich ganz gehorsamst zu berichten, daß der erste Sekretär der hiesigen Gesandtschaft der Vereinigten Staaten, Herr Rockhill, auf Grund einer aus Washington an dieselbe ergangenen telegrafischen Weisung, einen Sekretär nach Söul zu senden, um die Geschäfte der dortigen Minister-Residenten zu übernehmen, heute Peking verlassen und die Reise nach Korea angetreten hat.

Über die Gründe der von Washington aus ergangenen Anweisung ist hier nichts bekannt, es wäre aber nicht unmöglich, daß man bei der Anwesenheit des sich freilich nur als Privatmann in Söul aufhaltenden Admirals Shufeldt aus hierarchischen Gründen die diplomatische Vertretung dort nicht in den Händen des Schiffsfähnrichs Foulk, welcher dieselbe bis jetzt als Geschäftsträger wahrgenommen, hat belassen wollen.

gez. Brandt

org. i. a. China 11

Russisch-chinesische Verständigung in Betreffs Koreas. Skandal zwischen den hiesigen englischen Vertretern. Kompromittierende Veröffentlichungen im Amerikanischen Rot-Buch. Memoir des chinesischen Vertreters an den König.

PAAA_RZ201-018908_12 ff.			
Empfänger	Bismarck	Absender	Kempermann
A. 2271 pr. 23. Februar 1887. a.m.		Söul, den 27. Dezember 1886.	
Memo	s. Chiffre Peking A. 6 26. 2 J. № 709.		

A. 2271 pr. 23. Februar 1887. a.m. 1 Anl.

Söul, den 27. Dezember 1886.

Kontrolle № 77.

Vertraulich

Seiner Durchlaucht

dem Fürsten von Bismarck

Der russische Geschäftsträger hat mir gestern Abend vertraulich mitgeteilt, er habe Nachricht erhalten, daß zwischen Rußland und China ein, vorläufig allerdings nur mündliches, Abkommen getroffen worden sei, daß keiner der beiden Staaten sich in Zukunft in die inneren Angelegenheiten Koreas einmischen werde.

Diese Verständigung sei, wie er glaube, schon im September erzielt worden; der russische Geschäftsträger in China, Herr Ladigenskoy, sei damals anläßig der hiesigen Vorfälle nach Tientsin gekommen und habe Lihunchang vollständig überzeugt, daß die immer wieder und wieder auftauchenden Gerüchte von russischen Absichten auf Port Lazareff und ein Protektorat über Korea lediglich Erfindungen der englischen Diplomaten und Zeitungen seien, dazu bestimmt, China mit Rußland zu verhetzen.

Daß Herr Waeber seit längerer Zeit die Gewißheit erlangt zu haben glaubte, daß in dem Verhalten Chinas Korea gegenüber einer Änderung eintreten werde, war mir nicht entgangen. Vor vierzehn Tagen schon hatten die Japaner von dem Abkommen Kunde erhalten, und der Geschäftsträger Sugimura kam ganz bestürzt zu mir, in der halben Hoffnung, daß ich ihm beruhigende Auskunft geben könne. – Die hiesigen japanischen Diplomaten sind, wie ich nebenbei bemerke, recht unerfahrene und unselbständige Menschen. Infolge meiner japanischen Vergangenheit betrachten sie mich wie einen der ihrigen und kommen in allen ihren vielen Verlegenheiten um Rat und Trost zu mir. – Herr Sugimura wollte erfahren haben, daß das russisch-chinesische übereinkommen auch darauf abziele, die Einmischung jeder dritten Macht zu verhindern. Herr Waeber jedoch versicherte mir gestern, daß dasselbe einen solche Tragweite nicht habe.

Es ist aber desungeachtet begreiflich, daß Japan den Eindruck nicht wird verwinden können, daß Rußland und China dargetan haben, daß das Geschick Koreas sich in Zukunft in ihren Händen befindet und daß es seiner früheren, leitenden Stellung auf der Halbinsel, die es in der letzten Zeit nicht mehr hatte behaupten können, jetzt förmlich entsetzt worden ist. Dazu kommt, daß seine Beziehungen zu China seit einiger Zeit äußerst gespannt sind und die Befürchtung nahe liegt, letzteres werde jetzt, nachdem es sich mit Rußland verständigt hat, seine ganze Kraft einsetzen können, um die Liukiu Inseln zurück zu erhalten.

Herr Waeber sagte mir schließlich noch, daß Lihungchang durch die Aufklärungen, welche er von Herrn Ladigenskoy erhalten habe, ferner zu dem Entschluß gebracht worden sei, gegen England vorzugehen, um die Herausgabe Port Hamiltons zu verlangen.

Ich hatte in meinen Berichten über die Vorgänge im August die Schuld an des chinesischen Residenten Vorgehen England, respektive dem General-Konsul Baber zugeschrieben. Neuere Vorfälle, die auf die Verhältnisse im englischen Konsulatsdienst ein eigentümliches Licht werfen, haben diese Auffassung vollständig bestätigt.

Herr Baber hatte, wie es scheint, durch die Entdeckung der russischen Okkupationspläne seine Unfähigkeit für den hiesigen Posten in den Augen der englischen Regierung so hinreichend bewiesen, daß dieselbe schon vor mehreren Monaten beschloß, ihn zu versetzen, und ihm einen Posten in Birma anbot. Er lehnte jedoch aus Gesundheitsrücksichten ab. In der Tat lag er an Malaria danieder und war infolge des Mißlingens seiner Politik in hohem Grad gemütskrank. Vor vier Wochen wurde sein Zustand so bedenklich, daß er an Bord eines Kanonenboots nach Chemulpo gebracht werden mußte. Dort erholte er sich aber bald wieder und begann nun bei der Gesandtschaft in Peking gegen den Vize-Konsul Parker in Chemulpo Klage wegen Untreue im Dienst zu erheben. Parker, der inzwischen die Gerenz des hiesigen General-Konsulats übernommen hatte, reiste eines Tages plötzlich nach Chemulpo zurück und scheint dieselbe jetzt ganz niedergelegt zu haben. Vor einigen Tagen erschien er hier auf kurze Zeit; das englische General-Konsulat betrat er nicht, dagegen schrieb er sich auf dem Telegrafenamt alle Depeschen ab, die Baber im Laufe des Jahres nach London und Peking geschickt hat. Darauf begab er sich zum russischen Geschäftsträger, Herrn Waeber, und verlangte von ihm die schriftliche Erklärung, daß der Zar sich verpflichten werde, Korea in Ruhe zu lassen, falls China das Gleiche tue. Herr Waeber glaubte selbstverständlich, daß Parker augenblicklich nicht ganz zurechnungsfähig sei; überspannt war derselbe von jeher. In dem Gespräch, welches sich darauf entwickelte, äußerte nun Parker folgendes, was er später auch mir und Herrn Denny gegenüber teilweise wiederholt hat: Baber habe ihn angeklagt, daß er von Chemulpo aus in der russischen Angelegenheit lügenhafte Berichte nach Peking erstattet habe. Während nämlich Baber die russische Okkupation als bevorstehend darstellt, habe er (Parker) pflichtmäßig berichtet, daß eine solche Gefahr gar nicht bestehe. Um sich jetzt gegen die Baber'schen Anklagen zu verteidigen, wolle er den Beweis liefern, daß Rußland niemals Absichten auf Korea gehegt habe, und deshalb ersuche er Herrn Waeber Zeugnis abzulegen. Baber, so erzählte er weiter, habe durch seine Alarmtelegramme über das Erscheinen der russischen Kriegsschiffe in den nördlichen Häfen Koreas einen Okkupation Chinas herbeiführen wollen, und er habe das Vorgehen Yuens im August von Fall zu Fall geleitet.

Daß Herr Parker in solcher Wiese seinen ehemaligen Chef und seine Regierung der Außenwelt gegenüber bloßstellt, dürfte in den Augen Unbeteiligter seine Glaubwürdigkeit erschüttern; jedoch muß erwogen werden, daß der Mann sehr exzentrisch ist, und daß ihm Dienstentlassung droht. Er hat daher auch die ganze Privatkorrespondenz und alle Notizbücher Babers, die im General-Konsulat zurückgelassen waren, an sich genommen und beabsichtigt, falls ihm nicht Recht widerfährt, durch Veröffentlichung derselben, die perfide Politik Englands (so hat er Herrn Denny gesagt) vor aller Welt zu brandmarken.

England hat mit seinen beiden bisherigen Vertretern in Söul entschieden Unglück gehabt. Herr Baber wollte Korea unter chinesische Herrschaft bringen und hat durch sein ungeschicktes Vorgehen nur China und England in Verlegenheiten gebracht; sein Vorgänger, Herr Aston, hatte, wie jetzt allgemein feststeht, ein japanisches Protektorat herbeiführen wollen und zu dem Zweck mit dem japanischen Gesandten Takazoye und dem Vaterlandsverräter Kim-o-kiun komplottiert, respektive die Verschwörung vom Dezember 1884 begünstigt, dadurch aber Japan um all den Einfluß gebracht, den es bislang in Korea ausgeübt hatte.

Ich darf an dieser Stelle nicht unterlassen, zur Aufdeckung der Moral, welche bei hiesigen fremden Vertretungen in Übung ist, ferner ganz gehorsamst auf einen Bericht des Marine-Attachés bei der hiesigen amerikanischen Gesandtschaft, Foulk, aufmerksam zu machen, der in dem amerikanischen Rotbuch dieses Jahres unbegreiflicherweise veröffentlicht worden ist. Der Charakter dieses Mannes, der mehrere Male längere Zeit als Geschäftsträger fungiert hat, erscheint darin in häßlicher Beleuchtung. Herr Foulk schildert in seinem Bericht die Verhältnisse und Vorgänge, welche zu der Verschwörung im Dezember 1884 geführt haben. Seine Darstellung der politischen Zustände und der Parteien ist ganz falsch und zeugt von erstaunlich geringer Beobachtungsgabe; manches ist durch gemeine Parteilichkeit entstellt. Dieses Mitglied einer fremden Vertretung erzählt ferner ohne allen Rückhalt, daß die Waffen zur Bekämpfung der Regierungspartei unter seiner Aufsicht im Schloß sorgfältig weggepackt worden seien, daß die Verschwörung durch den Umstand eingeleitet worden sei, daß die Regierung seinen Freunden (d. i. den Verschwörern) die Kontrolle über die Gelder entzogen habe, die zur Erfüllung der im progreßistischen Interesse abgeschlossenen Kontrakte bestimmt gewesen seien; und daß ihm die Verschwörer ihren Plan, die Häupter der regierenden Partei zu ermorden, wiederholt mitgeteilt hätten.

Herr Foulk hat wohl einige Amerikaner, mit denen er zur Betreibung von Regierungsgeschäften assoziiert war, vor dem Ausbruch der Verschwörung gewarnt, die bedrohten und in der Nacht vom 4. Dezember ermordeten koreanischen Beamten aber nicht; er selbst hat Sorge getragen, vor jenem Tag auf Reisen zu gehen.

Er hätte, um seine Verbindung mit der progressistischen Partei, auf die er stolz ist, noch glaubhafter zu machen, erwähnen sollen, daß er die Waffen, welche unter seiner Aufsicht weggepackt wurden, selbst geliefert hat, und daß jene im progressistischen Interesse abgeschlossenen Kontrakte in von ihm übernommener Besorgung von einer Pulverfabrik, einer elektrischen Beleuchtung eines seeuntüchtigen Dampfers, vielen landwirtschaftlichen Maschinen und amerikanischen Zuchtstieren bestanden haben.

Herr Foulk war noch bis vor vierzehn Tagen Geschäftsträger und ist seitdem durch den ersten Gesandtschaftssekretär in Peking, Herrn Rockhill, ersetzt worden, der, nach dem ersten Eindruck zu urteilen, ein anständiger Mensch zu sein scheint. Jener will um seine Abberufung gebeten haben; doch heißt es, daß er nur nach Amerika zurückkehren wolle, um seine Dienstentlassung zu bewirken und im Auftrag des Königs eine militärische Mission anzuwerben. Da aber der chinesische Gesandte sich das betreffende Rotbuch verschrieben hat, um es dem König vorzulegen, so dürfte Foulks Laufbahn in Korea bald ihr Ende finden.

Vor einigen Monaten ist ein anderer amerikanischer Marineoffizier, der Admiral Shuffeld, derselbe, der den amerikanisch-koreanischen Vertrag abgeschlossen hat, nach hier gekommen; wie er sagt, zufolge Einladung des Königs. Durch Dennys Vermittlung hat er nun von dem König die schriftliche Aufforderung erhalten, hier zu bleiben, um der Regierung mit seiner Erfahrung beizustehen. Er erhält bloß freie Wohnung, aber kein Gehalt. Wie er sagte, dürfe er keine fremden Dienste annehmen, da er nur beurlaubt sei. Er hat in seiner Stellung als Ratgeber des Königs damit debütiert, daß er verschiedene Handlungen Dennys und des russischen Geschäftsträgers auf das schroffste kritisiert hat, infolgedessen die anfängliche Freundschaft dieser beiden zu ihm sich in tödliche Feindschaft verwandelt hat. Was er eigentlich zu erreichen beabsichtigt, weiß niemand;

einige vermuten, er trage sich mit Hoffnungen auf die vakante amerikanische Minister-Residentur. Ebensowenig hat er bisher positive Vorschläge gemacht, wie dem Lande geholfen werden solle; darüber läßt er freilich niemanden, der ihn längere Zeit anhört, im Unklaren, daß er China und Lihungchang grimmig haßt, und daß er in seiner Überzeugung zu den größten Staatsmännern des Jahrhunderts zählt.

Auch der chinesische Vertreter Yuen hat in den letzten Wochen wieder einmal von sich reden gemacht. Diesmal besteht seine Tat in einem Memoir an den König. Dasselbe muß schon im Oktober übergeben worden sein. Ich hatte sofort davon gehört, konnte aber keine Abschrift erhalten. Erst nachdem vor etwa drei Wochen die japanischen Zeitungen eine Übersetzung gebracht hatten, in Folge dessen ich meine Bemühungen verdoppelte, gelang es meinem Linguisten das Schriftstück im königlichen Hof zu kopieren. Eurer Durchlaucht habe ich die Ehre in der Anlage ganz gehorsamst eine ziemlich genaue Übersetzung desselben zu überreichen; die in den japanischen Zeitungen veröffentlichte ist bedeutend abgekürzt.

Yuen hält in dem Memoir mit dem Selbstlob nicht zurück; er hat mehrere Male das lecke Staatsschiff wieder seetüchtig gemacht, was selbst vom chinesischen Standpunkt aus nicht wahr ist. Er stellt in den drei ersten Regeln die Bedingungen einer guten Staatsverwaltung auf. Nur die hohen Adelshäuser sollen an der Regierung Anteil haben, kein Niedriggeborener; und der König soll nur herrschen, nicht regieren. In China selbst findet gerade das Gegenteil von diesen drei Forderungen statt. Daß Kim-o-kiun, der Verschwörer vom Dezember 1884, ein Ausbund von Gemeinheit und Verworfenheit war, so wie alle seine Spießgesellen, ist allerdings wahr; ebenso wahr aber ist auch, daß unter dem hohen Adel kaum ein einziger begabter oder edel denkender Mann zu finden ist, und daß die Hoffnung des Landes auf der Mittelklasse beruht, deren Angehörige Yuen als niedrige, gemeine und verworfene Menschen bezeichnet. Die Forderung der Sparsamkeit ist nicht unberechtigt, und die Münze, deren Einrichtung Deutschen anvertraut ist, ist ein Unsinn; das Land besitzt nicht einmal die nötigen Mittel, um die Gebäude herzustellen, viel weniger einen Münzschatz. Die Maulbeerbaumpflanzungen behufs Einführung der Seidenzucht, an deren Spitze ebenfalls ein Deutscher steht, sind dagegen ein nützliches Unternehmen. Yuen empfiehlt, die Quellen des Wohlstandes zu öffnen, unterläßt aber anzudeuten, wo dieselben gesucht werden müßen. Sehr bemerkenswert ist die Regel № 9, weil darin nur von nachbarlicher Freundschaft die Rede ist, während doch hier der Ort gewesen wäre den König an sein Abhängigkeitsverhältnis zu China zu erinnern.

Wie ich höre, hat der Präsident des Auswärtigen Amtes dem Memoralisten den Empfang des Schriftstückes mit dem königlichen Dank für die große Bemühung angezeigt, es hat aber in allen Kreisen nur Spott und Heiterkeit erregt. Der chinesische Einfluß hat in den letzten zwei Monaten bedeutend nachgelassen, die Besuche der höheren Beamten in der chinesischen Gesandtschaft sind sehr selten geworden, und Yuen ist jetzt erstaunlich fromm und manierlich. Neulich fragte er mich mit der Miene gekränkter Unschuld, weshalb denn eigentlich die Fremden seinen Verkehr mieden? Das russisch-chinesische Übereinkommen scheint also auch er für eine unabänderliche Tatsache zu halten. Daß auch die Koreaner darum wissen, dürfte aus folgendem hervorgehen:

In der in Shanghai erscheinenden chinesischen Zeitung „Hu Pao" stand vor einiger Zeit ein Artikel, worin die chinesische Regierung getadelt wurde, daß sie Fremden Anstellungen im koreanischen Staatsdienst verschaffe; dieselben benützten ihre Stellungen nur, um gegen China zu intrigieren. (Möllendorff und Denny) China müsse dem König scharf auf die Finger sehen, denn dieser sei ein beschränkter, unselbständiger Mensch, der nur tue, was die chinesenfeindliche Königin ihm vorschreibt. Der Präsident des Auswärtigen Amtes hat nun vor einigen Tagen ein Exemplar der genannten Zeitung in die Hände bekommen, und er, der früher unzertrennliche Freund Yuens, hat darauf sofort eine Note an ihn gerichtet, in welcher er die Unterdrückung des Blattes und die exemplarische Bestrafung des betreffenden Verfassers fordert. Yuen hat bis jetzt noch nicht geantwortet.

Abschriften dieses ganz gehorsamsten Berichtes schicke ich an die kaiserlichen Gesandtschaften in Peking und Tokio.

Kempermann

Inhalt: Russisch-chinesische Verständigung in Betreffs Koreas. Skandal zwischen den hiesigen englischen Vertretern. Kompromittierende Veröffentlichungen im Amerikanischen Rot-Buch. Memoir des chinesischen Vertreters an den König.

Anlage zum Bericht des Kaiserlichen Konsulats für Korea, Kontrolle № 77.

Abschrift.

Übersetzung eines Memoirs des chinesischen Vertreters Yuen an den König von Korea, eingereicht durch Vermittlung des Präsidenten des Auswärtigen Amtes im Oktober 1886.

Yuen Shigai richtet ehrerbietigst ein Schreiben an Seine Hoheit den großen König von Korea:

Es sind jetzt fünf Jahre, daß ich im Lande Han (Korea) in amtlicher Stellung mich befinde. Schon im Herbst oder Winter des Jahres des Pferdes (1882) erkannte ich, daß Eurer Hoheit ganzes und eifriges Streben darauf gerichtet sei Ihre Untertanen gut zu regieren und Ihr Land reich und stark zu machen. Ich sah, daß Eurer Hoheit Herz Nacht und Tag schwer besorgt war. Aber jetzt sind Hoch und Niedrig müßig, das Land geht zu Grunde, das Volk leidet Not, oft ereignen sich schreckliche Dinge, und der Zustand der Gefahr ist, wie wenn man Eier eins über das andere häuft.

Die Lage ist weit verschieden von derjenigen, welche Eure Hoheit ursprünglich durch Ihre Regierung erstrebten. Wenn Sie sich selbst die Schuld beimessen, daß es dahin gekommen ist, so wird die Residenz sowohl wie das Land beunruhigt sein, daß aber diese Schuld den Beamten Ihres Hofes aufgeladen wird, läßt sich durch keine ehrlichen Gründe rechtfertigen. Der Grund allen Übels ist vielmehr darin zu suchen daß gemeine Menschen verhindern, daß die auf eine gute Regierung gerichteten Bestrebungen ausgeführt werden. Wenn der Wunsch vorhanden ist, das Land gut zu regieren, so müssen die planlosen Auskunftsmittel der jüngsten Jahre aufgegeben werden. Wird die bisher befolgte Politik fortgesetzt, so wird eine gedeihliche Entwicklung des Landes nie erreicht werden, und es ist vielmehr zu befürchten, daß noch mehr schlimme Dinge sich ereignen.

Wenn ich auf die Vorfälle des Jahres des Affen (1884) zurückblicke, so gelang es Kim o kiun sich bei Eurer Hoheit in Gunst zu setzen und seine kühnen und selbstsüchtigen Pläne zur Annahme zu bringen, und nichts hielt ihn mehr auf; hohe Beamte wurden hingemordet, das Land tyrannisiert, und das Wohl des Staates hing an einem Haar. Betrachtet man ihre Taten und Worte, so wird man finden, daß die gemeinen Menschen das Gemüt ihres Herrn durch ihre schändlichen Redekünste vergiftet hatten, und daß sie, während sie erklärten, das Land mit fremdem Beistand kräftigen zu wollen, in ihrem Innern danach strebten, Aufruhr zu erregen. Der gefährliche Einfluß solcher Menschen bleibt noch lange wirksam. Hätten Eure Hoheit ihre wahren Gesinnungen im November zu erforschen gesucht und ihre Handlungen geprüft, so würden Sie Verdacht geschöpft und sie aufgehalten haben, und es wäre nicht zu jenem Äußersten gekommen. Wären ihre lange vorbereiteten Pläne zur Ausführung gekommen und etwas ganz Unberechenbares eingetroffen, wie hätte selbst in hunderttausend Jahren es offenbar werden können, daß Euerer Hoheit Herz darüber mit Schmerz erfüllt gewesen wäre. Glücklicherweise wurden jene Reichsfeinde ermordet und noch einmal die Ruhe und Ordnung hergestellt.

Ich dachte nun, daß solche geheimen Pläne, wie jene verworfenen Menschen sie geschmiedet, nie mehr zu befürchten seien, und daß die Vergangenheit ein Spiegel für die Zukunft sein werde; und ich hatte das Gefühl, daß das Land eine Krisis überstanden habe. Ich ging darauf auf Urlaub nach China, blieb daselbst einige Monate und kam im vorigen Winter nach hier zurück, um meinen (jetzigen) Posten einzunehmen. Als ich dann die Zustände betrachtete, fand ich, daß nicht alles mit rechten Dingen zugehe, und Tag und Nacht ermahnte ich die Beamten, bis meine Zunge verrenkt und meine Kippen trocken waren, damit Eure Hoheit das Reich erhalte und Ihre Untertanen glücklich mache. Aber obschon meine Kraft nicht gering und mein Verstand nicht beschränkt ist, waren doch bloße Worte von keinem Nutzen, und es ereignete sich der Vorfall vom August.[59] Derselbe war begründet darin, daß niedrige Menschen, weil sie unbedeutender Abkunft und edler Regungen unfähig sind, danach strebten, sich zu bereichern und Macht zu erlangen. Sie erschrecken Eurer Hoheit Ohren durch ihre Beredsamkeit und verschaffen sich so Dero Vertrauen. Niedrige Menschen schämen sich nicht zu schmeicheln und werden daher Eurer Hoheit Freunde. Im Besitz Dero Vertrauens und Freundschaft legen sie Ihnen dann nach und nach Pläne vor, um das Land reich und mächtig zu machen und führen Eure Hoheit so durch allerlei neue und erstaunliche Ideen irre. Sind Sie einmal auf dieser Leute Vorschläge eingegangen, so können Sie nicht mehr zurück.

Mit der Zeit müssen zwar Verbesserungen eingeführt werden, um die Regierung zu kräftigen; solch' niedrige Menschen jedoch gehen nur darauf aus, die Regierung zu stürzen, die Beamten zu morden und sich selbst reich und mächtig zu machen, wie das Beispiel von Kim o kiun zeigt. Zwar sind bekanntermaßen falsche Ratschläge und verschmitzte Pläne leicht zu entdecken. Von Herzen wünsche ich, daß Eure Hoheit die Ratschläge, die Kim o kiun und seine Genossen Ihnen erteilt haben, niederschreiben und in Ihrem Kabinet aufbewahren lasse, als ein Spiegel für die Zukunft, und wenn die Reden, die niedrige Menschen an Sie richten, mit dem Inhalt jener übereinstimmen, so wollen Eure Hoheit diese Menschen Kim gleichhalten, und sicherlich werden Sie damit nicht

---

59 Anmerkungen zu der Übersetzung: Unter „Vorfall vom August" ist das Schreiben gemeint, in welchem der König das russische Protektorat nachgesucht haben soll. Yuen glaubt also doch, daß eine Verschwörung im Gange war, das Land an Russland zu verkaufen.

irren. Dies ist eine einfache und klare Regel, und eine bessere kann Eurer Hoheit nicht empfohlen werden. Niedrige Leute, welche sich nach oben drängen, sind immer voller Pläne, das Land reich und mächtig zu machen; wenn sie aber die Regierung in die Hand bekommen, bringen sie den Staat ins Unglück. Sollte ich mich hierin irren, so will ich mir zur Strafe die Augen und die Zunge ausreißen und jenen mich unterwerfen.

Während der fünf Jahre, daß ich hier im Amt bin, habe ich zu verschiedenen Malen dem Lande große Hilfe geleistet, wie könnte ich stillsitzend den jetzigen Verfall mit ansehen, ohne auf Mittel der Abhilfe zu sinnen. Ich würde mich äußerst glücklich schätzen, wenn Eure Hoheit anerkennten, daß bittere Medizin oft nützlich ist, und mir so ersparen, daß vor Schmerz mir das Wasser aus Augen und Mund fließt.

Ehrerbietigst trage ich Eurer Hoheit vier Gleichnisse und zehn wichtige Regeln vor, um deren Beherzigung ich bitte.

1. Gleichnis: Die Erhaltung eines Landes ist wie die Erhaltung eines Hauses. China und Korea sind sich von Osten und Westen her benachbart. Wenn das östliche Haus einstürzt, so werden der Garten und das Gebäude des westlichen Hauses bloßgelegt. Da ich ein Mann aus dem westlichen Hause bin und den Einsturz des östlichen gewahre, so rufe ich täglich vor das Tor tretend: Euer Haus muß sofort ausgebessert werden, sonst stürzt es zusammen. Vernünftige Leute, die dies hören, erwidern freudig, die Wahrheit meiner Worte anerkennend. Dumme Menschen aber denken, wenn auch das östliche Haus zusammenstürzt, was ficht das das westliche Haus an; ich befinde mich hier wohl. Und nicht allein erwidern sie nicht meine Worte, sie hassen mich. Nun würden solche Leute im westlichen Haus, die sich hierüber geärgert fühlen, ihr Tor schließen, und wenn sie auch den Einsturz der Grundpfeiler hörten, nichts mehr sagen. Freundlich gesinnte Menschen aber lassen sich von ihrem Ärger nicht beherrschen, sondern ermahnen immer wieder und sehen mit Schrecken dem Zusammensturz entgegen. So habe ich zweimal bereits als Stellvertreter (d. i. des Königs) das Haus ausgebessert; kann ich da jetzt unbekümmert bleiben?[60])

2. Gleichniß: Korea ist wie ein leckes Schiff. Die Planken sind verfault und der Mast in Stücken; wenn man nun die alten Planken durch neue ersetzt und den Mast herausnimmt, so wird das Schiff wieder, wie es zu Anfang gewesen. Da dazu aber augenblicklich die Kraft nicht vorhanden ist, so genügt es, von Zeit zu Zeit die einzelnen

---

60 Es sind gemeint: Die Verschwörung des Kim o kiun und Genossen im Dezember 1884. Yuen, damals Kriegskommissar, zog mit Truppen vor den Palast und befreite den König, der sich in der Gewalt der Japaner befand. Als später japanische Truppen in Chemulpo landeten und auf Söul marschierten, hat Yuen übrigens gar keinen großen Mut bewiesen, er hatte vollständig den Kopf verloren und wollte sich aus dem Staube machen.

Lecke nachzusehen und Mittel zu finden sie zu stopfen. Aber es gibt unter den Leuten auf dem Schiff niedrige Menschen, die das im Raum befindliche Gold an sich bringen[61]) möchten. Diese wollen nicht, daß das Schiff ausgebessert werde, vielmehr wollen sie es anbohren, damit es sinke und sie sich mit den Schätzen retten können. Ich bin der Zimmermann und habe das Schiff schon zweimal repariert. Eure Hoheit und Dero Untertanen sind alle in diesem Schiff. Wenn es jenen schlechten Menschen gelingt, dasselbe anzubohren, oder der Zimmermann nicht rechtzeitig die lecken Stellen stopft, so weiß ich nicht, wohin sie alle verschlagen werden können. Seitdem ich im vorigen Winter nach hier zurückgekehrt bin, sind noch nicht zehn Monate vergangen. In der Zeit sind vorgekommen: Der[62]) Fall Möllendorff, der Fall Kim o kiun und das Ereignis im August; jedes Mal war das Schiff in Gefahr zerstört zu werden und zu sinken; habe ich, der Zimmermann, nicht eine schwierige Zeit gehabt?

3. Gleichnis: Die Leitung eines Landes ist wie die Behandlung einer Krankheit. Korea leidet an einer sehr gefährlichen Unterleibsentzündung. Um sie zu heilen, muß gute Medizin gegeben werden, aber da dieselbe bitter ist, so weigert sich der Kranke, der ihre heilsamen Eigenschaften nicht kennt, sie zu nehmen. Nun kommen Leute, die wohlschmeckende und angenehme Mittel anempfehlen und, erfreut über deren Süßigkeit, nimmt sie der Kranke. Nachdem er sie einmal genommen, wird die Krankheit schlimmer, nimmt er sie aber ein zweites Mal, so ist alle Heilung unmöglich, auch wenn er jetzt das Schädliche dieser angenehmen Medizin erkennt.

4. Gleichnis: Ein Land ist gleich einem menschlichen Körper. Wenn ein Körper äußerlich mit schönen Kleidern geschmückt wird, innerlich aber keine Speise und keinen Trank erhält, wie kann er dabei bestehen? Die Leiter des Landes müssen zunächst die inneren Angelegenheiten reformieren, später die Hand an das legen, was Äußerlich in die Augen fällt. Wenn ein Mensch nur täglich seinen Magen mit Früchten füllen kann und

---

61 Der oben erwähnte Vorfall vom August ds. Jahres

62 Unter dem Fall Möllendorff ist wohl der von demselben Rußland angebotene Protektoratsvertrag gemeint; Herr von Möllendorff wurde, als der russische Gesandtschaftssekretär Herr von Speier Mitte 1885 nach hier kam, um mit der koreanischen Regierung das Nähere zu verhandeln, von letzterer desavouiert und Ende des Jahres aus dem Dienst entlassen. – Was unter dem Fall Kim-o-kiun gemeint ist, ist nicht klar. Kim wurde Mitte d. J. in Tokio von einem Koreaner in mörderischer Absicht angefallen; bei letzterem fand man einen schriftlichen Befehl des Königs, Kim zu ermorden; die japanische Regierung fragte hier telegrafisch an, was mit dem Mörder geschehen solle, worauf derselbe auf diesseitiges Verlangen nach hier geschickt und nach dem Norden verbannt wurde. Kim war der japanischen Regierung auf die Dauer unbequem geworden. Da er der Aufforderung, Japan zu verlassen, nicht nachkam, vielmehr darauf pochte, daß die japanische Regierung, weil sie in die Verschwörung vom Dezember 1884 mitverwickelt gewesen, ihn bei guter Laune erhalten müsse, damit er keine Enthüllungen machen, so wurde er im August d. J. auf den Bonin-Inseln interniert.

auch keine guten Kleider hat, so leidet er dennoch keinen Schaden. Hunger aber kann er nicht ertragen. Wie könnte er auch leben, selbst wenn er sich in Brokat kleidet? Das ist ein naturgemäßer Grundsatz.

Ehrerbietigst trage ich jetzt die zehn wichtigen Regeln vor:

1.) Die Oberleitung in der Regierung muß den höchsten Würdenträgern anvertraut werden. Sie haben seit Generationen Wohltaten vom Lande empfangen, ihre Interessen sind mit diesem verknüpft. Ihr Amt ist an und für sich hoch, und ihre erblichen Einkünfte verleihen ihnen Achtung, ihr Sinnen ist darauf gerichtet, dem Lande Ruhe und Sicherheit zu geben und den Kultus der königlichen Ahnen und des Gottes der Felder zu erhalten. Indem sie den Wohlstand des Landes fördern, sichern sie ihre Einkünfte und Ämter; und wenn die Ahnen und Götter geehrt bleiben, währt ihr Ruhm bis in die Zukunft. Unter diesen höchsten (erblichen) Würdenträgern gibt es Männer von großer Rechtlichkeit und anererbter Erfahrung, und wenn sie auch nicht im Stande sein sollten, Erstaunliches zu vollbringen, so sind sie doch auch schändlicher Handlungen nicht fähig. Wenn Eure Hoheit solchen Leuten Ihr Vertrauen schenken, so wird Volk und Land unterwürfig und beruhigt sein. Aber wenn Sie ihre Dienste annehmen, so müssen Sie auch nicht an ihnen zweifeln; wäre an einem von ihnen etwas Verdächtiges, so sollten Eure Hoheit ihn nicht anstellen. So wird alles gut vorwärtsgehen.

2.) Die niedrigen Beamten müssen unsichtbar (dem König) bleiben. Niedrige Beamte denken bloß an sich und an Gewinn und kümmern sich nicht um den Frieden und die Wohlfahrt des Landes. Wenn sie einmal in eine höhere Stellung gelangen, so gewinnen sie sich das Herz der Menschen durch kleinliche Treue und Ergebenheit; sie erfreuen das Herz der Menschen durch kleinliches Wohltun und kleinlichen Scharfsinn. Sie erschöpfen anfangs alle Ausdrücke der Schmeichelei und der List, wenn es aber zum Äußersten kommt, verkaufen sie ihr Land und denken nur daran, sich einen Namen zu machen. Das Unglück, welches sie verursachen können, ist unbeschreiblich. Leute von geringem Geist können allerdings auch nützlich werden, sie müssen aber ihren speziellen Fähigkeiten entsprechend in die verschiedenen Ämter verteilt und bei einem bestimmten Dienstzweig verwendet werden. Sie dürfen nicht täglich in des Königs Nähe erscheinen und über Politik befragt werden. Wären Yung-dio, O-kiun, Yung-sik und ihre Genossen von Anfang an nicht königliche Vertraute geworden, sondern fleißig in den für sie passenden Dienstzweigen verwendet worden, so wäre uns die Revolte von 1884 erspart geblieben.

3.) Die Regierungsgeschäfte müssen mehreren Beamten anvertraut werden. Selbst ein aufgeweckter, scharfsinniger, genialer und körperlich tüchtiger Mann kann nicht die vielen dringlichen Sachen vollständig bemeistern. Wenn jede Sache, groß und klein, von dem Souverän entschieden wird, so muß auf die Dauer die Regierungsmaschine in Unordnung geraten; die niedrigen Beamten werden heimlich versuchen, die Regierung in ihre Hand zu nehmen. Obschon die Regierungsgewalt anscheinend beim Monarchen ist, gelangt sie doch in der Tat allmählich in die Hände der niedrigen Beamten. Dies hat in der Vergangenheit (Asiens) schon vielmals zum Staatsruin geführt und kommt in allen anderen Ländern (Europas) nicht vor. Vertrauen Eure Hoheit daher das Staatsnetz den Händen mehrerer Beamten an und halten Sie selbst nur die Netzschnur in der Hand. Dann werden Sie den Gewinn und Verlust gut beurteilen und Belohnungen und Strafen gerecht austeilen können; und ohne weitere Mühe wird das Werk der Regierung getan werden.

4.) Die Herzen des Volkes müssen gewonnen werden. Jetzt sind die Herzen des Volkes abwendig geworden, und sie müssen schleunigst zurückgebracht werden. Das Volk ist das Fundament des Staates. Ist das Fundament wacklig, so kann auch der Oberbau nicht stark sein. Aber die Herzen des Volkes sollen doch nicht durch kleinliche Güte und Freundlichkeit gewonnen werden. In den letzten Jahren ist das Volk durch Wassersnot, Dürre und Cholera ins äußerste Elend geraten. Zunächst müssen eines oder zwei Übel bestimmt und mit aller Anstrengung beseitigt werden; Eurer Hoheit Minister müssen, unter sich beratend, geeignete Distriktsgouverneure auswählen, welche den Wünschen des Volkes Rechnung tragen und durch langen Aufenthalt bei demselben sein Wohl und Wehe kennenlernen. Dann wird der Aufschwung des Landes von selbst kommen.

5.) Aller Verdacht muß entfernt werden. Bis jetzt haben der Souverän und seine Untertanen sich gegenseitig beargwöhnt, und ein jeder ist nur auf der Hut gewesen, daß ihm nichts Leides geschehe. Daher auch ist die Wohlfahrt des Landes von Tag zu Tag geschwunden, Alle diejenigen Beamten, welche Eurer Hoheit verdächtig sind, müssen vom Amt entfernt, und diejenigen, welche Vertrauen genießen, bis zum äußersten Maß ihrer Fähigkeiten verwendet werden. Wenn der Verdacht wie das Eis schmilzt, so werden die Beamten dankbar sich bestreben, die jetzigen Übelstände in Übereinstimmung mit Dero Wünschen abzustellen.

6.) Die Staatsmittel müssen sparsam verwandt werden. Seit Alters, sowohl wie auch jetzt, ist es Grundsatz, daß die Ausgaben sich nach den Einnahmen richten müsse. In den letzten Jahren ist Eurer Hoheit Schatzkammer leer geworden, und die Schulden haben sich angehäuft; und für alles Geld was ausgegeben worden ist, ist garnichts geschehen. In Wahrheit sind Ausgaben gemacht worden für Sachen, die gar nicht dringlich waren und vieles ist unternommen worden, um, wie die niederen Beamten sagen, das Land zu bereichern, in Wirklichkeit aber zu ihren selbstigen Zwecken. Die Münze, die Maulbeerpflanzungen, das Arsenal, die Dampfer und ähnliche Dinge sind zwar sehr nützlich, aber wenn wir die Bedürfnisse Koreas betrachten, so sind sie durchaus nicht dringend notwendig. Notwendig und unaufschiebbar ist, die Regierung des Landes zu reformieren, die Quellen des Wohlstandes zu öffnen und das Nützliche zu bestimmen und mit aller Kraft zu fördern. Der Fluß des Reichtums muß mit Sparsamkeit benutzt werden. Wenn der Staatsschatz voll und das Volk zu Wohlstand gelangt ist, dann erst dürfen Unternehmungen obiger Art vorgenommen werden. Wenn anstatt dessen das Verhältnis von Einnahmen und Ausgaben außer Acht gelassen wird und Werke des äußeren Scheins unternommen werden, werden die Staatsfinanzen täglich schlechter werden und die Armut des Volkes den äußersten Grad erreichen. Wenn jetzt nicht eingeschritten wird, ist niemals Abhilfe mehr möglich.

7.) Ratschläge müssen angenommen werden. Der Souverän ist das Haupt des Landes; und ob die Beamten beschränkt oder gescheit sind, hängt von der Wahl ab, die der Monarch trifft. Niedrige Menschen erwarten mit Begierde Umwälzungen, weil sie das Unglück anderer zu ihrem Vorteil ausbeuten; daher sind ihnen unheilvolle Ereignisse angenehm. Sie betrügen den Monarchen durch hundertfache Ränke, sich stellend, als wenn sie seine Interessen förderten; sie suchen sein Herz zu verstehen, um ihn mit Schmeicheleien zu berücken, und lassen seine Ohren schwelgen in der Anhörung süßer Redensarten. Oder sie erschrecken ihn, indem sie ihm außerordentliche Gefahren schildern. Solche schlechten Burschen sollten, statt in Eurer Hoheit Nähe zu verweilen, bestraft werden. Wenn Sie ihren Reden zugehört haben, sollten Sie zunächst überlegen, ob dieselben mit den Tatsachen in Einklang zu bringen sind; und wenn Sie irgendeine Unwahrheit finden, sollten Sie diese Menschen weit von sich weisen, (d. i. verbannen) und einen Weg für gute Ratschläge öffnen. Wenn untreue Ratgeber nur eine Weile geduldet werden, so wird ihre Zahl täglich wachsen, die der ehrlichen Räte aber ebenso abnehmen.

8.) Genaue Bemessung der Strafen und der Belohnungen. Strafen und Belohnungen sind das Fundament der Staatsgewalt und die Bande, welche die Herzen des Volks an die Regierung fesseln. Wenn Belohnungen mit Gerechtigkeit erteilt werden und Strafen, wo es notwendig ist, dann sind Ruhe und Ordnung im Lande. Sowohl im Falle des Verdienstes wie der Strafe muß unparteiisch bei betreffender Behörde gehört und demgemäß strikt verfahren werden, und keine eigenen Gefühle dürfen dabei von Einfluß sein. Dann werden Strafen und Belohnungen nach Verdienst verteilt werden, die Staatsgewalt wird zur Geltung kommen, und die Herzen des Volkes werden sich ihr zuwenden.

9.) Dem Freunde muß man freundlich sein. Die gegenseitige Freundschaft Chinas und Koreas ist mehrere hundert Jahre alt, und das Band, welches sich um ihre Völker geschlungen hat, ist ein ewiges. Wenn man des Morgens das eine Land verläßt, ist man des Abends in dem anderen. Beide können sich daher leicht gegenseitig helfen. Und wenn sie wahrhaft zu einander stehen, so können Fremde niemals die Lüge zwischen ihnen aufziehen; grundlose Gerüchte werden dann nicht entstehen, die Völker werden sich sicher fühlen, und die Länder sind geschützt für immer. Die Freundschaft wird dann nicht bloß äußerlich auf dem Papier stehen, sondern im Herzen begründet sein; beide Völker werden wie eines sein und sich in allem helfen. Wie könnte ein fremdes Land Korea erniedrigen, wenn Eure Hoheit die Hilfe Chinas nicht zurückweisen? Lassen Sie daher Ihre Beamten alle Energie auf die Verbesserung der Regierung und auf die Entwicklung des Wohlstandes verwenden, dann wird der Erfolg nicht ausbleiben.

10.) Richtige Gestaltung des Verkehrs mit den fremden Ländern. Der Verkehr mit den fremden Ländern wird von aller Augen und Ohren beobachtet und ist daher von der größten Wichtigkeit für das Land. Wenn die Leitung dieses Verkehrs dem Auswärtigen Amt überlassen und nach Recht verfahren wird, äußerlich mit Höflichkeit, im Herzen mit Treue, so wird die Freundschaft mit den fremden Mächten innig werden und ein jeder wird ruhig und zufrieden sein. Aber wenn die Staatsgewalt nicht eine ist, wenn die Regierung viele Tore hat, dann wird das Land nicht allein die Schande des Verlachtwerdens auf sich laden, sondern auch mit Mißtrauen behandelt werden. Besonders unheilvoll ist es, wenn Beamte ihre eigenen selbstsüchtigen Bestrebungen mittels ihres Amtes zur Ausführung bringen. Wenn jede Sache, ob groß oder klein, der Besprechung des Ministerrats unterliegt, wie können dann geheime Pläne, wie das Unheil des Jahres 1884, vorkommen?

Was ich in Obigem vorgetragen, sind die niedrigen Anschauungen eines Menschen, dessen Blick begrenzt ist, wie wenn er durch ein Bambusrohr schaute, aber ich habe sie lange mit mir herumgetragen. Ich lege sie Eurer Hoheit jetzt zum ersten Mal dar, obschon ich Ihren Beamten sie oft bereits mitgeteilt habe. Wenn Schmeichler meine Worte später besprechen, werden sie sagen: Yuen mischt sich in innere Angelegenheiten, darum darf man kein Vertrauen zu ihm haben. Dieses wissend, habe ich bisher geschwiegen. Diese Schmeichler nämlich, wenn man auf ihres Herzens Grund sieht, erkennen in dem Unglück und dem Verfall des Landes ihren Vorteil; sie sind nicht besser als Kim o kiun und Genossen. Daher sage ich täglich: Sucht nicht Kim o kiun in Japan, sondern verhindert, daß ihm in Korea Nachfolger erwachsen.

Ich hörte jüngst, daß Eure Hoheit klar von Kopf und rasch in der Entscheidung sei und jetzt das frühere Unheil entfernen wolle. Daher habe ich gesprochen. Ich bin einfältig und gerade von Natur und rede ohne Hintergedanken und ohne Scheu. Ich bitte Eure Hoheit inständigst mich glücklich zu machen, indem Sie meine Darlegungen sich zu Herzen nehmen.

Berlin, den 26. Februar 87.   A. 2271

An
tit. Herrn von Brandt

Peking № A. 6

Postziffern

cfr. A. 7251

Ew. tit. werden bereits im Besitz einer Ihnen von
Söul aus direkt zugesandten Abschrift des Berichtes
des kais. General-Konsuls Kempermann vom 27. Dez.
sein. Es wäre von Interesse festzustellen, ob die darin
enthaltenen Mitteilungen über ein Abkommen
zwischen China u. Rußland mit den Ansichten
übereinstimmen, die man in Peking über diese Frage
hegt, da ein geheimes Einverständnis zwischen den
beiden genannten Mächten, dessen Spitze gegen
England gerichtet sein würde, nur schwer mit dem in
Einklang zu bringen sein würde, was bisher über die
Stellung Chinas zu Rußland u. England bekannt
geworden ist. Ich bitte deshalb um einen Bericht über
die von Herrn Kempermann gemachte Mitteilung.

N. d. H. St. S.

Angriffe englischer Blätter gegen in Korea sich aufhaltende amerikanische Marine-Offiziere.

PAAA_RZ201-018908_60 ff.			
Empfänger	Bismarck	Absender	Brandt
A. 4245 pr. 4. April 1887. a. m.		Peking, den 1. Februar 1887.	
Memo	cfr. A. 6160 s. Erl. v. 13. 4. n Washington 19		

A. 4245 pr. 4. April 1887. a. m. 1 Anl.

Peking, den 1. Februar 1887.

A. № 28.

Vertraulich

Seiner Durchlaucht

dem Fürsten von Bismarck.

Die „Tientsin Chinese Times" enthält in ihrer Nummer vom 22. Januar d. J. den in der Anlage ganz gehorsamst beigefügten, sehr heftigen Angriff gegen die in Korea sich aufhaltenden amerikanischen Marine-Offiziere Admiral Shufeldt und Schiffsfähnrich Foulk, von denen der erstere den ersten Vertrag mit Korea abgeschlossen hat, während dem letzteren wiederholt und noch bis vor kurzem die Führung der Geschäfte der amerikanischen Gesandtschaft in Söul anvertraut gewesen war.

Ein noch heftigerer Artikel gegen die beiden vorgenannten Persönlichkeiten, welcher großes Aufsehen erregt hat, ist in dem „Shanghai Courier" vom 6. Januar d. J. enthalten, von dem mir kein Exemplar zur Verfügung steht. Ich habe aber das kaiserliche General-Konsulat zu Shanghai angewiesen, die Nummer zu beschaffen und Eurer Durchlaucht als Anlage zu diesem ganz gehorsamsten Bericht einzureichen.

Daß die Artikel inspiriert worden sind, scheint mir gar keinem Zweifel zu unterliegen, und es dürfte nur die Frage sein, ob von englischer oder chinesischer Seite; ich möchte zu der ersteren Ansicht hinneigen.

Das Verhalten der englischen Agenten in Korea, namentlich des General-Konsuls Baber und des Vize-Konsuls Parker, ist ein so eigentümliches gewesen und hat soviel zur Entstehung derjenigen Verwickelungen beigetragen, welche im August und September v. J. beinahe zu einem ernsthaften Konflikt zwischen China und Korea geführt hätten, daß es nicht allein im persönlichen Interesse dieser Agenten liegt, die allgemeine Aufmerksamkeit von sich auf andere abzulenken. Auch für die weitere Behandlung der Port-Hamilton-Frage seitens England dürfte es für dasselbe von Wert sein, bei der chinesischen Regierung neue Besorgnisse vor amerikanischen, russischen oder japanischen Plänen auf Korea zu erwecken und dadurch sein eigenes Verhalten in einem freundlicheren Licht erscheinen zu lassen. Jedenfalls deutet die Tatsache, daß die Artikel zuerst in Shanghai und dann in Tientsin erschienen sind, darauf hin, daß dieselben von Korea oder von Chefoo aus, wo der Generalkonsul Baber sich in diesem Augenblick gesundheitshalber aufhält, inspiriert worden sind.

Brandt.

Inhalt: Angriffe englischer Blätter gegen in Korea sich aufhaltende amerikanische Marine-Offiziere.

Anlage zu dem Bericht A. 28 vom 1. Februar 1887.

The Chinese Times.
Tientsin, Saturday, 22nd January, 1887.
Corea.

This wretched little kingdom is marked out by its geographical position and its peculiar political relations with neighbours as the natural prey of adventurers and the hotbed of intrigue. And the scent of the carcase must be strong which attracts the vultures from the very ends of the earth. The latest arrival of these birds of evil omen appears to be an interesting couple from the United States, both having borne, and for anything we know still bearing, the commission of their own government. What the ultimate objective of these gentle- men may be is not quite clear, but probably it is not of a very exalted character. At any rate, their immediate aim is disturbance of existing relations, the setting of parties at variance, and the creation of a state of things which will allow the enemies of peace to carry out their designs. It is the *rôle* of the fisher in troubled waters all the world over. The principal plank in their platform, if the private schemes of the plotters may be so called, is to loosen the tie which binds Corea to China, and to let the peninsula then fall into the largest mouth that may be opened to swallow it. What personal advantage such a revolution would bring to the agents is not for us to say. Possibly the mere love of mischief may be sufficient to actuate their proceedings, or they may persuade themselves that they are engaged in the liberation of nationalities, - a holy cause for which they are prepared to sacrifice themselves and their fortunes. In the case of Rear-Admiral Shufeldt it is conceivable that other motives still may be at work. Like some other schemers who have been foiled in their designs, he is supposed to bear China a grudge. Some years ago the Commodore, while his flag was still flying, made great efforts to obtain employment from the Chinese Government as organizer of the navy. And so far as a commanding presence and expanse of white waistcoat were concerned there was no reason why he should not have received the appointment. But, perhaps out of pure cussedness, the gallant Commodore's suit was rejected; whereupon, as is usual in such cases, his love quickly turned to hate; and being an adept in the use of two sharp instruments, the tongue and the pen, Commodore Shufeldt launched scalding invectives at the head of Li Hung-chang, in which even the sanctity of the Imperial Throne was not spared. But this brave and accomplished officer must have an insatiable appetite for revenge if the memory of those days be the moving force of his present exploits in Corea. Some powerful motive is required to account for the Admiral's leaving his happy and congenial home to take up his residence in the most miserable of all countries; and a paltry revenge on a Chinese statesman for fancied injuries five years old seems as inadequate to account for the anti-Chinese intrigues of the American Admiral as the grievances of Mr. Guiteau were for the assassination of President Garfield.

The Chinese Government are undoubtedly much to blame for the present state of affairs in Corea. The interest of China in the peninsula is paramount, and is known and felt to be so by all thoughtful Chinese. So long as Corea was secluded there was no occasion to strain the tie between the two countries, and the secular policy of China towards vassals was exemplified in the loose and easy relations maintained with Corea. But when foreign intercourse was forced on the latter kingdom the time came for a clear definition of her position towards China. For reasons which it would be easier to explain than to approve, however, China sought temporary refuge in ambiguity, and ambiguity is never a strong policy. It was ambiguity on the part of English statesmen that led to the dispute with Germany about a worthless settlement on the coast of Africa, and forced an experienced Foreign Secretary to eat humble pie. And the same ambiguity is likely to produce a crop of troubles for China in Corea. China wished to have all the advantages of Corean vassalage together with the irresponsibility of Corean independence. The two things were incompatible, and the passive attempts of China to reconcile them has afforded the opportunity for third parties to create such a state of things in Corea as results in China, instead of having the advantages of each, having the full disadvantages of both alternatives between which her policy has seemed to be steering. The first overt step was to put the treaty relations of Corea on a basis which would establish the suzerainty of China by the recognition of the foreign powers. The instrument chosen for this Operation was, we believe, no other than Commodore Shufeldt himself, - and a curious tendency may be remarked in these Chinese instruments to have their points deflected in Corea and even turned against the hand that directed them - who, on behalf of the government of the United States, had the honour of concluding the first foreign treaty with Corea.

That treaty contained an article which was intended to formulate for all time the dependence of Corea on China, but the existence of such a state of dependence was incompatible with those foreign relations which the treaty established; and the treaty makers who followed in the track of Commodore Shufeldt dropped the vassalage clause and treated with the King as an absolutely independent power. Thus China lost the one thing for the sake of which she sanctioned the foreign intercourse of Corea. The King was, of course, carefully nursed by his new friends in his new character of an independent sovereign; and out of this has sprung much of the trouble into which the country has been thrown, in fact, the "Corean question," - and unhappy is the state which lends its name as a qualifying adjective to a "question." The Corean question is, whether the kingdom shall be independent or not. It is universally conceded that the state is too weak to stand alone, and elaborate schemes have been devised for an international protectorate, in which all the powers, or an important majority of them, would join as guarantors. But such a scheme does not really bear close examination. Even on paper it could with difficulty be made to work, and in practice it would break down the very first time it was put to the test. One has only to reflect on the condition of Bulgaria to see what a universal international guarantee is worth against the separate interest of some one of the guarantors. The neutralization of Corea under an international protectorate may therefore be relegated to the region of dreams. What remains then is the simple question, under whose protection Corea is to be: Chinese, Japanese or Russian? Parties can be found or formed in Corea to agitate for any of the three, and the astute Japanese are not perhaps so wise as to shun all flirtation with the question as regards themselves. As to the views of Russia, they are exactly what the views of any people in their circumstances would be. It is as natural for Russia to desire to absorb Corea as it is for China to resist such absorption, even to the death. And this really brings us to the fundamental factor of the whole. The interest of China in Corea is, to her, vital. No nice adjustment of international arrangements, no desire to conciliate neighbours, no academical discussions on what constitutes suzerainty or justifies the claim to such authority, can stand in the way of the paramount necessity for China to be mistress of Corea. Whether Chinese statesmen realize this necessity or not, it is fixed and determined for them by the contours of the Asiatic continent, and the distribution of sea and land. Corea in the possession of any naval power would mean the virtual subjection of China to that power; and most emphatically would this be the case if the new proprietor of Corea happened to be Russia. Therefore, the Corean question is a question of life and death to China, and at all hazards China must in the long run maintain herself in military occupation of the peninsula.

Japan knows this very well, and therefore, as she values her own integrity and desires to keep the hands of Western powers off her own coasts, she ought to see her interest in arriving at an amicable understanding with China in respect to Corea. Rear-Admiral Shufeldt and Mr. Foulk, it may be presumed, know it also, and therefore it is that the intrigues of these gentlemen to seduce the King of Corea from his allegiance to China, and to persuade him to seek the protection either of Russia on the one side or Japan on the other, are to be condemned as wanton attempts to stir up strife and hatred, leading to bloodshed.

Betreffend ein angebliches russisch-chinesisches Abkommen über die beiderseitige Nichteinmischung in die inneren Angelegenheiten Koreas.

PAAA_RZ201-018908_67 ff.			
Empfänger	Bismarck	Absender	Brandt
A. 4249 pr. 4. April 1887. a. m.		Peking, den 5. Januar 1887.	
Memo	Cop. mitg. London 304 5. 4. cfr. A. 7251		

A. 4249 pr. 4. April 1887. a. m.

Peking, den 5. Januar 1887.

A. № 33.

Seiner Durchlaucht

dem Fürsten von Bismarck

In seinem Bericht № 77 vom 28. Dezember v. J.[63] erwähnt der kaiserliche General-Konsul Kempermann zu Söul, daß ein russisch-chinesisches mündliches Abkommen betreffs gegenseitiger Nichteinmischung in die inneren koreanischen Verhältnisse bestehe; nach einem Bericht des die Geschäfte der amerikanischen Gesandtschaft in Söul wahrnehmende amerikanischen Gesandtschafts-Sekretärs Rockhill würde sogar einen derartige schriftliche Abmachung vorhanden sein.

Auf dem Tsungli Yamen wurde dem Dolmetscher Arendt auf eine Anfrage desselben erklärt, daß die Frage nur zu mündlichen Erörterungen in Tientsin im September v. J. zwischen dem General-Gouverneur Li hung chang und dem damaligen russischen Geschäftsträger Ladygensky Veranlassung gegeben habe.

Mein russischer Kollege, Herr Coumany, behauptete ebenfalls, daß russischerseits nur eine mündliche Erklärung, daß Russland nicht beabsichtige, sich in die koreanischen inneren Verhältnisse zu mischen, vorliege. Über diese letztere habe ich Eurer Durchlaucht bereits im vorigen Jahr unter dem 6. September -A. № 170[64]x- ganz gehorsamst zu berichten die Ehre gehabt. Es ist nun durchaus wahrscheinlich, daß bei den damals vielfach zwischen Li hung chang und dem russischen Geschäftsträger stattgefundenen Gesprächen

---

63 A. 2271 i. A. ehrerbietigst beigefügt

64 A. 13144 i. A. ehrerbietigst beigefügt

von ersterem die Absicht der chinesischen Regierung, sich nicht in die inneren koreanischen Angelegenheiten zu mischen, besonders stark betont worden ist, schon um Rußland jeden Vorwand zu einer Einmischung seinerseits zu nehmen. Die chinesische Regierung resp. der Vertreter derselben hat damit aber, wenigstens in der Theorie durchaus keine neue chinesische Politik inauguriert; China hat im Gegenteil immer und bei verschiedenen Gelegenheiten ganz ausdrücklich anerkannt, daß Korea in administrativer Hinsicht durchaus unabhängig sei und mehr als einmal jede Verantwortlichkeit für Handlungen der koreanischen Regierung sowohl administrativer wie völkerrechtlicher Natur abgelehnt.

Daß China in dem Augenblick, wo die Handlungsweise seines Vertreters in Söul beinahe zu einem ernsten Konflikt mit Rußland sowie mit Rußland und Japan die Veranlassung gegeben hätte, sich ganz besonders zurückhaltend zeigte, ist wohl verständlich; alles das wird aber weder die chinesische Regierung noch ihre Vertreter in Söul hindern, den großmöglichen Einfluß auf den Gang der inneren Verwaltung auszuüben und, wenn die Gelegenheit sich bietet oder es fordert, ihren Einfluß auch mit Waffengewalt aufrechtzuerhalten zu suchen.

Wenn ein russisch-chinesisches Abkommen in Betreff der Nichteinmischung in die koreanischen Angelegenheiten wirklich getroffen worden wäre, so würde die von dem General-Konsul Kempermann mit seinem vorerwähnten Bericht eingereichte Denkschrift des chinesischen Residenten an den König von Korea über die Organisation der Verwaltung die schönste Illustration zu dem Wert sein, welchen man von chinesischer Seite derartigen Vereinbarungen beilegt.

Das gute Einvernehmen mit Rußland in der koreanischen Frage, d. h. das augenblickliche Vorhandensein keiner Befürchtungen von chinesischer Seite, auf welches mein russischer Kollege Gewicht legt, wird übrigens nicht lange dauern. wenn sich die mir von dem Marquis Tsêng heute gegebene Nachricht bestätigen sollte, daß der russische-koreanische Grenzhandels-Vertrag unterzeichnet worden und in demselben eine Bestimmung enthalten ist, welche ein neutrales Gebiet zwischen beiden Ländern schafft, das, wie der Marquis Tsêng meinte, wohl bald russisch sein würde.

Brandt.

Inhalt: Betreffend ein angebliches russisch-chinesisches Abkommen über die beiderseitige Nichteinmischung in die inneren Angelegenheiten Koreas.

Übersendung einer Nummer des Shanghai Couriers

PAAA_RZ201-018908_73			
Empfänger	Bismarck	Absender	Focke
A. 4251 pr. 4. April 1887. a. m.		Shanghai, den 19. Februar 1887.	
Memo	s. Erl. v. 12. 4. n. Washington		

A. 4251 pr. 4. April 1887. a. m. 1 Anl.

Shanghai, den 19. Februar 1887.

№ 29.

Seiner Durchlaucht
dem Fürsten von Bismarck

Eurer Durchlaucht beehre ich mich im Auftrag des Herrn Gesandten und unter Bezugnahme auf dessen Bericht A. № 28[65] vom 1. d. M. beifolgend ein Exemplar der Nummer des Shanghai Courier vom 6. v. M., welches den Angriff gegen Admiral Schufeldt und Schiffsfähnrich Foulk enthält, gehorsamst zu überreichen.

Focke

Inhalt: Übersendung einer Nummer des Shanghai Couriers

---

65 A. 4245 mit heutiger Post

The Shanghai Courier vom 6. Januar 1887.

C O R E A.

THE LATE MASSACRE.
SERIOUS FACTS
FOR
GRAVE REFLECTION.

Chemulpo, 12th December, 1886.

The arrival by the last *Tsuruga Maru*, from Tientsin, of Mr. W. W. Rockhill, first Secretary of Legation at Peking, to take charge of the American Legation in Seoul, was an event of more than passing interest. In fact it was hailed with much quiet satisfaction by almost all foreigners in the capital, as well as here, as that gentleman's high character precludes the ideas of the Legation being used for the sale of arms, electric lights, worthless steamers, powder, machinery, & c., &c., under the plan of increasing American trade in the East. This appointment, though a temporary one, grievously disappointed two or three gentlemen who had put up a job for an entirely different result.

It was whispered about that Mr. Foulk wired his government for permission to leave the Legation at once and that he be permitted to hand it over to Admiral Schufeldt, who I hear, was for five or six weeks quarreled upon Judge Denny. But the American government seems to understand the great Admiral's merits better than Mr. Foulk.

It is said that Mr. Foulk's anxiety to be relieved is due to his burning desire to enter this Corean service either as Rear Admiral of the navy or field marshal of her innumerable land forces, a work in which Admiral Schufeldt, as Acting Minister, was to supplement him in with his mighty personnel and position. Alas! for the best laid plans of mice and men.

Much speculation is indulged in as to why the Admiral, at his age, when he is at liberty to go where he likes, should hole up in Seoul to be miserable all winter. Some say it is because he gets a home furnished by contributions, with wines and chow thrown in; other say he is bent on making mischief between China and Japan, in order to get even on the former for the snubbing he got some years ago from the Viceroy Li on account of the letter he wrote wherein he referred to the Empress of China as "an ignorant capricious and immoral woman," while others who claim to be most familiar with his mysterious movements assert that he is at the head of a syndicate in which there are millions, and that he is here for contracts, arms, loans, railways, etc., etc. In the meantime rumour has it that he and Mr. Foulk are to reorganize His Majesty's army. If this is so the King certainly could do better. In the first place their prejudices control them too much against the Chinese and in favour of the Japanese, a thing that ought, under the present strained relations between the two countries, to be kept as much in the back ground as possible.

In the second place Mr. Foulk is not only a young man, but he really has not seen much naval work, having been most of his time on detached duty and not connected with navy matters. Moreover, if any of my readers will take the trouble to read Mr. Foulk's report on Corea, published in the N.-C. Herald of the 17th November last, he will see that Mr. Foulk was not only intimate with the notorious rebels and murders Kim-ok-kim, So Kwang-pam, Hong Yong-sik, and others, whom he styles "progressive leaders," the "truly loyal party in Corea", but was actually privy to the infamous revolutionary and murderous attempt to overthrow the government, whose service, it is said, he now seeks to enter.

Mr. Foulk arrived in Corea in May, 1884, and his account of what happened before that date is tainted with the spirit of the so-called progressive leaders. His allusion to the massacre of the Christians by the Tai-won-kun and the desecration of a Royal tomb by "the German Jew Oppert," who, by the way, was not a Jew at all, is not correct. In fairness to all concerned common courtesy demands that one of Mr. Foulk's own countryman, who was formerly interpreter at the United States Consulate-General, Shanghai, should be credited with a leading part in that piratical body and gold coffin snatching expedition, which, if successful, was doubtless intended to be used as a lever for the introduction of western civilization (?) and christianity amongst a brave, manly, independent and cultivated race of people, who, from remote ages, have preserved their independence, and who honour, with affectionate regard, the graves of their ancestors whose remains it is, in the highest degree, penal to disturb.

Mr. Foulk appears to have made the acquaintance of Kim Ok-kiun shortly after his arrival, for he tells us that "soon after the return of the embassy the progressive party began a series of preparations for a vigorous infusion of Western civilization in Corea." As a preliminary step it was necessary to get rid of the Chinese element as "no great measures were to be taken till the Chinese troops left Seoul." "Soon afterwards the Chinese officers (drill instructors) were dismissed and this was followed by the acceptance of the resignation of P. G. von Möllendorff from the Foreign Office where he had great influences as adviser "and where he refused to work, or to be associated with Kim Ok-Kiun whom he believed, even then, to be a villain of the deepest [sic.].

"The creation of these vacancies was too significant to make comment unnecessary. Arms were also purchased and under any (Mr. Foulk's) direction stored away carefully in the palace grounds."

"From Japan to execute contracts made by Kim Ok-kiun came a number of Japanese to teach the manufacture of paper by machinery," which had proved an utter failure in Japan, and which cost the Corean government about $22,000.

By September, Min Yong-ik had the good sense to cut himself clear of the so-called progressive party, and following the traditional policy of his ancestors, whom Mr. Foulk says "only acted in obedience to China without a thought patriotic of Corea", allied himself to the pro-Chinese faction. That "he did not receive visits from Western foreigners in the day time, and on several occasions showed contemptuous insolences in their presence," may perhaps be accounted for by the supposition that his visit to the United States and Europe did not create in him a favourable impression of western civilization. This want of appreciation of foreigners seems all the more strange when we remember that he lived with Mr. Foulk on the *Trenton* "on terms of close intimacy for eight months."

In October one of the progressive leaders complained to Mr. Foulk "that the part of the revenue meant to be used by them to fulfill all progressive contracts (which included the purchases of Gatling guns, electric lights, etc., ordered by Kim Ok-Kiun,) had been cut off from him by the Mins (Notably Min Thai-ho who controlled the chief revenue.")

This commendable and determined opposition by the Mins to the wasteful expenditure of government money enraged the progressive party to such a degree that on October 25th one of the progressive leaders called on Mr. Foulk and "*with deliberation stated that* for the sake of Corea Min Thai-ho, Cho Yong-ha, *the four Generals and four other officials probably would have to be killed.*" Mr. Foulk was convinced the words were no idle threat for he adds "though the officer was passionate in his manner, he was one whom I had always *found positive and correct in his statements to me*; his words, therefore, did not seem empty to me, and I became *indignant* that he should *communicate such an idea to me.*"

I would here ask my readers, and especially His Majesty the King, and the Mins, and Chos, to note that Mr. Foulk did *not* express the slightest indignation at the horrible "idea" itself; the deliberately declared intention of the conspirators to commit a series of foul and treacherous murders, to assassinate their rivals (ten officials including some of the most eminent Corean states-men of the day) whose mutilated bodies they used as stopping stones to seize the rains and purse strings of the government, called forth no rebuke, no decided manly motion, to denounce the plot and save the lives of the officials whom he knew to be singled out for slaughter. Mr. Foulk simply says, "I was indignant he should *communicate* such an idea to me." The "idea" he does not condemn, he was only angry because they made him, against his will, privy to their infamous revolutionary and murderous plot which some forty days later they carried out with such fiendish malignity.

The following day Mr. Foulk called on Min Yong-ik and "learned from him that the separation of the two parties was so wide as to prevent any discussion of public affairs. This convinced him a crisis was near at hand, and one which would probably result in blood shedding and violence not confined to the official classes of Coreans." Knowing and believing this, and with the conviction, which must have forced itself upon him, that the lives of the ten officials (which included Prince Min Yong-ik and his father and uncle) was in his keeping, why did he not immediately go to the proper officials and acquaint them with the intention of the assassins?

A few days later after, seeing Hong Yong-sik, and receiving "notes from two other members of the progressive party requesting interviews," Mr. Foulk, without a word of warning to any of the marked officials, or to any one except his own countrymen, Minister Foote, Ensign Bernadou, and Mr. W. D. Townsend, who were equally silent in the matter, found it convenient to get out from Seoul to make a second journey into the interior of Corea," where he happened to be well out of the way when the horrible massacre in Seoul occurred.

When we turn our thoughts back to the past and remember with what a thrill of horror and honest indignation the news of the assassination of President Garfield, Lord Cavendish and Mr. Burke, was received throughout the civilized world, we cannot help thinking how greatly, how intensely that feeling would be revived, and intensified, even now, if it were known that an attaché and Minister of a legation, either in Washington or London, were not only very intimate with the assassins, but also privy to the murders.

If such is the feeling in Western countries against deeds so foul, how is it that with our boasted western civilization, four educated men, one of them the representative of his country, two naval officers, the fourth a merchant, all hailing from the great Republic (to which all the protestant missionaries now in Corea belong) showed such entire indifference, such utter callousness to the fate of ten officials whom they knew to be in such deadly peril, but to whom they never gave a word of warning, or stretched out a helping hand.

With the knowledge of these facts burned into their memories, is it likely, is it possible, that His Majesty the King, or the Mins, or the Chos, or any member of the present government, can ever consent to accept the services or advice of a man who only two years ago allowed his feelings and prejudices against them and his sympathy with the revolutionist to seal his lips to the criminal plot against the government to which his minister was accredited?

Will they not rather think that the idea is too monstrous to be entertained, and remind Mr. Foulk that his faithlessness to the Corean government at the most critical time in the history of the present dynasty cost the King and Queen the lives of several of their relatives and placed themselves and crown in positions of extreme anxiety and danger.

Thirdly, it must not be forgotten that a shadow fell on the "progressive party," not the Mins, and conservatives, be it remembered," when they learned that Admiral Schufeldt was not to return to Corea." What the gallant Admiral, who never fought an engagement, and never saw one fought, who when the war of rebellion broke out joined the Consular service and left his country for Havanah, where he remained until there were no longer shot and shell flying about in the air, when he returned to America and joined the navy, where he has been on dress parade ever since, could have done for them even had he been here is a mystery I must leave to others to solve.

In conclusion, I may mention that His Majesty has opened a charity shop adjoining the Russian Legation in a house owned by Mr. W. D. Townsend. Really, there is lots of progression in the "land of Morning Calm."

Berlin, den 5. April 1887.   A. 4240.

An

die Missionen in

London № 304

Eurer pp. beehre ich mich anbei Abschrift eines Berichts
des K. Gesandten in Peking vom 5.1., betreffend ein
angeblich russisch-chinesisches Abkommen in Bezug auf
Korea, ad 1-7: zu Ihrer vertraulichen Kenntnisnahme zu
übersenden.

N. d. H. U. St. S.

i. m.

L 4. 4.

[   ]

PAAA_RZ201-018908_79 f.

Empfänger	Auswartiges Amt in Berlin	Absender	Berchem
A. 4316 pr. 5. April 1887. p. m.		Berlin, den 5. April 1887.	
Memo	ad. A. 4245 4251 s. Erl. v. 18. 4. n. Washington		

A. 4316 pr. 5. April 1887. p. m.

Berlin, den 5. April 1887.

Betrifft einen angeblich von englischer Seite ausgehenden Versuch, die Politik der Russen, Amerikaner und Japaner in Bezug auf Korea zu verdächtigen.

In den anliegenden Berichten aus Peking vom 1. und aus Shanghai vom 19. Februar werden zwei Zeitungsartikel über zwei augenblicklich in Korea residierende amerikanische Marine-Offiziere, den Admiral Schufeldt und den Schiffsfähnrich Foulk, überreicht. Diese Artikel enthalten schwere Anklagen gegen die genannten Offiziere, von denen der erstere den Vertrag zwischen Amerika und Korea abgeschlossen hat, während dem letzteren wiederholt die Führung der Geschäfte der amerikanischen Gesandtschaft in Söul anvertraut gewesen ist. – Man beschuldigt sie, ihre amtliche Stellung mißbraucht zu haben, nicht nur gegen die englischen und chinesischen politischen Interessen zu wühlen, sondern auch, um für eigene Rechnung kaufmännische Geschäfte zu machen, aus denen sie pekuniäre Vorteile gezogen haben.

Herr von Brandt nimmt an, daß jene Artikel von englischer Seite inspiriert worden seien, um die Aufmerksamkeit der chinesischen Regierung auf angebliche russische, amerikanische und japanische Intrigen zu lenken, mit denen bezweckt werde, Korea von China unabhängig zu machen.

Berchem.

Berlin, den 13. April 1887.   A. 4245. 4251. 4316

An
tit. Herrn
von Alversleben
Washington
A. № 19

Der K. Gesandte in Peking berichtet unterm 1. Februar, daß zwei amerikanische Offiziere, die sich seit geraumer Zeit in Korea aufhalten, Admiral Shufeldt, in weiteren Kreisen dadurch bekannt, daß er den ersten Vertrag mit Korea abgeschlossen hat, und Schiffsfähnrich Foulk, der zu verschiedenen Malen mit der Führung der amerikanischen Gesandtschaft in Söul betraut worden ist, von der englischen Presse in China in sehr heftiger Weise angegriffen worden ist. Der „Shanghai Courier" vom 6. Januar bringt eine Korrespondenz dd. Chemulpo vom 12. Dezember, in der u.a. gesagt ist, die amerikanische Gesandtschaft sei, während Foulk Geschäftsträger war, von diesem und Shufeldt benutzt worden, um von dort aus mit den Koreanern einen ergiebigen Handel zu treiben und Juan für teures Geld wertlose Dampfschiffe, schlechte Feuerwaffen, Pulver, Maschinen etc. aufzubürden. Foulk wird ferner angeklagt, intime Beziehungen mit der antichinesischen Partei unterhalten zu haben und der eigentliche Urheber der Unruhen zu sein, welche vor einiger Zeit einen Konflikt zwischen China und Korea herbeizuführen drohten; auch sollen Foulks eigene Berichte zu erkennen geben, daß er im Voraus Kenntnis von einem Mordanschlag auf eine Anzahl hoher Offiziere und Beamter gehabt, aber trotzdem nichts getan habe, um die Ausführung des Verbrechens zu verhindern.

Ähnlich äußert sich die in Tientsin erscheinende „Chinese Times". In ihrer Nummer vom 22. Januar vergleicht sie die genannten Shufeldt u. Foulk mit gefräßigen Gourmets, die sich auf Korea gestürzt haben, und beschuldigt sie, das Band zerreißen zu wollen, welches Korea mit China verknüpft, und, nachdem dies gelungen wäre, die Halbinsel demjenigen zuzuführen, der in der Lage sein würde, den höchsten Preis für einen solchen Dienst zu zahlen.

<Sollten Excellenz in der Lage sein unter der Hand festzustellen, welcher Art die augenblicklichen Beziehungen von Shufeldt und Foulk zur amerikanischen Regierung sind, so würde dies hier von Interesse sein.> Die vorstehenden Mitteilungen bitte ich Ew. tit. lediglich als zu ihrer Information bestimmt zu betrachten.

N. d. H. St. S.

Betreffend Gerüchte über angebliche chinesische Pläne in Korea.

PAAA_RZ201-018908_85 ff.			
Empfänger	Bismarck	Absender	Brandt
A. 4946, pr. 19. April 1887. a. m.		Peking, den 4. März 1887.	
Memo	B. London u. Petersburg cop. mtg. 20. 4. n. Petersburg 334, London 370		

A. 4946, pr. 19. April 1887. a. m.

Peking, den 4. März 1887.

A. № 63.

Vertraulich

Seiner Durchlaucht

dem Fürsten von Bismarck

Mein japanischer Kollege hat mich vor einigen Tagen aufgesucht, um mich in ziemlicher Aufregung zu fragen, ob mir etwa von einem Plan der chinesischen Regierung, den König von Korea zur Abdankung zu zwingen und das chinesische Protektorat über Korea zu proklamieren, bekannt sei. Ich habe Herrn Shiodu damit zu beruhigen gesucht, daß ich ihm gesagt, daß mir eine gewisse Unzufriedenheit der Chinesen mit dem König von Korea wohl verständlich sei, daß ich es aber unter den augenblicklichen Umständen nicht für wahrscheinlich halte, daß man von chinesischer Seite zur Proklamation eines Protektorats schreiten werde; China habe gar keine Veranlassung, die Frage jetzt zu einer brennenden zu machen, und zwar um so weniger, als man sich in Peking darüber klar sein müsse, daß ein solcher Schritt unbedingt zu einem Konflikt mit einer oder mehreren Mächten führen müsse, für den man doch noch sehr wenig vorbereitet sei.

Ich glaube, daß die Zeitungsartikel über eine Verständigung zwischen England und China in Betreff des von letzterem auszuübenden Protektorats und ein vor kurzem in der „Asiatic Quarterly Review" veröffentlichter Artikel des Marquis Tsêng, über den ich mir an einer anderen Stelle zu berichten ganz gehorsamst vorbehalte, die japanische Regierung etwas beunruhigt haben, ohne daß, soweit wenigstens die Proklamation eines chinesischen Protektorats über Korea in Frage kommt, dafür irgendeine Veranlassung vorhanden zu sein scheint.

In dem erwähnten Artikel sagt der Marquis Tsêng, daß China jetzt seinen

Außenländern Tibet, Korea und der Kaschgarei größere Aufmerksamkeit als bisher zuwenden und jeden Angriff gegen dieselben oder jeden Versuch, sich in die Verwaltung derselben zu mischen, als einen „casus belli" ansehen würde. Mir persönlich gegenüber hat sich der Marquis Tsêng wiederholt dahin geäußert, daß er es für richtig gehalten haben würde, wenn man bei der Gefangennehmung und Fortführung des Tai in kun in 1882 Korea einfach besetzt und zu einer chinesischen Provinz gemacht habe; die Gelegenheit sei aber damals verpaßt worden, und jetzt sei es zu einem solchen Schritte zu spät.

Brandt

Inhalt: Betreffend Gerüchte über angebliche chinesische Pläne in Korea.

Betreffend die Vertretung der Vereinigten Staaten in Korea und andere Personalien.

Empfänger	Bismarck	Absender	Brandt
A. 4948 pr. 19. April 1887. a. m.		Peking, den 7. März 1887.	

PAAA_RZ201-018908_89 ff.

A. 4948 pr. 19. April 1887. a. m.

Peking, den 7. März 1887.

A. № 66.

Seiner Durchlaucht
dem Fürsten von Bismarck.

Eurer Durchlaucht beehre ich mich ganz gehorsamst zu berichten, daß in der Person eines gewissen Herrn Densmore, über dessen Antezedenzien es mir bis jetzt nicht möglich gewesen ist, irgend etwas Näheres zu erfahren, ein neuer Minister-Resident der Vereinigten Staaten für Korea ernannt worden ist. Der bisher mit der Wahrnehmung der Geschäfte der amerikanischen Gesandtschaft in Söul beauftragte erste Sekretär der hiesigen Gesandtschaft, Herr Rockhill, wird Korea Anfang April verlassen; das Eintreffen Herrn Densmores dort dürfte also vor diesem Zeitpunkt zu erwarten sein.

Die in der letzten Zeit viel genannten Amerikaner, Admiral Shufeldt und Schiffsfähnrich Foulk, haben Korea, ob für immer weiß ich nicht, verlassen.

Das Engagement des früheren amerikanischen General-Konsuls in Shanghai, Mr. Denny, als Ratgeber des Königs von Korea scheint sich seinem Ende zu nähern, wenigstens sprechen dem General-Gouverneur Li hung chang näherstehende Personen ganz offen von der Entlassung des Herrn Denny, da er es weder den Chinesen noch den Koreanern recht zu machen verstanden zu haben scheint.

Brandt.

Inhalt: Betreffend die Vertretung der Vereinigten Staaten in Korea und andere Personalien.

Berlin, den 20. April 1887.   A. 4946.

An

die Botschaften in

1. St. Petersburg No .334

5. London № 370

Abschrift der Vorlage

vertraulich

J. № 2638

Eurer p. übersende ich anbei ergebenst Abschrift eines Berichts des K. Gesandten in Peking vom 4. v. Mts., betreffend Gerüchte über angebliche chinesische Pläne in Korea, zu Ihrer vertraulichen Information.

N. d. H. St. S.

i. m.

[   ]

PAAA_RZ201-018908_93 f.

Empfänger	Bismarck	Absender	Brandt
A. 6160 pr. 16. Mai 1887.		Peking, den 21. März 1887.	

A. 6160 pr. 16. Mai 1887, a. m. 1 Anl.

Peking, den 21. März 1887.

A. № 76.

Seiner Durchlaucht

dem Fürsten von Bismarck

Im Verfolge meines ganz gehorsamsten Berichts A. № 28 vom 1. Februar d. J. *[66])
betreffend die Angriffe englischer Blätter gegen die in Korea sich aufhaltenden
amerikanischen Marine-Offiziere und namentlich die Haltung derselben bei den 1884 in
Söul vorgekommenen Unruhen, beehre Eurer Durchlaucht ich mich in der Anlage eine der
„Tientsin Chinese Times" vom 12. März d. J. entnommene Erwiderung eines
amerikanischen, bei den vorerwähnten Vorfällen ebenfalls in Söul anwesend gewesenen
Marine-Offiziers auf diese Angriffe ebenmäßig zu überreichen.

Das Schriftstück bringt nicht viel Licht in die etwas unklare Rolle, welche von
amerikanischer Seite bei den Vorgängen in 1884 gespielt worden ist; da Eurer Durchlaucht
ich aber die Angriffe vorlegen zu sollen geglaubt hatte, habe ich dies auch mit dem
Versuch der Abwehr derselben tun wollen.

Brandt

---

66 4245 i. A. ehrerbietigst beigefügt.

Anlage zu Bericht A. № 76 vom 21. März 1887.

Aus der Chinese Times vom 12. März 1887.

Korea.

U. S. S. *Palos*,

Tientsin, China, 13th February, 1887.

To the Editor of THE CHINESE TIME.

SIR, -An article published in the *Shanghai Courier* of Dec. 6, headed "Korea-The Late Massacre-Serious Facts for Reflection," has just been brought to my notice. The writer, who has not taken the trouble to sign his name to his production, is evidently determined to do all in his power to arrest the development of Korea under American auspices, and he has seen fit to further his design by a liberal employment of invective and personal abuse. He first makes an attack upon certain American naval officers now, with the sanction of their government, upon detached service in Korea; he then, by the employment of a number of disconnected paragraphs taken from an official report of Lieut. Foulk, U. S. N., and selected as best suited for the purpose, weaves a story, ingenious as false, of American policy as pursued in Korea during the year preceding the emeute of December, 1884; he next, by his own interpretation of a certain passage in Mr. Foulk's report-an interpretation so distorted that he is obliged to italicize to make his meaning clear-accuses the Minister of the United states and an *attaché* of the United States Legation of being "privy to the murder" of certain helpless pro-Chinese officials; he ends with a comparison, scurrilous and insulting, between the American representatives and assassins of the most despicable type.

I am aware that it hardly behaves a naval officer upon active service to take part in political discussions of the day; yet I cannot but feel it my duty, acquainted as I am with the course of Korea affairs at the time to which reference is made, to do all in my power to resent what is not only an insult to the representatives of my country but also to my county itself. I have, moreover, a personal reason for so doing, for in the article in question my own name has been slandered.

To take up in turn each paragraph and pick out and prick each bubbled mis-statement seems hardly necessary. Reliable information upon affairs of the time is to be had from the consular and diplomatic reports of more countries than one, and would set most of the charges at naught. There is one point, however, in which this article differs from anything that has been heretofore written upon the Korean question; that is, in its accusing General Foote and his associate of cowardice, in securing their own safety at the expense of that of others, and of criminal apathy, in having been aware of the existence of a matured plot against the Korean government, and in not giving warning thereof to the proper authorities. It is these latter charges that will excite the greatest comment, and which, from their deliberateness, may influence those not well posted in questions of the time; to refute them, I would make a few statements concerning affairs at the United States Legation at Söul, previous to the emeute.

Upon their arrival in Korea the Americans found themselves, like all other Western foreigners, with their hands practically tied, from a total ignorance of the language of the newly-opened country. Direct intercourse with the officials was impossible; the only means of communication was through the medium of Chinese and Japanese interpreters, and these had naturally the interests of their own countries more at heart than those of any other that they might be called upon to represent. It was evident, though that strongly conflicting interests were at work to mould the destinies of the kingdom; that the Koreans themselves were split up into factions that were actively clashing against one another, factions that had their origin in feuds of the past, but whose animosity had taken new strength from questions of the day. What the other nations were willing to do for Korea, could be easily learned, if alone from a scrutiny of the Eastern press; what the Koreans themselves were willing to do, what effect the views and desires of others had upon them, were matters far more difficult to ascertain.

To avoid entanglement in local politics and in the affairs of other nationalities, and for the purpose of pursuing a purely neutral course, the American Minister made strenuous effort to find means of holding direct communication with the Korean Court. To this end he succeeded in obtaining, after much trouble, the services of a Korean lad who had received instruction in the English language in Japan. He then dismissed all interpreters of other nationality and entered into direct relations with the King himself, hence forward acting both as foreign representative and as royal adviser. Of the good works undertaken by General Foote in the latter capacity, I may enumerate the following:

(1) In the revolution of 1881 the King's life had been threatened, the Queen sentenced to a death from which she barely escaped, the palace had been destroyed, and the lives of the Mins, the Queen's family endangered, Min-yong-ick himself being compelled to assume the dress of a bonze, and, thus disguised, to fly for safety to Japan. To avoid all chance of the repetition of such a calamity, and to insure at all times the protection of both city and palace by the royal forces, the King requested that a supply of arms and ammunition be purchased. Accordingly, under General Foote's direction, a large amount of war material was obtained-the greater part from Mr. Gribble, a British arm agent, and it was stored in the palace grounds under the direction of an American officer.

(2) General Foote obtained from the King the promise of the speedy issue of an edict allowing general religious liberty throughout the kingdom. Unfortunately, the promulgation thereof was prevented by subsequent troubles, and the careful methods of procedure afterwards necessitated made further consideration of the question, for the time at least, unadvisable.

And so the American Minister was enabled to hold aloof from all factional disputes, to confine himself to questions of national importance of Korea. In all matters bearing upon the relations of Korea with China and Japan he did not, as long as the autonomy of the former was unaffected, feel himself called upon to interfere. The senior of the representatives of Western countries, and the first to arrive, he was consulted by all the Korean officials, pro-Japanese or pro-Chinese, liberal, conservative, or ultra-conservative. As months passed he was enabled to define more clearly existing party lines, to get a better understanding of differences; he became acquainted with the principal political leaders, and with them discussed affairs of the day.

Among the first of the latter to visit the U. S. Legation was one Kim-ok-kyun, a noble of high rank, who then held important offices of trust under his government. This man had been largely instrumental in arranging the terms of agreement between the Japanese and Koreans after the emeute of 1881, and he had then helped greatly to save his country from a disastrous war. He represented himself as anxious for the promotion of the national welfare, and he asked the Minister, in the public behalf, for advice in reference to certain schemes of improvement; at the same time he bitterly deplored the efforts made to frustrate his plans by the conservatives, who, he also said, were violently opposed to all foreigners. With him came Pak-yong-hyo, the brother-in-law of the King; both of these men seemed fully sincere in their aims and intentions.

In the summer of 1884, in company with the Korean embassy returning from the United States, arrived at Söul Lieut. Geo. C. Foulk, U. S. N. This officer, who had never before served upon any other detached duty, and who had previously seen six years sea-service upon the China Station, was sent by his government to Korea for the double purpose of making reports upon the new country and of rendering whatever assistance he could to the American Minister. During the outward passage of the U. S. flag-ship *Trenton* he was, through his knowledge of Japanese, of great service to the members of the embassy in his capacity of interpreter, all of these gentlemen, Min-yong-ick, Hong-yong-sik, and So-kwong-pom having previously made long residences in Japan.

It was from this officer that the strongest reports of factional hostility were received. When engaged in obtaining statistical information he found that his friends of the embassy were the best able to help and assist him in his work. These men would often ask his advice as to what course they should pursue in reference to questions of the day; thus became known to him many interesting facts: that Min was favouring the Chinese party, that a dispute had occurred between Min and Hong, that an open rupture had occurred between them; he also learned to which parties the principal nobles belonged.

In the fall of 1884 Mr. Foulk decided upon a trip through the southern provinces, and made the necessary preparations therefor. A few days before his departure he informed General Foote that "one of the progressive leaders had called on him and with deliberation had stated that, for the sake of Korea, Min-thai-ho, Cho-yong-ha, the four generals, and four other officials would have to be killed." Mr. Foulk was convinced that the words were no idle threat, for he added, "Though the officer was passionate in his manner he was one whom I had always found positive and correct in his statements to me, and I became indignant that he should communicate such an idea to me."

The announcement was received at the Legation with mingled astonishment and amusement. A moment's startled reflection as to whether party feeling was high enough to render actual outbreak probable, and then a burst of laughter. The story was regarded as the hot-headed utterance of foiled schemers as interpreted by a closely observing but impressionable and rather imaginative man; it became one of the amusing topics of the time, and mention of "Foulk's war" was sure to cause a smile-to all except Mr. Foulk, however, to whom the subject was a sore one, for he had been forced to tell some of his best friends that they must give up entertaining ideas of violence or cease holding any intercourse with him.

But in December an outbreak occurred. In rapid succession followed a series of brutal murders, a collision of foreign troops, and then an indiscriminate slaughter by the Korean populace of all Japanese. The American Minister, collecting all who would come to him, awaited for three days an attack from the mob, which on account of the presence of seventeen Japanese who had sought his protection, seemed imminent. Mr. Foulk, who had nearly completed his journey and was on his way back to Sŏul, was met by signs of danger when near the city, and narrowly missed losing his life; he finally found refuge in a royal fortress, whence be returned a few days later in protection of a party sent out to seek him.

Mr. Foulk, after his return, made use of his own experience and all information that he could collect, to write a short history of the events of the time; this be embodied in a report made by him to his government, subsequently published in the *North-China Herald* in November last. It is this report that the *Courier's* correspondent has made use of in his endeavor to prove us guilty of criminal apathy, and "privy to murders."

In the ingenious interpretation of Mr. Foulk's words to a desired end is the villainy of the *Courier's* article the deepest. Mr. Foulk is represented as being fully aware of the existence of a matured plot, and facts are taken from his report to prove the same. But can it be overlooked that these asserted facts were but the doubts and misgivings which before the revolution flashed through his mind, and which, after the revolution, and after the revolution only, assumed definite shape? That he did not believe in the threats that had been made to him is shown by his starting out immediately afterward upon a perilous journey into a country where, upon more occasions than one, foreigners had been maltreated by the populace. Supposing that he had gone directly to the Korean authorities, and had told them of what had been said to him; what would have been the result? The men implicated would have been seized, an examination under torture would have followed and an incoherent tale extorted which, to those of us who know the average value of testimony thus obtained, would have little weight; and Mr. Foulk would have gone his way, for the rest of his life, with the horrible conviction that he had perhaps brought about the death of a number of innocent men, who had foolishly uttered in their anger statements that they never actually dreamed of realizing.

The *Courier's* article stated that "Mr. Foulk, without a word of warning to any one except Minister Foote, Ensign Bernadou, and Mr. W. D. Townsend, who where equally silent in the matter, found it convenient to get out from Söul to make a second journey into the interior of Korea, where he happened to be well out of the way when the horrible massacre in Söul occurred. How is it accounted for that Mr. Foulk got "well out of the way" while others, equally well posted, remained in the city? Why did not all go? Why did they not go down to Che-mul-po and seek safety upon the British gunboat anchored there?

It was because they did not, in any way, anticipate the outbreak. The storm had escaped their notice until it burst over them. They had perhaps heard its rumblings, but they had disregarded them.

Ask any of those, Americans or British, who gathered together at the time of trouble-when the yells of the mob were ringing in their ears-when seemed near at hand their own end and that of the helpless Japanese they had resolved to defend; ask the American missionaries, the American Minister, the British Consul, Mr. W. G. Aston, who sought protection at the Legation of the United States-any or all, if they would have exposed their lives, the lives of their families, had they foreseen approaching danger. Their indignant negative will in itself be enough to set at naught all of the falsehoods which the *Courier's* Correspondent has been guilty of uttering.

J. B. Bernadou,
Ensign, U. S. Navy.

[   ]

PAAA_RZ201-018908_93 f.

Empfänger	Auswärtiges Amt in Berlin	Absender	[o. A.]
A. 6189 pr. 16. Mai 1887			
Memo	Bei II At. Für d. H. N. St. S. 17/5		

A. 6189 pr. 16. Mai 1887 p.m.

Berliner Tagesblatt 16. 5. 87.

* **Herr von Möllendorff,** der durch englisch-amerikanische Intriguen verdrängte hochverdiente Premierminister und Minister der auswärtigen Angelegenheiten in Korea, **wird voraussichtlich wieder in koreanische Dienste treten;** unter dem 6. März d. J. schreibt darüber unser Korrespondent in Tientsin: „Mr. Denny, früher amerikanischer Generalkonsul in Shanghai, hat es in kurzer Zeit fertig gebracht, sich nicht allein beim koreanischen Könige und Volke durch Anfechtung aller Einrichtungen, welche v. Möllendorff mühsam eingeführt, unbeliebt zu machen, er hat sich auch mit dem chinesischen Vertreter in Korea, Yüen, so überworfen, daß er beim Vizekönige um seine Entlassung bitten mußte. Der König von Korea unterstützte dies Gesuch dadurch, daß er sich weigerte, den Denny fernerhin zu empfangen; der König schrieb sogar eigenhändige Briefe an den Kaiser von China und den Vizekönig Li-Tschung-Tang, in denen er den Wunsch Koreas ausdrückte v. Möllendorff nach Korea zurückkehren zu sehen. China ist mit dieser Rückkehr einverstanden; es handelt sich nur noch darum, auch den Forderungen v. Möllendorffs gerecht zu werden. Letzterer ist wegen der früheren ungerechten Behandlung aber gezwungen, bestimmte Forderungen zu seiner Sicherung zu stellen. So beabsichtigt derselbe nicht wieder gänzlich in koreanische Dienste zu treten, er will vorläufig in chinesischem bleiben und sich in Korea als chinesischen Beamten betrachten. Nach den Erfahrungen, welche v. Möllendorff gemacht, nach den Opfern, welche er in jeder Beziehung gebracht, kann man ihm dies nicht verdenken.

Amerikanischer Einfluß in Korea.

PAAA_RZ201-018908_98 ff.			
Empfänger	Bismarck	Absender	Alvensleben
A. 6371 pr. 21. Mai 1887. a. m.		Washington, den 6. Mai 1887.	
Memo	cop. mtg. Peking 10 vom 21. 5.		

A. 6371 pr. 21. Mai 1887. a. m.

Washington, den 6. Mai 1887.

№ 223.

Seiner Durchlaucht

dem Fürsten von Bismarck.

Eurer Durchlaucht beehre ich mich - mit Bezug auf den hohen Erlaß A. № 19[67] vom 13. v. Mts., betreffend den amerikanischen Einfluß in Korea[68],- gehorsamst zu berichten, daß Admiral Shufeldt, welcher bereits seit mehreren Jahren in den Ruhestand getreten ist, den von mir unter der Hand eingezogenen Erkundigungen zufolge, in keinen amtlichen Beziehungen zu der hiesigen Regierung steht.

Der noch im aktiven Marinedienst befindliche Schiffsfähnrich Foulk, welcher einige Zeit amerikanischer Geschäftsträger in Söul war, steht zur Zeit in keinem dienstlichen Verhältnis zu der dortigen diplomatischen Vertretung der Vereinten Staaten. Er soll sich gegenwärtig, jedoch ohne eine besondere Mission, auf Reisen in China befinden und wird in nicht ferner Zeit hier in Washington zurückerwartet.

Alvensleben.

Inhalt: Amerikanischer Einfluß in Korea.

---

67 A. 4245   4251   4316

68 ["mit Bezug ⋯ in Korea": Durchgestrichen von Dritten.]

Berlin, den 21. Mai 1887.   A. 6371

An   Ew. tit. beehre ich mich anbei Abschrift eines
tit. Herrn v. Brandt   Berichtes des K. Gesandten in Washington vom 6. d.
Peking № A. 10   Mts., den amerikanischen Einfluß in Korea betreffend,
                                      zu Ihrer Information zu übersenden.
cfr. 10798

                                              N. d. H. St. S. S.
                                                   i. m.

Betreffend Zustände in Korea.

PAAA_RZ201-018908_102 ff.

Empfänger	Bismarck	Absender	Brandt
A. 6769, pr. 31. Mai 1887. a. m.		Peking, den 11. April 1887.	
Memo	cop. mitg. London № 477 v. 31. 5.		

A. 6769, pr. 31. Mai 1887. a. m.

Peking, den 11. April 1887.

A. № 114.

Vertraulich

Seiner Durchlaucht

dem Fürsten von Bismarck.

Der mit der Wahrnehmung der Geschäfte der Gesandtschaft der Vereinigten Staaten in Söul beauftragt gewesene erste Sekretär der hiesigen amerikanischen Gesandtschaft ist vor einigen Tagen hierher zurückgekehrt. Nach seinen Mitteilungen würde in Söul für den Augenblick alles ruhig, die ganze Lage aber doch eine solche sein, daß der Ausbruch neuer Unruhen nicht überraschen dürfe. Namentlich gäbe die Stimmung der den 8 kaufmännischen Gilden in der Hauptstadt angehörigen Personen zu manchen Besorgnissen Veranlassung; dieselben verlangten vor kurzem sogar in etwas tumultuarischer Weise ungefähr dreitausend Mann stark, daß die chinesischen und japanischen Kaufleute und Kleinhändler, welche sich in Söul niedergelassen, die Stadt verlassen sollten; die chinesische Regierung habe sich damit einverstanden erklärt, falls man koreanischerseits bereit sei, den Kaufleuten eine gewisse Entschädigung zu zahlen; sie sei wohl hauptsächlich zu diesem Entschluß gekommen, um auf diese Weise auch die Japaner zu zwingen, Kaufleute ihrer Nation aus Söul zu entfernen. Zu der Zahlung der Entschädigung habe sich die koreanische Regierung verstanden und man erwarte jetzt nur noch die Zustimmung Englands und Deutschlands, von der die erstere wohl jedenfalls erteilt werden werde.

Diefinanzielle Lage des Landes sei schlecht, namentlich infolge der vielen Verpflichtungen, welche die seinerzeit von dem Herrn von Möllendorff abgeschlossenen Kontrakte dem Lande auferlegten; man gehe jetzt aber mit dem Gedanken um, eine größere Anleihe abzuschließen, um die vorhandenen Schulden von ungefähr $800.000

abzuzahlen und etwas Geld in der Hand zu haben.

Der frühere amerikanische General-Konsul Denny habe sich als Ratgeber des Königs gar keinen Einfluß zu erwerben gewußt; man betrachte ihn als in chinesischen Diensten stehend; er selbst sei sehr mit seiner Stellung unzufrieden, werde dieselbe aber doch wohl noch einige Zeit behalten, da seine finanzielle Lage ihn dazu nötige. Von einer Rückkehr des g. von Möllendorff wollten die Koreaner auch nichts wissen; den meisten Einfluß würde eventuell der an der Spitze des Zolldienstes stehende Amerikaner Merill gewinnen können, wenn er sich entschließen wolle, seine Stellung in chinesischen Diensten aufzugeben. Alles, was chinesisch sei, werde mit Furcht und Argwohn betrachtet, wozu wohl die unruhige Tätigkeit des chinesischen Residenten nicht wenig beitrage; die Japaner wären verachtet und gehaßt, was zum großen Teil noch der Erinnerung an die Invasion durch dieselben in den letzten Jahren des 16.Jahrhunderts zuzuschreiben sei, deren Spuren jetzt noch in zerstörten und noch nicht wieder aufgebauten Städten überall zu sehen seien.

England stehe ganz auf chinesischer Seite und werde deswegen und wegen seiner vielfachen Hetzereien mit Mißtrauen angesehen. Die Rückgabe Port Hamiltons habe zur großen Überraschung des englischen stellvertretenden General-Konsuls die Koreaner ganz kalt gelassen, weder der König noch der Präsident des Auswärtigen Ministeriums hätten die Mitteilung davon mit einem Worte des Dankes oder der Anerkennung erwidert, und alle Versuche, Korea zum Ankauf der auf Port Hamilton errichteten Baracken oder des Telegrafen-Kabels zu veranlassen, seien mißlungen. Der König selbst sei ein wohlwollender, aber ganz unentschlossener Mann, sein Sohn ein, dem Anschein nach, am Veitstanz leidender Schwächling; die Seele der Regierung sei die Königin, die vielen Verstand und Energie zu besitzen scheine.

Was den Handel anbeträfe, so mache das deutsche Haus Meyer et Co. und eine amerikanische Handelsgesellschaft ganz gute, freilich immer etwas gewagte Geschäfte, da lange Kredite gegeben werden müßten und kaum ein Mittel bestände, einen säumigen Schuldner zur Zahlung zu zwingen. Im Übrigen gäben die amtlichen Berichte des Zollamts, wie dasselbe auch selbst eingestehe, kein genaues Bild des Verkehrs, da wohl die Hälfte der aus- und eingeführten Güter geschmuggelt würde.

Admiral Shufeldt, der wohl im Auftrage amerikanischer Industrieller nach Korea gekommen sei, habe das Land wieder verlassen, ohne irgend etwas zu erreichen, wozu ihn seine Persönlichkeit wohl auch kaum befähigt habe; Schiffsfähnrich Foulk sei der amerikanischen Minister-Residentur wieder als Marine-Attaché beigegeben. Der neue amerikanische Minister-Resident, Mr. Dinsmore, sei ein ganz junger Mann, Mitte der Dreißiger, der die Stelle wohl angenommen habe, da sie ihm für einige Zeit ein gesichertes Auskommen böte.

Ich will nicht unterlassen, ganz gehorsamst hinzuzufügen, daß Herr Rockhill sich in der anerkennendsten Weise über seine Beziehungen zu dem Kaiserlichen General-Konsul Kempermann ausgesprochen hat, der sich allgemeiner Achtung und Beliebtheit erfreue.

Brandt.

Inhalt: Betreffend Zustände in Korea.

Berlin, den 31. Mai 1887.   A. 6769

An   Eurer p. übersende ich anbei ergebenst Abschrift
die Botschaften in   eines Berichtes des K. Gesandten in Peking vom 11.
5. London № 477   d. Mts., betreffend Zustände in Korea, zu Ihrer
                                Information.

                                        N. d. H. St. S.
                                            i. m.

Drohendes Auftreten Chinas behufs Beseitigung des Lieutenants Foulk.

PAAA_RZ201-018908_111 ff.			
Empfänger	Bismarck	Absender	Kempermann
A. 7563 pr. 19. Juni 1887.		Söul, den 2. Mai 1887.	
Memo	cfr. A. 9637, A. 8458, A. 10860 J. № 186.		

A. 7563 pr. 19. Juni 1887. a. m.

Söul, den 2. Mai 1887.

Kontrolle № 33

Vertraulich

Seiner Durchlaucht

dem Fürsten von Bismarck

Vorgestern war Söul wieder einmal in Aufregung und König und Regierung zitterten vor Yuen, dem chinesischen Vertreter. Sein Auftreten in dem jetzigen Fall war aber kein ganz unberechtigtes. Folgendes ist vorgefallen:

Am Nachmittag des genannten Tages erhielt der Präsident des Auswärtigen Amtes unerwartet von Yuen die Mitteilung, daß er auf höheren Befehl noch am selben Abend Söul und Korea verlassen werde. Der Präsident vermutete mit Recht, daß die chinesische Regierung wieder mit Korea unzufrieden sein müsse und eilte sofort auf die Gesandtschaft. Hier teilte ihm Yuen mit, von Lihungchang sei ein Telegramm eingetroffen, er solle mit seinen Sekretären Korea auf der Stelle verlassen, weil der König und seine Regierung zu dem unlängst in den Zeitungen veröffentlichten Bericht des amerikanischen Marine-Attachés Foulk geschwiegen hätten. Eine Regierung, die gestatte, daß fremde Vertreter in ihrem Lande konspirieren und dreiste Lügen über innere Verhältnisse in die Welt setzen, gefährde ihre Existenz und verdiene keine Rücksichten mehr.

Der Präsident geriet infolge dieser Mitteilung selbstverständlich in die größte Bestürzung; er eilte ohne weiteres zum König und am Abend schon erhielt Yuen von letzterem das feierliche Versprechen, daß die koreanische Regierung alle ihre Beziehungen zu Foulk abbrechen und dessen Abberufung verlangen werde. Zu letzterem Zweck hat der Präsident auch selben Tages noch eine Besprechung mit dem amerikanischen Minister-Residenten gehabt.

Die Foulk'sche Veröffentlichung, um die es sich hier handelt, ist in meinem ganz gehorsamsten vertraulichen Bericht № 77[69]) vom 27. Dezember besprochen worden.

Daß Lihungchang erst so spät, und dann so ganz plötzlich darüber in Aufregung gerät, ist auffallend; und der Bericht ist daher wohl nicht der einzige und eigentliche Grund des vizeköniglichen Zornes. In der Tat ist Foulk in letzter Zeit in noch ganz anderer Weise der chinesischen Regierung lästig geworden. Der König scheint von jener Veröffentlichung in dem amerikanischen Rotbuch nichts erfahren zu haben; die Freunde Foulks in der Umgebung des Monarchen haben gewiß alle Mitteilungen darüber abgehalten. Kurz, Foulk war seit etwa 3 Wochen außerordentlich in der Gunst des Königs gestiegen, es wurde ihm ein stattliches Haus gebaut, und es hieß, er ginge jeden Abend in koreanischer Tracht in den königlichen Palast. Foulk ist nun bekanntlich ein Anhänger Japans und ein Hasser Chinas. Es ist daher nicht zu verwundern, daß Yuen außer sich geriet, als er erfuhr, daß dieser Mann der Vertraute des Königs geworden sei, zumal es ferner heißt, daß der persönliche Feind Lihunchangs, Admiral Shufeldt, in Nagasaki sitzt, von da aus Foulk leitet und nur auf den günstigen Moment lauert, um als amerikanischer Ratgeber des Königs und Leiter der Geschicke Koreas wieder in Söul feierlich einzuziehen. (Über dessen Weggang von hier conf. Bericht № 66)

Um den Machereien der beiden mit einem Mal ein Ende zu machen, hat sich also Yuen das Telegramm von Lihunchang kommen lassen.

Im Interesse des Friedens ist es sehr wünschenswert, daß Foulk jetzt endlich abberufen wird. Auch deshalb würde eine solche Maßregel allgemein mit Freuden begrüßt werden, weil derselbe durch eine amerikanische Firma hier Regierungsgeschäfte betreiben läßt, die sehr nahe an Schwindel grenzen.

Eine Abschrift dieses ganz gehorsamsten Berichts schicke ich an die Kaiserliche Gesandtschaft in Peking.

Kempermann.

Inhalt: Drohendes Auftreten Chinas behufs Beseitigung des Lieutenants Foulk.

---

69 A. 2271 i. a. ehrerbietigst beigefügt.

Chinesische Geschwader in Chemulpo und Port Hamilton.

PAAA_RZ201-018908_118 ff.			
Empfänger	Bismarck	Absender	Kempermann
A. 8458 pr. 10. Juli 1887.		Söul, den 21. Mai 1887.	
Memo	cf. A. 9594 Botschaft London, B. Petersburg z. vert. Inf. mitg. n. Petersburg 527 u. London 636 11. 7. J. № 214.		

A. 8458 pr. 10. Juli 1887. a. m.

Söul, den 21. Mai 1887.

Seiner Durchlaucht

dem Fürsten von Bismarck

Eurer Durchlaucht habe ich die Ehre ganz gehorsamst zu melden, daß eine chinesische Flotte, bestehend aus 4 Panzer- und 2 kleineren Schiffen unter Admiral Ting mehrere Tage in Chemulpo geankert hat und am 16ten nach Port Hamilton gedampft ist. Wie der Admiral mir sagte, hatte er 2 weitere Schiffe bereits im Voraus nach dort gesandt.

Ich glaube nicht, daß China daran denkt, die Insel zu okkupieren oder zu befestigen oder eine Schiffs-Station daselbst anzulegen. Der hiesige japanische Vertreter jedoch war in dieser Hinsicht sehr beunruhigt und fragte bei allen Vertretern an, was sie über die Absichten Chinas dächten.

Auch der rußische Geschäftsträger, Herr Waeber, äußerte mir vertraulich seine Besorgnis, daß China oder sein hiesiger Vertreter wieder etwas im Schilde führten. Er wollte wissen, daß zwei Emißäre des letzteren, von denen einer ein Chinese, der andere ein Koreaner sei, das Land bereisten, um die Bevölkerung gegen die Fremden aufzuhetzen. Der Einfluß Foulks beim König (conf. Bericht № 33[70]) und die Unmöglichkeit seiner Abberufung zu erlangen, sollen Yuen zu diesem Vorgehen veranlaßt haben.

Nach meinen Informationen jedoch sind diese Gerüchte ganz unbegründet, gleichwohl will ich die Möglichkeit nicht in Abrede stellen, daß Yuen resp. China den Weg der Intrige wieder betreten werden, wenn die amerikanische Regierung sich nicht bald

---

[70] A. 7563 ehrerbietigst beigefügt.

entschließt, dem Drängen des Präsidenten des Auswärtigen Amtes nachzugeben und Foulk abzuberufen.

Kempermann

Inhalt: Chinesische Geschwader in Chemulpo und Port Hamilton.

Berlin, den 11. Juli 1887.   A. 8458.

An

die Botschaften in

1. St. Petersburg № 527

5. London № 636

Abschrift der Vorlage

Eurer p. übersende ich anbei ergebenst Abschrift
eines Berichts des K. General-Konsuls in Söul vom
21.5., betreffend die Anwesenheit des chines.
Geschwaders in Chemulpo u. Port Hamilton, zu
Ihrer vertraul. Information.

N. d. H. S. S.

i. m.

Betreffend die Zustände in Korea.

PAAA_RZ201-018908_124 ff.

Empfänger	Bismarck	Absender	Brandt
A. 9077 pr. 25. Juli 1887. a. m.		Peking den 12. Juni 1887.	
Memo	B. Petersburg vertr., B. London vertr. mittl., 3 Ges. vertr. mittl. cop. mtg. London 669, Petersburg 555, München 454, Dresden 455, Stuttgart 412 v. 25. 7.		

A. 9077 pr. 25. Juli 1887. a. m.

Peking den 12. Juni 1887.

A. № 150.

Vertraulich

Seiner Durchlaucht

dem Fürsten von Bismarck.

Mein russischer Kollege teilte mir heute mit, daß nach einer ihm vor einigen Tagen zugegangenen telegrafischen Meldung des dortigen russischen Geschäftsträgers, Herrn Waeber, der Tai-in-kun, das heißt der Vater des Königs, mit dem Plan umzugehen scheine, den König vom Thron zu stürzen und durch seinen, des Tai-in-kun, zweiten Sohn zu ersetzen. Herr Coumany, der, wie immer wenn er von den koreanisch-chinesischen Beziehungen spricht, besonders betonte, daß ein aktiveres Vorgehen der Chinesen in Korea Rußland dazu zwingen werde, auch seinerseits Schritte zur Sicherheit seiner Interessen zu tun, wiederholte bei der Gelegenheit, daß die russischen Regierung keinerlei Absichten auf Korea hege und fügte hinzu, daß er sogar ermächtigt sei, die im September vorigen Jahres zwischen dem russischen Geschäftsträger Ladygensky und dem General-Gouverneur Li-hung-chang ausgetauschte mündliche Erklärung, daß man sich beiderseits von Eingriffen in die koreanischen Angelegenheiten fern halten werden, in Form einer schriftlichen Vereinbarung zu unterzeichnen. Herr Ladygensky habe vor einigen Wochen auf der Rückreise nach Rußland Li-hung-chang in Tientsin über die Situation und die Absichten der chinesischen Regierung interpelliert und der letztere habe bei der Gelegenheit erklärt, daß China nicht beabsichtige, in seinen Beziehungen zu Korea irgendwelche Veränderungen eintreten zu lassen, und daß der Besuch des „Nördlichen Geschwaders" keine politische Bedeutung habe; so lange er, Li, lebe, werde er sich jeder Änderung in der Politik Chinas

Korea gegenüber auf das Entschiedenste widersetzen und auch nach seinem Tode durch seine hinterlassenen Ratschläge dafür sorgen, daß Alles beim alten bleibe. Herr Coumany meinte, daß er diesen Versicherungen zwar gern Glauben schenken wolle, daß aber die Erklärungen und Aspirationen des Marquis Tsêng, wie dieselben namentlich in dem bekannten Artikel zu Tage getreten seien, ihn mit einem gewiß nicht ganz ungerechtfertigten Mißtrauen gegen die Politik, die man etwa in Peking treiben wolle, erfüllen müsse.

Daß der Tai-in-kun gegen seinen Sohn, den jetzigen König, oder richtiger wohl, gegen die Gemahlin desselben und die Familie, welcher dieselbe angehört, intrigiert, ist höchst wahrscheinlich: ein Versuch sich der Königin und der Angehörigen derselben zu entledigen war bereits in 1882 die Veranlassung zu den Unruhen gewesen, welche mit der Gefangenahme des Tai-in-kun und seiner Internierung in China endigten, und die Beziehungen werden sich seit der Rückkehr des Tai-in-kun-nach Korea nicht gebessert haben. Auf der anderen Seite wünschen die Chinesen seit längerer Zeit, wie Eurer Durchlaucht aus meiner früheren ganz gehorsamsten Berichterstattung bekannt ist, sich des Königs entledigen und eine den chinesischen Interessen mehr geneigte oder auch nur anderen Einflüssen weniger zugängliche Persönlichkeit an seine Stelle zu setzen; es ist daher durchaus nicht unmöglich, daß der Tai-in-kun und der in Söul befindliche chinesische Resident Yuen, der nach dem Fiasko im vorigen Jahre gewiß gern einen Erfolg zu verzeichnen habe würde, sich zum Sturz des Königs vereinigt haben und gemeinsam auf denselben hinarbeiten.

Ich möchte nun annehmen, daß man sich chinesischerseits irrt, wenn man glaubt, daß der Tai-in-kun oder eine Kreatur desselben sich chinesischen Ansprüchen gegenüber nachgiebiger zeigen würde als der jetzige König.

Einem bloßen Personenwechsel würde man russischerseits, wie Herr Coumany meinte, ruhig zusehen, vorausgesetzt, daß eine für denselben ins Werk gesetzte chinesische Aktion mit der Erreichung des Ziels sofort aufhörte.

Herr Coumany erzählte mir ferner, daß nach ihm aus Korea zugegangenen Mitteilungen bald nach der Rückgabe Port Hamiltons durch die englische Regierung von amerikanischer, er ließ dahingestellt ob von amtlicher, Seite in Söul der Versuch gemacht worden sei, die Erlaubnis zu erhalten, eine Kohlenstation auf der Insel anzulegen; die Koreaner hätten dies aber mit dem Bemerken abgelehnt, daß der Zeitpunkt dazu wohl nicht geeignet scheine, da Port Hamilton bereits zu so vielen Zerwürfnissen und Schreibereien Veranlassung gegeben habe.

Brandt.

Inhalt: Betreffend die Zustände in Korea.

Berlin, den 25. Juli 1887.   A. 9077.

An

die Missionen in

1. London № 669

3. St. Petersburg № 555

8. München № 454

9. Dresden № 455

10. Stuttgart № 412

Vertraulich!

Eurer pp. beehre ich mich anbei Abschriften eines
Berichts des K. Gesandten in Peking vom 1. v. Mts.,
betreffend die Zustände in Korea, ad 1 u. 3 zu Ihrer
persönlichen (zu 3: vertraulichen) Information zu
übersenden.

ad 1: Eure pp. sind ermächtigt, den Inhalt nach Ihrem
Ermessen vertraulich zu verwerten.

ad 8-10: unter Bezugnahme auf den Erlaß vom 4.
März 1885 vertraulich mitzuteilen.

N. d. H. U. St.

i. m.

Betreffend die in Korea aus der Haltung des amerikanischen Marine-Attachés Foulk entstandenen Verwicklungen.

PAAA_RZ201-018908_133 ff.

Empfänger	Bismarck	Absender	Brandt
A. 9637 pr. 7. August 1887.		Peking den 19. Juni 1887.	
Memo	cfr. 10363. St. Petersburg 591, Washington 54, London 787, 9. 8.		

A. 9637 pr. 7. August 1887. p. m.

Peking, den 19. Juni 1887.

A. № 173.

Vertraulich.

Seiner Durchlaucht

dem Fürsten von Bismarck

Die in von dem Bericht des kaiserlichen General-Konsul Kempermann № 33[71] vom 2. Mai dieses Jahres an geführten gemeldeten, durch das Verhalten des amerikanischen Marine-Attachés Foulk hervorgerufenen Zwistigkeiten zwischen der koreanischen Regierung und der chinesischen Vertretung in Söul haben mir Veranlassung gegeben, den bis vor kurzem mit der Leitung der amerikanischen Gesandtschaft in Korea betraut gewesenen Sekretär der hiesigen Gesandtschaft der Vereinigten Staaten, Herrn Rockhill, über die Angelegenheit zu befragen. Herr Rockhill teilte mir mit, daß bereits während seiner Anwesenheit in Korea die dortige Regierung sich mit einer Beschwerde über den p. Foulk als den angeblichen Verfasser der in Shanghai-Blättern veröffentlichten Berichte über koreanische Zustände, auf welche sich mein ganz gehorsamster Bericht A. № 28 vom 1. Februar d. J. bezog, an ihn gewandt habe; er sei damals im Stande gewesen, die koreanische Regierung, - da der p. Foulk der Verfasser der inkriminierten Berichte weder sein konnte noch war – zu einer Zurücknahme der Anschuldigungen wie zu einem Ausdruck des Bedauerns. dieselben vorgebracht zu haben, zu bewegen und habe damit die Sache für erledigt angesehen; nun habe aber auf Veranlassung des chinesischen Residenten Yuen, der eine ebenso unruhige wie unverschämte und unverträgliche Persönlichkeit sei,

---

71 A. 7563 i. a. ehrerbietigst beigefügt.

die koreanische Regierung die Angelegenheit, und zwar auf Grund der von dem p. Foulk erstatteten amtlichen, von der amerikanischen Regierung veröffentlichten, Berichte, doch wieder aufgenommen.

Auf meine Frage, was die amerikanische Regierung wohl tun werde, erwiderte Herr Rockhill, daß er es nicht für unmöglich halte, daß seine Regierung den p. Foulk fallen lassen werde, man sei in Washington mit der den Vereinigten Staaten durch die allgemeine Lage der Dinge in Korea aufgezwungenen Stellung in Söul durchaus nicht zufrieden, da dieselbe mit dem traditionellen Prinzip der amerikanischen Regierung, außerhalb Amerikas keine Politik zu treiben, die die Regierung irgendwie engagieren könne, in Widerspruch stehe, man bedaure bereits, bei der Eröffnung Koreas für den internationalen Verkehr eine so hervorragende Rolle gespielt zu haben und werde eventuell nicht anstehen, die Stellung der amerikanischen Gesandtschaft in Söul in einer der Regierung angemessenen Weise zu reduzieren.

Brandt.

Inhalt: Betreffend die in Korea aus der Haltung des amerikanischen Marine-Attachés Foulk entstandenen Verwicklungen.

Berlin, den 9. August 1887.

A. 9637.

An

die Botschaften in

1. St. Petersburg № 591

5. London № 707

7.Gesandter Washington A. 54

Vertraulich!

Abschrift der Vorlage

unter Berücksichtigung der

Änderungen

Herrn GLR Dr. Krauel

(Seite 3)

und bei II zur gef.

Kenntnisnahme.

Eurer p. übersende ich anbei ergebenst Abschrift eines Berichts des K. Gesandten in Peking vom 19. Juni d. J., betreffend die in Korea infolge des Verhaltens des amerikanischen Marine-Attachés Foulk entstandenen Verwicklungen, zu Ihrer vertraulichen Information.

N. d. H. U. St.

i. m.

Betreffend Zustände in Corea; Abberufung des Amerikanischen
Marine-Attache´s Foulk.

PAAA_RZ201-018908_138 f.			
Empfänger	Bismarck	Absender	Brandt
A. 10363 pr. 24. August 1887 a. m.		Peking, den 5. Juli 1887.	
Memo	mitg. n. Petersburg 636, London 741, Washington A. 60 v. 25. 8.		

A. 10363 pr. 24. August 1887. a. m.

Peking, den 5. Juli 1887.

A. № 184.

Seiner Durchlaucht

dem Fürsten von Bismarck

Im Anschluß an meinen ganz gehorsamsten Bericht A. № 173[72] vom 19. Juni dieses
Jahres, betreffend die Beschwerden der koreanischen Regierung über den Marine-Attaché
bei der Gesandtschaft der Vereinigten Staaten in Söul, Herrn Foulk, beehre Eurer
Durchlaucht ich mich, ebenmäßig zu berichten, daß der letztere von seiner Regierung den
Befehl erhalten hat, sich an Bord des amerikanischen Kriegsschiffs „Marion" einzuschiffen
und dieser Weisung bereits nachgekommen ist.

Äußerem Vernehmen nach beabsichtigt Herr Foulk seine Entlassung zu nehmen und
in koreanische oder japanische Dienste zu treten.

Brandt.

Inhalt: Betreffend Zustände in Corea; Abberufung des Amerikanischen
Marine-Attache´s Foulk.

---

72 A. 9637 ehrerbietigst beigefügt.

Berlin, den 25. August 1887.   A. 10363

An

die Botschaften in

1. St. Petersburg № 636
5. London № 741
7. Gesandte in Washington W A. 60

Vertraulich

Abschrift der Vorlage

Eurer p. übersende ich unter Bezugnahme auf meinen Erlaß 9. d. M. anbei ergebenst Abschrift eines Berichts des Kais. Gesandten in Peking vom 5. v. Mts., betreffend Zustände in Korea u. Abberufung des amerikanischen Marine-Attachés Foulk, zu Ihrer vertraulichen Information.

N. d. H. St. S.

i. m.

Betreffend die Stellung des amerikanischen Schiffsfähnrichs Foulk in Corea.

PAAA_RZ201-018908_142 f.

Empfänger	Bismarck	Absender	Brandt
A. 10798 pr. 4. September 1887. a. m.		Peking, den 13. Juli 1887.	
Memo	mitg. n. Washington 66 4. 9.		

A. 10798 pr. 4. September 1887. a. m.

Peking, den 13. Juli 1887.

A. № 196

Seiner Durchlaucht

dem Fürsten von Bismarck

In Bezug auf die in dem hohen Erlaß A. № 10[73] vom 21. Mai d. J. enthaltenen Mitteilungen über die Stellung des amerikanischen Schiffsfähnrichs Foulk in Korea beehre Eurer Durchlaucht ich mich ganz gehorsamst zu berichten, daß entgegen den dem Kaiserlichen Gesandten in Washington gemachten Angaben der p. Foulk bis zu seiner Einschiffung an Bord des Kriegsschiffs „Marion" die Stellung eines Marine-Attachés bei der amerikanischen Gesandtschaft in Söul bekleidet und in amtlichen Beziehungen zu derselben gestanden hat.

Die in Washington gemachten Versuche, diese Tatsachen abzuleugnen, dürften in dem bereits früher von mir gemeldeten Wunsch der amerikanischen Regierung, eine weniger scharf akzentuierte Politik in Korea zu treiben, ihren Ursprung haben.

Brandt.

Inhalt: Betreffend die Stellung des amerikanischen Schiffsfähnrichs Foulk in Corea.

---

73 A. 6371 i. a. ehrerbietigst beigefügt.

Berlin, 4. September 1887.

A. 10798

Gesandter Washington

A. 66

Ew. pp. beehre ich mich mit Bezug auf den gefl. Bericht vom 6. Mai d. J. № 223, den amerikanischen Einfluß in Korea betreffend, anbei Abschrift eines Berichts des Kaiserlichen Gesandten in Peking vom 13. Juli d. J. über die Stellung des amerikanischen Schiffsfähnrichs Foulk in Korea zu Ihrer Information zu übersenden.

N. d. H. v. D.

i. m.

Betreffend einen angeblichen Zusammenstoß von Chinesen, Japanern und Koreanern auf der Insel Quelpart.

PAAA_RZ201-018908_146 f.

Empfänger	Bismarck	Absender	Brandt
A. 10805 pr. 4. September 1887.		Peking, den 21. Juli 1887.	

A. 10805 pr. 4. September 1887. p. m. 1 Anl.

Peking, den 21. Juli 1887.

A. № 207.

Seiner Durchlaucht
dem Fürsten von Bismarck

Eurer Durchlaucht habe ich die Ehre, in der Anlage ganz gehorsamst die Übersetzung einer dem „Shanghai Courier" vom 13. Juli entnommenen Korrespondenz aus Söul vom 20. Juni zu überreichen, nach welcher auf der Insel Quelpart ein blutiger Zusammenstoß zwischen chinesischen und japanischen Fischern stattgefunden haben würde, der schließlich zu einem Einschreiten der Koreaner und der Vertreibung der Ruhestörer geführt haben soll.

Was der Nachricht eine gewisse Wahrscheinlichkeit geben könnte ist, daß, wie mir aus anderer Quelle bekannt, die koreanische Regierung allerdings japanischen Fischern das Recht, auf Quelpart zu fischen gegen eine von denselben zu zahlende Pachtsumme erteilt zu haben scheint.

Auf der hiesigen japanischen Gesandtschaft weiß man von dem Vorfall nichts.

Brandt

Inhalt: Betreffend einen angeblichen Zusammenstoß von Chinesen, Japanern und Koreanern auf der Insel Quelpart. 1 Anlage.

Anlage zu dem Bericht A. № 207 vom 21. Juli 1887

Übersetzung

Aus dem Shanghai Courier vom 13. Juli 1887.

Söul, den 20. Juni 1887

Vor einigen Tagen verbreitete sich hier das Gerücht, daß chinesische und japanische Fischer auf der Insel Quelpart, dem südwestlichsten Teil des koreanischen Reichs, ermordet worden seien.

Bald nachdem dieses Gerücht hierher gelangt war, erfuhr man, daß einige Japaner, welche von der koreanischen Regierung die Erlaubnis dazu erhalten, an verschiedenen Stellen der Küste von Quelpart Awabi- (eine Muschelart) Fischereien eingerichtet gehabt hätten.

Ungefähr vor einem Monat seien Chinesen, welche davon Wind bekommen, wahrscheinlich infolge von Benachrichtigung aus Söul, ebenfalls auf den Fischerei-Gründen eingetroffen und hätten dort zu fischen begonnen. Die Japaner hätten die neuen Ankömmlinge darauf aufmerksam gemacht, daß sie kein Recht hätten, an diesen Stellen zu fischen, worauf die Chinesen erwidert hätten, daß sie in koreanischen Gewässern immer größere Rechte besäßen wie die Japaner. – Vorstellungen hätten auf die ungebildeten chinesischen Vagabunden keinen Eindruck gemacht, und so sei man von Worten zu Schlägen gekommen, bis sich schließlich ein wütender Kampf an der Küste entwickelt habe. Die Koreaner seien in hellen Haufen hinzugekommen, um dem Lärm und Totschlag ein Ende zu machen und hätten versucht, die Kämpfenden zu bewegen, sich an Bord ihrer Dschunken einzuschiffen; die Chinesen hätten aber die Koreaner wütend angegriffen und die letzteren seien aus Gründen der Selbstverteidigung genötigt gewesen, den Kampf mit den Eindringlingen aufzunehmen.

Viele Koreaner, Chinesen und Japaner seien auf dem Platze geblieben, aber die Koreaner seien schließlich als Sieger aus dem Kampf hervorgegangen, und was von den Chinesen und Japanern übrig geblieben, habe sich eingeschifft und sei abgesegelt.

Es ist wahrscheinlich, daß China eine Entschädigung für diesen Vorfall zu zahlen haben wird, da ihre Untertanen allein alle Schuld trifft. Es ist aber nicht unmöglich, daß die chinesischen Behörden erklären werden, daß die in Frage kommenden Chinesen Piraten waren und als solche nicht als Untertanen irgendeines bestimmten Landes angesehen werden können.

Abberufung des amerikanischen Marine-Attachés Foulk.

PAAA_RZ201-018908_152 ff.

Empfänger	Bismarck	Absender	Krien
A. 10860 pr. 6. September 1887. a. m.		Söul, den 1. Juli 1887.	
Memo	cfr. A. 12605 J. № 295. Mitg. n. Washington 67 v. 7. 9.		

A. 10860 pr. 6. September 1887. a. m.

Söul, den 1. Juli 1887.

Kontrolle № 55.

Vertraulich

Seiner Durchlaucht

dem Fürsten von Bismarck

Eurer Durchlaucht habe ich die Ehre im Anschluß an den vertraulichen Bericht des General-Konsuls Kempermann № 33[74] vom 2. Mai d. J. ganz gehorsamst zu melden, daß der amerikanische Marine-Attaché Foulk vorgestern Söul verlassen hat, um sich auf die Vereinigte-Staaten-Korvette „Marion" nach Chemulpo zu begeben. Das genannte Schiff ist gestern von dort nach Nagasaki versegelt.

Lieutenant Foulk hatte bereits am 15. v. Mts. von dem amerikanischen Admiral Chandler ein Telegramm aus Yokohama erhalten, durch welches er angewiesen wurde, sofort nach Chemulpo abzureisen und an Bord der „Marion" wieder Schiffsdienste zu tun. Derselbe kam diesem Befehl unverzüglich nach, ohne sich indessen von hier zu verabschieden; wahrscheinlich in der Hoffnung, daß seine Regierung nach Empfang des Berichtes des hiesigen Minister-Residenten über diese Angelegenheit ihn auch ferner auf dem Posten in Söul belassen würde.

Denn wie mir der amerikanische Vertreter Mr. Dinsmore vertraulich mitteilt, hat er in seinem Bericht an den Staatssekretär vom Anfang Mai d. J. dringend empfohlen, Foulk nicht abzuberufen. Derselbe ständе in der Gunst des Königs fester denn je, und die koreanische Regierung gäbe höchst ungern dem Druck des chinesischen Vertreters nach,

---

[74] A. 7563 i. a. ehrerbietigst beigefügt.

welcher Foulk persönlich haßte und zudem befürchtete, daß dieser auf Kosten Chinas einen zu großen Einfluß in Korea erlangen könnte. Ferner betrachteten die Vereinigten Staaten das Königreich Korea als ein gänzlich unabhängiges Land und dürften schon aus diesem Grunde nicht dulden, daß sich der chinesische Gesandte in eine Angelegenheit mischte, welche allein Korea und die Vereinigten Staaten anginge.

Herr Dinsmore, der sich anscheinend in dieser Sache gänzlich von Foulk hat leiten lassen, ist nun verstimmt darüber, daß seine Regierung trotzdem die Abberufung desselben verfügt und außerdem nicht ihn, sondern den Admiral mit der Ausführung dieser Verfügung beauftragt hat.

Lieutenant Foulk kehrte vor einigen Tagen wieder hierher zurück, um bald darauf Söul endgültig zu verlassen.

Aus den Andeutungen, welche der Sekretär der hiesigen chinesischen Gesandtschaft mir gemacht hat, schließe ich, daß die chinesische Regierung dem amerikanischen Gesandten in Peking den Wunsch ausgedrückt hat, seine Regierung zu bewegen, den genannten Marine-Attaché von seinem Posten in Söul zu entfernen, und daß Herr Denby in diesem Sinne sofort nach Washington telegrafiert hat.

Abschrift dieses Berichtes habe ich an die Kaiserliche Gesandtschaft in Peking gesandt.

Krien

Inhalt: Abberufung des amerikanischen Marine-Attachés Foulk.

Ernennung eines koreanischen Minister-Residenten beim japanischen Hof.

PAAA_RZ201-018908_159 ff.

Empfänger	Bismarck	Absender	Krien
A. 10861 pr. 6. September 1887. a. m.		Söul, den 9. Juli 1887.	
Memo	cfr. A. 14962, J. № 301		

A. 10861 pr. 6. September 1887. a. m.

Söul, den 9. Juli 1887.

Kontrolle № 57.

Seiner Durchlaucht

dem Fürsten von Bismarck

Eurer Durchlaucht habe ich die Ehre ganz gehorsamst zu berichten, daß am 7. d. Mts. der Beamte dritter Klasse im Hof-Sekretariat Min-Yong-Tchun zum Minister-Residenten in Tokio ernannt worden ist. Derselbe gehört zu der weitverzweigten Adelsfamilie Min, welche bei dem König fortdauernd den größten Einfluß besitzt, und ist ein entfernter Verwandter der Königin.

Wie fast alle Mitglieder der genannten Familie soll er chinesenfreundliche Gesinnungen hegen und, nach einer Mitteilung des Sekretärs der hiesigen chinesischen Gesandtschaft, daselbst unter der Hand angefragt haben, ob ihm für seine Reise nach Japan ein chinesisches Kanonenboot zur Verfügung gestellt werden könnte. Da ihm darauf ein abschlägiger Bescheid erteilt worden ist, so wird er dem Vernehmen nach mit dem am 3. nächsten Monats von Chemulpo abgehenden japanischen Postdampfer sich auf seinen neuen Posten begeben.

Als Sekretär ist ihm ein Beamter beigegeben, welcher früher bei dem koreanischen Konsulat in Tientsin die Sekretärstelle bekleidet hat.

Soviel ich bisher habe in Erfahrung bringen können, ist die Ernennung des Herrn Min-Yong-Tchun lediglich aus Rücksichten der Höflichkeit gegen die japanische Regierung erfolgt, da wichtige Verhandlungen zwischen den beiden Regierungen gegenwärtig nicht schweben, auch in nächster Zukunft aller Wahrscheinlichkeit nach nicht zu erwarten sind.

Aus diesem Grunde und bei der ungünstigen Finanzlage Koreas dürfte sein Aufenthalt in Japan voraussichtlich nur von kurzer Dauer sein. Abschriften dieses Berichts sende ich an die Kaiserlichen Gesandtschaften zu Peking und Tokio.

Krien

Inhalt: Ernennung eines koreanischen Minister-Residenten beim japanischen Hof.

Berlin, den 7. September 1887.   A. 10860.

Gesandter   Ew. pp. beehre ich mich mit Bezug auf meinen Erlaß
Washington № A. 67.   vom 4. d. Mts. № 66 anbei Abschrift eines Berichtes
                                             des Kaiserlichen Konsuls in Söul vom 1. Juli d. J., die
                                             Abberufung des amerikanischen Marine-Attachés
                                             Foulk betreffend, zu Ihrer Information zu übersenden.

                                                        N. d. H. St. S.
                                                           i. m.

Betreffend die Abberufung des amerikanischen Marine-Attachés Foulk von Söul.

PAAA_RZ201-018908_164 ff.

Empfänger	Bismarck	Absender	Brandt
A. 11321 pr. 18. September 1887.		Peking, den 25. Juli 1887.	

A. 11321 pr. 18. September 1887. a. m.

Peking, den 25. Juli 1887.

A. № 211.

Seiner Durchlaucht

dem Fürsten von Bismarck

Zu der in dem Bericht des Kaiserlichen Konsulats in Söul № 55[75] vom 1. Juli d. J. enthaltenen Angabe, daß die chinesische Regierung dem hiesigen amerikanischen Gesandten den Wunsch ausgedrückt habe, den Marine-Attaché Foulk von seinem Posten in Söul abberufen zu sehen, beehre ich mich ganz gehorsamst zu bemerken, daß ein derartiges Ansuchen hier an Herrn Denby nicht gerichtet worden ist. Die Entscheidung der amerikanischen Regierung scheint auf ein Telegramm Herrn Dinsmore's erfolgt zu sein, in welchem derselbe um Weisungen in der Angelegenheit des p. Foulk gebeten hatte, dessen Abberufung durch den chinesischen Gesandten gefordert worden sei.

Brandt.

Inhalt: Betreffend die Abberufung des amerikanischen Marine-Attachés Foulk von Söul.

---

75 A. 10860 i. a. ehrerbietigst vorgelegt

Berlin, den 19. September 1887.   A. 11321.

An   Eurer p. übersende ich anbei ergebenst im Anschluß
die Gesandtschaft   an den Erlaß № 67 vom 7. v. M. Abschrift eines
in Washington   Berichts des K. Gesandten in Peking vom 25. Juli d.
A. № 70   J., betreffend die Abberufung des amerikanischen
                                      Marine-Attachés Foulk von Söul, zu Ihrer Information.

Abschrift der Vorlage
                                                          N. d.
                                                          i. m.

Wechsel in der Person des Präsidenten des Auswärtigen Amtes.

PAAA_RZ201-018908_168 ff.

Empfänger	Bismarck	Absender	Krien
A. 11362 pr. 19. September 1887. a. m.		Söul, den 26. Juli 1887.	
Memo	cop. u. Erl. n. Hamburg 201 v. 20. 9. cfr. 14126 J. № 325.		

A. 11362 pr. 19. September 1887. a. m.

Söul, den 26. Juli 1887.

Kontrolle № 60.

Seiner Durchlaucht

dem Fürsten von Bismarck

Eurer Durchlaucht habe ich die Ehre ganz gehorsamst zu berichten, daß nach einer Mitteilung des koreanischen Auswärtigen Amtes vom 22. d. Mts. der bisherige Präsident des genannten Amtes, Kim-Yon-Sik entlassen worden und an seine Stelle der bisherige erste Vize-Präsident So-Sang-U getreten ist.

Die Veranlaßung zu dieser Personal-Veränderung ist folgende:

Ein militärischer Bezirksvorsteher in Fusan hatte im vorigen Herbst von einem dortigen japanischen Kaufmann eine Geldsumme von 3000 Mex. Dollars geborgt und Anfang dieses Jahres Rückzahlung versprochen. Für diesen Betrag hatte einer der Vize-Präsidenten des Auswärtigen Amtes, Piun, Bürgschaft geleistet und zugleich den Präsidenten Kim zu bewegen vermocht, dem zwischen dem Japaner und dem koreanischen Militär-Beamten abgeschlossenen Darlehns-Vertrag den Stempel des Auswärtigen Amtes beizudrücken. Dadurch war in Gemäßheit des Schreibens des derzeitigen Präsidenten des Amtes vom 3. August 1885 (Bericht des Vize-Konsuls Budler № 78 vom 13. Oktober 1885)[76] die Regierung für die Erfüllung des Vertrages verbindlich gemacht worden, obwohl derselbe durchaus privater Natur war.

Da trotz wiederholter Mahnung des Japaners der koreanische Beamte die versprochene Zahlung nicht leistete, so wandte der erstere sich an den japanischen Geschäftsträger,

---

76 III 19622 de 1886 i. a. Legalisiert 39, Band 11. (liegt bei)

welcher zuerst den Bürgen Piun, und als dieser den garantierten Betrag ebenfalls nicht entrichtete und der Schuldner mittlerweile aus Korea entflohen war, die koreanische Regierung für die Zahlung des Geldes in Anspruch nahm.

Infolgedessen ist laut einer Mitteilung der amtlichen Zeitung vom 20. d. Mts. der entwichene Bezirksvorsteher aller seiner Ämter und Würden für verlustig erklärt, zur Zahlung des geliehenen Geldes und zur lebenslänglichen Verbannung auf eine abgelegene, öde Insel verurteilt worden.

Der Bürger Piun ist abgesetzt und in eine „entfernte, unwirtliche Gegend" verschickt worden.

Der Präsident selbst ist seines Amtes entsetzt und „in einen Ort in der Nähe des Meeres" verbannt worden, „weil er auf seine Untergebenen nicht Acht gegeben, die Würde seiner verantwortlichen Stellung nicht gewahrt, sondern einem Privatvertrage den Amtsstempel beigedrückt und sich dadurch zum Spotte der Fremden gemacht habe."

Als Aufenthaltsort ist ihm später eine kleine Stadt in der Provinz Chung-Chong, etwa 150 km von hier, angewiesen worden, wohin er vor einigen Tagen abgereist ist.

Aller Wahrscheinlichkeit haben seine übergroße Chinesenfreundlichkeit und Abhängigkeit von dem chinesischen Residenten Yuen seinen Sturz herbeigeführt.

Während der frühere Präsident ein höflicher, tätiger und mit ausländischen Verhältnissen einigermaßen vertrauter Beamter war, gilt sein Nachfolger als unwissend, untätig und fremdenfeindlich. Derselbe hatte bereits im Sommer vorigen Jahres, als der Präsident Kim wegen politischen Verdachts die Hauptstadt verlassen mußte, drei Monate lang als dessen Vertreter fungiert und während dieser Zeit sich, hauptsächlich wegen seines anmaßenden Benehmens, mit den meisten Vertretern überworfen. Aus guter koreanischer Quelle höre ich indessen, daß der König ihm unter Androhung sofortiger Amtsentsetzung ein gutes Einvernehmen mit den fremden Vertretern dringend anempfohlen hat.

Er hat, wie fast alle höheren koreanischen Beamten eine große Verehrung und Vorliebe für China, dürfte jedoch dem chinesischen Residenten nicht so unbedingt ergeben sein, als sein Vorgänger. Wie mir der erste Sekretär der chinesischen Gesandtschaft mitteilte, hegt Yuen die Hoffnung, daß der bisherige Präsident binnen kurzem seine frühere Stelle wieder einnehmen werde, doch bezweifle ich, daß sich diese Hoffnung so bald verwirklichen wird.

Eine Abschrift dieses Berichtes sende ich an die Kaiserliche Gesandtschaft zu Peking.

Krien.

Inhalt: Wechsel in der Person des Präsidenten des Auswärtigen Amtes.

Berlin, den 20. September 1887.   zu A. 11362.

An
die Gesandtschaft
Hamburg № 201

Aktenvermerke:
Abschrift des Exhib. geht
zu den Akten bei II und
III (Legal. A. 11 W. 39,
abgegeben 22. 9.

In Nr. 292 des Reichsanzeigers vom 12. Dez. 1885 war die Mitteilung enthalten, daß nach einer Verfügung des koreanischen Auswärtigen Amtes vom 3. August desselben Jahres in Zukunft von dieser Behörde alle zwischen Fremden und koreanischen Staatsangehörigen vereinbarten Verträge beglaubigt werden müssen, wenn beabsichtigt ist, die koreanische Behörde selbst irgendwie für die Erfüllung des Vertrages in Anspruch zu nehmen. Das K. Konsulat in Söul bringt in dem abschriftlich beigefügten Bericht vom 26. Juli d. J. den Fall einer mißbräuchlichen Anwendung des Siegels des koreanischen Auswärtigen Amts zur Kenntnis.

Ew. pp. ersuche ich ergebenst, von dem Inhalt des Berichts die dortigen Interessentenkreise in vertraulicher Weise zu verständigen.

N. d. H. St. S.

Betreffend die Abreise des Prinzen Min You Ik von Korea.

PAAA_RZ201-018908_177 ff.			
Empfänger	Bismarck	Absender	Brandt
A. 11847, pr. 2. Oktober 1887. a. m.		Peking, den 18. August 1887.	
Memo	cfr. A. 12510, A. de 91 mitg. n. Petersburg 743 u. n. London 852 v. 9. 10.		

A. 11847, pr. 2. Oktober 1887. a. m.

Peking, den 18. August 1887.

A. № 230.

Vertraulich

Seiner Durchlaucht

dem Fürsten von Bismarck.

Eurer Durchlaucht wird von dem Kaiserlichen Konsulat in Söul über die am 30. Juli stattgefundene fluchtartige Abreise des Prinzen Min-You-Ik von Korea auf einem russischen Kanonenboot Bericht erstattet worden sein, und beehre ich mich in Nachstehendem ganz gehorsamst Hochdemselbem die Mitteilungen zu unterbreiten, welche mir von meinem russischen Kollegen über diese Angelegenheit gemacht worden sind. Wenn Herrn Coumany's Offenherzigkeit mir gegenüber auch unzweifelhaft in erster Linie aus dem Wunsch entspringt, seine Auffassung wie seine Behandlung der in Frage stehenden Angelegenheit auf diese Umwege zur Kenntnis der Chinesen gelangen zu lassen, so glaube ich doch seinen Angaben um so mehr vollen Glauben schenken zu dürfen, als an der Tatsache, daß man von russischer Seite in diesem Augenblick einen Konflikt mit China wegen Koreas zu vermeiden wünscht, wohl kein Zweifel bestehen kann.

Prinz Min-You-Ik hatte bereits vor einigen Monaten, als er sich mit dem Plan trug, nach Korea zurückzukehren, respektive sich auf dem Wege dorthin in Chefoo befand, sowohl durch den russischen General-Konsul Reding in Shanghai wie durch den russischen Konsul in Chefoo, Fergusson, beide Kaufleute und der letztere ein katholischer Irländer, fanatischer Deutschenhasser und unermüdlicher Intrigant und Schwätzer, um ein russisches Kriegsschiff zur Überfahrt nach Korea gebeten, was von Herrn Coumany, nach in diesem Sinne aus Peterburg erbetenen und erteilten Instruktionen, abgeschlagen worden war. Herr Waeber, der russische General-Konsul und Geschäftsträger in Söul, hat sich, obgleich ihm diese Tatsachen wenigstens vertraulich bekannt waren, trotzdem für ermächtigt gehalten, als der Prinz sich vor kurzem aus Furcht vor gegen seine Person gerichtete Anschläge der Chinesen, heimlich aus Korea entfernen wollte, ihm zu diesem Zweck das Kanonenboot „Sivutsch" zur Fahrt nach Chefoo zur Verfügung zu stellen und hat die hiesige russische Gesandtschaft davon mit dem Bemerken verständigt, daß Prinz Min besondere Instruktionen des Königs habe, von denen er der Gesandtschaft direkt Mitteilung machen werde.

In Chefoo angekommen, hat Prinz Min, der selten über das Gefühl der Besorgnis für seine eigene Person herauszukommen scheint, den vorerwähnten Konsul Fergusson um Asyl im Konsulat gebeten; ein dahin gerichteter Antrag des p. Fergusson ist indessen von Herrn Coumany abgelehnt worden.

Ferner hat Prinz Min der russischen Gesandtschaft die Mitteilung zugehen lassen, daß er von dem König von Korea zum koreanischen Gesandten in Petersburg ernannt sei, aber, da dieser Platz so weit entfernt sei und er auch nicht recht wisse, was er dort solle, um die Erlaubnis bäte, in seiner diplomatischen Eigenschaft in Wladiwostock residieren zu dürfen. Dieses Ansuchen ist auf den Antrag der hiesigen Gesandtschaft, welche es als die wahnsinnige Idee eines Narren charakterisiert hatte, von Petersburg aus telegrafisch abgewiesen worden.

In der Zwischenzeit hatte man von chinesischer Seite angefangen, sich etwas mehr um den Prinzen Min zu kümmern als dies während der ersten Zeit der Anwesenheit desselben in Chefoo der Fall gewesen war und hat ihm schließlich eine Einladung Li-hung-changs, nach Tientsin zu kommen, übermittelt; der Prinz hat dieselbe angenommen, seine Ankunft mit einem bestimmten Schiffe angezeigt, auf dem er sich nachher nicht befunden hat, und scheint aus Chefoo verschwunden zu sein, ohne daß man weiß, wohin er sich gewendet hat.

Herrn Coumany's Äußerungen können keinen Zweifel darüber lassen, daß Herr Waeber ganz auf eigene Hand gehandelt und sein Verfahren in Peking wie in Petersburg gleich unangenehm berührt hat, mein russischer Kollege ließ sogar ziemlich deutlich durchblicken, daß eine Abberufung Herrn Waeber's nicht zu den Unwahrscheinlichkeiten gehören dürfte. Ich würde dies deshalb bedauern, weil die Beziehungen in Korea zwischen der russischen und chinesischen Vertretung sich fast zu einem persönlichen Konflikt zwischen den Herren Waeber und Yuen zugespitzt hatten und ein zweiter Erfolg des letzteren, der erste war die Abberufung des amerikanischen Marine-Attachés Foulk, den Einfluß desselben, der ein rücksichtsloser Intrigant ist, in einer auch für rein kommerzielle

Interessen recht bedenklichen Weise vermehren würde, worin eine nicht zu unterschätzende Gefahr für die Beziehungen aller Länder mit Korea und eventuell China liegen dürfte.

Bei dem Verhalten des Königs von Korea in dieser Angelegenheit ist es wohl fast unzweifelhaft, daß auch mit der kürzlich aus Söul gemeldeten Ernennung eines koreanischen Minister-Residenten in Tokio ein politischer Hintergedanke verbunden sein muß, und da nach Zeitungsnachrichten aus Japan der Einfluß der Herren Kuroda und Saigo dort im Steigen zu sein scheint, so würde es nicht unmöglich sein, daß man dort daran dächte, aus diesen Bemühungen des Königs, im Auslande Anlehnung zu suchen, Vorteil zu ziehen.

In jedem Fall werden die den Gegenstand dieses Berichts bildenden Vorgänge den Wunsch der chinesischen Regierung, sich des Königs von Korea auf eine oder die andere Weise zu entledigen, nur verstärken und damit die Gefahr eines durch die sehr vorsichtige und versöhnliche Haltung der russischen Gesandtschaft hier bis jetzt vermiedenen Konflikts näherrücken.

Brandt.

Inhalt: betreffend die Abreise des Prinzen Min You Ik von Korea.

Berlin, den 9. Oktober 1887.   A. 11847.

An

die Missionen in

1. London № 852

3. St. Petersburg № 734

7. das K. Preuß. Staatsministerium,

z. H. des vors. Hl. Staats-Ministers

Ew. p. übersende ich anbei erg. Abschrift eines Berichts des K. Gesandten in Peking vom 18. Aug. d. J., betreffend die Abreise des Prinzen Min-You-Ik von Korea, zu Ihrer persönlichen Kenntnisnahme.

N. d. H. St. S.

i. m.

Betreffend die Prinzen Min You Ik von Korea.

PAAA_RZ201-018908_188 ff.			
Empfänger	Bismarck	Absender	Brandt
A. 12510, pr. 17. Oktober 1887.		Peking, den 25. August 1887.	
Memo	cfr. A. 13158 mitg. 17. 10. Petersburg 750, London 869, London, Petersburg mit Bez. auf A. 11847		

A. 12510, pr. 17. Oktober 1887. a. m.

Peking, den 25. August 1887.

A. № 238

Seiner Durchlaucht

dem Fürsten von Bismarck

Im Anschluß an meinen ganz gehorsamsten Bericht A. № 230[77] vom 18. August d. J., betreffend die Abreise des Prinzen Min-You-Ik von Korea, beehre Eurer Durchlaucht ich mich in Nachstehendem eine mir von dem Legations-Sekretär Freiherr von Ketteler aus Tientsin zugegangene Mitteilung ebenmäßig zu unterbreiten.

Herr von Ketteler berichtet: Bei der Unterredung mit Li-hung-chang am 22. d. M. brachte ich das Gespräch auf die Abreise des Prinzen Min und schien Li der Sache wenig Gewicht beizulegen; er sagte, der Prinz sei nur von niedriger Abstammung und ein weit entfernter Verwandter des Königs, der schon vielfach im Auslande gewesen sei und dem es in Korea nicht mehr zu gefallen scheine. Auf meine Frage, wohin sich derselbe gewendet, meinte Li, nach Shanghai oder anderswohin, doch sei dies im Grunde genommen gleichgültig; auf eine direkte Frage, ob er denselben nicht nach Tientsin eingeladen hatte, erwiderte Li verlegen: nein, er habe dem Prinzen nur sagen lassen, daß, wenn er nach Tientsin komme wolle, er dies tun könne. Im Übrigen lege er, da Herr Coumany ihm ausdrücklich versichert habe, daß man sich von russischer Seite nicht in die Angelegenheiten Koreas mischen wolle, der Reise des Prinzen Min auf dem russischen Kriegsschiff keine Bedeutung bei.

Über den Verbleib des Prinzen Min ist hier bis jetzt noch nichts bekannt geworden.

Brandt.

Inhalt: betreffend die Prinzen Min You Ik von Korea.

---

77 A. 11847 ehrerbietig beigefügt.

Berlin, den 17. Oktober 1887.   A. 12510

An

die Botschaften in

1. St. Petersburg № 750

5. London № 869

Vertraulich

Abschrift der Vorlage

Eurer pp. übersende ich unter Bezugnahme auf meinen Erlaß № (zu 1:734, zu 5:852) vom 9. d. M. anbei ergebenst Abschrift eines Berichtes des K. Gesandten in Peking vom 25. August d. J., betreffend die Abreise des Prinzen Min-You-Ik von Korea, zu Ihrer vertraulichen Information.

N. d. H. St. S.

Abreise des Koreanischen Beamten Min Yong Ik nach Tschifu auf einem Russischen Kriegsschiffe.

PAAA_RZ201-018908_193 ff.			
Empfänger	Bismarck	Absender	Krien
A. 12606 pr. 19. Oktober 1887.		Söul, den 12. August 1887.	
Memo	A. 12510 u. 11847 gehorsamst beigefügt v. 19. 10. Mitg. n London 875 u. n. Petersburg 752 am 19. 10.		

A. 12606 pr. 19. Oktober 1887. a. m.

Söul, den 12. August 1887.

Kontrolle № 66.

Seiner Durchlaucht

dem Fürsten von Bismarck

Eurer Durchlaucht habe ich die Ehre ganz gehorsamst zu melden, daß der Beamte erster Klasse Min-Yong-Ik, über welchen der Kaiserliche General-Konsul Kempermann unter dem 24. August v. J. (№ 52)[78] berichtet hat, am 29. v. Mts. sich auf dem russischen Kanonenboot „Siwutsch" ganz plötzlich und unerwartet von Chemulpo nach Tschifu begeben hat.

Die Abreise erfolgte mit größter Heimlichkeit und anscheinend ohne Vorwissen und Genehmigung des Königs. Die Nachricht davon versetzte den hiesigen großbritannischen General-Konsul, namentlich aber den chinesischen Vertreter, welcher bereits wegen der Verbannung des chinesenfreundlichen Präsidenten des Auswärtigen Amtes, Kim, verstimmt war, in bedeutende Aufregung. Min, ein Neffe der Königin, galt als den Chinesen durchaus ergeben und als ein zuverlässiger Freund Yuens.

Die Tatsache, daß er auf einem russischen Kriegsschiff Chemulpo so plötzlich verließ, obwohl er hier vorgegeben hatte, die Minen auf der Insel Kang-Fa (Roze Island) an der Mündung des Söul-Flusses besichtigen zu wollen, wurde mit erneuten russischen Protektorats-Verhandlungen in Verbindung gebracht. Indessen hat mir der russische Geschäftsträger Herr Waeber vertraulich versichert, daß von Verhandlungen mit der koreanischen Regierung durch Min keine Rede gewesen sei, daß seine Unterhaltungen mit

---

[78] A. 12532 i. a. ehrerbietigst beigefügt

demselben einen privaten Charakter gehabt haben und daß die ganze Angelegenheit lediglich als eine persönliche Gefälligkeit anzusehen sei, welche er dem genannten koreanischen Würdenträger mit Zustimmung des Königs erwiesen habe.

Meiner ganz gehorsamsten Ansicht nach hat Herr Waeber jedenfalls nebenbei den Zweck verfolgt, Min-Yong-Ik durch seine fluchtartige Abreise auf einem russischen Kanonenboot bei den Chinesen für die Zukunft unmöglich zu machen.

Daß die dem russischen Geschäftsträger im übrigen zugeschriebenen Pläne auf grundlosen Vermutungen beruhen, geht wohl auch aus der Tatsache hervor, daß Min einige Wochen vorher den amerikanischen Vertreter gefragt hat, ob er ihm ein Kriegsschiff zur Verfügung stellen könnte, da er sich heimlich von Korea entfernen wollte. Herr Dinsmore hat, wie er mir vertraulich mitteilte, dieses Ansinnen damals mit dem Bedeuten abgelehnt, daß es für ihn (Min) selbst ratsam wäre, falls er Korea verlassen wollte, dies offen zu tun.

Min-Yong-Ik, welcher bei der Revolte im Dezember 1884 zu allererst von den japanerfreundlichen Aufständischen angegriffen und beinahe tödlich verwundet worden war, hat sich seit jener Zeit zumeist im Ausland aufgehalten, da er neue Anschläge auf sein Leben befürchtete. Mitte Juni d. J. kehrte er von Shanghai zurück und bekleidete seitdem, außer seinen Funktionen als General, die Stelle eines ersten Direktors der Bergwerke und der Münze. Bei dem König besaß er großen Einfluß, konnte denselben jedoch nicht bewegen, dessen übermäßige und verschwenderische Ausgaben für den Hofstaat einzuschränken, oder die von Min vorgeschlagenen Reformen-Entlassen einer Anzahl untauglicher Beamter, Abschaffen der Inland-Zölle, Abändern der weiten, unpraktischen Männertracht, rationelle Bearbeitung der Bergwerke und Milderung des auf dem Volke lastenden Druckes der zahlreichen Beamten – durchzuführen. Wahrscheinlich war der Widerstand, welchen der Adel und die Beamten diesen Reformplänen entgegensetzten, für den König selbst zu groß.

Min hegte durchaus europäerfreundliche Gesinnungen. Sein äußerst höfliches und zuvorkommendes Wesen stach von dem ungeschliffenen Benehmen der meisten Koreaner sehr vorteilhaft ab. Er galt zwar nicht als hervorragend gescheit, jedoch als arbeitsam und ehrlich – zwei Eigenschaften, welche den koreanischen Beamten in der Regel fehlen. Mit seiner, allen Neuerungen feindlichen Familie hatte er sich sehr bald entzweit. Die Furcht, daß seine Gegner ihm nach dem Leben trachteten, hat ihn wahrscheinlich in erster Linie veranlaßt, wieder nach dem Ausland zu gehen, sein Haß gegen die Japaner ihn abgehalten, die einzige hier bietende Passagier-Gelegenheit auf japanischen Postdampfern zu benutzen.

Obwohl von vielen Seiten behauptet wurde, daß er mit geheimen Aufträgen nach St. Petersburg reisen würde, weilt er noch immer in Tschifu und wird sich wahrscheinlich von dort wieder nach Shanghai begeben.

Vermutlich auf Drängen Yuens hat der König vor einigen Tagen Min-Yong-Ik den telegrafischen Befehl erteilt, sich sofort nach Korea zurückzubegeben.

Diesem Befehl ist letzterer indessen bis jetzt nicht nachgekommen. Im Interesse des Landes ist es entschieden zu bedauern, daß derselbe nicht länger in Söul geblieben ist.

Schließlich verfehle ich nicht, ehrerbietigst hinzuzufügen, daß das Kanonenboot „Siwutsch" von Tschifu ohne Verzug wieder nach Chemulpo zurückgekehrt ist und gegenwärtig in dem dortigen Hafen liegt.

Eine Abschrift dieses Berichts sende ich an die Kaiserliche Gesandtschaft zu Peking.

Krien.

Inhalt: Abreise des Koreanischen Beamten Min Yong Ik nach Tschifu auf einem Russischen Kriegsschiffe.

Berlin, den 19. Oktober 1887.

A. 12606.

An

die Missionen in

1. London № 875

5. St. Petersburg № 752

Ew. p. übersende ich unter Bezugnahme auf meinen Erlaß (zu 1: № 869, zu 3: № 750) anbei erg. Abschrift eines Berichts des K. Konsulats in Söul vom 12. August d. J., betreffend die Abreise des koreanischen Prinzen Min-Yong-Ik zu Ihrer persönlichen (ad. 3: vertraulichen) Kenntnisnahme.

N. d. H. St. S.

i. m.

Die Abberufung des Amerikanischen Marine-Attachés Foulk betreffend.

PAAA_RZ201-018908_202 ff.

Empfänger	Bismarck	Absender	Krien
A. 12605 pr. 19. Oktober 1887. a. m.		Söul, den 10. August 1887.	
Memo	cop. mtg. 20.10. Washington 82 J. № 374.		

A. 12605 pr. 19. Oktober 1887. a. m.

Söul, den 10. August 1887.

Kontrolle № 65.

Seiner Durchlaucht

dem Fürsten von Bismarck

Eurer Durchlaucht habe ich die Ehre im Anschluß an meinen ganz gehorsamen Bericht № 55[79] vom 1. Juli d. J. betreffend den amerikanischen Marine-Attaché Foulk ebenmäßig zu melden, daß nach einer vertraulichen Mitteilung des Minister-Residenten der Vereinigten Staaten hierselbst der chinesische Geschäftsträger in Washington am 8. Juni d. J. schriftlich die sofortige Rückberufung des Lieutenant Foulk verlangt hat. Derselbe habe in diesem Schreiben dem Staatssekretär Herrn Bayard erklärt, er hätte von dem General-Gouverneur Li-hung-chang am Morgen desselben Tages ein Telegramm erhalten, nach welchem Foulk im Verein mit einigen übelgesinnten Personen einen Aufstand (rebellion) gegen die chinesische Regierung plante, und daß die amerikanischen Gesandten in Söul und in Peking, welche beide um ihre Ansicht befragt worden wären, die schleunige Entfernung Foulks nachsuchten (request), um ernste Unruhen zu verhüten.

Der Staatssekretär habe darauf erwidert: Nach dem Charakter des Lieutenant Foulk zu urteilen, seien Pläne wie die ihm jetzt vorgeworfenen nicht wohl zuzutrauen. Foulk habe sich sowohl als Marine-Attaché wie als interimistischer Geschäftsträger in den schwierigsten Lagen durchaus taktvoll benommen und seinem Lande sehr wertvolle Dienste geleistet. Auch sei in den Berichten des Herrn Dinsmore politischer Umtriebe des Lieutenant Foulk nicht im Entferntesten Erwähnung getan.

In der letzten Zeit scheine indessen Foulk bei der koreanischen Regierung nicht mehr

---

79 A. 10860 i. a. ehrerbietigst beigefügt.

„persona grata" zu sein. Unter diesen Umständen stehe nicht zu erwarten, daß seine fernere Tätigkeit von erheblichem Nutzen für die Vereinigten Staaten sein werde. Die koreanische Regierung habe sogar neuerdings die Abberufung desselben in aller Form durch ihren Minister der Auswärtigen Angelegenheiten gefordert. Nach den Regeln der internationalen Sitte könne er nicht umhin, einem solchen Ansuchen einer befreundeten Regierung stattzugeben, und er werde sich deshalb mit dem Marine-Minister ins Einvernehmen setzen, damit Foulk auf telegrafischem Wege angewiesen werde, sich sofort auf eines der in Ostasien stationierten amerikanischen Kriegsschiffe zu begeben. Er freue sich, daß diese Maßregel gleichzeitig einer anderen befreundeten Macht – China – zur Befriedigung gereiche.

Einige Tage darauf hat Lieutenant Foulk, wie ich bereits zu berichten die Ehre hatte, von Admiral Chandler den telegrafischen Befehl erhalten, sich an Bord der Korvette „Marion" wieder zum Dienst zu melden.

Mr. Dinsmore sprach seine Entrüstung darüber aus, daß Li-hung-chang an den chinesischen Vertreter in Washington ein offenbar auf Entstellung von Tatsachen beruhendes Telegramm abgesandt hätte, um die Abberufung des p. Foulk durchzusetzen. Er sei überzeugt, daß das Telegramm durch unwahre Berichte Yuens veranlaßt worden sei. Auf der anderen Seite freue er sich, daß seine Regierung den Standpunkt eingenommen und behalten habe, daß die Abberufung Foulks lediglich erfolgt sei, weil die koreanische Regierung die Forderung gestellt habe.

Die in dem ganz gehorsamsten Bericht № 55 geäußerte Vermutung, daß der amerikanische Gesandte in Peking auf Wunsch der chinesischen Regierung die Entfernung des p. Foulk in Washington befürwortet habe, hat sich somit als eine irrige herausgestellt. Eure Durchlaucht verfehle ich daher nicht um hochgeneigte Nachsicht für diesen Irrtum zu bitten.

Eine Abschrift dieses Berichts sende ich an die Kaiserliche Gesandtschaft zu Peking.

Krien.

Inhalt: Die Abberufung des Amerikanischen Marine-Attach'e Foulk betreffend.

Berlin, den 20. Oktober 1887.

zu A. 12605.

Gesandtschaft
Washington № A. 82

Ew. pp. übersende ich ergebenst beifolgend mit Bezug auf den Erlaß № 67 vom 7. September d. J. in Abschrift einen weiteren Bericht des K. Konsulats in Söul vom 10. August d. J., betr. die Abberufung des amerikanischen Marine-Attachés Foulk, zur gefälligen Kenntnisnahme.

N. d. H. St. S.

i. m.

Betreffend die Bewegungen des Prinzen Min Yong Ik.

PAAA_RZ201-018908_211 ff.

Empfänger	Bismarck	Absender	Brandt
A. 13158 pr. 31. Oktober 1887.		Peking, den 9. September 1887.	

A. 13158 pr. 31. Oktober 1887. a. m.

Peking, den 9. September 1887.

A. № 248

Seiner Durchlaucht

Dem Fürsten von Bismarck.

Im Anschluß an meine ganz gehorsamsten Berichte A. № 230[80] und 238 vom 18. und 25. August d. J., betreffend die Bewegungen des koreanischen Prinzen Min-you-ik, beehre Eurer Durchlaucht ich mich ebenmäßig zu melden, da0 derselbe am 1. d. M. mit seinem Gefolge in Shanghai eingetroffen ist.

Ob eine noch in Chefoo an denselben gelangte telegrafische Aufforderung des Königs, nach Korea zurückzukehren, nur eine dem letzterem durch den Residenten Yuen abgezwungene Maßregel war, von der der König selbst keinen Erfolg erwartete, resp. erhoffte, oder ob die Besorgnisse für seine persönliche Sicherheit den Prinzen veranlaßt haben, der Aufforderung keine Folge zu leisten, ist hier nicht bekannt, aber da Min-you-ik auch von russischer Seite nicht ernsthaft genommen wird, haben die Pläne desselben viel an Bedeutung verloren.

Brandt.

Inhalt: betreffend die Bewegungen des Prinzen Min Yong Ik.

---

80 A. 11847 u. 12510 i. a. Korea 1 ehrerbietigst beigefügt.

Einsetzung einer Koreanischen Gesandtschaft in Korea.

PAAA_RZ201-018908_214 ff.

Empfänger	Bismarck	Absender	Holleben
A. 13448 pr. 5. November 1887.		Tokio, den 19. September 1887.	

A. 13448 pr. 5. November 1887. p. m.

Tokio, den 19. September 1887.

№ 105 A.

Seiner Durchlaucht

dem Fürsten von Bismarck

Vor etlichen Wochen ist ein koreanischer Ministerresident namens Min-yogu-chinn hier eingetroffen, um eine koreanische Gesandtschaft einzurichten. Aus Söul war bereits bekannt, daß der Aufenthalt desselben, schon aus finanziellen Rücksichten, ein nur kurzer sein werde. Um so mehr fiel es auf, daß Wochen vergingen, ohne daß der Tenno den Ministerresidenten empfing. Man sagte, das Beglaubigungsschreiben sei nicht in korrekter Form ausgestellt, insofern dasselbe nicht allein auf den Missionschef, sondern gleichzeitig auf einen denselben begleitenden Sekretär laute. Dieses Beglaubigungsschreiben sei, so hieß es, nach Söul zurückgeschickt, und man erwarte ein anderes. In Wahrheit hatte wohl die chinesische Regierung durch ihren hiesigen Gesandten gegen die Akkreditierung eines koreanischen diplomatischen Vertreters gewisse formelle Bedenken erhoben, und es fand ein bezüglicher Gedankenaustausch zwischen Tenno, Peking und Söul statt. Vor einigen Tagen hat der Ministerresident nun doch ein, angeblich neues, Beglaubigungsschreiben überreicht, hat dann aber sofort Tokio, unter Zurücklassung eines Sekretärs, welcher als interimistischer Geschäftsträger fungieren soll, verlassen. Es scheint dieses das Resultat eines Kompromisses mit der chinesischen Regierung zu sein. Dem Ganzen wird hier zunächst weitere Bedeutung nicht beigelegt.

Der Kaiserlichen Gesandtschaft in Peking und dem Kaiserlichen Konsulat in Söul habe ich Abschrift dieses Berichtes zugehen lassen.

Holleben.

Inhalt: Einsetzung einer Koreanischen Gesandtschaft in Korea.

연구 참여자

[연구책임자] **김재혁** : 출판위원장·독일어권문화연구소장·고려대학교 독어독문학과 교수

[공동연구원] **김용현** : 출판위원·고려대학교 독어독문학과 교수

Kneider, H.-A. : 출판위원·한국외국어대학교 독일어학과&통번역대학원 교수

이도길 : 출판위원·고려대학교 민족문화연구원 HK 교수

배항섭 : 출판위원·성균관대학교 동아시아학술원 교수

유진영 : 출판위원·고려대학교 독일어권문화연구소 연구교수

[전임연구원] **한승훈** : 고려대학교 독일어권문화연구소 연구교수

이정린 : 고려대학교 독일어권문화연구소 연구교수

[번역] **강명순** : 고려대학교 독일어권문화연구소 연구원 (R18906)

김인순 : 고려대학교 독일어권문화연구소 연구원 (R18907)

박성철 : 고려대학교 독어독문학과 교수 (R18908)

[보조연구원] **박진홍** : 고려대학교 대학원 한국사학과 박사수료

박진우 : 고려대학교 대학원 독어독문학과 석사과정

서진세 : 고려대학교 대학원 독어독문학과 석사과정

Mueller, M. : 고려대학교 대학원 독어독문학과 석사과정

이세한 : 고려대학교 독어독문학과 학사과정

곽민준 : 고려대학교 독어독문학과 학사과정

박지수 : 고려대학교 독어독문학과 학사과정

손우헌 : 고려대학교 한국사학과 학사과정

이원준 : 고려대학교 한국사학과 학사과정

[탈초·교정] **Seifener, Ch.** : 고려대학교 독어독문학과 부교수

Wagenschütz, S. : 동덕여자대학교 독일어과 외국인 교수

Kelpin, M. : 고려대학교 독어독문학과 외국인 교수

1874~1910

독일외교문서 한국편 3

2019년 6월 17일 초판 1쇄 펴냄

옮긴이 고려대학교 독일어권문화연구소
발행인 김흥국
발행처 보고사

책임편집 황효은
표지디자인 손정자

등록 1990년 12월 13일 제6-0429호
주소 경기도 파주시 회동길 337-15 보고사 2층
전화 031-955-9797(대표), 02-922-5120~1(편집), 02-922-2246(영업)
팩스 02-922-6990
메일 kanapub3@naver.com / bogosabooks@naver.com
http://www.bogosabooks.co.kr

ISBN 979-11-5516-907-0 94340
      979-11-5516-904-9 (세트)
ⓒ 고려대학교 독일어권문화연구소, 2019

정가 50,000원